CAMINHOS DA
EDUCAÇÃO INTEGRAL
NO BRASIL

C183　Caminhos da educação integral no Brasil: direito a outros tempos e espaços educativos / Jaqueline Moll ... [et al.]. – Porto Alegre : Penso, 2012.
504 p. : il. ; 25 cm.

ISBN 978-85-63899-61-3

1. Educação. 2. Fundamentos da educação. I. Moll, Jaqueline.

CDU 37.01

Catalogação na publicação: Ana Paula M. Magnus – CRB 10/2052

CAMINHOS DA EDUCAÇÃO INTEGRAL NO BRASIL
NO BRASIL
direito a outros tempos e espaços educativos

JAQUELINE MOLL
E COLABORADORES

2012

© Grupo A Educação S.A., 2012

Capa
Márcio Monticelli

Crédito das ilustrações
*istockphoto.com/© Jani Bryson/© Plush Studios/© Ariel Duhon/©
laflor/© daaronj/© Dušan Kosti/© Jaap2
latinstock.com.br/ © Gabe Palmer/CORBIS/Corbis (DC)/Latinstock*

Preparação de originais
Marcelo Viana Soares

Leitura final
Gabriela W. Linck e Jonas Stocker

Editora Sênior – Ciências Humanas
Mônica Ballejo Canto

Editora responsável por esta obra
Carla Rosa Araujo

Projeto e editoração
Armazém Digital® Editoração Eletrônica – Roberto Carlos Moreira Vieira

Reservados todos os direitos, em língua portuguesa, à
PENSO EDITORA LTDA., divisão do Grupo A Educação S.A.
Av. Jerônimo de Ornelas, 670 – Santana
90040-340 – Porto Alegre – RS
Fone: (51) 3027-7000 Fax: (51) 3027-7070

É proibida a duplicação ou reprodução deste volume, no todo ou em parte,
sob quaisquer formas ou por quaisquer meios (eletrônico, mecânico, gravação,
fotocópia, distribuição na Web e outros), sem permissão expressa da Editora.

SÃO PAULO
Av. Embaixador Macedo Soares, 10.735 – Pavilhão 5
Cond. Espace Center – Vila Anastácio
05095-035 – São Paulo – SP
Fone: (11) 3665-1100 Fax: (11) 3667-1333

SAC 0800 703-3444 – www.grupoa.com.br

IMPRESSO NO BRASIL
PRINTED IN BRAZIL

Autores

Jaqueline Moll (org.)
Doutora em Educação pela Faculdade de Educação da Universidade Federal do Rio Grande do Sul (UFRGS). Professora na Faculdade de Educação da Universidade Federal do Rio Grande do Sul (UFRGS). Professora colaboradora da Universidade de Brasília (UnB). Diretora de Currículos e Educação Integral da Secretaria de Educação Básica do Ministério da Educação.

Adriana Sperandio
Pedagoga pela Faculdade de Filosofia, Ciências e Letras de Colatina, Espírito Santo. Especialista em Educação pela Faculdade Saberes, Vitória, Espírito Santo. Subsecretária de Educação Básica e Profissional do Estado Espírito Santo.

Alexsandro dos Santos Machado
Psicólogo pela Universidade Luterana do Brasil (ULBRA). Mestre em Educação (UFSM) e doutorando em Educação (UFRGS). Professor da Universidade Federal do Vale do São Francisco.

Ana Lucia Sanches
Socióloga pela Fundação Santo André. Mestre em Serviço Social pela Pontifícia Universidade Católica de São Paulo (PUC-SP). Coordenadora do Programa Diadema Mais Educação e Professora de Serviço Social da Universidade Camilo Castelo Branco.

Ana Maria Cavaliere
Doutora em Educação pela Universidade Federal do Rio de Janeiro (UFRJ) Professora da Faculdade de Educação da Universidade Federal do Rio de Janeiro (UFRJ)

Carlos Rodrigues Brandão
Doutor em Ciências Sociais pela Universidade de São Paulo (USP). Mestre em Antropologia pela Universidade de Brasília (UnB).

Carmen Teresa Gabriel
Professora do Programa de Pós-Graduação da Faculdade de Educação da Universidade Federal do Rio de Janeiro (UFRJ). Professora de Didática e Prática de Ensino de História. Pesquisadora do Núcleo de Estudos de Currículo na Faculdade de Educação da Universidade Federal do Rio de Janeiro (NEC/FE/UFRJ).

Celso Ilgo Henz
Doutor em Educação pelo Programa de Pós-Graduação em Educação da Universidade Federal do Rio Grande do Sul (UFRGS). Professor Adjunto do ADE – Centro de Educação e do Programa de Pós-Graduação da Faculdade de Educação da Universidade Federal de Santa Maria (UFSM).

Claudia Cristina Pinto Santos
Graduação em Ciências Sociais pela Universidade Federal da Bahia (UFBA). Especialista em Metodologia do Ensino e em Pesquisa em Educação pela Universidade do Estado da Bahia (UNEB). Mestre em Família na Sociedade Contemporânea pela Universidade Católica do Salvador (UCSAL).

Cláudio Aparecido da Silva
Mestre em Educação pela Universidade do Oeste Paulista (UNOESTE). Secretário de Desenvolvimento Humano de Apucarana, Paraná. Professor de Metodologia de Ensino e Didática de Cursos de Pós-Graduação do Instituto Brasileiro de Pesquisa Socioeconômicas (INBRAPE), da União Educacional de Cascavel (UNIVEL) e do Instituto Paranaense de Ensino.

Danilo de Melo Souza
Mestre em Educação pela Universidade de Brasília (UnB). Pedagogo pela Universidade Federal do Piauí (UFPI).

Gesuína Leclerc
Doutora em Educação pela Universidade Federal da Paraíba (UFPB).

Heloisa Messias Mesquita
Mestre em Arquitetura e Urbanismo pela Universidade Federal do Rio Grande do Sul. Gerente do Programa Ginásio Experimental Carioca da Secretaria Municipal de Educação do Rio de Janeiro.

Herb Carlini
Professor de História graduado pela Faculdade de Ciências e Letras Plínio Augusto do Amaral. Professor de Estudos Sociais graduado pela Pontifícia Universidade Católica de Campinas (PUC-Campinas). Secretário de Educação de Santa Bárbara D'Oeste.

Inês Mamede
Doutora em Educação Brasileira pela Universidade Federal do Ceará (UFC). Doutorado Sanduíche na Universidade de Murcia, Espanha. Professora na Faculdade de Educação da Universidade Federal do Ceará (UFC).

Ivany Souza Ávila
Doutora em Educação pelo Programa de Pós-Graduação da Faculdade de Educação da Universidade Federal do Rio Grande do Sul (UFRGS). Professora na Faculdade de Educação da Universidade Federal do Rio Grande do Sul (UFRGS). Integrante da equipe do Programa Mais Educação/Educação Integral do Ministério da Educação (MEC). Consultora do Programa de Progressão Continuada em Alfabetização/Letramento nos Três Anos Iniciais do Ensino Fundamental da Secretaria de Educação do Rio Grande do Sul.

Jaime Giolo
Graduação em Filosofia pela Universidade de Passo Fundo (UPF). Mestre em História e Filosofia da Educação pela Pontifícia Universidade Católica de São Paulo (PUC-SP). Doutor em História e Filosofia da Educação pela Universidade de São Paulo (USP). Pós-doutorado em Educação Superior Brasileira pela Universidade Estadual de Campinas (UNICAMP). Foi professor da Universidade de Passo Fundo de 1985 a 2009. Professor e Reitor *pró-tempore* da Universidade Federal da Fronteira Sul (UFFS).

Jaime Ricardo Ferreira
Mestrando em Educação pela Universidade de Brasília (UnB). Professor da Secretaria Estadual de Educação de Goiás. Professor dos cursos de Pedagogia e Administração da Faculdade Araguaia de Goiânia.

Janine Mattar Pereira de Castro
Pedagoga pela Universidade Federal do Espírito Santo. Mestre em Educação pela Universidade Federal do Espírito Santo. Gerente de Educação Infantil, do Ensino Fundamental e do Programa de Educação Integral da Secretaria de Estado da Educação do Espírito Santo.

João Roberto de Araújo
Mestre em Psicologia Social pelo Instituto de Psicologia da Universidade de São Paulo (USP).

Juarez Dayrell
Doutor em Educação pela Universidade de São Paulo (USP). Professor associado na Faculdade de Educação da Universidade Federal de Minas Gerais (UFMG) Coordenador do Observatório da Juventude.

Levindo Diniz Carvalho
Mestre e Doutorando em Educação pela Universidade Federal de Minas Gerais. (UFMG). Professor da Universidade FUMEC.

Lúcia Helena Couto
Pedagoga pela Universidade Estadual de São Paulo (UNESP). Secretária de Educação do Município de Diadema, São Paulo.

Lucia Helena Nilson
Psicóloga pela Pontifícia Universidade Católica de Campinas (PUC-Campinas). Especialista em Psicodrama pela Companhia de Teatro Espontâneo de Tietê. Coordenadora de Projetos no Centro de Estudos e Pesquisas em Educação, Cultura e Ação Comunitária (CENPEC 1996 -2009). Membro especialista do Grupo de Consultoria Socioeducacional SMS.

Lucineide Pinheiro
Mestre em Educação pela Universidade Federal do Amazonas (UFAM). Dirigente Municipal de Educação de Santarém. Professora da Universidade Federal do Oeste do Pará (UFOPA).

Macaé Maria Evaristo
Mestre em Educação pela Faculdade de Educação da Universidade Federal de Minas Gerais (UFMG). Secretária da Educação de Belo Horizonte, Minas Gerais.

Madalena Ferrari Godoy
Bacharelado e Licenciatura em Física pela Universidade Federal de Minas Gerais (UFMG). Professora da Rede Municipal de Ensino de Belo Horizonte. Membro da equipe de coordenação do Programa Escola Integrada da Secretaria Municipal de Educação de Belo Horizonte.

Marcos Antonio M. das Chagas
Mestre em Educação pela Pontifícia Universidade Católica do Rio de Janeiro (PUC-RJ). Doutorando em Educação pela Universidade do Estado do Rio de Janeiro (UERJ). Professor no Instituto Superior de Educação do Rio de Janeiro (ISERJ).

Maria Antônia Goulart da Silva
Bacharel em Direito pela Universidade de Brasília (UnB). Coordenadora-Geral do Programa Bairro-Escola na Prefeitura de Nova Iguaçu (2005 a 2010). Consultora da MA Desenvolvimento Organizacional.

Maria Beatriz Pauperio Titton
Doutora em Educação pela Universidade Federal do Rio Grande do Sul. Professora nos cursos de Graduação e Pós-Graduação da Faculdade de Educação do UniRitter/Laureate International Universities.

Maria Julia Azevedo Gouveia
Mestre em Educação e Psicologia pela Universidade de São Paulo (USP). Coordenadora de Educação e Comunidade no Centro de Estudos e Pesquisas em Educação, Cultura e Ação Comunitária (CENPEC 2001-2008). Gerente de Projetos na Diagonal – Transformação de Territórios. Membro especialista do Grupo de Consultoria Socioeducacional SMS.

Marta Klumb Oliveira Rabelo
Psicóloga pelo Centro Universitário de Brasília (UNICEUB). Mestre em Psicologia pela Universidade Católica de Brasília (UCB). Consultora da Organização dos Estados Ibero-Americanos para Educação, Ciência e Cultura (OEI).

Miguel G. Arroyo
PhD em Educação pela Stanford University, Estados Unidos. Professor titular emérito na Faculdade de Educação da Universidade Federal de Minas Gerais (UFMG)

Natacha Gonçalves da Costa
Mestranda em Gestão e Políticas Públicas pela Fundação Getulio Vargas (FGV), São Paulo. Psicóloga pela Pontifícia Universidade Católica de São Paulo (PUC-SP). Diretora-Geral da Associação Cidade Escola Aprendiz.

Neuza Maria Santos Macedo
Graduada em Comunicação e Licenciada em Desenho e Artes Plásticas pela Universidade do Estado de Minas Gerais (UEMG). Especialista em Arte Moderna pela Pontifícia Universidade Católica de Minas Gerais (PUC-Minas). Coordenadora do Programa Escola Integrada Prefeitura Municipal de Belo Horizonte.

Paulo César Carbonari
Doutorando em Filosofia pela Universidade do Vale do Rio dos Sinos (UNISINOS). Professor de Filosofia no Instituto Berthier (IFIBE), Passo Fundo. Membro do Comitê Nacional de Educação em Direitos Humanos (CNEDH-SDH/PR).

Paulo Roberto Padilha
Doutor em Educação pela Faculdade de Educação da USP (FUSP). Diretor de Desenvolvimento Institucional do Instituto Paulo Freire.

Rachel Trajber
Doutora em Antropologia pela Purdue University (Indiana, EUA) e Coordenadora de Educação do Instituto Marina Silva.

Rejane de Sant'Anna
Mestre em Educação pela Universidade do Estado do Rio de Janeiro (UERJ). Professora substituta na Faculdade de Educação da Universidade do Estado do Rio de Janeiro (UERJ). Professora da Secretaria Municipal de Educação do Rio de Janeiro.

Roberto Carlos Vieira
Pedagogo pela Universidade Católica do Salvador (UCSAL). Especialista em Psicopedagogia Aplicada ao Desenvolvimento de Recursos Humanos pelo Centro de Estudos de Pós-Graduação Olga Mettig (CEPOM). Mestre em Educação e

Contemporaneidade pela Universidade do Estado da Bahia (UNEB). Professor na Universidade Católica do Salvador (UCSAL) e da Universidade do Estado da Bahia (UNEB). Coordenador do Núcleo de Orientação e Articulação Acadêmico-Pedagógico do Departamento de Ciências da Vida da Universidade do Estado da Bahia (UNEB).

Rosa Luciana Pereira Rodrigues
Jornalista pelo Instituto Esperança de Ensino Superior, Santarém, Pará. Mestranda em Comunicação no Programa de Pós-Graduação Comunicação, Cultura e Amazônia da Universidade Federal do Pará (UFPA).

Rosa Luzardo
Pedagoga, Especialista em Educação e em Gestão e Planejamento da Educação pela Universidade Federal de Mato Grosso (UFMT). Diretora de Gestão e Desenvolvimento de Políticas Sociais da Secretaria de Assistência Social do Município de Cuiabá.

Rosemaria J. Vieira Silva
Pedagoga e Mestre em Educação pela Universidade Estadual do Rio de Janeiro (UERJ). Professora substituta da Faculdade de Educação da Universidade Estadual do Rio de Janeiro (UERJ). Professora-tutora do CEDERJ.

Saulo Geber
Psicólogo. Doutorando em Educação pela Universidade Federal de Minas Gerais (UFMG). Pesquisador do Observatório da Juventude da Universidade Federal de Minas Gerais (UFMG).

Seila Maria Vieira de Araújo
Licenciada em Letras, Supervisão Escolar e Direito pela Faculdade de Filosofia da Cidade de Goiás. Especialista em Currículo, Supervisão Escolar, Administração Escolar e Planejamento Educacional. Gerente de Avaliação e Desempenho Educacional da Secretaria de Estado da Educação do Estado de Goiás.

Silvio Claudio Souza
Doutorando em Políticas Públicas e Formação Humana pela Universidade Estadual do Rio de Janeiro (PPFH/UERJ). Pedagogo e Mestre em Educação Universidade Estadual do Rio de Janeiro (UERJ). Filósofo pela Universidade Federal do Rio de Janeiro (UFRJ). Pesquisador pela Coordenação de Aperfeiçoamento de Pessoal de Nível Superior (CAPES).

Simone Valdete dos Santos
Doutora em Educação pela Universidade Federal do Rio Grande do Sul (UFRGS). Professora na Faculdade de Educação da Universidade Federal do Rio Grande do Sul (UFRGS).

Sonia Tatiane Ramos
Mestranda em Educação com ênfase Gestão e Políticas Educacionais pela Universidade Metodista de São Paulo (UMESP). Pedagoga pela Universidade de Uberaba (INIUBE). Licenciatura Plena em Educação Física pela Universidade Metodista de São Paulo (UMESP). Professora de Educação Básica pelo Centro Específico e Aperfeiçoamento do Magistério (CEFAM). Chefe da Divisão de Educação Integral e Coordenadora-Geral do Programa Diadema Mais Educação da Secretaria Municipal de Educação de Diadema.

Stela Ferreira
Bacharel em Ciências Sociais pela Universidade de São Paulo (USP). Mestre em Serviço Social pela Pontifícia Universidade Católica de São Paulo (PUC-SP). Membro especialista do Grupo de Consultoria Socioeducacional SMS.

Suzana Moreira Pacheco
Mestre e Doutoranda em Educação pela Universidade Federal do Rio Grande do Sul (UFRGS). Orientadora Educacional da EMEF Prof. Gilberto Jorge G. da Silva. Professora do curso de Pedagogia do Centro Universitário Lasalle (Unilasalle), Canoas.

Tadeu Rodrigo Ribeiro
Licenciado em Letras pela Universidade Federal de Minas Gerais (UFMG). Especialista em Literatura Brasileira Universidade Federal de Minas Gerais (UFMG). Professor na Gerência de Coordenação de Política Pedagógica e de Formação da Secretaria Municipal de Educação de Belo Horizonte.

Ubiratan D'Ambrosio
Doutor em Matemática pela Universidade de São Paulo (USP). Professor da Uniban, São Paulo.

Vera Santana
Historiadora pela Universidade Federal do Rio Grande do Norte (UFRN). Pós-Graduada pela Universidade Federal do Rio de Janeiro (UFRJ). Coordenadora-Geral do Conexão Felipe Camarão, Rio Grande do Norte. Diretora da Associação Companhia TerrAmar, Rio Grande do Norte.

Veronica Branco
Doutora em Educação pela Universidade Federal do Paraná (UFPR). Professora associada na Universidade Federal do Paraná (UFPR). Professora e pesquisadora de Educação Integral na Universidade Federal do Paraná (UFPR). Professora de Formação de Professores e Alfabetização na Universidade Federal do Paraná (UFPR).

Sumário

Apresentação 17
Maria do Pilar Lacerda

Prefácio 19
Lia Faria

Introdução 27
Jaqueline Moll

Parte I
COMPONDO MATRIZES PARA O DEBATE

1. O direito a tempos-espaços de um justo e digno viver 33
   Miguel G. Arroyo

2. O outro ao meu lado: algumas ideias de tempos remotos
   e atuais para pensar a partilha do saber e a educação de hoje 46
   Carlos Rodrigues Brandão

3. Anísio Teixeira e Darcy Ribeiro: contribuições para o debate atual 72
   Marcos Antonio M. das Chagas, Rosemaria J. Vieira Silva e Silvio Claudio Souza

4. Paulo Freire e a educação integral: cinco dimensões
   para (re)humanizar a educação 82
   Celso Ilgo Henz

5. Educação de tempo integral: resgatando elementos
   históricos e conceituais para o debate 94
   Jaime Giolo

6. Formação de valores: um enfoque transdisciplinar 106
   Ubiratan D'Ambrosio

7. Educação integral como política pública: a sensível arte
de (re)significar os tempos e os espaços educativos 118
Marta Klumb Oliveira Rabelo

8. A agenda da educação integral: compromissos
para sua consolidação como política pública 129
Jaqueline Moll

Parte II
POSSÍVEIS CONFIGURAÇÕES DA ESCOLA

9. Educação integral: a construção de novas relações no cotidiano 149
Maria Beatriz Pauperio Titton e Suzana Moreira Pacheco

10. Os jovens educadores em um contexto de educação integral 157
Juarez Dayrell, Levindo Diniz Carvalho e Saulo Geber

11. Educação integral em escolas sustentáveis: políticas públicas
para os desafios da contemporaneidade 172
Rachel Trajber

12. Educação integral e currículo intertranscultural 189
Paulo Roberto Padilha

13. Ensinar a paz: proposta para um currículo de educação integral 207
João Roberto de Araújo

14. Direitos humanos e educaçao integral: interfaces e desafios 222
Paulo César Carbonari

15. A integração da universidade para a formação
em educação integral: muitos desafios, várias possibilidades 235
Inês Mamede

16. A política de formação continuada de professores
para a educação integral 246
Veronica Branco

17. Por entre olhares, danças, andanças, os alfabetismos,
letramentos na perspectiva da educação integral 258
Ivany Souza Ávila

18. Ampliação de tempo escolar e aprendizagens significativas:
os diversos tempos da educação integral 267
Alexsandro dos Santos Machado

19. Educação integral e currículo integrado:
quando dois conceitos se articulam em um programa 277
Carmen Teresa Gabriel e Ana Maria Cavaliere

20. Educação integral e educação profissional: interfaces possíveis 295
Simone Valdete dos Santos

Parte III
VIVÊNCIAS E ITINERÁRIOS EM POLÍTICAS PÚBLICAS

21. Programa Mais Educação e práticas de educação integral 307
Gesuína Leclerc

22. Mais Tempo na Escola: desafio compartilhado entre gestores, educadores e comunidade escolar da rede estadual de ensino do Espírito Santo (ES) 319
Adriana Sperandio e Janine Mattar Pereira de Castro

23. Reflexão sobre o Programa Mais Educação na rede estadual de ensino da Bahia (BA) 336
Claudia Cristina Pinto Santos e Roberto Carlos Vieira

24. Ampliação de tempos e de oportunidades no contexto escolar da Secretaria Estadual de Educação de Goiás (GO) 345
Jaime Ricardo Ferreira e Seila Maria Vieira de Araújo

25. A experiência em Palmas (TO) 359
Danilo de Melo Souza

26. O arranjo educativo local: a experiência de Apucarana (PR) 368
Cláudio Aparecido da Silva

27. Diretrizes conceituais e metodológicas do Programa Bairro-Escola de Nova Iguaçu (RJ) 380
Maria Antônia Goulart da Silva

28. A experiência da escola integrada em Belo Horizonte (MG) 413
Neuza Maria Santos Macedo, Macaé Maria Evaristo, Madalena Ferrari Godoy e Tadeu Rodrigo Ribeiro

29. Com mais, a criança faz muito: experiência da rede municipal de Diadema (SP) 424
Lúcia Helena Couto, Ana Lucia Sanches e Sonia Tatiane Ramos

30. A experiência da rede municipal de ensino de Santarém (PA) 434
Lucineide Pinheiro e Rosa Luciana Pereira Rodrigues

31. A construção dos centros integrados em Americana e Santa Bárbara D'Oeste (SP) 439
Herb Carlini

32. Das Escolas do Amanhã ao ginásio carioca: a trajetória da educação integral na cidade do Rio de Janeiro (RJ) 449
Heloisa Messias Mesquita

33. A experiência nas escolas de Cuiabá (MT) 462
Rosa Luzardo

34. Projeto Alunos Residentes: uma alternativa para a inclusão social
através da formação socioeducativa nos CIEPs do Rio de Janeiro (RJ) 464
Rejane Sant'anna

35. Comunidades educativas: por uma educação
para o desenvolvimento integral 477
Natacha Gonçalves da Costa

36. A contribuição das organizações não governamentais
para o debate da educação integral 484
Maria Julia Azevedo Gouveia, Lucia Helena Nilson e Stela Ferreira

37. Conexão Felipe Camarão: experiência de educação, cultura e tradição oral 494
Vera Santana

Para saber mais 501

Apresentação

Caminhos da educação integral no Brasil: direito a outros tempos e espaços educativos é uma obra necessária que chega no momento certo. Vivemos um momento virtuoso da educação pública brasileira, apesar de termos muito ainda por fazer. A partir da Constituição Federal de 1988, a sociedade brasileira tem mais consciência sobre o direito da educação pública de qualidade para todos, e junto com o aprofundamento e a consolidação democrática, estamos instituindo, em nível nacional, uma escola pública republicana, laica, obrigatória, gratuita e integral.

Inspirados pelos ideais de Anísio Teixeira, Darcy Ribeiro e Paulo Freire, o Governo Federal implantou o Plano de Desenvolvimento da Educação (2007), o Fundo de Manutenção e Desenvolvimento da Educação Básica e de Valorização dos Profissionais da Educação (2006), o Índice de Desenvolvimento da Educação Básica (2007) e tantos outros programas e projetos que ampliam direitos e garantem investimentos para a melhoria da educação pública em nosso país.

O Programa Mais Educação é o indutor da política de Estado para a educação integral. Dialogando com as iniciativas de estados e municípios, colaborando para a consolidação de múltiplas e ricas experiências no cotidiano das escolas, o programa garantiu a mais de 3 milhões de estudantes, em 15 mil escolas do país, o acesso à educação integral de qualidade. Esses números só tendem a crescer, pois a proposta do novo PNE prevê que em 2020 metade das escolas públicas brasileiras ofereçam a educação integral aos seus alunos. E o mais importante é que o Programa Mais Educação dialoga contemporaneamente com o bairro, a cidade e estabelece um diálogo transformador entre a escola e as atividades que o cercam.

Mas não basta a ação, a prática. É preciso refletir, aprender com a experiência, analisar nossa prática. É nesse sentido que esta obra, organizada por Jaqueline Moll, diretora de Currículos e Educação Integral do Ministério da Educação e Cultura (MEC) e responsável direta pela implantação do Programa Mais Educação, é imprescindível, pois propõe e qualifica o debate da educação integral, amparada nos conceitos e nas teorias de grandes pensadores da educação, analisa a necessidade de garantir o cumprimento dos compromissos entre governo federal, entes federados e sociedade brasileira para a consolidação desta agenda. A reflexão sobre essas questões já faria desse livro uma leitura obrigatória. Mas ele vai além, abre espaço para o debate sobre a reorganização da escola, para a superação do turno e a adoção do ensino em tempo integral, além de apresentar as experiências de estados, municípios e organizações da sociedade que estão implicadas na tarefa de construir as condições para a implantação da educação integral.

Caminhos da educação integral no Brasil é leitura obrigatória para todos aqueles que se preocupam com a melhoria da educação em nosso país e querem ir além do conformismo e da repetição, ousando com novos tempos e espaços para a educação integral.

Maria do Pilar Lacerda
*Secretária Nacional de
Educação Básica do MEC.
Licenciada em História pela UFMG.
Especialista em Gestão de
Sistemas Educacionais pela PUC/MG.*

Prefácio
Caminhos e caminhantes...

> Acreditar no mundo é o que mais nos faz falta: nós perdemos completamente o mundo, nos desapossaram dele. Acreditar no mundo significa principalmente suscitar acontecimentos, mesmo pequenos que escapem ao controle, ou engendrar novos espaços-tempos, mesmo de superfície ou volume reduzido.
>
> Gilles Deleuze (1992)

Quando em 1947 se inicia o processo de elaboração da primeira Lei de Diretrizes de Base da Educação (LDB), decorrente da Constituição de 1946, podemos observar que os ideais do manifesto da Escola Nova (1932) em defesa da escola pública se encontravam presentes em meio aos debates no campo da legislação educacional.

Desse modo, torna-se importante para a educação brasileira analisar, 50 anos depois, a aprovação da primeira LDB em 1961, enquanto um marco histórico no sentido da fundação da escola pública no país, embora naquele momento, os interesses privatistas tenham prevalecido. Por outro lado, os sistemas nacionais de ensino nos países latino-americanos já haviam sido constituídos em sua maioria na segunda metade no século XIX. O que nos leva a refletir sobre a nossa "independência tardia" como nação e, em particular, no que se refere à negação do direito à educação pelo Estado brasileiro a vários setores sociais da população.

Entre múltiplos aspectos, portanto, a presente coletânea se justifica se considerarmos aquela primeira LDB (1961), que deveria garantir a normatização do sistema público de ensino nacional, nos possibilitando assim investigar mais uma vez os possíveis impactos e contradições daquelas diretrizes, em relação à atual LDB (Lei nº 9394/96).

Logo, os estudos aqui apresentados foram desenvolvidos por pesquisadores e/ou educadores, cada um enfocando diferentes recortes, exigidos pelo debate acerca da educação integral. Deste modo, os estudos visam contribuir, por um lado, com um referencial teórico que irá oportunizar outras pesquisas, assinalando no horizonte uma compreensão das marcas/marcos que, historicamente, permearam a luta pelo direito à educação no Brasil; e, por outro lado, trazendo à luz experiências vivenciadas em diversos estados e municípios brasileiros, que aceitaram o desafio de repensar a escola pública brasileira em seus limites históricos e pedagógicos.

Portanto o livro, *Caminhos da educação integral no Brasil: direito a outros tempos e espaços educativos*, ao longo do conjunto de trabalhos, num total de 37, destaca o papel obstinado da organizadora desta obra, a professora-doutora da Universidade Federal do Rio Grande do Sul, Jaqueline Moll. Em outra publicação, Carneiro (2010) também destaca a importância de algumas políticas públicas na última década, assinalando um caminho promissor no campo da regulamentação jurídica. Em especial, ressalta a Emenda Constitucional n°59 (Nov. 2009), que torna obrigatória a educação de crianças e jovens de 7 a 14 anos, tendo como suporte o FUNDEB enquanto "sustentação financeira, compatível com essa ampliação obrigatória do ensino" e o Piso Salarial para os professores (promulgado pela Lei n°11738/2008).

Ainda ancorados no texto de Carneiro (2010), nos apropriamos neste momento do pensamento de Walter Benjamin, quando nos convida a "escavar a história a contrapelo". Nesse sentido, não só os caminhos teóricos e metodológicos dão conta da compreensão do universo escolar e de suas políticas públicas. É preciso, mais uma vez, com Benjamin, ir além do papel do historiador e, como arqueólogo, escavar, ir a fundo, remover/descobrir camada por camada, em suas múltiplas relações e representações sociais, para além do aspecto meramente fenomênico dos diferentes movimentos instituintes da educação pública em nosso país.

Ao ler o extenso material compilado no livro organizado pela professora Jaqueline Moll, coordenadora do Programa Mais Educação/MEC, nos deparamos com essa "arqueologia" das inúmeras concepções de educação/ensino integral e/ou democrática. A partir da visão de Anísio Teixeira, que insistia que a escola pública é a instituição que constrói a democracia desde as primeiras décadas do século passado até os tempos atuais, a organizadora, hoje gestora no MEC, diretora de currículos e educação integral na Secretaria de Educação Básica, imprime sua marca quando se filia à discussão histórica no Brasil acerca do papel do Estado e da oferta pública de uma educação honesta e de qualidade. Assim fazendo, tenta recuperar os sentidos e significados da *res publica*.

O que percebo na leitura atenta é que a vasta obra se divide em dois momentos: o inicial, mais teórico, desdobrado em duas seções, com inúmeras pesquisas de educadores renomados que vêm acompanhando e participando da luta pela escola pública há décadas; e outro muito bem-vindo, de estudos mais recentes, que mantém viva essa paixão política coletiva pelo direito à educação.

A seguir, a Parte III que se baseia em relatos de experiências relativos a programas e projetos institucionais, quase todos desenvolvidos no âmbito local e regional, pelas redes municipais e estaduais de ensino.

Nas próximas páginas, vamos iniciar o diálogo com o tema ainda não esgotado, o mito da escola pública para todos, permeado pela questão conceitual entre educação democrática e/ou educação integral ou ainda, educação burguesa e/ou educação popular. Ao mesmo tempo, me parece que a obra estruturada por Jaqueline Moll transcende outras publicações até aqui oferecidas ao mundo acadêmico e ao professorado da educação básica na medida em que, adotando a filosofia da práxis, aponta para a urgência de se aliar discursos/pesquisas com algumas práticas desenvolvidas pelas políticas públicas e também com o cotidiano vivenciado nas escolas públicas espalhadas por este país de dimensões continentais.

Na primeira parte, nos deparamos com um conjunto de oito artigos, inaugurado por Miguel G. Arroyo, que enfoca, com muita propriedade, sua discussão a respeito do tempo/tempos da escola. Portanto, a primeira parte, *Compondo matrizes para o debate*, se inicia com Arroyo apontando o caminho a ser percorrido, histórica e filosoficamente, em "O direito a tempos-espaços de um justo e digno viver". Nessas reflexões, o pensador nos leva a navegar, nos questionando afinal, o que é o tempo? O tempo digno de se viver...

A seguir, ainda dentro da mesma vertente temporal, Carlos Rodrigues Brandão assinala os aspectos relativos à sociabilidade e à necessidade de conviver com a alteridade, em "O outro a meu lado: algumas ideias de tempos remotos e atuais para pensar a partilha do saber e a educação de hoje".

Os dois próximos capítulos, de Marcos Antonio M. das Chagas, Rosemaria J. Vieira Silva e Silvio Claudio Souza – coautores de "Anísio Teixeira e Darcy Ribeiro: contribuições para o debate atual" – e de Celso Ilgo Henz – "Paulo Freire e a educação integral: cinco dimensões para (re)humanizar a educação" –, nos remetem ao campo político-filosófico da educação. Ao longo do caminho percorrido e traçado nessa obra, as reflexões dos autores destacam alguns educadores brasileiros enquanto personagens marcantes – Paulo Freire, Anísio Teixeira e Darcy Ribeiro. Por fim, os artigos nos garantem um enfoque teórico sólido e uma percepção de nuances e matizes/matrizes da contribuição daqueles três intelectuais da educação, especialmente debatidos por Henz e, em coautoria, Chagas, Silva e Souza.

Dando continuidade, um bloco de três trabalhos: Jaime Giolo, Ubiratan, D'Ambrosio e Marta Klumb Oliveira Rabelo. A saber, pela ordem: "Educação de tempo integral: resgatando elementos históricos e conceituais para o debate"; "Formação de valores: um enfoque transdisciplinar"; e "Educação integral como política pública: a sensível arte de (re)significar os tempos e espaços educativos". Nesta primeira parte do livro, o que se observa é mais uma tentativa de enfocar e aprofundar as reflexões conceituais acerca da gênese da escola republicana no Brasil em meio às suas inúmeras contradições demarcadas pelas políticas públicas implementadas por diferentes governos e seus projetos políticos.

Dessa forma, investigam-se as marcas e os marcos educacionais e pedagógicos de diferentes tempos históricos, com destaque também para a questão transdisciplinar muito bem explorada no texto de D'Ambrosio.

Em seguida, concluindo o primeiro conjunto de contribuições, nos debruçamos sobre o olhar da própria organizadora da obra, assinalando o papel das políticas públicas implementadas nos últimos anos em âmbito federal, na busca de parceria com universidades públicas, governos estaduais e municipais.

Ao encerrar a leitura deste primeiro conjunto de reflexões, se destacam, enquanto intelectuais da educação, Paulo Freire, Anísio Teixeira e Darcy Ribeiro.

Ao abrir a segunda Parte, *Possíveis Configurações da Escola*, direcionamos o nosso percurso para o interior da escola, em seu universo das relações ensino-aprendizagem, do desenvolvimento dos currículos, das interfaces com a Universidade e o projeto de educação integral, e, por fim, na busca de caminhos e possibilidades que nos ajudem a enfrentar os antigos/atuais desafios, do passado e da contemporaneidade. Como a obra anteriormente citada de Carneiro (2010), quando se vai ao encontro das políticas e práticas dos movimentos instituintes em suas relações com os sistemas públicos de ensino.

Logo, trata-se agora de adentrar pelo desafio da concretude...

Trata-se, portanto, de um livro que intenta contemplar não apenas as demandas próprias do campo do conhecimento científico, acerca da pertinência e viabilidade da escola pública de educação integral, mas também contribuir como material de consulta e inspiração para os gestores que atuam nos sistemas públicos de ensino, nos diferentes âmbitos, federal, estadual e municipal, atingindo o seu professorado que caminha nessas trilhas do cotidiano escolar.

Assim, neste momento analiso capítulos que compõem a segunda parte do trabalho, procurando destacar os recortes enfocados por seus autores. Deste modo, percebo aqui três abordagens: uma primeira destaca a importância dos espaços curriculares no sentido da construção de novas subjetividades, buscando dar conta do universo multicultural em que vivemos no século atual.

Quanto a este viés, se situam quatro pesquisas de: Paulo César Carbonari, Paulo Roberto Padilha, João Roberto de Araújo e Ivany Souza Ávila. Todos eles vindo se somar aos diálogos sobre o mesmo tema da educação integral, levantando hipóteses em seus textos: "Direitos humanos e educação integral: interfaces e desafios"; "Educação integral e currículo intertranscultural"; "Ensinar a paz: propostas para um currículo de educação integral"; e "Por entre olhares, danças, andanças, os alfabetismos, letramento na perspectiva da educação integral". Neste momento não me prendo exatamente à ordem em que se situam no sumário, mas tento aproximá-los através dos recortes desenhados pelos pesquisadores.

A seguir, identifico outro agrupamento, composto por três contribuições que desvelam as relações ensino-aprendizagem e os diálogos que convivem no espaço escolar trazendo à luz, em alguns casos, a voz dos estudantes.

Nesta nucleação, assinalamos os trabalhos de: Maria Beatriz Pauperio Titton e Suzana Moreira Pacheco em "Educação integral: a construção de novas relações no cotidiano escolar"; Juarez Dayrell, Levindo Diniz Carvalho e Saulo Geber com "Os jovens educadores em um contexto de educação integral"; e, encerrando este bloco, Alexsandro dos Santos Machado nos brinda com o texto "Ampliação do tempo escolar e aprendizagens significativas: os diversos tempos da educação integral". Machado se associa aos dois estudos anteriores, na medida em que todos desvelam vozes e relações que interagem dentro do universo escolar.

Ao longo desta breve apresentação, destacamos ainda os três últimos artigos que encerram a segunda parte da coletânea. A autora Rachel Trajber demarca um tema urgente, que se refere à questão ambiental, em "Educação integral em escolas sustentáveis: políticas públicas para os desafios da contemporaneidade". As reflexões apresentadas abrilhantam e diferenciam a obra ao incorporar na agenda um tema que não pode mais ser considerado como secundário para os educadores brasileiros em suas práticas multidisciplinares.

Por outro lado, Inês Mamede também desvela uma lacuna histórica no que tange à natureza e função da universidade pública, apontando a necessidade dessa instituição de ocupar seu lugar social junto aos sistemas de ensino, com o artigo "A integração da universidade para a formação em educação integral: muitos desafios, várias possibilidades".

Dando prosseguimento, outra contribuição relevante, como a de Veronica Branco, seguindo o mesmo viés, aborda o papel e a formação dos professores em "A política de formação continuada de professores para a educação integral". Mais uma vez nos remetendo à natureza e à função da universidade pública, ao seu papel referente ao processo formativo dos futuros profissionais da educação, não só em seu mero aspecto técnico, mas também a partir de uma compreensão mais ampla, política, no sentido de construção da cidadania.

Simone Valdete dos Santos encerra esta parte da presente obra trazendo um assunto muito atual: a formação para o trabalho, no texto "Educação integral e educação profissional: interfaces possíveis". Também torna-se importante assinalar sua relação com o texto anterior que, com muita propriedade, enfoca o aspecto da profissionalização dos professores. Por fim, quero ressaltar, entre os vários méritos desta obra organizada por Jaqueline Moll, o registro de um tempo histórico de um passado não tão distante, que se perpetua nas lutas da sociedade brasileira pela conquista do direito à escola pública, laica, gratuita e integral.

Deste modo, o livro nos vem despertar quanto à necessidade de debater em nossos ambientes de trabalho com outros educadores, que assumem o compromisso na luta pelos direitos sociais. E, em especial, no que tange à oferta da educação básica de qualidade.

Ainda na Parte II do livro, o texto da professora da UFRJ, Ana Maria Cavaliere em coautoria com Carmen Teresa Gabriel contribui a respeito do tema de suas pesquisas. O trabalho aprofunda a questão de um currículo integrado adequado à concepção de educação integral.

Dando prosseguimento, a última parte do livro – *Vivências e itinerários em políticas públicas* –, nos desloca para um Brasil multifacetado em tempos de regime de colaboração, abrindo com o artigo de Gesuína Leclerc, da equipe de Jaqueline Moll, que analisa o "Programa Mais Educação e as práticas de educação integral", trazendo a proposta do governo federal a respeito dessa questão, tempo/educação integral.

Em seguida, três experiências em âmbito estadual: "Mais Tempo na Escola: desafio compartilhado entre gestores, educadores e comunidade escolar da rede estadual de ensino do Espírito Santo (ES)", de Adriana Sperandio e Janine Mattar Pereira de Castro; "Reflexão sobre o Programa Mais Educação na rede estadual de ensino da Bahia (BA)", de Claudia Cristina Pinto Santos e Roberto Carlos Vieira; e "Ampliação de tempos e de oportunidades no contexto escolar na experiência da Secretaria Estadual de Educação de Goiás (GO)", de Jaime Ricardo Ferreira e Seila Maria Vieira de Araújo. Os autores acima analisam, em seus estados, o impacto das experiências nas comunidades escolares, nas quais o Programa Mais Educação vem sendo desenvolvido.

Em seguida, o conjunto das experiências municipais envolvem dez municípios brasileiros, sendo quatro capitais: Palmas, Rio de Janeiro, Belo Horizonte e Cuiabá.

Trata-se dos artigos: "A experiência em Palmas (TO)", assinado pelo secretário municipal de educação e idealizador do projeto, o professor da Universidade Federal de Tocantins, Danilo de Melo Souza; "Arranjo educativo local: a experiência de Apucarana (PR)", de Cláudio Aparecido da Silva; "Diretrizes conceituais e metodológicas do Programa Bairro-Escola de Nova Iguaçu (RJ)", de Maria Antônia Goulart da Silva; "A experiência da escola integrada em Belo Horizonte (MG)", de Neuza Maria Santos Macedo, Macaé Marcia Evaristo, Madalena Ferrari Godoy e Tadeu Rodrigo Ribeiro; "Com mais a criança faz muito: a experiência da rede municipal de Diadema (SP)", de Lúcia Helena Couto, Ana Lucia Sanchez e Sonia Tatiane Ramos; "A experiência da rede municipal de ensino de Santarém (PA)", de Lucineide Pinheiro e Rosa Luciana Pereira Rodrigues; "A construção dos Centros Integrados de Educação Pública em Americana (SP) e Santa Bárbara D'Oeste (SP)", do secretário municipal de educação, professor Herb Carlini, dos dois municípios, atualmente em Santa Bárbara, responsável pela implementação nas duas localidades; "Das escolas do Amanhã ao ginásio carioca: a trajetória da educação integral na cidade do Rio de Janeiro", de Heloisa Messias Mesquita; e, por último, a experiência da capital do estado de Mato Grosso – "A experiência nas escolas de Cuiabá (MT)", por Rosa Luzardo.

O que se observa é que o conjunto de capítulos, analisando os sistemas públicos de ensino em 10 municípios e 3 estados brasileiros, traz à tona a necessidade urgente de uma escola que assuma a concepção de educação integral, não se limitando ao simples aumento do tempo educativo. A experiência consolidada pelo professor Herb Carlini e sua equipe em Americana (SP) durante quase 20 anos nos estimula a perseguir tal utopia republicana.

Ao encerrar este prefácio, enfoco os quatro últimos textos que encerram a coletânea. Um deles, mais dedicado à memória dos Centros Integrados de Educação Pública, os CIEPs (RJ), em pesquisa decorrente do mestrado da professora municipal Rejane de Sant'Anna, enfoca o – "Projeto Alunos Residentes: uma alternativa para a inclusão social através da formação socioeducativa nas CIEPS do Rio de Janeiro (RJ)". E, os demais, analisam o aspecto de outras parcerias, que não estritamente a do âmbito estatal, em projetos educativos dentro e fora das unidades escolares. São eles: "Comunidades educativas: por uma educação para o desenvolvimento integral", de Natacha Gonçalves da Costa; "A contribuição das organizações não governamentais para o debate da educação integral", de Maria Julia Azevedo Gouveia, Lucia Helena Nilson e Stela Ferreira; e "Conexão Felipe Camarão: experiência de educação, cultura e tradição oral", de Vera Santana.

Ao mesmo tempo, o trabalho apresentado se revela um produto também da trajetória política e acadêmica de sua organizadora, que, em sua paixão política, tenta, *gramscianamente,* coordenar o Programa Mais Educação da Secretaria de Educação Básica do MEC.

Ainda cabe demarcar que poucos são os livros que se propõem a fazer de fato um diálogo com seus leitores, o que vem reforçar o mérito desta obra, sua tentativa de compartilhar conhecimento e reflexões com pesquisadores de todo o Brasil, com investigações cujos autores representam várias regiões: Sul, Sudeste, Norte, Nordeste e Centro-Oeste.

De forma articulada e viva, percorremos/navegamos essas páginas repletas das velhas/novas utopias de intelectuais como Paulo Freire, Anísio Teixeira e Darcy Ribeiro. Paralelamente, nelas ecoam vozes e memórias de todos os educadores que sonharam com uma escola pública honesta desde o movimento da Escola Nova, na década de 1930, até os dias atuais.

O que dizer ao final? Que essas linhas nos remetem a nossa própria história da educação.

Tantos caminhos percorridos, tantas pedras no caminho...

No entanto, fica o desafio. Assim, convido a percorrer o mesmo caminho de outros caminhantes, lendo o livro e identificando possíveis pistas que nos permitem vislumbrar, no horizonte, uma educação pública mais democrática para a nação brasileira.

Lia Faria
Pós-Doutora em Ciência Política.
Professora Pós-Graduada em Educação da
Universidade Estadual do Rio de Janeiro (UERJ).

REFERÊNCIAS

BIGNOTTO, N. (org.) *Pensar a República*. Minas Gerais: UFMG, 2002.

CARNEIRO, V. et al. (org.) *Movimentos instituintes em educação:* políticas e práticas. Intertexto: Rio de Janeiro, 2010.

FARIA, L. C. M.; SOUZA, S.C. (org.) *Ecos e memórias da escola fluminense*. Rio de Janeiro: Editora Quartet, 2008.

GONDRA, J. (org.) *Revista Rio de Janeiro/Dossiê Educação*. Rio de Janeiro, n°13-14, maio- dez 2004.

SANT'ANNA, R. H. de. *Projeto alunos residentes:* Uma Alternativa para a inclusão social através da formação sócio educativa. Dissertação de mestrado. 2010.

XAVIER, M. do C. (org.) *Manifesto dos pioneiros da educação:* um legado educacional em debate. Rio de Janeiro: FGV, 2004.

Introdução

Jaqueline Moll

> Numa democracia, nenhuma obra supera a de educação. Haverá, talvez, outras aparentemente mais urgentes ou imediatas, mas estas mesmas pressupõem, se estivermos em uma democracia, a educação. Todas as demais funções do estado democrático pressupõem a educação. Somente esta não é consequência da democracia, mas a sua base, o seu fundamento, a condição mesma para a sua existência.
>
> Anísio Teixeira

Em minha trajetória de professora e pesquisadora tenho me debruçado sobre temas que, invariavelmente, dialogam com o grande campo das políticas educacionais. Sempre estive preocupada com as consequências que os temas trabalhados na universidade, invariavelmente, na formação dos professores, têm na vida cotidiana das escolas e de milhões de crianças e jovens, sobretudo de classes populares, para os quais a experiência escolar pode ser um "divisor de águas" em termos de oportunidades no campo das ciências, da cultura, das artes, das tecnologias, entre outros.

Há quase quatro anos, os caminhos trilhados no Ministério da Educação, encarregaram-me a tarefa de dirigir a Diretoria de Educação Integral, Direitos Humanos e Cidadania e de coordenar esforços para concretização do Programa Mais Educação, meta do Plano de Desenvolvimento da Educação (Brasil, 2007) que, pouco a pouco, converteu-se em estratégia para a implantação e implementação da Educação Integral em Jornada Ampliada ou da Escola de Tempo Integral.

Em 1996, a Lei de Diretrizes e Bases da Educação Nacional já trazia a perspectiva do tempo integral: "a jornada escolar no ensino fundamental incluirá pelo menos quatro horas de trabalho efetivo em sala de aula, sendo progressivamente ampliado o período de permanência na escola" (art. 34) acrescido do § 2º (...) "a critério dos sistemas de ensino", e nas Disposições Transitórias, Art. 87, § 5º acrescentava "serão conjugados todos os esforços objetivando a progressão das redes escolares públicas urbanas de ensino fundamental para o regime de escolas de tempo integral".

Até 2007, ano marco para o FUNDEB[*], que contemplou o financiamento da educação básica em todas suas etapas e modalidades e, de modo também inédito, previu valores diferenciados para o tempo integral, não se observavam movimentos significativos do Governo Federal nessa direção. Alguns governos municipais, e, por vezes, governos estaduais, ao longo dos

---

[*] Fundo de Manutenção e Desenvolvimento da Educação Básica e de Valorização dos Profissionais da Educação (Lei n.º 11.494/2007).

anos 1996-2007, por iniciativa e financiamento próprios, ampliaram a jornada diária, sobretudo no ensino fundamental, percorrendo caminhos rumo a uma educação integral.

Portanto, o sonho de uma escola de dia inteiro, de uma escola cujo projeto tenha a educação integral em seu horizonte, adiado pelo menos duas vezes, com Anísio Teixeira e depois com Darcy Ribeiro, é retomado no final da primeira década do século XXI, com todos os desafios de uma "megapopulação" na educação básica, em contextos sociais configurados por desigualdades, complexidades e diversidades.

O esforço empreendido por meio do Programa Mais Educação nos últimos anos dirigiu-se à mobilização de "forças vivas" da educação brasileira e de recursos orçamentários, para construção de práticas pedagógicas e de um campo conceitual que permitam caminhar na perspectiva da educação integral, tendo como referência as Escolas-Parque de Anísio e os Centros Integrados de Educação Pública de Darcy, sem que o contorno preciso de uma ou outra experiência paralisasse encaminhamentos construídos sob as condições contemporâneas das escolas públicas. Isso equivale a dizer que o foco do trabalho desencadeado pelo Governo Federal para a implementação da ampliação da jornada na perspectiva de uma educação integral não esteve nas expressões arquitetônicas que marcaram o esforço colossal das experiências históricas mencionadas, embora as condições de infraestrutura dos sistemas públicos de ensino sejam objetos permanentes de atenção, sobretudo por meio dos Planos de Ação Articulada (PAR) que organizam e objetivam os repasses de recursos do MEC para estados e municípios (www.mec.gov.br/par).

O diálogo com a obra desses gigantes da educação pública brasileira vem se dando na amplitude da compreensão que ambos explicitavam acerca do ato educativo e do papel da instituição escolar para a efetiva democratização da sociedade brasileira e para o enfrentamento das profundas desigualdades de nossa organização societária.

Tomando tais referências, pouco a pouco explicitaram-se desafios para a efetiva construção de um projeto de educação integral vivenciado em uma escola de tempo integral, superando-se as "minguadas" quatro horas diárias que caracterizam nossa "escola de turno".

Dentre esses desafios coloca-se a desnaturalização da "escola de turno" entendida por muitos como a única forma possível para o funcionamento da escola. A experiência de países como a França e a Inglaterra, que muito antes do Brasil universalizaram a educação básica, pontificou a escola de seis horas diárias com uma, duas ou mais horas diárias adicionais em projetos diversificados de formação humana e garantia de aprendizagens escolares. A ampliação do tempo de permanência dos estudantes tem implicações diretas na reorganização e/ou expansão do espaço físico, na jornada de trabalho dos professores e outros profissionais da educação, nos investimentos financeiros diferenciados para garantia da qualidade necessária aos processos de mudança, entre outros elementos. A concretização de tais mudanças requer processos de médio prazo que permitam aos sistemas de ensino e às escolas, em seu cotidiano, a (re)construção e o reordenamento material e simbólico do seu *modus operandi*.

Para além da necessária ampliação do tempo diário de escola, coloca-se o desafio da qualidade desse tempo, que, necessariamente, deverá constituir-se como um tempo reinventado que compreendendo os ciclos, as linguagens, os desejos das infâncias e juventudes que acolha, modifique assimetrias e esterilidades que ainda são encontradas na prática pedagógica escolar.

Os textos que compõem este livro nascem no contexto do enfrentamento desses desafios e fazem parte de um *movimento* que, pouco a pouco, vai ganhando espaço nas políticas educacionais, nas práticas pedagógicas e curriculares e nas formulações acerca da escola brasileira contemporânea.

Falam por meio destes textos inúmeros inspiradores teóricos, considerando-se a inutilidade de consagrar-se um único e válido interlocutor ou fundador para um debate tão amplo quanto são as dimensões do que podemos ousar na conceitualização de uma "educação integral": Anísio, Darcy, Freire, Heidgger, Snyders, Makarenko, Mafesoli, Milton Santos, Deleuze, Spinoza, Tardif, entre outros.

Diálogos polifônicos que remetem a questões de fundo em relação à tarefa da educação das novas gerações: Educar para quê? Sob que condições singulares? Para que mundo? Sob que pressupostos históricos, pedagógicos, filosóficos e éticos? De que tempo falamos quando falamos em tempo integral?

Da polifonia conceitual à amplitude em termos de "lugares-território" e "lugares-institucionais", expressam-se ao longo dos capítulos pesquisadores, professores, gestores municipais e estaduais, organizações não governamentais provenientes das cinco regiões brasileiras, mobilizados em torno deste tema que nos ocupará nas próximas décadas. Reflexões provenientes de experiências construídas a partir dos CIEPs, do Rio de Janeiro (RJ) e de Americana e Santa Bárbara D'Oeste (SP), experiências que foram decisivas para o Programa Mais Educação, em Apucarana (PR), Nova Iguaçu (RJ) e Belo Horizonte (MG), experiências diferenciadas como a de Palmas (TO) e do Espírito Santo (ES), experiências constituídas a partir do Programa Mais Educação, em Diadema (SP), Santarém (PA), Cuiabá (MT) e nos estados da Bahia (BA) e de Goiás (GO).

Não se trata, portanto, de um tema-debate cujo foco seja uma ou outra experiência isolada, uma ou outra abordagem conceitual, mas de uma tessitura cujas matrizes vão fortalecendo-se nos cotidianos de milhares de escolas e sistemas públicos de ensino espalhados por nosso país-continente, por meio de dinâmicas originais, diversificadas entre si e que, paulatinamente, vão compreendendo a educação integral como possibilidade de mediação de experiências de saber e humanização em contextos, em geral, conflagrados pelas vulnerabilidades sociais.

Assim, ao revés dos iluminismos, que, vez por outra, buscam remodelar o cotidiano das escolas, a fonte para as reflexões contemporâneas da educação integral aqui apresentadas é a ação-reflexão de sistemas de ensino que vão se redesenhando, reinventado, para além de seus contornos atuais.

Por fim, cabe uma referência ao processo de construção deste livro. No final de 2009, explicitou-se a necessidade de suscitar reflexões que ampliassem as referências que vinham sendo constituídas nesse campo pelo Ministério da Educação, em diálogo com atores institucionais e universidades públicas[*]. Por mais de um ano de intensos diálogos políticos, pedagógicos, curriculares travados nas "andanças" pelo país, os autores compartilharam tal ideia e propuseram-se a escrever. A partir desse processo organizou-se um livro extenso, em três segmentos co-

---

[*] Brasil. Ministério da Educação. *Educação Integral:* texto referência para o debate nacional. Brasília, 2009.

municantes entre si, que sob a insígnea dos "caminhos da educação integral no Brasil: direito a outros tempos e espaços educativos", trazem à tona questões, temas, olhares, experiências pertinentes e necessárias ao projeto que está em marcha: "compondo matrizes para o debate", "possíveis configurações da escola" e "vivências e itinerários em políticas públicas".

Tecendo redes de significações seus atores movem-se nas escolas, na gestão pública, nas universidades, na sociedade civil, teorias e práticas vão explicitando-se como dimensões de narrativas ancoradas nos contextos de vida e de trabalho dos diferentes autores.

Desse modo, acredita-se acrescentar elementos significativos ao debate desencadeado na sociedade brasileira e que ganha contornos precisos na proposta do Plano Nacional de Educação 2011-2020 que tramita, neste momento, no Congresso Nacional, como Projeto de Lei 8.035/2010, e prevê, em sua meta 6, *oferecer educação em tempo integral em 50% das escolas públicas de educação básica.*

Neste ano, marcado pelos 40 anos de morte de Anísio Teixeira (1900-1971) e pelos 90 anos de nascimento de Paulo Freire (1921-1997), pensar a educação integral como educação para a vida e como ação das muitas forças sociais que podem articular-se para reinventar a escola são as tarefas que nos congregam.

Portanto, temos, todos, muito trabalho pela frente!

Parte I

COMPONDO MATRIZES PARA O DEBATE

1

O direito a tempos-espaços de um justo e digno viver

Miguel G. Arroyo

Os Programas Mais Educação, Escola de Tempo Integral e Escola Integrada vêm ocupando centralidade no MEC e em muitas escolas e redes municipais e estaduais. Seria necessário perguntar-nos por que essa centralidade e que significados político-pedagógicos anunciam.

Esses programas coincidem na oferta de mais tempos-espaços de educação para a infância e adolescência populares. Mostram a consciência política de que ao Estado e aos governos cabe o dever de garantir mais tempo de formação, de articular os tempos-espaços de escolarização com outros tempos-espaços de seu viver, de socialização. Programas que ampliam o dever político do Estado e do sistema educacional.

Poderemos levantar algumas hipóteses. Porque cresceu nas últimas décadas a consciência social do direito à educação e à escola entre os setores populares, cresceu também a consciência de que o tempo de escola em nossa tradição é muito curto. O direito à educação levou ao direito a mais educação e a mais tempo de escola. Este pode ser um significado importante: tentar respostas políticas ao avanço da consciência do direito a mais tempo de educação.

MAIS TEMPO DA MESMA ESCOLA?

Dada a relevância política desses programas, somos obrigados a sermos fiéis a esses significados tão radicais e a não desvirtuá-los, a repensar as justificativas que nos levam a implementar esses programas nas escolas e redes de ensino. Uma forma de perder seu significado político será limitar-nos a oferecer mais tempo da mesma escola, ou mais um turno – turno extra –, ou mais educação do mesmo tipo de educação. Uma dose a mais para garantir a visão tradicional do direito à escolarização.

Se pararmos aí, estaremos perdendo a rica oportunidade de mudar o nosso sistema escolar, por tradição tão gradeado, rígido e segregador, sobretudo dos setores populares. Se um turno já é tão pesado para tantos milhões de crianças e adolescentes condenados a opressivas reprovações, repetências, evasões, voltas e para tão extensos deveres de casa, mais uma dose do mesmo será insuportável.

É fácil observar que as boas intenções desses programas, por vezes, são forçadas a se submeter a políticas seletivas, classificatórias mais fortes. Encontramos escolas e redes de ensino que orientaram esse mais tempo, mais educação para reforçar o treinamento dos estudantes para sair-se bem nas ameaçadoras provinhas, provas e provões, para elevar a média e passar na frente das outras escolas e das outras redes de ensino. Mais lamentável ainda, aproveitar o turno extra para que os docentes não sejam punidos pelos baixos resultados dos seus estudantes, para que, aumentando as médias nas avaliações por resultados, sejam merecedores de bônus.

Esses usos e abusos de programas sérios como o Programa Mais Educação, Escola de Tempo Integral e Escola Integrada são tentados a entrar nas lógicas tradicionais que regem nosso seletivo sistema escolar, a se adaptar às lógicas e valores que outros programas impõem como a política nacional de avaliação por resultados, por comparações competitivas entre escolas e redes ou por medo e incentivos aos mestres. Bônus, prêmios e castigos.

As políticas e o sistema escolar operam como um todo por vezes desvirtuando programas específicos bem-intencionados. Diante da rigidez estruturante do nosso sistema escolar, a experiência mostra que programas isolados têm dificuldade de se afirmar quando se contrapõem a políticas de Estado e aos valores e lógicas estruturantes do nosso sistema: o que aconselha a elevar esses programas à condição de políticas de Estado com força mais compulsória.

Podemos constatar que uma maioria de professores e professoras das escolas que estão implementando os Programas Mais Educação, Escola de Tempo Integral e Escola Integrada não os reduzem a mais um tempo de treinamento para as provas, mas para garantir o direito a mais educação. Outra educação.

A PRECARIZAÇÃO DOS TEMPOS-ESPAÇOS DO VIVER

Para não cair nessas interpretações tão reducionistas desses programas, será necessário manter como orientação a pergunta: por que aumentou a consciência popular do direito a mais educação e mais tempo de escola? Por uma constatação seríssima: a infância-adolescência popular está perdendo o direito a viver o tempo da infância. O direito a tempos dignos de um justo viver passou a ser visto como um dos direitos mais básicos. Do Estado exige-se espaços públicos de tempo de um viver digno da infância-adolescência.

Situados esses programas nessa direção, seremos obrigados a tentar entender por onde passa a negação do direito da infância-adolescência a um digno e justo viver.

O direito a uma vivência digna do tempo da infância é precário quando as condições materiais de seu viver são precárias: moradia, espaços, vilas, favelas, ruas, comida, descanso. Ou quando as condições e estruturas familiares de cuidado e proteção se tornam vulneráveis, inseguras ou são condenadas a formas indignas de sobrevivência. As relações humanas, familiares, de cuidado e proteção dos tempos da infância são ameaçadas quando as condições sociais, materiais e espaciais se deterioram.

A mãe, as irmãs, os irmãos, os parentes são forçados a buscar longe as formas de sobrevivência, a procura de trabalho e de comida para uma infância desprotegida, ameaçada por formas tão indignas de viver. Sabemos que nas últimas décadas um dos movimentos mais marcantes nas periferias urbanas tem sido o movimento de luta pró--creche, pró-educação infantil, pró-mais tempo de escola para as crianças. Poderíamos interpretar esses movimentos, que se prolongam desde a década de 1970, como um movimento por mais direito a proteção, mais cuidado, mais tempo de dignidade para a infância popular.

CRIAR TEMPOS-ESPAÇOS PÚBLICOS DE UM DIGNO E JUSTO VIVER DA INFÂNCIA-ADOLESCÊNCIA

Nesse histórico da luta dos movimentos sociais, podemos interpretar os Programas Mais Educação, Escola de Tempo Integral e Escola Integrada como tentativas tardias de respostas públicas a mais de três décadas de pressões vindas das famílias populares pelo direito a um justo e digno viver da infância-adolescência popular.

Esses programas tem como um dos seus significados políticos serem tentativas de respostas públicas a esses movimentos sociais por vivências de tempos-espaços mais dignos. Esperamos que esses programas virem políticas públicas, de Estado, compulsórias para toda a infância-adolescência popular, ainda submetidas a condições precárias de sobrevivência que negam o direito a um viver humano.

Somente políticas compulsórias de Estado garantirão o avanço da consciência do direito a tempos dignos de viver dessas infâncias. A precarização das formas de viver das crianças e adolescentes populares não é um acidente momentâneo a ser resolvido com programas pontuais. Menos ainda pode ser reduzido a um condicionante dos processos escolares de gestão ou de ensino-aprendizagem a ser descondicionado com turnos extra para algumas escolas. É urgente equacionar essa precarização das formas de viver como um problema social, político, moral, de negação do direito mais básico de grandes setores de nossa sociedade, e, consequentemente, equacionar essa realidade política como um dever de Estado a ser traduzido em políticas de Estado, políticas estruturais, compulsórias para todas as crianças e adolescentes jovens ou adultos que são vítimas dessas vidas precarizadas.

Uma análise aprofundada de tantos programas focados que se lastram por décadas desde a Escola da Ponte, os Centros Integrados de Educação Pública (CIEPs) e tantos outros mais recentes poderiam dar riquíssimos elementos para avançar para políticas públicas de Estado para tratar de situações sociais tão persistentes de precarização de direitos. Aos movimentos sociais e políticos por direitos coletivos se responde com políticas públicas que traduzam o dever do Estado e de suas instituições na garantia pública desses direitos.

Uma política de Estado que garanta mais tempo compulsório de escola poderá ser uma forma de avançar nesses direitos e uma forma de garantir tempos-espaços de um viver mais digno. Muitas escolas e redes de educação entendem esses vínculos históricos entre esses programas e o movimento social por direitos. Tentam ser fiéis aos significados político, ético e educativo que foram acumulados em décadas de movimento popular pelo direito a proteção, cuidado e tempos de dignidade para a infância-adolescência populares.

Será necessário não perder o sentido político que esses programas representam: anunciar a urgência de respostas políticas do Estado, dos governos e do sistema escolar ao avanço dos direitos da infância-adolescência para tempos de um digno e justo viver.

Reconhecido o significado político-pedagógico desses programas, que esperamos sejam assumidos como políticas de Estado, impõe-se a pergunta: como implementá-los nas redes e escolas?

Multiplicam-se encontros e seminários de educadores, monitores, gestores estaduais, municipais e escolares onde são levadas e socializadas formas bastante diversificadas de implementar esses programas: formas criativas de garantir mais educação, de ocupar mais tempos de escola, de integrar os espaços escolares e comunitários.

COMO PENSAMOS A INFÂNCIA-ADOLESCÊNCIA POPULARES?

Poderíamos levantar uma hipótese para entender essa diversidade: dependendo de como vemos e pensamos os educandos e a infância-adolescência populares destinatários dos programas, daremos uma direção ou outra, priorizaremos umas atividades ou outras, umas políticas ou outras.

Essa observação leva-nos a uma exigência: repensar como prioridade a maneira como vemos e pensamos a infância-adolescência populares. Antes de programar estas ou aquelas atividades, dedicar dias de estudo, para mostrar e explicitar, enquanto gestores, docentes-educadores, como pensamos os educandos, como pensamos os setores populares e seus filhos e suas filhas.

Vejamos algumas formas de pensá-los que têm condicionado as formas de tratá-los nesses programas e nas políticas socioeducativas em geral.

A tendência será pensá-los tendo como referência as representações sociais tão arraigadas em nossa cultura política segregadora, inferiorizante e preconceituosa; ver o povo, os subalternos, como foram e continuam sendo vistos ao longo de nossa formação social, política e cultural, pelo lado negativo: carentes de valores, dedicação, esforço; carentes de cultura, de racionalidade; com problemas mentais, de aprendizagem, lentos, desacelerados, desmotivados, indisciplinados, violentos.

Essas visões tão preconceituosas predominam nos meios de comunicação, nos noticiários que tanto destacam o protagonismo negativo dos jovens e adolescentes e até da infância populares. Há uma intencionada reprodução dessas visões negativas mostrando-os como violentos, agressivos, fora da ordem, em conflitos permanentes com a lei. Os fora da lei, dos valores, da moralidade ordeira, das cidades, dos campos e das escolas.

Difícil ao imaginário educacional, escolar e até gestor de políticas socioeducativas não se deixar influenciar por essas representações sociais tão negativas da infância e adolescência populares, que vão chegando às escolas públicas ainda que tarde. Difícil aos programas e políticas não deixar-se influenciar em suas "boas intenções" por essas visões e esses imaginários históricos tão negativos e inferiorizantes.

Nossa hipótese é que da mesma forma como os vemos e pensamos, terminaremos tratando-os e programando políticas, ações e propostas. Assim aconteceu ao longo da história das políticas para os setores populares: traziam as marcas de como foram pensados.

Seria aconselhável examinar com todo cuidado que pontos de vista motivam esses programas e as ações que privilegiamos. Comecemos vendo algumas das visões-motivações que devem ser repensadas. Depois destacaremos outras visões-motivações que merecem ser privilegiadas e que estão orientando esses programas para significados afirmativos.

SUPERAR VISÕES NEGATIVAS QUE DESVIRTUAM OS PROGRAMAS

Uma visão persistente na escola e na gestão do sistema escolar tem sido pensar essas infâncias-adolescências populares como atrasados mentais, com problemas de aprendizagem, lentos, desacelerados, consequentemente, classificados no percurso seletivo escolar como reprovados, repetentes, defasados, incapazes de seguir com êxito o percurso normal de aprendizagem, logo, fracassados escolares e sociais.

Quando essa visão predomina, enraizada na cultura gestora escolar e docente, ou quando predomina nas políticas e diretrizes e no rígido corpo normativo e avaliativo, termina marcando todas as políticas, diretrizes, regimentos, projetos e propostas. Sua intenção será mais educação e mais tempo para compensar atrasos, ajudar mentes menos capazes de aprender, acelerar lentos e desacelerados, suprir carências mentais, de racionalidade escassa, ajudar nos deveres de casa, reforçar aprendizados inseguros, diminuir fracassos, elevar as médias das provinhas e provões federais, estaduais e municipais.

Pensemos em outra visão negativa da infância-adolescência populares destinatárias desses programas que exigem extremo cuidado, como por exemplo, ver essas infâncias-adolescências em risco e em vulnerabilidade social e moral. A inferiorização mental, intelectual e cultural com que foram pensados os setores populares foi acompanhada de sua inferiorização moral ao longo da história, desde a empreitada colonial civilizatória.

As metáforas com que são classificados refletem essa visão não apenas inferiorizada, mas de perigo, de medo da infância-adolescência popular. Em risco, ou melhor, pondo a ordem social em risco, violentos, ou pondo a disciplina escolar em risco, porque indisciplinados, desordeiros e até violentos. A outra metáfora, vê-los em vulnerabilidade moral carrega a ideia de contaminação, em risco de ameaça moral, de contagiar as outras infâncias-adolescências sadias com suas condutas imorais. Será fácil a escola e suas políticas fazerem coro a essa mentira global como a mídia e a cultura social veem essas infâncias nas ruas, nas cidades e nas escolas populares.

Quando essas visões das infâncias-adolescências populares invadem esses programas e políticas socioeducativos, esses serão reduzidos a mais educação das condutas e a mais tempo na escola para tirar os alunos do risco de contaminação com a violência, as drogas, o roubo... Lamentavelmente, essas políticas e programas, se assim pensados, reduzirão os educandos a ações moralizantes dos filhos(as) do povo. Nem sequer serão pensados como políticas e ações distributivas, compensatórias, supletivas de carências intelectuais, mas de carências morais.

Uma questão urgente: será essa a visão mais adequada de programas como Programa Mais Educação, Escola de Tempo Integral, Escola Integrada, de turnos-extras e mais tempo escolar? Podem ser reduzidos a mecanismos de moralização ou de reforço, recuperação, suplência, compensação, elevação de médias em provas de resultados quantificáveis? Se assim forem, estarão cumprindo um papel histórico funesto: reforçar históricas visões negativas, preconceituosas, segregadoras e inferiorizantes dos coletivos populares e de suas infâncias e adolescências que com tanto custo chegam às escolas.

Estaremos reforçando visões antipedagógicas, antiéticas tão incrustadas em tradições políticas, gestoras, didáticas e pedagógicas que introjetamos da cultura política colonial e elitista que nos persegue.

Cultura, política e pedagógica, que boas intenções inclusivas, democratizantes, igualitárias não conseguem superar, porque delas se alimentam ao pensar políticas e programas para os pobres morais, o povo, seus filhos e suas filhas em risco.

Em sua implementação, se esses programas se curvarem a essas visões tão inferiorizantes, não passarão de políticas compensatórias de mais tempo para compensar carências, não apenas de tempo, mas carências morais que reforçam carências mentais e de problemas de aprendizagem.

Quando a maioria das crianças e dos adolescentes destinatários ou beneficiários desses programas-políticas compensatórias de carências mentais ou de vulnerabilidade moral são os mais pobres, das periferias, vilas, favelas e negros, teremos de reconhecer que estaremos reproduzindo e reforçando as visões extremamente preconceituosas e inferiorizantes que nos perseguem na história de nossa formação social, política, cultural e pedagógica que por séculos os inferiorizaram.

REFORÇAR SEU PROTAGONISMO E SUAS PRESENÇAS AFIRMATIVAS

A intenção da Secretaria de Educação Continuada, Alfabetização e Diversidade (SECADE/MEC) de tantas escolas e redes estaduais e municipais é se contrapor a visões de protagonismos negativos reconhecendo e fortalecendo presenças afirmativas dessas infâncias e adolescências é disputar imaginários sociais e políticos do povo. Nesse embate em que esses programas são redefinidos em outra direção é politicamente perverso quando estamos em um momento de disputa de representações sociais e políticas sobre os setores populares e seus filhos.

Será necessário dar a esses programas um significado político de contraposição a um clima orquestrado de perpetuar representações sociais inferiorizantes dos setores populares. Uma contraposição política às mídias que parecem empenhadas em destacar o protagonismo negativo moral com noticiários sobre crianças, adolescentes e jovens populares envolvidos em roubos, crimes, violência, ameaças à paz social e à ordem nas cidades, nas periferias e até nas escolas.

Frente a essas visões, haverá um significado político extremamente relevante se políticas e programas socioeducativos para essas infâncias-adolescências destacarem, em seu protagonismo positivo, seus esforços por sobrevivência, por cuidado, seus gestos de autoproteção e de proteção a seus irmãos, sua colaboração na escassa renda familiar; também destacarem sua participação em tantas ações coletivas populares pró-terra, pró-teto e moradia, pró-água, luz, transporte, cultura, humanização dos espaços; destacarem seus esforços por articular tempos de trabalho e sobrevivência e tempos de escola, sua ética e seus exercícios de liberdade nos limites mais extremos.

Essas visões positivas, de protagonismos afirmativos, inspiram esses programas entrando na disputa política e cultural por outras visões e outros tratamentos negativos da infância-adolescência popular.

Todo programa que em sua interpretação reforce essa visão positiva, esse protagonismo afirmativo, estará contribuindo para se contrapor à histórica cultura política segregadora e inferiorizante dos setores populares. Toda atenção é pouca, nada será inocente, nem a boa vontade pedagógica quando a disputa é política.

Estamos em um contexto político novo em que retomar visões e representações sociais e políticas inferiorizantes dos setores populares tem um sentido político especial diante da sua afirmação social na arena política. Como nunca antes, os coletivos sociais, étnicos e raciais, como indígenas, negros, trabalhadores do campo e das periferia se afirmam presentes, reivindicativos, em lutas coletivas e em movimentos sociais por direitos negados. Nesse novo contexto político afirmativo, será antiético e antipedagógico retomar velhas representações sociais inferiorizantes e negativas.

Os programas como Programa Mais Educação, Escola de Tempo Integral e Escola Integrada têm o grande mérito de situarem-se nesse novo contexto político e proporem somar-se com essas presenças afirmativas dos setores populares. Cumprem um papel de fortalecimento, de reconhecimento de ações-presenças afirmativas, contestadoras de tratamentos inferiorizantes.

Outros termos, já que estamos em outros contextos, em outras correlações de força. As políticas e os programas socioeducativos poderão fortalecer ou enfraquecer essas presenças positivas afirmativas dos setores populares sempre inferiorizados ou vistos pelo lado negativo. Se esses programas se propõem a garantir o direito à educação e ao tempo de escola, terão de situar-se nesse novo contexto político. Terão de afirmar-se como políticas afirmativas, de reconhecimento da presença positiva dos coletivos populares em nossa história. O tratamento dos seus filhos(as) no sistema público, nas políticas e programas terá de ser repolitizado nesse novo contexto político.

COMO AVANÇAR PARA POLÍTICAS DE RECONHECIMENTO

Para que os Programas Mais Educação, Escola de Tempo Integral ou Escola Integrada sejam políticas afirmativas, de reconhecimento, será urgente, como apontávamos, superar as formas de pensar as infâncias-adolescências populares. Consolidar esses programas nessa radicalidade supõe superar toda visão negativa que os classifica como menos capazes ou inferiores em capacidade intelectual, cultural ou moral; supõe avançar no convencimento profissional de que essas formas de pensá-los e de tratá-los não são nem éticas nem pedagógicas e carregam preconceitos históricos incompatíveis com o avanço de nossa ética profissional, política e igualitária.

A pergunta se impõe como postura profissional: como ver e pensar essas infâncias-adolescências para termos outros tratamentos e redefinirmos os significados de nossas ações pedagógicas?

As formas como as políticas e os projetos socioeducativos veem e tratam as questões sociais, os educandos, e até os educadores, em pouco têm ajudado, e, muitas vezes, até têm empobrecido tais políticas e projetos e suas possibilidades de intervenção. Diante do agravamento das condições sociais de vida dos professores e dos educandos, torna-se nuclear aos currículos de formação dedicar tempo e análises aprofundadas sobre as questões sociais, econômicas, políticas e culturais que tanto afetam seu fazer profissional.

Incorporar nos currículos de formação docente e pedagógica análises sociológicas avançadas, que existem, com foco nas questões sociais que afetam de maneira tão radical o viver a infância-adolescência-juventude popular dos sujeitos humanos com que lidamos? Em que novos contextos socioespaciais são obrigados a sobreviver, a aprender e a exercer a liberdade, obrigados a formar-se sujeitos pensantes, éticos, culturais, humanos? Essas são as questões com que os profissionais se defrontam nas salas de aula. Desconhecê-las expõe a precariedade intelectual dos cursos de formação.

Os Programas Mais Educação, Escola de Tempo Integral, Escola Integrada mostram a urgência de aprofundar as formas de pensar as infâncias-adolescências. Destaquemos apenas duas ênfases nas formas de pensá-los que vem servindo de orientação de sentido político-afirmativo para esses programas.

Primeira, partir de uma visão realista e aprofundada da vulnerabilidade social a que essas infâncias-adolescências são condenadas; reconhecer a precariedade do viver e sobreviver de que são vítimas.

Em outros termos, mudar nosso olhar: da visão histórica que os considera responsáveis como indivíduos ou como membros de coletivos sociais, étnicos, raciais, de gênero, campo, periferias, pichados em nossa cultura política como inferiores a serem salvos através da escola e de ações moralizadoras para vê-los como vítimas históricas de relações sociais, econômicas, políticas e culturais de dominação-subordinação-inferiorização. Essa mudança no olhar, de vulneráveis a vítimas, mudará radicalmente todo programa e toda política socioeducativa; mudará nossa postura ética profissional.

Segundo, reconhecidas essas infâncias-adolescências destinatárias dos programas como vítimas históricas de vidas precarizadas, teremos de centrar o foco no objeto dos Programas Mais Educação, Escola de Tempo Integral, Escola Integrada.

O foco mais específico desses programas é mais tempo-espaço ou dar centralidade ao direito a tempos-espaços mais dignos do seu viver. Para avançarmos nessa direção, será necessário dedicar dias de estudo e oficinas para responder a estas questões: em que tempos-espaços vivem, sobrevivem, mal-vivem? Qual a centralidade das vivências do tempo-espaço nos processos de socialização, humanização, formação, aprendizagens do viver?

Estamos sugerindo que a vulnerabilidade social a que é submetida a infância-adolescência populares passa pela precariedade dos espaços em que é forçada a viver pela desumanização dos tempos. Quando seus tempos-espaços são tão precários, são forçados a viver nos limites humanos, no limite do exercício da liberdade e das opções éticas.

Mais ainda, nessa precariedade espaço-temporal, o mais vulnerável é o corpo, a vida. Infâncias-adolescências expostas aos limites do viver-não-viver. Os corpos infantis-adolescentes sofrem toda precariedade de viver. *O ser* do corpo, *o ser* corpóreo está irremediavelmente atrelado ao ser espacial, ao ser temporal, ao sermos humanos. Vida-corpo-espaço-tempo são inseparáveis enquanto direitos básicos humanos.

Os processos mais elementares de humanização, de aprender a ser humano, de apreender a produção intelectual, ética, cultural, função central da escola e da docência estão condicionados a esses direitos mais básicos a vida-corpo-espaço-tempos humanos.

Esses programas trazem para a pedagogia a centralidade da vida e corpos não reconhecidos ou mal-vividos em lugares não reconhecidos. As lutas por reconhecimento passam por lutas por tempos-espaços reconhecidos como dignos, humanos: entre eles a escola.

Os programas-políticos como Programa Mais Educação, Escola de Tempo Integral ou Escola Integrada podem ser vistos como que puxando para o realismo comprometido, tendo o grande mérito de chamar o pensar e fazer educativo e seus profissionais ao reconhecimento dessa centralidade do direito à vida, ao corpo, ao espaço, ao tempo e à sua inseparabilidade dos processos de educar, ensinar, aprender, humanizar-nos. Carregam um impulso testemunhal. Advertem sobre a urgência de levantar, como profissionais da educação, questões prévias ou de raiz: quais são as condições do viver, das vivências corpóreas, espaciais, temporais, das infâncias-adolescências com que trabalhamos?

Em que condições é possível aprender a viver, aprender a vida digna e justa? Em que outras vivências corpóreas ou condições de tempos-espaços é impossível um viver humano?

Quando nos deixamos indagar por essas questões, como profissionais do conhecimento, da cultura, da formação, aprendemos que somos, primeiro, profissionais da vida. Temos a sensação de vida nas salas de aula. Somos levados a lidar com o ensinar e com a ternura por vidas-corpos precarizados, porque vemos nos alunos mais do que fracassados e mais do que crianças em risco e com vulnerabilidade moral. Vemos corpos famintos, vidas mal-vividas. A miséria material que rodeia as salas de aula afeta o ensino-aprendizagem mais do que as condutas, porque destrói corpos e vidas. Impõe limites às condutas morais, ao exercício da liberdade, do ensino e das aprendizagens. São as vidas mal-vividas dos educandos os limites mais desafiantes do trabalho docente.

Quando somos sensíveis a vidas vividas em condições sociais, espaciais, temporais, corpóreas tão extremas, somos levados a ter posturas críticas de tantas visões moralizantes e psicopedagogizantes que invadiram a pedagogia escolar e até os programas socioeducativos. Somos levados a uma crítica radical de uma ordem social que não consegue sequer o direito a um viver humano digno e justo de suas infâncias.

Dada essa centralidade do viver, mal-viver, dos tratamentos dignos ou indignos dos corpos, dos tempos-espaços nos processos de socialização, formação, ensino-aprendizagem, assumir essa centralidade e tratá-la com profissionalismo não pode ser deixado para turnos extras, para tempos extras, para educadores-monitores extras, mas será uma exigência ética e profissional de todo docente-educador em todo tempo-espaço profissional. Essas centralidades podem ser trazidas por programas de turnos extras, mas terão de ser trabalhadas e assumidas em todos os turnos e por todos os profissionais. Quando assumida com esse radicalismo a centralidade do corpo – do tempo-espaço do viver dos educandos no turno extra, somos instados a reconhecer a mesma centralidade no turno-tempo normal.

O DIREITO A VIDA, CORPOS, TEMPOS-ESPAÇOS DE UM JUSTO VIVER

Retomemos o núcleo central desses programas: políticas afirmativas do direito da infância-adolescência a vida, corpos, tempos-espaços de um digno e justo viver. O direito mais básico do ser humano é o viver.

Quando esse direito é negado, todos os outros são. Às infâncias-adolescências populares é negado o direito mais básico: desenvolver seu viver, seu corpo em espaços-tempos humanos. O que esses programas trazem de mais radical às políticas públicas, à pedagogia, à docência e ao sistema escolar é reconhecer que lidamos com gente que é vida, corpo, espaço-tempo. Gente que desde a infância é condenada pelas relações sociais, econômicas e políticas a formas precaríssimas de vida-corpo-espaço-tempo.

Em outros termos, esses programas nos puxam para darmos a centralidade esquecida ao viver em um corpo, em uns espaços-tempos humanos. O moralismo e intelectualismo pedagógico a que reduzimos as aprendizagens secundarizou a vida, os corpos, os espaços-tempos do viver, aprender, de humanizar-nos, ou desumanizar-nos. Somos mentes de sujeitos corpóreos, temporais-espaciais, de vida, não mentes, vontades abstratas incorpóreas, aespaciais, atemporais que pouco temos relacionado as possibilidades de aprender com as possibilidades do viver.

Na medida em que esses programas nos defrontam com essas dimensões esquecidas – vida-corpo-espaço-tempo –, somos obrigados a dar conta de questões inadiáveis: como os educandos vivem a vida, o corpo, os tempos-espaços; como os tratamos no ordenamento escolar; como sujeitos de vida, corpo, tempos-espaços, a que vivências são submetidos nos tempos-espaços escolares e extraescolares em todos tanto no turno como no turno extra, na totalidade de seu viver, na diversidade de tempos-espaços. A proposta Escola Integrada nos alerta para necessidade de repensar essa totalidade-diversidade e de articulá-la pedagogicamente, para questões que deveriam ser centrais nos cursos de formação de gestores escolares, de licenciatura e da pedagogia, de políticas e de currículo.

No meu entender, este é o sentido mais radical dessas políticas-propostas: trazer para a reflexão e a prática pedagógica, didática, docente, curricular gestora a centralidade esquecida do viver, do corpo, dos tempos-espaços nos processos de formação humana, inclusive de educação-aprendizagem-socialização na escola; obrigar-nos a perguntar que sentido pode ter ensinar-aprender para infâncias-adolescências perdidas, submetidas a tempos-espaços tão hostis. Como se pode aprender, se humanizar em vivências tão contraditórias de corpo: desproteção, fome, medo, incerteza das possibilidades mais elementares do sobreviver, mas também de esperanças, ansiedades de felicidade e dignidade, de busca de outros tratamentos, tempos-espaços mais dignos, de busca da escola?

Esses programas confrontam-nos com outras posturas profissionais sem despojar-nos de moralismos, nenhuma dessas indagações será pertinente frente a moralismos, a uma olhada ética sobre a complexidade do viver dessas infâncias-adolescências ou a um equacionamento moral de nossos programas e ações e da programação dos tempos-espaços na escola, na sala de aula. Estes exigem ser programados de maneira mais humana para infâncias-adolescências que carregam para as escolas e salas de aula vidas, corpos, tempos e espaços mal vividos, tratados sem proteção, sem dignidade, que ao menos encontrem tempos-espaços de dignidade nas escolas.

Quanto mais desumanas forem as formas de viver das escolas, das crianças e dos adolescentes mais dignos, mais humanos terão de ser os espaços, os tempos, os tratamentos dos seus corpos, de seu viver, conviver nas escolas e nas salas de aula, nos regimentos, nos processos cotidianos de agrupar, ensinar, avaliar. Essa é a intenção de tantos educadores, gestores, monitores dos turnos extras.

Podemos observar tratamentos mais flexíveis, mais personalizados ou diversificados não apenas para a especificidade de cada atividade cultural, artística, para cada oficina, mas também para cada coletivo de educandos e de suas vivências.

Se assumimos a radicalidade dessas propostas, seremos obrigados a fugir de reduzi-las a mais tempo de recuperação e moralização. Como coletivos profissionais, seremos obrigados a repensar-nos em nossas identidades docentes. Não podemos ser os mesmos para vivências humanas tão nos limites do viver.

Como repensar a organização escolar nos tempos-turnos "normais", na docência "normal"? Os conteúdos, as didáticas, as avaliações terão de ser repensados para assegurar o direito primeiro aos educandos de recuperar, ao menos nas salas de aula, seu viver, sua condição corporal, espacial, temporal inseparáveis do direito ao conhecimento, à cultura, aos valores, à formação plena como humanos.

REORGANIZAR OS TEMPOS--ESPAÇOS DA ESCOLA PARA UM VIVER DIGNO

Esses programas não se propõem a apenas ampliar o tempo, mas a reorganizar com radicalidade os tempos-espaços do viver a infância-adolescência, tornando-os mais próximos de um digno e justo viver, ao menos na totalidade dos tempos-espaços escolares.

Assumida essa radicalidade, seremos obrigados a repensar e reorganizar toda a lógica em que planejamos o tempo-espaço, desde a enturmação até a sequenciação dos conteúdos, das aprendizagens e das avaliações. Repensar radicalmente os rituais de reprovação-repetência, as rupturas de sequências temporais, de desrespeito às especificidades de cada tempo mental, cultural, identitário, humano. Somos obrigados a articular os tempos-espaços no ordenamento curricular e os tempos-espaços do viver concreto, do indigno e mal--viver das infâncias-adolescências dos educandos.

Esses programas mostram-nos confrontações seríssimas já vividas pelos docentes-gestores-educadores nas escolas entre a rigidez dos tempos escolares e a crueldade a que são condenados os educandos nos seus tempos do viver e nos seus corpos, no seu cotidiano. Na medida em que esses programas ampliam o tempo de escola, muitos coletivos profissionais põem sua criatividade não a serviço de mais tempo do mesmo, nem para reforçar as aprendizagens, lentidões, atrasos do primeiro turno, mas para outras atividades, outra programação dos tempos-espaços, outros tratamentos dos corpos, do viver dessas infâncias--adolescências.

O Mais Tempo tem levado a outros tratamentos e outras programações do tempo, no turno extra ou na integração entre tempos-espaços do turno extra e outros tempos-espaços das comunidades. Reconheçamos que essas novas visões, programações dos tempos-espaços, inauguram uma outra cultura pedagógica, política e ética do tempo-espaço nos processos de formação e de aprendizagem.

O passo urgente será fazer que essa nova cultura e novo tratamento do tempo, dos corpos e do direito primeiro à vida passem a redefinir os ordenamentos e os tratamentos no turno regular, nos tempos duros das disciplinas, dos conteúdos, de suas sequenciações, do seu ensino-aprendizagem, das avaliações, retenções, rupturas de percursos e tempos de crianças e adolescentes com vidas, corpos, vivências temporais e espaciais tão desumanas fora e tão esquecidas dentro das escolas.

O DIREITO À EDUCAÇÃO INTEGRAL EM TEMPOS INTEGRAIS

Na realidade, esses programas respondem a inúmeras práticas docentes e gestoras nas escolas que vêm se formando nas últimas décadas até em redes de ensino. Nessa diversidade de práticas e propostas, foi se constituindo uma pedagogia que sente-se incomodada frente ao problema da precarização das formas de viver das infâncias, adolescências populares. Os CIEPs, antes as Escolas-Parque como exemplo, foram um marco histórico dessas sensibilidades políticas, éticas e pedagógicas.

Ao longo de corajosas práticas e propostas, foram pensadas e implementadas políticas socioeducativas escolares em prol de uma vivência mais justa da infância-adolescência popular. A inquietação tem sido desafiante: o que os tempos-espaços vividos nas escolas podem contribuir com outras políticas públicas para tornar essas vidas menos precarizadas, mais humanas? A esses programas cabe tentar respostas urgentes.

1. Reconhecer que não se trata de acidentes pessoais ou familiares de alguns alunos(as), mas sim de vitimações, opressões sociais sobre os coletivos populares que vão chegando nessa quase universalização da escola. São os quase últimos a chegar, os mais pobres dos pobres, roubando tempos de sobrevivência por tempos de escola.

   A pedagogia e os projetos e políticas são obrigados a superar visões individualizadas de cada aluno carregando seu problema para vê-los como coletivos sociais, étnicos, raciais, dos campos e periferias. Nessas opções políticas de políticas para coletivos, de reconhecimento de coletivos, se inserem esses programas. Se esses programas superarem essa teimosa visão individualizada dos problemas sociais e escolares, trarão uma contribuição histórica.

2. Superar visões muito espiritualistas, que só veem os educandos como mentes, pensamento e saberes incorpóreos. Visões que cultivam o desprezo pelo corpo, que polarizam cuidar-proteger-viver de um lado e ensinar-aprender de outro.

   Esses programas levam-nos a reconhecer que o ser humano, de criança a adulto, é uma totalidade, com a qual a pedagogia e a docência lidam ; que diminuir ao menos sua fome, sua desproteção, seu precário viver é humanizar, formar, educar, aprender, é trabalho profissional; que as políticas educativas somente serão educativas se atreladas a políticas de garantia de um digno e justo viver.

   Logo, são necessárias políticas integradas orientadas por uma ética gestora e profissional de compromisso com a totalidade da condição humana. Os direitos humanos são de totalidades humanas indivisíveis. Fragmentá-los é negá-los.

3. Dar maior centralidade à construção de espaços escolares públicos dignos, salas de aula, número de alunos, pátios, salas de oficinas, de projetos, de esporte, lúdicos, artes, música, artesanato, convívios...

   Superar o tradicional reducionismo do trabalho docente a aulista e do trabalho dos educandos a enclausuramento na sala de aula. Não se garante o direito à vida, à aprendizagem em salas de aula tornando-as espaços de reclusão de mestres e alunos. O direito à totalidade das vivências dos corpos exige diversificar espaços, priorizar novos e outros espaços físicos, nas políticas, nos recursos. Sair de espaços indignos de moradia de rua para indignos espaços escolares negará o direito ao viver justo.

4. Alargar a função da escola, da docência e dos currículos para dar conta de um projeto de educação integral em tempo integral que articule o direito ao conhecimento, às ciências e tecnologias com o direito às culturas, aos valores, ao universo simbólico, ao corpo e suas linguagens, expressões, ritmos, vivências, emoções, memórias e identidades diversas.

Essa função da escola mais integral da formação humana exige mais tempos, mais espaços, mais saberes, artes, compromissos profissionais, diversidade de profissionais.

5. Reconhecer o direito dessas infâncias-adolescências a conhecer as formas injustas de viver a que historicamente foram condenados. Organizar projetos intra ou extradisciplinares para um conhecimento aprofundado dessas histórias e dos determinantes sociais, econômicos, políticos e culturais. Que se saibam vítimas do direito à vida, ao corpo, a tempos negados e que conheçam tantas resistências e lutas pelo direito a um viver mais justo.

6. Superar dualismos. Os turnos extras avançam nesses compromissos com a educação integral, porém, com frequência, caem em um dualismo perigoso: no turno normal a escola e seus profissionais cumprem a função clássica: ensinar-aprender os conteúdos disciplinares na exclusividade dos tempos de aula, na relação tradicional do trabalho docente-discente, nos tratamentos tradicionais da transmissão de lições, deveres de casa, avaliações, aprovações-reprovações, no esquecimento dos corpos e suas linguagens, das culturas, dos valores, das diversidades e identidades: dimensões da formação humana frequentemente soterradas na fidelidade implacável aos ordenamentos curriculares, do que ensinar, que competências aprender, avaliar.

Para o turno extra, deixam-se as outras dimensões da formação integral tidas como optativas, lúdicas, culturais, corpóreas menos profissionais mais soltas e mais atraentes. Dualismos antipedagógicos a serem superados.

7. Nada fácil para esses programas ao caírem nesses ordenamentos rígidos e nessas dualidades e hierarquizações, conseguirem representar uma proposta histórica da educação integral-integrada. Mereceriam ser pesquisadas, analisadas e divulgadas propostas que avançam nessa difícil superação de dualismos e hierarquizações e na consolidação de mais educação, mais tempos para propostas de garantia do direito à formação humana integral e integrada.

O grande mérito desses programas será tentar superar históricos dualismos e hierarquizações falsas, alargar o direito à educação, ampliar o ofício de ensinar-educar.

Voltemos à pergunta: qual é o eixo instigador desses desafios que esses programas se propõem? O reconhecimento de que as infâncias-adolescências populares que chegam são uma totalidade quebrada no direito mais elementar, primeiro ao viver digno e justo, a corpos não mutilados, a tempos-espaços não precarizados.

Dessa condição do injusto viver dessas infâncias-adolescências, vem os apelos, as indagações mais radicais da radicalidade esperada das escolas, da docência, dos currículos, da teoria pedagógica.

Se a universalização da escola básica é vista como um novo tempo, olhemos para que infâncias-adolescências chegam, ainda que tarde, e deixemos-nos interrogar por seu indigno e injusto viver. Respondamos com outras políticas, outra escola, outros ordenamentos, outras vivências de outros tempos-espaços, de um viver mais digno e mais justo. Radicalizemos esses programas para se tornarem políticas de Estado.

2

O outro ao meu lado

Algumas ideias de tempos remotos e atuais para pensar a partilha do saber e a educação de hoje

Carlos Rodrigues Brandão

Melhor: compreendi que a ternura era o melhor da vida. O resto não vale nada. Não é por a esmola da velha do Evangelho ser dada com sacrifício que é mais aceita no céu que o ouro do rico – é por ser dada com ternura. O importante é a comunicação de alma para alma. A mão que aperta a nossa mão, o sorriso que nos acolhe, desvendam-nos um mundo. Às vezes é um nada que nos faz refletir, é o momento, é uma figura que nos entra pela porta adentro e de quem nos sentimos logo irmãos...[1]

PORQUE ISTO, ESCRITO DESTA MANEIRA

Para não misturarmos bananas, maracujás, caquis e cajus em um mesmo saco sob o rótulo genérico "frutas tropicais", proponho estabelecer aqui uma diferença que as linhas a seguir tornarão justificada. Ela nada tem de novo, mas a maneira como uma palavra (e os seus sentidos claros e ocultos) e a outra (idem) são, não raro, mescladas e confundidas, torna, a meu ver, necessário retornar às suas diferenças.

Uma coisa é *educação*. Outra é *capacitação*. A educação pode e deve conter ingredientes funcionais de capacitação. Mas esta última pode ser exercida, e o é com frequência, sem alçar-se ao que é essencial na educação: a formação da pessoa humana, para além da instrumentalização competente do indivíduo capaz. Em tempos em que uma vaga e invasora "cultura de mercado" ameaça colonizar tempos e espaços cada vez mais íntimos e identitários, pessoais, interativos e sociais da vida cotidiana, quero fundamentar o que escrevo aqui na ideia de que uma tarefa sempre urgente, ainda mais agora, é opor-se a uma funcionalização redutora da educação escolar e de outras dimensões e alternativas em que ela pode ser culturalmente criada e estendida, uma ou algumas propostas de uma educação tão realística e utopicamente diversa quanto possível. Uma educação a tal ponto assumidamente integral e humanista, a começar por não temer esses dois termos aparentemente "fora de moda", que parta do princípio de que a sua vocação (bem mais do que a sua "função social") é criar sábios solidários em lugar de sabedores espertos e individualistas. É recuperar o que, em outros tempos, ora chamávamos de consciência crítica, ora de vida interior. É fazer circular entre redes de *entre-nós* – de pessoas vocacionadas ao dom, à troca, à reciprocidade e à partilha generosa – a experiência do criar saberes e sentidos através dos quais valha a pena aprender algo. Realizar essa aventura da mente e do coração, em vez de apenas reproduzir sujeitos centrados em um crescente "*mim-mesmo*", e condicionados a acumular informações e conhecimentos utilitários através dos quais uma pessoa social se transforma em um indivíduo-de-mercado. Isto é, uma impessoal mercadoria residualmente humana e (ela bem sabe) tão descartável quanto uma outra qualquer.

A INFORMAÇÃO, O CONHECIMENTO E O SABER – UM BREVE INTERVALO

Devo recorrer aqui a leituras quase recentes de Bernard Charlot (2000). A partir de três ou quatro páginas bastante oportunas de um de seus livros podemos imaginar que a educação começa no conhecimento e deságua no saber, enquanto a capacitação começa na informação e deságua no conhecimento.

Em seu livro *Da relação com o saber* Bernard Charlot lembra que no campo da educação podemos colocar em escala de valor-de-aprender três categorias do que se vem a compreender e utilizar. Seus nomes nos são muito conhecidos, mas é exatamente a relação que ele estabelece entre elas que importa, sobretudo entre a segunda e a terceira categorias: *a informação, o conhecimento e o saber*.[2]

A primeira categoria é a *informação*. A menos complexa e exigente, a menos dialógica, a mais conhecida e, sobretudo nos meios de comunicação de massa, a mais instrumental. Um manual que acompanha uma máquina fotográfica instrui a respeito de seu uso. De igual maneira, um instrutor, em 10 aulas práticas, habilita-me a apresentar-me para provas de direção de automóveis. A própria categoria "instrutor" revela os limites deste campo do aprendizado.

A segunda categoria é o *conhecimento*. Este conceito da neurologia, da psicologia e da pedagogia é conhecido como polissêmico. O que torna intrigante o sentido que a ele atribui Charlot, é colocá-lo a meio caminho entre a informação e o saber, que um pouco adiante nos espera.

O conhecimento exige um primeiro esforço mais íntegro e ativo do diálogo. Sendo um momento do aprendizado, ele não corresponde somente a informações cumulativas e funcionais que nos obrigam mais à fixação de regras e manejos do que a qualquer exercício de reflexão. Para conhecer através do aprendizado importa não apenas dominar uma técnica ou compreender uma questão, mas refletir sobre o que se aprende e conhece. Conhecer implica possibilidade da interpretação, de desacordo, de um diálogo-com, através do qual o que eu aprendo não é exatamente o que leio ou ensinam-se. É mais do que isso, ou algo diferente. Aprendo um conhecimento quando torno meu o pensamento de outro através do meu.

O *saber* é um passo além. Informações se acumulam como uma posse da mente. Conhecimentos interagem com quem conhece e transformam o "conhecedor" em um alguém que não apenas sabe, mas compreende e pensa crítica e criativamente a partir do que passou a conhecer. Possuímos uma informação, pensamos pessoalmente e dialogamos interativamente através de conhecimentos. De sua parte, o saber flui através de nós.

Sem pertencer a ninguém, o saber é algo entre símbolos, sentidos e significados que partilhamos com redes de pessoas que se conectam através da partilha do que há de coletivo entre elas e do que elas participam apenas através de situações de diálogo.

Já que estou dialogando com Bernard Charlot e, através dele, com J. M. Monteil, quero, ao aprender com eles o que eu não sabia ou sabia de outro modo, dar um passo adiante deles.

Assim, muito além da informação e ainda adiante do conhecimento, "aprender-a-saber" não envolve um acúmulo ou uma estocagem de representações manipuláveis em seus conjuntos na medida em que pensamos ou quando memorizamos alguma coisa. O *saber* não é uma matéria do pensar que possa ser acumulada ou que possa ser passada em unidades de um plano para o outro.

Em uma era em que a direção mais funcionalmente tecnocrata e empresarial de todos os domínios da vida humana apela para um individualismo acre e adocicado, valorizando o primado do "sucesso na vida" como uma realização a despeito da pessoa dos outros e acima deles, na mesma medida em que, através dos mais diversos artifícios de criação de imagens e de ideias, exerce um controle cada vez maior e mais invasivo sobre todas as esferas da vida da pessoa ou de grupos de pessoas, uma conspiração múltipla e complexa procura fazer interagirem uma interioridade profundamente pessoal com uma objetividade militantemente social e solidária em favor da criação dos mais diversos campos e das mais diferentes redes em que justamente a liberdade, a autonomia e a pessoalidade estejam no polo oposto. Estejam na aventura do "sair de si" e abrir-se gratuita e generosamente ao outro. Uma generosa socialização de símbolos, saberes, sentidos, significados, sensibilidades e sociabilidades em que a partilha e a reciprocidade sejam a própria condição da criação de sujeitos em quem a busca da individualidade conspire contra o desejo do individualismo.

Como de maneira confessada ao longo dos anos, sou ainda uma pessoa ao mesmo tempo militante e utópica (mesmo sendo um alguém do mundo da academia prestes a completar 50 anos de vida universitária), quero insistir em alguns passos que ensaiam voos.

Creio que, para o ofício de educar, a razão de ser do ensinar matemática (e, se junto com música, dança e desenho, melhor ainda) é formar pessoas que vão além de aprenderem a fazer "de cabeça" as contas que uma boa calculadora faz, sejam capazes de aprender a pensar operativamente a ponto de tornarem também suas as grandes questões do universo. Pessoas capazes de dialogar não apenas com máquinas do mundo do mercado, mas com os pensadores e filósofos do mundo da vida. Uma matemática que convide a partir dos números para as grandes perguntas da vida e não regredir deles para uma contabilidade utilitária e repetitiva.

Para a educação, a razão de ser do ensinar gramática é levar educandos à compreensão de que em um mundo tão plural (a ainda tão desigual) existem muitas outras gramáticas e múltiplas formas de pensar, falar e escrever "corretamente". Além disso, que a gramática sirva para formar pessoas dedicadas a uma vida de leituras de Cecília Meireles, Carlos Drummond de Andrade, João Guimarães Rosa e tantos outros criadores de arte e poesia do passado, de agora e de um futuro próximo e distante. Que partam de seu aprendizado para as aventuras da mente e do espírito, em vez de se habilitarem a um "português funcional" bestificador e próprio a que pessoas que leem aos poucos se assemelhem às máquinas (inclusive as da informática), para as quais a instrumentalidade funcional competente de uma educação bancária (que esta expressão esquecida de Paulo Freire seja relembrada) que agora, mais do que em seu tempo, não apenas se assemelha à lógica empresarial dos bancos, como parece desejar enviar a eles, e ao que eles controlam na sociedade, o melhor de seus educandos. Sobretudo os que ainda acreditam que um bom MBA é o novo caminho do paraíso.

Creio que, para a educação, a razão de ser do ensinar história não deve estar no doentio culto "de nossa história e de nossos heróis", jogando os diferentes povos de uma nação e do mundo para um território entre o mito e a estória. Imagino uma história que ensine crianças e jovens a compreenderem o que existe no fundo de toda a complexa experiência humana ao longo de sua difícil trajetória na Terra. Uma história de entre-lugares e de transfronteiras.

Quando chegaremos a trabalhar em sala de aula, por exemplo, a "Guerra do Paraguai" empregando textos e visões de brasileiros, guaranis e caingangues, argentinos, uruguaios e paraguaios? Uma transleitura crítica e criativa que permitisse aos nossos educandos compreenderem como qualquer história se compõe de múltiplas estórias entre realidades imaginadas e imaginários reais. Uma história-mátria (apelo de Caetano Veloso em uma de suas músicas) que deixe em paz as "celebridades" e lembre que os verdadeiros protagonistas de tudo o que de fato importa e permanece são pessoas como você e eu.

Acredito que para a educação, ensinar geografia e outras ciências da matéria, da vida e da presença do humano em ambas e na cultura deveria servir para formar pessoas não apenas vocacionadas a um mero "desenvolvimento sustentável", mas a uma outra compreensão do mundo da vida e uma outra sensibilidade (bem mais do que apenas uma outra ética), para com o humano, a natureza e o ambiente.

Creio que, muito além do funcional, do utilitário, do competente-competitivo, devemos educar fazendo interagirem o útil e o aparentemente inútil... de tão humano. Fazendo transfalarem a nossos educandos não esta ou aquela ciência, mas justamente as linhas e teias de fronteiras entre elas. Uma educação que aprenda a fazer falarem juntas através das artes, da espiritualidade (indígena e oriental inclusive), as filosofias dentro e fora da sala de aula.

Isso porque creio que, diante da ameaça de uma sequência progressiva de "gerações Z" – gerações de jovens "zapeiros" que sequer aguentam ouvir mais de uma música inteira ou – pior ainda – todo um bom filme ou um bom livro – talvez Rousseau, Beeethoven ou, pelo menos, Edu Lobo e Dércio Marques, façam mais falta na vida e no saber da vida do que todo o aprendizado funcional de um amontoado utilitário e fragmentado de informações travestidas de "tudo o que é necessário saber e aprender".

Ainda creio em uma educação que, ao mesmo tempo em que capacite pessoas para serem úteis profissionalmente, ouse formar pessoas cuja vida vá muito além de "qualquer emprego", do *shopping* e do *Big Brother Brasil*. Uma educação que forme pessoas para serem solidárias e sujeitos participantes da transformação de si mesmos, de suas próprias vidas e destinos, de seus outros ao longo de suas vidas interconectadas, dos mundos sociais em que vivem suas vidas. Uma educação que conspire contra todo o processo em marcha de robotização do humano, de horizontes curtos e funcionais, de um individualismo que de forma alarmante torna-se, depressa demais, a maior das virtudes, em um mundo em que o "sucesso na vida" parece ser tudo o que as melhores escolas prometem e em que um mundo pleno de "privê" parece ser o único paraíso pelo qual vale a pena estudar e "vencer na vida".

Podemos crer que na direção oposta de tudo o que parece na "modernidade líquida" (boa para "zapeiros", ruim para pensadores), existem e se multiplicam por toda a parte experiências, movimentos, iniciativas da sociedade civil, grupos, redes e teias de pessoas e de "entre-nós" (o verdadeiro lugar do humano), associados a outras formas de "aprender-e-ensinar", cujos horizontes utópicos estão ainda distantes do olhar de boa parte de nossos educadores. Pessoas situadas em diferentes lugares dos "sistemas de educação" e das "políticas públicas" a quem, por vocação (perdulária, a meu ver) ou por obrigação, reduzem a "qualidade da educação" a uma série de medidas de quantidade de resultados. Cifras de dados estatísticos cujos parâmetros, longe de serem a verdadeira realização de nossos educandos, o crescendo de suas criatividades (somos uma nação de artistas, de pensadores que se estiolam pelo caminho, entre a infância e a idade adulta), a sua felicidade, enfim, estão na comparação entre nossos "indicadores" e os da Espanha, da Coreia do Sul e da China.

Quando penso agora e para agora e para o futuro próximo em razões de ser do *educar para formar e transformar,* vejo diante de mim, ao lado das "urgentes necessidades do país", algumas modalidades diferentes de produzir bens e serviços, de fazê-los circular, de criar consumidores conscientes, que aí estão e por aí florescem, e que poderiam ser mais do que um mercado neoliberal e essencialmente excludente, reprodutor da desigualdade, belicista, individualista, egocentrado e competitivo em todos os seus planos (tornando tudo isso a sua confessada ou opaca virtude).

Penso em experiências como as *cidades educadoras,* o sonho de transformar os mais diferentes espaços de vida em lugares de viver entre a arte, a filosofia e as ciências, em lugares vivos e interativos do ensinar-e-aprender, cumprindo a proposta da UNESCO de uma "educação por toda a vida". Penso nas diferentes "outras economias" como a *economia do dom,* a *socioeconomia solidária,* a *economia popular solidária.* Outras formas de pensar a relação trabalho-capital, inventando em suas essências e existências todo o complexo das relações sociais de produção.[3] Penso nas crescentes de experiências de *simplicidade voluntária;* na multiplicação de alternativas de ações socioambientais, para muito além das propostas de uma instrumental e utilitária "sustentabilidade" de que até mesmo empresas depredadoras da natureza se apregoam como praticantes. Penso na força de resistência de movimentos populares de caráter de classe, de cultura e de etnia, dos povos indígenas aos negros quilombolas, deles aos nossos camponeses "sem-terra". Penso nas experiências de agricultura familiar, de agricultura orgânica. Penso em outras tantas formas, unidades de ação social e movimentos dedicados a questões como a transformação da sociedade – "um outro mundo é possível" – de luta pela paz, pelos direitos humanos, pelo direito às diferenças humanas e humanamente pessoais, culturais, étnicas. Penso na criatividade da experiência que desde o pequenino Butão, nos confins do Himalaia, toma corpo e nos desafia a pensar e agir: a substituição do "produto interno bruto" (bruto em um duplo sentido) pela "felicidade interna bruta". Penso nas pequenas experiências locais e nas redes que, entre o passado e o presente, retomam e recriam outras formas de pensar e praticar a educação. Tenho vindo de inúmeros encontros locais, nacionais e internacionais de educação em que, apesar de toda a "desconstrução" e de todo o intencional apagamento, sobretudo em nossas academias, algo a que nos distantes anos de 1960 demos o nome de *educação popular*, continua vivo, inclusive como uma desafiadora política pública de vários municípios do Brasil.

Em nome de quem e do que estaremos destinando nossos educandos a quê, a que lugar social, a que projeto pessoal e coletivo de vida? A que proposta de vida e construção do presente e do futuro? Seguiremos, de forma aberta ou disfarçada, os ditames do Banco Mundial para a educação? Seguiremos servindo à decisão de uma assembleia da Organização Mundial do Comércio, que solenemente decretou serem a previdência social, a saúde e a educação mercadorias como outras quaisquer? Ou nos colocaremos no ponto de vista de que as três e mais tantas outras dimensões de nossas vidas são, antes de mais nada... direitos humanos (ONU e UNESCO inclusive)?

Acaso não tenhamos conhecimento do que – com todas as limitações contidas ali – o documento da própria UNESCO a respeito da educação para um novo século (o nosso século XXI) estabelece para uma educação do presente e do futuro próximo, o que segundo versão minha sintetizo abaixo.[4]

a) Em uma era do conhecimento em que o saber se constitui como a experiência substantiva e axial da humanidade, a educação ocupa e ocupará também um lugar central entre as ações sociais.
b) Nesse sentido, é previsível e desejável que a educação deixe de ser instrumentalmente algo "para" e recubra o possuir o seu valor central "em si mesma". Não aprendemos funcionalmente para interromper a nossa educação e nos lançarmos a um mercado utilitário e competitivo; vivemos para, através também e essencialmente da educação, experimentarmos através do saber e da partilha solidária do saber, a verdadeira vocação humana: aprender a saber e saber transformar-se sempre através de um perene aprendizado humanizador.
c) Nesse sentido, a educação deixará de ser utilitariamente algo de que o aprendente se desliga desde que esteja funcionalmente preparado para o exercício de uma competência de mercado e passará a ser "educação por toda a vida".
d) A educação, mais do que multicultural, é coletiva e pessoalmente múltipla. Diferentes formas de criar saberes e de fazer uma experiência de diálogo e de partilha possuem em si mesmas o seu valor. Cada pessoa, cada grupo humano, cada cultura é uma experiência única e irrepetível de saber. Somos diferentes, na medida em que nossas diferenças não nos desqualifiquem. Somos iguais, na medida em que nossa igualdade não nos uniformize.
e) Educamos e aprendemos para *saber fazer* (criar contextos criativos e cooperativos do saber-fazer através de uma modalidade de trabalho); para *aprender a aprender* (aprender para partilhar saberes entre diálogos e partilhas e não para acumular conhecimentos e informações); *aprender a conviver* (uma complexa ética do viver e conviver depende do quem somos e seremos, e somos e seremos o que em boa medida aprendemos através de uma modalidade de educação); *aprender a ser* (em contraste com visões utilitárias da educação-instrução, devemos aprender para realizar em nós e, sobretudo, entre-nós, a vocação humana de sermos quem somos e virmos a

ser o que podemos ser através, também, do saber.⁵

Todas as ideias escritas acima, e que em boa medida repetem outros escritos meus, somente fazem sentido a partir desses princípios que acredito partilhar com muitos outros educadores. Não me reconheço escrevendo a respeito do ilusório por escrever a partir do utópico. Ao contrário, é com os olhos postos sobre inúmeras experiências alternativas de realizações solidárias que acredito na urgência em transformarmos a essência da prática da educação, muito além das repetidas reformas de acidentes de seus conteúdos, processos e políticas. Assim, gostaria que minhas ideias fossem consideradas "utópicas", porque acredito que a educação deve ser tão humanamente utópica quanto o próprio ser que ela humaniza, quando ele é livre – embora sempre condicionado – para pensar e sonhar o que deseja ser e como deseja viver e pensar o seu viver e conviver.

VIVER O SABER COMO DIÁLOGO E PARTILHA

A longa trajetória de nossa hominização (ainda e sempre inacabada) trouxe-nos a um momento em que podemos ousar pensar, aprender a saber, reciprocar significados e, assim, assumirmos a mais essencial vocação humana: transformar o saber aprendido em pensamentos e práticas em que o próprio saber se realize como a partilha da liberdade.

É nessa direção que busco alargar aqui a limites mais ousados, a ideia de *diálogo*, não apenas na prática da educação, mas também em outros momentos e cenários de diferentes práticas sociais com que convivemos com outros e compartilhamos com eles a própria vida, em diversas situações do que chamarei aqui de um momento de *entre-nós*.

Recordemos a trilogia revisitada por Bernard Charlot. Sigamos dela em diante.

O que ocorre em um momento de um processo de ensinar-e-aprender é que algumas pessoas estão situadas no interior e nos limites de situações e de contextos interativos de trocas. Ensinar e aprender é reciprocar, antes de mais nada. Seus sujeitos, atores-autores, estão situados em pontos equivalentes, portanto, não desiguais, embora diferentes de relações interativas de intercâmbio *de* saberes, sentidos e significados. Algo nunca contido em uma "pessoa que sabe", em detrimento das "que não sabem", mas justamente no intervalo das fronteiras dos diferentes participantes ensinantes-aprendentes de saberes. Assim, o saber de que participamos sem possuir existe em um "entre-nós" como algo que está a todo o momento presente e em movimento:

a) no mundo interior de cada pessoa envolvida em uma relação de ensino-aprendizagem;
b) no interior do sistema interativo realizado naquele momento entre elas;
c) no interior de um sistema igualmente presente e interativo, entre elas e o entorno natural e social do lugar e do momento cultural que compartilham.

Os verbos que entre-nós qualificam o acontecer do ato de educar nos são bem conhecidos. Eles vão de *instrumentalizar* a *formar*, passando por *capacitar, desenvolver competências, adaptar, reciclar, preparar, instruir, conscientizar, educar*. No entanto, ao longo da ponte que "separa e une" o instruir e o educar, ou o capacitar e o formar, permanece, muitas vezes, uma compreensão da educação como uma oferta unidirigida de informações-e-conhecimentos que tornam o aprender uma aquisição cumulativa de conteúdos ensinados e, quando aprendido, retidos na memória de quem "aprendeu".

O que foi escrito até aqui sonha trazer para nosso círculo de diálogos o "outro lado" do trabalho de ensinar associado ao trabalho de aprender. Se quisermos ser coerentes por inteiro com as ideias que nos chegam, anunciadas menos pelo teor de paradigmas emergentes nas ciências e na educação e mais pelas mãos das práticas sociais populares, acredito que devemos ousar repensar não apenas alguns focos pedagógicos casuais, mas todo o sentido do ofício de aprender.

Ele pode ser pensado como "aquisição", como "apropriação legítima", como "interação" de informações-conhecimentos-saberes destinados a algum fim determinado. Ele pode, e deveria, ser imaginado como o exercício humano do alargamento do diálogo. Ou seja, como um dos mais confiáveis caminhos do próprio sentido do que imaginamos ser a vocação humana: aprender a saber e reciprocar o sabido. Um alçarmo-nos juntos partilhando planos cada vez mais densos, mais complexos, mais diferenciados, mais conectivos, mais recíprocos e, portanto, mais dialógicos de intertrocas de saberes e de sentidos.

Mais do que possuir, interligar e acumular conhecimentos ao aprender o que eu não sabia e agora penso que sei, estando em mim e através de mim teias de reciprocidades que tornam-me presente e participante em/de círculos de saberes/sentidos. E não pelo que eu possuo, pois aprendo saberes que não são meus e nem tornam-se meus, mas existindo e fluindo entre-nós, passam por mim e viajam entre teias e redes de partícipes, também através de mim.

Educadores são aqueles que, mais do que "ensinar o que não se sabe", criam os cenários de reciprocidades que fazem fluir entre comunidades aprendentes de/entre pessoas, o saber que, antes de ser apropriado individualmente, existe e flui para ser coletivamente construído e compartilhado. O educador é um elo de reciprocidades, um profissional especializado em não permitir que aquilo que deve ser conhecido como um saber fique restrito a esferas restritas de "senhores do conhecido".

Por isso mesmo, sempre há algo de transgressivo no ato de educar. Pois a experiência da educação é, em sua vocação mais singular, a aventura de criar múltiplas situações em que algo condenado a ser uma posse exclusiva e excludente, como um valor no mercado do conhecimento, uma apropriação hierarquizante (tenho valor pelo saber que demonstro possuir, quando comparado com outros), um domínio que "agrega valor" a quem se assenhora dele – venha a tornar-se de forma contínua e crescente, um dom de troca.

Entre o final dos anos de 1950 e os primeiros anos da década de 1960, vivemos um tempo de grandes e fecundas inovações na educação. Entre as mais diferentes direções, começamos a compreender que, para dizer algo às pessoas de seu tempo e para acompanhar todo um esforço de efetiva democratização ética e política, a *educação* deveria mudar não apenas alguns conteúdos e grades curriculares, mas a própria intimidade de suas estruturas e de seus processos. O mesmo acontecia em outros campos das relações humanas, da terapia à dinâmica dos grupos e dela às ações sociais em comunidades populares.

"Educação humanista", "pedagogia crítica", "ensino centrado no aluno", "educação permanente", "educação libertadora", "educação e direitos humanos", "educação e desenvolvimento humano" e "educação popular" são alguns nomes entre vários outros que traduzem a passagem de uma egopedagogia centrada no ensinar, para uma ecopedagogia centrada no aprender. A passagem de uma educação destinada à transmissão direta e memorizável de conteúdos de ensino para uma educação centrada em processos de aprendizagem.

Relembro que Paulo Freire cria a expressão "educação bancária" para fazer a crítica de um ensino fundado na figura do professor competente, autoritário e disciplinador diante de uma "turma de alunos" passiva, ouvinte, repetitiva e disciplinada a força, e continuamente mensurada e hierarquizada. Uma instrução em que quem "sabe e ensina" transfere conhecimentos para quem não "sabe e aprende". Uma educação descolada da realidade do mundo era exercida e, por consequência, preparava indivíduos competentes para adaptarem-se produtivamente à sua sociedade, em vez de buscarem formar pessoas conscientes e capazes de transformarem, criativamente, o mundo em que viviam.

O fundamento das ideias que Paulo Freire partilhou com educadores de todo o mundo estava em algo muito simples. Estava na *descoberta do outro*. Em primeiro lugar, um outro pessoal, singular. A pessoa única, original e irrepetível da menina ou do menino que, como meus estudantes, tenho diante de mim em algo que pode ser uma sala de aulas ou uma turma de alunos. Mas que pode ser também uma comunidade aprendente.

Sejam eles quem forem, são pessoas humanas a serem formadas a partir de si mesmos, de dentro para fora, e de acordo com suas vocações individuais. Pois cada pessoa é uma fonte única de vida, de sentimentos, de sentidos de vida e de saberes. Tudo o que posso fazer como uma pessoa que educa é colocar-me ao seu lado e dialogar com ela. Trocar vivências, afetos e saberes. E, assim, partilhar com ela e entre-nós, a experiência dialógica, inclusiva, solidariamente interativa, de compartilhar a criação de saberes a partir dos quais ela-e-eu, cada um a seu modo, realiza um momento sempre provisório do seu *aprender*.

Aqueles a quem nos dirigimos enquanto educadores são pessoas como nós, e estão diante de nós para aprender a saber, porque são diferentes de nós. O intervalo entre as nossas diferenças tem este nome: educação. São crianças e jovens, às vezes adultos e idosos que, mesmo quando ainda muito pequenas, chegam a nós empapados de vivências e saberes. São João ou Maria, crianças pobres de uma periferia da cidade. Mas são também uma dimensão pessoal de seus mundos de vida. Mal sabem falar diante de nós e ainda não sabem "ler e escrever", mas já são sujeitos sociais, identidades pessoais, culturais e étnicas. São em suas comunidades atores culturais e, como tais, também são pequenos criadores populares de cultura. Seres através de quem uma cultura, ou uma fração diferencial de uma cultura, é realizada e dada a ser vista e trabalhada.

Descobrimos, na aurora dos anos de 1960, primeiro o outro, o sujeito e a subjetividade, na educação, onde antes víamos apenas um nome impessoal, um número de matrícula, um "caso a trabalhar", um alguém logo a seguir classificável como "bom" ou "mau" aluno e, daí em diante, tratado através de seus rótulos. Estamos aprendendo pouco a pouco a lidar com a inteireza do sujeito dessa "subjetividade". Estamos aprendendo a perder o temor de sermos menos confiáveis por estarmos sendo mais pessoais no modo como trabalhamos, inclusive quando nos colocarmos ativamente ao lado de "nossos alunos" e partilharmos com eles o que acentua as nossas diferenças e minimiza as nossas desigualdades.

Pois esse é um dos milagres realistas da experiência do ser educador. Vivemos todos os dias a possibilidade de um dos encontros mais profundos e verdadeiros entre duas pessoas humanas: o diálogo entre dois atores/autores de algo mais importante – porque mais humano – do que os grandes feitos desse ou daquele herói que ainda teimamos em lembrar em nossas aulas de história. O inaugurar diário de um encontro Eu-e-Tu; uma professora e um estudante em uma sala de aula pode abrigar uma turma de alunos, um círculo de cultura ou uma comunidade aprendente.

A não ser que eu trabalhe em uma unidade de ação social ou em uma escola situada no meu bairro e que acolhe pessoas e estudantes "da minha classe", na maior parte das ocasiões estamos diante de pessoas que, não sendo de algum modo "como nós", também são a medida visível de nossas diferenças culturais e, infelizmente, também de nossas desigualdades sociais. Não moramos no mesmo bairro e nem as nossas roupas são as mesmas. Nossos salários podem até não ser muito diferentes dos de seus pais, desiguais, mas os nossos modos de vida cotidiana são outros. E é nas chamadas "diferenças culturais" que nos acostumamos a ver o que nos torna – em uma sociedade dual e excludente como a nossa – desiguais. Falamos a mesma língua, mas não do mesmo modo e é provável que a biblioteca da minha casa tenha mais livros do que as de todas as casas da comunidade de acolhida da minha escola.

O hoje velho nome "círculo de cultura", que almejava substituir a turma-de-alunos, foi entre nós o símbolo de uma nova consciência pedagógica. A de que o saber essencial das diferentes culturas que entram em contato e se comunicam, não é hierarquicamente *desigual*. Ele é socialmente diferente. O mesmo que reconhecemos para o caso de uma pessoa, cada pessoa com quem começamos uma relação, reconhecemos para um grupo humano e sua cultura, que são fontes originais de saber e sentido. Podem entrar em diálogo comigo, meu modo de ser e minha cultura. Mas de modo algum podem, por meio de qualquer tipo de ação pedagógica ou social, ser "reduzidos" a mim, ao meu modo de ser, de pensar, de sentir, de fazer circular o saber, de crer – porque são outros que não eu, mas comigo sujeitos de um mesmo círculo interativo de atores-autores de um "entre nós" – no que creem e não no que creio.

EDUCANDO QUEM, PARA QUAL MUNDO?

Temos perguntas, e elas são muitas.

Existe ainda uma história humana a ser construída e interpretada por nós? Ou é uma ilusão ideológica cujo acontecer, a líquida fragmentação que a lógica do mercado atribui a tudo e a todos, aos poucos se mostra irrealizável e até mesmo incompreensível por e entre nós? Existimos ainda como pessoas, seres humanos em sua irredutível identidade e em sua solidária reciprocidade? Somos ainda sujeitos de nossas vidas, de nosso destino e de nossas histórias coletivas? Ou seremos apenas pontos de conexões a serviço de redes impessoalizadas de poder e de interesse financeiro cuja lógica nos escapa, embora em imagens ilusórias a respeito de nós mesmos, nos enredamos e iludimos? Existem ainda políticas, éticas e estéticas, de afirmação do que deveria ser a dimensão mais verdadeira de nossa própria experiência como seres vivos, sociais e reflexivos na Terra? Existirá ainda um caminho que não aquele, sinuosa ou abertamente proclamado por mensagens que transformam pessoas em personagens (o culto midiático da celebridade), sujeitos sociais em produtores e consumidores de uma sociedade reduzida ao imaginário pragmático e utilitário do mercado? Poderiam as diferentes experiências do ensinar-e-aprender, como alguma forma de educação, escapa do controle de mentes e de corações e retomar um caminho contrário àquele a que parecem estar sendo dirigidas, de maneira aparentemente inevitável?

Estaremos vivendo a continuidade de um processo irreversível de uma globalizante instrumentalização utilitária do ser e do viver, do pensar e do agir? Estaremos sendo cada vez mais induzidos a uma vida de pessoas exiladas da condição de sujeitos de suas existências e de seus mundos sociais e conduzidas à condição de objetos de círculos múltiplos de interesse e de poder bastante típicos do que podemos resumir aqui como "o mundo dos negócios"?

Mesmo contra a nossa vontade, estaremos nos colocando, ou sendo por outros identificados, classificados e colocados em sociedades a cada momento mais e mais regidas pelos princípios do mercado, como seres que "valem" uns para os outros, uns contra os outros, bem mais do que pelo que produzem e consomem, do que pelo que são e sonham? Estaremos sendo condicionados a "aprender e ensinar" uns aos outros os contravalores a uma vocação cultural à reciprocidade, a uma amorosa corresponsabilidade na gestão de nossas vidas e destinos, e à partilha de quem somos, sabemos, criamos e fazemos? Estaremos nos deixando levar não somente pela mídia, mas por uma educação de mercado que, de forma cada vez mais clara e direta, opera em favor da instrumentalização de atores sociais competentes-competitivos em lugar de dedicar-nos à formação de pessoas conscientes-cooperativas? Teremos chegado a um ponto que até mesmo o sugerir essas questões pode parecer, aos olhos e ao imaginário de educadores e cientistas "realistas", algo irracional, ou algo ilusoriamente situado fora do tempo?

A suposição de que possivelmente vivamos um tempo de história para além da história, a mesma que Hannah Arendt lembra que mal conseguimos compreender, quanto mais conduzir segundo nossas próprias vontades, associa-se à crescente desconfiança de que as macroutopias – sobretudo as que apontam em direção a uma humanidade socialista – parecem dar lugar a um vazio de ousadia utópica e à coragem de educar para transformar tanto pessoas quanto sociedades.

E no interior de um mundo que multiplica riquezas que cada vez mais se concentra em poucas mãos e reduplica excluídos, diante de uma, a cada dia mais hegemônica – embora interiormente frágil e fragmentada –, ideologia neoliberal do mercado que por toda a parte apregoa, entre a educação e a mídia, o futuro do mundo a ser inevitavelmente entregue a competentes-competitivos, pode parecer inútil ou indolente qualquer imaginário que ouse proclamar, para além da possibilidade nunca realizada de "reforma do sistema" (entre uma crise global e outra, sucessivas e devastadoras), a construção partilhada de um "outro mundo possível". Já que do socialismo real e de tantas alternativas de ruptura parecem estar sempre esgotados todo o repertório e o pequeno poder transformador de projetos populares, algo parece sugerir que nada resta a se fazer a não ser subordinar-se ao modelo vigente e sobreviver às crises do estágio atual do capitalismo, ensinando aos passageiros de um navio, que deverá afundar adiante, a aproveitarem a viagem por enquanto. Se possível, no andar da primeira classe e não muito distantes de botes e de coletes salva-vidas.

Enfrentamos um tempo de história humana em que um sistema econômico toma posse progressiva de sistemas de comunicação de massa e da própria educação e exerce um poder de comunicação de dimensões nunca antes tão invadidas de nossas vidas. Um simples olhar na maioria dos livros que constituem – entre sugestões práticas sobre como "vencer na vida", isto é, ser bem-sucedido no mundo dos negócios e ilusórios e digeríveis receituários de autoajuda, que constituem boa parte dos livros *best seller* – ao lado do que a imensa maioria das revistas de grande público propagandeia nas bancas de jornal, para termos uma visão mais do que evidente sobre como praticamente todas as áreas de nossas experiências (do que se faz na cama a sós ou a dois, ao que se faz na mesa e na vida, entre vários) estão sendo receitadas de forma casa vez mais impositiva e invasiva.

A um foco exagerado sobre "celebridades" efêmeras, como os personagens de um *reality show*, enquanto ele dura, ou mais constantes, como Maitê Proença, Paulo Coelho ou Kafka, corresponde todo um processo de impessoalização, sobretudo das pessoas que desaparecem da cena da sociedade de consumo justamente porque somem do único lugar em que ela empresta alguma visibilidade a um ser humano: o mercado.[6] Em uma sociedade de sujeitos, interações, identidades e visibilidades regidas pelo estado líquido e transitório com que tudo pode emergir e desaparecer, tal como o que as vitrines das lojas nos apresentam a cada semana, são pessoas e categorias de sujeitos sociais que são colocados dentro ou fora do que merece ser visto, levado em conta, isto é, contabilizado na linguagem do sistema.

O único personagem que os teóricos consideram merecedor de atenção, porque é a ele que se atribui o mérito de "manter a economia em movimento" e de lubrificar as rodas do crescimento econômico, é o *homo economicus* – o ator econômico solitário, autorreferente e autocentrado, que persegue o melhor ideal e guia pela "escolha racional", preocupado em não cair nas garras de quaisquer emoções que resistam a ser traduzidas em ganhos monetários, e vive em um mundo cheio de outras personagens que compartilham todas essas virtudes, e nada além. O único personagem que os praticantes do mercado podem e querem reconhecer e acolher é o *homo consumens*, o solitário, autorreferente e autocentrado comprador que adotou na busca pela melhor barganha como uma cura para a solidão e não conhece outra terapia; um personagem para quem o enxame de clientes do *shopping center* é a única comunidade conhecida e necessária e que vive em um mundo povoado por outros personagens que compartilham essas virtudes com ele, e nada além.[7]

A DIMENSÃO DA UTOPIA

A ideia central presente em tantos estudos renovadores a respeito de uma ainda controvertida questão é a de que, apesar de tudo o que sugere o seu oposto, estamos vivendo agora um tempo de uma crescente descoberta de novas formas de pensar, de criar conhecimentos através de novas interações, intregrações e indeterminações de/entre ciências, filosofias, artes, espiritualidade e também das tradições ancestrais, indígenas e populares. E, através de tudo isso, realizado como educação, de formar pessoas capazes de lançarem-se ao caminho da busca de "um outro mundo possível".

O que nós, os seres humanos do presente, podemos produzir e criar com novas interações de saberes torna-se cada vez mais algo compreendido como de um alcance inacabável e inimaginável. Se houver tempo de a vida humana reproduzir-se e o planeta Terra evoluir – mesmo que entre idas e vindas, guerras e paz – ao longo de milhões de anos, podemos imaginar que de agora em direção a séculos vindouros e novos milênios, a aventura humana de partilha solidária de saberes poderá tomar a direção de uma compreensão de profunda harmonia entre todas as coisas – pessoas e sociedades humanas incluídas – e o todo de que tudo é parte.

Esse poderia vir a ser o caminho da realização do saber como plena humanização e consagração da experiência humana como uma fecunda e assumida partilha do próprio mistério da vida. O que podemos com o bom uso de nossos aprendizados e de nossos conhecimentos representa nada menos do que a construção de um mundo de solidariedade, de justiça, de igualdade, enfim, da partilha entre todas as pessoas e povos daquilo que deveria ser o dom mais bem distribuído entre todos: a felicidade.

Devemos compreender que se o saber existe e se recria a cada momento entre-nós, é justamente a sua partilha o que nos torna humanos. O saber, a emoção e a busca sem limites de sentidos e de significados para nós mesmos, para os mundos que criamos, para a vida e o universo, isso é o que nos torna pessoas humanas e sempre mais humanizáveis, como seres do diálogo e da reciprocidade. Eis os termos em que o próprio conhecimento e todas as alternativas culturais de sua recriação, para além de critérios apenas epistemológicos, só fazem sentido quando representam alguma forma de trabalho dialógico e destinado a compartilhar "crescendos" de compreensão da vida e da felicidade na vida.

Devolvidas a comunidades humanas regidas pelo direito à diferença, à escolha livre e à reciprocidade responsável, a ciência, a pesquisa e a educação aspiram ser confiáveis, efêmeras e duráveis, únicas e plurais.

Aspiram multiplicar atores e autores, ampliar cenários de circulação criativa do saber entre círculos do dom e da troca, o que é o exato oposto dos circuitos sociais do ganho, da posse e do poder. Aspiram a uma multiplicidade convergente das diferenças. Sonham com tempos de novas integrações entre os diversos campos e domínios das ciências (as da natureza, da vida, da pessoa e da sociedade) e novas (ou a redescoberta das antigas) interações entre o saber científico e outras esferas de conhecimento e de sensibilidade. Esferas do saber como as das artes, das espiritualidades, da filosofia e das tradições populares. Aquelas que adiante nos esperam com o nome de "conhecimento do senso comum".

UMA EDUCAÇÃO PARA FORMAR PESSOAS CRIADORAS DE UM NOVO MUNDO HUMANIZADO

Por, aparentemente, limitado que seja qualquer trabalho de uma pessoa dedicada a educar, fazendo interagirem saberes e valores entre pessoas que quem educa deve orientar, um tal ofício do conhecimento não deve aspirar menos do que somar-se a todo o fluxo de criação e de estabelecimento do primado da harmonia entre pessoas e entre povos através do saber.

E o grande desafio de nosso tempo presente é que vemos diante de nós a educação podendo tomar um rumo ou o outro. Sabemos que é desumano o que podemos, como educadores, criar e fazer circular como conhecimento e como valor, quando o pensamento, que poderia gerar o dom da partilha e a compreensão da paz, ajuda a gerar sentimentos e valores fundados no desejo do poder, da cobiça e do primado da lógica do interesse instrumental e do mercado sobre a vocação de uma ética da comunicação amorosa entre pessoas e povos. Todo o saber gerador do mal que, após haver extinguido o direito humano à compreensão e à felicidade, pretenderá também extinguir as condições de reprodução da vida na Terra, precisa ter como contrapartida uma vocação de estudo, de ensino e de aprendizagem de saberes e de sentidos e valores que venham a ser o seu exato de um desvio utilitário e meramente instrumental da educação.

Destinada a pessoas humanas no singular e no plural, bem mais do que ao mercado de bens e de serviços ou mesmo a um poder de Estado, a educação não é uma atividade provisória e antecipadamente calculável segundo princípios de uma utilidade instrumental. A educação é uma experiência socialmente perene e pessoalmente permanente de cada um de seus sujeitos: pessoas e povos. Assim sendo, o seu sentido é mais o de recriar continuamente comunidades aprendentes geradoras de novos saberes e, de maneira crescente e sem limites, abertas ao diálogo e à intercomunicação. A educação não gera habilidades, ela cria conectividades. E o que possa haver de necessariamente instrumental e utilitário nela é apenas a sua dimensão mais elementar. É como um alicerce sobre o qual se pisa ao andar e acima do qual resta construir toda a casa do ser.

Ainda que represente uma escolha de saberes e de valores, entre outras, a educação não pode preestabelecer de maneira restrita "modelos de pessoas". Não pode pré--criar "padrões de sujeitos" como atores sociais antecipados e treinados para realizarem, individual e coletivamente, um estilo social de ser. Só é humano o que é imprevisível, e toda a educação que humaniza trabalha sobre as suas incertezas a respeito não tanto dos seus princípios, mas do destino daqueles a quem educa. Considerada uma prática social destinada a gerar interações de criação do saber através de aprendizagens onde o diálogo livre e solidário é a origem e o destino do que se vive e do que se aprende, a educação deve começar por tornar os educandos progressivamente coautores dos fundamentos dos processos pedagógicos e da construção das finalidades do próprio aprender.

Pela mesma razão, a educação deve formar pessoas livres e criativas o bastante para se reconhecerem corresponsáveis pelas suas próprias escolhas. Inclusive aquelas que, fruto do diálogo com os educadores, sejam diversas ou mesmo opostas às deles.

Convivemos com palavras antigas, algumas delas revestidas, ao unirem-se, de novos sentidos, de rumos a outros horizontes. Retomo algumas delas: cidade educadora, educação emancipadora, simplicidade voluntária, cidadania ativa, autogestão, economia solidária, empoderamento popular, felicidade interna bruta. Acreditando nele ou não, talvez estejamos vivendo hoje um momento de redes de redescoberta da reciprocidade, da formação de cooperativas de trabalho e de troca de bens, da formação de novas teias de afeto e saber, de novas conexões de pessoas e de associações livres de pessoas que, entre os mais distantes pontos do planeta, retomam e buscam reinventar a ideia de que a criação passo a passo de outras formas de ser e viver é possível.

Talvez estejamos recriando para os nossos dias ações de pequena, média e até mesmo grande escala que realizam aqui e ali o suposto de que somos nós, os seres humanos da vida de todos os dias, aqueles a quem cabe a construção de nossas vidas, a direção de nossos destinos e a transformação do mundo onde vivemos. Não devemos esquecer de que uma coisa é o que fizeram de nós. E outra coisa é o que fazemos do que fizeram de nós.

Vivemos um tempo difícil de fortalecimento e da dispersão dos movimentos sociais resistentes aos contestadores ativos dos interesses do mercado e do poder do Estado a ele subordinado. Este deve ser o momento de nos perguntarmos se não estamos maduros o bastante para incorporarmos o saber, a ciência, a tecnologia e a educação a essas redes de vida comunitária cujos sujeitos e elos são nada menos do que "nós mesmos". Se este não é o momento de pensarmos o saber que se cria com o pensar que se vive através de se aprender a praticar a ciência como um bem e um dom preciosos demais para estarem continuamente sob o controle de eternos "outros", alheios à sua prática e senhores de seus resultados e proveitos. Aqueles para quem o saber, a ciência e a educação são, no seu limite, uma mercadoria como outra qualquer.

Podemos acreditar que, com os diversos inspiradores dos novos modelos de pensamento, dos paradigmas emergentes, a razão de ser do pensamento e da ciência desta Era do Conhecimento não tem mais, como uma prioridade, o criar através de experiências de alta competência e especialização, conhecimentos e saberes tão especiais e complexos que se distanciem do ideal de virem para estabelecer redes de interlocução com círculos de pessoas cada vez mais amplos e ativamente criativos.

Podemos concordar que todo o conhecimento competente não voltado ao diálogo entre saberes e entre diferentes criadores de saberes – inclusive os situados fora do campo das ciências acadêmicas e dos saberes autoproclamados como cultos e/ou eruditos – não tem mais valor do que o de sua própria solidão. Qualquer teoria científica é uma interpretação entre outras e vale pelo seu teor de diálogo, não pelo seu acúmulo de certezas. Todo o modelo de ciência fechado em si mesmo é uma experiência de pensamento fundamentalista, como o de qualquer religião ou qualquer outro sistema de sentido fanático.

Podemos concordar com Boaventura de Souza Santos que, ao contrário do que vimos acontecer ao longo dos últimos séculos, o modelo das ciências sociais não é uma cópia imperfeita das ciências naturais. As ciências da natureza aprendem a relativizar, a pluralizar compreensões, a subjetivar métodos e a descobrir e compreender através do diálogo entre leituras e não através de monólogos de certezas. Tomam, portanto, como modelo de teoria e prática, a atualidade dos dilemas das ciências humanas. Isso não significa uma inversão de domínio, pois o sentido de domínio deve deixar de existir aqui. Significa que, de um lado e do outro – até não existirem mais lados, como margens que separam –, o avanço da compreensão está relacionado a um progressivo e irreversível abandono das variantes do positivismo científico e lógico, da redução da compreensão à experimentação e da experimentação à manipulação de sujeitos sobre objetos.

Podemos acreditar que a finalidade do conhecimento é também e principalmente a de produzir respostas às verdadeiras necessidades humanas. Podemos mesmo lembrar a ideia de Bertold Brecht, partilhada por tantas outras pessoas: a finalidade da ciência é aliviar a miséria da condição humana. Mas isso não significa que a ciência deva ser originalmente utilitária. Se existe uma utilidade fundamental da ciência, ela está na criação e ampliação da compreensão humana a respeito da integração entre os mistérios da própria pessoa, do mundo em que ela vive, da vida em que ela e outros seres se realizam e de totalizações diferenciadas em que tudo isso existe e a que converge, sem perder dimensões de sua identidade.

Podemos defender a ideia de que, assim como todas as outras práticas sociais, a ciência e a educação que sonhamos praticar e através das quais descobrir e ampliar *ad infinitum* sujeitos e campos sociais de diálogo criador e emancipatório, pretendem falar desde o lugar social da comunidade humana concreta e cotidiana. E pretendem se dirigir a comunidades humanas de criadores da vida de todos os dias e da história que essa vida múltipla entretece e escreve.

Podemos lembrar que a Paulo Freire sempre foi cara uma palavra hoje, infelizmente, meio fora de moda: *práxis*. Um pensar dialógico e crítico a respeito de uma realidade que uma ação reflexiva – ela própria o pensamento tornado atividade coletiva e subversivamente consequente – trata de transformar, através de um processo inacabado e sempre actancial e reflexivamente aperfeiçoável ao longo da história humana. E a própria história deve tender a ser práxis, pois ela cria e transforma.

Podemos imaginar e praticar uma educação cujo sentido seja o de recriar continuamente comunidades aprendentes geradoras de saberes e, de maneira crescente e sem limites, abertas ao diálogo e à intercomunicação. A educação não gera habilidades, ela cria conectividades, e o que há de instrumental e utilitário nelas é apenas a sua dimensão mais elementar. Um alicerce, um chão sobre o qual se pisa ao andar e acima do qual resta construir toda a casa do ser. Podemos estender os limites de cada sala de aula a todo um complexo e criativo sistema cultural de intertrocas de saberes, de sentidos, de sensibilidades e de sociabilidades, chamado escola. Podemos finalmente aprender a abrir as nossas escolas – pensadas e vividas como amplas comunidades aprendentes – a toda a sua comunidade de acolhida. O lugar social onde ela está e realiza o seu ofício de educar.

Podemos mais. Podemos estender este mesmo ofício a outras diferentes dimensões e a outros diversos cenários dos "lugares onde se vive" e, assim, tornar toda uma cidade um amplo campo não tanto de ensino, mas de novas e inesperadas formas de conviver entre saberes, símbolos e sentidos de vida.

Só é humano o que é imprevisível, e toda a educação que humaniza trabalha sobre as suas incertezas a respeito não tanto dos seus princípios, mas do destino daqueles a quem educa. Considerada uma prática social destinada a gerar interações de criação do saber através de aprendizagens em que o diálogo livre e solidário é a origem e o destino do que se vive e do que se aprende, a educação deve começar por tornar os educandos progressivamente coautores dos fundamentos dos processos pedagógicos e da construção das finalidades do próprio aprender.

Podemos ousar pensar que o trabalho de quem educa deve objetivar ser um passo a mais no caminho da plenitude da realização humana. Deve ser alguma forma de compreensão mais alargada, mais profunda a respeito de algo não conhecido, imperfeitamente conhecido ou passível de ser, através de uma outra fração de conhecimento confiável e dialogável, incorporado a um "todo de compreensão" mais fecundo.

Mais fecundo como conhecimento integrado "a respeito de" e também como possibilidade de realização do conhecimento como um projeto de transformação de algo em alguma coisa melhor. Todo o bom saber transforma o que há no que pode haver. Todo o conhecimento de qualquer ciência voltada ao alargamento do diálogo e à criação de estruturas sociais e de processos interativos – econômicos, políticos, científicos, tecnológicos ou o que for – sempre mais humanizadores, integra antes, de algum modo, sujeitos e objetos em um projeto de mudança em direção ao bem, ao belo e ao verdadeiro.

A QUE PODE, NO CONCRETO DO COTIDIANO, DESTINAR-SE A EDUCAÇÃO

A escolha da simplicidade voluntária

Podemos recriar uma educação na contracorrente da capacitação sistêmica do mercado. Uma educação ousadamente destinada a nos ensinar e aprender a repensar o sentido da posse e do uso dos bens da Terra em nossas vidas. Quando nos colocamos frente ao dilema de que, em termos gerais, a "humanidade" deve se dispor a modificar por completo o sistema de seus relacionamentos com a natureza, a começar por uma reeducação do consumo de bens, tendemos a pensar esse dilema como algo tão planetário, tão universal, que não nos toca. Não se trata apenas de inserir algo sobre o meio ambiente e rechear um currículo escolar de preceitos sobre "sustentabilidade". É todo um universo simbólico, pessoal, interativo e social que precisa ser reescrito. Pois uma urgente transformação de nós mesmos e entre-nós não se limita à mudança aleatória de alguns hábitos. Ela implica o saber aprender a viver toda uma outra escolha de vida.

Creio que é chegado o momento de começarmos, inovadoramente, a aprender a rever a própria relação pobreza/riqueza. Repensar a *qualidade de vida* como aquilo que posso adquirir materialmente e colocar em uso a meu favor, em nome de uma *vida de qualidade*, em termos do valor e do sentido que atribuo a quem sou, a como vivo a minha vida e a como utilizo os bens materiais ao meu alcance.

Em nome de nossos direitos pessoais e familiares a um certo padrão de conforto que a tecnologia e o mercado nos prometem, lutamos por "conquistar" um estilo de vida cujo padrão de consumo acaba sendo sempre superior ao das verdadeiras necessidades de uma vida humana digna e simples. Em direção oposta, pelo inteiro, a começar por pessoas e famílias do "Primeiro Mundo", cresce um vigoroso questionamento ao fervor excitante de uma vida consumista e dedicada a trabalhar para acumular riquezas para, consumisticamente, acumular posses materiais. Pessoas e grupos humanos que começam a colocar diante de si alternativas de assumir saberes e valores em que a gratuidade, a simplicidade assumida, a solidariedade e uma pessoalizada sustentabilidade constituem-se em apelos centrais que migram de uma "ética de mim-mesmo" para uma partilhada "política de nós todos".

Seria um passo importante nessa direção uma educação humanizada que desse menor importância ao ranqueamento dos seus alunos (quem está no pódio da escola e fora dele), à voragem do "primeiro lugar", ao aluno-cliente de que a "escola se orgulha" em detrimento de todos os outros, em favor do crescimento partilhado de toda uma comunidade aprendente, bem mais educativamente cooperativa do que pedagogicamente competitiva.

Podemos aprender desde a casa e a escola a adotar uma vida feliz e fecundamente muito mais simples e gratuita. Podemos viver escalas de consumo, de posse e de uso dos bens disponíveis, bastante menores, sem perda nenhuma da verdadeira substância de uma vida de qualidade. Podemos aprender a rever por completo o sentido de nossas escolhas. Não para desejarmos a miséria e nem mesmo a pobreza, mas uma vida simples e compartilhada que deveria orientar a nossa própria relação com o mundo do trabalho. De algum modo, o apelo antigo e atual no sentido de escolhermos estar com os despossuídos, com os excluídos e postos à margem, cujo número apenas aumenta aqui e por toda a parte, não deveria ser apenas uma distante opção política. Ele deve tender a ser uma escolha de vida.

Não se trata de renunciar a tudo e optar, como Gandhi e Francisco de Assis, por uma vida doada, livre e realizada na pobreza, repito. Podemos aprender a pensar na escolha de uma reversão do eixo dos interesses e sentidos de vida em direção a uma partilha do modo de vida das incontáveis pessoas para quem um intervalo entre a simplicidade e a pobreza é a única opção viável. Podemos aprender a perguntar o que de fato cada um de nós precisa para viver, e viver bem, na verdade, para que as outras pessoas possam também viver, tanto quanto nós, uma vida menos triste e menos à margem.

Estamos a tal ponto empapados de símbolos e de valores poderosamente mercantis e consumistas em favor de um ajustamento à realidade, de uma oportuna adaptação à vida social, e mesmo de tão desejável e ilusória harmonia de vida, que é difícil pensar em qualquer projeto de realização pessoal que não ameace perverter o "pessoal" em "individualista". E é mais difícil ainda imaginar qualquer projeto de uma vida plena e feliz que não seja também uma vida pelo menos confortável. E, bem sabemos, o conforto está no que se consome, o que pode ser o equilíbrio viável e humano para uma vida feliz, simples e compartilhada, e pode ser o desejo insaciável de conquistar mais, possuir mais e, portanto, consumir muito mais do que o que necessitamos para sermos simplesmente felizes.

O outro lado dessa disposição que nos faz portadores individuais dos devaneios do mercado tem tudo a ver com o que foi escrito anteriormente a respeito do diálogo. Linhas acima eu procurava pensar o diálogo não como uma espécie de boa ética da tolerância para com o meu outro e para com as suas ideias, mas como uma outra ontologia do modo de conviver com os saberes e os valores. Quando desloco o que sei e o que creio da lógica da posse e do ganho para uma sensibilidade do dom, do fluxo e da partilha, tudo em-mim e entre-nós se transforma. Deixo de viver o que aprendo como uma conquista ou um ganho; deixo de experimentar o que sei como uma posse, uma propriedade de símbolos, saberes e significados; deixo de desejar ser ou saber mais do que os outros, porque fora de um círculo igualitário de pessoas solidárias, tudo o que resta é a infeliz solidão do sucesso individual.

Não possuo para mim e meu uso exclusivo o conhecimento que adquiri, e nem me aproprio do saber que sei, mas o conhecimento que criamos juntos e o saber que compartimos flui entre-nós na mesma medida em que passa por mim e através de mim também.

Por que não pensar de igual maneira a respeito dos bens materiais que possuímos? Ou seja, aquilo entre os recursos da natureza transformada em cultura, que por um momento convivem conosco sob a guarda provisória de nossas pessoas e de nossa geração. Podemos escolher tomar como fundamento de uma opção de vida esse ensino que atravessa o imaginário das religiões, da espiritualidade e das filosofias mais humanistas: se eu quero ser dono do que possuo, o que eu possuo me domina. Dito de outra maneira: tudo o que me faz desejar ter rouba de mim a vocação a ser eu mesmo. O que eu possuo assina por mim o meu próprio nome e o espelho de cristal onde a minha vaidade quer ver refletido o meu rosto, acaba sendo meu retrato mais fiel do que o meu próprio rosto.

Há todo um movimento universal de simplicidade voluntária. Pessoas, grupos e redes de participantes em todo o mundo se organizam e começam a ser escutados. Pode ser que tudo não passe de uma moda a mais. Mas podemos pensar que a diferença entre ser uma moda passageira e tornar-se um modo de vida que junto a outros possa de fato revolucionar o mundo em que vivemos, é outra coisa que depende de nós.[8] Uma outra escola terá aqui uma nova missão essencial, ou a perda completa, em favor do primado da estética, da ética e da política do mercado.

A escolha da partilha solidária

Um dos graves dilemas de escolha de uma vida pessoal e interativamente coerente com um projeto social de libertação minha e dos outros, está em que em boa medida algumas disposições conduzidas por preceitos de reciprocidade, partilha e solidariedade permanecem restritas a alguns grupos pequenos e a algumas frágeis e efêmeras redes de "uma outra economia". No entanto, este é o passo seguinte ao da opção por uma vida simples e despojada, em favor da vida e em comunhão com os outros.

Não basta a disposição de consumir menos e possuir o suficiente. Tomada sozinha, essa escolha pode desaguar em uma espécie de renúncia individual ilusória – tanto quanto a "felicidade" consumista do mercado. Apenas troco as minhas posses de materiais por outras, mais intelectuais e mesmo espirituais. Creio que tudo o que escrevo aqui conspira contra desejos solitários de "crescimento espiritual"... desde que os outros não me atrapalhem.

Podemos reaprender a lição simples de possuir pouco e, passo a passo, possuir e consumir em conjunto. Tudo o que passa por nós e flui entre os outros e eu-mesmo, em círculos e redes de entre-nós, poderia passar e fluir em um generoso duplo sentido. Primeiro no sentido quase existencial, quase metafísico de que falei aqui mais de uma vez. A experiência de que sou livre quando sou mais do que apenas uma pessoa desapegada. Quando me transformo em uma pessoa que vive o que possui como a experiência de um alguém através de quem as coisas passam entre pessoas sem posses, sem serem retidas individualística e possessivamente.

A segunda pode ser a consequência política e ética da primeira. Se assim é, tudo ou quase tudo o que eu possuo pode ser progressivamente colocado em comum. Pode sair do círculo de "minhas posses", "meus bens" ou, pior ainda, "meus ganhos" ou "minhas conquistas", para o circuito dos dons da vida e da cultura que partilho de forma recíproca (porque no fundo tudo são trocas) com as outras pessoas.

Podemos colocar em comum e partilhar com outros os nossos bens, os nossos talentos e os nossos serviços. Podemos tornar disponível o que possuímos e, assim, podemos passar do penoso possuir, reter e acumular para a experiência generosa do partilhar, emprestar, dar e trocar, que nos livra, ao mesmo tempo, do que temos e guardamos para nós, e de nós mesmos, quando nos guardamos para o que temos. E essa é a semente da liberdade. Você já pensou o que poderíamos viver em termos de alargamento de sentimentos e de saberes, se "a minha biblioteca" (com muitos livros que eu jamais lerei) pudesse tornar-se uma "nossa biblioteca"? Se entre-nós intertrocássemos cada vez mais os nossos livros, revistas e tudo o mais. Estabelecendo a partir daí um fluir de bens que a ninguém empobreceria (a não ser o egocentrado absoluto) e que a todo tornaria tão mais ricos, de tanto entre – possuir em partilha e não como posse.

De igual maneira, e em outra direção, o que escrevemos com os olhos postos nos pontos que acumularemos em nossas folhas curriculares, quando publicado (em inglês, de preferência), pode migrar para páginas eletrônicas cada vez mais livres.[9]

Assim sendo, a equação dar-receber-retribuir que, segundo Marcel Mauss, estaria na criação da própria ordem da vida social, passaria a vigorar entre nós em outros termos.[10] Não mais uma reciprocidade institucional e imposta, mas uma nova maneira de interagirmos fundada integralmente em princípios de partilha, solidariedade e participação. Uma vida onde a reciprocidade deixasse passo a passo a esfera das atitudes interativas obrigatórias, ou cooptadas pela mídia e a empresa, e viesse a ser remodelada por inteiro, de modo a fazer parte das escolhas recíprocas de uma vida social pensada em termos inteiramente outros e para os outros.

O que está mais visivelmente ausente no cálculo econômico dos teóricos e figura no topo da lista dos alvos da guerra comercial, segundo os praticantes do mercado, é a enorme área que A. H. Halsey denominou de "economia moral", o compartilhamento familiar de bens e serviços, a ajuda entre vizinhos, a cooperação entre amigos: todos os motivos, impulsos e atos com que costuramos vínculos e compromissos duradouros entre os seres humanos.[11]

Em uma poderosa contracorrente das incontáveis pequenas e universais experiências antigas e atuais de resistência à colonização de vidas, culturas comunidades e destinos humanos, aprendemos, com o simples correr de nossas próprias existências, que o poder de mercantilização de pessoas e coisas coloniza nossa vidas em todos os planos do cotidiano a tal ponto que a possibilidade não propriamente de uma saída do comércio e do mercado, mas de os vivermos em termos centrados no ser das pessoas e não no possuir das mercadorias (pessoas incluídas), às vezes nos aparece como uma vaga e utópica fantasia.

No entanto, esse seria o caminho mais humanamente realista. E um primeiro passo nessa direção está no aprendizado de um outro olhar sobre as relações entre as pessoas através das coisas, e sobre as relações entre as coisas através das pessoas. Em nome do que e de que projeto de presente e de futuro educar de fato pessoas humanas?

Em nome de algumas ideias e gestos muito mais viáveis do que imaginamos. Podemos educar pessoas propensas a criar laços duais (como o laço cliente-terapeuta, por exemplo), grupais, comunitários, em redes e, no limite, nacionais e universais centrados em princípios de trocas e de reciprocidades que não excluem os ganhos pelo trabalho, mas que redimensionam a lógica e a ética das trocas de bens, de serviços e de sentidos. Podemos começar a criar formas solidárias e cooperativas de vida interativa e social interpostas entre nós e a economia de mercado. Podemos incentivar a criação de redes de trocas mútuas, de ajuda recíproca, de oferta-e-demanda. Podemos estabelecer princípios de uma outra ética econômica, pois uma economia solidária é possível e está bem mais em nossas mãos do que imaginamos.

Podemos ousar na criação de pequenas unidades de vida solidária que nada têm de amadorismo ou de voluntarismo fantasioso. Antes pelo contrário, elas poderiam ser o embrião de uma outra economia e, por decorrência, de uma outra forma de vida social. Algumas experiências de vida associativa e de unidades e redes de trocas de produtos, ou de consumo solidário, estendem-se por toda a parte.[12] Por agora são os agricultores e os pequenos artesãos os que têm algo a nos ensinar, pois eles saíram na frente. Mas agora começamos a nos perguntar se não podemos estender a experiência de trocas recíprocas e solidárias a outras esferas de vida e de trabalho, até o momento em que toda uma vida social alternativa torne real a possibilidade de que venhamos a construir juntos, para habitarmos solidariamente, um "outro mundo possível".

Participação na construção "de um outro mundo possível"

Dentro de um projeto que imagina-se emancipatório e em que a palavra libertação fertiliza todas as outras, não devemos sentir-nos saindo de mim-mesmo e abrindo-nos a viver entre-nós para minorar sofrimentos dos que continuarão sofrendo, ainda que um pouco menos, de acordo com os enunciados da ONU e dos governos. Estamos buscando aqui e ali participar de ações sociais destinadas a gerar um possível outro mundo de vidas humanas. Estamos trabalhando para construir, em nós e em toda a parte, cenários de vida de pessoas capazes de assumirem-se como criadores de suas próprias vidas, de seus próprios destinos (até onde isto é possível) e de seus próprios mundo de vida.

Quando proponho, como passos em direção a um caminho emancipatório, algo como a simplicidade voluntária, a partilha de bens e serviços nos termos de uma socioeconomia solidária, eles não devem ser compreendidos como gestos em direção a alternativas isoladas e assumíveis umas sem as outras, e destinadas a isolarem e "salvarem do mercado" apenas algumas pessoas e vidas mais "autênticas" entre "eleitos" e "escolhidos" em um mundo de vida que nega à imensa maioria das mulheres e dos homens uma existência de mínimos vitais. Não quero crer em mais nenhuma Arca de Noé.

Outras formas de viver o saber, o conviver e o agir socialmente não devem ser pensadas e vividas como apenas uma ética pessoal de bons propósitos desde uma educação também radicalmente alternativa, deveriam ser partilhadas como disposições de escolhas de vida dirigidas à participação em todo um projeto local, nacional e universal de criação de outras formas de viver. Formas de ser e viver para além da criação de algumas pessoas eticamente transformadas e irrepreensíveis. Ao contrário, penso em pessoas educadas para sentir-se codestinadas a construírem de fato outras experiências expandíveis e universalizáveis de busca em comum de um mundo sob o primado de princípios, saberes e ações sociais bem distantes dos que regem a economia de mercado e a colonização mercantil da vida humana segundo os termos da globalização neoliberal.

Um longo parágrafo de um dos livros de Marcos Arruda, quando ele escreve, ponto por ponto, algumas transformações que desenhariam a passagem de uma ordem social à outra merece ser lembrado aqui.

> Uma série de redefinições emergem desta reflexão. O ser humano deixa de ser concebido como um indivíduo isolado e em competição permanente com outros e passa a ser visto como um ser-em-relação, consciente dos desafios comuns a enfrentar e de uma existência comum a compartilhar. O mercado passa a ser

visto como uma relação entre agentes sociais conscientes, que deve ter seu espaço limitado pelo interesse público e precisa ser regulado a fim de servir aos objetivos maiores do desenvolvimento social e humano. A economia passa a ser concebida como um subsistema aberto em um contexto mais amplo do ecossistema social, responsável por responder às necessidades materiais de cidadãos das sociedades nacional e global de forma justa e sustentável. O trabalho, que para alguns pensadores progressistas (como Jacques Rodin ou Roger Sue) deve, a partir de agora, deixar de ser traço de união social, ao contrário, seria libertado da prisão salarial e passaria a ser valorizado, enquanto práxis comunicativa e criativa, como núcleo do desenvolvimento humano, inaugurando não uma sociedade livre do trabalho, mas uma sociedade do trabalho livre.[13]

Compromisso com o povo como sujeito de seu saber e agir

Vivemos agora um tempo em que os descaminhos da ordem social não deixam mais categoria identitária alguma ou classe social alguma de fora. Fora as que o próprio sistema exclui da existência visível da sociedade e da história, por as ver no interior da via de duas mãos do mercado do capital: a da produção e a do consumo. Ora, uma certa generalização de um estado de máximos extremos de desigualdade e de exclusão crescentes em todo o planeta deveria nos conduzir a lembrar que ainda é sobre os pobres e os postos à margem – os "deserdados da Terra" – que o peso da sociedade desigual recai com maior força. Ainda são eles os oprimidos de quem falávamos em outros tempos. E ainda são eles as pessoas e os grupos sociais-testemunho. Ainda é "lá de baixo" que nos chegam os maiores clamores. Mas é também "de lá" que a todo o momento chegam as frentes de luta e de resistência ao mundo que vive, ao mesmo tempo, de seu trabalho e de sua exclusão.

Os movimentos sociais populares, como o MST, ou os movimentos de minorias étnicas, são e seguirão sendo experiências-guia de todo um trabalho social por onde são iniciados, aqui na América Latina e por toda a parte, os enfrentamentos ao neoliberalismo mais consequentes. Se olharmos com calma e densidade o que tem acontecido com experiências sociais que em um primeiro momento atuavam distanciadas das causas populares, como aconteceu com as frentes ambientalistas, veremos que pouco a pouco as mais consequentes foram se aproximando dos movimentos populares. E, então, sem deixarem de atuar em seus campos originais de ação social, elas redesenharam boa parte de seus princípios e de suas estratégias de presença e participação. E isso representou e tem representado um grande ganho de parte a parte. Vivemos em um mundo em que é ilusório pensar uma "questão ambiental" sem vínculos conectivos com a "questão da terra". E esta última é, desde muitos e muitos anos, uma questão sempre presente nas causas populares, indígenas e de outras frentes sociais.

Vivemos tempos em que as causas e as frentes de luta e de esperança na construção do novo tornaram-se múltiplas e, em alguns casos, bastante movediças e até mesmo efêmeras. Ainda que sejam muitas as alternativas de participação corresponsável na construção do "outro mundo possível", uma presença junto aos mais excluídos e junto aos movimentos populares ainda é e seguirá sendo a fonte de empoderamento dos outros movimentos emancipatórios. E a redefinição de vidas pessoais e interativas em termos de uma partilha solidária deveria nos impelir a um esforço para repensarmos a nossa própria inclusão profissional na vida social.

Creio que isso tem um sentido desafiador para todas as pessoas que, de um modo ou de outro, trabalham como educadoras, ou como também educadoras. Incluo aqui todas as pessoas que, profissional, vocacional ou militantemente, estão envolvidas em relacionamentos por onde passam, de forma motivada e intensa, tipos de trocas de saberes, de valores de vida, de sentidos de destino, de imaginários e de ideários de gestão solidária do presente e de construção do futuro mais justo e igualitário.

Precisamos mais do que seguir vivendo uma experiência profissional inteiramente imersa na rotina do mundo do mercado, reservando pequenas brechas de tempo e de energia (quando sobram) para algum tipo de participação em projetos emancipatórios. Isto é importante e de múltiplas e variadas maneiras envolve dimensões da vida de muitos de nós. Mas é toda uma coletiva vida profissional que precisa ser repensada. E, em tempos de privatização de quase todos os campos de trabalho e de uma progressiva colonização empresarial até mesmo de unidades de financiamento de ações sociais, ambientais e outras, como iniciativas da sociedade civil, é cada vez mais desafiadora a solução do dilema de como colocar o exercício de nossas profissões a serviço das maiorias excluídas e não a serviço de minorias excludentes.

Em direção divergente à de estudiosos que desconstroem ao mesmo tempo tanto a substância da hegemonia do mundo do mercado, quanto as experiências alternativas que procuram fazer frente a ela, existem aqueles que ao lado da crítica do sistema ousam criar propostas de ações interativas e sociais de sua superação. Uma leitura atenta de críticos do presente e do futuro convoca-nos a darmos um passo além da crítica de nossa realidade.

Cada um a seu modo, essas pessoas nos lembram que talvez nunca como agora tenhamos chegado tão perto de uma promissora emancipação da humanidade, em uma era que se anuncia como "do conhecimento". Somos senhores da partilha de saberes e de propostas de presente e de futuro que em todas as dimensões poderiam desaguar em uma humanidade livre, solidária, inclusiva, compartilhando uma mesma Terra reverdecida e francamente sustentável. No que toca a educação, para além dos seus entraves costumeiros, podemos nos sentir na fronteira de alternativas de transformações profundas e de uma grande significação. Se isso parece não ocorrer nos cenários em que a sua gestão cotidiana parece obrigar a um descompasso grande entre o que seguimos reproduzindo como políticas de educação e o que podemos ousar criar como práticas da educação, justamente neste campo, que como sempre pendula entre a reiteração da rotina e a ousadia do novo, surgem por toda parte não apenas novas propostas, mas alternativas de realizações concretas que certamente mereciam ser levadas mais a sério. Ao longo do mesmo tempo de história em que uma das assembleias da Organização Mundial do Comércio decreta serem a saúde, a previdência e a educação, mercadorias como outras, uma persistente reinvenção de formas de vivermos a prática do ensinar-e-aprender surge e se multiplica.

Elas conspiram contra a sociedade líquida de que nos fala Zygmunt Bauman em cada um de seus livros. Conspiram contra o que de modo algum é "um estágio superável do capitalismo", mas um desvio civilizatório e de realização da experiência humana que não apenas nos ameaça como pessoas, mas ameaça a própria vida no planeta que habitamos.

Acredito que alguns feixes de ideias podem, através do diálogo, fundar e transformar saberes, sentidos e significados atribuídos ao ser humano, à sua vida social e ao seu destino na Terra. Acredito também que toda a educação de algum modo nasce e deságua em algum projeto de presente e futuro, tanto no que diz respeito a uma pessoa quanto no que tem a ver com uma coletividade. Por fim, acredito ainda que a razão de ser do educar está em criar pessoas – de crianças a idosos – como seres cuja vida seja, mais do que todas as outras, a maior e mais perfeita experiência de construção de beleza, de bem e de verdade possíveis, pelo menos aqui no planeta Terra. Não somos seres a serem capacitados para ocupar funcional e competitivamente um lugar ("de sucesso", se possível) no mercado de trabalho, serviços e bens. Somos seres a serem educados para cohabitarem a Terra cooperativa e solidariamente partilhados por nós e, em uma dimensão desejadamente ainda mais fecunda e feliz, pelos nossos sucessores.

Um distante país do Himalaia ousa uma mudança de que zombam os economistas oficiais. Mas ela se espalha por todo o mundo e multiplica pessoas que perguntam: "e porque não pode ser assim?" Ele substituiu o PIB – Produto Interno Bruto que mede em termos do mundo dos negócios toda a "riqueza produzida" em um país, pela FIB. FIB são as iniciais de Felicidade Interna Bruta. Ele mensura qualitativamente graus de realização pessoal e de sentimento pessoal e coletivo de felicidade. Afinal, a que deveria servir o que se produz através do trabalho?[14]

Tornar a cidade... educadora

Existem e também se difundem pelo mundo diferentes experiências de alargar os territórios do aprender-e-ensinar para os mais diferentes cenários de uma cidade, de um município. A ideia de *cidades educadoras* soma-se a de outras tantas iniciativas que deveriam ser levadas à escola. E, dela, a todos os recantos da vida onde a aventura do saber seja de algum modo uma vocação essencial de busca humana de... felicidade.[15]

A quem esta pareça ser mais uma possível ideia utópica, levada de uma fantasia social ilusória ao mundo da educação, devo lembrar que em diferentes contextos, tanto na Europa quanto aqui mesmo na América Latina, a ideia de recriar a cidade como um múltiplo cenário de espaços-lugares diversos em que diferentes modalidades de vivências do saber através dos mais previsíveis e inesperados diálogos entre categorias de pessoas possam conviver.

Em nada essa proposta confunde-se com uma pedagogização da vida, ou uma espécie de expansão impositiva da cultura escolar, a outros redutos do cotidiano. Antes pelo contrário, trata-se de, em primeiro lugar, libertar a própria educação de seu pedagogismo utilitário que, ele sim, aprisiona a cada dia mais a própria escola entre momentos de um ensino centrado em uma progressiva árida funcionalidade. Um curioso e desalentador exemplo disso é o ver a quantidade de mães de classe média que passam longas horas de suas vidas trocando filhos e filhas da escola (onde se aprende "para vencer na vida") para academias de dança, de canto, de artes plásticas, de cultivos bem menos utilitários e, portanto, bastante mais humano, onde ser aprende para viver a vida.

Atividades que foram em um tempo um lugar de intervalo entre a escola e a comunidade. Atividades que migraram deste ponto generoso de "cultivo do corpo e da alma" para academias e outras pequenas empresas particulares de oferta dos serviços que, aqui e ali, através de políticas públicas entre a educação e a cultura, são de novo devolvidas a seus antigos redutos de prática gratuita, às praças e outros logradouros públicos de onde nunca deveriam ter saído.

As cidades educadoras sonham, em boa medida, com esse resgate não restritivamente *pedagógico*, repito, mas *educador,* no sentido mais ousado e desmesurado possível. Se alguma geração próxima ou vindoura com o tempo puder haver aprendido a gastar horas de seus momentos entre o pôr do sol e a noite envolvida com criar arte (corais, orquestras, oficinas de danças e desenho), pensamento, festa e outras tantas formas de interação em que pessoas se reencontram como atores-autores de suas vidas, em vez de se deixarem ficar, entre entediados e rotinizados diante de algo semelhante a um *reality show* – distantes e submetíveis a mortes simbólicas em paredões aos quais os condenamos eletronicamente –, uma boa parte do que se ousa sonhar aqui terá começado a ser realidade. Uma humana e feliz utopia tornada uma realidade humanamente vivida e partilhada.

NOTAS

1. Na página 30 de "*Se tivesse que recomeçar a vida*", de Raul Brandão, um escritor português do final do século XIX e começo do XX. O livro foi publicado pela Brevíssima Portuguesa, em Lisboa, no ano de 1995.
2. *Da relação com o saber – elementos para uma teoria*, Editora Artmed, de Porto Alegre, em 2000. Está nas páginas 60 e 65. Ele constrói sua sequência a partir de um outro autor, que cita: J.M. Monteil.
3. A respeito da socioeconomia solidária e suas variantes indico um livro coletivo essencial: *A outra economia*, publicado pela Editora Veraz, de Porto Alegre, em 2003. Uma trilogia de estudos de Marcos Arruda é igualmente essencial: *Humanizar o infra-humano; tornar o real possível; Educação para uma economia do amor*. Os dois primeiros livros são da Editora Vozes de Petrópolis, e o último da Ideias e Letras, de Aparecida, em São Paulo. Estarão indicados na bibliografia.
4. Ver *Educação: um tesouro a descobrir*, a versão em Português do Relatório Delors, publicado pela Editora Cortez, com patrocínio do MEC e da UNESCO.
5. Luiz Eduardo Wanderley (2010) publicou um livro no qual associa as propostas originais da educação popular com a atualidade de sua presença. Em um momento central de seu livro, ele trabalha com os "quatro pilares do aprender", do livro derivado do relatório da UNESCO.
6. Todas as vezes que abro meu provedor de e-mail, ele me recebe com a listagem diária das "celebridades mais procuradas" naquele dia. O fato de que eu desconheça ou conheça muito pouco a respeito delas deve indicar que progressivamente estou me tornando "um alguém fora de moda". Espero que isso signifique "um alguém que ainda tem salvação".
7. Está na página 89, de *Amor líquido: sobre a fragilidade dos laços humanos*, do sociólogo polonês Zigmunt Bauman.
8. Existem já alguns livros em português sobre o acontecer da simplicidade voluntária. A indicação deles e de muitos outros artigos e notícias pode ser obtida em: *http.www.simplicidadevoluntaria.com*
9. Na esteira do que tenho aprendido com outras pessoas, estou colocando até o final de 2010 tudo o que escrevi, entre a antropologia, a educação e a literatura, em um *link* de LIVRO LIVRE. Que as pessoas se apropriem de antigos e novos textos. Que os leiam e utilizem como lhes parecer bem (e para o bem, se possível). Que aquilo que algum dia foi um "meu livro" seja um apanhado provisório de palavras e de ideias cujo valor não está em haver sido escrito "por mim", mas em estar sendo partilhado "entre-nós". Porque o livro que eu escrevi um dia, guardado em uma estante, migra de um momento de cultura viva para um espaço de cultura morta. Mas quando você o abre e lê um parágrafo que seja, ele retorna por algum momento, através de seu gesto, ao mundo da cultura viva. É seu o dom de reacender e recriar a vida no que eu criei um dia.
10. É de Marcel Mauss, um antropólogo francês nascido no século XIX, essa trilogia constituinte do próprio acontecer humano na Terra. Está em seu longo estudo: *Ensaio sobre a dádiva* (em outras edições: *Ensaio sobre o dom*). Ver bibliografia ao final. Existe um movimento fundado nas ideias de Mauss. Um círculo originado na França e que tomou o nome das iniciais de seu sobrenome. A este respeito, recomendo a leitura do livro de um de seus principais ativistas, Alain Caillé, *Antropologia do dom*. Ver ainda o verbete: *economia do dom,* em *A outra economia*, também indicado na bibliografia.

11. Zygmunt Baumam, op. Cit. Pg. 89.
12. Além das várias unidades sociais de vida associativa, de experiências cooperativas e de partilhas solidárias, há redes que as aproximam. Aqui no Brasil é possível acessar a htpp.//www.redesolidaria.com. Alguns livros sobre o tema são essenciais. Entre vários, ver: Paul Singer, *Introdução à economia solidária*, Fundação Perseu Abramo, São Paulo, 1999; Antônio David Cattani, *A outra economia*, VERAZ Editores, Porto Alegre, 2003.
13. Marcos Arruda, *a nova ética global: crise da ética e da racionalidade, artigo de Globalização: desafios socioeconômicos, éticos e educativos*, de Marcos Arruda e Leonardo Boff, pela Editora VOZES, de Petrópolis. Na 2ª edição, de 2000, a citação está na página 44.
14. Recentemente, pessoas vindas do Butão estiveram proferindo palestras no Brasil, inclusive na UNICAMP. Outras várias pessoas e outros grupos tratam de repensar a proposta de FIB para outros diferentes contextos. Existem sites. Um deles é: *felicidadeinternabruta.com.br*.
15. Temos já aqui no Brasil uma sequência de livros essenciais sobre esse tema. Experiências que envolvem desde as ideias originais de uma cidade educadora, como o caso de Porto Alegre, até outras que procuram associar a cidade ou o município educadores a questões ambientais. A partir de seus estudos e de sua participação em experiências do Rio Grande do Sul, a educadora Jaqueline Moll tem sido uma referência essencial sobre o tema. Ver seu livro: *Histórias de vida, histórias de escola – elementos para uma pedagogia da cidade*. Também o Instituto Paulo Freire tem trabalhado o tema com uma relevância crescente. Pelo menos dois livros dele merecem ser conhecidos: *Cidade educadora – princípios e experiências*, coordenado por Moacir Gadotti, e *Cidade educadora – experiências de Porto Alegre*. Sobre esse tema escrevi dois livros. Um deles para o Ministério do Meio Ambiente: *Aqui é onde eu moro, aqui nós vivemos*. O outro pretende ser uma retradução do primeiro, com algumas ampliações antropológicas do tema: *Minha Casa, o mundo*.

REFERÊNCIAS

ARRUDA, M. *Educação para uma economia do amor*. Aparecida: Idéias e Letras, 2009.

_____. *Humanizar o infra-humano:* a formação do ser humano integral: homo evolutivo, práxis e economia solidária. Petrópolis: Vozes, 2003.

_____. *Tornar o real possível:* a formação do ser humano integral: economia solidária, desenvolvimento e o futuro do trabalho: Petrópolis: Vozes, 2006.

ARRUDA, M.; BOFF, L. *Globalização*: desafios socioeconômicos, éticos e educativos: uma visão a partir do Sul. 2.ed. Petrópolis: Vozes, 2001.

BAUMAN, Z. *Amor líquido*: sobre a fragilidade dos laços humanos. Rio de Janeiro: Zahar, 2004.

BRANDÃO, C.R. *A canção das sete cores*: educando para a paz. São Paulo: Contexto, 2003.

_____. *Aqui é onde eu moro, aqui nós vivemos:* escritos para conhecer, pensar e praticar o município educador sustentável. 2.ed. Brasília: Ministério do Meio Ambiente, 2005.

_____. *Minha casa, o mundo*. Aparecida: Idéias e Letras, 2008.

BRANDÃO, R. *Se tivesse que recomeçar a vida*. Lisboa: Civilização, 1995.

BUBER, M. *Eu e tu*. São Paulo: Centauro, 2001.

CAILLÉ, A. *Antropologia do dom*: o terceiro paradigma. Petrópolis: Vozes, 2002.

CATTANI, A.D. (Org.). *A outra economia*. Porto Alegre: Veraz, 2003.

CHARLOT, B. *Da relação com o saber:* elementos para uma teoria. Porto Alegre: Artmed, 2000.

DELORS, J. *Educação:* um tesouro a descobrir. São Paulo: Cortez, 1999.

GADOTTI, M.; PADILHA, P.R.; CABEZUDO, A. (Org.). *Cidade educadora:* princípios e experiências. São Paulo: Cortez, 2004.

MAUSS, M. Ensaio sobre a dádiva. In: _____. *Sociologia e antropologia*. São Paulo: CosacNayfy, 2003.

MOLL, J. *Histórias de vida, histórias de escola:* elementos para uma pedagogia da cidade. Petrópolis: Vozes, 2000.

SANTOS, B.S. *Pela mão de Alice*: o social e o político na pós-modernidade. São Paulo: Cortez, 2000.

_____. *Um discurso sobre as ciências*. 12.ed. Porto: Afrontamento, Porto, 2001.

SINGER, P. *Introdução à economia solidária*. São Paulo: Ed. Fundação Perseu Abramo, 1999.

TOLEDO, L.; FLORES, M.L.R.; CONZATTI, M. *Cidade educadora:* a experiência de Porto Alegre. São Paulo: Cortez, 2004.

WANDERLEY, L.E.W. *Educação popular:* metamorfoses e veredas. São Paulo: Cortez, 2010.

3

Anísio Teixeira e Darcy Ribeiro
Contribuições para o debate atual

Marcos Antonio M. das Chagas
Rosemaria J. Vieira Silva
Silvio Claudio Souza

Darcy tem a coragem de sua inciência. (Anísio Teixeira)

[...] Anísio é o pensador mais discutido, mais apoiado e mais combatido do Brasil. Ninguém é também tão negado e tem tantas vezes o seu pensamento deformado [...]. Suas teses educacionais se identificam tanto com os interesses nacionais e com a luta pela democratização de nossa sociedade que dificilmente se admitiria que pudessem provocar tamanha reação em um país republicano. Darcy Ribeiro (1997)

UTOPIA E DEMOCRACIA

Este texto visa fazer uma breve análise acerca do encontro teórico-afetivo de dois grandes educadores brasileiros – Anísio Teixeira e Darcy Ribeiro. Tal reflexão se justifica pelo objeto principal de suas trajetórias: o direito à educação de qualidade para todos.

Anísio Teixeira, entre outras utopias, idealizou as escolas-parque na década de 1950 na Bahia. Darcy Ribeiro, entre outros feitos, implementou os Centros Integrados de Educação Pública (CIEPs) no estado do Rio de Janeiro, na década de 1980.

Ambos marcaram profundamente a história da educação brasileira, ergueram escolas-sonho, tentaram fazer um outro tipo de educação, vislumbraram um país efetivamente educado e democrático onde cidadania seria fato, não retórica político-partidária. Lógico que fracassaram, os índices que medem a qualidade escolar do país estão aí, nos assombrando, demonstrando o quanto estamos longe do patamar sonhado por eles.

Mas, se seus projetos foram arrebatados pela descontinuidade das políticas públicas, característica de nossa cultura política, suas ideias proliferaram entre alguns educadores e intelectuais da educação, o que, de certa forma, nos (re)coloca em um percurso que tem o direito à educação como destino programado e fim almejado.

Não pretendemos, inventariar as propostas de Anísio e Darcy, pelo contrário, desejamos apenas lançar luzes-indagações sobre essas trajetórias, tentando contribuir para as reflexões acerca da história desses dois educadores e sobre a questão da educação integral.

A história do educador brasileiro Anísio Teixeira não nos deixa dúvida que se baseou em dois pilares: utopia e democracia. A utopia de buscar sempre uma educação de qualidade, pública, laica e que pudesse colaborar com a construção do Brasil moderno.

Este educador baiano, que foi educado dentro da doutrina católica, em colégios jesuítas, sendo militante do movimento católico dos anos de 1920 (movimento com o qual teria grandes embates ideológicos no decorrer de sua vida profissional), advogado de formação, tomou contato com a educação quando foi nomeado Inspetor Geral de Ensino em Salvador.

Nesse momento, segundo Nunes (2001), "entrou pela primeira vez em contato com uma literatura pedagógica e sistema público de educação que não conhecia [...] deparou-se [...] com a pobreza de recursos humanos e materiais, a dispersão e a desarticulação dos serviços educativos, o despreparo do professor [...]". Mas a grande mudança no seu modo de pensar a educação se deu quando das suas viagens à Europa e aos Estados Unidos e da sua passagem pelo Teachers College de Columbia. Quando então conheceu diversos sistemas de ensino e tomou contato com a teoria e prática de John Dewey, "um pensador que denunciava aos Estados Unidos que a ameaça da democracia não estava fora do país, mas dentro dele, nas atitudes pessoais e nas instituições".

Anísio Teixeira foi um educador utópico, sonhava com um Brasil desenvolvido, e, para que o seu sonho se materializasse, só via um caminho – a educação.

Educação identificada com a pedagogia de Dewey, com o pragmatismo norte-americano, voltado para o desenvolvimento do indivíduo, a democratização, a liberdade de pensamento e a necessidade da experimentação, com a ciência, com a arte e a cultura popular.

Tal trajetória nos conduz sempre ao desenvolvimento, a busca de um Brasil moderno. Para Anísio, o que é ser moderno?

Para ilustrar a concepção do moderno em Anísio Teixeira, Rocha (1995) destaca alguns eixos que conduzem tal concepção. Podemos indicá-los resumidamente, destacando algumas ideias centrais que constituem o projeto de modernização defendido por Anísio Teixeira. São elas: a descentralização administrativa e de autonomia (da escola e de seus agentes); o reconhecimento do educando (pela percepção de que o processo educativo é, também, um processo individual); o conhecimento da cultura regional (que insere-se na própria identidade da escola) e a atenção para a fase de desenvolvimento em que encontra-se a cultura nacional. (Xavier, 1999, p. 60)

A busca pela democracia era marca registrada do educador, e seu conceito de modernidade está baseado no incentivo e fortalecimento dessa democracia em todos os níveis. Segundo Xavier (1999) a descentralização administrativa, um dos eixos da sua concepção de modernidade, como vimos acima, era condição primordial para a democracia, a autonomia das instituições era fator de liberdade de ação, integridade e identidade. Anísio Teixeira, tinha ainda uma grande preocupação com o planejamento e a capacitação dos profissionais ligados ao projeto dessa escola republicana. Desse modo, a vida de Anísio foi pautada por alguns eixos, sendo os principais: a crença de que educação é um direito e não um privilégio. Para que esses eixos pudessem ser desenvolvidos, Anísio lutou em várias frentes.

Como intelectual, teve uma produção extensa em que, através de artigos, livros e palestras, defendia esses princípios. Ocupou vários cargos públicos e, como administrador, pode colocar em prática os princípios a que sempre se dedicou, como, por exemplo, a criação da Universidade do Distrito Federal, a implantação do Centro Popular de Educação Carneiro Ribeiro, a escola-parque, a direção do CAPES, INEP e do CBPE, a fundação da Universidade de Brasília. Todas as ações precedidas de uma preocupação com o planejamento e a formação de quadros para a educação:

> O liberalismo deweyano forneceu a Anísio Teixeira um guia teórico que combateu a improvisação e o autodidatismo, abriu a possibilidade de operacionalizar uma política e criar a pesquisa educacional no país. Anísio Teixeira não assimilou Dewey incondicionalmente. Ao contrário dele, que acreditava no pleno êxito das reformas educativas em países pouco desenvolvidos pela ausência de tradições culturais aí arraigadas, Anísio Teixeira conhecia e denunciou criticamente a força dessas tradições na sociedade brasileira. Ao contrário de Dewey, que em nenhum momento indicou, na sua vasta obra, quaisquer medidas de aferição de inteligência ou de escolaridade, Anísio Teixeira aplicou-as nas escolas da rede pública na década de 1930. Se Dewey permaneceu como pensador independente, não se filiando a qualquer partido, para defender a reforma do governo municipal carioca, Anísio Teixeira chegou até a redigir um programa partidário. Se Dewey nunca entrou na polêmica entre escola confessional e escola pública, Anísio Teixeira mergulhou, em cheio, nela. Anisio Teixeira assumiu também a crítica deweyana dirigida tanto à escola tradicional quanto à escola nova, o respeito ao pluralismo e a um pragmatismo temperado pela sua formação em colégios jesuítas e sua experiência na política regional. (Nunes, 2000, p. 14)

A seguir, Anísio Teixeira, em 1931, assume a Diretoria da Instrução Pública do Distrito Federal e, nessa função, realiza a reforma da instrução pública e funda a Universidade do Distrito Federal. Durante a reforma da instrução pública, aparece o início do que depois seria chamado de escolas-parque:

> Anísio Teixeira acreditava que os altos índices de evasão e de repetência, verificados já nos anos de 1930, resultavam da inadequação do modelo tradicional de escola às necessidades de seus alunos, sobretudo das crianças de classes populares. Por isso, ele defendia um modelo que ampliasse o tempo de permanência da criança na escola, antecipando o que hoje chamamos de educação integral, ou seja, a criança permanece o dia todo na escola, desenvolvendo atividades ligadas aos conhecimentos formais e também a atividades físicas e esportivas, artísticas e literárias, entre outras. Na visão do educador, esse desafio só seria vencido com a qualificação profissional e o engajamento dos professores. E, para viabilizar essa proposta pedagógica, instituiu na capital federal, escolas experimentais: Escola Bárbara Otoni, Escola Manuel Bonfim e as Escolas Argentina, Estados Unidos e México.
>
> Cada escola desenvolveu um projeto experimental próprio. Vamos enfocar, porém, um pouco da experiência ocorrida na Escola Argentina. Ali, o tempo de duração das aulas foi ampliado de 4 horas e meia para 5 horas e meia, novas atividades foram introduzidas na grade curricular, tais como: as aulas de educação física e música, os trabalhos manuais, a biblioteca e o auditório. A ocupação e a circulação dos alunos no espaço da escola foi reformulada de acordo com um Plano de Atividades que não era baseado na organização de turmas e salas fixas por série, mas em consonância com o sistema Platoon.
>
> Baseada em uma experiência norte-americana, a proposta do sistema Platoon incidia sobre o rodízio entre turmas organizadas em pelotões que, ao longo da jornada escolar, deslocavam-se no espaço da escola, de acordo com as atividades previstas – aula convencional, brincadeiras e exercícios, trabalhos em oficinas, atividades sociais e de expressão no auditório ou atividades externas.[...] (Xavier, 2006)

Em 1932, também participa de forma marcante do manifesto dos pioneiros da Educação Nova, que reflete as suas propostas de educação:

> No manifesto de 1932, a aplicação do conhecimento científico aos estudos pedagógicos, ao planejamento educacional e à administração do ensino escolar aparece como a expressão intelectual da progressiva onda de secularização e racionalização da cultura e como

condição essencial para a constituição da sociedade moderna. A defesa de alguns princípios contidos no manifesto trouxe para o centro do debate educacional questões fundamentais que apontam para a modernidade. Entre outras, a democratização das relações sociais pela crítica ao caráter excludente da escola tradicional, pelo reconhecimento do direito à educação a todos os cidadãos, pela defesa do princípio da universalidade de acesso à escola. Ao defender a aplicação da ciência e da técnica aos assuntos do ensino e da pesquisa educacional, o manifesto promoveu a valorização do papel social e político do educador profissional, o que resultou em um estímulo ao processo de especialização e autonomização do campo educacional e, logo, de sua legitimação perante o público e o governo. (Xavier, 1999, p. 46)

Após esse período de grande participação na vida pública, Anísio passou alguns anos afastado de sua grande vocação, educador e administrador, pois com o regime político de exceção e autoritário era impossível a participação na vida pública. Em 1946, é convidado para o cargo de Conselheiro de Ensino Superior da UNESCO, um reconhecimento ao trabalho realizado por ele no Brasil; porém, fica pouco tempo, pois é convidado para a Secretaria de Educação e Saúde da Bahia.

Ao longo do período em que foi secretário, criou o Centro Popular de Educação Carneiro Ribeiro, a escola-parque. Escola pensada e construída para ser uma escola republicana, de horário integral, focada no aluno e em suas necessidades individuais, preocupada com que o aluno realmente aprenda e seja preparado para ser um verdadeiro cidadão, consciente de seus deveres e de seus direitos, integrado ao projeto de país que surgia, desenvolvimentista, ligado ao mundo do trabalho, mas sem se deixar alienar pelo mercado, com a possibilidade de atender as vocações ou tendências dos alunos, uma escola integrada socialmente à comunidade. Uma escola que pudesse fazer a diferença na comunidade e na vida dos alunos, principalmente dos alunos das classes populares.

Sua luta era contra a pobreza, não apenas a pobreza material da fome, mas contra a pobreza que ele chamava de pobreza política, conforme nos diz Nunes (2001, p. 10):

> Qual a magnitude da pobreza brasileira? Aprendera, na primeira metade da sua vida, que a pobreza não é só a destituição dos bens materiais. É também a repressão do acesso às vantagens sociais. Não é só fome! É também segregação, degradação, subserviência, aceitação de um Estado avassalador e prepotente. A pobreza brasileira era também, e no mesmo grau de importância da pobreza material, a pobreza política. O seu contrário emergia no horizonte dos direitos humanos e civis: a cidadania organizada.

O projeto das escolas-parque foi reconhecido internacionalmente, e mais tarde o próprio Anísio instalou no Rio de Janeiro com o nome de escolas-laboratórios, ou experimentais, ou de demonstração por meio dos Centros Regionais de Pesquisas Educacionais, escolas com propostas bem parecidas. No Rio de Janeiro, a Escola Guatemala funcionou como laboratório de experimentação: "A escola funcionava em horário integral (7:30 às 16h) e, com o auxílio do Instituto Nacional de Estudos Pedagógicos (INEP), oferecia almoço aos professores, alunos e funcionários. Havia horários especiais para cursos de atualização e encontros de avaliação no final do dia, realizados pela supervisora do INEP" (Xavier, 1999, p. 114).

Ao mesmo tempo, vamos encontrar a proposta das escolas-parque também no plano educacional da nova capital, presente na criação da Escola-parque de Brasília, implantada em 1961, um ano depois da inauguração da capital do Brasil.

A igualdade de oportunidades através da universalização da escola primária, o respeito à regionalização e à identidade com a oportunidade de desenvolver aptidões e habilidades, além de oferecer uma educação comum a todas as crianças, representou para Anísio um grande desafio. No entanto, onde estavam os professores para desenvolver tal proposta?

Para esse desafio, já à frente da Campanha de Aperfeiçoamento de Nível Superior (CAPES) e do INEP, onde criou o Centro Brasileiro de Pesquisas Pedagógicas (CBPE), Anísio se preocupou com a formação de professores, administradores e pesquisadores que pudessem levar à frente o projeto de Brasil moderno, democrático e desenvolvimentista. Porém, nesse período, Anísio enfrenta a revolta de setores da Igreja, por defender de forma firme e efusiva o projeto de escola republicana, laica, gratuita e universal.

Em 1961, Anísio Teixeira, juntamente com Darcy Ribeiro, cria a Universidade de Brasília (UnB). Havia uma divergência inicial entre Darcy e Anísio sobre o papel da UnB. Anísio pensava na universidade como um grande centro de pós-graduação, mestrado e doutorado para a formação de quadros para o magistério superior, e Darcy via a importância de a graduação estar também em Brasília, o que acabou por acontecer. Como nos mostra Xavier (1999), Darcy mais tarde também assinala a importância da pós-graduação:

> Aprendi sobretudo que o principal produto da pesquisa científica não é a dissertação nem a tese – e nem mesmo o artigo ou livro que contribuem para ampliar o saber – mas a formação de gente capacitada para usar o método científico. Gente que só se consegue preparar ali onde se pesquisa, mas onde pesquisador se ocupa também das tarefas do ensino. (Ribeiro apud Xavier, 1999, p. 236)

Com o golpe militar de 1964, Anísio Teixeira foi aposentado compulsoriamente, passando a lecionar em várias universidades nos Estados Unidos. Quando retornou ao Brasil, continuou a trabalhar na área da educação, editando livros e participando do Conselho Federal de Educação. Morreu em 1971, oportunizando um legado histórico na direção que é possível sonhar e realizar.

DARCY RIBEIRO: MEMÓRIAS, DIÁLOGOS E FEITOS

Darcy Silveira Ribeiro, mais conhecido como Darcy Ribeiro, nasceu em 1922, na cidade de Montes Claros, interior de Minas Gerais. Ficou órfão de pai aos 3 anos, sendo criado por sua mãe, mestra Fininha, renomada professora alfabetizadora de adultos. Em sua biografia, Darcy diz que foi ajudando os alunos de sua mãe que ele tornou-se educador: às vezes, ajudava os recém-ingressos segurando a mão deles com um lápis para domesticá-la, a fim de que aprendessem a escrever (Ribeiro, 1997, p. 31).

Quando Darcy lembrava-se do período ginasial, o descrevia como pouco significativo, tendo chegado à universidade, em Belo Horizonte, com uma "inocência espantosa", devido ao seu desconhecimento sobre o mundo. A seguir, ingressou no curso de medicina por influência da mãe e de um tio, que era médico e, aos seus olhos, o homem mais inteligente e respeitado da cidade.

O curso de medicina começou bem até o dia em que descobriu que poderia frequentar os cursos das outras faculdades. Encantou-se com as disciplinas de sociologia, direito, filosofia, literatura, história, entre outras. Foi assim que conseguiu ser reprovado por três anos seguidos no curso de medicina (Ribeiro, 1997). Após as reprovações, Darcy recebeu um convite para estudar em São Paulo, tirou férias por um breve período e, após algumas conversas com seus familiares, resolveu ingressar no curso de sociologia em 1942.

Nesse período, recebia uma bolsa de estudos ajudando um dos professores da faculdade a elaborar uma bibliografia crítica sobre a literatura brasileira e alguns ensaios de interesse sociológico. Dessa forma, aprofundou suas leituras literárias para poder fazer a classificação dos livros. Foi durante esse trabalho que ele teve a oportunidade de aprofundar seu conhecimento sobre o povo e a cultura brasileira. Para Darcy, essa literatura deu a ele mais embasamento teórico do que todo o restante do curso: "aquela bibliografia me puxava para dentro do Brasil e das brasilidades, me dando matéria concreta para nos pensar como povo e como história" (Ribeiro, 1997, p. 125).

Logo que se formou em sociologia, foi contratado como etnólogo da Seção de Estudos do Serviço de Proteção aos Índios, por influência do Marechal Rondon. Assim se inicia uma outra fase em sua vida, que o marcaria para sempre, a de indigenista. A primeira tribo que observou foi a dos *kadiwéu* que moravam no Mato Grosso.

Darcy criou o Museu do Índio (RJ), tendo como objetivo mostrar que o povo indígena não é violento nem sanguinário. Além disso, o museu acolheu o primeiro curso de pós-graduação para formar antropólogos no Brasil.

Muitas das ideias veiculadas por Darcy sobre educação tiveram origem naquela experiência com os costumes e tradições das tribos indígenas.[1] No entanto, somente começou a se interessar e trabalhar ativamente pela educação depois de conhecer Anísio Teixeira, de forma que as causas defendidas por Anísio tornaram-se suas causas também.[2]

Darcy foi apresentado a Anísio por intermédio de um amigo comum, Charles Wagley, que trabalhava com Anísio no Instituto Nacional de Estudos Pedagógicos (INEP), onde estava sendo criado o Centro Brasileiro de Pesquisas Educacionais (CBPE). Conheceram-se em uma palestra de Darcy sobre a vida social dos índios *Ramkokamekra* (Ribeiro, 1997).

De acordo ainda com suas confissões, no livro *Testemunho* (Ribeiro, 1997), nesse primeiro encontro intelectual, um se apaixonou pelo outro. Anísio encantou-se com a inteligência e a fala apaixonada de Darcy, já este encantou-se pela inquietude e pelos questionamentos do primeiro.

Darcy teve sua primeira atuação no plano da educação ao longo do processo de construção, da primeira Lei de Diretrizes e Bases da Educação Nacional (Brasil, 1961), tendo atuado intensamente ainda na luta pela criação da UnB.

O cenário político dos anos de 1950 e 1960 possibilitou a aproximação entre as ideias de diversos educadores, tais como Anísio e Darcy, resultando na busca por um mesmo ideal, o de uma escola pública democrática que atendesse à população brasileira, em especial às classes populares, historicamente excluídas.

A utopia de ver a UnB erguida durou pouco tempo, tendo seu projeto original totalmente destruído pelo golpe militar de 1964. Para Darcy Ribeiro (1997), a razão da queda de João Goulart não foi a pretensa "ameaça do comunismo", mas as políticas públicas sociais voltadas para a melhoria da vida da população, como o início histórico do processo de reforma agrária.

No retorno ao país, junto com Leonel de Moura Brizola, nas eleições para o governo do estado do Rio de Janeiro, em

1982, Darcy Ribeiro é eleito vice-governador, tendo como proposta central de campanha a melhoria da educação. Para efetivar suas ideias, criou o I Programa Especial de Educação (I PEE).

Nas suas palavras, o projeto era:

> [...] escalões de tempo integral, cada um deles para mil alunos. Cristalizavam, pela primeira vez no Brasil, como rede pública, o que é o ensino público de todo o mundo civilizado, que não conhece a escola de turnos, mas só escolas de tempo integral para alunos e professores. Eles preenchem as condições necessárias indispensáveis para que as crianças oriundas de famílias pobres, que não tiveram escolaridade prévia, progridam nos estudos e completem o curso fundamental. Assegurar isso a todas as crianças é o único modo de integrar o Brasil na civilização letrada, dissolvendo as imensas massas marginalizadas de brasileiros analfabetos. (Ribeiro, 1997, p. 476)

Darcy tentava, assim, concretizar o ideal de escola em tempo integral, que há mais de meio século Anísio Teixeira sonhara implantar no Rio de Janeiro, Bahia e Brasília. De certa forma, Darcy reviveu nos anos de 1980 e 1990 as intolerâncias que os opositores de Anísio faziam a seu desafio de criar uma escola de base pública, laica, democrática, como condição fundamental para consolidação da democracia (Lobo et al., 2008, p. 71).

Nos anos de 1990, começa a idealizar sua própria fundação: a Fundação Darcy Ribeiro (FUNDAR). Durante o período em que foi senador pelo Rio de Janeiro, conseguiu aprovar a proposta de uma Nova Lei de Diretrizes e Bases da Educação Nacional, conhecida como Lei Darcy Ribeiro (Lei nº 9.394/96).

Morreu em fevereiro de 1997, vítima de câncer.

Um dos grupos em defesa da escola pública girou em torno de Anísio Teixeira, e inspirava-se na filosofia liberal pragmatista de John Dewey.[3] O movimento escolanovista influenciou diretamente Darcy Ribeiro e o transformou em um dos seus herdeiros mais ilustres, empunhando esta bandeira renovadora até o final de sua vida. Essa afinidade entre Anísio e Darcy pelos ideais renovadores é ressaltada por Bomeny (2003, p. 11): "Darcy deixa em suas memórias e correspondências as confissões de afinidade com o educador e filósofo Anísio Teixeira, o programa de democratização educativa e os ideais da Escola Nova" [...].

Nesse contexto de defesa da escola pública, laica, universal, republicana e gratuita, é importante frisar que o nome de Anísio esteve associado não só aos ideais do movimento da Escola Nova[4] no Brasil, mas também às instituições de ensino superior como a Universidade do Distrito Federal (1935-1939), à Campanha Nacional de Aperfeiçoamento de Pessoal de Nível Superior (CAPES), em 1951, à direção do Instituto Nacional de Estudos Pedagógicos (INEP) e, em 1955, à criação do Centro Brasileiro de Estudos Educacionais (CBPE). Foi também um dos principais idealizadores da Universidade de Brasília (UnB), em 1961.

Cabe ainda reforçar que, para esses dois intelectuais, a escola pública era a força motriz para pensarmos a sociedade; como dizia Darcy Ribeiro, "a escola pública é a maior invenção do mundo, pois permite que todos os homens sejam herdeiros das bases do patrimônio mundial mais importante que é a cultura" (Bomeny, 2003, p. 76).

Entre a segunda década de 1940 e a primeira metade de 1950, mudanças significativas, no plano macro da organização política-econômica do Brasil e do mundo, se fazem notar, com reflexos nos vários microespaços sociais. No plano nacional, a promulgação da Constituição de 1946 acena com a promessa de construção no Brasil de uma ambiência sociopolítica, pautada no respeito aos direitos e garantias individuais e à liberdade de pensamento e expressão.

Nesse cenário, ocorre a pressão para a ampliação do sistema educacional, conforme nos indica Bomeny (2003, p. 35):

> O contexto democratizante do pós-guerra legitima a demanda de benefícios educacionais a segmentos maiores da população. O sentido estritamente pragmático conferido à educação como qualificação de mão de obra vai sendo ampliado em uma dimensão política de mais acesso da população carente aos benefícios públicos garantidos em um Estado de Bem-Estar.

Entretanto, será nas décadas de 1950 e 1960, que a demanda por participação política e social ganha fôlego e abre espaços para se pensar um projeto de educação nacional. Conforme assinalam os estudos do historiador Eric Hobsbawn (1995), após a II Guerra Mundial, o sistema capitalista tenta conciliar o liberalismo econômico com os preceitos políticos da social-democracia. Essa nova concepção do mundo do capital se configura, nos dizeres do autor, como uma "Era de Ouro", que passou a simbolizar o período que compreende o chamado pós-guerra até a década de 1970 (Faria; Souza, 2007).

A idealização desses novos tempos decorre, em grande medida, do desenvolvimento no campo da industrialização. Nesse período, viabiliza-se a crença na possibilidade do progressivo desenvolvimento do país, envolvendo diversos segmentos, como a cultura e a educação, assim como os campos político e econômico. Dentro desse cenário, a participação política via educação parecia ser um caminho promissor.

Ao considerar o contexto mundial e nacional de possibilidades "concretas", Darcy aprofunda a questão teórica de Anísio para forjar o intelectual do "fazimento". Nas próprias palavras de Darcy: "Se me perguntassem pelo encontro mais importante de minha vida, eu diria que foi o nosso encontro". Sua trajetória confirma essa afirmação. Defensor das causas sociais e convencido de que o papel do intelectual implica uma ação direta no corpo social, Darcy Ribeiro levaria a Anísio Teixeira o conteúdo social e o fervor militante para desenvolver projetos e programas que o pioneiro mantinha em pauta desde a década de 1920 (Faria e Souza, 2008).

Desse modo, o que se observa é que o encontro dessas duas personalidades foi possível pela paixão reformadora que os animava e pela afinidade em defesa da educação pública. Tal aliança consolidou-se no movimento em defesa da escola pública e na feitura da nova Lei de Diretrizes e Bases da Educação Nacional, só sancionada em 1961, depois de longo período no Congresso Nacional (1948-1961).

O texto reforça, mais uma vez, que a influência de Anísio Teixeira na concepção de mundo de Darcy Ribeiro é inegável, conforme sua própria declaração:

> Aprendi com o mestre Anísio Teixeira – e a duras penas tento cumprir este preceito – que o compromisso do homem de pensamento é com a busca da verdade. Quem está comprometido com suas ideias e a elas se apega, fechando-se à inovação, já não tem o que receber nem o que dar. É um repetidor. Só pode dar alguma contribuição quem está aberto ao debate. (Ribeiro, 1984, p. 3)

E, ao rever a trajetória de ambos, podemos afirmar que Darcy cumpriu uma agenda pública que lhe foi desenhada com régua e compasso por Anísio Teixeira: "O senhor não avaliará o quanto eu lhe devo e como sou consciente de que em educação nada mais fiz do que por meu dínamo de agitação, zumbindo em torno de suas ideias." (Bomeny, 2003, p. 72).

Por outro lado, a visão de escola pública republicana de Darcy pressupõe outros aspectos ligados às bases do desenvolvimento democrático da nação. Em seu discurso, "A educação é um instrumento de revolução", tem como ideia-força a edificação do autoconhecimento nacional. Assim sendo, demonstra uma preocupação central na reorganização do Estado brasileiro, buscando a identidade nacional e denunciando o sistema de dominação existente em nosso país. Sua preocupação em reformar a educação consiste na construção educacional, por meio de uma reflexão pedagógica sobre um projeto de nação que possibilitasse o pleno exercício da cidadania (Faria e Souza, 2007).

Se hoje torna-se tão presente nos discursos oficiais a importância da educação, no processo de desenvolvimento e democratização do país não se pode negar a contribuição histórica de Anísio e Darcy, que defenderam até o final de suas vidas essa ideia "revolucionária" e utópica.

Como palavras finais, entendemos que o estudo do pensamento de Anísio Teixeira e Darcy Ribeiro é sempre profícuo, trazendo elementos para problematizar questões que ainda permanecem na trajetória da historia da educação brasileira, tais como o direito à educação e a qualidade social da educação oferecida nas escolas públicas.

NOTAS

1. Um costume dos kadiwéu é que acreditam que o corte de cabelo dado a um menino ao nascer, dita a sua personalidade no futuro. Para o antropólogo, esse seria um exemplo claro de como o consenso de um grupo sobre um indivíduo pode determinar seu comportamento no decorrer da vida.
2. Cf. Anísio Teixeira –*Educação é um direito* (1967) e *Educação não é um privilégio* (1973).
3. John Dewey, seguindo na tradição empirista inglesa, transformou o pragmatismo antecedente em instrumentalismo, fundando um colégio experimental calcado pedagogicamente nesses princípios (Martins Filho, 1997, p. 291).
4. A Escola Nova, inspirada em grande medida nos avanços do movimento educacional norte-americano e de outros países, europeus, teve grande repercussão no Brasil. As ideias que lhe deram corpo foram sempre inspiradas na concepção de aprendizado do aluno por si mesmo, por sua capacidade de observação, de experimentação, tudo isso orientado e estimulado por profissionais da educação que deveriam ser treinados especialmente para esse fim. Duvidando dos métodos convencionais, acabava questionando toda uma maneira convencional do agir pedagógico (Bomeny, 2003, p. 43).

REFERÊNCIAS

BOMENY, H. Anísio Teixeira entre nós: a defesa da educação como direito de todos. *Educação & Sociedade,* Campinas, v.21, n.73, 2000. Disponível em: http://www.scielo.br/scielo.php?script=sci_arttext&pid=S0101-73302000000400002

_____. E ele voltou... o segundo governo Vargas. A educação no segundo governo Vargas. Disponível em: <http://cpdoc.fgv.br/producao/dossies/AEraVargas2/artigos/EleVoltou/Educacao>. Acesso em: 25 maio 2008.

_____. Novos talentos, vícios antigos: os renovadores e a política educacional. *Estudos Históricos: Os Anos 20*, Rio de Janeiro, v. 6, n.11, p.24-39, 1993.

_____. *Os intelectuais da educação.* Rio de Janeiro: J. Zahar, 2003. (Descobrindo o Brasil)

BRASIL. Lei n. 4.024, de 20 de dezembro de 1961. Lei de diretrizes e bases da educação nacional. *Diário Oficial da União*, Brasília, DF, 27 dez. 1961.

_____. Lei n. 9.394, de 20 de dezembro de 1996. Estabelece as diretrizes e bases da educação nacional. *Diário Oficial da União*, Brasília, DF, 23 dez. 1996.

CHÂTELET, F. *História das ideias políticas.* Rio de Janeiro: J. Zahar, 1985.

CHAUI, M. *Brasil*: mito fundador e sociedade autoritária. São Paulo: Perseu Abramo, 2000.

FARIA, L.; SOUZA, S. A Universidade necessária: Anísio Teixeira e Darcy Ribeiro. In: CONGRESSO IBERO-AMERICANO DE HISTÓRIA DA EDUCAÇÃO, 6., Buenos Aires, Argentina, 2007.

_____. Ecos e memórias da escola fluminense. Rio de Janeiro: Quartet, 2008.

FAZENDA, I.C.A. *Educação no Brasil anos 60*: o pacto do silêncio. São Paulo: Loyola, 1988.

GHIRALDELLI JUNIOR, P. *História da educação*. São Paulo: Cortez, 1990.

HOBSBAWM, E. *A era dos extremos*: o breve século XX: 1914-1991. Rio de Janeiro: Paz e Terra, 1995.

LOBO, Y. et al. *Darcy Ribeiro*: o brasileiro. Rio de Janeiro: Quartet, 2008.

MARTINS FILHO, I.G.S. *História da filosofia*. São Paulo: LTr, 1997.

NUNES, C. Anísio Teixeira: a poesia da ação. *Revista Brasileira de Educação*, Rio de Janeiro, n.16, 2001.

_____. Anísio Teixeira entre nós: a defesa da educação como direito de todos. Campinas: Cortez/CEDES, v. 21, nº 73, 2000.

PEREIRA, E.W.; ROCHA, L.M.F. *Escola Parque de Brasília*: uma experiência de educação integral. Disponível em: <www.faced.ufu.br/colubhe06/anais/arquivos/457EvaWaisros_LuciaRocha.pdf>

PINTO, D.; LEAL, M.C.; PIMENTEL, M.A.L. (Coord.). *Trajetórias de liberais e radicais pela educação pública*. São Paulo: Loyola, 2000.

RIBEIRO, D. *Nossa escola é uma calamidade*. Rio de Janeiro: Vozes, 1984.

_____. *O Testemunho*. São Paulo: Siciliano, 1997.

TEIXEIRA, A. *Educação é um direito*. São Paulo: Nacional, 1967.

XAVIER, L.N. O *Brasil como laboratório*: educação e ciências sociais no projeto do Centro Brasileiro de Pesquisas Educacionais CBPE/INEP/MEC, 1950-1960. Bragança Paulista: IFAN, 1999.

_____. O debate em torno da nacionalização do ensino na era Vargas. *Revista do Centro de Educação*, Santa Maria, v.30, n.2, 2005. Disponível em: <http://coralx.ufsm.br/revce/revce/2005/02/a7.htm>. Acesso em: 3 abr. 2008.

_____. *Os precursores da educação nova*. Rio de Janeiro, 2006. (Coleção Estudos da Cidade)

_____. Reformar a escola, modernizar a cultura: Anisio Teixeira e a educação republicana. In: PORTO J.R.; GILSON E CUNHA, J.L. (Org.). *Anísio Teixeira e a escola pública*. Pelotas: Ed. Universidade Federal de Pelotas, 2000.

_____. *Revista de Pedagogia* ano 2 – numero 4 Terceiro especial sobre Anísio Teixeira INCOMPLETA.

4

Paulo Freire e a educação integral
Cinco dimensões para (re)humanizar a educação

Celso Ilgo Henz

Somos herdeiros e condicionados por uma racionalidade cognitivo-técnico-instrumental da modernidade; pretendendo-se emancipadora, a mesma tornou-se mutiladora e focalista, não conseguindo dar conta de muitas questões e dimensões da vida, dos fatos e, principalmente, da trama plural que compõe a totalidade do humano. Por viverem em um mundo multidimensional e complexo, com uma vida marcada pela simultaneidade entre o particular e o plural, homens e mulheres começam a sentir a necessidade de desenvolver uma razão-emoção capaz de dar unidade às diferentes relações, lógicas e perspectivas da vida e do mundo. Muitas dimensões e aspectos da humanização escapam aos domínios da ciência e da técnica, desafiando-nos a descobrirem outros caminhos para desvendarem e significarem a si mesmos e à realidade circundante, seja ela natural, cultural, afetivo-emocional, social, econômica, política, científica ou poética.

Homens e mulheres são o que fazem com os outros e com a história, que com eles e o mundo vão construindo. Na medida em que as organizações sócio-político-econômicas tornaram-se complexas, criaram-se instituições para sistemática e intencionalmente "humanizar" as novas gerações: as escolas. Não obstante, hoje a maioria das nossas escolas está esvaziada de "genteidade" e entulhada de "conteúdos". Torna-se, pois, urgente reconstruir os espaços-tempos escolares enquanto mediações e aprendizagens do humano, com relações e vivências em que educandos e educadores possam "ser mais". Para tanto, poderem "dizer a palavra", sem serem obrigados a simplesmente repetir a de outros, é condição primeira; o diálogo-problematizador e amoroso, no qual a "obediência" e o "silêncio" deixam de ser vistos como "virtudes" do "bom aluno" e do "bom cidadão", torna-se pedagogia e antropologia. Trata-se de ir construindo processos em que todos, dialógica e reflexivamente, vão se assumindo como sujeitos do que-fazer pedagógico e social, descobrindo-se capazes de (re)humanizar a escola e a sociedade, capazes de (re)humanizar a si mesmos na *inteireza* do seu *corpo consciente*. Da escola levamos o que vivenciamos, na totalidade e complexidade das dimensões em que vamos aprendendo e constituindo o nosso "ser mulher" e/ou "ser homem", não importa se como educandos ou como educadores. Ou a educação é dialógico-afetiva e humanizadora, ou não é educação.

Conforme Henz (2010), não basta uma razão cognitivo-técnico-instrumental, porque a vida é mais e maior, precisando de outras referências (éticas e estéticas) para nos ajudar a descobrir as pessoas e as coisas na sua complexidade e dentro de uma totalidade maior. Trata-se de resgatar a poesia, o encantamento, a imaginação, a intuição, o sonho, a reflexão, enfim, a razão-emoção como um todo, mergulhando na intimidade das coisas, dos fatos, dos seres humanos, da vida, para ir além da mera constatação e descrição, fazendo emergir um sentir/pensar/agir como manifestação da *razão de ser* de cada coisa, de cada ser, da existência humana. Enquanto as ciências, em nome da "objetividade" própria do cientificismo positivista, deixam passar os "detalhes", a poesia continua falando dos homens e das mulheres, da vida, do amor, da beleza, da morte, da esperança, do inacabado, da presença dos outros em nossos sentimentos, sonhos, ideias, formas de ser e viver; vai declamando a intersubjetividade que constitui a subjetividade, em um mundo que também vai se configurando interativamente, convidando-nos a descobrir novos sentidos, novas relações, novos horizontes.

Assumindo o ser humano como um ente que vai se constituindo sócio-histórico-culturalmente, em uma trama complexa de múltiplas dimensões, propomos que nós, educadores e educadoras, busquemos organizar e desenvolver, *com* os educandos, *práxis* educativas que entrelacem, no mínimo, cinco dimensões: a ético-política, a técnico-científica, a epistemológica, a estético-afetiva e a pedagógica. Acreditamos que assim estaremos trabalhando e educando, inspirando-nos na perspectiva freireana, a serviço da aprendizagem de *corpos conscientes* em *inacabado* e permanente processo de humanização; em uma história que também não está dada previamente e nem acabada, mas que passa a ser compreendida como *possibilidade,* cujas *situações-limites* e obstáculos transformam-se em desafios para a construção coletiva de *inéditos-viáveis* para uma "genteidade" e uma sociedade em que todos tenham condições de *ser mais* e *gostar de ser gente*.

Antes, porém, talvez seja melhor fazer a pergunta: a(s) escola(s) ainda têm sentido? Ou então: qual(is) o(s) sentido(s) da(s) escola(s) nos tempos atuais?

Acompanhamos Freire, que sempre gostou e acreditou na(s) escola(s), mesmo quando criticava a educação bancária e burocrática nelas predominante. Para ele, a escola era um *lugar de gente* se relacionando social e humanamente. Mais: Freire acreditou nas escolas porque acreditava nas pessoas, na sua capacidade de tomar a história nas próprias mãos e assumir a *possibilidade* de construir *inéditos viáveis*. Daí seu olhar:

> Não há prática educativa, como de resto nenhuma prática, que escape a limites. Limites ideológicos, epistemológicos, políticos, econômicos, culturais. Creio que a melhor para definir o alcance da prática educativa em face dos limite a que se submete é a seguinte: *não podendo tudo, a prática educativa pode alguma coisa.*
>
> Essa afirmação recusa, de um lado, o otimismo ingênuo que tem na educação a chave das transformações sociais, a solução para todos os problemas; de outro, o pessimismo igualmente acrítico e mecanicista de acordo com o qual a educação, enquanto supraestrutura, só pode algo depois das transformações infraestruturais. (Freire, 1995b, p. 96)

A escola de turno integral pode ser um espaço-tempo em que a educação também torne-se integral e integrada, possibilitando a cada educando(a) e educador(a) os desafios e as condições para *descobrir-se, assumir-se* e *ser mais*. Sim, com Freire (1995b, p. 96) acreditamos que, "não podendo tudo, a prática educativa pode alguma coisa". Não queremos colocar aqui que Freire é o único a nos apontar possíveis caminhos para uma educação integral; apenas consideramos que ele tem contribuições que podem colaborar quando queremos "mais educação" para *ser mais* e para aprender a *gostar de ser gente*.

Também pedimos desculpas por trazer muitas citações em bloco, mas fomos percorrendo algumas das obras de Freire e selecionamos alguns excertos de suas reflexões, com as quais acreditamos poder também dialogar quando pesamos "mais educação" para "mais humanização". Assim, organizamos este ensaio em torno de cinco dimensões que nos provoquem a dialogar, refletir e sonhar com a (re)humanização do nosso que-fazer educativo.

DIMENSÃO ÉTICO-POLÍTICA

As escolas e o que nelas ensinamos-aprendemos não têm um fim em si mesmo, mas estão a serviço de homens e mulheres que vão constituindo-se socioculturalmente dentro de uma sociedade política e economicamente organizada, mas com possibilidades de ser reorganizada. Daí a importância de professores e alunos saberem a serviço de qual "genteidade" e de qual sociedade estão colocando-se nos processos de ensino-aprendizagem e na pluralidade de relações e interações no cotidiano escolar, conscientes de que toda ação educativa tem uma intencionalidade. Mais ainda: as relações sociais e humanas pretendidas precisam ser assumidas e vividas coerentemente no cotidiano das escolas e das nossas vidas, buscando construir estruturas e relações de poder que superem a dominação e a subalternidade, a cultura do silêncio e da obediência em todos os sentidos e instâncias, ensinando-aprendendo democracia e cidadania pela vivência. Com a responsabilidade de desenvolver uma atividade pedagógica e científica, a função da escola (e dos/as professores/as) é política e social. Nas palavras de Freire (1997, p. 47), "a solidariedade social e política de que precisamos para construir a sociedade menos feia e menos arestosa, em que podemos ser mais nós mesmos, tem na formação democrática uma prática de real importância".

Ser educadores implica nos assumirmos diante de nós mesmos, dos colegas, da sociedade, das famílias dos educandos e diante dos próprios educandos, explicitando sempre a serviço de que e de quem trabalhamos e educamos, contra o que e contra quem educamos, que características têm o homem, a mulher e a sociedade que queremos ajudar a se constituírem com o nosso ofício, com o nosso modo de ser, viver, sentir, escutar, refletir, falar, agir e ensinar; como profissionais da educação, temos de mostrar aos educandos o que somos como mulher ou homem, como cidadã ou cidadão, bem como a serviço de que tipo de homem ou mulher, e de qual cidadania, colocamos o ensinar e aprender com o qual nos envolvemos e envolvemos os educandos. Como educador, é impossível ficar indiferente, acrítico e apolítico diante da realidade brutal que desumaniza milhões de crianças, jovens e adultos, mutilando-os e limitando-os nos seus processos de aprender a ser gente. O desafio é olhar para essa realidade e tomar consciência do papel pedagógico-político (ou político-pedagógico) para com essa sociedade e com esses seres humanos concretos, que são o foco central da nossa razão de ser enquanto professores e professoras. Ou seja,

> [...] não posso ser professor sem me por diante dos alunos, sem revelar com facilidade ou relutância minha maneira de ser, de pensar politicamente. Não posso escapar à apreciação dos

alunos. E a maneira como eles me percebem tem importância capital para o meu desempenho. Daí, então, que uma de minhas preocupações centrais deva ser a de procurar a aproximação cada vez maior entre o que digo e o que faço, entre o que pareço ser o que realmente estou sendo. (Freire, 1997, p. 108)

O primeiro passo é superar a "pedagogia das respostas" e das "certezas demasiadamente certas", assumindo a pedagogia da escuta e do diálogo. Exercitar o perguntar e o deixar-se ser perguntado faz parte de práticas educativas que pretendem ser dialógicas, cidadãs e democráticas, reinventando as relações de poder para colaborar com a construção de uma sociedade também democrática, pois a cidadania é uma construção intencionada jamais terminada que "demanda engajamento, clareza política, coerência, decisão. Por isso mesmo é que uma educação democrática não é possível realizar à parte de uma educação da cidadania e para ela" (Freire, 1993, p. 119).

Educar implica optar, assumir, testemunhar, amar, conviver. E novamente Freire nos chama para olhar para a totalidade e entrelaçamento de aspectos e dimensões que cuidadosamente devemos assumir como educadores:

> [...] o papel de um educador conscientemente progressista é testemunhar a seus alunos, constantemente, sua competência, amorosidade, sua clareza política, a coerência entre o que diz e o que faz, sua tolerância, isto é, sua capacidade de conviver com os diferentes para lutar com os antagônicos. É estimular a dúvida, a crítica, a curiosidade, a pergunta, o gosto do risco, a aventura de criar. (Freire, 1995a, p. 54)

A dimensão humana da educação está indissoluvelmente ligada à questão política da educação. Humanizar-se pela educação implica também ter esperança, acreditar que é possível construir uma escola e uma sociedade menos desumanas tanto para os educandos quanto para os educadores. Enquanto educador, ser profissional é essencialmente ser humano(a), o que implica engajar-se fortemente na transformação da escola e da sociedade. É ensinar-aprender a ser humanos! Eis por que

> [...] uma das primordiais tarefas da pedagogia crítica radical libertadora é trabalhar a legitimidade do sonho ético-político da superação da realidade injusta. É trabalhar a genuinidade dessa luta e a possibilidade de mudar, vale dizer, é trabalhar contra a força da ideologia fatalista dominante que estimula a imobilidade de mudar, vale dizer, é trabalhar contra a força da ideologia fatalista dominante que estimula a imobilidade dos oprimidos e sua acomodação à realidade injusta, necessária ao movimento dos dominadores. É defender uma prática docente em que o ensino rigoroso dos conteúdos jamais se faça de forma fria, mecânica e mentirosamente neutra. É nesse sentido, entre outros, que a pedagogia radical jamais pode fazer nenhuma concessão às artimanhas do "pragmatismo" neoliberal que reduz a prática educativa ao treinamento técnico-científico dos educandos. (Freire, 2002, p. 43)

DIMENSÃO TÉCNICO-CIENTÍFICA

O domínio técnico-científico é uma das especificidades da educação escolar, sendo condição necessária (mas não suficiente) para quem assume o ofício de educador. Ele precisa ser assumido com rigorosidade, buscando sua *razão de ser* dentro da totalidade sócio-histórica em que foi produzido, mas não como "mera transmissão" e também jamais desligado do mundo da vida das pessoas envolvidas na *práxis* educativa em processo, sob pena de cair-se em um cientificismo estéril e os "novos conhecimentos" (conteúdos conceituais) não terem sentido e importância para que todos(as) possam *ser mais* homens e *mais* mulheres. Para Freire, "aprender e ensinar fazem parte da existência humana, histórica e social, como dela fazem parte a criação, a invenção, a linguagem, o amor, o ódio, o espanto, o medo, o desejo, a atração pelo risco, a fé, a dúvida, a curiosidade, a arte, a magia, a ciência, a tecnologia. E ensinar e aprender cortando todas essas atividades humanas" (Freire, 1993, p. 19).

No que diz respeito aos "novos conhecimentos" (ou conteúdos científicos), eles precisam vir ao encontro da realidade do mundo da vida e dos saberes que todos já trazem para o processo em sala de aula, em uma relação dialógica de uma verdadeira comunidade de aprendizagem crítico-reflexiva, não apenas descrevendo-os conceitualmente, mas redizendo-os e ressignificando-os sócio-histórico-culturalmente. Mais que repetir pacientemente, sem alcançar uma real compreensão do significado das teorias e conteúdos-conceituais, trata-se de desvelar, reescrever e recriar o "texto" ou a "lição" como sujeitos inteligentes em função da realidade vivida, em função dos sonhos e projetos daqueles com quem estamos interagindo político-pedagogicamente.

No livro *Dialogando com Paulo Freire*, sobre a alfabetização enquanto processo de capacitação para ler o mundo e ler a palavra, Donaldo Macedo tenta mostrar que sempre se apreende mais facilmente quando a compreensão do diferente e/ou novo toma como ponto de partida algo que já é conhecido do aprendiz:

> O conhecimento de um conhecimento anterior, obtido pelos educandos como resultado da análise da práxis em seu contexto social, abre para eles a possibilidade de um novo conhecimento. O novo conhecimento revela a razão de ser que se encontra por trás dos fatos, desmitologizando, assim, as falsas interpretações desses mesmos fatos. Desse modo, deixa de existir qualquer separação entre pensamento-linguagem e realidade objetiva. (Freire; Macedo, 1994, p. 105)

Isso demanda tempo para dialogar, tomar distância, problematizar, refletir e buscar cooperativamente a apreensão crítica das ideias dos autores, para relacioná-las com as ideias dos educandos e educadores, sempre situando todas dentro dos seus contextos para desvelar e apreender o movimento dinâmico e dialético entre a palavra e o mundo, buscando as raízes do conhecimento a partir das condições em que foi gerado. Entretanto, para Freire:

> Não há diálogo no espontaneísmo como no todo-poderosismo do professor ou da professora. A relação dialógica, porém, não anula, como às vezes se pensa, a possibilidade do ato de ensinar. [...] O diálogo, na verdade, não pode ser responsabilizado pelo uso distorcido que dele se faça, por sua pura imitação ou por sua caricatura. O diálogo não pode converter-se em um "bate-papo" desobrigado que marche ao gosto do acaso entre professor ou professora e educandos. O diálogo pedagógico implica tanto o conteúdo ou objeto cognoscível em torno de que gira quanto a exposição sobre ele feita pelo educador ou educadora para os educandos. (Freire, 1992b, p. 118)

A rigorosidade científica requer que assumamos que nenhum conhecimento é neutro, mas é sistematizado como processo de compreensão e transformação do mundo. Alcançar a compreensão profunda dos conteúdos, da realidade sócio-político-econômico-cultural e das pessoas, consiste em uma reflexão e tomada de consciência que manifesta-se em palavras e atitudes frente ao conhecimento, ao mundo e às pessoas; implica procurar curiosa e rigorosamente onde os mesmos se geraram e/ou onde e para que pretendem e podem interferir.

Dialogando com Faundez, no livro *Por uma pedagogia da pergunta*, Freire aprofunda:

> Observo como a nossa formação acadêmica nos leva constantemente, com exceções, é claro, a um certo gosto da descrição ou da perfilhação dos conceitos e não da apreensão do concreto, e o fazemos às vezes com a habilidade de esgrimistas. Aí temos uma diferença enorme entre nós e as classes populares que, de modo geral, descrevem o concreto.[...] Em certo momento do processo em que o conceito deve mediar a compreensão da realidade, nos distanciamos de tal maneira do concreto que o conceito esvazia-se. É como se, em certo instante, favela fosse apenas o conceito, já não a dramática situação concreta que não consigo alcançar. Vivo, então, a ruptura entre a realidade e o conceito que devia mediar a sua compreensão. Assim, em lugar de entender a mediação do conceito na compreensão do concreto, ficamos no conceito, perdidos na sua pura descrição. Pior ainda, terminamos por imobilizar o conceito, fazendo-o estático. (Freire; Faundez, 1998, p. 64)

A primeira aprendizagem para uma prática educativa crítica e democrática é aprender a perguntar, saber quais perguntas são fundamentais para sentir e apreender a realidade e quais perguntas são fundamentais na rigorosidade da busca da *razão de ser* do conhecimento, seja ele popular ou científico. Somente quem se pergunta e permite que a curiosidade dos outros o provoque e desafie pode ir apreendendo sempre, mesmo quando está ensinando. Aprender a escutar a pergunta dos educandos e *com eles* buscar a resposta pode levar a professora ou o professor a rever suas respostas já elaboradas, ou simplesmente retiradas dos livros, além de desenvolver nela(e) a capacidade de falar com os educandos e o povo, e não para os mesmos ou sobre os mesmos; mais que um confronto, a pergunta coloca educandos e educadores lado a lado para juntos buscarem novas respostas, exercitando intersubjetivamente a curiosidade epistemológica.

Ensinar é mais que "perfilar conceitos" e transmitir informações e conteúdos, mas partir da realidade e tomar os conceitos como mediadores para compreender e intervir (n)a realidade. Ou seja, os conteúdos conceituais são meios; a preocupação maior é a realidade. Então,

> [...] o professor deve ensinar. É preciso fazê-lo. Só que ensinar não é transmitir conhecimento. [...] Só na medida em que o educando torne-se sujeito cognoscente e se assuma como tal, tanto quanto sujeito cognoscente é também o professor, é possível ao educando tornar-se sujeito produtor da significação ou do conhecimento do objeto. É nesse movimento dialético que ensinar e aprender vão-se tornando conhecer e reconhecer. O educando vai conhecendo o ainda não conhecido; e o educador, reconhecendo o antes sabido. (Freire, 1993, p. 118-119)

A ciência está em função de homens e mulheres concretos, situados espaçotemporalmente com dimensões afetivo-emocionais, sociais, políticas, econômicas e histórico-culturais que desafiam e influenciam as práticas educativas. Ou seja, as teorias não devem ser encaradas dogmaticamente, como algo a ser aplicado de forma mecânica, mas devem auxiliar a todos na compreensão e no posicionamento político-pedagógico em situações múltiplas.

DIMENSÃO EPISTEMOLÓGICA

Ira Shor, dialogando com Freire no livro *Medo e ousadia*, sobre o cotidiano do professor, faz a seguinte afirmação:

> O rigor é um desejo de saber, uma busca de resposta, um método crítico de aprender. Talvez o rigor seja, também, uma forma de comunicação que provoca o outro a participar, ou inclui o outro numa busca ativa. Quem sabe essa seja a razão pela qual tanta educação formal nas salas de aula não consiga motivar os estudantes. Os alunos são excluídos da busca, a atividade do rigor. As respostas lhes são dadas para que as memorizem. O conhecimento lhes é dado como um cadáver de informação – um corpo morto de conhecimento – e não uma conexão viva com a realidade deles. (Freire; Shor, 1996, p. 15)

Trabalhando com e a partir da realidade dos educandos e dos conhecimentos já sistematizados, educandos e educadores vão refazendo a gênese produtora de tais conhecimentos na pluralidade das suas inter-relações, possibilitando assim a construção de novos conhecimentos a partir do que outros investigaram e sistematizaram. Aprender a "tomar distância" daquilo que pensamos demasiadamente seguro em nossas verdades, em nossas convicções, crenças, experiências e mundo da vida, ajudará a encontrar e/ou construir a *raison d'être* do objeto em questão, fazendo perceber a pluralidade de relações que o constituem e significam, indo além da mera descrição empírica ou conceitual. Educadores e educandos começam a redizer e recriar o dito e o feito, tornando-se sujeitos do seu ato cognoscente e da sua história: "educador e educandos, cointencionados à realidade, encontram-se em uma tarefa em que ambos são sujeitos no ato, não só de desvelá-la e, assim, criticamente conhecê-la, mas também no de recriar esse conhecimento" (Freire, 1987, p. 55-56).

Na processualidade dialógico-reflexiva e amorosa, descobrem-se *sendo* homens e mulheres em um mundo que é feito e significado pelo trabalho, pela linguagem, pelas emoções, pelos sentimentos, pelas convicções, pelas reflexões, pelas decisões e ações dos seres humanos, para que historicamente pudessem ir se humanizando, sobretudo pelo assombrar-se, pela coragem do questionamento crítico, do diálogo problematizador, pela capacidade e ousadia de conhecer para compreender e transformar.

Para tanto, é fundamental substituir a "pedagogia da resposta" e da "transmissão de conteúdos" pela "pedagogia da pergunta", pela "pedagogia do diálogo e do conflito", pela "pedagogia da autonomia", pela "pedagogia da indignação", pela "pedagogia da esperança"... para aguçar a curiosidade epistemológica e a criatividade em educandos e educadores. Neste sentido, é importante que os participantes não tenham muita certeza das suas certezas, principalmente os professores. Mesmo que haja momentos explicativos, "o fundamental é que professor e alunos saibam que a postura deles é *dialógica*, aberta, curiosa, indagadora e não apassivada enquanto fala ou ouve. O que importa é que professores e alunos se assumam *epistemologicamente curiosos*" (Freire, 1997, p. 96).

Mas, *"O que é perguntar?... O que significa mesmo perguntar?"*, pergunta, curiosamente, Paulo Freire. Ao que ele mesmo foi tentando responder, muitas vezes com novas perguntas que contribuíssem para que a resposta seja uma construção juntamente com seus interlocutores:

> Talvez devesse ser este um dos pontos primeiros a ser discutido, em um curso de formação com jovens que preparam-se para ser professores: o que é perguntar. Insistamos, porém, em que o centro da questão não está em fazer com a pergunta "o que é perguntar?" um jogo intelectual, mas viver a pergunta, viver a indagação, viver a curiosidade, testemunhá-la ao estudante. O problema que, na verdade, se coloca ao professor é o de, na prática, ir criando com os alunos o hábito, como virtude, de perguntar, de "espantar-se". [...] Eu insistiria em

que a origem do conhecimento está na pergunta, ou nas perguntas, ou no ato mesmo de perguntar; eu me atreveria a dizer que a primeira linguagem foi uma pergunta, a primeira palavra foi a um só tempo pergunta e resposta, em um ato simultâneo. (Freire; Faudez, 1998, p. 48)

Toda pergunta expressa uma curiosidade, um "espantar-se" de alguém diante de algo. Daí que não existem perguntas bobas e/ou ingênuas, assim como também não existem respostas definitivas e/ou inquestionáveis; a cada resposta construída podem surgir novas indagações, novos questionamentos. Por isso mesmo, tanto as perguntas como as respostas devem sempre ter ligação com a vida, com o mundo, com as ações e as práticas vivenciadas pelos interlocutores, para não virarem um jogo intelectualista; é de fundamental importância que o educando, "ao perguntar sobre um fato, tenha na resposta uma explicação do fato e não a descrição pura das palavras ligadas ao fato. É preciso que o educando vá descobrindo a relação dinâmica, forte, viva, entre palavra e ação, entre palavra-ação-reflexão" (Freire; Faundez, 1998, p. 49).

Ainda nas palavras de Freire, em *A educação na cidade*:

> No processo de produzir e de adquirir conhecimentos, terminamos também por aprender a "tomar distância" dos objetos, maneira contraditória de nos aproximarmos deles. A tomada de distância dos objetos pressupõe a percepção dos mesmos em suas relações uns com os outros. A "tomada de distância" dos objetos implica a tomada de consciência, mas esta não significa ainda que eu esteja interessado ou me sinta capaz de ir além da pura constatação dos objetos para alcançar a *raison d'être* dos mesmos. É neste sentido que a tomada de consciência, sendo uma forma humana de estar sendo diante do mundo, não é ainda a conscientização como a entendo. A conscientização é o aprofundamento da tomada de consciência. Não há conscientização sem a tomada de consciência, mas nem toda tomada de consciência se alonga obrigatoriamente em conscientização. É neste sentido que a pura tomada de consciência a que falte a curiosidade cautelosa, mas arriscada, a reflexão crítica, a rigorosidade dos procedimentos de aproximação ao objeto fica no nível do "senso comum". (Freire, 1995a, p. 112)

DIMENSÃO ESTÉTICO-AFETIVA

Os seres humanos que envolvem-se nas práticas educativas precisam ser reconhecidos e assumidos na sua totalidade, vivenciando o diálogo-problematizador, a sensibilidade para com os diferentes contextos, a criatividade, a autonomia, a solidariedade, a responsabilidade, a participação, a afetividade. Crianças, adolescentes e adultos vêm à escola para aprender *a serem mais* homens e mulheres; mas, muita atenção: "é como uma totalidade – razão, sentimentos, emoções, desejos – que meu corpo consciente do mundo e de mim capta o mundo a que se intenciona" (Freire, 2000, p. 76).

Trata-se de uma educação voltada para a pessoa enquanto corporeidade consciente, com emoções, sentimentos, olhares de espanto e admiração, desenvolvendo em todos e todas as capacidades da curiosidade, da sensibilidade para consigo mesmos, com os outros e com a realidade circundante, permitindo que as surpresas, as emoções, as pulsações, a imaginação, o gosto pelo risco, o corpo, a sexualidade e o sonho façam parte do seu modo de ser, viver e aprender como crianças, adolescentes, jovens e adultos. Na escola convivem sujeitos totais que *vêm sendo* na história, como *corpos conscientes*, como identidades de crianças, adolescentes, jovens e adultos, evitando a "ruptura entre sensibilidade, emoções e atividade cognoscitiva. Já disse que conheço com meu corpo inteiro: sentimentos, emoções, mente crítica" (Freire, 1993, p. 118).

Dito com mais clareza, pensando em "mudar a cara da escola", Freire insiste:

> Parece-me importante, reconhecendo a incompletude das reflexões em torno das qualidades, discutir um pouco a alegria de viver como virtude fundamental da prática educativa democrática. É entregando-me plenamente à vida e não à morte – o que não significa, de um lado, negar a morte, de outro, mitificar a vida – que entrego-me, disponivelmente, à alegria de viver. E é a minha entrega à alegria de viver, sem que esconda a existência de razões para tristeza na vida, que prepara-me para estimular e lutar pela alegria na escola.
>
> É vivendo, não importa se com deslizes e com incoerências, mas disposto a superá-los, a humildade, a amorosidade, a coragem, a tolerância, a competência, a capacidade de decidir, a segurança, a eticidade, a justiça, a tensão entre paciência e impaciência, a parcimônia verbal, que contribuo para criar e forjar a escola feliz, a escola alegre. A escola que é aventura, que marcha, que não tem medo do risco, porque recusa o imobilismo. A escola em que se pensa, em que se atua, em que se cria, em que se fala, em que se ama, se adivinha, a escola que apaixonadamente diz sim à vida. E não a escola que emudece e me emudece. (Freire, 1993, p. 63)

Assim, a escola vai tornando-se *alegre e séria*, um ambiente no qual todos vão aprendendo a descobrir e reconhecer as *bonitezas* e *possibilidades* do mundo e da sua "genteidade", assumindo-se como *seres de esperança, gostando de ser gente*.

Além do mais:

> O mundo afetivo desse sem-número de crianças é roto, quase esfarelado, vidraça estilhaçada. Por isso mesmo essas crianças precisam de professores profissionalmente competentes e amorosos e não puros tios e tias. É preciso não ter medo do carinho, não fechar-se à carência afetiva dos seres interditados de estar sendo. Só os mal-amados e as mal-amadas entendem a atividade docente como um que-fazer de insensíveis, de tal maneira cheios de racionalismo que se esvaziam de vida e de sentimentos. (Freire, 1993, p. 69-70)

DIMENSÃO PEDAGÓGICA

O educador não é aquele que se coloca acima ou diante de seus educandos para "instruí-los", mas é quem, *com* eles, faz a "caminhada"; juntos vão descobrindo e (re)aprendendo o que é importante para *ser mais*, cada um "dizendo a sua palavra" e "escutando a palavra" do outro. Os processos de ensino-aprendizagem vão acontecendo com uma *reciprocidade de consciências*, não carecem de alguém que tudo sabe a ensinar para outro que nada sabe, mas alguém que assuma a responsabilidade de conduzir o processo em condições favoráveis à dinâmica dialógico-problematizadora do grupo, uma vez que, "enquanto dirigente do processo, o professor libertador não está fazendo alguma coisa aos estudantes, mas *com* os estudantes" (Freire; Shor, 1996, p. 61). Trata-se de resgatar a pedagogia enquanto caminhar *ao lado*, dialogando, sendo amigo, problematizando, refletindo, desafiando, cuidando e amando o educando para ir aprendendo as "habilidades" e "sensibilidades" necessárias para viver como homem ou como mulher.

O papel do educador é fundamental enquanto, pelo diálogo e pela problematização amorosa e respeitosa, vai conduzindo um processo de desvelamento da ciência, da realidade e da própria existência humana; para isto, a professora e o professor precisam ter clareza sobre o ponto de partida e de chegada da reflexão e da análise. Para Freire,

O diálogo tem significação precisamente porque os sujeitos dialógicos não apenas conservam sua identidade, mas a defendem e assim crescem um com o outro. O diálogo, por isso mesmo, não *nivela,* não reduz um ao outro. Nem é a favor do que um faz ao outro. Nem é tática manhosa, envolvente, que um usa para confundir o outro. Implica, ao contrário, um respeito fundamental dos sujeitos nele engajados, que o autoritarismo rompe ou não permite que se constitua. Assim é também a licenciosidade, de forma diferente, mas igualmente prejudicial. (Freire, 1992b, p. 118)

Cabe aos educadores conduzir o processo de tal forma que as falas dos educandos e as falas do educador – que, por vezes, precisam ser expositivas sobre determinados conteúdos-conceituais – conduzam a uma visão clara, fundamentada e crítica, mas de cuja construção todos participaram como sujeitos. Considerando a importância do papel e da necessária rigorosidade e seriedade do educador, Freire enfatiza:

> Faz parte das condições em que aprender criticamente é possível a pressuposição por parte dos educandos de que o educador já teve ou continua tendo experiência da produção de certos saberes e que estes não podem a eles, os educandos, ser simplesmente transferidos. Pelo contrário, nas condições de verdadeira aprendizagem os educandos vão transformando-se em reais sujeitos da construção e da reconstrução do saber ensinado, ao lado do educador, igualmente sujeito do processo. (Freire, 1997, p. 29)

Essa nova perspectiva pedagógica, com rigorosidade e sensibilidade, assenta-se em uma *"pedagogia radical da pergunta"* e no comprometimento com a existenciação humana, que sempre é dialógica e dialética. Somente quem se pergunta e permite que a curiosidade dos outros o provoque e desafie pode ir aprendendo sempre, mesmo quando está ensinando.

Apreender a escutar a pergunta dos educandos e com eles buscar a resposta pode levar a professora ou o professor a rever as suas respostas já elaboradas ou simplesmente retiradas dos livros, além de desenvolver nele(a) a capacidade de falar *com* os educandos, e não para os mesmos ou sobre os mesmos; mais que um confronto, a pergunta coloca educandos e educadores lado a lado para juntos buscarem novas respostas, exercitando intersubjetivamente a curiosidade epistemológica. Entretanto, a prática pedagógica e epistemológica é sempre política; não há neutralidade em nada do que é humano, não havendo lugar para a neutralidade ou pseudoneutralidade na educação. Daí as palavras de Freire em *Cartas à Guiné-Bissau*:

> É ainda esta clareza política, em face da realidade e da própria educação, associada à permanente vigilância no sentido da preservação da coerência entre nossa prática e o projeto da nova sociedade, que nos faz evitar o risco de reduzir a organização curricular a um conjunto de procedimentos técnicos de caráter neutro. A organização do conteúdo programático da educação, seja ela primária, secundária, universitária ou se dê ao nível de uma campanha de alfabetização de adultos, é um ato eminentemente político, como política é a atitude que assumimos na escolha das próprias técnicas e dos métodos para concretizar aquela tarefa. [...] Não há, por isso mesmo, especialistas neutros, "proprietários" de técnicas também neutras, no campo da organização curricular ou em outro qualquer. Não há metodologistas neutros para ensinar como ensinar de forma neutra história ou geografia, língua nacional ou matemática. (Freire, 1978, p. 122)

Como parte dos processos de existência humana, o cotidiano escolar é mais do que um conjunto de teorias, conceitos ou até mesmo discursos críticos; somos homens e mulheres como totalidades tramadas com sentimentos, crenças, valores, sonhos, emoções, conflitos, ideias e projetos. Daí a importância de um "ambiente" dialógico-reflexivo, permeado por uma razão-emoção que combina o sentir/pensar/agir crítico com o sentir/pensar/agir criativo, curioso, rigoroso e amoroso, com uma "pedagogia da pergunta", em que educandos e educadores aprendem também a tomar nas próprias mãos nossas histórias e nossas vidas, a partir e com os conteúdos trabalhados. "O diálogo é o encontro amoroso dos homens que, mediatizados pelo mundo, o 'pronunciam', isto é, o transformam, e, transformando-o, o humanizam para a humanização de todos" (Freire, 1992a, p. 43).

Nesta grande polifonia dialética, a escola vai constituindo-se em um espaço-tempo de vivência da nossa "genteidade", na totalidade das dimensões e aspectos da *inteireza* dos nossos *corpos conscientes;* vamos descobrindo e assumindo a nossa complexidade, tramada pelo entrelaçamento do individual com o sócio-histórico-cultural, através de sonhos, angústias, ideias, necessidades, crenças, desejos, afetividades, projetos, medos e esperanças. Nela e com ela, homens e mulheres poderão descobrir-se como totalidades complexas, partes de uma totalidade ainda maior, "gostando de ser gente", sabendo-se condicionados e inconclusos e, por isso mesmo, capazes de *"ser mais"*, com a ousadia de correr o risco da aventura histórica como possibilidade de vislumbrar e construir horizontes mais esperançosos.

INTERROMPENDO ESSES DIÁLOGOS COM FREIRE...

Para prosseguir dialogando com cada educador e educando, a partir da sua realidade, no cotidiano de cada uma das nossas escolas e práticas educativas, em especial nas escolas de turno integral. Lá o diálogo continua; talvez até nos surpreenda, fazendo com que reencontremos a sensibilidade de nos *assombrar* para engajar-nos *com* os educandos na transformação de suas vidas (des)humanas, construindo horizontes mais esperançosos na totalidade das dimensões do humano, do social, do científico, do estético, do ético e do pedagógico.

Então, uma última provocação:

> Na pós-modernidade progressista, enquanto clima histórico pleno de otimismo crítico, não há espaço para otimismos ingênuos nem para pessimismos acabrunhadores.
> Como processo de conhecimento, formação política, manifestação ética, procura da beleza, capacitação científica e técnica, a educação é prática indispensável aos seres humanos e deles específica na História como movimento de luta. A História como possibilidade não prescinde da controvérsia, dos conflitos que, em si mesmos, já engendrariam a necessidade da educação. [...]
> Em lugar da decretação de uma nova História sem classes sociais, sem ideologia, sem luta, sem utopia, e sem sonho, o que a cotidianidade mundial nega contundentemente, o que temos a fazer é repor o ser humano que atua, que pensa, que fala, que sonha, que ama, que odeia, que cria e recria, que sabe e ignora, que se afirma e que se nega, que constrói e destrói, que é tanto o que *herda* quanto o que *adquire*, no centro de nossas preocupações. Restaurar assim a significação profunda da radicalidade. (Freire, 1995, p. 15)

REFERÊNCIAS

FIORI, E.M. *Educação e política*. Porto Alegre: L&PM, 1991. (Textos escolhidos, v. 2)

FREIRE, P. *A educação na cidade*. 2.ed. São Paulo: Cortez, 1995a.

_____. *Cartas à Guiné-Bissau:* registros de uma experiência em processo. 4.ed. Rio de Janeiro: Paz e Terra, 1978.

_____. *Educação como prática da liberdade.* 24.ed. RJ: Paz e Terra, 2000.

_____. *Extensão ou comunicação.* 10.ed. Rio de Janeiro: Paz e Terra, 1992a.

_____. *Pedagogia da autonomia:* saberes necessários à prática educativa. 6.ed. Rio de Janeiro: Paz e Terra, 1997.

_____. *Pedagogia da esperança:* um reencontro com a pedagogia do oprimido. Rio de Janeiro: Paz e Terra, 1992b.

_____. *Pedagogia da indignação:* cartas pedagógicas e outros escritos. São Paulo: Ed. UNESP, 2002.

_____. *Pedagogia do oprimido.* 17.ed. Rio de Janeiro: Paz e Terra, 1987.

_____. *Política e educação.* 2.ed. São Paulo: Cortez, 1995b.

_____. *Professora sim, tia não:* cartas a quem ousa ensinar. 2.ed. São Paulo: Olho d'Água, 1993.

FREIRE, P.; FAUNDEZ, A. *Por uma pedagogia da pergunta.* Rio de Janeiro: Paz e Terra, 1998.

FREIRE, P.; MACEDO, D. *Alfabetização*: leitura do mundo, leitura da palavra. 2.ed. Rio de Janeiro: Paz e Terra, 1994.

FREIRE, P.; SHOR, I. *Medo e ousadia*: o cotidiano do professor. 5.ed. Rio de Janeiro: Paz e Terra, 1996.

HENZ, C.I. Dialogando sobre cinco dimensões para (re)humanizar a educação. In: ANDREOLA, B.A. et al. (Org.). *Formação de educadores:* da itinerância das universidades à escola itinerante. Ijuí: Ed. Unijuí, 2010. p.49-62.

_____. *Razão-emoção crítico-reflexiva*: um desafio permanente na capacitação de professores. 2003. 280 p. Tese (doutorado) – Programa de Pós-graduação em Educação, Universidade Federal do Rio Grande do Sul, 2003.

MATURANA, H. *Emoções e linguagem na educação e na política.* 2.ed. Belo Horizonte: Ed. UFMG, 2001.

NIDELCOFF, M.T. *Uma escola para o povo.* 38.ed. São Paulo: Brasiliense, 1996.

5

Educação de tempo integral
Resgatando elementos históricos e conceituais para o debate

Jaime Giolo

É comum ouvir-se a tese de que, no Brasil, a escola de tempo integral teve presença precária e restrita. Citam-se, como exemplos comprobatórios dessa assertiva, o caso da Escola Parque, concebida por Anísio Teixeira e inaugurada em Salvador em 1950, o dos Ginásios Vocacionais de São Paulo, dos anos de 1960, e até o dos CIEPs (Centros Integrados de Educação Pública), instituídos no Rio de Janeiro, nas gestões do governador Leonel Brizola (1983/1986 e 1991/1994), entre outros. Essas experiências, de fato, foram truncadas ou descaracterizadas, via de regra, sob a alegação principal de que eram muito onerosas para os cofres públicos e, de qualquer modo, nunca fizeram parte das políticas gerais da educação brasileira. Mas essa não é toda a verdade. No Brasil, a classe dominante sempre teve escola de tempo integral. Os colégios jesuíticos do período colonial eram de tempo integral; os colégios e liceus onde estudava a elite imperial eram também de tempo integral e, na maioria das vezes, internatos; o mesmo pode-se dizer dos grandes colégios da República, dirigidos por ordens religiosas ou por empresários laicos. Nas últimas décadas, à medida que as unidades escolares tiveram de comportar um número crescente de alunos (coisa que aconteceu pelo impacto do processo de industrialização e urbanização, sobretudo depois dos anos de 1950), a atividade escolar propriamente dita passou a concentrar-se em um único turno, mesmo na maior parte das escolas destinadas às elites. Mas os alunos oriundos desse meio social continuaram a ter educação de tempo integral, recebendo, no chamado contraturno, formação complementar na própria escola ou em outros espaços culturais, esportivos ou científicos (curso de língua estrangeira, aula de reforço, laboratório, informática, balé, equitação, tênis, música, dança, teatro, etc.). Na educação superior, as coisas aconteceram mais ou menos da mesma forma: os cursos de formação das elites profissionais são de longa duração, geralmente prevendo dedicação integral.

Além disso, os contextos social e profissional das classes A e B têm vasos comunicantes, e de mão dupla, com a cultura escolar, o que faz com que a família, mas não apenas ela, dissemine, por meio até das relações espontâneas e cotidianas, conteúdos típicos da escola e, por sua vez, empurre, facilmente, seus saberes (e suas demandas por determinados saberes) para dentro da sala de aula. A escola, nesse meio, é "naturalmente" de tempo integral.

De tempo parcial é a escola dos segmentos populares. Na história brasileira, as iniciativas de escolarização das massas, com raríssimas exceções, procuraram, conscientemente, conjugar tempo escolar com trabalho produtivo. A escola não poderia, pois, ser de tempo integral. Subjacente aos discursos e às políticas educacionais, prolongava-se uma convicção de braços longos: aos filhos dos que vivem do trabalho braçal importa mais que assumam, desde cedo, os hábitos laborais do que os hábitos intelectuais. As escolas foram organizadas, pobre e deficientemente, para alfabetizar e, em seguida, entregar o jovem integralmente ao mundo do trabalho. Essa estrutura foi tão solidamente montada e reproduzida que, no Brasil, mesmo perante a introdução e a posterior ampliação do ensino obrigatório ou mesmo perante a proibição do trabalho para as crianças até a idade de 16 anos, a escola dos pobres, ainda hoje, não consegue fazer muito mais do que alfabetizar. O restante, em tese, deveria ser apenas preparação para o trabalho. Note-se que as poucas iniciativas de educação em tempo integral voltadas para as classes populares feitas por políticas nacionais pretendiam qualificar trabalhadores de nível médio, desviando-os da carreira escolar propriamente dita. Referimo-nos, especificamente, às escolas técnicas industriais e às escolas técnicas agrícolas, criadas pelas Leis Orgânicas do Ensino (Decreto-Lei nº 4.073/1942 e Decreto-Lei nº 9.613/1946), que previam período semanal de trabalhos escolares variando entre 36 e 44 horas. Apesar disso, naquilo que refere-se às escolas técnicas federais, as urbanas em especial, é possível verificar como, ao longo do tempo, houve um afastamento das classes populares e uma aproximação dos segmentos sociais médios. Os processos seletivos encarregavam-se de realizar essa operação, já que, pelos seus bons resultados formativos, essas escolas passaram a ser objeto de grande demanda.

Não houve outras experiências de alcance nacional, a não ser que sejam consideradas as efêmeras e eleitoreiras iniciativas dos governos de Fernando Collor (Centros Integrados de Atendimento à Criança – CIACs) e Itamar Franco (Centros de Atenção Integral à Crianças – CAICs). A própria legislação passou a tratar do assunto apenas recentemente e, quando o fez, restringiu-se a apontar perspectivas futuras. Melhor seria dizer que realizou fugas para o futuro. Senão vejamos o que diz a Lei de Diretrizes e Bases de 1996, no art. 34, parágrafo 2º: "O ensino fundamental será ministrado progressivamente em tempo integral, a critério dos sistemas de ensino". E no art. 87, parágrafo 5º: "Serão conjugados todos os esforços objetivando a progressão das redes escolares públicas urbanas de ensino fundamental para o regime de escolas de tempo integral". No primeiro dispositivo, o advérbio "progressivamente" confere ao conteúdo do artigo uma imprecisão tal que dele não se pode esperar nada em termos concretos. Além disso, a frase completa-se com uma evasiva: "a critério dos sistemas de ensino". Isso quer dizer que os sistemas de ensino poderão ou não considerar esse "progressivamente". Quanto ao segundo dispositivo, é difícil saber o que significa a expressão "serão conjugados todos os esforços". Quais os esforços? De quem? A partir de quando? Não é sem razão que a grande política da educação básica que se seguiu à LDB, o Fundo de Manutenção e Desenvolvimento do Ensino Fundamental e de Valorização do Magistério (FUNDEF), nada previa em favor da educação de tempo integral. Ao contrário, ao fixar um valor único para qualquer tipo de aluno[1] (sabidamente um valor muito baixo), fez com que os sistemas estaduais e municipais mantivessem o ensino fundamental nos limites estritos da sobrevivência.

O Plano Nacional de Educação (PNE), aprovado em 2001, abordou várias vezes o tema da educação de tempo integral. Reivindicou essa modalidade para as crianças oriundas das camadas sociais mais necessitadas (não só para o ensino fundamental, como faz a LDB, mas também para a educação infantil), que seja desenvolvida preferencialmente na mesma escola e que cumpra uma jornada escolar de, no mínimo, sete horas. O PNE, por certo, foi muito mais enfático do que a LDB ao estabelecer a necessidade de educação de tempo integral, mas também foi incapaz de impor à nação um conjunto de ações concretas. Continuou preso à ideia de uma implementação progressiva, sem definir metas e responsabilidades precisas.

Com o Fundo de Manutenção e Desenvolvimento da Educação Básica e de Valorização dos Profissionais da Educação (FUNDEB), inicia-se, finalmente, um processo real e amplo (de dimensões nacionais) de implantação da escola de tempo integral. Ao estabelecer valores diferenciados para a educação de tempo parcial e de tempo integral, em todas as etapas da educação básica, o FUNDEB inaugura um novo tempo na educação pública brasileira. Agora, finalmente, pode-se dizer que há um aparato legal e um projeto de Estado, prevendo recursos para a educação integral que podem chegar, indistintamente, a qualquer escola de educação básica, em todo território nacional. Se os valores previstos são suficientes para mobilizar os sistemas educacionais no sentido de operar a grande virada da educação pública, permanece uma questão em aberto. O fato, entretanto, é que há base material para que isso ocorra. Com o intuito de provocar o *start* nesse processo, o Ministério da Educação criou o Programa Mais Educação. Trata-se, fundamentalmente, de dar suporte para que os sistemas estaduais e municipais ampliem a jornada escolar até o limite mínimo de sete horas e, em função disso, habilitem-se a receber os recursos do FUNDEB, caminhando, a partir daí, dentro da dinâmica desse Fundo. O projeto está bem alinhavado e já produz resultados, o que exige que se ande a passos largos na direção de um ajuste geral das concepções quanto ao modelo de educação de tempo integral necessário para o Brasil, questão ainda não de todo resolvida.

A CULTURA POPULAR E A CULTURA ELABORADA

O grande desafio da escola pública de hoje é fazer com que a criança e o jovem ultrapassem, por meio dela, a barreira sólida e elevada que separa, de um lado, o *habitat* da cultura prática e oral das classes populares e, de outro, o universo intelectual e letrado da cultura elaborada. Sabe-se que o surgimento da civilização trouxe consigo (provocou) uma cisão social jamais superada desde então. Acima, os que operavam o poder e monopolizavam a riqueza, os meios de produção, o *status* e, à medida que ela se constituiu, a cultura letrada; abaixo, os que manejavam os instrumentos de trabalho e movimentavam-se exclusivamente na esfera da cultura oral e visual de pequeno alcance. Geração após geração, as classes subalternas usaram as mãos para trabalhar e trocaram experiências oralmente. Ouviram ordens, sermões, recomendações e ameaças. Disputaram espaços sob o signo da valentia, expressa na força física ou na potência da fala. Assumiram compromissos, selaram acordos e negociaram produtos, empenhando, apenas, a palavra. Divertiram-se, preferencialmente, de forma movimentada e barulhenta. As informações destinadas a satisfazer a curiosidade cotidiana eram repassadas de boca em boca. O livro, a escrita, o cálculo complexo, a reflexão metódica não faziam parte desse *modus vivendi* e nem eram necessários. Na maioria das vezes, nem eram permitidos. Ainda hoje nas casas populares, em termos de textos escritos, encontra-se, talvez, apenas a Bíblia que está ali não para ser lida, mas para constar como uma amuleto sagrado. A especialização do trabalho fez surgir corporações de ofício que se encarregavam também da formação estritamente prática das novas gerações de trabalhadores. Durante séculos manteve-se a mesma lógica, com alguma complexificação progressiva, mas sem mudar a natureza dos processos.

Essa natureza dos processos modificou-se rápida e radicalmente quando a industrialização desmontou o *modus operandi* típico das corporações de ofício. Os novos trabalhadores dirigiam-se às empresas exclusivamente para trabalhar e não para aprender. Além disso, a complexidade de muitas das novas funções laborais passou a exigir, ao menos, a apropriação de conteúdos escolares básicos: ler, escrever e contar. Não demorou muito para que as atividades profissionais melhor remuneradas, uma a uma, fossem acessíveis apenas aos portadores de certificados e diplomas escolares. Não bastassem as determinações provindas do mundo do trabalho, o Estado Moderno, especialmente por meio do ideário republicano, erigiu a escola como a instituição ideológica por excelência, a que deveria substituir a Igreja (a instituição ideológica perfeita do Antigo Regime) na tarefa de formação das almas. Assim, os trabalhadores foram, progressivamente, chamados à escola. Esse chamado buscava justificativas de vários tipos, entre elas, talvez, a mais difundida ostentava fins ideais: a formação da pessoa livre e cidadã; mas a que moveu, mais que tudo, a iniciativa do Estado e do mundo empresarial e que os trabalhadores aceitaram (inicialmente com resistência, depois, de bom grado) foi a de que estes deveriam ir à escola para continuar sendo trabalhadores: para conseguir um emprego, mantê-lo e/ou ascender na hierarquia das funções e dos salários.[2] Como é atual esse discurso!

Apesar da propaganda da política moderna em favor da educação escolar, esta se consolidou como uma exigência do mundo do trabalho. Sistemas públicos de educação demoraram a ser montados e, quando o foram, ainda operavam segundo a tese de que a educação escolar era necessária para sanar problemas do mundo do trabalho e problemas sociais os mais diversos. A educação como direito é coisa muito recente na história da humanidade. Esse contexto promoveu a duplicidade do sistema educacional: o primário e profissional para os trabalhadores, de um lado, e o secundário e superior para os quadros de mando, de outro.[3] A rede destinada às classes subalternas padeceu, desde a origem, de extrema precariedade, em termos de prédios e mobílias, de material didático e de professores. A precariedade incide, de modo especial, no tempo escolar: poucas horas por dia e poucos anos de escolarização. A rede para atender à elite foi erigida como suntuosa em todos os sentidos: prédios enormes, imponentes e bem situados nos centros urbanos, equipamentos e material pedagógico de ponta e professores bem selecionados. O tempo escolar é, via de regra, integral em termos de jornada e dura muitos anos, abrindo-se para o nível superior e especializações subsequentes.

Não deveria surpreender a ninguém o fato de os alunos oriundos dos segmentos populares, em termos educacionais, considerarem-se satisfeitos com a obtenção dos conhecimentos rudimentares e, principalmente, com a obtenção do certificado ou diploma correspondentes (aliás, geralmente, o certificado e o diploma correspondem a muito mais do que, de fato, os alunos aprendem). Essa é a tradução prática de uma cultura milenar e a manifestação real e concreta das políticas educacionais voltadas para esses segmentos. Os pobres adquirem um passaporte que lhes permite permanecer no lugar onde sempre estiveram: na esfera do trabalho manual. É insano, portanto, cobrar exclusivamente da escola precária as ações que a façam sair dessa precariedade. Ninguém pode sair do atoleiro puxando-se pelos próprios cabelos.

Sociedades que instituíram governos democráticos e sensíveis aos direitos humanos buscaram superar essa dualidade escolar que teima em se perpetuar, sustentada por uma semelhante e correspondente dualidade econômica e social. Fizeram isso por meio de variadas políticas sociais e econômicas, mirando a igualdade fundamental das pessoas, e, em termos escolares, por meio da constituição de redes escolares dignas desse nome. O Brasil, finalmente, abriu-se politicamente aos interesses populares e está realizando ações educacionais de grande alcance. Não conseguirá, entretanto, resultados significativos se não reformular completamente as escolas públicas de educação básica, em termos de tempo, de espaço e de profissão docente. Vamos por partes.

O TEMPO ESCOLAR

Um Estado que fixa a idade mínima para as crianças trabalharem[4] precisa dizer para a sociedade o que devem fazer as crianças enquanto esperam a sua vez de entrar no mundo do trabalho. A resposta parece óbvia: ir à escola. Essa não é, entretanto, uma resposta verdadeira tratando-se de Brasil e em referência aos segmentos populares. Aqui as crianças menores de 16 anos fazem muitas coisas, inclusive trabalhar, indiferente se em atividades lícitas ou ilícitas, em ambientes sadios ou degradantes, em condições de aprendizado ou de exploração extrema. As quatro ou cinco horas diárias de atividade que a escola oferece, posto que insuficientes, não significam um tempo mínimo, mas um tempo máximo, sempre entrecortado por feriados, dias não letivos, dispensas de toda a ordem e faltas que justificam-se por qualquer motivo, entre eles o da indiferença para com a escola. A restrição do tempo faz com a escola absorva e ofereça conteúdos mínimos, esqueléticos, caricatos, incapazes de manter sua ligação orgânica com o vasto campo do saber acumulado e, portanto, incapazes de conferir sentido que mobilize, em seu favor e em sua direção, o estudante e o professor.

Sob o ponto de vista do ensino, a escola de tempo parcial experimenta as limitações apontadas no parágrafo anterior. Muito mais dramática é a situação da atividade escolar se olhada sob o ponto de vista da aprendizagem. Não há condições de proporcionar momentos ideais de aprendizagem, que é quando o aluno coloca-se diante do conteúdo ensinado e faz o exercício de apropriação e verificação do que aprendeu ou quando, por meio da leitura e da pesquisa, descobre novas formas de acessar determinado saber ou de ampliá-lo com novos elementos que os diferentes registros culturais lhe possibilitam. Os exercícios em sala são quase sempre insuficientes, as idas à biblioteca (quando há biblioteca) não são mais do que visitas rápidas e intermitentes, os trabalhos em laboratório jamais conseguem ser a contrapartida prática do trabalho teórico. Diante desses limites, os professores delegam essa parte decisiva da formação para as tarefas-extraclasse. Ora, o tema ou dever de casa pressupõe que a família (ou outras instituições da sociedade) tenha estruturas de realização e acompanhamento da aprendizagem semelhantes à escola (mesa de estudos, bibliotecas, computador conectado e, principalmente, pessoas capazes e com tempo disponível para ajudar na solução de problemas encontrados). Sabe-se que isso é privilégio de poucas famílias e que, por isso, essa parte de aprendizagem fica por ser feita. Como quase nada pode ser realizado de forma plena, o contexto das aulas padece de uma lógica perversa: aulas fracas com resultados modestos conduzem a expectativas mínimas que beiram à descaracterização da atividade escolar. Abre-se, dessa forma, o caminho do faz de conta.

O tempo integral, como pode ser constatado nas diversas experiências levadas a efeito mundo afora e também no Brasil, permite organizar as atividades escolares segundo métodos adequados do ensinar e do aprender. O contexto escolar, especialmente o destinado às classes populares, tem de ser organizado e forte o suficiente para provocar no aluno uma verdadeira ruptura entre os esquemas mentais ditados por uma cultura prática, oral e visual, em favor de uma cultura escrita e intelectualizada. Esse caminho é íngreme e não há mágica capaz de suavizá-lo. Fazer com que o aluno troque, em determinados horários, o aparelho de música pelo livro; que substitua o jogo de futebol pela pesquisa em laboratório; que deixe a prosa com os amigos para assistir a um documentário sobre a fome no mundo ou sobre um tema científico, etc., é nadar contra a correnteza. A cultura popular cobre o indivíduo com uma teia de sentidos e prazeres que tudo o mais representa privação, a princípio, sem muita razão de ser. Essa guinada não se faz sem uma estrutura parametrada pela disciplina e pelo esforço. Entretanto, sabemos que o esforço precisa ser recompensado para que ele se mantenha. E a recompensa do esforço de estudar é o aprender. Sabemos que há uma alegria plenificante escondida no conhecimento, como bem nos demonstraram Georges Snyders, nas suas pesquisas e reflexões, e Anton Makarenko, na sua prática. Só uma comunidade escolar, completamente imbuída do sentido do conhecimento, pode provocar essa mobilização do aluno, para usar uma expressão central do pensamento de Bernard Charlot, em direção aos saberes complexos.

Por certo, não precisamos ir longe para encontrar experiências bem-sucedidas de escolas de tempo integral. No Brasil há muitas, não apenas na rede escolar frequentada pelas elites, mas também nas escolas destinadas aos pobres. Algumas dessas experiências são sempre mencionadas (a dos CIEPs, por exemplo), mas há uma delas que merece ser resgatada quando se trata de construir um modelo de escola de tempo integral. Ela não serve para ser o modelo, mas pode dar elementos substanciais para a construção de um. Estamos nos referindo aos seminários onde as Igrejas, a católica principalmente, formam seus quadros. Essa experiência é importante por três razões:

a) por ser um trabalho pedagógico simples e objetivo;
b) por trabalhar com jovens dos meios sociais mais incultos; e
c) por obter excelentes resultados e quase sem exceção.

Os professores dos seminários não são figuras extraordinárias. São comparáveis aos das escolas públicas em geral. Também não usam recursos pedagógicos ou metodologias sofisticadas. Os seus alunos provêm de lugares e meios sociais que não prometem nada além do trabalho braçal no campo ou, nas cidades, como operários. Em termos escolares, esses alunos apresentam deficiências de toda a ordem, a começar pelo uso da língua portuguesa ou pela visão de mundo extremamente circunscrita ao seu meio social. O coletivo que o seminário constitui, entretanto, apresenta desafios e obrigações capazes de dar outro ritmo ao cotidiano desses alunos: as aulas propriamente ditas são, diariamente, complementadas por períodos de estudo individual, nos quais os temas de casa e as leituras dirigidas ocupam o lugar central. As dúvidas são solucionadas com a ajuda de colegas ou de professores ou de monitores. Há tempo também para jogos, música, teatro, passeios, etc. A biblioteca é geralmente farta e bastante frequentada. O trabalho complementar às aulas é tão decisivo que, mesmo nos casos em que os alunos frequentam as aulas em escolas externas, o desempenho dos alunos mantém-se alto, acima da média. Os resultados do trabalho simples e metódico dos seminários praticamente não têm exceções. Meia dúzia de anos passados em um ambiente desses abre o sentido do estudo e da cultura elaborada.

Mais do que fatos ou meios vistos como quase milagrosos (a informática, por exemplo), o que garante o sucesso do trabalho escolar é, entre outros elementos, a organização do tempo de forma a permitir a ação metódica de professores e de alunos em direção ao conhecimento.

O ESPAÇO ESCOLAR

A história da educação mostra como o espaço escolar cresceu e complexificou-se à medida que cresceu o estoque de conhecimentos e habilidades a serem ensinados. Das academias clássicas, passamos aos seminários e colégios das ordens religiosas e, nos mesmos moldes, aos grandes colégios e universidades laicas. Espaços grandes, limpos e organizados como a dizer para os alunos e professores: "Vocês estão entrando em um ambiente diferente de todos os demais que se encontram nas aldeias e nas cidades, um ambiente voltado a desenvolver a inteligência e as habilidades em níveis sofisticados, possibilitando a cada um experimentar transformações radicais em sua vida". Escolas feitas nesses moldes, geralmente, alcançam os objetivos a que se propõem. Em função disso, seus processos se legitimam, suas regras se impõem, suas classes são cobiçadas e suas vagas, disputadas. As escolas institucionalizam-se, criam uma tradição própria e granjeiam o devido respeito.

Pouco disso observa-se na educação destinada aos pobres. No Brasil, as escolas populares começaram funcionando em casas alugadas, onde, geralmente, morava o professor e sua família. Durante todo o período imperial, quase não houve prédios escolares específicos. Na República, os grupos escolares ditaram um modelo de escola pública para o país que prosperou em termos de organização geral das matérias a serem ensinadas, mas não em termos de constituição de espaços escolares complexos. A parte mais substantiva das escolas foi erigida como casas pequenas e mal-aparelhadas: salas de aula e um pequeno pátio para recreio. Apenas nos centros das cidades mais prósperas construiu-se escolas amplas, com lugares adequados para salas de aula, de direção e de professores, laboratórios, biblioteca, práticas de esportes e de artes, etc. Nos cortiços, nas periferias e nas favelas, assim como nas regiões interioranas, as escolas têm, em grande parte dos casos, a marca do seu meio social: são edificações pequenas ou mesmo grandes mas com espaço insuficiente e, no geral, malcuidadas.

É preciso reconhecer que, até em contextos muito precários, a abnegação de professores consegue resultados surpreendentes, embora ainda aquém dos padrões considerados satisfatórios. Nem o heroísmo consegue o impossível. Infelizmente, não são poucos os casos em que, forçada pela precariedade, a escola declina de suas premissas institucionais, de suas regras, de sua liderança pedagógica. É quando entram pelas portas e janelas da escola as regras das ruas, boas e ruins; é quando o espaço escolar torna-se perigoso, violento, ou simplesmente, indiferente ao aluno; é quando professores e alunos não conseguem estabelecer processos de ensino-aprendizagem e, no limite, esperam a campainha tocar, determinando o intervalo das aulas ou o fim dos "trabalhos" daquele dia. Este é o pior dos mundos.

Uma das formas de a escola suprir a falta de espaço próprio é ir buscá-lo em outros lugares, junto a igrejas, associações, ONGs, etc. É muito bom que a escola relacione-se com a comunidade, pois há muita coisa a aprender no contato com os entes coletivos externos à ela (o comércio, o transporte, a indústria, as instituições esportivas, os grupos culturais, etc.). Por outro lado, é certo que ela deve participar da vida da comunidade de forma organizada e educativa, levando a efeito uma ação prevista no seu plano pedagógico. Por isso, a ida à comunidade não poderá jamais representar uma fuga do espaço escolar ou, o que tem a mesma gravidade, uma forma de a escola suprir a falta de espaço próprio e de condições de trabalho. Quando uma escola tem de sair dela para obter uma sala de aula emprestada da igreja ou de uma associação comunitária, significa que nem o poder público e nem a comunidade local consideram o espaço escolar como um meio educador e, dificilmente, conseguirá bons resultados pedagógicos. O conceito de cidade educativa não se realiza dessa forma, mas apenas quando a escola eleva-se perante contexto externo como uma instituição plena, fundamental para o aperfeiçoamento da própria comunidade.

Não se pedirá à indústria e ao comércio que desempenhem primorosamente suas atividades sem que disponham de instalações adequadas; não se pedirá aos administradores públicos que façam um trabalho eficaz e eficiente sem reconhecer-lhes o direito de utilizarem o dinheiro público para aparelharem-se materialmente; não se pedirá aos atletas que tragam medalhas olímpicas sem dar-lhes os espaços propícios para o treinamento requerido. Poderá ser pedido à escola que faça educação de qualidade sem as mínimas condições materiais?

Grande parte das chamadas escolas brasileiras deve ser sumariamente demolida e, no seu lugar, edificados prédios escolares, bonitos e funcionais, com espaço para as aulas, reuniões, salas de professores, biblioteca, laboratórios, estudos de grupo, refeições, lazer, esportes, etc. Escolas onde os alunos, professores e demais profissionais da educação possam estar o dia inteiro, organizando e levando a efeito as atividades necessárias à formação integral dos alunos. Considerado o contexto do Brasil atual, com sua dinâmica de desenvolvimento econômico e social, esse tipo de investimento é possível e inadiável.

A maioria dos municípios brasileiros são pequenos núcleos populacionais, onde uma ou duas escolas de bom porte atenderiam a toda a demanda. Encontrar terrenos amplos e bem localizados para a construção de escolas complexas e completas não constitui dificuldade. Junto a essas escolas, o Poder Público poderia edificar o auditório comunitário, a biblioteca pública, o museu, o centro de cultura, o centro esportivo. Com facilidade, a escola se tornaria o polo articulador da cidade e ensejaria uma estrada de mão dupla entre escola e comunidade, o primeiro e essencial passo para a realização do conceito de cidade educativa. Nas grandes cidades, a situação é muito mais complexa, mas nesse âmbito temos também experiências mais consolidadas, como a dos CIEPs, por exemplo, que deveriam ser universalizadas, como uma política de nação.

O PROFESSOR DE TEMPO INTEGRAL

O discurso da qualidade na educação parece ser consenso no Brasil e, toda a vez que se fala em qualidade, se fala no professor. Diz-se que o professor está malformado, desmotivado e ministra disciplinas para as quais não recebeu formação específica. Tudo isso é verdade, mas levantar o problema não é solucioná-lo. Ainda mais quando aborda-se o problema com o objetivo de criticar diretamente o professor e esperar que, em um passe de mágica, ele opere uma revolução em si mesmo e passe a ministrar as aulas dentro do esperado. Não é assim. Não será assim.

A escola de tempo integral exige professor de tempo integral. O professor que ministra as aulas em um turno precisa acompanhar ou, ao menos, orientar as atividades realizadas no outro. Com isso, o professor terá dedicação exclusiva na escola e, como forma de preencher sua carga horária, não precisará ministrar disciplinas para as quais não tem formação ou, o que é mais dramático, dividir-se entre duas ou três outras escolas. E, mesmo que tenha de ministrar disciplinas para as quais não tem formação, terá o tempo necessário para estudar e preparar-se.

Sabemos que, na escola de tempo parcial, parte do aprendizado do aluno é, supostamente, realizado fora da sala de aula, por meio daquilo que convencionou-se chamar de tema de casa: exercícios, trabalhos, pesquisa de certos temas, leituras, redações... O professor não tem nenhum controle sobre o que acontece fora da sala de aula e, na maioria dos casos, esse aprendizado não ocorre. As expectativas da aula propriamente dita, no que depende desse trabalho extraescolar, têm muitas chances de resultarem frustradas, comprometendo a dinâmica própria do tratamento do conteúdo. No contexto da escola de tempo integral, o professor, com ou sem a ajuda de monitores, acompanhará as atividades-extraclasse e garantirá que o aluno faça as tarefas programadas, completando, dessa forma, a dinâmica da aula, ou seja, do ensino-aprendizagem.

Aluno de tempo integral, professor de tempo integral e espaço escolar adequado são ainda condições necessárias para que outros sujeitos do ensino possam, sem descompasso, agregar-se à escola: monitores (especialmente, na condição de estagiários) e outros agentes externos (líderes culturais, cientistas, atletas, palestrantes de todo o tipo, etc.). Na escola de tempo parcial, via de regra, a presença desses sujeitos cria problemas para o desenvolvimento das aulas: ganha-se de um lado e perde-se de outro. Os professores e a própria direção da escola ficam sempre reticentes em promover palestras ou outras atividades que impliquem interrupção das aulas e, em virtude disso, ocasionem maiores atropelos no final do bimestre, do semestre ou do ano letivo. As aulas já ficam apressadas no formato normal, quanto mais se nelas forem inseridas atividades suplementares. Processos truncados ou feitos às pressas não condizem com processos de ensino-aprendizagem que exigem sequenciamento, paciência e zelo. No tempo integral, pode-se programar muitas coisas sem comprometer o andamento normal das aulas, e o professor contará com inestimáveis elementos adicionais ao seu trabalho que o ajudarão no desenvolvimento dos campos de conhecimento.

Destaque-se a presença do estagiário na escola. Os cursos de licenciatura formam professores, para os quais, no período de formação, é decisiva a experiência concreta do ensinar. O ambiente da prática deve ser real e não apenas simulado, ou seja, precisa ser feito na escola básica. Sobre essa experiência, ouve-se de tudo nos cursos de licenciatura: de relatos de ações bem-sucedidas a situações que beiram o trágico. Entre os principais problemas estão os conflitos específicos entre professor titular da disciplina e estagiário, sumiço do professor titular, falta de planejamento conjunto, pouco envolvimento da escola e preconceito em relação ao estagiário. Na escola de tempo parcial, é, de fato, difícil acomodar a presença dos estagiários. Não é a mesma coisa na escola de tempo integral. Os professores terão tempo e condições de programar com os estagiários a presença destes na escola, começando com as atividades complementares (leitura dirigida, acompanhamento dos temas-extraclasse, aulas de reforço para alunos com dificuldades especiais) para, progressivamente, introduzi-los na sala de aula como ouvintes, como auxiliares e, no final, como ministrantes de parte do conteúdo. Os estagiários se tornarão figuras bem-vindas e disputadas pelas escolas, porque, por certo, ajudarão a concretizar o projeto pedagógico dela.

Grande parte dos problemas relacionados ao trabalho docente na educação básica resolve-se por meio da constituição de uma comunidade escolar integrada e interessada na busca e na disseminação do conhecimento. É preciso lutar contra o isolamento do professor. A direção da escola e seus órgãos auxiliares devem ter atuação destacada, protegendo a atividade docente, garantindo que o projeto pedagógico da escola realize-se e que as regras do estabelecimento sobreponham-se aos caprichos individuais ou à indisciplina dos alunos. O professor tem direito a uma comunidade escolar organizada e atuante. A questão disciplinar e a questão material da escola não são assuntos atinentes ao professor, mas à direção da escola e ao sistema educacional. Contudo, são pressupostos para o sucesso da atividade docente.

Na esfera dos direitos dos professores, além de uma instituição regrada e bem equipada e de uma comunidade escolar atuante, é preciso adicionar o da formação continuada. O professor precisa estudar. Não é possível dar aula sem o tempo necessário para estudar o conteúdo e organizá-lo de modo a ser ensinado com total proveito pelo aluno. Nesse sentido, importa não recuar em relação à política que prevê tempo para estudo e à preparação das aulas como parte integrante da carga horária docente. Sem esse tempo, poucos frutos se poderá obter dos cursos e programas de capacitação docente que são promovidos pelas instituições e pelos sistemas educacionais.

O Brasil não pode continuar tolerando a contratação em caráter precário do profissional da educação. O ingresso por concurso e a estabilidade no emprego são elementos vitais para os sistemas públicos de educação. O mesmo se pode dizer em relação ao salário dos professores. Não é possível esperar revoluções educacionais enquanto o professor contar entre os profissionais do Estado que percebem os menores salários. Sabe-se que o retorno econômico mobiliza uma vasta rede de interesses e expectativas responsáveis pelo investimento pessoal, pela seletividade no ingresso e, no final, pela elevação dos padrões do exercício profissional. Isso nos impõe o compromisso de continuar, resolutos e sem recuos, na senda traçada pela Lei nº 11.738, de 16 de julho de 2008, que regulamenta a alínea "e" do inciso III do caput do art. 60 do Ato das Disposições Constitucionais Transitórias, para instituir o piso salarial profissional nacional para os profissionais do magistério público da educação básica.

CONSIDERAÇÕES FINAIS

A escola pública de um turno trabalha contra si mesma e contra todos os que participam dela. Para a opinião pública, seus alunos são sempre os piores; seus professores, os mais fracos; seus resultados, os mais medíocres. Constatações, críticas ou ações tópicas não mudam uma realidade estrutural. É o modelo que precisa ser mudado. Não temos de esperar mais nada dessa experiência histórica. Ela já deu o que tinha que dar e estamos todos insatisfeitos com ela. É preciso partir, com urgência e determinação, para um modelo que, de fato, signifique a escolarização real das classes populares. Há sinais claros vindo do Ministério da Educação e do Estado (Programa Mais Educação e FUNDEB, entre outros indicativos) em favor da escola de tempo integral, fazendo acontecer o que as políticas anteriores assinalavam apenas como perspectiva futura. De acordo com o que foi dito nos parágrafos anteriores, a escola de tempo integral articula dimensões determinantes para transformar a escola pública, tornando-a uma instituição forte, sólida e capaz de impor sua dinâmica específica aos sujeitos que dela participam.

Para consolidação de uma sociedade efetivamente democrática

A liderança do Ministério da Educação e, de modo especial, a mobilização conduzida pela Diretoria de Educação Integral, Direitos Humanos e Cidadania da Secretaria da Administração (SECAD) estão produzindo consensos e ações importantes para a implantação da educação de tempo integral no Brasil. O ritmo dessa implantação será, certamente, calibrado em função das disparidades regionais do Brasil e pelo fato de a educação básica estar, quase toda, sob a responsabilidade direta dos sistemas estaduais, do Distrito Federal e municipais de educação. No médio prazo se poderá conferir se a atual estrutura organizacional da educação brasileira está adequada ou se é necessário, também sob ponto de vista desta política, reivindicar a montagem de um sistema nacional de educação.

No tocante ao modelo de educação integral a ser implantado no Brasil, ocupam lugar de destaque as atividades previstas para o dito contraturno. O próprio termo contraturno poderá merecer sérios questionamentos a depender do que se fizer, de prático, no tempo por ele compreendido. A princípio, a educação de tempo integral não deve ter turno e contraturno, pois trata-se, simplesmente, de ampliar o tempo escolar, não sendo, em essência, diferentes as ações feitas pela manhã e pela tarde. É certo que o tempo integral permitirá adicionar ao currículo escolar propriamente dito uma série de outras atividades, quase impossíveis de serem realizadas em uma escola de turno único. Essas atividades devem, contudo, permanecer profundamente conectadas ao conjunto dos trabalhos escolares, sem, em momento algum, obscurecer a importância da sala de aula. Por mais que se possa usar a criatividade para introduzir outros componentes formativos, a escola de tempo integral não deverá perder de vista que o grande desafio da educação básica é fazer com que os alunos aprendam os conteúdos previstos em sua matriz curricular, sendo esta a razão principal a exigir a ampliação do tempo escolar. Primeiro, a atividade complementar em vez do tema de casa, da leitura dirigida, das experiências em laboratório, as aulas de reforço; depois, o teatro, a dança, a música, os passeios, as palestras, etc. Além disso, é importante frisar que as atividades complementares devem ficar sob a responsabilidade principal dos professores, sob pena de segmentar o trabalho escolar e, aí sim, criar turno e um contraturno (um atuando de forma independente e até contra o outro – teríamos, assim, um verdadeiro contraturno).

Por fim, resta a questão do financiamento. A escola de tempo integral realizada nos quadrantes indicados neste texto vai exigir gastos superiores. Certo, mas a esse respeito é preciso lembrar o alerta que, anos atrás, a Comissão Econômica para a América Latina (CEPAL) fez aos países da América Latina: "É possível fazer cálculos sobre quanto custa educar, e se sabe que é caro, mas nossas sociedades devem avaliar quanto custa não educar, ou educar mal".

NOTAS

1. A partir do ano 2000, o FUNDEF passou a diferenciar os valores de acordo com as seguintes modalidades: 1º-4º anos e 5º-8º anos; e Educação Especial. Em 2005, passou a vigorar nova classificação: 1º-4º anos urbanos; 1º-4º anos rurais; 5º-8º anos urbanos; e 5º-8º anos rurais; e Educação Especial. Como se pode ver, nenhuma diferenciação entre alunos de escolas de tempo parcial e escolas de tempo integral.
2. A literatura sobre esse tema é vasta, embora, hoje, esquecida. Entretanto, é urgente que seja relembrada. ALTHUSSER, Louis. *Sobre a Reprodução*. Petrópolis: Vozes, 1999; ENGUITA, Mariano. *A Face Oculta da Escola*. Porto Alegre: Artmed, 1988; ENGUITA, Mariano. *Trabalho, Escola e Ideologia*. Porto Alegre: Artmed, 1993; SCHIFF, Michel. *A Inteligência Desperdiçada*. Porto Alegre: Artmed, 1994. WILLIS, Paul. *Aprendendo a ser trabalhador*. Porto Alegre: Artmed, 1991.
3. Como afirma Manacorda: "O tema da relação domínio-produção, cultura-trabalho, que é a relação entre as classes dominantes e as classes dominadas – os primeiros, possuidores exclusivos das técnicas do domínio; e os outros, das técnicas de produção – já aparece nesses textos antiquíssimos e tem no campo da formação do homem uma das suas manifestações inequívocas" (Manacorda, p. 16).
4. No Brasil, essa questão aflorou já no início da República. O Decreto nº 1.313/1891, de Deodoro da Fonseca, estabeleceu uma série de medidas com o objetivo de limitar o trabalho infantil. No artigo 2º, proíbe que crianças com menos de 12 anos sejam empregadas nas fábricas de tecido, salvo na condição de aprendiz (crianças de 8 a 12 anos). O Código de Menores de 1927 (Decreto nº 17.943/1927) determina que a idade mínima para o trabalho deveria ser de 12 anos, e mesmo menores de 14 anos que não possuíssem o curso primário também não poderiam ser empregados. A Constituição Federal de 1934 eleva a idade mínima para 14 anos, dispositivo mantido pela Constituição de 1937. A Constituição Federal de 1967 retrocedeu em relação às anteriores, estabelecendo a idade mínima para o trabalho em 12 anos, questão corrigida pela Constituição Federal de 1988. A idade mínima para o trabalho voltou a ser de 14 anos. Em 12 de dezembro de 1998, através da Emenda Constitucional nº 20, a idade mínima para o trabalho foi elevada para 16 anos.

6

Formação de valores
Um enfoque transdisciplinar

Ubiratan D'Ambrosio

A educação integral demanda que na escola sejam vivenciados sistemas de valores e construção do conhecimento. O desafio do educador é acompanhar a transformação dos alunos nesse vivenciamento. Propor e defender um sistema de valores subordinado à ética maior de respeito, solidariedade e cooperação é a missão do educador.

COMPONDO O CENÁRIO

Jamais o planeta e a humanidade estiveram, como um todo, tão ameaçados. Cinicamente, propõe-se, em nome de um equilíbrio econômico, um pacto social mediante o qual se possibilitará a transformação de uma miserabilidade chocante e intolerável em uma miserabilidade aceitável. Mas essa aceitabilidade prevê 80% da população mundial em convivência com a opulência e a ganância de apenas 1% dessa população.

Os 10 maiores bilionários do mundo, divulgado pela revista Forbes, possuem um total de cerca de 400 bilhões de dólares. O terremoto que arrasou o Haiti causou um prejuízo estimado em 14 bilhões de dólares (sem contar a perda de vidas humanas e animais e as áreas cultiváveis que tornaram-se inutilizáveis), consideravelmente superior ao PIB do país. A restauração é uma grande fonte de aumento das fortunas em todo o mundo. Daí a ânsia com que os países mais ricos, inclusive o Brasil, competem para estarem no processo de reconstrução.

O pacto social que permeia os discursos sobre progresso, desenvolvimento e estabilidade política e econômica ignora a situação descrita no parágrafo acima, e isso é apenas um exemplo dentre muitos.

Essas críticas não devem significar um basta às reformas sociais e econômicas que conduzem ao progresso. As reformas são necessárias. Mas só podem ser admitidas se amparadas por princípios éticos inequívocos, refletindo o despertar de uma nova consciência e de um pacto social que leve a uma relação de dignidade entre ricos e pobres – já que é interdito questionar se devem existir ricos e pobres. Que pelo menos exista dignidade nas relações.

O sistema educacional parece ser o melhor caminho para se atingir um comportamento ético da sociedade, conduzindo a um pacto social digno. Mas para atingir os objetivos desejados faz-se necessário uma ampla reconceituação da educação, focalizando valores e ética. Essa é a essência da minha proposta.

A IMPORTÂNCIA DAS ESCOLAS

A Declaração Universal dos Direitos Humanos, de 1948, estabelece, no seu artigo 26, alguns princípios maiores que norteiam os sistemas educacionais de todos os países (Assembleia Geral dos Estados Unidos, 1948).

Sintetizo esses princípios em três pontos:

1. todos têm direito à educação, e a educação deve ser gratuita, ao menos nos estágios elementar e fundamental;
2. a educação elementar deve ser compulsória;
3. a educação deve ser dirigida para o desenvolvimento pleno da pessoa e para reforçar o respeito pelos direitos humanos e pelas liberdades fundamentais. Deve promover compreensão, tolerância e amizade entre todas as nações, grupos raciais e religiosos, e deve fazer avançar os esforços para se alcançar a paz universal e duradoura.

Uma *educação de qualidade* significa atingir esses três grandes objetivos. As várias disciplinas que comparecem nos programas escolares devem estar subordinadas a esses princípios.

É importante lembrar que praticamente todos os países adotaram a Declaração de Nova Delhi (1993), que é explícita ao reconhecer que "a educação é o instrumento preeminente da promoção dos valores humanos universais, da qualidade dos recursos humanos e do respeito pela diversidade cultural"(2.2) e que "os conteúdos e métodos de educação precisam ser desenvolvidos para servir às necessidades básicas de aprendizagem dos indivíduos e das sociedades, proporcionando-lhes o poder de enfrentar seus problemas mais urgentes – combate à pobreza, aumento da produtividade, melhora das condições de vida e proteção ao meio ambiente – e permitindo que assumam seu papel por direito na construção de sociedades democráticas e no enriquecimento de sua herança cultural"(2.4).

Nada poderia ser mais claro nessa declaração que o reconhecimento da subordinação dos conteúdos programáticos à diversidade cultural. Igualmente, o reconhecimento de uma variedade de estilos de aprendizagem está implícito no apelo ao desenvolvimento de novas metodologias.

Essencialmente, essas considerações determinam uma enorme flexibilidade tanto na seleção de conteúdos quanto na metodologia. Isto dificilmente será atingido se não adotarmos um enfoque transdisciplinar e transcultural.

Cabe à escola uma responsabilidade dupla: dar continuidade às tradições, conhecimentos e comportamento e valores das gerações anteriores e preparar as gerações futuras para a busca permanente do novo, no qual estão novos conhecimentos e comportamento e novos valores. Os novos valores devem, porém, estar subordinados a uma ética maior, a *ética primordial*, baseada em:

1. respeito pelo outro;
2. solidariedade com o outro;
3. cooperação com o outro.

Sem essa ética a vida do indivíduo e a continuidade da espécie não serão possíveis. A nova educação deve ser orientada para a busca permanente do novo, subordinada à ética primordial.

Na educação tradicional os sistemas de valores são vistos, assim como as ciências e as religiões, como saberes concluídos. O conhecimento disciplinar, e consequentemente a educação, tem priorizado a defesa de saberes concluídos, inibindo a criação de novos saberes e determinando um comportamento social a eles subordinado.

O ser humano é inconcluso. Ao assumir essa inconclusão, a transdisciplinaridade rejeita a arrogância do saber concluído e das certezas convencionadas e propõe a humildade da busca permanente.

O grande desafio é a prática da transdisciplinaridade nas escolas.

PAZ E FUTURO

Paz tem sido o foco de minhas reflexões sobre o futuro. Defendo uma conceituação multidimensional de paz que não contempla apenas a cessação de confrontos militares. O objetivo é atingir um estado de paz total, sem o qual o futuro da humanidade está comprometido.

Por paz total entendo a paz nas suas várias dimensões:

- Paz interior: estar em paz consigo mesmo.
- Paz social: estar em paz com os outros.
- Paz ambiental: estar em paz com as demais espécies e com a natureza em geral.
- Paz militar: a ausência de confrontos armados.

Paz não é apenas a inexistência de conflitos e divergências. As diferenças e, consequentemente, os conflitos e as divergências são parte da diversidade que caracteriza todas as espécies e são, portanto, intrínsecas ao fenômeno vida. A homogeneização da espécie humana que com as técnicas de manipulação genética torna-se algo possível é algo que pode resultar em uma anulação da nossa vontade individual e da criatividade e em uma subordinação da nossa consciência. Ademais, contraria, frontalmente, as leis biológicas. É possível que a busca de homogeneização seja o prenúncio do surgimento de uma outra espécie. Nas espécies *homo*, e muito especialmente na espécie *homo sapiens sapiens*, a existência de diferenças e de conflitos é natural e o encontro com o diferente é essencial para a continuidade delas, como em todas as espécies vivas, e para a criatividade, diferentemente das demais espécies.

O que se quer evitar é que conflitos dêem origem a confronto e violência. Mas é igualmente importante evitar que conflitos sejam resolvidos por prepotência e arrogância, que são comportamentos intrínsecos à tolerância, ou na aceitação e subordinação, que são intrínsecos à dominação.

Tenho utilizado duas categorias de conceitos que são muito diferentes, mas que são comumente confundidos.

Fala-se muito em conflito, diferenças e divergências e confrontos, violência, prepotência, *bullying* ou assédio, tolerância. São categorias opostas, distribuídas em manifestações de humildade ou de arrogância. As duas primeiras resultam do reconhecimento de que há uma essencialidade mútua entre quaisquer dois indivíduos da mesma espécie ou mesmo de outras espécies, nesse caso subordinados a certos fatores intrínsecos ao fenômeno vida. Na espécie humana, o indivíduo A toma consciência da existência de um outro indivíduo B, diferente na sua totalidade. Em alguns aspectos, A e B podem ser parecidos ou iguais, mas na totalidade são diferentes. O clone total é ficção. Mas mesmo sendo diferentes, A e B são mutuamente dependentes, um é – de alguma forma – essencial para o outro.

O reconhecimento da essencialidade do outro e o respeito a esse outro, mesmo que haja conflitos e diferenças, é uma manifestação de humildade. A sobrevivência com dignidade da espécie humana depende de evitar que conflitos e diferenças, consideradas como categorias de humildade, transformem-se em categorias de arrogância, que são, entre muitas outras, ações de confronto, violência, prepotência, *bullying* ou assédio e, inclusive o que costuma-se chamar tolerância, forma mais sutil de arrogância. Todas essas ações que são manifestações de arrogância de indivíduos que sentem-se superiores e detentores de alguma verdade, e consequentemente de algum favoritismo e privilégio, culminam em subordinação e dominação de outros indivíduos. Culminar em subordinação e dominação não é ação apenas individual. Essa ação se dá por grupos de indivíduos com características comuns, tais como idade, sexo, cor, ascendência, com objetivos e interesses comuns, tais como uma profissão ou uma propriedade, e mesmo com um ideário comum. As características e ideário comuns a um grupo são racionalizados e mesmo institucionalizados, e são justificadas e defendidas recorrendo a princípios, valores e padrões de comportamento. Essas instituições, sejam de natureza gremial, moral, religiosa, política ou econômica, alardeiam, por algum critério, superioridade e portador da verdade, consequência de algum favoritismo e privilégio de instâncias superiores e mesmo míticas.

Os conflitos e as diferenças entre grupos, como descritos acima, podem mesmo chegar a eliminação de um dos grupos contendores, por meio de genocídio, na forma de simplesmente matar, ou em formas mais sutis, como a esterilização em massa. Matar, mesmo de formas sutil, tem sido considerado a solução final para a eliminação do dissidente.

O propósito de uma sociedade sem matar, na qual tirar a vida humana por outro ser humano é absolutamente vedada, é o caminho para a paz total e para a sobrevivência com dignidade da espécie humana. A possibilidade de uma sociedade sem matar é possível e constitui o objetivo do *Center for Global Nonkilling*, uma organização internacional fundada pelo sociólogo Glenn D. Paige (2009).

É surpreendente como, no curto tempo de sua existência, a espécie humana tornou o encontro do indivíduo com o outro um ato sujeito à arrogância, à inveja, à prepotência, à ganância e à agressividade. Evitar esse comportamento é o grande objetivo da ética. Mas a que ética devemos estar subordinados?

Minha proposta é a **ética primordial**:

1. **Respeito** pelo outro com todas as suas diferenças.
2. **Solidariedade** com o outro na satisfação das necessidades de sobrevivência e de transcendência.
3. **Cooperação** com o outro na preservação do patrimônio, natural e cultural, comum.

A ética ancora sistemas de valores, de conhecimento e de comportamento.

VALORES E EDUCAÇÃO, CONHECIMENTO E COMPORTAMENTO

Uma discussão sobre valores não pode escapar de uma reflexão sobre a relação meios-fim. E uma discussão sobre educação tampouco pode escapar dessa relação, que se traduz em afirmações sobre a importância da educação. São valores associados à ação educativa. Espera-se o efeito da ação educativa no comportamento dos indivíduos. A estratégia da ação educativa, que é o currículo, tem como finalidade o comportamento dos indivíduos que passam pelo processo. Como o currículo é baseado em conhecimento, em saberes e fazeres, somos levados a uma questão maior: como se relacionam conhecimento e comportamento?

Sempre ficamos chocados quando vemos uma pessoa com um bom nível de conhecimento comportando-se de maneira criticável, algumas vezes até abominável. Porque o conhecimento não influi no seu comportamento? Paradoxalmente, o conhecimento é muitas vezes utilizado para um comportamento ainda mais criticável.

Quando pensamos no comportamento social, em que o consumismo irresponsável, a ganância desmedida e a corrupção são comuns nas classes média e alta, perguntamos por que indivíduos que tiveram educação esmerada e adquiriram um bom nível de conhecimento, não são capazes de ter um comportamento adequado? Para abordar essas questões devemos entender a natureza humana e o conhecimento humano.

Ao longo da sua curta história, o homem tem avançado muito no conhecimento *do* ser humano. Mas a grande angústia existencial, que resulta de não se encontrar uma resposta satisfatória à questão maior "por que sou?", dá origem a contradições na qualidade *de* ser humano.

As distorções da maneira como o homem se vê induziram poder, prepotência, ganância, inveja, avareza, arrogância, indiferença. O combate a esses antivalores deve ser o objetivo maior dos sistemas educacionais.

O FENÔMENO VIDA E A QUESTÃO DO CONHECIMENTO

Para entender o fenômeno vida devemos reconhecer a essencialidade dos três componentes absolutamente interdependentes, o indivíduo, o outro e o ambiente, habitat natural das espécies vivas. Os três fatos, conjugados e indissolúveis, constituem o fenômeno vida. Vida é uma tríade representada pelo triângulo primordial:

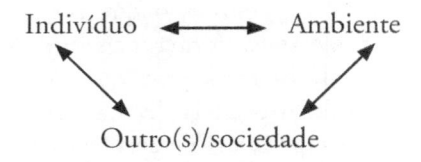

Indivíduo ⟷ Ambiente
  ↘   ↙
Outro(s)/sociedade

[subentende-se indivíduo e outro como sendo da mesma espécie e ambiente como a totalidade planetária e cósmica]

Os três fatos, o indivíduo, o outro, e o ambiente são mutuamente essenciais, e a vida realiza-se somente na sua conjugação. Nenhum dos três pode existir sem os demais, e as relações entre esses fatos são reguladas por mecanismos fisiológicos e ecológicos.

Em todas as espécies, o indivíduo se sujeita, na busca de sobrevivência, a comportamentos vitais básicos [meios], associados a um tipo de conhecimento que resulta da memória individual [experiências anteriores] e coletiva [genética]. Os acertos e equívocos nos comportamentos vitais, obviamente associados a essa forma de conhecimento, é o que denomina-se instinto.

Exemplo de comportamentos dessa natureza são:

- reconhecer o outro;
- aprender;
- ser ensinado;
- adaptar-se;
- cruzar.

Com os objetivos [fins] de sobreviver e de dar continuidade à espécie.

Uma questão maior, ainda não respondida, é "quais as forças que levam os seres vivos a esses comportamentos vitais?".

O homem, como todo organismo vivo, é complexo na sua definição e no seu funcionamento, e está sujeito aos mesmos comportamentos vitais básicos de todo ser vivo. Busca sobrevivência.

Mas, diferentemente dos demais seres vivos e mesmo das espécies mais próximas, busca algo além da sobrevivência. Algumas vezes até rejeita sua sobrevivência.[1] Onde se situa a diferença entre a espécie humana e as demais espécies?

MEDIADORES CRIADOS PELA ESPÉCIE HUMANA

As espécies vivas buscam a sobrevivência individual e a continuidade da espécie subordinando o comportamento à manutenção do triângulo primordial. A diferença essencial do comportamento humano, quando comparado com o de outras espécies, está na criação de mediadores para a resolução do triângulo primordial: instrumentos e tecnologia como mediadores entre o indivíduo e o seu ambiente; comunicação e emoções como mediadores entre o indivíduo, o outro e grupos sociais; trabalho e produção como mediadores entre o indivíduo e os grupos sociais e o ambiente.

Os acertos e equívocos na produção dessas intermediações resultam do encontro do comportamento e do conhecimento. Esse encontro, determinante da superação de instintos (próprios da sobrevivência), é o que se denomina consciência.[2]

Esses mediadores permitem ao homem transcender o momento da sobrevivência, buscando no passado explicações e ações no presente, preparando-se, assim, para o futuro. O presente torna-se o encontro de passado e futuro e a característica mais importante da espécie humana torna-se transcender o presente.

O comportamento humano resulta de dois grandes pulsões:

1. o pulsão de *sobrevivência*, do próprio indivíduo e da espécie que, como em toda espécie viva, situa-se na dimensão do momento.
2. o pulsão de *transcendência* do momento que, diferentemente das demais espécies, situa-se em uma outra dimensão, levando o homem a indagar "por quê?", "como?", "onde?", "quando?".

Sobrevivência e transcendência guardam uma relação simbiótica e distinguem o ser humano das demais espécies. Essa simbiose é a consciência.

Na resposta à pulsão de sobrevivência, o homem define suas relações com a natureza e com o outro e desenvolve as intermediações já mencionadas acima. Na resposta à pulsão de transcendência, incursiona no passado e no futuro, desenvolvendo mitos e artes, religiões e ciências.

O conhecimento de cada indivíduo resulta das informações percebidas da realidade, o que inclui fatos e memórias de seu processamento e de ações que obedecem a estratégias definidas pela sua vontade.

No encontro com o outro, que também está em busca de sobrevivência e de transcendência, desenvolve-se a comunicação. O indivíduo e o outro, mesmo próximos, percebem a realidade de modo diferente, processam essa informação diferentemente e, portanto, definem estratégias diferentes de ação. Indivíduo e outro têm conhecimentos e comportamentos distintos. Através da comunicação é possível compartilhar conhecimentos e compatibilizar comportamentos.

VOLTANDO AO TEMA VALORES

O comportamento de cada indivíduo é aceito pelos seus próximos quando subordinados a parâmetros, que denominam-se *valores* e que determinam os acertos e equívocos na produção e utilização das intermediações criadas pelo homem para sua sobrevivência e transcendência.

Valores, assim conceituados, relacionam os meios com os fins. Os fins constituem as grandes utopias de indivíduos e de sociedades, dos sistemas de explicações e dos mitos, da cultura. Os meios dependem dos instrumentos materiais e intelectuais de que dispomos, também dependentes da cultura. Assim, os valores são manifestações culturais.

Uma excursão pela história revela que novos meios de sobrevivência e de transcendência fazem com que valores mudem. Mas, alguns valores que estão intrínsecos à ética da diversidade, estudada acima, devem prevalecer: respeito, solidariedade, cooperação, independente de cultura e de sistemas de conhecimento. Respeito, solidariedade e cooperação são transculturais e transdisciplinares.

Mas por que a humanidade caminha em direção contrária a essa ética, sem a qual a espécie humana não pode sobreviver? Essa questão maior tem sido a motivação dos grandes modelos filosóficos, religiosos e científicos.

Os modelos filosóficos, religiosos, científicos propõem "verdades" que têm sido aceitas como absolutas e que constituem sistemas de valores que devem guiar o comportamento humano. Mas guiar em satisfação dos cânones e paradigmas dessa cultura e, portanto, criam os sistemas de conhecimento que servem de suporte a essa cultura.

A prioridade passa então a ser a defesa do sistema de valores. A questão fundamental, que é a busca de sobrevivência associada à transcendência, passa a ser subordinada à defesa do sistema de valores [são os fundamentalismos].

Ninguém mais capacitado para denunciar essa distorção que o grande filósofo indiano Sri Aurobindo (1872-1950):

> Para a filosofia ocidental uma crença intelectual fixa é a parte mais importante de um culto, é a essência de seu significado e o que o distingue dos outros. Assim são que as crenças formuladas fazem verdadeira ou falsa uma religião [uma teoria, uma filosofia, uma ciência], de acordo com sua concordância ou não com o credo de seus críticos.

CONHECIMENTO E COMPORTAMENTO

Os sistemas de valores, da mesma maneira que as ciências e as religiões, são vistos na cultura ocidental como saberes concluídos.

O conhecimento disciplinar, e consequentemente a educação, têm priorizado a defesa de saberes concluídos, inibindo a criação de novos saberes e determinando um comportamento social a eles subordinado.[3]

O conhecimento disciplinar evoluiu para a multidisciplinaridade, praticada nas escolas tradicionais, e para a interdisciplinaridade, ainda difícil de ser conseguida. O avanço efetivo, abrindo novas possibilidades para o conhecimento e para o entendimento humano, é a transdisciplinaridade (D'Ambrosio, 1997).

O saber concluído, por exemplo as ciências, assim como os sistemas de valores e as religiões, têm uma arrogância intrínseca à própria concepção do concluído. A transdisciplinaridade, assumindo a inconclusão do conhecimento e do próprio ser humano, rejeita a arrogância do saber concluído e das certezas convencionadas e propõe a humildade da busca permanente.[4]

O comportamento humano responde aos pulsões de sobrevivência e de transcendência, que estão intimamente ligados. O comportamento humano vai além de comportamento orientado pelo cérebro. Existe algo mais: a mente, que tem intrigado os filósofos desde a antiguidade, e a consciência, igualmente intrigante. Onde se situam mente e consciência? No cérebro, que vem sendo tão bem estudado pelos neurologistas? Ou no que se costuma chamar inteligência, hoje bem estudada no âmbito de uma disciplina que se denomina inteligência artificial? E o que é inteligência?[5]

As teorias vão surgindo, vão sendo aceitas ou recusadas, algumas marginalizadas e outras refutadas. Algumas ideias, que são aceitas por desviarem-se pouco das anteriores, tornam-se as novas explicações e encontram seu espaço nas universidades.[6] Outras ideias desviam-se dos chamados paradigmas e criam novos paradigmas.[7]

Mas, geralmente as propostas de teorias do conhecimento ou filosofias da ciência repousam sobre "ombros de gigante" e por isso encontram um lugar cômodo na universidade. No caso de Popper e Kuhn, ambas propostas de evolução/revolução estão apoiados numa mesmice evidente. Apoiam-se no mesmo modelo de raciocínio lógico e analítico, na mesma linguagem, nos mesmos modelos de representação, na mesma cosmovisão, nos mesmos critérios de reconhecimento.

Sintetizo minha concepção de conhecimento dizendo que é o "conjunto dinâmico" de sabe*res* e faze*res* acumulado e socializado ao longo da história de cada indivíduo.[8] Essa dinâmica se traduz no esquema a seguir que chamo o ciclo do conhecimento:

a realidade [entorno natural e cultural]
informa [estimula, impressiona]
indivíduos e povos
que em consequência geram conhecimento
para explicar, entender, conviver com a realidade,
e que é organizado intelectualmente, comunicado e socializado, compartilhado e organizado socialmente,

e que é então expropriado pela estrutura de poder,
institucionalizado como sistemas [normas, códigos],

e mediante esquemas de transmissão e de difusão,
é devolvido ao povo mediante filtros [sistemas]
para sua sobrevivência e servidão ao poder.

Geração, organização intelectual e social, e transmissão e difusão de conhecimento tem se dado em várias organizações que chamarei genericamente escola/academia. Isto inclui escolas propriamente ditas, academias, mosteiros, universidades, associações gremiais, clubes, sociedades, mídias e inúmeras outras.

A dualidade escola/academia coloca a escola como a instituição onde transmite-se e cria-se conhecimento com objetivos mais imediatos, e academia como a instituição onde isso se dá mais desinteressadamente, com a preocupação principal de elevar o homem. Quem expressa muito bem essa dualidade é Hermann Hesse (1971).

O conhecimento, uma vez expropriado pelas estruturas de poder, vai sendo convenientemente fragmentado em disciplinas e áreas de competência para justificar ações setoriais no exercício do poder.[9] Naturalmente, essa fragmentação, como todo método, desencoraja a crítica. Assim, o conhecimento, que foi gerado e organizado para satisfazer os anseios de sobrevivência e de transcendência, e essa fase inclui crítica, é devolvido, já elaborado e organizado aos seus geradores, para que os mesmos sobrevivam e sirvam ao poder.[10] Assim, o poder, que foi ele mesmo gerado pelo povo como uma forma de conhecimento, cria personalidades como o *Hal*, o computador do romance *2001, uma odisseia no espaço,* de Arthur C. Clarke (1975), que adquirem vontade e que se mantém graças à estratégia de devolução aos indivíduos dos conhecimentos, convenientemente filtrados, que são necessários à sua sobrevivência e à sua transcendência. A metáfora que Arthur C. Clarke estabeleceu na sua obra máxima ilustra muito bem essa minha observação.

PODER

É muito difícil definir "poder". O poder como instituição resulta de uma forma de organização social *ad hoc*, que passa por uma hierarquização e concentra-se em alguns indivíduos. Os detentores do poder tornam-se funcionários de *bureau* (=escrivaninha com gavetas), isto é, burocratas, responsáveis por manter a hierarquia responsável pela organização. Todos aceitam e enquadram-se nos requerimentos da burocracia. Alguns justificam essa estruturação da sociedade como intrínseca às espécies vivas e que, portanto, reflete-se nas concepções de religião e de economia, isto é, de propriedade e de produção. Não vou abordar esse tema neste trabalho, enviando o leitor à obra de Max Weber.[11]

A escola/academia, bem como a Igreja e a economia, estão no final dessa escala, isto é, são organizações concebidas pela estrutura de poder para se manter. Mas a própria dinâmica do ciclo do conhecimento, conforme o esquema acima, coloca na geração do conhecimento os anseios coletivos das massas, que se manifestam através da crítica. Torna-se, assim, inevitável o aparecimento de escolas e academias contestadoras, bem como de Igrejas reformadas e de novos esquemas de propriedade e de produção.[12] A inovação, ou o que alguns chamam progresso, escapa ao controle do poder.

Claro, esses setores da atividade humana estão absolutamente inter-relacionados, mas vou ater-me mais especificamente à escola/academia.

Uma pergunta inevitável é: mas será um objetivo da escola/academia mudar a estrutura de poder?[13]

Um objetivo maior para a escola/academia, sutilmente contestado pela estrutura de poder, é a paz na sua pluridimensionalidade: paz interior, paz social, paz ambiental e consequentemente paz militar. Vou tecer algumas considerações.

Notemos que essas dimensões da paz estão essencialmente ligadas às organizações da sociedade mencionadas acima. Hoje se vê que a paz interior está no discurso dominante da Igreja, enquanto a paz social é o objetivo professado pela economia, e a paz ambiental permeia os currículos das escolas/academias e várias organizações não governamentais. Mas a subordinação de todas essas organizações à estrutura de poder é justamente a causa de violações da paz nessas quatro dimensões. O exercício do poder recorrendo ao seu instrumento de ação, que são as forças armadas, tem como efeito guerra em várias escalas: comunitária, civil, nacional e internacional. É ingênuo não reconhecer que todas as polícias e forças armadas estão subordinadas a uma mesma fonte de poder. O monarca, o caudilho e o presidente eleito são sempre, constitucionalmente, o chefe das forças armadas.

Multiplicam-se os exemplos que as três organizações (escola/academia, Igreja e economia) se confundem na subordinação ao poder. Poderia fornecer listas e mais listas evidenciando esse fato. Na verdade, como diz Ismael, o gorila sábio, somos todos cativos. O exemplo dado por Ismael referindo-se ao holocausto nazista é de grande relevância para o momento atual:

> Não só os judeus eram cativos de Hitler. Toda nação alemã era cativa, incluindo seus entusiásticos apoiadores. Alguns detestavam o que ele fazia, apenas iam levando como podiam e outros positivamente se beneficiavam com aquele regime. Mas todos eram seus cativos. (Quinn, 1998, p. 40)

E mais adiante Ismael retoma a reflexão:

> Ontem você disse-me que tem a impressão de ser um cativo. E isso porque sofre uma enorme pressão para ocupar um lugar, qualquer que seja, na história que sua cultura está encenando no mundo. Essa pressão é exercida de todas as maneiras, em todos os níveis, mas basicamente desta maneira: quem se recusar a ocupar um lugar na história, não será alimentado. (...) Um alemão que se recusasse a ocupar um lugar na história de Hitler tinha uma opção: podia deixar a Alemanha. Você não tem essa opção.... Sair dessa história é sair dos limites do mundo. Não há saída, a não ser a morte. (Quinn, 1998, p. 43-44)

É notável como a burocracia, aqui representada pelo nazismo, adquire vida própria, reproduz-se e luta pela sua sobrevivência. E obviamente Hitler é nada mais que um agente de uma força maior. O tema genocídio é de grande relevância para entender-se a geração, a evolução e a consolidação de uma burocracia.[14]

OS PARADIGMAS NEWTONIANOS E OS CHAMADOS NOVOS PARADIGMAS

No século XVII, Galileo Galilei (1564--1642), Francis Bacon (1561-1626) e René Descartes (1596-1650) criaram as bases conceituais sobre as quais Isaac Newton (1642-1726) produziu seu trabalho monumental, que explica certos fenômenos naturais, e que foi rapidamente ampliado para explicar o comportamento humano. Esse sistema de explicações repousa sobre uma matemática muito elaborada, principalmente o Cálculo Diferencial, que estabeleceu-se como a linguagem por excelência do paradigma científico proposto por Newton. A matemática tornou-se o protótipo das chamadas ciências exatas ou ciências duras.[15]

Alguns dos importantes valores aceitos pela modernidade, tais como precisão, rigor, certeza, verdade estão intimamente associados ao pensar matemático. São, portanto, valores vulneráveis. Na busca de um conhecimento mais amplo não será possível rejeitar outros modos de pensar e outras visões da natureza do mundo mental, físico e social que são parte de "outras" maneiras de formular e organizar conhecimento. Refiro-me especificamente a culturas que foram excluídas, subordinadas e marginalizadas no processo de dominação colonial.[16] Valores mudam, subordinados ao que prevalece nos sistemas sociais e econômicos.

VALORES INTELECTUAIS E MATERIAIS

O maior equívoco da filosofia ocidental tem sido considerar o homem como um corpo mais uma mente, e separar o que sentimos do que somos. O conhecimento tem focalizado corpo e mente, muitas vezes privilegiando um sobre o outro.

- Penso, logo existo?
- Não! Existo porque respiro, bebo, como, excreto
- Intuo, choro e rio e penso.

E faço tudo isso diferentemente das demais espécies vivas, porque sou ao mesmo tempo sensorial, intuitivo, emocional e racional.

O sistema de valores que prevalece é focalizado no intelectual, identificado com o "penso". Possivelmente aí encontraremos a razão da valorização desmesurada do trabalho intelectual sobre o manual e a busca de satisfação das necessidades materiais como uma mera questão de sobrevivência. O valor solidariedade fica, assim, totalmente deturpado como mera satisfação de necessidades materiais. Esse valor, na forma de caridade, era frequente nas sociedades escravocratas. O ser [substantivo] escravo devia ser bem alimentado para produzir. Mas o ser [verbo] era privado de liberdade nesse sistema de valores. Muitas das propostas sociais e econômicas ainda carregam esse tom de paternalismo que, em última instância, poderá degenerar em confronto e violência.

A proposta da transdisciplinaridade procura responder o "como?" e o "por quê?" dessas diferenças. Outras maneiras de propor a transdisciplinaridade vêm surgindo de muitas áreas do conhecimento. A visão holística, a complexidade ou pensamento complexo, as teorias da consciência, as ciências da mente, a inteligência artificial e inúmeras outras propostas transdisciplinares vêm sendo elaboradas e tornando-se conhecidas.

Em seu livro recente, Humberto Mariotti (2000) propõe cinco saberes:

- saber ver;
- saber esperar;
- saber conversar;
- saber amar;
- saber abraçar.

Esses equivalem a um sistema de valores e constituem a essência de uma outra maneira de estar no mundo. Nessas metas está implícito um sistema de valores.

CONSIDERAÇÕES FINAIS

A educação integral demanda que na escola sejam vivenciados sistemas de valores e construção do conhecimento. O desafio do educador é acompanhar a transformação dos alunos nesse vivenciamento. Propor e defender um sistema de valores subordinado à ética maior de respeito, solidariedade e cooperação é a missão do educador.

NOTAS

1. A espécie humana é a única a praticar suicídio. Há suicídio de algumas espécies, e até suicídio de células cancerosas, mas obedecendo a um mecanismo fisiológico. Suicídio sem o objetivo maior de dar continuidade à espécie é conhecido somente na nossa espécie.
2. Ver Ubiratan D'Ambrosio: *A era da consciência*, Editora Fundação Papirus, São Paulo, 1997.
3. Particularmente prejudicial para a evolução da humanidade tem sido a maneira como o estabelecimento, o poder, expropriou-se das religiões derivadas do judaísmo e a ciência que delas resultou e criou mecanismos para desencorajar o surgimento de novas ideias. A academia, utilizando mecanismos brutais de marginalização e exclusão, tais como recusa a emprego, impecilhos à publicação, bloqueio a facilidades de pesquisa, difusão de rumores e outras tantas estratégias para desencorajar o novo pensar. Há inúmeros exemplos desse tipo de ação. Ver o estudo de Brian Martin: Strategies for Dissenting Scientists, *Journal of Scientific Exploration*, vol. 12, n°4, 1998; p. 605-616 e a bibliografia ali dada.
4. Um exemplo de conhecimento transdisciplinar é a Etnomatemática. Ver *Etnomatemática*: arte ou técnica de explicar e conhecer, Editora Ática, São Paulo, 1990.
5. Cérebro, mente, pensamento, inteligência, consciência são alguns dos termos usados para se escapar do dualismo corpo/mente. Ver o livro do neurofisiologista William H. Calvin: *How brains think. Evolving intelligence, then and now*, Basic Books, New York, 1996. Muito importantes têm sido as reflexões de Humberto Maturana e Francisco Varela.

6. Essa é, em essência, a explicação da evolução do conhecimento proposta por Karl Popper.
7. Essa é a explicação dada por Thomas Kuhn sobre a evolução, que ele chama revolução, do conhecimento.
8. Conjunto vem da lógica e da matemática e carrega uma conotação de estaticidade. Poderia usar a palavra *corpus*, mas também aí se vê a ideia do construído, do estático. Vejo conhecimento como uma ação cumulativa, em permanente reformulação, em evolução. Espero que o conceito de "conjunto dinâmico" reflita essa concepção. Ver meus livros *Da realidade à ação* [Summus Editorial, São Paulo, 1988] e *Etnomatemática* [Editora Ática, São Paulo, 1990] para uma discussão mais elaborada dessa concepção.
9. Para uma discussão um pouco mais detalhada sobre isso, ver meu livro, escrito em co-autoria com Pierre Weil e Roberto Crema, *Rumo à nova transdisciplinaridade. Sistemas Abertos de Conhecimento,* Summus Editorial, São Paulo, 1993, principalmente a Figura 1 na página 89.
10. A imposição de sobrevivência, mesmo sem condições mínimas de dignidade, é um exemplo dessa devolução. Veja toda a polêmica em torno da morte voluntária, defendido pelo Dr. Jack Kevorkian: *Prescrition: medicide*, Prometheus Books, New York, 1995. Neste livro o autor discute uma proposta de morte planejada e o impacto dessa proposta para cultivo de órgãos e experimentação médica. O tratamento da natalidade, do suicídio e da pena de morte pelas religiões e códigos jurídicos a serviço do poder são bons exemplos desses filtros.
11. Um estudo breve, mas muito abrangente, sobre poder pode ser encontrado na obra de Norberto Bobbio et al., *Dicionário de política*, trad L.G.P. Cascais et al., Editora Universidade de Brasília, Brasília, 1986, p. 933-943.
12. Veja a *Revista Concilium* 265-1996/3, dedicada ao tema "Movimentos Pentescostais. Um desafio ecumênico", absolutamente relevante para essas reflexões. Assim também devem ser interpretados o MST: Movimento dos Sem-Terra e a revolução de Chiapas.
13. O movimento estudantil de maio de 1968 na França, e que logo se espalhou para outros países, ilustra bem a angústia da relação entre escola/academia e poder. Veja o excelente comentário por Madalena Lello, *Os paradoxos de maio de 1968*, 03 de maio de 2008: http://saisdeprata-e-pixels.blogspot.com/2008/05/os-paradoxos-de-maio-de-68.html comentando o filme clássico de William Klein: *Grand soirs et petits matins* (maio de 1968).
14. O tema do nazismo e do genocídio tem sido abordado num bom número de livros recentes. Em particular destaco Daniel Jonah Goldhagen: *Hitler's willing executioners: ordinary germans and the holocaust,* Little Brown, New York, 1995.
15. Hoje, há uma concordância que os métodos científicos e matemáticos são insuficientes para explicar o comportamento humano. A ponto de o matemático Keith Devlin propor uma "matemática mole" [*soft mathematics*]. Devlin duvida que haverá muito alcance para a aplicabilidade da matemática que existe hoje. Diz que talvez não haja nenhum alcance para essa matemática. A obsolescência da matemática atual, como instrumento de análise da natureza, é evidente em vista de novas possibilidades de observação e de novos instrumentos intelectuais e materiais de análise.
16. Essa é uma paráfrase de uma reflexão do antropólogo Gary Urton no seu importante livro *The social life of numbers. A quechua ontology of numbers and philosophy of arithmetic*, University of Texas Press, Austin, 1997. Uma observação semelhante foi feita pelo eminente matemático japonês Y. Akizuki, ao reconhecer que "filosofias e religiões orientais são de natureza muito diferente daquelas do Ocidente. Posso, portanto, imaginar que poderá haver também diferentes modos de pensar mesmo em matemática". *L'enseignement mathématique*, tomo V, fasc. 4, 1960, p.288-289.

REFERÊNCIAS

ASSEMBLEIA GERAL DAS NAÇÕES UNIDAS. Declaração universal dos direitos humanos. 1948. Disponível em: <http://portal.mj.gov.br/sedh/ct/legis_intern/ddh_bib_inter_universal.htm

CLARKE, A.C. *2001*: uma odisseia no espaço. Rio de Janeiro: EXPED, 1975.

DECLARAÇÃO de Nova Delhi sobre Educação para Todos. Nova Dehli, 1993. Disponível em: <http://www.dominiopublico.gov.br/download/texto/ue000107.pdf>

HESSE, H. *O jogo das contas de vidro.* Rio de Janeiro: Record, 1971. Original alemão: 1943.

MARIOTTI, H. *As paixões do ego:* complexidade, política e solidariedade. São Paulo: Palas Athena, 2000.

PAIGE, G. *Não matar é possível:* por uma nova ciência política. Recife: Editora Universitária UFPE, 2009.

QUINN, D. *Ismael:* um romance da condição humana. São Paulo: Fundação Peirópolis, 1998.

7

Educação integral como política pública
A sensível arte de (re)significar os tempos e os espaços educativos

Marta Klumb Oliveira Rabelo

[...] de nada adiantará esticar a corda do tempo: ela não redimensionará, obrigatoriamente, esse espaço. E é nesse contexto que a educação integral emerge como uma perspectiva capaz de (re)significar os tempos e os espaços escolares.

Moll (2009)

É isso! A re-significação do tempo e do espaço na perspectiva da Educação Integral tem seu esboço talhado na teia do tempo-espaço de educar. Nela, tudo e todos tocam-se e cuidam-se, permitindo assim a configuração de uma educação autêntica na qual somos livres para escolhermos nosso destino e desenvolvermos nossas potencialidades.

Klumb (2009)

Este capítulo propõe uma discussão acerca da concepção de educação integral como política pública para educação, destacando o Programa Mais Educação da Diretoria de Currículos e Educação Integral, (DICEI) do Ministério da Educação. Três conceitos emergem com intensidade luminosa clamando por uma compreensão à luz da fenomenologia: intersetorialidade, tempo e espaço. Assim, estruturo este texto enredando, sutilmente, esses conceitos de modo a produzir, no ato final, o tecido sobre o qual a educação integral se desenvolve no cenário atual. Convido para esse debate a presença forte de Heidegger, por desenvolver um olhar sensível aos conceitos em questão, e outros interlocutores. Embora esse autor não tenha se debruçado sobre as questões pertinentes diretamente à educação, permito-me ousar uma aproximação ingênua.

De modo abrangente, as políticas públicas voltadas para educação, em solo democrático, são seguramente o domínio em que o processo de identificação, entre aqueles que elaboram as políticas e aqueles que dela se beneficiam, é reconhecido e benquisto. Isso porque, ao rabiscar o primeiro esboço de uma política pública, aqueles que a concebem lhe atribuem o significado que já está tecido no cenário sociocultural, na dinâmica social, restando, portanto, garantir a materialidade e a legitimidade desejada coletivamente. A arquitetura política torna-se, assim, parte de cada cidadão, parte de nós mesmos. Dito de outro modo, e sem demérito aos diversos momentos historicamente identificados em que essa perspectiva de educação é implantada, a educação integral é um anseio da população brasileira há algum tempo e sempre. Talvez, impróprio não seria afirmar que é esta coesão entre o ser-em-si e ser-coletivo o que faz do trabalho com políticas públicas, sob a égide da democracia, um fenômeno singular. Há uma mistura das partes constituindo um corpo social único deitado no berço esplêndido da pluralidade. A relação entre governo democrático e sociedade sugere uma suavidade nos processos dialógicos em razão, justamente, da materialidade dos anseios coletivos ou mesmo da visualização do deslocamento de uma educação integral, antes utópica, situada no vir-a-ser, para o eixo do real, situada no aqui e agora. Essa suavidade implica o universo de potencialidades.

É preciso reconhecer, então, que a condição de exequibilidade da política pública voltada para educação integral assenta-se na vivência de um conceito que tem se apresentado como potencialidade: a intersetorialidade. Tratar os sujeitos situados em um mesmo tempo e espaço de maneira integrada e convergente exige, no campo da concretude, articulação das ações. Organiza-se um modo diferente de realização da educação integral que envolve a incorporação do significado desse novo valor inserido na cultura das políticas públicas no Brasil como um "fenômeno ativo, vivo, por meio do qual as pessoas criam e recriam os mundos dentro dos quais vivem" (Morgan, 1996, p. 135). Eis o destino de cada um e enredado nas mãos espalmadas da existência autêntica. Sou lançado no chão da vida para construir o mundo onde desejo viver. O olhar voltado para o "inter", para o meio, evidencia a perspectiva do coletivo, da importância dos vários setores e dos diferentes atores sociais comprometidos com a construção da educação integral que almejamos.

Assim sendo, o que está em jogo na vivência da intersetorialidade na educação integral é a consolidação desse pacto coletivo por uma exterioridade que se expresse em ações consoantes ao contorno original (que permite tocar a essência, ou seja, a concepção de ser humano em todas as suas dimensões). Aqui, apresento a inquietação que funda esse interlóquio. Tudo o que é intersetorial, seguindo a lógica da interpessoalidade, não se encontra nem em um setor, nem em outro, mas no espaço situado "em meio a" um espaço a ser construído pela doação de esforços na edificação do significado das relações próprias desse fenômeno novamente acalorado de educação integral de uma república democrática que exige, por sua vez, a (re)significação do tempo e dos espaços escolares.

Essas inspirações iniciais transcendem e potencialmente criam uma comunidade visível, uma alteridade social. Um grupo de pessoas que participam não só da emoção relativa à ações propostas, mas do prazer derivado do pertencimento e da coparticipação.

Tomo de empréstimo a perspectiva fenomenológica para sustentar a discussão, na medida em que permite um olhar para além e aquém da lógica racionalista de entendimento do mundo, e concebo a sensação como possibilidade de compreensão do fenômeno da educação integral de que ora me ocupo. O contrário seria de um reducionismo manifesto.

Para qualificar esse "fenômeno vivo e ativo" que define a intersetorialidade, segundo Morgan (1996, p. 135), é preciso pensar em uma ciência não positivista. Na passagem do século XIX para o século XX, Husserl (1900) considera a fenomenologia como uma "ciência da experiência da consciência". O referido teórico faz uma crítica à filosofia positivista e ao método experimental por exaltarem o objetivismo científico. Ele argumenta que o ser humano é um ser consciente de algo ou de alguém *em relação* a si mesmo. A intencionalidade consiste, portanto, no ato de atribuir um significado, possibilitando a relação *entre* o sujeito que sai de si e o mundo. Husserl propõe a formulação de uma perspectiva racional nova, radicalmente humana: filosofia como ciência das vivências intencionais. A Fenomenologia de Heidegger e de Husserl tenta abordar os objetos do conhecimento tais como "se apresentam" à consciência de quem procura conhecê-los, tentando deixar de lado toda e qualquer pressuposição sobre a natureza desses objetos. O que se revela aqui, portanto, é a intencionalidade de consciência de cada um voltada para educação integral, ora sustentada pela intersetorialidade e pela ampliação do espaço e do tempo escolar. Desse modo, é possível entregar-se à experiência psicológica do óbvio, do cotidiano, cujo conhecimento, por vezes, é embotado por fatos históricos e pela própria familiaridade que se tem. Esse é um grande desafio do presente capítulo: buscar a vivência genuína para compreender o fenômeno da educação integral, e não estudá-lo por meio das evidências históricas.

A referida abordagem teórico-metodológica, embora pareça simples, torna-se complexa pela magnitude da experiência humana. A experiência da realidade é transformada quando, intencionalmente, vivenciamos a potencialidade da educação integral como política pública. Esse gesto encerra em si uma espécie de captura de determinados aspectos da realidade que me são próprios.

É importante conceber dois aspectos: o da aparência e o da essência da educação integral. Aspectos mais salientes, relativos à aparência da educação integral, podem nos causar espécie, ao vivenciarmos, por exemplo, uma proposta de educação que guarda em sua dimensão bases teóricas, históricas e políticas que já conhecíamos antes. Esses elementos integram a aparência do fenômeno e constituem-se em verdadeiros contágios teórico-histórico-políticos. Em grande parte, ficamos apenas no nível da aparência dos fenômenos, não nos vertemos em direção à essência, ao bulbo. Para tanto, é necessário que façamos uma "redução fenomenológica" (em grego, *epoché*) que significa desnudar-se para encontrar a essência do fenômeno. No entanto, a redução é recessiva e pode passar despercebida, uma vez que não ocupa necessariamente nossa consciência, enfeitiçada por aspectos da aparência que a educação integral possa apresentar.

Uma das inferências de uma síntese fenomenológica ingênua é que a educação integral como está posta hoje – tomada como uma política pública, e não como experiências pontuais em uma ou outra unidade da federação brasileira –, não fica no âmbito da aparência, uma vez que em seu traçado, ou seja, em seus princípios e diretrizes, proporciona um novo desafio: o de transformar uma experiência classicamente cognitiva (dos saberes) em uma possibilidade de desenvolvimento humano integral e holístico, permitindo interferir, de diversas formas, em aspectos até então desconhecidos e genuínos. A educação integral, ao propor um mergulho em direção à essência dela mesma, vai, em todo percurso, tocando o ser humano em sua integralidade e completude.

Tomando a educação integral como foco, pode-se considerar a intersetorialidade como a nova característica ampliada das políticas públicas atuais, reais e legítimas. No entanto, é preciso, como já afirmei em momento anterior, cuidar para que a espessura da exterioridade tenha a força e a inquietude de sua origem, para que as ações intersetoriais se materializem. Para ilustrar, examinemos o Programa Mais Educação que apresenta-se como uma estratégia de desenvolvimento da educação integral integrada no país e que, em sua concepção, coloca em relevo o potencial educativo de amplo espectro das políticas públicas intersetoriais: assistência social, ciência e tecnologia, cultura, saúde, educação, esporte, meio ambiente. Esse programa se destaca na medida em que segue na contramão de um modelo de educação assentado no positivismo.

É fundamental que se faça uma breve digressão acerca do modo como foi concebida a estratégia de desenvolvimento da educação integral no Programa. Como nasce esse anseio coletivo? Parido pelo mundo polarizado e pela sensação de vazio deixada pela não continuidade da última tentativa de implantação da educação integral, nasce um novo Zeitgeist[1] que reveste-se pelo pluralismo, pela diversidade e pelo relativismo. Emerge daí a imagem de uma sociedade cuidadora que nos remete a Paul Tillich (1972), quando afirma que "apenas pertencemos ao mundo por meio de uma comunidade de homens[2]". Essa comunidade se constrói na rede intersetorial, na rede de saberes, de sensibilidades e de desejos coletivos.

A Portaria Normativa Interministerial nº 17, de 24 de abril de 2007 (Brasil, 2007), que institui o Programa Mais Educação, explicita a comunidade de pessoas que, juntas ocupam-se da educação integral e cujas ações revelam a intersetorialidade desejável.

> Art. 4º Integram o Programa Mais Educação ações dos seguintes Ministérios: I – Ministério da Educação; II – Ministério do Desenvolvimento Social e Combate à Fome; III – Ministério da Cultura; e IV – Ministério do Esporte.
> § 1º Ações de outros Ministérios ou Secretarias Federais poderão integrar o Programa.
> § 2º O Programa Mais Educação poderá contar com a participação de ações promovidas pelos Estados, Distrito Federal, Municípios e por outras instituições públicas e privadas, desde que as atividades sejam oferecidas gratuitamente a crianças, adolescentes e jovens e que estejam integradas ao projeto político-pedagógico das redes e escolas participantes.

Eis o aroma que se espalha e provoca a discussão sobre tempo e espaço na educação integral pública. O exercício metodológico que faço supõe uma atitude inicial de despojamento das pré-concepções, das predisposições, especialmente aquelas provocadas pelo efeito impactante da novidade, já citadas anteriormente, até porque, em certa medida, a educação integral como pressuposto teórico não se pretende nova, mas sim deseja recapitular e ampliar as experiências anteriores exitosas. No entanto, sua "novidade" assenta-se no âmbito político, na medida em que conta com uma rede de pessoas interligadas entre si e em permanente expansão.

Segundo o Decreto nº 7.083, de 27 de janeiro de 2010 (Brasil, 2010), no seu art. 1º assenta-se a legitimidade do "tempo" e do "espaço" no Programa Mais Educação:

> O Programa Mais Educação tem por finalidade contribuir para a melhoria da aprendizagem por meio da ampliação do *tempo* de permanência de crianças, adolescentes e jovens matriculados em escola pública, mediante oferta de educação básica em tempo integral. (grifo nosso)
> § 1º Para os fins deste Decreto, considera-se educação básica em tempo integral a jornada escolar com duração igual ou superior a sete horas diárias, durante todo o período letivo, compreendendo o tempo total em que o aluno permanece na escola ou em atividades escolares em outros espaços educacionais.
> § 3.º As atividades poderão ser desenvolvidas dentro do *espaço escolar*, de acordo com a disponibilidade da escola, *ou fora dele* sob orientação pedagógica da escola, mediante o uso

dos equipamentos públicos e do estabelecimento de parcerias com órgãos ou instituições locais. (grifo nosso)

Contemplemos, pois, o diálogo com a "dimensão tempo"[3] a partir do conceito de Heidegger (2002), que significa o tempo original e que difere, sobremaneira, do tempo mensurável e palpável preconizado pelo racionalismo e aprisionado no relógio de Cronos.[4] Aqui, importa trazer à discussão a categoria "preocupação" como uma marca fundamental do humano, como a própria temporalidade vivida. Para tanto, utilizo a fábula de Higino sobre o cuidado, em que podemos perceber que o cuidado é tão essencial que é anterior ao espírito lançado por Júpiter e ao corpo fornecido pela Terra. A fábula diz: "O cuidado foi quem primeiro moldou o homem". O cuidado encontra-se antes, é um *a priori* ontológico, está na origem da existência do ser humano. E essa origem não é apenas um começo temporal. A origem tem um sentido filosófico de nascente de onde brota permanentemente o ser. O cuidado é uma força que continuamente faz surgir o ser humano. Sem ele, continuaríamos apenas uma porção de argila como qualquer outra à margem do rio. Eis a fábula:

> Quando um dia o Cuidado atravessou o rio, viu ele a terra em forma de barro. Meditando, tomou uma parte dela e começou a dar-lhe forma. Enquanto meditava sobre o que havia criado, aproximou-se Júpiter. A ele solicita o Cuidado que dê espírito a essa figura esculpida de barro. Isto Júpiter lhe concede com prazer. Quando, no entanto, o Cuidado quis dar o nome dele à sua figura, Júpiter proibiu e exigiu que lhe fosse dado o seu nome. Enquanto Cuidado e Júpiter discutiam sobre os nomes, levantou-se também a Terra e desejou que à figura fosse dado o nome dela, já que lhe tinha oferecido uma parte de seu corpo. Os conflitantes tomaram Saturno para juiz. Saturno pronunciou-lhes a seguinte sentença, aparentemente justa: tu, Júpiter, porque deste o espírito; receberás na sua morte o espírito; tu, Terra, porque lhe presenteaste o corpo, receberás o corpo. Mas, porque o Cuidado primeiro formou essa criatura, irá o Cuidado a possuirá enquanto ela viver. Como, porém, há discordância sobre o nome, irá chamar-se homo, já que é feita de húmus.

O conceito de cuidado ganha relevo em diversas áreas do conhecimento, inclusive naquelas que buscam pensar o ser humano em sua relação com o mundo e com os outros. É o traço constitutivo da existência humana, na medida em que este empenha-se a cada instante em cuidar de si mesmo em um processo de "singularização", apontando o modo de ser do indivíduo mediante o esforço continuado de compreensão de seu ser e do ser das coisas em geral. É desta última compreensão do cuidado que partiremos para pensar o conceito referente à educação. Na educação integral, o tempo instituído pelo cuidado oportuniza à criança e ao jovem (ser-estudante) sentir e pensar em si mesmo e nas relações que desenvolve com os outros e com o mundo.

O homem entendido como temporalidade (Heidegger, 2002) é capaz de sair de si e ir em direção àquilo que já não é ou ainda não foi. O cuidado abre, para o ser, um horizonte de possibilidades próprias à sua existência. A educação tradicional por sua impessoalidade facilita a reprodução de uma existência inautêntica do ser-estudante que não compreende suas potencialidades. O papel da educação voltada fortemente para o desenvolvimento cognitivo, em termos radicais, constitui um dilema, situado entre o individual e o público (Paviani, 1988). O ser-estudante é tomado como ponto de partida dessa discussão por revelar o espaço aberto à lógica existencial para a qual o cuidado está em evidência e é o seu traço essencial. A educação integral também trafega no âmbito do dever-ser, projetando suas experiências e ações intersetoriais. Assim, no âmbito da existência, na relação ser-estudante há a possibilidade de uma preocupação que antepõe-se ao outro em seu poder ser não para retirar-lhe o "cuidado", mas antes para devolvê-lo como tal. Essa preocupação, que pertence ao autêntico cuidado, ou seja, ao respeito à existência do outro, e não a um saber imposto e alicerçado na memorização acrítica, proporciona ao ser-estudante a liberdade para tornar-se transparente a si mesmo (Heidegger, 1996). Heidegger descreve a possibilidade de uma relação na qual a preocupação pelo outro não destrói sua presença, na qual não se age com o outro lhe poupando de experimentar os encargos de sua própria existência, mas, ao contrário, proporciona oportunidades de conduzi-lo às potencialidades de sua realização mais própria. Na relação ser-estudante isto aplica-se pensando em uma educação na qual o estudante descubra-se livre para descobrir um sentido próprio a si. A educação integral, materializada em ações intersetoriais, cria com o estudante a oportunidade de um encontro consigo mesmo, e promove a possibilidade de este educar-se, isto é, expor-a-si mesmo e descobrir para si uma possibilidade capaz de libertá-lo para a significação necessária a uma existência singular em uma sociedade plural. A singularidade está no fato de o estudante agir de acordo com os significados que lhe são próprios, que dizem respeito ao seu destino. Assim, educação integral como política pública é pensada a partir do cuidado. O ser-estudante liberta a si-mesmo para seu mundo tornando-se capaz de realizar suas próprias escolhas frente ao acaso e não assumir a rotina como convencionado. Não significa seguir acriticamente um conjunto de normas educacionais dadas. Significa possibilitar uma compreensão da existência que orienta a construção de sentidos próprios a cada estudante. Uma educação integral possível nos dá a oportunidade de experimentarmos a possibilidade de não nos entregarmos à rotina; coloca-nos diante da urgência de escolher um sentido próprio a si, de decidir pelas ocupações necessárias ao esforço por ser único no mundo. Nesse sentido, a educação em tempo integral possui a missão de provocar o ser-estudante a conhecer a si-mesmo, de oportunizar um encontro com essa possibilidade. O resultado disso pode ser uma existência na qual o indivíduo na cotidianidade não mais se deixe arrastar por um coletivo acrítico. Não permita ser conduzido pelos guardiões da rotina. Essa dimensão pode ser ilustrada com o conto a seguir:

O Arqueiro que Desafiou o Tempo para Desposar a Transcendência

Dizem, aqui e ali, que um arqueiro robusto anda vagando pelos quatro cantos do mundo, procurando não se sabe o quê. Dizem também que o arqueiro teria vencido o grande Mestre Tempo por ocasião de um embate com este arrogante opositor com quem disputava o amor de uma bela mulher ao cair da tarde.

A história é mais ou menos assim...

Em um mundo onde o Tempo era o senhor absoluto de todas as criaturas vivas do planeta, um arqueiro ousou se apaixonar pela esposa do Mestre, a Transcendência. O Tempo, ao perceber isso, ordenou um embate com o arqueiro na boca da noite. Sentia-se traído. Afinal, o arqueiro devia sua vida a ele, visto que viver era o espaço concedido pelo Tempo entre o nascer e o morrer, era a própria possibilidade de existência. Deveras chateado, sabia que o arqueiro merecia uma lição por sua audaciosa coragem. Estava decidido a puni-lo veementemente para que servisse de exemplo para os demais mortais. Isto era um castigo supremo. Ser escorraçado pelo Tempo, mestre e senhor, se constituía em temerosa punição. Naquela época, os homens acreditavam que o Tempo era seu maior aliado.

Não obstante, é importante que se diga que o reinado do Tempo fora um período bastante perverso e extremamente opressor na história da humanidade. Aos homens, não lhes era dado o direito de navegar a mar aberto, conhecer o fabuloso mistério da liberdade, do acaso e da transcendência. O Tempo possuía uma legião de soldados chamados de "guardiões da rotina": cuja principal incumbência era distrair os mortais para que não conhecessem a verdade sobre a existência humana.

Todavia, este impetuoso arqueiro desafiou o Mestre e a batalha foi travada. Se o arqueiro vencesse o Tempo no ardiloso embate, poderia viver lado a lado com a Transcendência.

A batalha se inicia. O arqueiro lança sua flecha em direção ao Tempo, que esquiva-se rapidamente. O tempo tenta sugar a alma do arqueiro, mas o menino maroto esconde-se atrás da Angústia, companheira fiel que assiste a tudo atentamente. E assim prossegue a luta. (...) De repente, o arqueiro percebe que chegou ao fim do mundo, havia saído da sombra maldita da rotina, havia ferido o Tempo. Encontra-se frente a frente com o Momento, que nada mais é que o coração pulsante do Tempo. Que espetáculo maravilhoso! O jovem diante do coração do Mestre. Consegue, pela primeira vez, ver a si mesmo. Sente medo, muito medo. O mundo exterior perde sua importância, torna-se um "isso" desnudado sobre o pano de fundo do nada. Então, após esta experiência face a face com o nada, ele emerge forte e criativo e enceta o Momento, matando, assim, o Tempo e desposando a Transcendência.

Foi assim que o arqueiro, homem mortal, tornou-se o guardião do nada. (Rabelo, 2005, p. 55)

É clara a necessidade de buscar a coragem para vencer o tempo de Cronos que robotiza a educação tradicional. O ser-estudante precisa compreender sua própria existência e o sentido da educação preocupada em oportunizar o desenvolvimento de cidadãos reflexivos, autônomos e participativos contribuindo à esfera do indivíduo, da sociedade e da espécie. Assim, constatamos que o cuidado na educação integral não é apenas uma ideia, mas algo efetivo.

Aqui talvez se possa dialogar com Arendt (1972, p. 126), que nos diz que "a essência da educação é a natalidade, o fato de que o ser nasce lançado em um mundo". Nascemos em um mundo que existe *a priori* de nós. É preciso conhecer esse mundo, o espaço da existência. Por meio da educação, somos apresentados à nossa espécie. Nesse sentido, a educação existe, sobretudo, para que a criança, um ser estranho em um mundo desconhecido que já existia antes de sua chegada, conscientize-se de sua existência. É apropriado afirmar que o ser lançado à própria sorte no mundo pela concepção heidggeriana, o ser-estudante encontra em Arendt um repouso seguro, o espaço público que o abriga e o torna sujeito. A educação integral assume essa dimensão ao conceber a amplitude de uma política pública de Estado no seu porvir. Longe de constituir-se em castração freudiana, a educação integral é mediação de humanidade.

A educação integral, de certa forma, institui-se do cuidado do ser e o possui enquanto sujeito de aprendizagem porque o tempo de educar assume contornos de temporalidade heideggeriana e da humanidade de Arendt. A educação integral oportuniza ao estudante sair de si e ir em direção ao que quer ser.

Diante dessa compreensão do tempo na educação integral, passo brevemente à discussão do termo "espaço", que assume também, na concepção da educação integral, uma amplitude importante, mas está amalgamado ao tempo. O conceito de espaço na educação integral assume contorno de "território" e ganha amplitude na medida em que acena para o cenário da política pública intersetorial, da complexibilidade social e de estratégias integradas de educação. Segundo o texto referência para o debate nacional sobre educação integral:

> Falar sobre Educação Integral implica, então, considerar a questão das variáveis tempo, com referência à ampliação da jornada escolar, e espaço, com referência aos territórios em que cada escola está situada. Tratam-se de tempos e espaços escolares reconhecidos, graças à vivência de novas oportunidades de aprendizagem, para a reapropriação pedagógica de espaços de sociabilidade e de diálogo com a comunidade local, regional e global. (Brasil, 2009)

O território não é um espaço definido metricamente pelo muro da escola. Trata-se de um espaço de aprendizagem sem limites, sem cercas, um espaço envolvente de sociabilidade, de pertencimento, de expansão humana, de intencionalidades, de partilha, de vida. Assim, para discussão desse novo sentido, resolvi, em uma alvorada de domingo, explorar o espaço no qual resido há alguns anos. Imersa em uma atitude etnográfica de perceber o conceito de espaço, amarrei o cadarço do tênis e simplesmente sai, a pé, para explorar o "meu"[5] bairro. Entreguei-me a uma vivência ingênua e radical que lançou-me em direção ao aroma das plantas que perfumam minhas manhãs, ao desenho da copa das árvores sob o tecido celeste, a textura do chão terra, do chão manta asfáltica, do chão cimento. Percebi o mosaico de cores e matizes que existem em cada canteiro. Percebi, na derme, a sensação de calor embevecida pela brisa suave do vento que eu mesma provocava ao correr e rasgar o tempo e o espaço ao meu redor. Senti-me, por dentro, pulsando energia, ouvi minha respiração ofegante sugando o oxigênio que generosamente as árvores cediam-me. Fiz-me árvore. Vivi meu Território. Embruteci-me com o barulho dos carros, com a ausência de ciclovias demarcadas, com a quantidade de cercas eletrificadas que contornam os altos muros das casas, denunciando a violência latente, e com o lixo jogado em terreno baldio ao pé de uma placa onde lia-se: "Propriedade privada, não jogue lixo". Fiz-me lixo, vivi meu território.

Por tudo isso, quando trata-se da vivencia do espaço, é um equívoco pensar na visão estática, memória de um espaço meramente geográfico. O conteúdo do espaço fenomênico é um conteúdo do tempo. É a dimensão tempo que altera a textura do espaço e sua duração.

Quando prestamos atenção na vida, a vida presta atenção em nós. Segundo a geografia crítica de Santos (2002): "o território é dinâmico, vivo. A sociedade incide sobre o território e, este, sobre a sociedade". Ode à "trama de intencionalidades" que nos funda como seres imersos em um "ambiente movente" na relação uns com os outros, expostos, portanto, ao acaso da existência humana, ao acontecer. A vida se dá no "entre" nós e para tanto carece de uma estrutura espacial, de um território. Segundo Jacques (1982, p. 54): "o mundo no qual estou é sempre o mundo que constituo com o outro da maneira mais efetiva: um mundo comum". Aqui, existe um ponto em que o acaso e a lei, ou o planejamento, se encontram, operando novos rearranjos, novas interposições que provocam o desenvolvimento nesse espaço. É nesse "lugar" que re-significamos o conceito de espaço para açambarcar sua concepção na educação integral. Portanto, por meio desses fenômenos comuns ao espaço que novos processos de aprendizagem vão se configurando. A dinâmica da experiência subjetiva com o espaço corporifica uma lógica fenomênica que torna possível a mediação. "O mais importante não é a casa onde moramos. Mas onde, em nós, a casa mora" (Couto, 2003, p. 53). Onde, em nós, mora o espaço-escola? Ou onde entre nós mora o espaço-escola?

Dessa forma, o espaço em Heidegger é culturalmente experimentado como parte do processo de estar no mundo humano. Os sentidos de pertencimento (o "meu bairro", a "minha escola") e de permanência a um lugar estão ligados aos aspectos de autocompreensão da existência. Lugar é a coisa, isto é, o bairro, a casa, a escola, a comunidade. Para Heidegger, o espaço entreabre, libera e concede localidades e lugares, assumindo o simultâneo como espaço-tempo. No todo de sua essência, o espaço não se move, repousa quieto. Em sua existência, é movente.

Pádua (2005) assinala que é importante observar que o termo espacialidade refere-se sempre à instância mais "originária", isto é, refere-se ao mundo. Somente a partir dessa espacialidade mundana podem-se derivar locais ou qualquer tipo particular de espaço, como o espaço território, por exemplo. A palavra "território" tem neste momento um sentido sempre derivado, isto é, sua compreensão se dá apenas a partir da compreensão da espacialidade, que origina-se e revela-se no mundo.

Essas observações apontam para o fato de que o espaço da ação intersetorial, ou da ação educativa no território, ao contrário de outros registros espaciais, como os da geometria, possui uma textura temporal, ou seja, uma topologia determinada pela temporalidade inerente à estrutura da ocupação do ser-no-mundo. Por conseguinte, o espaço não é percebido em seu ser, mas organiza-se, configura-se e deixa-se perceber como um determinado lugar a partir de tudo que compõe cadeias significativas, o espaço revela-se na existência, no que existe mundo, no que existe no ser. O ser-estudante revela-se no espaço-território.

CONSIDERAÇÕES FINAIS: A ESPESSURA DA MANTA (QUASE) PRONTA

Tecendo ponto por ponto, letra por letra, chego ao fim do início da sensível arte de exteriorizar o pensamento a que me propus. Considero a educação, mais que um traço da nossa cultura castradora, um modo de encontrarmos uns com os outros, um lugar onde nos constituímos em humanidade, onde aprendemos a ser livres para, criticamente, exercermos os pactos morais e legais que se impõem à nossa espécie culturalmente definida. Para o desenvolvimento integral do ser autêntico, é preciso um olhar para a educação de modo amplo, integral e que acolha em seu debate a arte de re-significar tempo e espaço. É preciso instituir o território das potencialidades humanas onde nos revelamos integralmente uns com os outros. O ser-estudante deve poder ser liberto para ser diferente. Essa é sempre a possibilidade de uma concepção de educação em que a autenticidade nos transporta para a busca real do sentido do ser. A educação integral abre possibilidades para questionamentos ontológicos e provoca a desacomodação necessária ao desenvolvimento humano holístico, porque oportuniza ao ser-estudante a sair de si e ir em direção ao que quer ser.

A educação integral como política pública implica, por meio de suas ações e aspirações, o universo de potencialidades instituído na teia de responsabilidades que se constitui. Não temo o risco de esvaziamento da responsabilidade precípua da escola, a aprendizagem. Ao contrário, ao atuar em rede de responsabilidades, não dividimos, e sim somamos, esparramamos educação por todos e aos muitos cantos do mundo da vida.

O enredamento a que me propus, tecer ao longo desse texto a intersetorialidade, o tempo e o espaço na educação integral, ganha a espessura de uma manta de autenticidade capaz de acolher o ser-estudante na sua liberdade espaço-temporal. Sendo assim, o tempo na educação integral é a "duração", é o cuidado. O tempo como duração mantém a ideia de passado, presente e futuro colados em um único caminho que permite ao ser-estudante contornar obstáculos, lançar-se na vida, seguir seu destino admiravelmente. A educação integral com seus contornos ontológicos apresenta-se com a possibilidade de ampliar e provocar no ser-estudante esse "lançar-se na vida". Viver sob estado de consciência plena.

Em pontuações silenciosas, posso dizer que a educação nunca acaba. Perdura no fluxo temporal da vida. Então, volto ao inicio e fecho essa teia do debate na certeza provisória de que a sensível arte de re--significar os tempos e os espaços escolares está posta na possibilidade de uma educação integral protegida pela dimensão pública da política intersetorial.

NOTAS

1. Espírito de uma época.
2. Entenda-se que a referência a "homens" se dá ainda na perspectiva, hoje já superada, de equivalência ao conceito de humanidade. Tillich, por sua expressão teórica e seus posicionamentos ideológicos, certamente pretendia referir-se à humanidade pluralmente concebida.
3. Uso o termo "dimensão tempo" para firmar uma posição fenomenológica de compreensão do tempo.
4. Na mitologia grega, Cronos era filho de Urano (o céu) e de Gaia (a terra). Incitado pela mãe e ajudado pelos irmãos, os Titãs, derrotou o pai, separando o céu da terra, e tornou-se o primeiro rei dos deuses. Seu reinado, porém, era ameaçado por uma profecia segundo a qual um de seus filhos o destronaria. Cronos, então, devorava todos os seus filhos. Sua mulher conseguiu salvar apenas Zeus. Este, quando cresceu, arrebatou o trono do pai, conseguiu que ele vomitasse os outros filhos e o expulsou do Olimpo, banindo-o para um lugar de tormento. Cronos simboliza o tempo e por isso Zeus, ao derrotá-lo, conferira a imortalidade aos deuses.
5. O pronome "meu" assume aqui um sentido de pertencimento. Eu pertenço ao bairro, tanto quanto o bairro pertence a mim, ou seja, somos responsáveis um pelo outro e não proprietários um do outro, como poderia sugerir.

REFERÊNCIAS

ARENDT, H. *Entre o passado e o futuro*. 2.ed. São Paulo: Perspectiva, 1972.

BRASIL. Decreto n. 7.083, de 27 de janeiro de 2010. *Diário Oficial da União*, Brasília, DF, 27 jan. 2010.

_____. *Educação integral*. Brasília: MEC, 2009.

_____. Lei n. 9.394, de 20 de dezembro de 1996. Estabelece as diretrizes e bases da educação nacional. *Diário Oficial da União*, Brasília, DF, 23 dez. 1996.

_____. Portaria n. 17, de 20 de abril de 2007. *Diário Oficial da União*, Brasília, DF, 24 abr. 2007.

COUTO, M. *Um rio chamado tempo, uma casa chamada terra*. São Paulo: Companhia das Letras, 2003.

GADOTTI, M. *Educação integral no Brasil*: inovações em processo. São Paulo: Instituto Paulo Freire, 2009. (Série Educação Cidadã, v.4)

HEIDEGGER, M. *Ser e tempo*. Petrópolis, Rio de Janeiro: Vozes, 2002. Parte II.

_____. *Todos nós...ninguém:* um enfoque fenomenológico do social. São Paulo: Moraes, 1981.

JACQUES, F. *Différence et subjectivité*. Paris: Aubier, 1982.

MERLEAU-PONTY, M. *Fenomenologia da percepção*. 2.ed. São Paulo: Martins Fontes, 1999.

_____. *O visível e o invisível*. 4.ed. São Paulo: Perspectiva, 2003.

MOLL, J. (Org.). *Educação integral*: texto referência para o debate nacional. Brasília, Ministério da Educação, 2009. (Série Mais educação). Disponível em: <http://portal.mec.gov.br/dmdocuments/cadfinal_educ_integral.pdf>.

_____. *Histórias de vida, histórias de escola*: elementos para uma pedagogia da cidade. Petrópolis: Vozes, 2000.

MORGAN, G. *Imagens da organização*. São Paulo: Atlas, 1996.

NUNES, B. *Passagem para o poético*: filosofia e poesia em Heidegger. 2.ed. São Paulo: Ática, 1993.

PADUA, L.T.S. *A topologia do ser*: lugar, espaço e linguagem no pensamento de Heidegger. 2005. (Doutorado em Filosofia) – Departamento de Filosofia, Pontifícia Universidade Católica do Rio de Janeiro, Rio de Janeiro, 2005.

RABELO, M.K.O. *7ª antologia de contos*: autores contemporâneos. Rio de Janeiro: CBJE, 2005.

SAFRANSKI, R. *Heidegger*: um mestre da Alemanha entre o bem e o mal. São Paulo: Geração, 2000.

SANTOS, M. *O país distorcido*: o Brasil, a globalização e a cidadania. São Paulo: Publifolha, 2002.

_____ . *Por uma epistemologia existencial*. São Paulo: CLACSO, 2006.

TILLICH, P. *A coragem de ser*. Rio de Janeiro: Paz e Terra, 1972.

YUS, R. *Educação integral*: uma educação holística para o século XXI. Porto Alegre: Artmed, 2002

8

A agenda da educação integral
Compromissos para sua consolidação como política pública

Jaqueline Moll

> Dia a dia, toma a nação maior e mais intensa consciência de si mesma, de seus problemas, de suas contradições, de suas desigualdades, de seus diferentes níveis e modos de viver, de suas distâncias físicas e psicológicas, de sua pobreza e de sua riqueza, do seu progresso e do seu atraso, e, reunindo todas as suas forças, prepara-se para uma nova integração, em um grande esforço de reconstrução e desenvolvimento. Nesse processo de reconstrução, nenhum problema é mais essencial que o da escola, pois por ela é que se efetivará o novo senso de consciência nacional e se afirmará a possibilidade de se fazer permanente e progressiva a grande mobilização do esforço brasileiro.
>
> Anísio Teixeira (1958)

O debate da educação integral no Brasil, compreendida como educação escolar de dia inteiro, constituída e enriquecida por significativas possibilidades formativas,[1] teve no século XX dois marcos significativos: as Escolas-Parque/Escolas-Classe concebidas por Anísio Teixeira nos anos de 1940/1960, e os Centros Integrados de Educação Pública (CIEPs) idealizados por Darcy Ribeiro nos anos de 1980/1990.

Nomes significativos na história da educação pública no país, Anísio e Darcy vinculavam seu entusiasmo educacional aos sonhos de uma sociedade efetivamente democrática que repartisse, entre todos os seus cidadãos e cidadãs, conhecimentos e vivências educativas que lhes servissem de suporte para uma inserção plena na vida em sociedade.

Seu projeto educacional transcendia ao aumento da jornada escolar. No entanto, esse aumento se fazia (e se faz) necessário como condição para uma formação abrangente, uma formação que abarcasse o campo das ciências, das artes, da cultura, do mundo do trabalho, por meio do desenvolvimento físico, cognitivo, afetivo, político, moral e que pudesse incidir na superação das desigualdades sociais mantidas, se não reforçadas, pela cultura escolar. Cada um deles projetou um desenho arquitetônico diferenciado de escola, que contemplasse espaços significativos para os processos de socialização e de construção de conhecimentos. Tais espaços incluíam amplas bibliotecas, espaços esportivos, cozinhas e refeitórios, pátios que proporcionassem o convívio informal, salas temáticas para a dança, o teatro, as artes e os trabalhos manuais, além de prédios específicos para as aprendizagens do currículo escolar, que no projeto de Anísio era denominado escola--classe, nome que ainda hoje identifica as escolas públicas da cidade de Brasília (DF).

Cada um, em seu tempo, pensou e propôs a escola como um grande espaço de trabalho coletivo, concomitante ao esforço e à produção individual. Espaço entretecido pela reorganização do trabalho pedagógico e pela aproximação com a comunidade próxima para assegurar acesso, permanência e aprendizagens, considerando-se os desenhos institucionais e curriculares próprios do tempo em que viveram e atuaram na gestão pública.

O legado desses gigantes da educação pública no Brasil impõe que tenhamos envergadura política e institucional para, à luz dos desafios contemporâneos em suas especificidades e complexidades, respondermos de forma irreversível ao desafio de ampliarmos as exíguas quatro horas diárias de escola que são oferecidas para a maioria dos estudantes brasileiros da educação básica.

Sabe-se que as camadas médias e altas da população complementam o tempo escolar de seus filhos com inúmeras atividades, pagas, no chamado "contraturno": línguas estrangeiras, modalidades esportivas e artísticas, entre outras, compõem um repertório variado que só faz ampliar a distância, determinada pelo berço, em relação aos filhos das classes populares.

O aprofundamento da democracia no Brasil impõe, entre outras tarefas, o enfrentamento das desigualdades sociais historicamente corroboradas pelo sistema educacional por meio da entrada tardia e, em geral, em condições adversas das camadas populares na escola.

Portanto, o debate da educação integral em jornada ampliada ou da escola de tempo integral, bem como a proposição de ações indutoras e de marcos legais claros para a ampliação, qualificação e reorganização da jornada escolar diária, compõe um conjunto de possibilidades que, a médio prazo, pode contribuir para a modificação de nossa estrutura societária.

CONSTRUÇÃO DA AGENDA DA EDUCAÇÃO INTEGRAL

Contribuições do Programa Mais Educação

Se as políticas de educação básica no Brasil não tiveram no século XX a continuidade necessária ao seu amadurecimento, para universalização qualificada de todos os seus níveis e modalidades, as sementes plantadas pelos que sonharam e construíram experiências diferenciadas foram florescendo em expressões locais, em legislações democráticas e em grandes fóruns que, de norte a sul, reviveram projetos de uma educação democrática e unitária inspirada em Anísio, Darcy, Freire e outros.

No movimento construído na esteira da redemocratização do país, experiências como a Escola Viva (Campinas/SP), a Escola Candanga (Brasília/DF), a Escola Plural (Belo Horizonte/MG), a Escola Construtivista e Cidadã (Porto Alegre/RS), entre tantas outras, somadas às Conferências Brasileiras de Educação, aos Fóruns Mundiais de Educação, no contexto dos Fóruns Sociais Mundiais, expressam a vitalidade que emerge em diferentes tempos, em um país que, geração após geração, tem adiado o sonho de ver a totalidade de seus homens e mulheres convertidas em cidadãos e cidadãs.

A Constituição de 1988, grito represado por décadas, expressa desejos que deveriam (devem) nos conduzir ao enfrentamento das desigualdades de raiz que ao longo do processo de colonização nos fizeram uma sociedade cindida, dividida, dilacerada pelo abandono com que foram tratados milhões de sujeitos nascidos aqui, por sua "condição de berço". Ciclos de pobreza, até então nunca superados, reproduziram-se (reproduzem-se) fazendo com que a ausência de oportunidades de uma geração fosse como que "transmitida" à geração seguinte, em processos de reprodução de condições de existência simbólica e material, tal como *crônicas de mortes anunciadas*.²

A Lei de Diretrizes e Bases da Educação Nacional de 1996, em suas tensões e contradições, consegue, de alguma maneira, colocar em marcha questões historicamente pendentes, relativas à educação básica, considerada em todos os seus níveis e modalidades, da educação infantil ao ensino médio, incluindo a educação de jovens e adultos, a educação profissional integrada à formação geral e a educação especial. Especificamente em relação à escola de tempo integral, seus artigos 34 e 87 encaminham o debate, prevendo a ampliação gradativa da jornada escolar e a conjugação de esforços dos entes da federação para esse fim.

Se no período histórico-político de construção da atual LDB podemos referir avanços significativos na direção da universalização do ensino fundamental (7 a 14 anos) e na consolidação de um fundo para seu financiamento,³ é somente na primeira década dos anos 2000 que se desencadeia um processo que busca integrar os níveis da educação básica (infantil, fundamental e médio) como componentes imbricados entre si, de um mesmo percurso formativo, ao mesmo tempo em que são propostos caminhos para a ampliação do número de horas da jornada escolar diária.

A escolarização obrigatória que, durante décadas, foi dos 7 aos 14 anos, passou em 2006 a ser dos 6 aos 14 anos e em 2009, a partir da Emenda Constitucional 59,⁴ passou a ser dos 4 aos 17 anos. A oferta diária do tempo escolar, durante décadas enraizada na ideia e na prática do "turno", de quatro horas e às vezes menos do que isso, portanto de uma escola parcial e mínima, passa a ter incentivo, através do FUNDEB,⁵ para elevar-se à escola de, no mínimo, sete horas diárias. Darcy Ribeiro, em meio aos intensos embates e preconceitos que atravessaram a implantação dos CIEPs, afirmava:

> A Escola de dia completo, vale dizer, a que atende seus alunos das 7 ou 8 da manhã até às 4 ou 5 da tarde, não é nenhuma invenção do Brizola nem minha, nos CIEPs. Esse é o horário das escolas de todo o mundo civilizado. Todas essas horas de estudo são absolutamente indispensáveis para fazer com que o menino francês aprenda a ler e escrever em francês, ou o japonês em japonês. Oferecer a metade dessa atenção, e às vezes menos ainda, a uma criança mais carente que a daqueles países, porque afundada na pobreza e porque recentemente urbanizada, é condená-la a fracassar na escola e depois na vida. (2009)

No contexto do Plano de Desenvolvimento da Educação (Brasil, 2007), o Programa Mais Educação é proposto na perspectiva da construção dessa agenda. Sua tarefa inicial refere-se tanto ao mapeamento das experiências de educação em tempo integral no país e ao "reavivamento" da memória histórica nesse campo, fonte necessária à *desnaturalização* da escola de turnos, quanto à proposição de um *modus operandi* que permitisse a operacionalização do esforço para educação integral nas escolas públicas estaduais e municipais.

Em dezembro de 2007, realizou-se, por ação do MEC, um seminário que reuniu na Universidade de Brasília(DF) algumas das principais experiências de educação integral em curso no país, realizadas nos municípios de Apucarana (PR), Belo Horizonte (MG)e Nova Iguaçu (RJ). A essas, no decorrer dos debates de 2008, somam-se outras experiências que, em seu conjunto, inspiraram e colaboraram para a definição das linhas estruturadoras do Programa Mais Educação: nas cidades de Palmas (TO), Sorocaba (SP), Americana (SP), Santa Bárbara do Oeste (SP), no estado do Espírito Santo, além de projetos de ações complementares como a "escola do burareiro" em Ariquemes (RO) e o bairro-escola da ONG Aprendiz, de São Paulo (SP).

À perspectiva de ampliação do tempo de permanência na escola vincularam-se, a partir dessa inspiração, as ideias de *organização de territórios educadores a partir da escola* e de *articulação de arranjos educativos construídos com base em ações intersetoriais*. Um contexto com 27.927.139 estudantes, apenas no ensino fundamental, conforme dados do Censo da Educação Básica (INEP, 2010), impõe a necessidade do debate acerca do espaço físico, necessário à ampliação do tempo de permanência na escola.

Pesquisa coordenada pelo Ministério da Educação em 2008/2009, denominada *Educação Integral/educação integrada e(m) tempo integral: concepções e práticas na educação brasileira. Mapeamento das experiências de jornada escolar ampliada no Brasil*,[6] realizada pelo consórcio das universidades federais do Paraná, do estado do Rio de Janeiro, de Minas Gerais e nacional de Brasília, explicitou a riqueza de inúmeras experiências em realização em municípios brasileiros que vêm concretizando a educação integral com foco no redimensionamento do currículo escolar.

Se parte da resposta a este debate está na expansão e na reorganização do espaço das próprias escolas, atendidas no âmbito do MEC por meio do Plano de Ações Articuladas (PAR),[7] é na articulação da escola com seu território e seus equipamentos públicos que se pode avançar na concepção de educação integral, possibilitando mudanças na perspectiva de organização do trabalho escolar.

A concepção de *Centros de Educação* pensada por Anísio Teixeira é aqui revisitada, ratificando o caráter amplo e antecipatório de sua visão sobre a educação pública:

> Já não se trata de escolas e salas de aula, mas de todo um conjunto de locais em que as crianças se distribuem, entregues às atividades de "estudo", de "trabalho", de "recreação", de "reunião", de "administração", de "decisão", de vida e de convívio no mais amplo sentido desse termo. A arquitetura escolar deve, assim, combinar aspectos da "escola tradicional" com os da "oficina", do "clube" de esportes e de recreio, da "casa", do "comércio", do "restaurante", do "teatro", compreendendo, talvez, o programa mais complexo e mais diversificado de todas as arquiteturas especiais. (Teixeira, 1961, p. 197)

As "arquiteturas especiais" pensadas por Anísio Teixeira há mais de 50 anos, materializadas no âmbito das *Escolas Parque*, nos permitem – em contextos de super-ocupação do espaço urbano – ousar transpor os limites físicos da escola e converter espaços urbanos em territórios educativos, pela capacidade humana de ressignificação e articulação.

A partir dessas matrizes, considerada a Portaria Interministerial nº 17/2007, firmada pelos Ministérios da Educação, Cultura, Esporte e Desenvolvimento Social, o Programa Mais Educação estabelece-se como estratégia intersetorial do governo federal para indução de uma política de educação integral, promotora da ampliação de dimensões, tempos, espaços e oportunidades educativas.

Isto posto, a operacionalização do esforço para educação integral, em diálogo com o projeto político-pedagógico nas escolas públicas estaduais e municipais, deu-se através do Programa Dinheiro Direto na Escola (PDDE/FNDE) e do Programa Nacional de Alimentação Escolar (PNAE/FNDE), com um plano de ação prevendo a adesão de cada escola a partir de suas necessidades, potencialidades e desejos pedagógicos. Materializa esse plano um conjunto de 10 macrocampos[8] (eram 8 em 2008) que apresentam cerca de 60 atividades, das quais cada escola escolhe cinco ou seis que apontam para ampliação do horizonte formativo e podem converter-se em aportes curriculares significativos na ampliação e na reorganização cotidiana do tempo escolar.

Um aspecto estruturante da identidade do Programa Mais Educação é sua preocupação em ampliar a jornada escolar modificando a rotina da escola, pois sem essa modificação pode-se incorrer em *mais do mesmo,* sem que a ampliação do tempo expresse caminhos para uma educação integral. Esse aspecto refere-se ao esforço para contribuir no redimensionamento da organização seriada e rígida dos tempos na vida da escola, contribuição essa reconhecida nos conceitos de *ciclos de formação* que redimensionam os tempos de aprendizagem e de *cidade educadora, território educativo, comunidade de aprendizagem* que pautam novas articulações entre os saberes escolares, seus agentes (professores e estudantes) e suas possíveis fontes. Esses últimos articulam as relações entre cidade, comunidade, escola e os diferentes agentes educativos, de modo que a própria cidade se constitua como espaço de formação humana.

Trata-se, portanto, de ampliar o tempo de permanência na escola, garantir aprendizagens e reinventar o modo de organização dos tempos, espaços e lógicas que presidem os processos escolares, superando o caráter discursivo e abstrato, predominante nas práticas escolares. Há na obra de Anísio Teixeira um apreço e uma compreensão insistentemente manifesta acerca de uma escola em que o "fazer" desencadeia os processos pedagógicos, possibilitando a construção de sentidos e saberes a partir da imersão em projetos práticos.

As Diretrizes Curriculares Nacionais para o Ensino Fundamental de 9 (nove) anos, propostas pelo Conselho Nacional de Educação e homologadas pelo Ministério da Educação em 2010, ratificam essa perspectiva, sob o título "educação em tempo integral":

> O currículo da escola de tempo integral, concebido como um projeto educativo integrado, deve prever uma jornada escolar de, no mínimo, sete horas diárias. A ampliação da jornada poderá ser feita mediante o desenvolvimento de atividades como as de acompanhamento e apoio pedagógico, reforço e aprofundamento da aprendizagem, experimentação e pesquisa científica, cultura e artes, esporte e lazer, tecnologias de comunicação e informação, afirmação da cultura de direitos humanos, preservação do meio ambiente, promoção da saúde, entre outras, articuladas aos componentes curriculares e áreas do conhecimento, bem como as vivências e práticas socioculturais.
>
> As atividades serão desenvolvidas dentro do espaço escolar, conforme a disponibilidade da escola, ou fora dele, em espaços distintos da cidade ou do território em que está situada a unidade escolar, mediante a utilização de equipamentos sociais e culturais aí existentes e o estabelecimento de parcerias com órgãos ou entidades locais, sempre de acordo com o projeto político-pedagógico de cada escola. (Brasil, 2010, p. 25)

Considerando este conjunto de pressupostos, a implementação, através de adesão, do Programa Mais Educação foi iniciada em 2008, em 1.380 escolas públicas de 25 estados da federação e no Distrito Federal. Em 2009, a adesão ao Programa foi ampliada para 5.004 escolas e, em 2010, para 10.026 escolas em todos estados brasileiros. O investimento por meio do PDDE, portanto por meio de transferência voluntária da União, aponta o compromisso do MEC no processo de indução da construção da agenda da educação integral (Tabela 8.1).

A territorialidade do Programa considera as escolas que apresentam baixo Índice de Desenvolvimento da Educação Básica[9] e localizam-se em:

- capitais, regiões metropolitanas e territórios marcados por situações de vulnerabilidade social que requerem a convergência prioritária de políticas públicas;
- cidades-polo para o desenvolvimento regional em estados brasileiros com densidade populacional abaixo dos parâmetros anualmente estabelecidos;
- cidades com 200.000 habitantes (2008), 163.000 habitantes (2009), 90.000 habitantes (2010) e 18.800 habitantes (2011).

Tais recortes dão conta do caráter de discriminação positiva e de política afirmativa que dimensiona as ações do Programa Mais Educação, incidindo em contextos de vulnerabilidade social e educacional e constituindo-se em estratégia coadjuvante no enfrentamento das desigualdades sociais.

Na medida do efetivo exercício da ampliação da jornada para sete horas diárias, os dados fornecidos pela escola ao Censo da Educação Básica (EDUCACENSO), realizado anualmente pelo INEP, que apontam o número de estudantes em tempo integral, desencadeiam a designação de recursos específicos do FUNDEB para matrículas em tempo integral. Essa possibilidade caracteriza um dos principais aspectos da *passagem de programa para política pública*, pois aponta para a sustentabilidade e continuidade das ações desencadeadas.

As atividades do Programa Mais Educação são coordenadas por um professor da escola, denominado "professor comunitário", com a colaboração de educadores populares, estudantes universitários e agentes culturais. Reconhece-se a necessidade de um amplo diálogo sobre esses possíveis novos atores e novos saberes que entram em cena nessa ampliação da jornada escolar, a partir da centralidade da ação docente.

É necessário refletir acerca do período de transição de uma escola organizada em turnos para uma escola de tempo integral, com demandas diferenciadas em termos de trabalho docente. Tal processo exigirá esforços contínuos e tempo para sua realiza-

Tabela 8.1
Investimento na construção da educação integral

ANO	2008	2009	2010
Escolas Estaduais	32.039.722,20	76.707.331,09	182.195.986,76
Escolas Municipais	24.768.554,20	81.708.437,63	205.064.947,06
Totais	56.808.276,40	158.415.768,72	387.329.933,84
Fonte: Ministério da Educação.			

ção. Nesse sentido, o debate acerca da dedicação exclusiva para professores da educação básica tem relação direta com a consolidação da agenda da educação integral. Promover processos de inserção profissional docente que permitam o aprofundamento da relação do professor com a escola e sua comunidade constitui-se em um dos desafios centrais dessa agenda.

Para enraizamento da política da educação integral, por meio do Programa Mais Educação, propôs-se a organização de comitês locais, metropolitanos, regionais e/ou estaduais que estimulem processos de inter-apoio entre os professores, comunidades, gestores estaduais, municipais, escolares, universidades e sociedade civil. Esses comitês vêm configurando significativo "movimento" pela educação integral país afora.

Como parte desse processo de construção, em 27 de janeiro de 2010, o Decreto Presidencial nº 7.083 possibilitou um passo institucional importante para o Programa Mais Educação, afirmando-o a partir da sua finalidade de *contribuir para a melhoria da aprendizagem por meio da ampliação do tempo de permanência de crianças, adolescentes e jovens matriculados em escola pública, mediante oferta de educação básica em tempo integral* (art. 1º).

Os objetivos do Mais Educação, expostos no artigo 3º deste decreto, enunciam:

I – formular política nacional de educação básica em tempo integral;
II – promover diálogo entre os conteúdos escolares e os saberes locais;
III – favorecer a convivência entre professores, alunos e suas comunidades;
IV – disseminar as experiências das escolas que desenvolvem atividades de educação integral;
V – convergir políticas e programas de saúde, cultura, esporte, direitos humanos, educação ambiental, divulgação científica, enfrentamento da violência contra crianças e adolescentes, integração entre escola e comunidade, para o desenvolvimento do projeto político-pedagógico de educação integral.

Entre os princípios apontados no Decreto, destacam-se: a articulação das disciplinas curriculares com diferentes campos de conhecimento e práticas socioculturais; a constituição de territórios educativos para o desenvolvimento de atividades de educação integral; a integração entre as políticas educacionais e sociais; a valorização das experiências históricas das escolas de tempo integral; o incentivo à criação de espaços educadores sustentáveis; a afirmação da cultura de direitos humanos e a articulação entre os sistemas de ensino, universidades e escolas.

Em 2011, o Programa Mais Educação atenderá 15.018 escolas em 1.354 municípios de todos estados da federação e Distrito Federal e investirá, por meio do Programa Dinheiro Direto na Escola, cerca de R$ 566.000.000,00. O mapa do atendimento do Programa Mais Educação pode ser observado a seguir, destacando-se o ineditismo de que todas as unidades da federação estejam realizando experiências de ampliação de jornada escolar (Figura 8.1).

Para o período 2012-2014, o Programa Mais Educação tem a previsão de ultrapassar as 32 mil escolas públicas, chegando às escolas do campo e compondo as ações do grande esforço de enfrentamento das profundas desigualdades sociais articuladas pelo Governo Federal por meio do Programa "Brasil sem miséria".

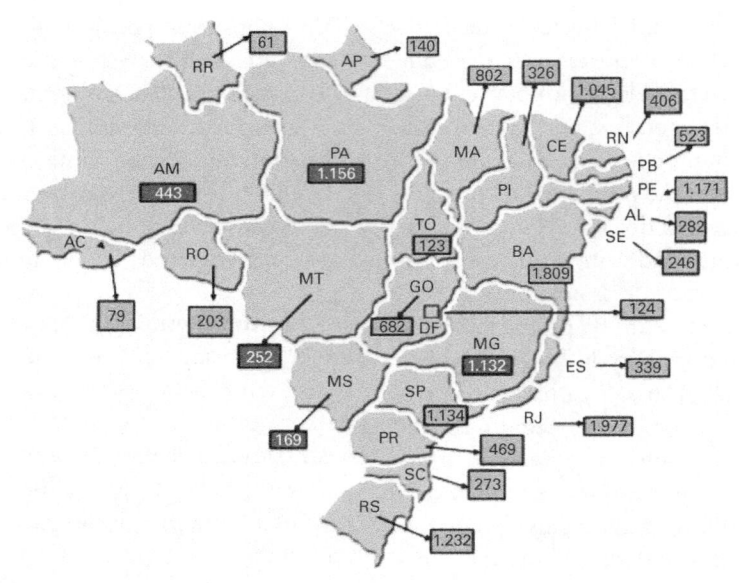

FIGURA 8.1 Mapa de atendimento do Programa Mais Educação.

A EDUCAÇÃO INTEGRAL NO PLANO NACIONAL DE EDUCAÇÃO (2011-2020)

Em 15 de dezembro de 2010, o então presidente da República, Luiz Inácio Lula da Silva, e o ministro da Educação, Fernando Haddad, encaminharam ao Congresso Nacional o projeto do Plano Nacional de Educação (PNE), que deverá orientar a educação brasileira no período 2011-2020, convertido em Projeto de Lei n° 8.035/2010. A proposta do novo PNE apresenta 10 diretrizes, 20 metas e estratégias específicas para sua concretização, orientadas para universalização, ampliação do acesso, qualificação e atendimento em todos os níveis e modalidades educacionais, organizadas a partir da mesma visão sistêmica trazida em 2007 pelo Plano de Desenvolvimento da Educação (PDE).

Especificamente no campo da educação integral em jornada diária ampliada, o PNE propõe a meta seis: "Oferecer educação em tempo integral em 50% das escolas públicas de educação básica" seguida de seis estratégias específicas, que, certamente, serão foco de muitos debates no processo em curso no Congresso Nacional:

6.1) Estender progressivamente o alcance do programa nacional de ampliação da jornada escolar mediante oferta de educação básica pública em tempo integral, por meio de atividades interdisciplinares e de acompanhamento pedagógico, de forma que o tempo de permanência de crianças, adolescentes e jovens na escola ou sob sua responsabilidade passe a ser igual ou superior a sete horas diárias durante todo o ano letivo, buscando atender a, pelo menos, metade dos alunos matriculados nas escolas contempladas pelo programa.

6.2) Institucionalizar e manter, em regime de colaboração, programa nacional de ampliação e reestruturação das escolas públicas por meio da instalação de quadras poliesportivas, laboratórios, bibliotecas, auditórios, cozinhas, refeitórios, banheiros e outros equipamentos, bem como de produção de material didático e de formação de recursos humanos para a educação em tempo integral.

6.3) Fomentar a articulação da escola com os diferentes espaços educativos e equipamentos públicos como centros comunitários, bibliotecas, praças, parques, museus, teatros e cinema.

6.4) Estimular a oferta de atividades voltadas à ampliação da jornada escolar de estudantes matriculados nas escolas da rede pública de educação básica por parte das entidades privadas de serviço social vinculadas ao sistema sindical de forma concomitante e em articulação com a rede pública de ensino.

6.5) Orientar, na forma do art. 13, § 1º, I, da Lei nº 12.101, de 27 de novembro de 2009, a aplicação em gratuidade em atividades de ampliação da jornada escolar de estudantes matriculados nas escolas da rede pública de educação básica de forma concomitante e em articulação com a rede pública de ensino.

6.6) Atender as escolas do campo na oferta de educação em tempo integral considerando as peculiaridades locais.

O texto proposto para o novo PNE expressa e catalisa – não só neste, como em outros temas – processos de mobilização da sociedade e movimentos político-pedagógicos afirmativos de uma agenda de implantação e implementação de uma política de educação integral, conforme o disposto na Lei nº 9.394/96 que dispõe Diretrizes e Bases da Educação Nacional. Diferentes atores institucionais do cenário educacional, entre os quais, o Conselho Nacional de Secretários Estaduais de Educação (CONSED), a União Nacional dos Dirigentes Municipais de Educação (UNDIME), a Confederação Nacional dos Trabalhadores em Educação (CNTE), universidades públicas, organizações não governamentais, têm constituído espaços de debates e reflexões que expressam a atualidade e a pertinência da educação integral.

Na trilha desse processo, a Conferência Nacional de Educação, realizada em Brasília no mês de abril de 2010, pautou o debate da educação integral, além da Câmara Federal, que constituiu comissão especial, no ano de 2009, para o debate da Proposta de Emenda Constitucional nº 134/07 que tem como proposição a universalização da jornada diária de sete horas na escola fundamental, em um período de 10 anos.

Apesar de o novo PNE e a PEC nº 134/07 apresentarem metas diferentes no seu teor (o novo PNE prevê 50% das escolas em tempo integral no período de 10 anos e a proposta de emenda constitucional prevê sua universalização em 10 anos), ressalta-se a presença do tema nas preocupações do poder executivo e do poder legislativo nacionais.

Nosso papel como professores, gestores, pesquisadores é de colaborar para a qualificação desse debate, bem como explicitar a agenda de compromissos que se impõe para a consolidação da educação integral como política pública, de caráter irreversível, na educação básica brasileira.

Fazendo-se um processo reverso que reflita o momento presente a partir do passado, pode-se considerar que a proposição do novo PNE (2011-2020) em relação à *educação integral,* em que pese a força simbólica das experiências históricas mencionadas, tem o FUNDEB e o Programa Mais Educação como matrizes recentes.

Conforme já mencionado, ao assegurar, no âmbito do financiamento da educação básica, um percentual *per capita* diferenciado para matrículas de, no mínimo, sete horas diárias, o Governo Federal estabelece um marco na possibilidade de que as experiências iniciadas, sobretudo por sistemas municipais, tenham a sustentabilidade necessária. Em um país marcado por descontinuidades administrativas e políticas, o financiamento diferenciado e permanente estabelece um elemento novo que pode nos conduzir à universalização da educação integral.

O Programa Mais Educação, por sua vez, constitui a estratégia indutora que, no âmbito pedagógico e curricular, colabora para o exercício cotidiano da progressiva expansão e reorganização do tempo escolar, assim como da progressiva inclusão de estudantes na possibilidade de processos educativos escolares ampliados e ressignificados. Nenhuma escola construída como "escola de turno", com espaços delimitados para determinado número de estudantes para a manhã, para a tarde, e às vezes para os três turnos diários, "transforma-se", de um dia para o outro, em escola de jornada ampliada, em escola que inclui várias refeições diárias, em escola que acompanha, qualifica e diversifica a experiência formativa de seus estudantes. O Programa Mais Educação colabora no processo de construção de uma agenda escolar cotidiana para a efetiva consolidação da educação integral em tempo integral.

Para além do espaço específico da sala de aula e dos espaços da escola, o Programa Mais Educação estimula e financia atividades propostas, organizadas e coordenadas pela escola e que aconteçam em espaços significativos da vida do bairro e da cidade, estimulando a experiência cultural e civilizatória do cinema, do teatro, do museu, dos parques e de outros espaços como parte da ação curricular da escola. Essa perspectiva apresenta-se na contramão da segregação em que vivem milhões de crianças, adolescentes e jovens no Brasil, desnaturalizando a compreensão de uma "educação em tempo integral" que deva ocorrer em uma "escola-instituição total". Compreende-se que é necessário, ao mesmo tempo, qualificar e ampliar as condições da escola em termos de infraestrutura e constituir territórios educativos que se expandam a partir e para além dela.

Ratifica-se, então, a ideia de ação intersetorial e de forte incidência na relação entre escola e comunidade, tendo por base a compreensão de que o projeto educativo das novas gerações deve radicar-se em um sólido compromisso entre os distintos atores que compõem o território em que a instituição escolar está situada.

A amplitude da meta e das estratégias propostas para o novo PNE, considerando-se o processo de debates que deverá qualificá-las, expressa o diálogo com esse amplo processo em curso e o firme propósito de avançar na educação integral em tempo integral como política pública financiada pelo poder público, porém sustentada na mais ampla rede de articulações com atores sociais, instituições, equipamentos de esporte, lazer, cultura, arte, tecnologias, na perspectiva de que a educação das novas gerações mobilize a sociedade em seu conjunto como tarefa permanente e imprescindível.

Nessa perspectiva, poderá se desencadear o desejável e necessário processo de universalização da educação integral. Para tanto, cabe fazer com que esse esforço de "partida", focado nos milhões de estudantes para os quais a consolidação do processo de uma educação básica integral representa uma ruptura com os ciclos de exclusão, que marcaram seus pais, avós, tios, vizinhos, avance para o conjunto da população escolar.

QUE TAREFAS TAL PROCESSO IMPÕE PARA A CONSTRUÇÃO DA EDUCAÇÃO INTEGRAL COMO POLÍTICA PÚBLICA?

Tal indagação não se presta a respostas simples, pois exige *concertações sociais* e compromissos assumidos entre sociedade civil, poderes constituídos (executivo, legislativo e judiciário), instituições escolares, coletivos constituídos pelas comunidades escolares, universidades; enfim, as *forças sociais* referidas desde o Manifesto dos Pioneiros da Educação Nova de 1932:[10]

> Pois, é impossível realizar-se, em intensidade e extensão, uma sólida obra educacional sem se rasgarem à escola aberturas no maior número possível de direções e sem se multiplicarem os pontos de apoio de que ela precisa para se desenvolver, recorrendo à comunidade como a fonte que lhes há de proporcionar todos os elementos necessários para elevar as condições materiais e espirituais das escolas. A consciência do verdadeiro papel da escola na sociedade impõe o dever de concentrar a ofensiva educacional sobre os núcleos sociais, como a família, os agrupamentos profissionais e a imprensa, para que o esforço da escola possa se realizar em convergência, em uma obra solidária, com as outras instituições da comunidade. Mas, além de atrair para a obra comum as instituições que são destinadas, no sistema social geral, a fortificar-se mutuamente, a escola deve utilizar, em seu proveito, com a maior amplitude possível, todos os recursos formidáveis como a imprensa, o disco, o cinema e o rádio,

com que a ciência, multiplicando-lhe a eficácia, acudiu à obra de educação e cultura e que assumem, em face das condições geográficas e da extensão territorial do país, uma importância capital. À escola antiga, presumida da importância do seu papel e fechada no seu exclusivismo acanhado e estéril, sem o indispensável complemento e concurso de todas as outras instituições sociais, sucederá a escola moderna aparelhada de todos os recursos para estender e fecundar a sua ação na solidariedade com o meio social em que então, e só então, se tornará capaz de influir, transformando-se em um centro poderoso de criação, atração e irradiação de todas as forças e atividades educativas.

Portanto, como tarefa da sociedade inteira, *a construção da educação integral na escola de dia inteiro* implica mobilização de energias pedagógicas, disposição para um diálogo permanente entre gestores, professores, estudantes e comunidade, além de imaginação institucional, curricular e pedagógica para responder à diversidade da escola brasileira.

Tais implicações, apreendidas das lições pregressas e presentes de nossa trajetória educacional, desdobram-se em inúmeros temas que, consideradas as especificidades, as idiossincrasias e as memórias locais, precisam ser enfrentados e tratados no contexto mesmo das escolas e de suas relações com a comunidade de seu entorno. Comum a todos é a necessidade da ampliação dos recursos investidos na educação básica para que se possa processar a ampliação necessária em termos das carreiras docentes, das adequações dos espaços físicos e recursos pedagógicos, do investimento na alimentação escolar e na infraestrutura a ela necessária, entre outras demandas que pouco a pouco se delinearão.

O tema da reestruturação dos espaços escolares, com ampliações, reformas, adaptações e construções constituir-se-á em agenda permanente nas próximas duas décadas, considerando-se as pendências ligadas à reestruturação da rede escolar com condições para seu funcionamento como educação em tempo integral. As demandas em termos de cozinha, refeitório, banheiro com chuveiro, quadras esportivas e salas temáticas específicas para atividades culturais no campo da leitura, da música, do teatro, do cinema, da dança e tantas outras possíveis neste alargamento de horizontes formativos, tão presentes tanto no Projeto das Escolas Parque como dos CIEPs, serão pouco a pouco atendidas, na mesma medida da consolidação da política da educação integral que deverá constituir um novo padrão construtivo para as instituições educacionais. Esse processo será fruto de ações conjugadas entre os entes da União, desde que as demandas sejam explicitadas no âmbito local e vistas na perspectiva do conjunto do projeto educativo.

Viñao Frago e Escolano (apud Waisros, 2011, p. 33) apontam que "a arquitetura escolar é, também, por si mesma, um programa, uma espécie de discurso que institui na sua materialidade um sistema de valores como os de ordem, disciplina, vigilância, marcos para a aprendizagem sensorial e motora e toda uma semiologia que cobre diferentes símbolos estéticos, culturais e também ideológicos", portanto, o enfrentamento e a desejável superação do abismo existente entre os traçados arquitetônicos e os espaços das escolas públicas e privadas, entre as escolas do centro e das periferias das cidades, entre as escolas urbanas e do campo, pode incidir favoravelmente no próprio olhar dos filhos das classes populares em relação ao seu pertencimento social.

Outra questão relacionada fortemente à ampliação de recursos destinados à educação e à *concertação* entre os sistemas estaduais e municipais refere-se ao tempo integral dos professores e demais profissionais dedicados à educação pública. Uma escola de tempo integral que pretenda construir uma pauta curricular de educação integral deverá contar com "professores integrais" que possam dedicar-se aos processos de ensino e aprendizagem dos estudantes, ao seu acompanhamento, ao trabalho coletivo na escola, ao diálogo com seus pares, ao preparo do material didático-pedagógico, ao diálogo com a comunidade, além de poder usufruir das possibilidades culturais, estéticas, literárias, tecnológicas que lhes permitam construir pontes com o universo simbólico de seus estudantes.

A experiência construída a partir do Programa Dinheiro Direto na Escola (PDDE/FNDE), que estimula os coletivos escolares por meio de suas "unidades executoras" (professores, gestores, pais) às responsabilidades compartilhadas em relação aos investimentos feitos nas escolas, tem apontado a importância de experiências de "autogestão", garantindo autonomia e continuidades nos processos desencadeados pelas escolas. A vivência da democracia na escola pela tomada conjunta de decisões constitui-se em exemplar espaço para a educação das novas gerações na perspectiva da construção de um "outro mundo possível".

Os aprendizados com o PDDE podem levar estados e municípios a organizarem (muitos já o fazem) programas próprios de repasse de recursos financeiros direto para a escola. Além disso, faz-se necessário instituir, no âmbito das secretarias de educação, equipes que acompanhem a implantação e implementação da jornada integral, tal como aconteceu no próprio MEC em 2007.[11]

Como desafios relevantes[12] para a consolidação da agenda da educação integral como política pública, podemos considerar ainda:

Política de ação afirmativa e sentido de discriminação positiva

Em se tratando de uma agenda em construção, com perspectivas reais de universalização, é louvável e necessário que se comece por aqueles historicamente excluídos ou com acesso restrito aos bens culturais e materiais da sociedade em função de suas condições concretas de existência, desde que tal pressuposto se consolide como ação afirmativa e como discriminação positiva em seu processo de inserção societária. Trata-se de construir e perseguir a educação integral como política formativa que busca trabalhar pedagógica, curricular e epistemologicamente de modo pleno e não compensatório.

Superação do paralelismo turno e contraturno

Nessa mesma perspectiva, inscreve-se o desafio de superar o paralelismo entre turno e contraturno e de fazer interagir o que pode parecer "dois currículos". O sentido da expansão da experiência formativa, associado ao diálogo com as linguagens infantis e juvenis e os temas contemporâneos relacionados às culturas digitais, pode colaborar com os processos de atualização dos modos de abordagem das áreas de conhecimento previstas como bases comuns para a educação nacional. Não se trata, portanto, de criar novas disciplinas ou de simplesmente ampliar a carga horária dos atuais componentes curriculares, mas de rearticulá-los a partir da perspectiva explicitada pelas Diretrizes Curriculares Nacionais para o ensino fundamental de nove anos:

> Os conteúdos que compõem a base nacional comum e a parte diversificada têm origem nas disciplinas científicas, no desenvolvimento das linguagens, no mundo do trabalho e na tecnologia, na produção artística, nas atividades desportivas e corporais, na área de saúde, nos movimentos sociais e, ainda, incorporam saberes como os que advêm das formas diversas de exercício da cidadania, da experiência docente, do cotidiano e dos alunos. (CNE, 2010)

Torna-se imperativa a necessidade da construção coletiva do debate acerca das relações entre a base comum nacional (LDB n.º 9.495/96) e o conjunto de possibilidades criadas tanto no âmbito do Programa Mais Educação como em outras experiências que estão sendo realizadas no país – em muitos contextos, compreendidas como "atividades complementares" e que, mesmo assim, estão encantando os estudantes, podendo vir a colaborar para o reencantamento do projeto educativo como um todo.

Colocam-se como questões a serem formuladas e trabalhadas por todos os interessados na educação integral como política possível: qual o *equilíbrio necessário* para a formação integral, considerando atividades intelectuais, esportivas, artísticas, de lazer, cultura, comunicação, entre outras? Qual o equilíbrio curricular necessário considerando-se as culturas infantis e juvenis da contemporaneidade? Qual a abordagem pedagógica para que a cultura digital permeie as lógicas e práticas curriculares na escola?

Esforço da intersetorialidade e da articulação escola comunidade

Inúmeras experiências em curso têm demonstrado que a convergência para o território escolar de políticas públicas nos campos da cultura e artes, esportes e lazer, desenvolvimento ambiental sustentável, direitos humanos, comunicação e mídias, promoção da saúde,[13] entre outras, colaboraram para o enriquecimento dos processos de aprendizagem e alargamento da leitura de mundo dos estudantes.

A questão posta para os gestores públicos pode ser abordada nos seguintes termos: como a responsabilidade pelos processos de educação e inclusão das novas gerações na cultura humana pode estruturar e induzir os esforços das diferentes áreas da gestão pública? As secretarias de educação centralizam este esforço, porém, não podem responder, sozinhas, à abrangência dessa demanda.

Baixar os muros da escola é colocá-la em diálogo com o que está em seu entorno em termos de políticas públicas, equipamentos públicos, atores sociais, saberes e práticas culturais e dinamizar as relações escola/comunidade, comunidade/escola, professores/agentes culturais, agentes culturais/professores, políticas educacionais/políticas sociais, entre outras. A "cidade como território de múltiplas possibilidades educativas" pode balizar esses esforços a partir das experiências de educação integral realizadas nas cidades de Diadema (SP), Ananindeua (PA), Rio Branco (AC), Aracaju (SE), Esteio e Canoas (RS), Olinda (PE), Salvador (BA), além de outras já mencionadas nesse texto.

Formação e produção de conhecimentos no campo da educação integral

A formação inicial e continuada dos professores e demais profissionais da educação é tema estruturante para consolidação da agenda da educação integral. No âmbito específico das Faculdades de Educação e dos cursos de Licenciatura, dos cursos de pós-gfraduação *Lato e Stricto senso*, dos cursos normais de nível médio, há que se introduzir, via de regra, o debate dos temas relativos à educação integral, bem como o pensamento de Anísio Teixeira. Esses desafios dilatam-se na perspectiva da construção de pedagogias da práxis, interdisciplinares, que a partir do diálogo, do olhar, da sensibilidade em relação às práticas construídas e refletidas nas escolas, produzam saberes que façam sentido para a compreensão e a ação escolares cotidianas.

Trata-se de construir redes horizontais de formação que interliguem sistemas de ensino, escolas e universidades, superando a tradição iluminista a partir da qual teorias e conceitos são transmitidos independentemente da complexidade e das demandas das escolas em seus contextos.

Compreendemos que estamos a construir um paradigma contemporâneo de educação integral[14] que exige releitura de categorias fixas e naturalizadas no cotidiano escolar e coragem para esse processo.

O desafio da desnaturalização do olhar

Para além de todos esses desafios e atravessando os pressupostos colocados ao longo deste texto, apresenta-se o desafio simbólico de *desnaturalização* da "escola de turno", da escola de quatro horas pontificada no Brasil ao longo do século XX, em função da ampliação do atendimento em face aos historicamente baixos investimentos. Em nome da universalização (precária) do acesso à educação escolar, o país manteve-se, ao mesmo tempo, aplaudindo experiências qualificadas, porém isoladas, de educação integral, e renunciando/adiando esse compromisso inexorável para a construção de uma escola pública honesta, nas palavras de Darcy Ribeiro.

Pensar o compartilhamento da responsabilidade educativa entre famílias e poder público para além da escola de turno, da escola de quatro horas ou menos, é uma tarefa à qual muitos já começam a dedicar-se, com senso de responsabilidade e perspectiva de continuidade. A escola de dia inteiro já vem sendo gestada no Brasil, em instituições escolares municipais e estaduais, por meio de iniciativas próprias ou pela indução do Programa Mais Educação do Governo Federal, em experiências marcadas por originalidades e imaginação institucional e pedagógica de gestores, professores, funcionários de escolas, estudantes, pais, comunidades.

A agenda da educação integral em tempo integral vem sendo construída e aponta para uma política sustentável e produzida a muitas mãos.

Universalização da experiência

As 15.018 escolas que aderiram ao Programa Mais Educação no ano de 2011 por meio do SIMEC[15] declararam a inclusão de 3.067.644 estudantes em atividades que configuram a construção da agenda de educação em tempo integral. Considerados esses dados, declarados desde 2008, temos o seguinte quadro (Figura 8.2).

Os dados do Censo Escolar/INEP de 2010 apontam 850.000 mil matrículas em tempo integral, configurando a permanência na escola por 7 horas diárias nos cinco dias da semana.

Constata-se que o número de estudantes declarados no Censo é inferior ao número de estudantes participantes do Programa Mais Educação e, seguramente, não corresponde ao conjunto de experiências em curso no país que materializam os esforços para a educação em tempo integral. Mesmo assim, comparados aos dados do ano anterior (424 mil matrículas), expressa-se um crescimento que não pode ser desconsiderado, sobretudo porque esse esforço dirige-se às escolas de baixo IDEB e/ou localizadas em regiões vulneráveis.

Entende-se que vivemos em um período que poderíamos chamar de "transição" e que, com intencionalidade política traduzida em ações sistemáticas de finan-

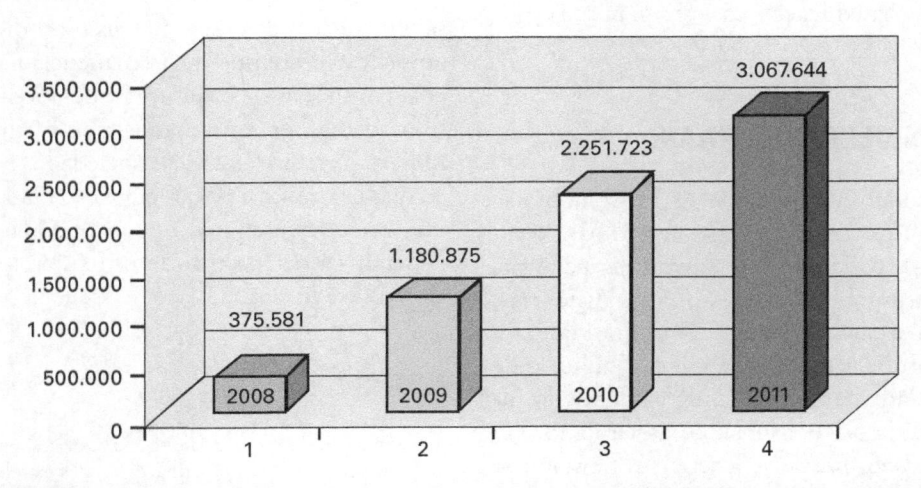

FIGURA 8.2 Evolução da inclusão de estudantes na construção da agenda de educação em tempo integral.

ciamento, formação e adequações escolares, caminharemos, a médio prazo, para a universalização da educação integral. Para tanto, há um caminho longo a ser percorrido, sobretudo, se incluirmos nessa perspectiva toda a educação básica. Nesse sentido, Anísio Teixeira assevera:

> Todos os estudos, de verdadeira e autêntica formação para o trabalho, seja o trabalho intelectual, científico, técnico, artístico ou material, dificilmente podem ser estudados em tempo parcial, dificilmente podem ser feitos em períodos apenas de aula, exigindo, além disso e sempre, longos períodos de estudo individual – e, para tal, grandes bibliotecas, com abundância de livros e de espaço para o estudante –, longos períodos de prática em laboratórios, salas-ambiente, ateliês, etc., e longos períodos de convivência entre os que estão formando e os professores. Somente com professores de tempo integral e alunos de tempo integral poderemos formar esses trabalhadores de nível médio.

Portanto, todo o esforço de "qualificação" da educação básica no Brasil, no âmbito da ação de estados e municípios e da indução das políticas federais, deverá avançar nos próximos anos para a educação integral em tempo integral para estudantes da educação básica e para seus professores.

CONSIDERAÇÕES FINAIS

O diálogo aberto neste texto desdobra-se em vários temas que convergem para o esforço e o desejo, ou, em outras palavras, para a intenção e o gesto cujas distâncias, pouco a pouco, vão sendo diminuídas para a consolidação de uma escola pública e de qualidade para todas, independente do local ou da origem social de nascimento. Há *apartheids simbólicos* a serem enfrentados e superados em termos da diferença das condições em que são escolarizados crianças e jovens no Brasil.

De modo precioso, Eva Waisros, estudiosa de Anísio Teixeira e do projeto educacional da nova capital, que deveria ter servido de modelo e referência para toda educação brasileira nos anos de 1960, aponta que Anísio não utilizava o termo educação integral nem escola de tempo integral.

> Falava da escola comum do homem brasileiro. Antes de mais nada, apenas a escola pública, para ele, poderia se configurar como tal. Mas a escola pública ampliada nas suas funções, reconstruída, integradora e integrada. Integrada em várias direções:
> – oferecendo uma educação que integrasse a formação intelectual sistemática da criança e do jovem e o seu desenvolvimento físico, artístico e social e sua iniciação para o trabalho(...);
> – internamente integrada, pelo trabalho socializado dos seus próprios professores e pela gestão colegiada da escola, prevendo-se a própria participação dos alunos;
> – externamente integrada, constituindo-se em um verdadeiro centro educativo da comunidade em que está inserida, estendendo-se, assim, para além dos muros a influência da escola. (Waisros; Rocha 2011, p. 16-17)

Essas são efetivamente as dimensões a serem construídas nesse processo no qual a ampliação do tempo de permanência na escola compõe um conjunto de desafios que só poderão ser enfrentados por meio de *concertações* entre estado e sociedade, entre escolas e famílias e pelo regime de colaboração entre municípios, estados e Governo Federal, na perspectiva de um sistema nacional de educação.

NOTAS

1. Em sentido restrito, refere-se à organização escolar na qual o tempo de permanência dos estudantes estende-se para, no mínimo, sete horas diárias,

também denominada, em alguns países, como jornada escolar completa. Em sentido amplo abrange o debate da educação integral – consideradas as necessidades formativas nos campos cognitivo, estético, ético, lúdico, físico-motor, espiritual, entre outros – no qual a categoria "tempo escolar" reveste-se de relevante significado, tanto em relação a sua ampliação quanto em relação à necessidade de sua reinvenção no cotidiano escolar. (Moll, 2010)

2. *Crônica de uma morte anunciada* (título original em espanhol: *Crónica de una muerte anunciada*) é um livro de Gabriel García Márquez publicado em 1981 que reconstitui a 'crônica' de um assassinato anunciado, sabido por todos e não evitado.

3. Fundo de Manutenção e Desenvolvimento do Ensino Fundamental e de Valorização do Magistério (FUNDEF) implantado no Brasil pela Emenda Constitucional n°. 14, de 1996, mas que só começou a vigorar em 1998. Seu prazo de duração era de 10 anos, expirando em 2006.

4. Emenda Constitucional n° 59, de 11 de novembro de 2009: "As Mesas da Câmara dos Deputados e do Senado Federal, nos termos do § 3° do art. 60 da Constituição Federal, promulgam a seguinte Emenda ao texto constitucional: Art. 1° Os incisos I e VII do art. 208 da Constituição Federal, passam a vigorar com as seguintes alterações: "Art. 208: I – educação básica obrigatória e gratuita dos 4 (quatro) aos 17 (dezessete) anos de idade, assegurada inclusive sua oferta gratuita para todos os que a ela não tiveram acesso na idade própria; (NR) VII – atendimento ao educando, em todas as etapas da educação básica, por meio de programas suplementares de material didático escolar, transporte, alimentação e assistência à saúde." (NR) Art. 6° O disposto no inciso I do art. 208 da Constituição Federal deverá ser implementado progressivamente, até 2016, nos termos do Plano Nacional de Educação, com apoio técnico e financeiro da União."

5. Fundo de Manutenção e Desenvolvimento da Educação Básica e de Valorização dos Profissionais da Educação, lei n.° 11.494, de 20 de junho de 2007.

6. Acessível em >http://www.mec.gov.br/seb/maiseducação/documentos>.

7. Instrumento por meio do qual estados e municípios apresentam demandas para qualificação da educação pública a partir de indicadores e diagnósticos situacionais.

8. *Macrocampos* e atividades 1. *Acompanhamento pedagógico*: matemática, letramento, ciências, história, geografia, filosofia, sociologia e línguas estrangeiras, tecnologias de alfabetização; 2. *Educação Ambiental*: COM-Vidas/Agenda 21 na escola/ educação para sustentabilidade, horta escolar e/ou comunitária; 4. *Esporte e Lazer*: recreação/lazer, voleibol, basquetebol, basquete de rua, futebol, futsal, handebol, tênis de mesa, judô, karatê, taekwondo, yoga, natação, xadrez tradicional, xadrez virtual; 4. *Direitos Humanos e Cidadania*: oficinas, vivência e reflexão de situações de defesa e afirmação x negação dos direitos humanos, trabalhos interdisciplinares, projetos articuladores, grupos de estudos e de teatro, oficinas de psicodrama, passeios temáticos, campanhas alusivas ao tema dos Direitos Humanos; 5. *Cultura e Artes*: leitura, banda fanfarra, canto coral, *hip hop*, danças, teatro, pintura, grafite, desenho, escultura, percussão, capoeira, flauta doce, cineclube, práticas circenses, mosaico, instrumentos de corda; 6. *Cultura Digital*: *software* educacional, informática e tecnologia da informação, ambiente de redes sociais; 7. *Prevenção e promoção da saúde*: alimentação escolar saudável, saúde bucal, práticas corporais e educação do movimento; educação para a saúde sexual; saúde reprodutiva e prevenção das DST/AIDS; prevenção ao uso de álcool, tabaco e outras drogas; saúde ambiental; promoção da cultura de paz e prevenção em saúde, a partir do estudo dos principais problemas de saúde da região; 8. *Comunicação e uso de mídias*: jornal escolar, rádio escolar, histórias em quadrinhos, fotografia, vídeo; 9. *Investigação no campo das ciências da natureza*: laboratórios, feiras e projetos científicos; 10. *Educação Econômica*: educação financeira e fiscal, empreendedorismo, controle social e cidadania.

9. O Índice de Desenvolvimento da Educação Básica (IDEB) foi criado em 2007 para medir a qualidade de cada escola e de cada rede de ensino. O indicador é calculado com base no desempenho do estudante em avaliações do INEP e em taxas de aprovação. Assim, para que o IDEB de uma escola ou rede cresça é preciso que o aluno aprenda, não repita o ano e frequente a sala de aula (www.inep.gov.br/educação básica/portal).

10. A íntegra do texto do Manifesto dos Pioneiros da Educação Nova pode ser encontrada em http://www.pedagogiaemfoco.pro.br/heb07a.htm

11. Em 2007, a estrutura do Ministério da Educação contemplou a criação da Diretoria de Educação Integral, Direitos Humanos e Cidadania no âmbito da Secretaria de Educação Continuada, Direitos Humanos e Cidadania (SECAD). Em 2011, em novo processo de estruturação do MEC, a temática passou a ser trabalhada na Secretaria de Educação Básica (SEB) pela Diretoria de Currículos e Educação Integral.

12. Aspectos abordados em Moll, Jaqueline. Educação integral no Brasil: Itinerários na construção de uma política pública possível. In: *Tendências para educação integral*. São Paulo: Fundação Itaú Social – CENPEC, 2011.

13. A este respeito vale a referência ao Programa Saúde na Escola desenvolvido desde 2008, através da interface de políticas e ações pelos Ministérios da Educação e da Saúde, www.mec.gov.br/seb/programas.

14. A Pátio – Revista Pedagógica em seu número 51, ano XIII, agosto/outubro, 2009 tematizou essa abordagem por meio do debate: *Educação Integral: a relação da escola com a cultura e a sociedade.*
15. Sistema Integrado de Planejamento, Orçamento e Finanças do Ministério da Educação.

REFERÊNCIAS

BRASIL. Conselho Nacional de Educação. *Diretrizes Curriculares Nacionais para o ensino fundamental de nove anos.* Brasília: CNE, 2010.

_____. Ministério da Educação. *Educação Integral :* Texto-referência para o debate Nacional. Brasília: MEC, 2009a.

MOLL, J. Um paradigma contemporâneo para a educação integral. *Pátio Revista Pedagógica.* Porto Alegre: Ago/Out 2009: p. 12 -15.

_____. Verbete: escola de tempo integral. In: OLIVEIRA, D. A. et al.(org), *Dicionário:* trabalho, profissão e condição docente. Belo Horizonte: UFMG, 2010.

RIBEIRO, Darcy. *O Brasil como Problema.* 2º ed., Rio de Janeiro: Francisco Alves, 1995.

_____. *Testemunho.* Rio de Janeiro: Apicuri, 2009.

TEIXEIRA, Anísio. A escola brasileira e a estabilidade social. *Revista Brasileira de Estudos Pedagógicos.* Rio de Janeiro, v.28, n.67, p. 3-29, jul./set. 1957.

_____. *Educação para a democracia.* Rio de Janeiro: UFRJ, 1997.

_____. *Educação não é privilégio.* Rio de Janeiro: UFRJ, 2007.

TEIXEIRA, A. O manifesto dos pioneiros da educação nova. *Rev Bras Est Ped*, v. 65, n. 150, p. 407-425, 1984. Disponível em: <http://www.bvanisioteixeira.ufba.br/artigos/mapion.htm>. Acesso em: julho, 2011.

WAISROS, E.; ROCHA, L. M. da F. Anísio Teixeira e o plano educacional de Brasília. In: *Nas asas de Brasília:* memórias de uma utopia educativa (1956-1964). Brasília: UnB, 2011.

Parte II

POSSÍVEIS CONFIGURAÇÕES DA ESCOLA

9

Educação integral
A construção de novas relações no cotidiano

Maria Beatriz Pauperio Titton
Suzana Moreira Pacheco

Escrever este capítulo representa mais uma oportunidade de dialogar com educadores que também apostam na viabilidade da escola pública de qualidade para todos. Nossa trajetória, como professoras e gestoras, seja no campo da educação básica ou no ensino superior, trabalhando na formação de educadores, nos anima a compartilhar reflexões sobre este momento histórico: a educação integral e integrada, hoje, já é mais do que uma intenção, traduz-se em políticas públicas e práticas educativas que redesenham relações entre diferentes instituições e agentes educativos.

Temos participado, desde final de 2007, das reflexões acerca da educação integral – e seus desdobramentos para um projeto de educação integral em tempo integral – junto a outros educadores, professores universitários, gestores públicos, representantes de entidades de classe, ONGs, dentre outros, em uma ação da Secretaria de Educação Continuada, Alfabetização e Diversidade (SECAD/MEC), que resultaram no *Texto Referência para o Debate Nacional*.[1] Assim, temos a oportunidade de revisitar teorias e práticas, descobrir experiências já em andamento no país, ampliar e atualizar conceitos e contribuir na produção de novas ideias para a qualificação dessas experiências e a operacionalização de novos projetos.

O amplo debate nacional que se estabeleceu, impulsionado pelo referido documento e alimentado por diferentes publicações e diversos fóruns de discussão, tem possibilitado o desenvolvimento de inúmeras ações que buscam a renovação e a consolidação de princípios que referendam um novo paradigma para a educação integral no país, concretizados em experiências educacionais de expressiva qualidade e significação para suas comunidades.

Nossa atuação em escolas públicas, bem como em instituições de ensino superior, favorece o acompanhamento de processos de formação de agentes educativos, sejam eles professores, gestores ou educadores da comunidade, para a implantação e implementação de projetos dessa natureza. A partir dessa inserção, pode-se confirmar a necessidade e a importância de políticas públicas, tal qual o Programa Mais Educação,[2] que deem sustentação à ampliação da jornada escolar de modo a viabilizar para crianças, adolescentes e jovens uma educação em tempo integral verdadeiramente voltada à integralidade do ser humano. Nosso propósito, neste texto, é levantar alguns dos aspectos envolvidos na operacionalização dessa proposta de educação integral, não no sentido de apresentar ideias fechadas, mas no intuito de problematizá-las em um contexto mais amplo, permitindo a interlocução com outros atores que interessam-se por esse debate.

Nesse sentido, optamos por enfocar o cotidiano da escola a partir dos reflexos dessa proposta no que diz respeito tanto às novas atribuições e às competências necessárias no âmbito da gestão escolar, como aos estranhamentos e às negociações entre os diferentes atores e respectivos saberes. Essas novas relações entre o ensinar e o aprender vêm demandando, também, outras mediações para a convivência e para a almejada transformação do currículo escolar.

CENTRALIDADE DA ESCOLA, SIM! ESCOLARIZAÇÃO DOS SABERES, NÃO!

Experiências brasileiras já revelam projetos marcados pela transformação das relações entre escola e comunidade através da articulação das políticas públicas, especialmente da ação indutora do Programa Mais Educação, e da integração das ações locais. Há todo um movimento que precisa ser compreendido no dia a dia das escolas que hoje vivenciam a educação integral: a própria jornada ampliada, com os alunos passando mais tempo na escola, os diferentes perfis dos educadores comunitários, as atividades que os *cardápios* dos macrocampos[3] oferecem e até mesmo a postura dos alunos no contraturno, a qual nem sempre corresponde ao comportamento que convencionalmente é entendido como sendo adequado aos alunos[4] no contexto da escola.

A visibilidade dessas práticas oferece dados sobre possíveis desdobramentos da proposta de educação integral e a partir de eventos de formação de educadores e gestores é possível perceber a existência de tensões entre agentes e saberes, entre tempos e espaços. A socialização das histórias que esses eventos permitem – os relatos de *causos*, os conflitos, as conquistas e as frustrações – possibilita a diversidade de olhares sobre a concretude dos impactos dessa proposta no cotidiano das escolas.

Dessa forma, nossa inserção nesses campos de formação tem nos permitido recolher impressões e pontos de vista que sugerem a necessidade da problematização da rede de relações que caracteriza um projeto de educação integral. Uma dessas questões é o significativo desafio que representa para as comunidades compreender e vivenciar a centralidade da escola nesse projeto, sem que, com isso, ela enquadre todas as diferentes experiências na sua formalidade institucional. Distintos saberes precisam conviver sem perder as características que lhes tornam peculiares e, ao mesmo tempo, permitir interfaces entre si. É no conjunto, e não individualmente, que essas experiências e esses saberes fazem a diferença e vêm ao encontro da formação integral do sujeito.

O desafio histórico de repensar a hierarquia e a fragmentação do conhecimento vem sendo enfrentado através de diversas formas e por diferentes discursos – a globalização do ensino e a interdisciplinaridade são bons exemplos disso – mobilizando esforços no campo teórico e prático da educação. O paradigma de educação integral que ora se estabelece agrega outros princípios nessa direção: a territorialização, a intersetorialidade e os arranjos educativos locais[5] representam avanços para a superação desse desafio. Essa perspectiva implica superar dicotomias presentes no currículo escolar, tais como formal/não formal, curricular/extracurricular, turno/contraturno, sério/alegre.

A alegria, segundo Snyders (1996, p. 42), é um ato, *é a atividade de passar para* e não um estado no qual nos instalamos confortavelmente. Através dela, "[...] *a potência de agir é aumentada*, um acréscimo de vida, fazendo o indivíduo se sentir como que prolongado, enquanto a não alegria vai restringir-se, reduzir-se, economizar-se, ficar de vigília ou entregar-se à dispersão". (Titton, 2010, p. 170)

Apesar dessas possibilidades e considerando que é muito recente a discussão sobre a nova concepção de educação integral e as políticas dela decorrentes, grande parte das atividades ainda está concentrada no espaço da escola – instituição da tradição, do formal, da sistematização. Então como articular o erudito e o popular? Como prever uma dinâmica em que, por um lado, as atividades não estejam fixadas à estrutura formal da escola, mas que, por outro, possam se valer da referência cultural que a escola representa, enquanto um importante espaço de produção coletiva de conhecimento?

Os conteúdos que integram o legado histórico da humanidade são imprescindíveis à formação dos alunos, assim como o acesso às inovações tecnológicas e aos saberes que possibilitam valorizar a igualdade como direito. Da mesma forma, a possibilidade de conviver e aprender com a diversidade, de participar e de intervir na sociedade devem permear e transcender os currículos escolares. Uma concepção renovada de aprendizagem inscreve-se na diversidade e na complexidade dos contextos históricos e socioculturais dos alunos, sendo possível projetar um maior aproveitamento escolar, ou seja, uma melhoria na qualidade das aprendizagens formais e das possibilidades de estabelecimento de relações dos conhecimentos com a vida diária dos estudantes.

Assim sendo, a centralidade da escola refere-se ao seu protagonismo social e político, que deve favorecer o encontro entre todos os agentes sociais que intervém na educação de crianças, adolescentes e jovens, rompendo com o seu tradicional isolacionismo e prevendo disposição para o diálogo e para a construção de um projeto coletivo de uma educação integral/integrada. Essa perspectiva valoriza a pluralidade de saberes e reconhece distintas formas de conhecimento e suas expressões no mundo contemporâneo, contribuindo para a construção de um projeto de sociedade democrática.

> Esse projeto parte do princípio de que o direito de aprender está relacionado a outros domínios e não apenas aos da escola e tem entre seus objetivos superar a fragmentação das experiências educativas. Dessa forma, busca o desenvolvimento de práticas que, em um *continuum*, constituem um conjunto articulado de oportunidades de aprendizagem. Os diferentes espaços da comunidade e da cidade, nessa perspectiva, podem constituir-se em espaços de aprendizagem, na medida em que possibilitam experiências de caráter pedagógico. (Pacheco; Titton, 2009, p. 134)

TENSÕES DA EDUCAÇÃO INTEGRAL NO COTIDIANO DA ESCOLA

É possível perceber, no cotidiano da escola e da comunidade, a importância e a necessidade de mudança nas relações entre os diversos agentes educativos. As práticas que decorrem de uma efetiva integração de objetivos, de ações e de recursos contribuem especialmente para a superação do caráter acessório ou alternativo que têm caracterizado, até então, as experiências educativas desenvolvidas fora do turno regular ou do espaço da escola.

Uma cultura de cooperação, a atitude de diálogo e o trabalho coletivo são elementos-chave para a constituição da rede de saberes inerente a esse novo paradigma e para a gestão compartilhada de um projeto contemporâneo de educação integral. Nessa perspectiva, vislumbram-se novos perfis de educadores e com eles uma outra estética presente no processo de ensinar e aprender. Se isso está claro no campo filosófico e político, no âmbito pedagógico ainda há um longo caminho a percorrer. Novas referências que permitam outros modelos interpretativos são necessárias para tornar possível a conjugação das ações na direção da educação integral.

No que diz respeito aos perfis profissionais dos atores que inserem-se em propostas que ora vão se delineando em muitos municípios brasileiros, já é possível constatar que se estabelecem aí novas tensões no cenário educacional. Em seminários de formação pedagógica que acompanhamos em Porto Alegre, relatos de educadores populares anunciam os impactos, até mesmo o choque cultural, ocasionados pela chegada desses educadores na escola. "Mas tu é mesmo professor?", pergunta o aluno ao jovem educador que atua no contraturno. "Qual a formação da moça que vai trabalhar matemática com os alunos?", questiona a professora à coordenadora pedagógica da escola. "Será que esse pessoal do Projeto vai dar conta da disciplina dos alunos?", interroga a mãe. "Esse pessoal que trabalha nas oficinas pode circular pela escola o tempo todo?", pergunta à diretora o guarda que controla o portão de entrada da escola. Da mesma forma, a coordenadora do Projeto Mais Educação, em uma escola da rede estadual de ensino, por exemplo, expressa dúvida se pode estender o uso da sala dos professores aos educadores do contraturno.

Estranhamentos dessa ordem sugerem aspectos relacionados às expectativas de alunos, professores, gestores, funcionários e pais em termos de perfil de educador no espaço da escola. É provável que a interação com esses educadores em outros espaços da comunidade não provocasse tal reação, ou seja, o estranhamento ao qual estamos nos referindo aqui é motivado pela presença de atores do cenário da educação popular que circulam por entre as comunidades e que normalmente estão fora do espaço físico da escola, desvinculados dos projetos coletivos das mesmas.

"Preciso seguir as mesmas regras da escola em termos de disciplina?", "Se o aluno não quer ficar na minha oficina, como faço para interessá-lo?", "Como trabalhar com alunos de diferentes níveis de aprendizagem ao mesmo tempo?". Essas são algumas das questões formuladas, por sua vez, por educadores comunitários que atuam em atividades educativas no contraturno.

Sem dúvida, essas e outras questões que podem parecer, a princípio, rotineiras do funcionamento da escola, guardam em si um potencial para a problematização e qualificação do projeto educativo, na perspectiva da educação integral. Por trás desses questionamentos, aparentemente simples, estão grandes dilemas da escola, pelos quais vem sendo ela própria questionada, envolvendo relações de poder, hierarquia de papéis, identidades docentes, relação com a comunidade, concepções de educação e de disciplina, dentre outros elementos.

O papel fundamental dos gestores, diante dos conflitos que emergem dessas questões, é o de promover o debate através de ampla participação, para a construção de um entendimento de educação enquanto compromisso coletivo.

Há que se levar em conta que propostas de educação integral, tais como as que estão sendo instituídas por meio do Programa Mais Educação, preveem a conjugação das atividades e a integração de seus educadores, o que constitui uma ação estruturada. Isso, aliado ao fato dessas propostas inserirem-se no Projeto Político Pedagógico (PPP) da escola, faz com que a ação desses educadores seja vista agora não mais como algo acessório, mas componente de um projeto educativo mais amplo e articulado. Conflitos podem emergir justamente pelo ineditismo dessa vivência, na qual também se espera superar o paralelismo de ações, a hierarquização e a fragmentação de saberes e o monopólio do professor no lugar de educador.

Tudo isso ganha sentido quando problematizado, hoje, no contexto escolar. "Esse teu cabelo é de verdade? Nunca vi um professor assim!" referindo-se o aluno ao estilo de cabelo *dread*[6] do educador responsável pelas atividades de letramento, em uma escola da rede municipal. Nota-se aí a distinção marcada pelo aluno do que ele concebe, talvez, como comum ao padrão estético pertinente a um educador no território escolar.

A questão é complexa, pois envolve diferentes representações sociais, relações culturais, imagens, estereotipias e, por conseguinte, tudo isso pode desvelar preconceitos implícitos a este contexto educacional. Entretanto, trata-se também de uma promissora oportunidade para dialogar com as diferenças, na medida em que podemos questionar, duvidar e surpreendermo-nos com a diversidade.

Para além de considerações valorativas, é importante fugir da tentação de "resolver" de imediato esses conflitos, evitando intervenções que, ao contrário de potencializar a dimensão das vivências interculturais, favoreçam a homogeneização e impedem a dinâmica da rede de saberes. Nesse sentido, a manutenção de práticas padronizadoras reforça o poder institucionalizador da escola, comprometendo os princípios da educação integral que se apresentam na contemporaneidade.

As considerações até aqui podem remeter para expectativas que alunos, professores, gestores, pais e educadores, envolvidos em um projeto de educação integral têm uns em relação aos outros e em relação ao próprio projeto. Essas expectativas, cruciais para as aprendizagens esperadas e, muitas vezes, atravessadas por imagens estereotipadas, podem impedir que potencialidades sejam percebidas, gerando descrédito, falta de investimento e de mobilização.

Um novo paradigma de educação integral vem sendo construído e, portanto, vive-se um período de transição, de mudanças de representações, de relações de poder. O momento parece exigir que estejamos alerta às armadilhas do instituído, daquilo que nos é comum, familiar e, por isso, confortável, para que estejamos abertos a todas essas novas configurações e formas de fazer educação.

> Intervenções por ações governamentais em educação trazem resultados em mais longo prazo, devendo-se considerar que mudanças em formas de pensar e em hábitos não são simples de fazer e que não se faz milagre com a formação humana, mesmo com toda tecnologia disponível. Não dá para implantar um *chip* de conhecimentos no ser humano e... pronto! Por isso, o mote é: fazer já, fazer direcionado, fazer bem, continuar fazendo! Mas ter a paciência histórica para com as mudanças e os resultados. (Gatti, 2008, p. 21)

Diferentes formas de interação entre os agentes educativos e deles com os alunos, reconhecendo-os na sua integralidade humana como sujeitos sociais, culturais, éticos e cognitivos podem estar provocando estranhamentos, e também surpresas diante da riqueza das diferentes trajetórias pessoais e formativas.

Mais do que nunca, é preciso promover o encontro entre o mundo da escola – com seus saberes, regras e procedimentos – e a vida – com sua diversidade de experiências e saberes –, o que implica, considerando a construção de um projeto coletivo de educação, na recontratação de papéis, na redefinição de tarefas e na renegociação de sentidos.

A promoção de vivências significativas favorece a construção de um sentido pelos alunos em relação não só à escola, mas também em relação aos espaços da comunidade e da cidade e aos saberes nela contidos. Sabe-se, hoje, que a pouca valorização que os alunos conferem a determinados conteúdos escolares tem menos a ver com desinteresse e mais com dificuldade de encontrar um sentido para o que os professores ensinam. Marília Sposito (2005) adverte que o fato de continuar negando, nos projetos escolares, as diferenças e as desigualdades que atravessam as diferentes dimensões da vida de seus alunos, desconsiderando seu repertório cultural, suas demandas e suas expectativas, é questão a ser superada a partir do diálogo com a multiplicidade de espaços socializadores e a assunção de novos papéis no contexto da contemporaneidade.

É preciso romper com a ideia de rol de conteúdos e de atividades que vêm caracterizando os currículos escolares e há que se evitar que, sob nova roupagem, esse novo *cardápio*, agora destinado à educação integral, instale-se e reduza novamente a concepção de currículo. Uma possibilidade para evitar esse reducionismo seria um esforço coletivo na direção da construção de um projeto pedagógico compartilhado, um instrumento para que os atores educacionais reflitissem, estabelecendo troca, diálogo e partilha de saberes.

A associação de diferentes educadores – da escola e sua comunidade, de setores governamentais, de agências formadoras e de organizações da sociedade civil – na mediação dos processos pedagógicos, transforma as históricas relações entre as diversas instituições, substituindo a subordinação ou justaposição de umas e outras pela integração e complementaridade que traduz um projeto coletivo. (Pacheco; Titton, 2009, p. 135)

DESAFIOS PARA MANTER A PROPOSTA DE EDUCAÇÃO INTEGRAL

É possível que a operacionalização de um projeto coletivo voltado à educação integral reunindo diversos atores, diferentes saberes e um sem fim de espaços, esteja mesmo provocando tensões de muitas ordens – institucionais, docentes, teóricas, epistemológicas, políticas, sociais e culturais. O cenário atual da educação integral vem caracterizando-se por debates, pela crescente visibilidade de experiências em andamento e especialmente por políticas públicas que apontam para uma proposta renovada de educação integral no país. Os movimentos daí decorrentes revelam iniciativas e inovação pedagógica no interior das localidades e das comunidades e essas políticas incentivam a qualificação de projetos já existentes e promovem a construção de outros.

No entanto, essas políticas para alcançar as mudanças pretendidas na escola e na educação precisam ser monitoradas e alimentadas por continuadas reflexões, de modo a administrar o possível fosso que possa se estabelecer entre o princípio político e as práticas efetivas, com "[...] determinadas consequências pedagógicas contrárias a esse princípio [...]". (Charlot, 2004, p. 26). O projeto pedagógico de uma determinada comunidade educativa, construída coletivamente, constitui-se uma forte marca da sua identidade e é, ao mesmo tempo, a expressão singular de um amplo projeto político e a tradução de trajetórias, necessidades, interesses e possibilidades locais.

Assim, se vê, hoje, projetos singulares e possíveis de educação integral em contextos reais, operacionalizados através de práticas reais tanto da escola e de seus profissionais, como das demais instituições e educadores envolvidos nesses projetos. O comprometimento com um projeto maior e mais amplo de educação integral passa, sem dúvida, por processos de gestão na busca de melhores resultados nas aprendizagens dos alunos e de formação continuada no interior das escolas e das redes de ensino em parceria com agências formadoras.

Essa formação pode constituir-se em espaços para a construção de competências e de identidades; o delineamento de papéis e a partilha de responsabilidades; a visibilidade de representações sociais; o confronto de trajetórias individuais; a compreensão de conflitos epistemológicos e para o questionamento de culturas profissionais e institucionais. Um processo de formação nessa perspectiva pressupõe uma pedagogia da investigação, do *laboratório,* como afirma Dias (apud Reimão, 2000), quando todas as experiências podem ser transformadas em espaços de pesquisa na direção de um projeto de educação integral. Assim, é preciso prever, nesse processo, reflexões sobre aprendizagem, currículo, avaliação, disciplina, gestão, diversidade, cultura, enfim, oportunidades para que esses elementos sejam reinterpretados sob múltiplos olhares, contemplando diferentes visões de mundo.

Ao chegarmos até aqui pode-se perceber, através da discussão estabelecida, a intensidade dos desafios que estão presentes na operacionalização, no dia a dia da implementação de projetos de educação integral. Além disso, sua manutenção tanto na perspectiva do que hoje está sendo debatido e vivenciado, quanto na sua continuidade, merece atenção não só do poder público, mas de toda a sociedade.

> Abordar a educação integral e o desenvolvimento de uma escola em tempo integral implica um compromisso com a educação pública que extrapole interesses políticos partidários imediatos; que se engaje politicamente em uma perspectiva de desenvolvimento de uma escola pública que cumpra com sua função social, qual seja, a de socializar as novas gerações, permitindo-lhes o acesso aos conhecimentos historicamente acumulados, contextualizando-os e contribuindo na ampliação do capital simbólico existente, propiciando às crianças e jovens conhecer o mundo em que vivem e compreender as suas contradições, o que lhes possibilitará a sua apropriação e transformação. (Gonçalves, 2006, p. 135)

A responsabilidade do Estado na superação desses desafios é inquestionável. Por outro lado, é fundamental a assunção das políticas públicas e dos seus programas pelas administrações públicas locais, assim como a adesão de gestores escolares e educadores na operacionalização de projetos. Dessa forma, a proposta de educação integral pode contribuir, de fato, para a construção de uma educação pública, democrática e de qualidade.

NOTAS

1. O documento, que faz parte da Série Mais Educação, foi elaborado por um Grupo de Trabalho Interinstitucional e colaboradores, no período de 2007 a 2009.
2. O Programa Mais Educação foi instituído através da Portaria Normativa Interministerial nº 17, em de 24 de abril de 2007(Brasil, 2007).

3. O Programa Mais Educação prevê, atualmente, 10 macrocampos assim intitulados: acompanhamento pedagógico; comunicação e uso de mídias, cultura e artes, direitos humanos, investigação no campo das ciências da natureza, educação econômica e cidadania, esporte e lazer, inclusão digital, meio ambiente e prevenção e promoção da saúde. As escolas públicas que aderem ao programa optam por alguns desses macrocampos e escolhem, dentre os mesmos, as oficinas temáticas que serão trabalhadas no contraturno da escola na perspectiva da proposta de Educação Integral.
4. Autores como François Dubet, Philippe Perrenoud e José Gimeno Sacristán debatem a categoria "aluno" como uma construção cultural e não natural. Para Xavier (2008, p.21), "[...] o *modelo* de aluno desejado/esperado para a época contemporânea não tem sido suficientemente discutido."
5. A territorialização propõe que as políticas públicas sejam articuladas em um dado território e a intersetorialidade é concebida como ação conjunta de diferentes políticas públicas, constituindo redes socioeducativas capazes de criar outra cultura do educar-formar, usando as potencialidades educativas da comunidade e da cidade, ou seja, o que viemos denominando arranjos educativos locais.
6. Símbolo do movimento rastafári, que lutava contra a escravidão e o colonialismo na Jamaica, os *dreads* identificavam os integrantes do grupo que acreditavam que o cabelo é sagrado e não deve ser cortado. Foi a partir da década de 1960, com Bob Marley e a popularização do *reggae*, que o penteado deixou de ser apenas símbolo do movimento e tornou-se uma forma de afirmação da identidade negra. http://www.palmares.gov.br Acesso em 27 de out. de 2010.

REFERÊNCIAS

BRASIL. *Educação integral*: texto referência para o debate nacional. Brasília: MEC, 2009. Disponível em: < http://portal.mec.gov.br/dmdocuments/cadfinal_educ_integral.pdf>

_____. Portaria n. 17, de 20 de abril de 2007. *Diário Oficial da União*, Brasília, DF, 24 abr. 2007.

CAVACO, M.H. Ofício de professor: o tempo e as mudanças. In: NÓVOA, A. *Profissão professor.* Porto: Porto Ed., 1995. p.155-191.

CHARLOT, B. Projeto político e projeto pedagógico. In: MOLL, J. (Org.). *Ciclos na escola, ciclos na vida:* criando possibilidades. Porto Alegre: Artmed, 2004.

GATTI, B. (Org.). *Construindo caminhos para o sucesso escolar.* Brasília: Unesco, 2008. Textos e conclusões do Seminário Internacional "Construindo caminhos para o sucesso escolar", 24-26 jun 2007, Brasília, DF, organizado por INEP, UNESCO, CONSED E UNDIME.

GONÇALVES, A.S. Reflexões sobre educação integral e escola de tempo integral. *Cadernos Cenpec*, São Paulo, n.2, p.129-135, 2006.

PACHECO, S.M.; TITTON, M.B.P. Educação integral e integradora: reflexões e apontamentos. In: LIBLIK, A.M.P.; PINHEIRO, M. (Org.). *Educação integral e integrada.* Curitiba: Ed. UFPR, 2009. p.125-144.

REIMÃO, C. (Org.). *A formação pedagógica dos professores do ensino superior.* Lisboa: Colibri, 2000.

SNYDERS, G. *Alunos felizes*: reflexão sobre a alegria na escola a partir de textos literários. 2.ed. Rio de Janeiro: Paz e Terra, 1996.

SPOSITO, M. Algumas reflexões e muitas indagações sobre as relações entre juventude e escola no Brasil. In: ABRAMO, H.W.; BRANCO, P.P.M. (Org.). *Retratos da juventude brasileira:* análises de uma pesquisa nacional. São Paulo: Instituto Cidadania, 2005.

TITTON, M.B.P. *Egressos do ensino fundamental por ciclos e sua inserção no ensino médio*: experiências em diálogo. 2010. 196 p. Tese (Doutorado em Educação) – Programa de Pós-Graduação em Educação, Faculdade de Educação, Universidade Federal do Rio Grande do Sul, Porto Alegre, 2010.

XAVIER, M.L.M. Professores e alunos: relações a serem construídas. In: PERES, E. et al. *Trajetórias e processos de ensinar e aprender*: Sujeitos, currículos e cultura. Porto Alegre: EdiPUCRS, 2008.

10

Os jovens educadores em um contexto de educação integral

Juarez Dayrell
Levindo Diniz Carvalho
Saulo Geber

A implementação da escola de tempo integral no Brasil como uma política pública, através do Programa Mais Educação do MEC,[1] tem levantado uma série de questões e desafios que instigam a reflexão sobre a escola pública como lugar de acesso, permanência e aprendizagem das camadas populares. Trazem à tona para o debate educacional, entre outras, a problemática do tempo educativo formal e dos espaços educativos para além dos muros escolares, com um novo horizonte conceitual como a cidade educadora ou mesmo as comunidades de aprendizagem. Mas também colocam em questão as oportunidades educativas abertas pelas articulações intersetoriais, colocando-se o desafio de convergir para a escola as políticas culturais, de educação em saúde, de inclusão digital, de esporte e lazer, entre outras.

No contexto desse debate, nos propomos, neste texto, a desenvolver uma reflexão em torno de um personagem que vem surgindo em várias propostas de educação integral existentes no Brasil. Estamos falando de um novo ator educativo, contratado pelas escolas para desenvolver ações educativas, na sua maioria de caráter cultural e/ou esportivo, que atuam desenvolvendo oficinas no contraturno escolar. Na maioria das vezes, tais educadores são jovens e moradores das comunidades nas quais realizam suas ações educativas, atuando sob as mais diferentes denominações como: oficineiros, educadores socioculturais, animadores sociais, agentes culturais, educadores sociais, arte-educadores, entre outros.

Até então esse novo ator, que aqui trataremos como jovem educador, não tem sido objeto de estudos e reflexões,[2] apesar de estar presente, além das escolas, nas mais diversas ações públicas e de ONGs voltadas para crianças e jovens, principalmente nas periferias dos grandes centros urbanos. Dessa forma, acreditamos ser necessário trazer uma reflexão inicial sobre esses atores educativos, bem como as possibilidades e limites de suas ações em contextos de propostas de educação integral, sobretudo se considerarmos a tendência de ampliação da jornada escolar na contemporaneidade. Neste texto focaremos nossa reflexão sobre os jovens educadores, mesmo sabendo que as escolas também contratam adultos para desenvolver essa mesma função. Assim, discutiremos o perfil desses jovens educadores e os saberes que são trabalhados em suas ações educativas, apontando desafios para se pensar a condição do jovem educador e da educação integral frente a esses sujeitos.

As reflexões aqui realizadas são fruto do um acúmulo adquirido pelo Observatório da Juventude da Universidade Federal de Minas Gerais (UFMG)* que vem desenvolvendo desde o ano de 2002 projetos de pesquisa e extensão com jovens educadores na região metropolitana de Belo Horizonte e acúmulos do Grupo TEIA (Territórios Educação Integral e Cidadania da UFMG), que vem atuando em projetos de pesquisa e extensão no campo da educação integral.**

A NOÇÃO DE JUVENTUDE

O nosso foco será sobre o jovem educador, o que aponta a necessidade de discutir inicialmente a nossa compreensão a respeito da juventude. A noção de juventude pode ser entendida, de maneira geral, como "um período da vida em que se completa o desenvolvimento físico do indivíduo e uma série de mudanças psicológicas e sociais ocorre quando este abandona a infância para processar a sua entrada no mundo adulto" (Abramo, 1994, p. 1).

No entanto, essa noção é socialmente variável, tendo sentidos, durações e conteúdos diferentes em cada sociedade e variando também nos diferentes grupos e ao longo do tempo em uma mesma sociedade. Abramo (1994, p. 1) ainda ressalta que "é somente em algumas formações sociais que a juventude configura-se como um período destacado, ou seja, aparece como uma categoria com visibilidade social".

Nessa perspectiva, acreditamos ser necessário reconhecermos a juventude como uma categoria socialmente construída, que vai ganhando contornos próprios em contextos históricos, sociais e culturais distintos. Se por um lado a juventude pode ser compreendida como uma unidade de indivíduos de uma mesma fase da vida, em uma determinada sociedade, essa categoria também é marcada pela diversidade, uma vez que "as vertentes de acesso à vida adulta mostram-se bastante flutuantes, flexíveis e elas próprias diversificadas" (Pais, 1990, p. 150).

As diferentes formas de se viver a condição juvenil expressam-se nas condições sociais como, por exemplo, na origem de classe, nas condições culturais de diferentes etnias, identidades religiosas e de valores, de gênero e, até mesmo, geográficas, entre outros aspectos. Além de ser marcada pela diversidade, a juventude é uma categoria dinâmica, que transforma-se na medida das mutações sociais que vêm ocorrendo ao longo da história.

Na realidade, não há tanto uma juventude, e sim jovens, como sujeitos que a experimentam e sentem de acordo com o contexto sociocultural em que se inserem. Problematiza-se aqui olhares que compreendam esses jovens na condição de educadores inseridos em experiências educativas e de sociabilidade, nas quais ao mesmo tempo são agentes de uma ação educativa e sujeitos em formação.

Reconhecendo a juventude como uma construção social, Peralva (1997) aponta que as oposições entre as fases da vida estariam se dissolvendo no bojo da aceleração das transformações na sociedade contemporânea. Como resultado desse processo, a autora identifica algumas transformações sociais que estariam gerando mudanças em relação às responsabilidades e lógicas de reciprocidades entre os diferentes grupos etários na sociedade atual.

---

* Mais informações visite o site: <www.fae.ufmg.br/ob-juventude/>

* Mais informações visite o site: <www.fae.ufmg/teia>

Uma das mudanças apontadas por Peralva (1997), que nos interessa nessa discussão, é a constatação de uma mudança do modelo educativo da socialização (cofundador da ordem moderna), para um aprendizado comum, realizado por diferentes grupos etários face às injunções de um mundo fundamentalmente novo.

> Vários indícios apontam para um modo de ordenamento cultural que seria hoje, se recorrermos às categorias de Mead (1979), mais cofigurativo, no sentido de um aprendizado comum realizado pelos diferentes grupos etários face às injunções de um mundo que lhes aparece como fundamentalmente novo, do que pós-figurativo, como o foi o modelo da modernidade ocidental, pautado na transmissão da experiência passada como elemento de ordenação e domesticação do futuro, ou pré-figurativo como foi o modelo fundado nas utopias de que foi portadora a geração dos anos de 1960. (Peralva, 1997, p. 22-23)

Acreditamos, nesse contexto apresentado por Peralva (1997), em que diferentes grupos etários aprendem vivendo em um mundo em constantes transformações, que podemos tentar compreender a existência de atores educativos como os jovens educadores que se propõem a educar outras crianças e jovens. Assim, é no contexto dessa condição juvenil plural e polissêmica que nos propomos a refletir sobre a condição do jovem educador e sobre as marcas identitárias, experiências e saberes que esses sujeitos vêm construindo.

ELEMENTOS DE UM PERFIL DOS JOVENS EDUCADORES

Um elemento que com recorrência caracteriza esses jovens é que grande parte deles possui um vínculo com os locais onde realizam seu trabalho educativo. Assim é possível identificar uma aproximação cultural entre esses jovens educadores e as crianças e jovens participantes de suas oficinas. Tendemos a acreditar que essa aproximação do perfil é um dos elementos que contribuem para uma identificação entre estes educadores e os participantes de suas oficinas, elemento esse que vem se mostrando como central na ação educativa desses agentes.

Além de um conhecimento do território, das dinâmicas que conformam as relações do bairro/comunidade; esses jovens, por meio de suas expressões culturais e simbólicas, instituem, muitas vezes, um tipo de relação, transmissão cultural e sociabilidade que dificilmente professores de outros universos socioculturais construiria.

Considerando a ideia de que na ampliação da jornada escolar busca-se ampliar as dimensões formativas de crianças e jovens e que eles apreendem o mundo tendo como referência elementos culturais, valores éticos e estéticos referenciados no universo adulto, essa relação intergeracional amplia as possibilidades de interação e produção cultural das crianças e jovens, permitindo, por meio da relação educativa, a afirmação cultural e a ampliação de linguagens as quais a escola tradicionalmente se dedica.

Outro elemento que vem mostrando-se característico desses jovens educadores é o fato de que muitos deles foram alunos de algum projeto ou programa social (projeto cultural, esportivo, profissionalizante, ligado a questões de saúde, meio ambiente, entre outros). Parece-nos que esse dado seja reflexo do surgimento e da progressiva expansão de ações públicas destinadas aos jovens que iniciaram-se no Brasil no final dos anos de 1990 e início de 2000.[3]

---

[3] Para um aprofundamento dessa discussão ver Sposito (2007).

Tendemos a acreditar, a partir da constatação de um histórico de participação desses educadores como alunos de diferentes projetos sociais, que esse seja um dos elementos que os caracterizam e que tenham os influenciado na escolha profissional dos mesmos. Muitos jovens educadores, inclusive, atribuem o aprendizado de ser educadores à participação em diferentes projetos sociais. As aprendizagens atribuídas por esses educadores tendem a ser as mesmas que são trabalhadas em suas oficinas, como alguma atividade esportiva ou cultural. É interessante pontuar também que é muito comum, nos seus relatos, a identificação com os educadores desses projetos, apontados muitas vezes como o modelo no qual se inspiraram e no qual aprenderam a ser educadores. É interessante pensarmos que essa relação ampla se assemelha, muitas vezes, às relações estabelecidas atualmente entre os jovens educadores e os participantes de suas oficinas. Podemos perceber nesta relação uma dimensão educativa na medida em que estes educadores podem se constituir como um *modelo* para as crianças e jovens, sendo para muitos uma referência de comportamentos, valores e até mesmo de perspectiva de vida.

Outro elemento característico de muitos desses jovens educadores é o envolvimento em grupos, associações e movimentos sociais. Além dos relatos de uma participação social significativa, muitos deles atribuem ter aprendido os saberes que ensinam em suas oficinas à participação nesses grupos; como a experiência vivida no movimento *hip-hop*, a participação em grupos de axé ou *funk*, o pertencimento a grupos de capoeira ou times de futebol ou basquete.

Discutindo o tema da participação, Dayrell, Leão e Gomes (2010, p.11) afirmam que:

> Fica muito evidente a presença marcante das atividades de lazer e cultura que, somadas, atingem mais da metade dos jovens, o que aponta para a força mobilizadora das ações organizadas em torno da produção de sentidos simbólicos e identidades coletivas, quer em torno de estilos culturais específicos, quer em torno de atitudes sociais compartilhadas de diferentes ordens já apontados em alguns estudos.

Além dos grupos voltados aos temas que eles trabalham em suas oficinas, muitos jovens educadores também envolvem-se em trabalhos voluntários e associações comunitárias ou de moradores. É interessante pensar que o interesse dos educadores por essas temáticas estejam ligados à perspectiva desses educadores como sujeitos que tenham uma sensibilidade para a melhoria do lugar onde vivem e, possivelmente, algumas vezes, acabem por assumir um papel de liderança em suas comunidades.

Um último elemento referente ao perfil desses educadores que gostaríamos de discutir se dá em relação às possibilidades de acesso aos bens culturais por esses jovens. As pesquisas que focam sua atenção nos jovens educadores e à juventude brasileira de forma geral mostram o interesse dos jovens pela fruição cultural que se expressa no desejo de frequentar shows, espetáculos, teatros, cinemas, etc.

A princípio, poderíamos pensar que essa característica amplia as possibilidades de formação desses jovens, inclusive se levarmos em consideração que a perspectiva de acesso a esses bens culturais está colocada na proposta de educação integral. No entanto, apesar desse interesse, aparentemente, entre os jovens educadores se reproduz uma realidade característica da parcela da população jovem pobre, que é a dificuldade de acesso a determinados equipamentos culturais.

Segundo Oliveira, Silva e Rodrigues (2006), a dificuldade de acesso aos bens culturais representa um dos principais desafios à juventude brasileira. A partir da análise de dados da pesquisa Juventude Brasileira e Democracia: Participação, Esferas e Políticas Públicas, os autores constatam as reduzidas possibilidades de participação juvenil, especialmente dos jovens mais pobres, em atividades culturais. Assim, podemos pressupor que se os educadores, que a princípio seriam responsáveis pela realização de ações educativas culturais e esportivas, possuem restrito acesso a locais culturais em sua cidade, possivelmente os acessos dos participantes de suas oficinas sejam ainda menores.

Em consonância com o conceito de cidade educadora (Toledo, Flores e Conzatti, 2004), a ampliação do acesso a espaços culturais é fundamental para que constitua-se o direito à cidadania, apontando a importância da escola desenvolver práticas que possam integrar saberes dos jovens sobre seus próprios territórios bem como a apropriação dos espaços da cidade.

A experiência de educação integral do município de Belo Horizonte,[3] por exemplo, pressupõe a articulação de "redes de aprendizagem" compostas por diferentes atores, locais e espaços institucionais, públicos e privados existentes nas comunidades, como: as bibliotecas, os centros culturais, os parques, os telecentros de informática ou formação profissional, igrejas, centros comunitários. A intenção dessa articulação é criar uma rede de proteção e educação voltada às crianças e jovens, oferecendo a eles espaços e tempos para construção de seu pertencimento sociocultural e sua formação integral. Nessa perspectiva o jovem educador ocupa um lugar fulcral, como mediador na articulação dessa rede.

SABERES DOS JOVENS EDUCADORES

Artesanato, dança do ventre, grafite, capoeira, percussão, *rap*, *funk*, axé, reciclagem, *break*, são alguns dos exemplos da diversidade de temas que são trabalhados pelos jovens educadores em oficinas culturais. Eles tendem a atribuir a aprendizagem desses temas à diferentes espaços educativos (projetos, grupos, movimentos sociais, amigos) e muitas vezes têm uma certa autonomia na organização da proposta dos temas que irão trabalhar em suas oficinas.

Podemos observar que, no contexto de educação integral, as oficinas culturais constituem-se como atividades que despertam grande interesse dos participantes. Essa constatação parece apontar a centralidade da cultura para as crianças e principalmente para os jovens na contemporaneidade, elemento já discutido em diferentes pesquisas. Reconhecendo o importante papel da cultura na vida dos jovens, podemos afirmar que essa dimensão aparece como um espaço privilegiado de práticas, representações, símbolos e rituais, no qual principalmente os jovens buscam demarcar uma identidade juvenil. Longe dos olhares dos pais, educadores ou patrões, mas sempre tendo-os como referência, os jovens constituem culturas juvenis que contribuem, e muito, na construção de suas identidades.

A diversidade de saberes e práticas transmitidas nas diferentes oficinas culturais reflete também a diversidade das expressões culturais juvenis, superando, do mesmo modo, a ideia de uma cultura juvenil homogênea. Nesse sentido, as culturas juvenis representam um conjunto de símbolos específicos que expressam a pertença a um determinado grupo, uma linguagem com seus usos específicos, rituais e eventos particulares, por meio dos quais a vida adquire um sentido.

Na tentativa de identificação de algumas dessas "culturas", grupos ou tendências, que vem sendo trabalhada nas oficinas, um primeiro elemento que chama a atenção é a presença de oficinas com temas de origem africana como o maculelê, a percussão, a capoeira, etc. É interessante pensar que muitos dos jovens educadores identificam-se como negros e que a questão étnico-racial[4] é um dos elementos constituintes da identidade desses jovens, refletindo, portanto, nos temas que trabalham em suas oficinas.

Também é significativa a presença de oficinas com temas oriundos do Movimento *hip-hop*.[5] Diferentes pesquisas vêm apontando que muitos jovens, principalmente das camadas populares dos centros urbanos, têm aderido à cultura *hip-hop*. Seja por meio da participação em grupos do movimento ou apenas como espectadores, a cultura *hip-hop* vem constituindo-se como um importante elemento identitário para esses jovens. O interesse e a afinidade dos jovens educadores pelos elementos da cultura *hip-hop*, no caso dos contextos urbanos, pode trazer uma dupla aproximação. Tanto a escola abre-se para novas linguagens e culturas, quanto os alunos podem passar a construir com a escola um tipo de relação de mais proximidade, na medida em que reconhecem na instituição um espaço aberto a sujeitos e práticas que até então não ganhavam destaque. Nesse processo, a escola pode ainda passar a reconhecer os elementos de afirmação cultural e identitária presentes na cultura *hip-hop*, legitimando o exercício de cidadania presentes nessa prática cultural.

Além dessas oficinas já citadas, é também significativa a presença de oficinas com temas relacionados à música, como violão, danças, percussão, etc. A música têm centralidade nas culturas juvenis, ela agrega os jovens, sendo o produto cultural mais consumido entre eles. Através da música, as necessidades dos jovens de uma ancoragem e agregação coletiva articulam-se com os percursos de experimentação de si mesmos, abrindo espaços de um autoreconhecimento de expectativas e incertezas, de vivências do presente e de desejos em relação ao futuro, constituindo-se como um meio e instrumento de socialização dos jovens.

A música, assim como as artes plásticas, pode ser entendida como forma de compreensão e expressão do mundo, a entrada dos jovens educadores e seus saberes e linguagens artísticas passam a compor um "currículo" na educação integral que incorpora saberes das culturas juvenis e amplia as possibilidades de formação das crianças e jovens.

Diferentes oficinas também propõem-se a trabalhar temáticas ligadas às mídias ou à comunicação, como as oficinas de cinema, de rádio, de teatro e *webdesign*. Além das oficinas que têm seus saberes diretamente relacionados às mídias, em diferentes oficinas os jovens educadores utilizam esses saberes como recursos pedagógicos, por meio da apresentação de vídeos, músicas ou apresentações de *PowerPoint*.

Seja pelo interesse pelas mídias, seja por uma maior facilidade de acesso a equipamentos, como máquinas fotográficas digitais, filmadoras e computadores, possibilitados pela popularização dos mesmos, vêm tornando-se bastante frequente a utilização pelos jovens educadores dos recursos da comunicação e da mídia. Esses são, muitas vezes, compartilhados com outros jovens por meio de *sites* da internet como o *youtube*, *orkut*, *facebook*, *fotolog* etc. Esse domínio das novas mídias e do uso das redes sociais virtuais também aproxima crianças e jovens na educação integral e tem sido uma dimensão formativa privilegiada em grande parte das propostas de ampliação do tempo da jornada escolar.

Além dos temas culturais, o esporte também é de grande interesse dos participantes das oficinas realizadas pelos jovens educadores. Oficinas de futebol, basquete, vôlei, handebol despertam o interesse dos alunos. Das oficinas esportivas, o futebol muitas vezes é a mais frequente, refletindo o grande interesse dos alunos em participar dessa prática. Podemos pensar que, além de uma "paixão nacional", o futebol pode ser vislumbrado por muitas crianças e jovens pobres como uma possibilidade de mobilidade social, a partir das referências esportivas que nasceram nas favelas e hoje ganham grande soma de dinheiro em clubes esportivos pelo mundo. Em um contexto em que muitas vezes o estudo ou o trabalho não são considerados condições suficientes para uma mobilidade social, o futebol, até mesmo de forma "mágica", pode ser visto pelas crianças e jovens como uma das poucas saídas de superação da pobreza.

Uma das características das oficinas esportivas, e do esporte de forma geral, consiste, muitas vezes, na necessidade de espaços físicos e equipamentos específicos para sua prática. Dessa forma, podemos inferir que o predomínio do futebol, em detrimento de outras práticas esportivas como a ginástica, a natação, o *skate*, entre outros exemplos, seja expressão da falta de uma infraestrutura adequada que os viabilize.

Muitos dos saberes das oficinas não são de origem escolar nem apresentam correspondência com os saberes acadêmicos das universidades. A título de exemplo, os saberes do Movimento *hip-hop* (*break*, grafite, *rap* e DJ) não fazem parte da grade curricular das escolas, também não sendo possível encontrá-los em disciplinas das faculdades. O mesmo ocorre com muitos outros temas de oficinas como o axé, o maculelê ou a dança afro. Mesmo em oficinas como a de futebol e a de informática, os jovens educadores, muitas vezes, não atribuem à escola ou à universidade o caráter de principais locais de aprendizagem desses saberes.

A constatação de que os temas e os locais de aprendizagem dos saberes das oficinas não apresentam uma correspondência única e direta com os saberes tradicionais e acadêmicos vai ao encontro das considerações apontadas por Santos de que "a experiência social em todo o mundo é muito mais ampla e variada do que o que a tradição científica ou filosófica ocidental conhece e considera importante" (Santos, 2002, p. 2).

Em vista da formulação teórica apresentada por esse autor, poderíamos pensar os jovens educadores como uma expressão de outros discursos sobre o mundo, permitindo, de certa forma, uma ampliação da realidade. Valendo-nos dos termos utilizados por Santos (2002), podemos constatar que a "ecologia de saberes" das oficinas é muito mais ampla do que a tradição ocidental reconhece e considera importante. Nesse sentido, podemos afirmar que saberes e espaços educativos, que até então estavam sendo desqualificados pela educação formal, estão sendo, em propostas de educação integral, valorizados e reconhecidos por meio da contribuição dos jovens educadores.

Acreditamos ser importante destacar que ao apresentarmos os diferentes espaços de aprendizagem dos saberes das oficinas e reconhecermos uma maior valorização por parte dos educadores da aprendizagem em projetos ou movimentos sociais, do que nas escolas ou universidades, não temos como pretensão dicotomizar esses espaços. Mais do que propor uma separação entre os saberes e seus locais de aprendizagem, acreditamos que um possível diálogo entre esses espaços permitiria ainda uma maior aprendizagem dos jovens educadores. Nesse sentido, Santos (2002) também nos traz indícios de possibilidades de diálogo entre os diferentes locais de aprendizagem. O autor reconhece a incompletude das culturas, ao mesmo tempo em que critica as teorias gerais hegemônicas que buscam identificar todas as culturas por meio de uma referência única. Como saída, Santos (2002) apresenta o trabalho de tradução que possivelmente, no nosso caso, contribuiria para uma ampliação dos saberes das oficinas por meio do diálogo entre os conhecimentos escolares, das universidades, dos projetos, dos movimentos sociais, entre outros.

OS POSSÍVEIS SIGNIFICADOS DAS OFICINAS

Os jovens educadores reconhecem suas oficinas enquanto um espaço de aprendizagem de um esporte, como o futebol e o basquete, ou de um saber cultural, como a dança, a música e a arte. No entanto, é interessante observar que muitos desses educadores atribuem uma maior importância à perspectiva da oficina como momento de realização de uma formação humana, da transmissão de valores e de uma socialização. Nesse sentido, parece-nos ser comum entre os jovens educadores a percepção de que suas oficinas, para além da transmissão de saberes, têm um caráter de socialização.

Essa constatação pode ser exemplificada por meio do relato de um educador que trabalha com o grafite em suas oficinas:

> Muitos jovens me procuram querendo aprender a grafitar e é através do grafite que eu vou conversando com eles, dando ideias. Vou falando aos poucos, durante as oficinas. Se chegar e falar tudo de uma vez assusta os meninos e eles não voltam mais. Tem que ir falando aos poucos, conquistando a confiança deles.

A partir desse relato, podemos apreender uma postura metodológica na qual os jovens educadores buscam aproximar-se das crianças e jovens por meio do interesse desses pelos saberes das oficinas, para então começar a trabalhar outras questões para além do ensino de alguma prática, como no caso o grafite.

A valorização da perspectiva da socialização nas ações educativas nos faz levantar a seguinte pergunta: o que os jovens educadores compreendem por socialização? Na investigação desenvolvida por Geber (2010), tal questão foi problematizada com os educadores pesquisados que, mesmo não sendo os mesmos que atuam na escola, podem servir como referência para nossa reflexão.[6]

Entre esses educadores, muitas são as representações que surgem ao referirem-se à questão da socialização, como: "socializar é promover uma educação humana"; "é transmitir valores"; "é ocupar o tempo ocioso dos alunos"; "é educar os alunos que a escola e a família não conseguem", etc. Essas representações recorrentes hora podem ser compreendidas a partir de uma concepção de educação mais ampla de direitos, de transmissão de valores. Hora aproximam-se mais de uma concepção de que crianças e jovens são sujeitos "perigosos" e precisam ser contidos, ou que o papel das ações educativas voltadas para essas parcelas da população seja o de reparação de uma socialização mal realizada pelas instituições tradicionais, como a escola e a família.

As concepções desses educadores correspondem às perspectivas presentes nas ações públicas voltadas para crianças e jovens, ora pautadas na proposta da garantia de direitos à esses segmentos, ora na ideia de socializar os sujeitos perigosos ou "mal adaptados".

Sposito e Carrano (2003, p. 17) identificam essas duas possibilidades ao afirmarem que, nas concepções que pautam as ações para os jovens, "(...) tanto pode estar presente a ideia de 'proteção' da sociedade diante do risco iminente provocado por seus segmentos jovens, como a percepção de que atores juvenis podem estar contemplados nas políticas enquanto expressão de um campo ampliado de direitos reconhecidos pela democracia".

É no contexto dessa multiplicidade de concepções existentes em relação à socialização que atuam os jovens educadores. Sendo possível identificar uma maior valorização desses atores à perspectiva da socialização em relação à proposta de transmissão de saberes, também é possível observar que a concepção de socialização entre os educadores é também diversa, ora tendendo à perspectiva da garantia de direitos, ora a uma proposta de ressocialização dos sujeitos "em risco social". Ora numa tentativa de enquadramento dos "mal adaptados", ora na perspectiva da integração social.

O JOVEM EDUCADOR COMO MEDIADOR SOCIAL

Levando-se em consideração a valorização dos jovens educadores em uma perspectiva de educação ampla, por meio do reconhecimento das oficinas, não apenas como um ambiente de aprendizagem de um saber, mas sim como um espaço de uma formação humana, de socialização e transmissão de valores, é possível identificar alguns elementos considerados relevantes pelos educadores para a realização do trabalho educativo a que eles se propõem.

Através dos nossos contatos e relatos dos jovens educadores, é possível identificar, a princípio, duas qualidades centrais atribuídas pelos mesmos para realização de suas ações educativas. Essas seriam: habilidade do educador em conhecer e saber dialogar com as crianças e principalmente com os jovens com quem eles estão trabalhando, e conhecer o local no qual eles desenvolvem suas ações educativas.

Se por um lado é possível identificar uma diversidade existente nas oficinas em relação aos saberes transmitidos, locais e condições, por outro podemos afirmar que os jovens educadores compartilham a tendência a valorizar a habilidade de diálogo com os seus alunos. Eles conhecem as crianças e os jovens participantes de suas oficinas, sabem onde moram, conhecem suas famílias e apresentam uma facilidade de diálogo com eles.

Durante um processo de formação com um grupo de jovens educadores, eles se perguntavam se ainda se consideravam jovens ou se já se consideram adultos. As opiniões eram bastante divergentes em relação à fase da vida em que acreditavam se encontrar. Durante a discussão, o depoimento de um educador expressa a discussão que estamos realizando:

> Não sei se somos jovens ou se somos adultos. Mas sei que conversamos com os jovens de nossas oficinas como jovens. Falamos com eles de jovens para jovens e não de um adulto conversando com um jovem. Não falamos como um adulto, quando diz o que ele deve ou não fazer ou o que é certo ou errado. Falamos como outro jovem, dialogando, discutindo, dando sugestões de caminhos.

Acreditamos que esse depoimento expressa uma postura pedagógica que valoriza o diálogo com as crianças e jovens, de troca e de valorização do saber dos mesmos e não uma postura de poder, de colocar-se em uma posição hierárquica superior. É interessante levar em conta que essa postura é contrária à realidade de boa parte das escolas, nas quais é comum os professores não conhecerem de fato os seus alunos para além dos muros da escola e muito menos conseguirem estabelecer uma relação baseada no diálogo (Arroyo, 2004; Dayrell, 2007).

Um segundo elemento característico dos jovens educadores consiste no reconhecimento da importância de conhecer a comunidade onde trabalha. Dessa forma, podemos inferir que esses sujeitos conhecem esses lugares, possuem facilidade em transitar pelos mesmos e reconhecem essa característica como importante para a realização do trabalho que propõem-se a realizar. Além de conhecer as crianças e jovens, eles também reconhecem a importância de ter acesso ao contexto social em que eles vivem.

Nessa perspectiva, podemos também inferir que o trabalho educativo dos jovens educadores não se restringiria ao momento das oficinas, mas sim no acompanhamento das crianças e jovens de forma geral. Em um seminário de oficineiros na região metropolitana de Belo Horizonte a frase de uma educadora exemplifica essa tendência. "Eu sou oficineira 24 horas por dia".

O jovem educador conhece seus alunos, trabalha com eles durante a oficina, os vê durante a semana, conhece sua família, muitas vezes conversa com seus pais, conhece os espaços que as crianças e jovens frequentam e quem são seus amigos. Nesse sentido, podemos pensar na figura desses jovens educadores como mediadores sociais.

Diferente de outros profissionais da educação, os jovens educadores não pautam suas ações por um estatuto profissional, não são necessariamente titulares de um diploma de qualificação reconhecido. Por outro lado, um dos elementos que os caracterizam, como discutido na categorização desses educadores, é o fato de serem jovens e/ou morarem nas áreas de atuação das políticas pelas quais são contratados. Dessa forma, a figura desses jovens educadores parece aproximar-se da dos mediadores sociais, apontados por Dubet (2006, p. 305), em que "No geral, é questão dos jovens cuja principal qualidade profissional é precisamente sua juventude e/ou sua proximidade cultural com os públicos com quem tratam". Segundo esse autor, a escolha proposital de profissionais com faixa etária próxima e que morem nas mesmas localidades do público com que irão trabalhar, justifica-se pela facilidade com que esses sujeitos conseguem trabalhar com os sujeitos alvos das ações públicas.

Tendemos a pensar que, assim como os mediadores, os jovens educadores têm como característica uma possível habilidade em criar pontes de tradução entre a cultura hegemônica, expressa nas políticas públicas, e a cultura local das comunidades alvo dessas políticas. Poderíamos, portanto, caracterizar os jovens educadores como mediadores, sujeitos que, por um lado, são capazes de compreender quais seriam as demandas e interesses das políticas públicas, seus propósitos e objetivos, e, por outro, teriam trato para trabalhar com as crianças e jovens nas escolas, possuindo histórias de vida parecidas com a deles, conhecendo a realidade onde se inserem, seus locais de moradia e estabelecendo com os mesmos uma relação dialógica.

Esta discussão aponta para uma possível identidade profissional desses jovens educadores. As especificidades dos saberes trabalhados nas oficinas, os locais de aprendizagem desses saberes, a perspectiva da valorização do contato com as crianças e jovens e o reconhecimento da importância do processo de socialização nos seus espaços educativos são algumas das questões aqui discutidas que apontam para uma identidade profissional como educadores. Reforçando essa constatação, em cursos de formação, quando perguntados pela sua identidade, é comum se reconhecerem como educadores, uma vez que não se limitam à transmissão de ofícios. Parece-nos que esses jovens vem cumprindo um importante papel de educadores, mediadores de políticas públicas, em sentido próximo às correntes educativas da educação social.

A emergência de uma nova profissão?

Por fim, cabe ainda refletir sobre a dimensão das oficinas na perspectiva de um nicho de mercado que se abre para os jovens, principalmente aqueles integrantes de grupos culturais ou esportivos os mais diversos espalhados nas periferias das nossas cidades. Como já afirmamos, podemos constatar uma ampliação significativa de ações públicas, de ONGs e de projetos os mais diversos que vem lançando mão da figura do jovem educador nas suas ações educativas. Seja pelo número de projetos que contratam esses jovens, seja pela particularidade das ações educativas nos mesmos, poderíamos sugerir a emergência de um novo espaço profissional nas ações públicas voltadas para os jovens? A escola de tempo integral, dentre estes outros projetos sociais, não poderia se constituir como uma forma possível de responder a uma demanda posta pela juventude brasileira de uma política pública de primeiro emprego?

Nessa discussão, é preciso levar em conta a realidade do trabalho para a juventude brasileira. Podemos constatar que a vivência da condição juvenil nas camadas populares, origem da grande maioria dos jovens educadores, é dura e difícil: os jovens enfrentam desafios consideráveis. Ao lado da sua condição como jovens, alia-se a da pobreza, em uma dupla condição que interfere diretamente na trajetória de vida e nas possibilidades e sentidos que assumem a vivência juvenil. Um grande desafio cotidiano é a garantia da própria sobrevivência, em uma tensão constante entre a busca de gratificação imediata e um possível projeto de futuro. No Brasil, a juventude não pode ser caracterizada pela moratória em relação ao trabalho, ao contrário, para grande parcela de jovens, a condição juvenil só é vivenciada porque trabalham, garantindo o mínimo de recursos para o lazer, o namoro ou o consumo. É comum a iniciação ao trabalho ocorrer ainda na adolescência, por meio dos mais variados "bicos", em uma instabilidade que tende a persistir ao longo da juventude. Inúmeras pesquisas, como a de Corrochano (2008), evidenciam que são os jovens a parcela da população mais atingida pelo desemprego e pela precarização do mercado de trabalho, mesmo em momentos como o atual, no qual há uma relativa ampliação dos empregos.

Para muitos jovens, a inserção no mundo do trabalho tende a gerar um conflito entre o tempo do trabalho e o tempo da escola, tendendo a um abandono desta. Como afirma Corrochano (2008, p. 7):

> [...] retomando a inspiração em torno do conceito de configuração de Elias, as histórias dos jovens parecem sugerir que na inter-relação das diferentes esferas – da família, do trabalho e da escola – os já instáveis equilíbrios são alterados e o trabalho acaba por ganhar centralidade em detrimento da escola.

Mesmo sem ter uma estatística precisa, os nossos contatos com os jovens educadores apontam que grande parte deles está estudando, finalizando o ensino médio ou mesmo ingressando na universidade. Essa constatação, inclusive, vai em sentido contrário a uma representação bastante recorrente de que os jovens educadores são caracterizados por ter uma baixa escolaridade. Em parte essa realidade pode ser fruto da carga horária e certa maleabilidade que encontram no trabalho nas escolas, o que possibilitaria a garantia de um mínimo de renda para a sua sobrevivência e o tempo necessário para prosseguir nos estudos. Essa mesma lógica de disponibilidade de tempo e garantia de sustento pode explicar em parte a participação desses jovens educadores em grupos e/ou movimentos sociais. Mas os relatos dos jovens educadores também sugerem que o próprio trabalho educativo que desenvolvem, o contato com a escola e os professores, e mesmo o papel que representam diante das crianças e jovens também funcionam como incentivo tanto à continuidade dos estudos quanto na participação comunitária.

Uma outra dimensão que merece ser ressaltada é a dimensão do sentido do trabalho e aqui também o trabalho como educador apresenta um diferencial. Várias pesquisas evidenciam uma tendência presente entre os jovens nas suas escolhas profissionais. Segundo Corrochano (2008), por exemplo, grande parte dos jovens aponta o interesse na busca de experiências de trabalho que lhes permitam alcançar os projetos de realização profissional, mesmo que tais escolhas não reflitam, em iguais proporções, em melhores salários e condições de trabalho. Muitos desses jovens educadores conseguem articular a sua formação escolar com a atuação profissional desenvolvendo oficinas em torno de temas que gostam, que lhes realizam. O relato de um jovem educador de música ilustra bem essa realidade. "Eu cheguei à conclusão que gosto é de música e quero trabalhar com isso. Então deixei de buscar outros trabalhos e estou focando na minha carreira profissional". Tendemos a acreditar que a realização profissional paute a atuação de muitos desses jovens educadores. Mesmo que abram mão da "almejada" estabilidade profissional ou tenham que conciliar a atuação nas oficinas com outros trabalhos, os jovens educadores sonham com a realização profissional por meio de um trabalho "ideal" que lhes imprima sentido.

Ao mesmo tempo, se essas evidências apontam para um importante espaço de trabalho para os jovens educadores, não podemos esquecer das inúmeras precariedades que também emergem nos seus relatos. Tais precariedades expressam-se nas formas de contratação dos jovens, nas relações de trabalho estabelecidas, na falta de infraestrutura adequada para o desenvolvimento das oficinas e muitas vezes na falta de reconhecimento, por parte da escola, dos jovens educadores como profissionais, como detentores de um saber válido e necessário na formação das crianças e jovens. Outra precariedade muito apontada por eles refere-se à ausência de propostas de formação, principalmente pedagógica, que possa ampliar as potencialidades educativas das oficinas que desenvolvem. Uma formação que possibilite ampliar o diálogo com o restante dos profissionais da escola buscando juntos a construção de uma proposta político pedagógica coerente com as demandas e necessidades das crianças e jovens que ali estudam.

Podemos concluir afirmando que o surgimento de demandas de trabalho nas escolas e projetos sociais para jovens podem constituir-se como espaços privilegiados de um exercício profissional que estimule a continuidade dos estudos, que possibilite a experimentação de desejos e potencialidades e principalmente a experiência de um trabalho com sentido, contribuindo para escolhas que apontem para uma realização profissional. Significa dizer que a proposta de escola integral pode significar um espaço de construção de uma política de primeiro emprego para parcelas da juventude brasileira. Porém, a efetivação de tal proposta tem de enfrentar necessariamente as precariedades apontadas, garantindo assim o reconhecimento profissional desses jovens como educadores.

A JUVENTUDE TAMBÉM FAZ A EDUCAÇÃO INTEGRAL...

Analisar o papel de mediação assumido pelos jovens educadores nos instiga a uma reflexão acerca das propostas de educação integral. Por um lado, a entrada desse novo sujeito no cenário da escola, ou instituição, repercute muito positivamente na medida em que traz conhecimentos, produções culturais e linguagens até então ausentes da formação de crianças e jovens. Por outro, provoca uma reflexão acerca dos desafios de uma educação sensível às crianças e jovens e capaz de apostar em sua ação protagonista, assumindo legitimamente seus saberes e culturas. A presença dos jovens educadores pode, portanto, dar mais voz às crianças e jovens e às suas linguagens, possibilitando assim que sejam sujeitos de seus processos de formação e apreensão do mundo. Vem contribuir de alguma forma para equacionar um grande desafio que está posto para as escolas e seus professores que é o reconhecimento dos alunos como sujeitos, como crianças e jovens que são ou, no dizer de Brandão (1986), conhecer e levar em conta nos processos educativos escolares a maneira peculiar como crianças e jovens vivem na cultura, a sua cultura.

A entrada de jovens nessa escola integral que se inaugura na contemporaneidade vem responder a outro desafio, que é o de aproximação da escola às comunidades, uma escola que busca abrir seus muros e dialogar com seu entorno, sua comunidade, compreendendo a necessidade do diálogo, do trabalho em rede, da democracia.

A partir das reflexões desenvolvidas nesse texto, parece-nos que os jovens educadores vêm constituindo-se como atores educativos que possuem uma identidade específica. As especificidades dos saberes trabalhados nas oficinas, os locais de aprendizagem desses saberes, a perspectiva da valorização do contato com os jovens e o reconhecimento da importância do processo de socialização nos seus espaços educativos são algumas das questões discutidas que reforçam nossa constatação. A perspectiva da identidade profissional passa pelo reconhecimento dos mesmos enquanto educadores. Fica evidente a necessidade desse reconhecimento profissional desse jovem, que mesmo ainda em formação precisa ser acolhido e entendido como pertencente a uma equipe e enfrentar a precariedade dos espaços educativos, a materialidade e condições de trabalho, enfim, as inúmeras demandas que colocam para o bom desenvolvimento da sua ação educativa.

Por fim, a aproximação desses jovens educadores, a atenção às suas práticas e a escuta de suas experiências permite-nos afirmar que a juventude também faz a educação integral, na medida em que tem ocupado um lugar fundamental de aproximação da escola pública com seu compromisso essencial de garantir o direito e a formação de todos e de cada um.

NOTAS

1. O Programa Mais Educação, criado pela Portaria Interministerial nº 17/2007 (Brasil, 2007), aumenta a oferta educativa nas escolas públicas por meio de atividades optativas que foram agrupadas em macrocampos como acompanhamento pedagógico, meio ambiente, esporte e lazer, direitos humanos, cultura e artes, cultura digital, prevenção e promoção da saúde, educomunicação, educação científica e educação econômica.
2. Uma das poucas pesquisas realizadas sobre este tema é a dissertação de Saulo Geber (2010) defendida na Faculdade de Educação da UFMG em 2010, que muito contribuiu para a construção desse texto.
3. O Programa Escola Integrada foi criado em 2006 e atende atualmente alunos do ensino fundamental de 94 escolas do município. São garantidas nove horas diárias de ação educativa, por meio de acompanhamento pedagógico com atividades culturais e esportivas, lazer e formação cidadã. O programa pressupõe que o alargamento do tempo e do espaço vinculados à instituição escolar são condições necessárias à melhoria da aprendizagem e do ensino, na perspectiva de formação integral.
4. Entendemos raça como uma construção social, uma forma de classificação baseada em características tais como a cor da pele, textura do cabelo e outros traços fenotípicos. Apesar de não demonstrar diferenças genéticas, atribui-se ao conceito de raça um grande poder de influência sobre a organização social, que funciona como um princípio de classificação capaz de hierarquizar segmentos da sociedade. Para uma discussão mais aprofundada sobre essa temática ver Dayrell e colaboradores (2009).
5. Movimento cultural que surgiu nos Estado Unidos no final da década de 1970. O *hip-hop* é composto por quatro manifestações artísticas principais que são os MCs, os DJs, a dança e o grafite. A cultura *hip-hop* vem tornando-se bastante difundida no Brasil, principalmente nos grupos de jovens pobres urbanos. Dayrell (2005); Said (2007); Moreno e Almeida (2009)
6. Os jovens educadores investigados por Geber (2010), estavam inseridos no Programa Fica Vivo, da Secretaria de Estado de Defesa Social (SEDS/MG), mas muitos deles também eram educadores do Programa Escola Integrada da PBH.

REFERÊNCIAS

ABRAMO, H.W. *Cenas juvenis*: punks e darks no espetáculo urbano. São Paulo: Scritta, 1994.

ARROYO, M.G. *Imagens quebradas:* trajetórias e tempos de alunos e mestres. Petrópolis: Vozes, 2004.

BRANDÃO, C.R. *Educação popular*. São Paulo: Brasiliense, 1986.

BRASIL. Portaria n. 17, de 20 de abril de 2007. *Diário Oficial da União*, Brasília, DF, 24 abr. 2007.

CORROCHANO, M.C. O trabalho e a sua ausência na experiência juvenil contemporânea. In: REUNIÃO DA ASSOCIAÇÃO NACIONAL DE PÓS GRADUAÇÃO E PESQUISA EM EDUCAÇÃO, 31., 2008, Caxambu. *Constituição Brasileira, Direitos Humanos e Educação*. Rio de Janeiro: Anped, 2008. v.1. p.58.

DAYRELL, J. A escola "faz" as juventudes? Reflexões em torno da socialização juvenil. *Educação & Sociedade*, Campinas, v.28, n.100, p.1105-1128, 2007.

_____. *A música entra em cena*: o funk e o rap na socialização da juventude. Belo Horizonte: Ed. UFMG, 2005.

DAYRELL, J.; LEÃO, G.; GOMES, N.L. *Escola e participação juvenil*: (re)pensando os vínculos. 2010. Relatório de pesquisa.

DAYRELL, J. et al. *Um olhar sobre os jovens em Minas Gerais*. 2009. Relatório de pesquisa.

DUBET, F. *El declive de la institución*: profesiones, sujetos e individuos en la modernidad. Barcelona: Gedisa, 2006.

GEBER, S. *Jovens educadores no contexto de uma ação pública voltada para a juventude na periferia de Belo Horizonte*. 2010. Dissertação (Mestrado em Educação) – Faculdade de Educação, Universidade Federal de Minas Gerais, Belo Horizonte, 2010.

MEAD, M. *Le fossé des génération:* les nouvelles relations entre les générations. Paris: Denoël-Gonthier, 1979.

MORENO, R.C.; ALMEIDA, A.M.F. O engajamento político dos jovens no movimento *hip-hop*. *Revista Brasileira de Educação*, Rio de Janeiro, v.14, n.40, 2009.

OLIVEIRA, J.R.; SILVA, L.I.C.; RODRIGUES, S.S. Acesso, identidade e pertencimento: relações entre identidade e cultura. *Democracia Viva*, Rio de Janeiro, n.30, p.62-65, 2006.

PAIS, J.M. A construção sociológica da juventude: alguns contributos. *Análise Social*, Lisboa, v.25, n.105-106, p.139-165, 1990.

PERALVA, A. O jovem como modelo de cultural. *Revista Brasileira de Educação*, Rio de Janeiro, n. 5/6, p.15-24, 1997. Juventude e contemporaneidade.

SANTOS, B.S. Para uma sociologia das ausências e uma sociologia das emergências. *Revista Crítica de Ciências Sociais*, Coimbra, v.63, p.237-280, 2002.

SAID, C.C. *Minas da rima*: jovens mulheres no movimento hip-hop de Belo Horizonte. 2007. 241 f. Dissertação (Mestrado em Educação) – Faculdade de Educação, Universidade Federal de Minas Gerais, Belo Horizonte, 2007.

SPOSITO, M.P. Introdução. In: _____. (Org.). *Espaços públicos e tempos juvenis*: um estudo de ações do poder público em cidades de regiões metropolitanas brasileiras. São Paulo: Global, 2007. p.5-43.

SPOSITO, M.P.; CARRANO, P.C.R. Juventude e políticas públicas no Brasil. *Revista Brasileira de Educação*, Rio de Janeiro, n.24, p.16-39, 2003.

TOLEDO, L.; FLORES, M.L.R.; CONZATTI, M. *Cidade educadora*: a experiência de Porto Alegre. São Paulo: Cortez, 2004.

11

Educação integral em escolas sustentáveis
Políticas públicas para os desafios da contemporaneidade

Rachel Trajber

> Ninguém educa ninguém, ninguém se educa sozinho: as pessoas se educam na relação, mediatizados pelo mundo.
>
> Paulo Freire (1975, p. 19)

DESAFIOS PARA A EDUCAÇÃO

Sabemos que o *meio ambiente* não pode ser reduzido a preocupações com a *ecologia* – uma área das ciências biológicas – ou com a *natureza* – os seres humanos nem sabem mais o que é "natureza" (...) O meio ambiente é tão completamente penetrado e reordenado pela vida sociocultural humana que nada mais pode ser chamado com certeza de apenas natural ou social. A natureza transformou-se em áreas de ação nas quais precisamos tomar decisões políticas, práticas e éticas (Beck, Giddens; Lash, 1997).

Enfrentamos agora uma *crise ambiental* nunca vista na história, que deve-se à enormidade de nossos poderes humanos. Pois tudo o que fazemos tem efeitos colaterais e consequências não antecipadas que tornam inadequadas as ferramentas éticas que herdamos do passado. Um filósofo contemporâneo, Hans Jonas, descreveu, com uma simplicidade contundente, a crise ética de profundas incertezas em que nos achamos: "nunca houve tanto poder ligado com tão pouca orientação para seu uso". Pois é, tecnologias altamente impactantes nos chegam sem manual de instruções ou bula.

É com certa perplexidade que devemos assumir a nossa responsabilidade humana pelos graves problemas socioambientais contemporâneos. As crises econômicas, as profundas desigualdades sociais, as alterações no clima constituem apenas a face mais visível de um fenômeno mais amplo e historicamente situado, conhecido como "mudanças socioambientais globais", cujo enfrentamento não pode ser adiado.

Há uma forte demanda dos sistemas de ensino, educadores, estudantes e cidadãos a respeito da educação ambiental em razão da crescente percepção de que é necessário enfrentar os complexos desafios ambientais contemporâneos e melhorar a qualidade do ensino. O contexto atual reforça o reconhecimento do papel transformador da educação, exigindo a revisão da referência superficial da transversalidade contida na normatização da educação ambiental no ensino formal, que em geral se apresenta desconexa, reducionista, desarticulada e insuficiente.

Tudo isso impõe uma proposta de educação que ressignifica sua função social a partir da complexidade, supera a dissociação sociedade/natureza e mantém uma relação dialógica e transformadora com o mundo. Nela, o atributo "ambiental", na tradição da educação ambiental brasileira e latino-americana, não é visto como mera função adjetivante para especificar um tipo particular de educação, mas constitui-se em elemento identitário que demarca um campo de valores e práticas, mobilizando atores sociais comprometidos com uma prática político-pedagógica emancipatória. Faz parte de uma perspectiva de educação integral e transformadora capaz de promover uma outra ética e uma nova cidadania – a ética e cidadania ambiental.

Este debate, em todos os âmbitos e nas áreas do conhecimento, em especial na educação, se dá no enfrentamento de imensos desafios e proposições em diversos planos:

1. o desafio *planetário*; a educação ambiental atua criticamente na superação de padrões predatórios da vida e na busca de uma educação que realize alternativas civilizatórias e societárias.

> Mais do que mudar apenas valores, a educação ambiental assume a sua parte no enfrentamento dessa crise, radicalizando seu compromisso com mudanças de comportamentos, sentimentos e atitudes, em conjunto e com reflexos para a totalidade dos habitantes de cada território. Uma educação que se propõe a fomentar processos continuados, estimulando o reconhecimento da biodiversidade, da diversidade cultural, étnica, juntamente com o fortalecimento da resistência da sociedade a um modelo devastador das relações humanas, das nossas relações com os demais seres vivos e com o planeta. (Sorrentino; Trajber, 2007)

O momento atual, marcado pela ocorrência de diversos desastres ambientais, amplia a necessidade de compreendermos a complexa multicausalidade, prevermos seus efeitos e vislumbrarmos mudanças radicais. Já não basta mais seguir o antigo jargão ambientalista de "pensar globalmente e agir localmente". O desafio atual consiste em aprender a simultaneidade do pensar e agir local e globalmente.

Essa visão reafirma valores e ações propostas por documentos da sociedade civil, em especial o Tratado de Educação Ambiental para Sociedades Sustentáveis e Responsabilidade Global (Tratado... [1992?]), a Carta da Terra (Carta... 2000) e a Agenda 21. Dizem os signatários do Tratado ([1992?], p. 1):

> Nós signatários, pessoas de todas as partes do mundo, comprometidos com a proteção da vida na Terra, reconhecemos o papel central da educação na formação de valores e na ação social. Nos comprometemos com o processo educativo transformador através de envolvimento pessoal de nossas comunidades e nações para criar sociedades sustentáveis e equitativas. Assim, tentamos trazer novas esperanças e vida para o nosso pequeno, tumultuado mas, ainda assim, belo planeta.

Ela acontece durante a Década da Educação para o Desenvolvimento Sustentável, iniciativa das Nações Unidas sob a coordenação da Unesco, que afirma:

> *O Programa Educação para o Desenvolvimento Sustentável trata fundamentalmente de valores, tendo como tema central o respeito: respeito ao próximo, incluindo as gerações presentes e futuras, à diferença e à diversidade, ao meio ambiente e aos recursos existentes no planeta que habitamos. A educação nos torna aptos a nos enten-*

dermos, a entendermos o próximo e os vínculos que nos unem ao entorno natural e social. Esse entendimento serve de base duradoura para alicerçar o respeito. Junto com o senso de justiça, responsabilidade, exploração e diálogo, o Programa Educação para o Desenvolvimento Sustentável objetiva nos levar a adotar atitudes e práticas que permitirão a todos viver uma vida plena, sem carecer do indispensável. (Nações Unidas, 2005, p. 19 – itálico no original)

2. o desafio educacional se dá na própria práxis educativa. Vale retomar a concepção freireana das pessoas aprenderem mediatizadas pelo mundo, na qual se enfatiza a dimensão sociopolítica, com a formação da consciência crítica no processo de organização e mobilização das classes populares.[1] Freinet também enfatiza o contato com a natureza como mediação educativa, ao enfatizar que "a natureza permanece sempre como o meio mais rico e aquele que se adapta às necessidades variáveis dos indivíduos. Não deve haver escola maternal sem meio natural (...) [assim como] não poderá haver escola primária sem meio natural" (Freinet, 1973, p. 46 e 71, grifo nosso). Esses autores não excluem a dimensão da natureza e da cultura. A perspectiva crítica de Paulo Freire e a naturalizante de Freinet, no contexto atual, readquirem nova força de convocação com um significado ampliado de um mundo em transição, que precisa ressignificar a mediação educativa para as bases de sustentação da vida e do bem-estar no planeta.

Uma curiosidade nessa relação natureza/cultura aparece na abordagem de Fritjof Capra que mostra o termo "cultura" na antiguidade ligado ao processo de cultivo de plantas e cereais, ou de criação de animais (agricultura, monocultura...), que no Renascimento recebeu uma extensão metafórica para o cultivo da mente humana. No século XX, quando o conceito antropológico de cultura torna-se dinâmico, múltiplo, complexo e polissêmico – em significados e enfoques – a palavra designa "o modo específico de vida de um povo ou grupo social", ou seja, dizemos a cultura árabe, a cultura empresarial, a cultura escolar (Capra, 2002, p. 98).

A educação, portanto, aponta para trajetórias transformadoras das subjetividades, das relações sociais, das culturas e das condições objetivas de vida[2] a serem percorridas pelas escola e suas comunidades, verdadeiros "lugares de locução onde se experimenta habitar uma educação que não cede de sua crença e de sua aposta em que um outro mundo é possível" (Carvalho, 2004, p. 20). Trata-se de "promover a compreensão dos problemas socioambientais em suas múltiplas dimensões: geográficas, históricas, biológicas, sociais e subjetivas [...] formando uma atitude ecológica dotada de sensibilidades estéticas, éticas e políticas sensíveis à identificação dos problemas e conflitos que afetam o ambiente em que vivemos" (Carvalho, 2004, p. 20-21).

Diversas políticas públicas e iniciativas do Ministério da Educação voltadas a temas e questões ambientais foram criadas para lidar com o desafio de a educação tornar-se "um processo de politização e publicização da problemática ambiental por meio do qual o indivíduo, em grupos sociais, transforma a si mesmo e a realidade".[3] (Loureiro 2004, p. 81-82). Nesse sentido, destacam-se os Parâmetros Curriculares Nacionais elaborados em 1997, que incluem o meio ambiente entre os temas transversais; acompanhados dos Parâmetros em Ação – Meio Ambiente na Escola. Desde 2004, com a criação da Secretaria de Educação Continuada, Alfabetização e Diversidade (SECAD) no MEC, a educação ambiental adquiriu uma visão sistêmica. Foi realizada a Formação Continuada de Professores em Educação Ambiental em todos os estados, tanto presencial como a distância pela Rede de Formação para a Diversidade (UAB/Capes/Secad), envolvendo milhares de professores.

Desenvolvidas respectivamente em 2003, 2006 e 2009 pelo Órgão Gestor da Política Nacional de Educação Ambiental, a I, II e III edições da Conferência Nacional Infantojuvenil pelo Meio Ambiente e, em 2010, a Conferência Internacional Infanto-Juvenil Vamos Cuidar do Planeta, tiveram a participação de 47 países e envolveu milhares de escolas e estudantes. Como desdobramento da Conferência de Meio Ambiente na Escola, foi fomentada a criação da Comissão de Meio Ambiente e Qualidade de Vida (COM-Vida). Com metodologias inovadoras, participativas e democráticas, as conferências são vistas como "pretexto pedagógico" para a inserção de conceitos complexos e contemporâneos diretamente nas escolas.

Entretanto, em tempos de mudanças socioambientais globais, o processo pedagógico requer uma reflexão consistente para que a superação da distância entre o pensar e o fazer possa acolher valores mais condizentes com as premissas da sustentabilidade socioambiental. Neste momento é fundamental gerar uma nova cultura na comunidade escolar.

Contribui com tal necessidade uma abordagem interessante proposta por Tim Ingold.[4] O autor parte da antropologia ecológica, na qual se apresenta o conhecimento e a aprendizagem como indissociáveis das práticas e das relações das pessoas com o ambiente em que os seres vivos habitam, interagem e se movimentam. Nas palavras de Ingold (2000):

> Ao habitar o mundo, nós não apenas agimos sobre ele ou realizamos coisas para ele, mas, mais do que isso, nós nos movemos junto com ele. Nossas ações não transformam o mundo, elas são parte do mundo transformando a si mesmo.[5]

3. o desafio político-pedagógico, com a emergência de novos desafios educacionais e socioambientais. Além de tornar-se um espaço republicano de acesso, permanência e aprendizagem de qualidade para o exercício democrático da cidadania, a escola pública precisa reposicionar-se em busca de uma concepção integral da prática educativa, com modos sustentáveis de vida.

Para Jaqueline Moll (2010), viabilizar uma educação integral envolve:

> [...] a reinvenção da prática educativa escolar no sentido de seu desenclausuramento, de seu reencontro com a vida, do desenrijecimento de seus tempos, da interlocução entre os campos do conhecimento em função da compreensão e da inserção qualificada no mundo. No reencontro com a vida coloca-se a perspectiva de um projeto educativo que, ancorado na instituição escolar, possa recriar seu sentido na relação com outros interlocutores, outros espaços, outras políticas e equipamentos públicos.[6]

Ganha sentido assim a relação orgânica de complementaridade existente entre a educação integral e a ambiental. A compreensão qualificada no mundo realiza-se metodologicamente pela articulação dos espaços de educação formal e não formal, pela aproximação da escola e sua comunidade, pela integração de saberes das forças sociais locais e pela consolidação de uma ética do cuidado, respeitando todas as formas de vida.

Esse constitui um campo inovador de políticas públicas de educação no Brasil: educação integral e sustentável. Nesse campo, a educação integral alinha-se com a educação ambiental, ao integrar a escola e a vida, conforme seus objetivos estabelecidos no Decreto

7.083/2010, ao "convergir políticas e programas de saúde, cultura, esporte, direitos humanos, educação ambiental, divulgação científica, enfrentamento da violência contra crianças e adolescentes, integração entre escola e comunidade, para o desenvolvimento do projeto político-pedagógico de educação integral".

Para a educação ambiental, as proposições constitucionais[7] e legais[8] brasileiras encontram respaldo e concretude nos "espaços educadores sustentáveis" assumidos como um princípio do Programa Mais Educação (Decreto nº 7.083/2010).[9] E o Fundo Nacional para o Desenvolvimento da Educação Básica (FUNDEB, aprovado em 2007), permite o financiamento desses ideais de integralidade e sustentabilidade.

4. o desafio da educação integral realizada em *escola sustentável*, torna esta um *espaço educador sustentável*. Numa sociedade que se caracteriza pela circulação de tantas identidades e diversidades e, especialmente, no cenário dos espaços educadores sustentáveis, pensar a educação é pensá-la diferente.

Nesse contexto, a escola precisa se reinventar a cada dia, perpetuando-se por meio de suas relações com o ambiente, acompanhando os processos de mudanças socioambientais. Assim, será capaz de fazer uma educação de qualidade, integral e transformadora, que seja capaz de estimular os processos investigativos, a pesquisa, a interpretação da paisagem, a compreensão da realidade local e global e a construção de identidades próprias, individuais e coletivas, orientadas pedagogicamente.[10]

Em um país megadiverso como o Brasil, as escolas precisam construir sua identidade em processos mais próximos das comunidades e suas necessidades, dos biomas e suas bacias hidrográficas, vinculadas com a realidade, considerando as especificidades regionais, ambientais, culturais. A combinação da educação integral em escolas sustentáveis amplia e potencializa a produção do conhecimento na escola, por opção de quem acredita que a escola não é mera reprodutora de um sistema de ensino estagnado, dominador e predatório, mas produz conhecimentos e novas formas de convivência.

ESPAÇOS EDUCADORES SUSTENTÁVEIS

A inspiração para construir escolas como *espaços educadores sustentáveis* originou-se no Programa Município Educador Sustentável, que cria uma unidade municipal (área urbana e rural integradas) de vida educadora, solidária e sustentável (Brandão, 2005, p. 147). Espaços educadores sustentáveis são aqueles que têm a intencionalidade pedagógica de constituir-se em referências de sustentabilidade socioambiental, isto é, espaços que mantêm uma relação equilibrada com o meio ambiente, compensam seus impactos com o desenvolvimento de tecnologias apropriadas, permitindo a qualidade de vida para as gerações presentes e futuras.

Sustentabilidade[11] talvez seja um dos conceitos mais disputados da contemporaneidade. Ele envolve a noção de sociedades sustentáveis, um todo complexo de natureza-sociedade-cultura, em suas dimensões multifacetadas, sempre em movimento dinâmico de interdependência e diversidade: econômica, ecológica, ambiental e demográfica, além da social, cultural, política, espiritual. Essas dimensões são complementares e constituem-se mutuamente a partir de fluxos e processos em equilíbrio (sempre instável, posto que humano), organizam-se e integram-se sem fragmentações ou isolamento e, principalmente, sem que uma pretenda a hegemonia ou a dominação das demais. Tais sociedades são capazes de garantir o bem viver das pessoas, o equilíbrio ecológico, a cidadania e a justiça distributiva para as atuais e as futuras gerações.

Na prática do fazer educativo, trata-se de vivenciar espaços e tempos sustentáveis na escola e na comunidade: uma escola sustentável. Isso implica a readequação (reforma ou construção) dos prédios escolares e seu entorno com critérios de sustentabilidade, como qualidade de vida; ecoeficiência; plantio agroecológico; conforto térmico, acústico e visual; acessibilidade; gestão ambiental democrática, ou seja, participação, direitos humanos, alimentação, transporte, consumo responsável. Tais características devem reorientar a formação de professores e promover a inserção das temáticas de sustentabilidade ambiental nas atividades curriculares e no desenvolvimento de materiais didáticos, como prevê o inciso V, art. 2º do Decreto nº 7.083/2010 – Programa Mais Educação, ao incorporar na educação integral o que propõe o Plano Nacional sobre Mudança do Clima.[12]

A iniciativa da SECAD/MEC, por intermédio da Coordenação-Geral de Educação Ambiental, começou pela inserção em documentos governamentais a ideia de espaços educadores sustentáveis e escolas sustentáveis, vinculado-os ao Plano Nacional sobre Mudança do Clima.[13] Com isso, foi possível também debater o conceito em outros foros de educação e meio ambiente, sendo que durante a Conferência Nacional de Educação (CONAE), a Moção de Escolas Sustentáveis foi aprovada pelo plenário com a subscrição de milhares delegados presentes, além de diversas entidades de abrangência nacional participantes.

O plenário da I CONAE apoiou:

A implementação do Plano Nacional sobre Mudança do Clima, que prevê a criação de espaços educadores sustentáveis nas escolas e universidades brasileiras para o urgente enfrentamento das mudanças socioambientais globais. A inclusão do Programa Mais Educação e a Educação Integral, que tem por princípios a integração entre as políticas educacionais e sociais em interlocução com as comunidades escolares e o incentivo à criação de espaços educadores sustentáveis com a readequação dos prédios escolares, incluindo a acessibilidade, e à gestão, à formação de professores e à inserção das temáticas de sustentabilidade ambiental nos currículos e no desenvolvimento de materiais didáticos (Decreto nº 7.083/2010, inciso V, art. 2º).

As deliberações do GT Matriz Energética para o Desenvolvimento com Equidade e Responsabilidade Socioambiental do Conselho de Desenvolvimento Econômico e Social (CDES), que afirma: "para que a educação ambiental seja efetiva e contribua para a mitigação dos efeitos das mudanças do clima e a formação de uma nova cidadania, foi consenso nas discussões entre os conselheiros que as instituições de ensino sejam incubadoras de mudanças concretas na realidade social articulando três eixos: edificações, gestão e currículo" (Relatório nº 1, Sustentabilidade e eficiência energética, aprovado em novembro de 2009).

E propôs:

Que o documento final da CONAE inclua a educação ambiental qualificada, encaminhe esta proposta para o Plano Nacional de Educação (PNE 2011-2020), reafirmando a urgência de tornar os estabelecimentos de ensino espaços educadores sustentáveis e referências de uma educação transformadora que enfrente os desafios da contemporaneidade.

Trata-se, portanto, de uma intervenção nas políticas públicas que pode gerar transformações profundas, cujos reflexos começam a ser vislumbrados nas relações entre a escola e o mundo que baseiam-se em alguns eixos pedagógicos:

- Cuidado – considera o sujeito historicamente situado, consciente de sua existência, seus sonhos, valores e sentimentos, porém entrelaçado no marco de um projeto coletivo da humanidade. É a ética do cuidado[14] redefinida em um contexto social mais amplo e expandindo-se em círculos excêntricos que iniciam com o nosso corpo, a família, a escola, o bairro, o município, o estado, a nação, o planeta, o universo... Essas ideias são reafirmadas no parecer de mérito das Diretrizes Curriculares Gerais Nacionais para a Educação Básica, aprovado pelo Conselho Nacional da Educação e publicado em julho de 2010, onde se lê o seguinte trecho:

  > Educar exige cuidado; cuidar é educar, envolvendo acolher, ouvir, encorajar, apoiar, no sentido de desenvolver o aprendizado de pensar e agir, cuidar de si, do outro, da escola, da natureza, da água, do planeta. Educar é, enfim, enfrentar o desafio de lidar com gente, isto é, com criaturas tão imprevisíveis e diferentes quanto semelhantes, ao longo de uma existência inscrita na teia das relações humanas neste mundo complexo. Educar com cuidado significa aprender a amar sem dependência, desenvolver a sensibilidade humana na relação de cada um consigo, com o outro e com tudo o que existe, com zelo, ante uma situação que requer cautela em busca da formação humana plena. (Brasil, 2010c)

- Integridade – capacidade de exercitar a visão complexa e vivenciar o sistema educativo desenvolvendo uma práxis coerente, entre o que se diz e o que se faz. Um espaço que propõe o enraizamento dos conceitos trabalhados na ação cotidiana. Segundo a Wikipedia,
  Integridade significa a qualidade de alguém ou algo ser íntegro, de conduta reta, pessoa ética, educada, imparcial. São exemplos de integridade: a vida íntegra, a integridade [...] do nome, da imagem e dos sentimentos. [...] A moral de uma pessoa não tem preço e é indiscutível.[15]

- Diálogo – exercício constante de respeitar as diversas referências, acadêmicas ou populares, os valores de cada biorregião. De relações dialógicas depende a capacidade de transformar a escola em um espaço republicano – a coisa pública, de todos, de aprendizagem ao longo da vida – e de democracia.

É interessante trazer aqui, ainda que superficialmente, o pensamento de Raimon Panikkar, filósofo indiano. Ele distingue o mais conhecido no mundo ocidental como diálogo dialético, no qual os interlocutores confrontam e debatem enunciados contraditórios ou em conflito, do diálogo dialogal.

O diálogo dialogal emergente na filosofia indiana existe em especial nas relações interculturais. Nesse sentido, pode-se referir a diálogos interculturais quando debate sobre leis, moral, religião e também educação, em que diferentes visões de mundo estão implícitas e não são desveladas pelos interlocutores. Estes correm o risco de construírem suas relações em termos de verdadeiro ou falso, aquilo que de fato é diferente, diverso.

Panikkar faz com que desapareçam algumas certezas centradas no universo do racionalismo moderno e as transforma no *pluriverso*. No pluriverso, os saberes locais, tradicionais e originários, derivados de diversas culturas e visões de mundo, podem manter um diálogo, sem necessariamente definir que uma única visão (por exemplo, a ocidental, científica, hegemônica) prevaleça sobre as demais (Panikkar, 1979 apud Ebehard, 2008). Sociedades sustentáveis convivem no pluriverso.

ESCOLAS SUSTENTÁVEIS

Transformar uma escola em um espaço educador sustentável pressupõe mudanças revolucionárias de pensamento, percepções e valores que derivam da formação de consciência crítica dos atuais padrões societários de competição, expropriação, individualismo, entre outros.

Há diversos programas de escolas sustentáveis atualmente em curso no mundo, tais como as Eco-escolas (uma rede promovida pela UNESCO), Escolas Saudáveis de diversos matizes em quase todos os países do mundo. Como política pública institucionalizada, a Austrália tem grandes avanços com a Iniciativa Australiana de Escolas Sustentáveis (AuSSI, Australian Government, 2010). Esta iniciou, em 2006, com 20 escolas e atualmente conta com mais de 300, a partir de uma parceria entre o governo australiano, os estados e territórios, tendo em vista apoiar todas as escolas e suas comunidades rumo à sustentabilidade. A iniciativa trata de questões sociais e financeiras, disponibilizando recursos para as escolas.

A Inglaterra avançou bastante na implantação de escolas sustentáveis estabelecendo metas para que todas as escolas tornem-se sustentáveis até 2010, com indicadores e recursos para essa área. A Estratégia Nacional (The National Framework) envolve três componentes interligados: um compromisso com o cuidado, uma perspectiva integrada de currículo, prédio e engajamento da comunidade e a seleção de oito portas de entrada ou temas de sustentabilidade.[16]

No Brasil, o projeto de escolas sustentáveis é uma intervenção de políticas públicas que requalifica a educação ambiental e produz mudanças concretas na vida cotidiana da escola face à emergência das mudanças socioambientais globais. O esquema mostrado na figura abaixo ilustra um tripé básico – de espaço físico, gestão e currículo – que envolve as múltiplas temáticas a serem consideradas quando se fala de uma maior interação escola-comunidade no fomento a espaços educadores sustentáveis.

Torna-se importante combinar esses itens, transformando-os em conhecimento sistematizado, capaz de ser reproduzido em outros espaços e com força suficiente para gerar novos hábitos de uma vida sustentável que tenham capacidade para se disseminar no entorno (Figura 11.1).

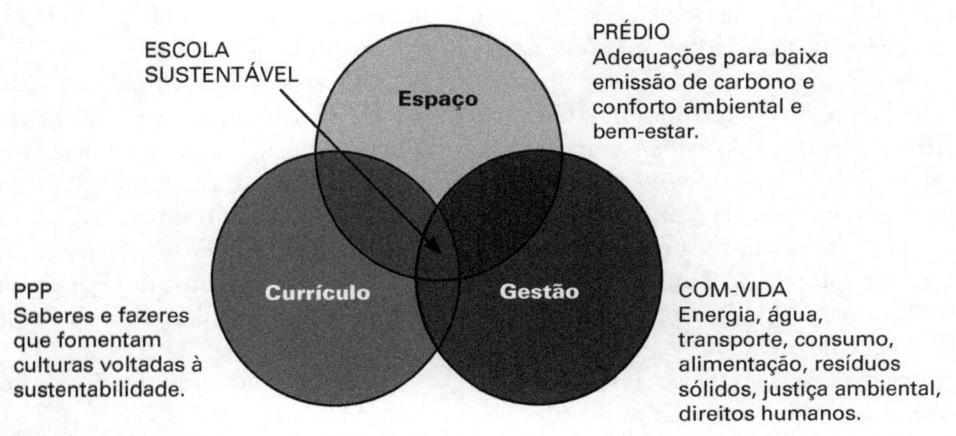

FIGURA 11.1 Escolas sustentáveis: articulação de três eixos.

O espaço físico sustentável

A concepção, a arquitetura, o uso e o funcionamento dos prédios escolares servem de base para as ações coordenadas. Tal concepção pode incluir desde a escolha do local – aproveitando a topografia e a luz natural; a preocupação com a adequação ao bioma e a paisagem, com o entorno – até os materiais de construção usados.

O aumento da eficiência energética nas novas construções escolares, bem como em reformas das construções existentes, pode reduzir consideravelmente o consumo de energia, a conservação dos recursos hídricos e sistemas de saneamento com economia para os cofres públicos, reduzindo a emissão de gases de efeito estufa. Além disso, é fundamental cuidar da estética, do conforto (térmico, auditivo, visual) de cada sala de aula com foco no bem-estar e na melhoria da saúde ambiental da comunidade escolar.

Anísio Teixeira pensava no papel pedagógico da organização do espaço escolar: "uma nova educação pede uma nova arquitetura" (Japiassu, 2006, p.17).[17] Sua proposta arquitetônica servia de apoio a uma nova e ousada concepção das práticas escolares, com seis tipos de programas arquitetônicos diferentes de escola-classe e Escola-Parque vinculados a uma filosofia escolanovista.[18]

Freinet e Freire realçam a dimensão natural e cultural do *mundo* como mediação pedagógica na formação da consciência crítica orientadora da prática política. Nessa linha, sem excluir a atenção à consciência dos fatores econômico-políticos que condicionam a própria práxis social, a experiência de uma escola sustentável cria condições para vivenciar a relação física com a natureza e reavaliar as relações pessoais com os outros. Ela favorece a tomada de consciência ante a própria subjetividade e a própria identidade pessoal e cultural, permitindo ampliar e aprofundar as possibilidades de relação com os outros.

Para Freinet, o meio natural na escola é mais importante do que os edifícios, que devem ser remodelados, ou seja, organizados em salas comuns, articuladas com oficinas exteriores especializadas. Assim, torna-se fundamental repensar o ambiente no sentido de torná-lo integrador, educador, saudável e sustentável, o que implica sua adequação em termos arquitetônicos e de saúde pública. Isto é, redesenhar os espaços de acordo com um ambiente de aprendizagem e produção do conhecimento.

Aqui não cabe entrar em detalhes técnicos sobre construções sustentáveis. Basta mencionar que existem iniciativas interessantes que permitem planejar um prédio escolar com adequações biorregionais locais. Um exemplo excelente é o guia Caixa Selo Casa Azul, que pretende "ser útil a todos os estudantes, profissionais e empresas da área de construção que busquem contribuir para o desenvolvimento sustentável [...]"(John; Prado, 2010), podendo também inspirar e apoiar outros órgãos governamentais, como o Fundo Nacional de Desenvolvimento da Educação (FNDE) e instâncias estaduais e municipais voltadas para a construção de escolas.

O guia está organizado em duas partes. A primeira apresenta os principais impactos socioambientais da cadeia produtiva da construção e, em consequência, as necessidades de transformação do setor com vistas à sustentabilidade. A segunda parte traz capítulos diretamente relacionados aos principais desafios da agenda de construção sustentável.

Para além da arquitetura da edificação escolar, deve ser trabalhada a paisagem do entorno da escola – com hortas agroecológicas[19]/pomares, arborização;[20] áreas de lazer/esporte; outros espaços coletivos disponíveis (quadras, bibliotecas, anfiteatro, praças, Unidades de Conservação,[21] parques, jardins, hortos florestais) no bairro e no município. Muitas práticas da escola podem beneficiar a comunidade, movimentando a economia local em torno de ações, como segurança alimentar e comércio justo.

Gestão socioambiental

A gestão dos espaços nas instituições de ensino interage diretamente com a construção civil, fazendo com que projetos, ações, estudos e avaliações sobre ecoeficiência energética, resíduos sólidos, alimentação, transportes sejam permanentes e articulados.

A sustentabilidade social pressupõe gestão participativa, que trabalha com a gestão de pessoas e de recursos físicos e financeiros em dimensões como democracia, equidade e diversidade (etnicorracial, gênero, cultural, regional). A implantação e implementação da Comissão de Meio Ambiente e Qualidade de Vida (COM-Vida), é uma ação estruturante fundamental na gestão socioambiental.

A COM-Vida foi uma deliberação da I Conferência Nacional Infanto-Juvenil pelo Meio Ambiente de 2003, que incorporou a proposta de Paulo Freire de formação dos Círculos de Cultura idealizados como espaços de trabalho, pesquisa e vivências que possibilitam a construção coletiva do conhecimento. "Onde todos têm a palavra, onde todos leem e escrevem o mundo".

Decorre da mobilização para a primeira conferência o aparecimento dos Conselhos Jovens de Meio Ambiente, mais tarde consolidados como Coletivos Jovens de Meio Ambiente e, em seguida, a Rede de Juventude e Meio Ambiente pela Sustentabilidade (REJUMA).[22] São grupos informais de jovens e organizações juvenis que se mobilizam em torno da temática socioambiental, seguindo três princípios: "jovem escolhe jovem", "jovem educa jovem" e "uma geração aprende com a outra".[23]

O respeito à democracia, à diversidade e aos direitos humanos integra-se às escolas sustentáveis de maneira orgânica, a partir de uma agenda positiva. A sustentabilidade social confronta-se com as graves questões do preconceito, da discriminação e do *bullying*[24] presentes no ambiente escolar. Tais questões, além de acentuar as desigualdades, não são adequadamente tratadas pelos profissionais da educação por falta de conhecimento ou habilidades na percepção ou gestão de conflitos ocultos ou explícitos.

Algumas questões emergentes a serem debatidas e mensuradas pelas instituições de ensino envolvem a redução do consumo de água e eletricidade – ecoeficiência energética e a adoção dos 5R. São eles: refletir sobre os processos socioambientais de produção e consumo, desde a matéria prima até o descarte; recusar, ou seja, evitar consumir produtos que causem danos ao meio ambiente, às relações sociais ou à nossa saúde; reduzir a geração de lixo, o que significa evitar o consumo exagerado e desnecessário, como o de produtos descartáveis; desperdiçar menos, consumir o necessário; reutilizar, isto é, dar uma nova utilidade a materiais que, na maioria das vezes, são considerados inúteis e descartados; reciclar ou transformar algo usado em algo novo por meio de processos industriais.

A gestão de uma escola sustentável envolve também a racionalização dos transportes pela comunidade escolar; alimentação natural e saudável com produção local (horta agroecológica, compras solidárias) e oferta de alternativas para reduzir o consumo de carne.

Currículo sustentável

Espaços educadores sustentáveis enfrentam grandes desafios para mudar as formas de pensar e agir a partir das interações dinâmicas entre ambiente, cultura e sociedade, em uma perspectiva contemporânea. Nesse sentido, a inserção curricular da educação ambiental no Projeto Político-Pedagógico das instituições de ensino de forma multi/inter/pluri e transdisciplinar promove a construção do conhecimento com uma postura crítica, ética e transformadora de valores que reorientem atitudes para a construção de sociedades sustentáveis.

O currículo organiza o tempo dentro e fora da escola por meio de ações/atividades educativas para o alcance da sua finalidade. Os conteúdos devem considerar os elementos da cultura local, sua história, o patrimônio material e seus costumes. E, sobretudo a partir dos anos finais do ensino fundamental, há condições para desenvolver o raciocínio crítico, prospectivo e interpretativo das questões socioambientais, favorecendo a cidadania ambiental (Lipai, Layargues; Pedro, 2007).[25] Torna-se então a educação integral e integrada com o mundo e a biosfera, como afirma Jaqueline Moll (2010):

> Trata-se de reaproximar os tempos da vida dos tempos da escola, entendendo-os em seu *continuum*. Trata-se de avançar na qualificação do espaço escolar como espaço de vida, como espaço de conhecimentos e valores, como espaço no qual a vida transita em sua complexidade e inteireza, como espaço no qual cada estudante possa conhecer as artes, as ciências, as matemáticas, a literatura para que possa, também, ressituar-se na cidade, compreendendo-a, compreendendo-se e incorporando-se a ela.[26]

Processos formativos para escolas sustentáveis

A partir desses três princípios pedagógicos foi pensado o Processo Formativo em Educação Ambiental: Escolas Sustentáveis e COM-Vida. Um curso de extensão na modalidade a distância, com duração de 90 horas,[27] gerado pelo MEC em parceria com três universidades, envolve no debate todo o coletivo escolar, ou seja, direção, professores, estudantes, funcionários, integrantes da comunidade. É importante ressaltar que as atividades propostas exigem vinculação a uma escola para que o cursista mobilize sua escola, ou "adote" uma.

Os princípios que regem o processo formativo "são caracolianos, por acreditar na escola como uma espiral de possibilidades e descobertas e por apresentar uma proposta de aprendizagem circular, que não se fecha e permanece inacabada na incompletude de avançar e recuar, de ensinar e aprender. Uma escola sustentável considera que o território é o espaço que constrói as identidades, ou seja, um currículo cultural do sujeito, da comunidade escolar e também da sociedade brasileira." (Sato; Trajber, 2010).

Na introdução ao material didático do Processo Formativo, constam os conteúdos desenvolvidos em três módulos:

> No módulo 1 partimos do EU, buscando o ENGAJAMENTO individual. O exercício da Pegada Ecológica pretende incitar a reflexão sobre as marcas que deixamos no mundo devido à satisfação de nossas necessidades e desejos. Por meio de exercício de memória recuperamos nossa história, a história de nossa famí-

lia e dos nossos antepassados na relação com o ambiente.

No módulo 2 caminhamos até o OUTRO, ou os outros com quem convivemos, em busca do exercício da RESPONSABILIDADE. Somos chamados a perceber o território escola: o nível de cuidado com o local, bem como os pactos e diretrizes firmados por meio do Projeto Político-Pedagógico. Queremos com isso estabelecer um marco zero, que servirá de referência para sonhar o diferente, uma base para a mudança desejada. Como produtos desse módulo esperamos a criação ou revitalização da COM-Vida e o mapeamento socioambiental da escola. Essas serão nossas ferramentas para a ação transformadora que torna a escola um espaço educador sustentável.

No módulo 3 projetamos nossa escola no planeta para perceber o MUNDO e adentramos as múltiplas possibilidades de atuação na busca da SUSTENTABILIDADE. Partindo da planta baixa da escola que temos, começamos a empreender o movimento para o desenho da escola que queremos, por meio de um cardápio de ecotécnicas. Pensando um projeto de mudança, temos como produto esperado desse módulo a elaboração de uma proposta concreta de intervenção na realidade escolar.

No processo formativo considera-se o sujeito (estudante) percebido no mundo, suas relações no mosaico social da escola e seu entorno (comunidade) e no desenvolvimento de atividades, projetos e planos que se entrelaçam com o local (bairro, município educador sustentável), promovendo diálogos entre os conhecimentos científicos, culturais e saberes locais.

CONSIDERAÇÕES FINAIS

Se ao poder público cabe o papel de indutor de políticas, de regulador e de estimulador de inovações tecnológicas para a sociedade, aos estabelecimentos públicos de ensino cabe incentivar a demonstração e a experimentação com vistas à comunicação e disseminação de conhecimento. Nesse sentido, a educação que dá acesso à ciência e tecnologia é uma área onde deve haver uma causa comum a ser alcançada, defendendo firmemente o papel dos critérios locais na determinação de como ciência e tecnologia devem ser usadas (Nações Unidas, 2005, p. 40).

Portanto, nos trabalhos de pesquisa, de laboratório nas escolas, a tecnologia deve sempre ser aplicada com os objetivos de sustentabilidade; a aprendizagem descontextualizada e fragmentada da ciência e tecnologia, bem como seu distanciamento dos saberes locais, pode anular os esforços simultâneos de proteger o meio ambiente e prover as necessidades pessoais e econômicas das pessoas.

Assim, o estabelecimento da educação integral em escolas sustentáveis é muito mais do que a soma das suas partes. Exemplificando, a criação de um espaço educador sustentável precisa ser percebida pela comunidade escolar como um espaço que envolve toda a escola, sendo o grande motor de inovação e de criação e produção de informação original na escola. Do contrário, essa rica experiência poderá fechar-se em si mesma, em atividades fragmentadas e fará com que torne-se mais um projeto sem continuidade.

Com a clareza de que a carga de mudar o mundo não depende só da educação, nem das escolas e muito menos de cada pessoa que participa desses processos sem o apoio direto do poder público. A escola, contudo, continua a ser o local destinado à aprendizagem, possibilitando a emergência do pensamento crítico sobre a realidade socioambiental e a consequente ação transformadora dessa mesma realidade. Vale lembrar as palavras de Margaret Mead: "nunca duvide que um pequeno grupo de cidadãos preocupados e comprometidos possa mudar o mundo. De fato, é só isso o que tem mudado".[28]

Para concluir, uma poesia:

> Difícil de entender; me dizem, é a sua poesia, o senhor concorda?
>
> – Para entender nós temos dois caminhos: o da sensibilidade que é o entendimento do corpo;
> e o da inteligência que é o entendimento do espírito.
>
> Eu escrevo com o corpo Poesia não é para compreender mas para incorporar
>
> Entender é parede: procure uma árvore.
>
> Manoel de Barros
> *Arranjos para Assovio,*
> 1980, XV, p. 37

NOTAS

1. Paulo Freire (1993, 2000) e *Pedagogia do oprimido* (Freire, 1993) tomou o conceito de *consciência crítica* a partir da ação e da reflexão (práxis) decorrentes do diálogo e da cooperação entre agentes empenhados nas lutas sociais.
2. Baseado no filósofo francês Félix Guattari (1990), que propõe a relação dessas três ecologias.
3. Ver entre a multiplicidade de concepções, perspectivas e de distintas posturas politico-pedagógicas da educação ambiental, a chamada *transformadora,* que questiona de forma dialética a realidade de vida de cada grupo social, inclusive a escola.
4. Tim Ingold foi estudado por Isabel Cristina de Moura Carvalho e Carlos Alberto Steil (2009).
5. Citação extraída de Isabel Cristina de Moura Carvalho e Carlos Alberto Steil em "Habitus Ecológico e a Educação da Percepção: fundamentos antropológicos para a educação ambiental." In: Educação & Realidade v.34, nº3 [set/dez 2009], Faced/UFRGS, p. 90. Ingold, Tim *The perception of the environment: essays in livelihood, dwelling and skill.* London and New York: Routledge, 2000.
6. Jaqueline Moll. "Educação Integral na perspectiva da reinvenção da escola: elementos para o debate brasileiro. Educação Integral" <http://www.tvbrasil.org.br/fotos/salto/series/173859Edu_int.pdf>. Acesso em 3 de novembro de 2010.
7. Constituição Brasileira de 1988, Capítulo V – Do Meio Ambiente. art. 225. Todos têm direito ao meio ambiente ecologicamente equilibrado, bem de uso comum do povo e essencial à sadia qualidade de vida, impondo-se ao Poder Público e à coletividade o dever de defendê-lo e preservá-lo para as presentes e futuras gerações. § 1º – Para assegurar a efetividade desse direito, incumbe ao Poder Público: VI – promover a educação ambiental em todos os níveis de ensino e a conscientização pública para a preservação do meio ambiente.
8. Lei de Diretrizes e Bases da Educação Nacional Lei nº 9.394, de 20 de dezembro de 1996. Lei nº 9.795/99 da Política Nacional de Educação Ambiental: art. 1º Entendem-se por educação ambiental os processos por meio dos quais o indivíduo e a coletividade constroem valores sociais, conhecimentos, habilidades, atitudes e competências voltadas para a conservação do meio ambiente, bem de uso comum do povo, essencial à sadia qualidade de vida e sua sustentabilidade. art. 2º A educação ambiental é um componente essencial e permanente da educação nacional, devendo estar presente, de forma articulada, em todos os níveis e modalidades do processo educativo, em caráter formal e não formal.
9. São princípios da educação integral, no âmbito do Programa Mais Educação: I – a articulação das disciplinas curriculares com diferentes campos de conhecimento e práticas socioculturais; II – a constituição de territórios educativos para o desenvolvimento de atividades de educação integral, por meio da integração dos espaços escolares com equipamentos públicos como centros comunitários, bibliotecas públicas, praças, parques, museus e cinemas; III – a integração entre as políticas educacionais e sociais, em interlocução com as comunidades escolares; IV – a valorização das experiências históricas das escolas de tempo integral como inspiradoras da educação integral na contemporaneidade; V – o incentivo à criação de espaços educadores sustentáveis com a readequação dos prédios escolares, incluindo a acessibilidade, e à gestão, à formação de professores e à inserção das temáticas de sustentabilidade ambiental nos currículos e no desenvolvimento de materiais didáticos; VI – a afirmação da cultura dos direitos humanos, estruturada na diversidade, na promoção da equidade étnico-racial, religiosa, cultural, territorial, geracional, de gênero, de orientação sexual, de opção política e de nacionalidade, por meio da inserção da temática dos direitos humanos na formação de professores, nos currículos e no desenvolvimento de materiais didáticos; e VII – a articulação entre sistemas de ensino, universidades e escolas para assegurar a produção de conhecimento,

a sustentação teórico-metodológica e a formação inicial e continuada dos profissionais no campo da educação integral.
10. Sato e Trajber, Revista Pátio.
11. Sustentabilidade: desde que começou a se difundir, na década de 1980, como parte da expressão "desenvolvimento sustentável". Para se ter uma dimensão dessa disputa, existem cerca de 80 definições para desenvolvimento sustentável que baseiam-se no enunciado clássico do Relatório Brundtland, segundo o qual a expressão trata do "desenvolvimento que satisfaz as necessidades presentes, sem comprometer a capacidade das gerações futuras de suprir suas próprias necessidades".
12. O Plano Nacional sobre Mudança do Clima (PNMC) foi lançado em dezembro de 2008 pelo Governo Federal. Estabeleceu, entre outras, uma meta de reduzir em 40% a média anual de desmatamento no período 2006-2009, em relação à média dos 10 anos anteriores (1996-2005), para evitar a emissão de cerca de 4 bilhões de toneladas de dióxido de carbono. Em 2009, foram estabelecidos os princípios, objetivos, diretrizes e instrumentos para implementação da Política Nacional de Mudança do Clima (Lei nº 12.187/09). No PNMC consta um parágrafo que resume a proposta de construirmos escolas sustentáveis de educação integral: "Implementação de programas de espaços educadores sustentáveis com readequação de prédios (escolares e universitários) e da gestão, além da formação de professores e da inserção da temática mudança do clima nos currículos e materiais didáticos." [Parte IV.4, item 12].
13. Escolas sustentáveis trazem a possibilidade concreta de "visualização" da importância de uma educação ambiental substantiva, concreta e transformadora. Diferentemente de outros documentos, resoluções, legislações ambientais nacionais ou internacionais, em que a educação ambiental é sempre citada como uma forma de treinamento, capacitação, formação de professores e técnicos, no Plano Nacional sobre Mudança do Clima (PNMC) egerou-se uma oportunidade de estabelecer metas de médio e longo prazos que sejam mensuráveis para avaliar a redução de emissões de carbono pelas escolas e suas comunidades.
14. Por ética do cuidado, termo cunhado por Leonardo Boff (*Saber Cuidar*: ética do humano, 1999), entende-se: "um consenso mínimo a partir do qual possamos nos amparar e elaborar uma atitude cuidadosa, protetora e amorosa para com a realidade... Esse afeto vibra diante da vida, protege, quer expandir a vida".
15. <http://pt.wikipedia.org/wiki/Integridade>. Acesso em 3 de novembro de 2010.
16. <http://www.teachernet.gov.uk/sustainable-schools/–>. É interessante notar que no *site* oficial do Ministério da Educação inglês consta uma tarja que informa: "um novo governo do Reino Unido assumiu o cargo em 11 de maio de 2010. Como resultado, os conteúdos deste *site* podem não refletir a política do governo atual." No novo *site* indicado, <http://www.education.gov.uk>, ainda em construção, nada consta sobre escolas sustentáveis.
17. Dórea, Célia. *Anísio Teixeira e a arquitetura escolar: planejando escolas, construindo sonhos*. Tese de doutorado, UNEB/em Impulso, Piracicaba, 17(44): 107-109, 2006.
18. Movimento criado por um grupo de intelectuais na década de 1920, que ganhou impulso após a divulgação do Manifesto da Escola Nova (1932), em que defende-se a universalização da escola pública, laica e gratuita. Entre os seus signatários estava Anísio Teixeira.
19. Há inúmeros projetos de hortas escolares. Um deles, o "Educando com a Horta Escolar", é fruto de uma cooperação técnica entre a Organização das Nações Unidas para a Agricultura e Alimentação – FAO, e o Fundo Nacional de Desenvolvimento da Educação (FNDE/MEC), e é encontrado em <http://www.educandocomahorta.org.br>. O kit do Programa Mais Educação, macrocampo Educação Ambiental inclui: carrinho de mão, plantador, rolos de barbante, tesouras de podar, pás, sachos, dois enxadões, três regadores de plástico, quatro enxadas, seis colheres de muda, além de arame e sementes diversas.
20. Árvores nos dão frutos, sombra, reduzem o ruído e, sobretudo durante a fase de crescimento, sequestram carbono da atmosfera.
21. UC são áreas protegidas por lei para garantir a proteção do ecossistema e sua biodiversidade. Conforme os diferentes tipos previstos na lei que instituiu o Sistema Nacional de Unidades de Conservação (Lei SNUC nº 9.985/00), há os parques nacionais, onde só se admitem pesquisas e visitação controlada; as florestas nacionais e reservas extrativistas, que preveem alguns usos da área, sem devastar; e áreas de proteção ambiental, que admitem a atividade econômica associada à proteção ambiental. Existem também reservas privadas e Centros de Educação Ambiental. Na Estratégia Nacional de Educação Ambiental em UC (ENCEA) estão previstas atividades com escolas e no âmbito do Programa Mais Educação há recursos de custeio para a realização de visitas.
22. Cf. a organização dos Coletivos Jovens e REJUMA no *site* <www.rejuma.org.br>.
23. Ver publicação *Formando COM-Vida, Comissão de Meio Ambiente e Qualidade de Vida na Escola – Cons-*

truindo Agenda 21 na Escola. Disponível na internet, um guia para aprofundar ações e relações na escola e seu entorno.
24. A palavra *bullying*, em inglês, refere-se a um comportamento comum de espezinhar, desqualificar e agredir os outros.
25. "Educação ambiental na escola: tá na lei", artigo no livro *Vamos cuidar do Brasil*: conceitos e práticas em educação ambiental na escola, publicado pela Coordenação Geral de Educação Ambiental do Ministério da Educação, e Departamento de Educação Ambiental do Meio Ambiente, e UNESCO, em 2007.
26. Jaqueline Moll. "Educação Integral na perspectiva da reinvenção da escola: elementos para o debate brasileiro. Educação integral." <http://www.tvbrasil.org.br/fotos/salto/series/173859Edu_int.pdf>. Acesso em 3 de novembro de 2010.
27. Curso aberto para 2500 participantes, sendo 150 escolas do Ensino Médio Integral e Inovador de 17 estados brasileiros. Foi oferecido pelo Ministério da Educação, por meio da Rede de Educação para a Diversidade/SECAD e CAPES/Sistema Universidade Aberta do Brasil. O curso foi concebido e ofertado pelas universidades federais de Mato Grosso (UFMT), Mato Grosso do Sul (UFMS) e Ouro Preto (UFOP), com a Coordenação Geral de Educação Ambiental CGEA/DEIDHUC/SECAD/MEC, 2010.
28. "Never doubt that a small group of thoughtful, committed citizens can change the world. Indeed, it is the only thing that ever has".Margaret Mead, antropóloga norte americana (1901 – 1978), em <http://www.quotationspage.com/quotes/Margaret_Mead/>. Acessado em 3 de novembro de 2010.

REFERÊNCIAS

A CARTA da Terra em ação. 2000. Disponível em: <http://www.cartadaterrabrasil.org/prt/text.html>.

AUSTRALIAN GOVERNMENT. *Australian Sustainable Schools Initiative*. 2010. Disponível em: <http://www.environment.gov.au/education/aussi/>.

BACHA, S.; CZAPSKI, S. *Agenda ecológica Gaia*. Gaia, 1992.

BARROS, M. de. *Arranjos para assobio*. 1980.

BECK, U.; GIDDENS, A.; LASH, S. *Modernização reflexiva*: política, tradição e estética na ordem social moderna. São Paulo: Ed. UNESP, 1997.

BOFF, L. *Saber cuidar*: ética do humano, compaixão pela terra. Petrópolis: Vozes, 1999.

BRANDÃO, C.R. *Aqui é onde eu moro, aqui nós vivemos*: escritos para conhecer, pensar e praticar o município educador sustentável. 2. ed. Brasília: Ministério do Meio Ambiente, 2005.

BRASIL. *Constituição da república federativa do Brasil*. Brasília: Senado Federal, 2010a. Disponível em: <http://www.senado.gov.br/legislacao/const/con 1988/CON1988_05.10.1988/CON1988.pdf>

_____. Decreto n. 7.083, de 27 de janeiro de 2010. *Diário Oficial da União*, Brasília, DF, 27 jan. 2010b.

_____. Lei n. 9.394, de 20 de dezembro de 1996. Estabelece as diretrizes e bases da educação nacional. *Diário Oficial da União*, Brasília, DF, 23 dez. 1996.

_____. Lei n. 9.795, de 27 de abril de 1999. *Diário Oficial da União*, Brasília, DF, 28 abr. 1999.

_____. *Plano nacional sobre mudança do clima – PNMC*. Brasília, 2008. Disponível em: <http://www.mma.gov.br/estruturas/smcq_climaticas/_publicacao/141_publicacao07122009030757.pdf>.

_____. Parecer CNB/CEB n. 7/2010, de 7 de abril de 2010. *Diário Oficial da União*, Brasília, DF, 9 jul. 2010c.

_____. Ministério da Educação. Formando COM-VIDA, Comissão de Meio Ambiente e Qualidade de Vida na Escola: construindo Agenda 21 na escola. Brasília, 2007. Disponível em: <http://portal.mec.gov.br/dmdocuments/publicacao7.pdf>.

CAPRA, F. *As conexões ocultas*: uma ciência para uma vida sustentável. São Paulo: Cultrix, 2002.

CARSON, R. *A primavera silenciosa*. São Paulo: Melhoramentos, 1968.

CARVALHO, I.C.M. Educação ambiental crítica: nomes e endereçamentos da educação. BRASIL. Ministério do Meio Ambiente. *Identidades da educação ambiental brasileira*. Brasília, 2004.

CARVALHO, I.C.M.; STEIL, C.A. Habitus ecológico e a educação da percepção: fundamentos antropológicos para a educação ambiental. *Educação & Realidade,* Porto Alegre, v.34, n.3, p.81-94, 2009.

CZAPSKI, S. A água: caminhos da mobilização. *Salto Para o Futuro: Mudanças Ambientais Globais*, ano 18, boletim 14, p.35-40, 2008. Disponível em: <http://www.tvbrasil.org.br/fotos/salto/series/173452 Mud_ambiental.pdf>.

_____. A terra: trabalhando a diversidade. *Salto Para o Futuro: Mudanças Ambientais Globais*, ano 18, boletim 14, p.50-57, 2008. Disponível em: <http://www.tvbrasil.org.br/fotos/salto/series/173452Mud_ambiental.pdf>.

_____. O ar: chaves para um uso diferenciado. *Salto Para o Futuro: Mudanças Ambientais Globais*, ano 18, boletim 14, p.27, 35, 2008. Disponível em: <http://www.tvbrasil.org.br/fotos/salto/series/173452Mud_ambiental.pdf>.

_____. O fogo: caminhos da criatividade. *Salto Para o Futuro: Mudanças Ambientais Globais*, ano 18, boletim 14, p.41-49, 2008. Disponível em: <http://www.tvbrasil.org.br/fotos/salto/series/173452Mud_ambiental.pdf>.

EBERHARD, C. Rediscovering education through intercultural dialogue. In: INTERNATIONAL MEETING OF EXPERTS: CULTURAL DIVERSITY AND EDUCATION, Barcelona, 2008. Disponível em: <http://www.dhdi.free.fr/recherches/horizonsinterculturels/articles/eberhardeducation.pdf>.

EDUCANDO com a horta escolar. [2010?]. Disponível em: <http://www.educandocomahorta.org.br/>.

FREIRE, P. *Educação como prática da liberdade*. 24. ed. RJ: Paz e Terra, 2000.

_____. *Pedagogia do oprimido*. 21.ed. Rio de Janeiro: Paz e Terra, 1993.

GADOTTI, M. Sustentabilidade e educação ambiental. In: Colóquio sustentabilidade, educação ambiental e eficiência energética: um desafio para as instituições de ensino e para a sociedade. Brasília, 2009. Disponível em: http://www.cdes.gov.br/exec/evento/exibe_evento.php?p=f01200e46c405fda5ec7f73fea43ed652ad500 babff3. Resumo (eslaides).

GUATTARI, F. *As três ecologias*. Campinas: Papirus, 1990.

INGOLD, T. *The perception of the environment:* essays in livelihood, dwelling and skill. London: Routledge, 2000.

INSTITUTO DE DEFESA DO CONSUMIDOR. *Fique ligado nos seus direitos*: livreto: conteúdo e metodologia. São Paulo, 2002.

INTEGRIDADE. Wikipedia. 2010. Disponível em: <http://pt.wikipedia.org/wiki/Integridade>. Acesso em 3 nov. 2010.

JAPIASSU, R. *"Anísio Teixeira e a arquitetura escolar:* planejando escolas, construindo sonhos", de Célia Rosângela Dantas Dórea. *Impulso*, Piracicaba, v.17, n.44, p.107-109, 2006.

JOHN, V.M.; PRADO, R.T. (Org.). *Boas práticas para habitação mais sustentável*. São Paulo: Páginas & Letras, 2010.

LEGAN, L. *A escola sustentável*: eco-alfabetizando pelo ambiente. São Paulo: Imprensa Oficial, 2004.

LIPAI, E.M.; LAYRARGUES, P.P.; PEDRO, V.V. Educação ambiental na escola: tá na lei. In: MELLO, S.S.; TRAJBER, R. (Org.). *Vamos cuidar do Brasil:* conceitos e práticas em educação ambiental na escola. Brasília: Ministério da Educação, 2007.

LOUREIRO, C.F. Educação ambiental transformadora. In: BRASIL. Ministério do Meio Ambiente. *Identidades da educação ambiental brasileira*. Brasília, 2004.

MARX, K.; ENGELS, F. *O manifesto comunista*. [S.n.: s.l., 2001]. Disponível em: <http://www.dominiopublico.gov.br/pesquisa/DetalheObraForm.do?select_action=&co_obra=2273>. 1ª edição publicada em 1848.

MEAD, M. *Quotations by author*. 2010. Disponível em: <http://www.quotationspage.com/quotes/Margaret_Mead>. Acesso em 3 nov. 2010.

MEADOWS, D. et al. *Limites do crescimento:* um relatório para o projeto do Clube de Roma sobre o dilema da humanidade. São Paulo: Perspectiva, 1972.

MOLL, J. *Educação integral na perspectiva da reinvenção da escola*: elementos para o debate brasileiro. *Salto Para o Futuro: educação integral*, ano 18, boletim 13, p.11-16, 2008. Disponível em: <http://tvbrasil.org.br/fotos/salto/series/173859Edu_int.pdf>. Acesso em: 3 nov. 2010.

NAÇÕES UNIDAS. Década das Nações Unidas da educação para o desenvolvimento sustentável, 2005-2014: documento final: plano internacional de implementação. Brasília, 2005.

REDE DA JUVENTUDE PELO MEIO AMBIENTE E SUSTENTABILIDADE. *Homepage*. 2010. Disponível em: <http://www.rejuma.org.br/>.

SATO, M.; TRAJBER, R. Escolas que educam para a sustentabilidade. *Revista Pátio – Ensino Médio*, Porto Alegre, n.5, 2010.

THOREAU, H.D. *Walden, ou, A vida nos bosques*. São Paulo: Ground, 2007.

TRAJBER, R.; SORRENTINO, M. Políticas de educação ambiental do órgão gestor. In: MELLO, S.S.; TRAJBER, R. (Org.). *Vamos cuidar do Brasil:* conceitos e práticas em educação ambiental na escola. Brasília: Ministério da Educação, 2007.

TRATADO de educação ambiental para sociedades sustentáveis e responsabilidade global. [1992?]. Disponível em: <http://portal.mec.gov.br/secad/arquivos/pdf/educacaoambiental/tratado.pdf>.

VELOSO, N. Entre camelos e galinhas, uma discussão acerca da vida na escola. In: MELLO, S.S.; TRAJBER, R. (Org.). *Vamos cuidar do Brasil:* conceitos e práticas em educação ambiental na escola. Brasília: Ministério da Educação, 2007.

12

Educação integral e currículo intertranscultural

Paulo Roberto Padilha

Novas cores[1]

Alguma coisa acontece na educação
Que só quando cruzo a experiência
e a fundamentação
É que quando estudei por aqui eu nada aprendi
Da dura história oculta nas nossas cartilhas
Da desesperança completa, das ideologias
Ainda não havia como admitir a nossa incompleta formação
Alguma coisa acontece na educação
Que só quando cruzo a experiência
e a fundamentação

Quando eu encontrei pela frente um ensino "sem gosto"
Chamei de currículo o que vi, de currículo imposto
É que nascido assim feio – o conhecimento
A mente decora e só repete o que é velho
Nada do que é interessante acaba sendo importante
Impõe-se um estranho contexto, descarta o que eu conheço
E quem tem outro ponto de vista ou verdade
Aprende depressa a sonhar-se com mais liberdade
O que é um começo, um começo, um começo, um começo

O aluno espremido nas filas, nas salas, mazelas,
A força da "grade" que prende e destrói
mentes belas
Da "teia" que passa e que vai questionando as certezas
Eu vejo surgir teus desejos, teus sonhos e espaços
Tuas diferenças, semelhanças, saberes, culturas
Planetárias, complexas, ilógicas, rumos
da ciência
Novos possíveis caminhos a descobrir
E os nossos alunos transformam os próprios valores
E os nossos alunos descobrem-se pesquisadores

Planetárias, complexas, ilógicas rumos da ciência
Novos possíveis a caminhos a descobrir
E os novos alunos recriam com seus professores
E os novos alunos já podem curtir "novas cores"

Na paródia em epígrafe tentei contemplar diferentes características de uma educação com a qual sempre sonhei, inseparável da vida, da arte, da cultura e da alegria de ensinar e aprender. A letra sugere a possibilidade de uma educação integral que procura criar interações, em nossas práticas cotidianas, entre arte e ciência, razão e emoção, escola e comunidade, espaços e tempos, realidade e utopia, teoria e prática, superando estas e outras dicotomias históricas.

Professores e alunos, escolas e comunidades acumulam aprendizagens significativas e participam de diferentes projetos sociais, culturais, educacionais, esportivos, de lazer, políticos, entre outros. No entanto, principalmente no âmbito da educação formal, mesmo considerando os significativos e recentes esforços em todos os níveis e modalidades educacionais no Brasil, ainda se observa grande dificuldade de incorporar-se ao currículo da escola tais aprendizagens e construir-se pontes entre elas. Essa dificuldade é ainda mais verdadeira quando se trata de aprender com a cultura popular e com as iniciativas das próprias comunidades e municipalidades às quais pertencem. Daí a necessidade da elaboração coletiva de um *planejamento dialógico* que resulte em um projeto (eco) político-pedagógico associado ao PDE da escola que traduza estes saberes, sonhos, esperanças, certezas e incertezas.

Já existem significativas caminhadas na direção acima esboçada, por exemplo, quando se propõe e se trabalha forte para garantir processos de educação integral em termos de debate nacional, quando se dá importância a temas como qualidade da educação, currículo, aprendizagem, relação escola e comunidade, trabalhadores em educação, papel do poder público, da sociedade civil e das redes socioeducativas, gestão intersetorial no território e elaboração de propostas pedagógicas de educação integral.[2]

Nossa reflexão pretende contribuir para que se dê ainda mais concretude ao que temos chamado de educação integral, em sua composição e em suas características específicas. Assim, juntamos forças aos esforços já existentes para que os alunos possam se descobrir pesquisadores, transformar os próprios valores e ter aprendizagens mais significativas para uma vida mais feliz, saudável, plena de direitos e responsabilidades.

EDUCAÇÃO INTEGRAL, CURRÍCULO E COMPLEXIDADE

Estamos sempre aprendendo e ensinando, educando e nos educando. Dependendo de como entendermos cada uma dessas dimensões e de como organizarmos os processos formativos, com maior ou menor *interação* entre essas dimensões teremos processos e resultados educacionais diferenciados.

Se educamos sem dialogar com os saberes e experiências que os alunos trazem para a escola, estaremos contribuindo para dificultar as suas aprendizagens e para aumentar os índices de exclusão escolar. Portanto, inviabilizamos a inclusão educacional, cultural, social e política, dificultamos a superação da desigualdade social, da violência que hoje ganha fôlego na sociedade mundial, e a manutenção e a conquista de novos direitos sociais, culturais, econômicos e políticos. E uma das maneiras de enfrentarmos esses desafios é investirmos mais tempo e energia, com rigor, seriedade e sempre com muita música e alegria, no que temos chamado de educação integral. Isso se faz tanto no cotidiano de nossas atividades escolares/comunitárias, como no âmbito de nossa participação e acompanhamento das diferentes políticas públicas em nossa sociedade.

A educação integral é um conceito complexo e amplo que, de certa forma, já está previsto no artigo 34 da Lei de Diretrizes e Bases da Educação Nacional (LBD) – Lei nº 9.394, de 20 de dezembro de 1996 (Brasil, 1996) –, quando esta refere-se à progressão ampliada da permanência do aluno na escola, bem como no parágrafo 5º do seu artigo 87, na qual previu-se que seriam "conjugados todos os esforços objetivando a progressão das redes escolares públicas urbanas de ensino fundamental para o regime de escolas de tempo integral". Essa temática tem sido discutida há algumas décadas[3] e não se restringe ao significado de horário ou tempo integral, que acontece quando o aluno passa mais tempo dentro ou fora da escola, mais acompanhado, melhor alimentado e cuidado.

A educação integral incorpora, mas não se confunde apenas com horário integral. Isso porque ela procura associar o processo educacional a uma concepção de conhecimento e de formação humana que garanta o acesso e a permanência da criança na escola com qualidade sociocultural e socioambiental. Isso significa educar para a inclusão no seu mais amplo significado, não a inclusão já institucionalizada que, na verdade, burocratiza tudo, até mesmo os mecanismos de acesso e permanência das crianças na escola, esquecendo-se, por exemplo, de justamente incluir nas suas prioridades aqueles que ainda não são atendidos pela educação pública.

Em nosso entendimento, a educação integral cria novos espaços e tempos para vivências sociais, culturais e ambientais voltadas para:

- Trabalhar pelo atendimento e pelo desenvolvimento integral do educando nos aspectos biológicos, psicológicos, cognitivos, comportamentais, afetivos, relacionais, valorativos, sexuais, éticos, estéticos, criativos, artísticos, ambientais, políticos, tecnológicos e profissionais: em síntese, conhecer-pensar-criar-fazer-ser; a organização da comunidade em uma perspectiva colaborativa e não apenas competitiva, respeitosa e valorizadora da diversidade étnica, racial, de gênero, geracional e cultural, que procura desconstruir as categorias excludentes étnicas; o incentivo e a difusão de experiências e vivências que valorizem os "ciclos de vida" da infância, da pré-adolescência, da adolescência, de todas as idades, para o exercício dos direitos de cidadania e do usufruto dos direitos constitucionalmente previstos.
- Os processos educacionais, culturais e ambientais que visem à formação humana com base nas diferentes e multidimensionais manifestações do conhecimento, dos saberes e das aprendizagens das pessoas.

É também característica da educação integral a valorização das redes de aprendizagens, dos múltiplos espaços em que a educação acontece, o que viabiliza, por exemplo, a abertura da escola à sua comunidade local e também ao que acontece em todo o planeta. Ela depende, naturalmente, de um projeto coletivo bem elaborado que saiba aproximar cuidadosamente Estado e sociedade civil, o que depende de decisão democrática de arregaçar as mangas, de criticar e de sempre acreditar que, pela nossa ação, o que fazemos na educação e na sociedade em que vivemos pode ser sempre melhor realizado.

Valorizar cada sujeito desse processo também é fundamental, de forma que alunos, familiares, professores, coordenadores e diretores escolares, funcionários das unidades educacionais envolvidas e das instâncias governamentais participantes – além de toda a organização da sociedade civil – movimentos sociais, igrejas, sindicatos, clubes, bibliotecas, teatros etc. saibam exatamente o que está para acontecer na educação da cidade. Por isso, a comunicação, a transparência, a veiculação de informação de todos os lados são exigência inicial para dar visibilidade tanto ao que se pretende fazer, quanto ao que já foi feito, até porque, se não se sabe o que está acontecendo, como podem as pessoas e instituições se associar e defender algum projeto? A comunicação é essencialmente educativa.

Trabalhar com a formação continuada dos sujeitos para viabilizar a educação integral é outra exigência desse processo, compondo uma verdadeira sinfonia em torno do projeto que se quer construir, o que depende de vários músicos, vários sujeitos, maestros e instrumentos – diríamos, recursos e condições humanas, financeiras e materiais concretas.

Educar integralmente significa, portanto, educar para garantir direitos e contribuir para a promoção de todas as formas de inclusão. Temos quase sempre pensado e trabalhado na perspectiva dos oprimidos, visando a não exclusão, procurando contribuir para a superação da expulsão das pessoas que, direta ou indiretamente, já estão inseridas nos processos e nos projetos participativos. Mas não basta. Ir além disso significa trabalhar também pela inclusão, em todos os sentidos, das crianças, jovens, adolescentes e dos adultos que estão fora da escola, que não estão matriculados nas instituições oficiais de ensino, tampouco nos processos educacionais não formais.

Para um processo de educação integral, exige-se uma organização curricular compatível com esse tipo de proposta. Com isso, mesmo que sinteticamente, é necessário discutirmos o significado de currículo, bem como a sua complexidade.

Quando nos voltamos à discussão sobre currículo, estamos no âmbito das decisões concernentes a quais conhecimentos devem ser ensinados, o que deve ser ensinado e por que ensinar este ou aquele conhecimento. Diríamos melhor: mais do que ensinados, o que deve ser aprendido e por que aprendê-lo. Isso se confirma quando verificamos, nas palavras de Tomáz Tadeu da Silva (1999, p. 15), que

> o currículo é sempre resultado de uma seleção: de um universo mais amplo de conhecimentos e saberes; seleciona-se aquela parte que vai constituir, precisamente, o currículo. As teorias do currículo, tendo decidido quais conhecimentos devem ser selecionados, buscam justificar por que "esses conhecimentos" e não "aqueles" devem ser selecionados.

No seu estudo sobre currículo, o mesmo professor refere-se a diferentes *teorias de currículo*, resumindo-as em grandes categorias, "de acordo com os conceitos que elas, respectivamente, enfatizam" (Silva, 1999, p. 17). Limito-me a listar aqui, de forma resumida, as características de cada uma dessas teorias.

As *teorias tradicionais* do currículo seriam caracterizadas pelas ênfases nos seguintes elementos curriculares: ensino, aprendizagem, avaliação, metodologia, didática, organização, planejamento, eficiência e objetivos. Se observarmos essas características, podemos afirmar que esses elementos estão presentes no currículo praticado nas escolas atuais, o que não é nenhum exagero. Efetivamente, esse tipo de currículo, que se preocupa, sobretudo, com organização e método, vem desde a *Didatica Magna* de Comenius.

Por outro lado, ideologia, reprodução cultural e social, poder, classe social, capitalismo, relações sociais de produção, conscientização, emancipação e libertação, currículo oculto e resistência, caracterizam as *teorias críticas* de currículo (Silva, 1999, p. 17). E, finalmente, as *teorias pós-críticas* têm enfatizado um currículo que geralmente considera características tais como identidade, alteridade, diferença, subjetividade, significação e discurso, saber-poder, representação, cultura, gênero, raça, etnia, sexualidade e multiculturalismo (Silva, 1999, p. 17).

O professor Tomáz Tadeu da Silva (1999) entende que as teorias de currículo estão, de uma perspectiva pós-estruturalista, ativamente envolvidas com a garantia do consenso e com a obtenção da hegemonia. Neste sentido, currículo tem a ver diretamente com a questão do poder, o que vai, inclusive, separar as teorias tradicionais das teorias críticas e pós-críticas do currículo.

Por um lado, as *teorias tradicionais* apresentam-se como neutras, científicas e desinteressadas, já que os saberes dominantes representam a existência do que ensinar e as técnicas existentes já definidas cientificamente servem justamente para que o ensino se realize. Por isso, resta apenas transmitir o conhecimento inquestionável, de forma bastante organizada, utilizando-se, para tanto, das técnicas desenvolvidas pela ciência. É aí que justificam-se as ênfases citadas acima.

As *teorias críticas* e *pós-críticas* não aceitam esses argumentos, apresentando questionamento sobre o porquê de se trabalhar determinados conhecimentos e não outros, tentando desvelar a ideologia oculta sob o rótulo da neutralidade científica e privilegiando outras características que, segundo elas, deveriam permear as discussões relacionadas ao currículo escolar.

Após analisar as diversas *teorias do currículo*, Silva considera que não se pode mais olhar o currículo com inocência. E afirma que

> o currículo tem significados que vão muito além daqueles aos quais as teorias tradicionais nos confinaram. O currículo é lugar, espaço, território. O currículo é relação de poder. O currículo é trajetória, viagem, percurso. O currículo é autobiografia, nossa vida, *curriculum vitae*: no currículo forja-se nossa identidade. O currículo é texto, discurso, documento. O currículo é documento de identidade. (Silva, 1999, p. 156)

Diante da amplitude do conceito acima apresentado, poderíamos dizer que currículo escolar é praticamente tudo o que se passa na escola e carrega, por isso mesmo, um grau imenso de complexidade, já que significa percurso da escola. Esta é a conclusão a que chegamos diante das palavras de Tomáz Tadeu da Silva e também do outro trabalho intitulado "Dilemas e controvérsias no campo do currículo", da professora Lucíola Licínio de C. P. Santos (Santos, 2001). A sua reflexão destaca o grande número de transformações pelas quais a produção na área do currículo tem passado nas últimas décadas, que tem a ver, justamente, com a evolução das teorias às quais acabamos de nos referir. Segundo ela, os estudos sobre currículo, que antes possuíam um caráter mais prescritivo, a partir dos trabalhos de autores como Young (2000), Giroux (1997) e Apple (1989), passam a ter a existência de uma maior preocupação voltada para a compreensão do papel do currículo na escola, o que começa a ficar mais evidente. Na década de 1970, por exemplo, não se discutia por que determinados tipos de conhecimentos eram privilegiados em detrimento de outros. Simplesmente os "especialistas" em currículo faziam a escolha e esta deveria ser cumprida pelas escolas. O que se observa nos estudos já desenvolvidos é que os saberes acadêmicos sobre currículo têm maior prestígio na educação escolar do que os próprios saberes práticos que nascem e que se consolidam nas unidades escolares.

Estudos mais recentes no campo do currículo estão mais voltados ao problema da exclusão escolar e sobre como a definição do currículo interfere nela. É essa a nossa perspectiva, pois também buscamos a construção de uma proposta curricular "que torne a escola realmente democrática pela oferta de um ensino de qualidade" (Santos, 2001, p. 2).

Na prática educacional e no estudo das teorias do currículo, encontrarmos análises que negam não só a atualidade, mas também a presença de algumas concepções chamadas "tradicionais", como se elas, de repente, deixassem de exercer influência sobre nossa cultura, sobre nossas práticas e experiências. Isso é um equívoco. Portanto, quando estudamos o significado de currículo, estamos considerando a inevitável coexistência, positivamente conflituosa, das diferentes teorias do currículo, que vão aos poucos transformando-se e mudando a prática curricular na escola. Na prática, esse conflito se traduz, por exemplo, no embate entre concepções universalistas e particularistas de conhecimento. Assim, é importante destacar que qualquer tentativa de inovação educacional deve considerar que ela exige o *conhecimento* do instituído, a *motivação* para a sensibilização e o reconhecimento das necessidades existentes, a identificação de um *referencial teórico* que imprima consistência à proposta, uma *comunicação eficiente*, um sentido explícito, objetividade, flexibilidade e *exequibilidade* sobre o que se quer inovar, além das práticas processuais de *avaliação e autoavaliação* sobre as propostas de inovação que será/está sendo implementada (Gadotti, 2000b).

É também possível associarmos currículo e complexidade visando reconstrução de uma perspectiva curricular que, em certa medida, possa vir ao encontro do movimento por uma educação realmente favorável à emancipação do ser humano, em que pensar no currículo torne-se uma prática comum entre os diferentes participantes do processo educacional. Estaremos no campo de uma análise pedagógica complexa, que a considera ciência e arte da educação.

Ao fazermos ciência, passamos a assumir a provisoriedade do conhecimento científico e, ao mesmo tempo, as suas vinculações ideológico-políticas. Nessa perspectiva, gestar um amanhã significa pensarmos, hoje, na *complexidade* da ciência, da nossa sociedade e da nossa escola, o que, segundo Gimeno Sacristán (2002), remete-nos a decidir sobre o que entendemos quando falamos de currículo no que se refere à existência ou não de uma *cultura comum*. Segundo esse autor,

> para decidi-la será imperativo considerar quais de seus conteúdos servem à igualdade necessária, naquela competência cultural sobre a qual não é possível fazer distinções, e decidir que outros métodos não são essenciais, nos quais seja possível fazer diferenciações sem violar o princípio da igualdade básica. O problema é difícil de resolver e depende de um diálogo profundo na sociedade. (Gimeno Sacristán, 2002, p. 247)

Fazer ciência é também, para nós, manifestação de paixão. Paixão pelo exercício da própria ciência, que não dispensa a organização do pensamento e a argumentação clara, até para que seja garantida, metodologicamente, a defesa das teses propostas. Observo, no conjunto dos referidos argumentos, contribuições afirmativas relacionadas a algumas teses do *pensamento complexo*. Como Paulo Freire escreveu,

> muitos têm sido os pensares em torno deste ou daquele desafio que me instiga, desta ou daquela dúvida que me inquieta, mas também me devolve à incerteza, único lugar de onde é possível trabalhar de novo necessárias certezas provisórias. Não é que nos seja impossível estarmos certos de alguma coisa: impossível é estarmos absolutamente certos, como se a certeza de hoje fosse necessariamente a de ontem e continue a ser a de amanhã. Sendo metódica, a certeza da incerteza não nega a solidez da possibilidade cognitiva. A certeza fundamental: a de que posso saber. Sei que sei. Assim como sei que não sei o que me faz saber: primeiro, que posso saber melhor o que já sei; segundo, que posso saber o que ainda não sei; terceiro, que posso produzir conhecimento ainda não existente. (Freire; Shor, 1995, p. 18)

Contribui também, para nossa reflexão sobre currículo e complexidade, a obra de Gregory Bateson (1904-1980),[4] para quem todo conhecimento insere-se em um *contexto* – ou seja, deve ser considerado dentro de um universo que é um imenso organismo que está em permanente ação e interação. Esse autor preocupou-se em desenvolver uma epistemologia que, antes de mais nada, deveria ser construída a partir dos seres vivos. Daí a sua ênfase na busca de entender como as ideias são construídas e, por conseguinte, seus estudos relacionados à natureza e à mente.

Bateson, ao fundamentar seu trabalho na observação e na experimentação, propõe que todas as nossas ideias a respeito do que observamos passem, necessariamente, pela atenção à singularidade e à natureza de tudo o que observamos.

É preciso reconhecer que, no mundo em que vivemos e na escola que frequentamos diariamente, deparamo-nos com problemas tão complexos, para os quais a ciência, tal como tem sido hoje entendida – positiva, fenomenal, objetiva –, não tem dado respostas. Por isso mesmo, desafiarmo-nos ao enfrentamento dos problemas que surgem no nosso cotidiano torna-se uma exigência da práxis de uma educação que se quer transformadora, radicalmente democrática e libertadora da pessoa. Trata-se de assumir uma posição ideológico-política diante da realidade e da ciência e não uma atitude panfletária, como alguém poderia supor. Por isso, enquanto cientistas da educação – frisemos – abertos às demais ciências, o nosso primeiro desafio é desocultar e reconhecer os problemas da nossa prática educacional, sem deixá-los de lado porque os julgamos irrelevantes ou de menor importância para o currículo da escola. Fazer o contrário, isso sim é engajar-se, pela ação ou pela omissão, à manutenção de uma ordem científica que se proclama neutra mas que, na verdade, defende interesses ideológicos e políticos que acabam por conservar e, pior ainda, por ampliar a desigualdade e a exclusão social.

Aqui, voltamos-nos para outra importante característica que o currículo passa a ter: ele assume um caráter de processo a partir de diferentes contextos, porque em construção e construído em diversificados espaços-tempos, escolares e não escolares. Isso favorece a não dicotomização entre razão e emoção, como dissemos no início deste texto, o que o faz avançar no que se refere às bases sobre as quais ele se constrói. Nesse sentido, conforme a professora Elvira Souza Lima, lembramos que

> para Wallon, a emoção é mesmo a base sobre a qual se dá o desenvolvimento da inteligência. Ou seja, não há dicotomia entre emoção e razão no ser humano, nem há uma interferência negativa da emoção na racionalidade humana. Na verdade elas são interdependentes. A formação do ser humano tem como elemento constituinte a emoção. (Lima, 1998, p. 18)

Conforme lembra a mesma autora, Vigotsky amplia a discussão sobre a emoção e fala da arte como técnica social da emoção. É preciso frisar com todas as letras o significado dessas palavras que, no nosso entender, revoluciona o conhecimento em relação à sua organização enquanto ciência, conforme a situaram Descartes (1596-1650), Spinoza (1632-1677) e Leibniz (1646-1716), Bacon (1561-1626), Locke (1632-1704) e Hume (1711-1776), entre outros.

No final do século XX, início do século XXI, vemos o surgimento e a afirmação de outros *paradigmas de ciência*, de outras formas de concepção do conhecimento que procuram superar as defesas radicalizadas, por exemplo, de um conhecimento universalista ou particularista. Parece-nos que, diante de um mundo globalizado, deparamo-nos mesmo com a necessidade do fim das históricas dicotomias, bem como com a defesa, nas diferentes áreas do conhecimento, da superação de uma visão linear de ciência, que tanto influenciou os estudos e práticas relacionados ao currículo, desenvolvendo a tendência de acomodar as coisas, isto é, de trabalhar apenas com aquilo que era possível observar, medir, mensurar, quantificar.

O currículo da escola, que antes era apenas um recorte ou então sinônimo de conteúdo escolar, apresenta-se agora como um processo amplo, complexo, que deve considerar não apenas *o que* se deve saber, mas o *como* e também o *para que* aprender, *por que* aprender e mesmo *quem* deve aprender este ou aquele conhecimento. Outras perguntas definidoras do currículo da escola poderiam ser: Quando? Onde? Com quem? Para quem?

A clareza em relação às respostas a cada uma dessas questões é fundamental para que possamos pensar em uma organização curricular coerente com a educação que queremos e, mais do que ela, com o mundo que queremos construir. Estamos aqui nos reportando às dimensões filosóficas, sociológicas, psicopedagógicas, antropológicas da educação, entre outras tantas presentes naquelas perguntas.

Por outro lado, Edgard Morin considera que não é possível apenas pensarmos de forma contextualizada; é preciso que pensemos também de forma complexa e, por conseguinte, que analisemos a concretude de uma experiência sob diferentes matizes. Dessa forma, conforme ele explica,

> o pensamento contextual busca sempre a relação de inseparabilidade e inter-retroações entre todo o fenômeno e seu contexto e de todo contexto com o contexto planetário. O complexo requer um pensamento que capte as relações, interrelações e implicações mútuas, os fenômenos multidimensionais, as realidades que são simultaneamente solidárias e conflitivas (como a própria democracia que é o sistema que se nutre de antagonismos e, que, simultaneamente os regula), que respeite a diversidade, ao mesmo tempo que a unidade, um pensamento organizador que conceba a relação recíproca de todas as partes. (Morin, 1985, p. 14)

A questão aqui é a de reconhecermos que o real é complexo, que intervimos permanentemente nos fatos e que os fenômenos variam e são explicados de acordo com o paradigma que orienta a nossa reflexão. Nesse sentido, é fundamental pensarmos o currículo como algo também complexo, que não se dá com base em uma única lógica, que não se estabelece a partir de explicações simples ou de relações permanentes que podem ser simplesmente previstas, planejadas, previsivelmente controladas.

Perguntamo-nos como seria possível discutir currículo como análise e, ao mesmo tempo, como síntese de todo esse processo se permanecermos pensando dicotomicamente, bipolarmente, de forma excludente e, por isso, – pior ainda – pensando pelos outros e não com os outros.

Quando associamos o currículo da escola à complexidade, sobretudo partindo da análise e da reflexão sobre a formulação de discurso curricular atual, há que se considerar: "a relação entre contextos que se tecem juntos, desafiando-nos a trabalhar com a *incerteza* e com um pensamento *multidimensional*" (Fleuri, 2001b, p.118), ou seja, na perspectiva da complexidade.

Em *O método IV: As ideias* (Morin, 1991, p. 198), o autor enumera alguns traços característicos da ciência clássica, entre os quais destacamos o "isolamento do objeto em relação ao seu observador", "a eliminação do não mensurável, não quantificável, não formalizável, redução científica à verdade matemática, a qual será, ela própria, reduzida à ordem lógica". E todas essas características têm em comum um "paradigma de exclusão" que exclui, pura e simplesmente, da cientificidade e, por essa mesma via, da "verdadeira" realidade todos os ingredientes da complexidade do real.

Aonde queremos chegar com isso? Estamos vivendo um momento de mudança, de quebra de paradigmas, sobretudo do paradigma clássico da ciência. A ordem, a clareza, as verdades únicas, as certezas inquestionáveis já não têm lugar no mundo globalizado em que vivemos e, em particular, quando discutimos currículo da escola, pois ao fazê-lo tratamos também, de forma ampla e complexa, da questão do conhecimento. Por isso, quando Edgar Morin fala da possibilidade de estarmos vivendo a grande crise do paradigma do Ocidente, quando percebemos que "o formalismo mostrou os seus limites e as suas consequências e que as palavras-chave esvaziaram-se e tornaram-se palavras ocas" (Morin, 1991, p. 207-208), vemos o quanto essa crise está presente em nós, em nossa educação, nos conceitos com os quais nos acostumamos e nas explicações simplistas que acabamos sempre dando para as nossas dúvidas.

Se aceitarmos como válidas as afirmações aqui citadas, entre as quais as de Edgar Morin, percebemos o quão limitadas nos parecem, hoje, as explicações que temos dado e recebido para justificar as nossas ações e as nossas omissões e, no caso particular deste estudo, o quanto temos restringido, sobretudo às questões dos conteúdos, a problemática do currículo, deixando de enxergar, por exemplo, que ela possui diferentes dimensões – pedagógicas, sociológicas, antropológicas, linguísticas, políticas, filosóficas psicológicas, entre tantas outras, que as teorias tradicionais do currículo não nos permitiam ver.

Na verdade, é importante observarmos que, quando passamos a pensar na perspectiva da "complexidade" relacionada ao currículo, essa combinação nos sugere refletir e problematizar a prática educacional – nas escolas e nos vários espaços e tempos da sociedade – com base nas relações que são estabelecidas a partir das diferenças que coexistem nesses espaços, sobretudo as relacionadas à multiplicidade de culturas neles presentes.

Se já estamos falando do currículo da escola em uma dimensão dialógica – duas lógicas – e complexa, o fazemos considerando as experiências que os diferentes segmentos escolares trazem para a escola, seus saberes e as suas diferenças, enriquecendo e ressignificando, assim, reciprocamente, as vivências escolares e as comunitárias. Trata-se de uma nova qualidade humana e, portanto, social, que estamos atribuindo ao processo educacional, que passa a valorizar as diferentes manifestações simbólicas da pessoa e dos grupos sociais que interagem na escola e na comunidade – em uma perspectiva mais ou menos ampliada. Daí advém a ampliação dos processos comunicativos e dialógicos e a manifestação da criatividade, da ousadia, da crítica, recriando e reinventando antigas práticas agora pensadas com base em novos contextos.

Estar aberto ao novo: esta talvez seja a maior necessidade do momento histórico de travessia que estamos vivendo. É por isso que insistimos em fazer referência a uma pedagogia aberta às demais ciências, que vai efetivamente ao encontro de outras formas de conhecimento, inclusive o científico, sem negar nenhuma delas. Não basta ir ou simplesmente provocar ou criar um espaço para o encontro, até porque, mesmo que ele aconteça, a negação do conhecimento do outro pode permanecer presente.

E até mesmo em virtude do próprio ato de se encontrar, as diferenças podem aparecer e surgir de maneiras inesperadas ou violentas, provocando um maior distanciamento e o surgimento de fissuras que, posteriormente, podem dificultar a própria convivência. Nesse sentido, o encontro exige um processo pedagógico de interação entre as pessoas, que se reconhecem com o(s) diferente(s), que se conectam umas às outras e que dialogam com a ciência, com o sentir, com o saber e com o ser do outro, além da simples convivência.[5] Do contrário, a convivência pode ser apenas aparente, silenciosamente respeitosa, mas, na verdade, de não relação, negadora do saber do outro, formadora de "guetos", que não consegue conviver com o conflito ou, por outro lado, que se nega a aceitar a diferença até para certo distanciamento cômodo, ideológica, econômica, cultural e politicamente situado. Há, ainda, a possibilidade da não convivência pela dificuldade de aceitar a própria contradição ou o "paradoxo", o que seria algo impensável e, portanto, sequer admitido enquanto uma categoria que pudesse explicar a realidade ou a relação entre as pessoas.

Quando consideramos o currículo em relação à teoria da complexidade, pressupomos o sujeito da criação cultural e, portanto, o sujeito da construção do conhecimento, que é coletivo, mas que não ignora a dimensão individual do ser humano, que é a base de qualquer currículo. Esse currículo é construído a partir das necessidades históricas e naturais de homens e mulheres, crianças, jovens, adultos e idosos, enfim, de toda a humanidade, e que avança buscando respostas para o "problema epistemológico da complexidade", que não deixa nunca de fazer a crítica dos fatos que estão, muitas vezes, ocultos diante dos nossos olhos e que, por isso mesmo, é uma construção essencialmente política, que implica uma ação transformadora que Paulo Freire chamou de *práxis*.

Trata-se de pensar a relação entre os sujeitos que tenham por base novos referenciais de ação, de contexto, de relação. Essa é uma importante reflexão de Gregory Bateson,

> que contribui para entender a pesquisa antropológica não mais como um processo de conhecimento objetivo de outras culturas, mas como o estabelecimento de um contexto relacional novo entre sujeitos de contextos socioculturais diferentes. Essa perspectiva, hoje reconhecida no campo da pesquisa antropológica, pode ser muito fecunda para redimensionar criticamente a relação educativa. Particularmente quando são estabelecidas conexões interativas com outros sujeitos, inseridos em contextos sociais e culturais diferentes. (Fleuri, 2001a, p. 60)

Por outro lado, refletindo sobre a influência da nova "dialógica" que estamos discutindo para pensarmos em uma outra perspectiva curricular, vemos que, para Edgar Morin (1999, p. 44), os atuais currículos escolares obedecem, ainda hoje, a uma lógica fundamentada na Ciência Clássica. E essa lógica, por sua vez, repousa, segundo aquele autor, em três pilares de certeza, quais sejam:

1. a ordem, a regularidade, a constância e sobretudo o determinismo absoluto;
2. a separabilidade, ou seja, o isolamento conceitual ou experimental do objeto do conhecimento, extraindo-o de seu meio de origem para examiná-lo em um meio artificial;
3. o valor de prova absoluta fornecida pela indução e pela dedução.

Segundo Morin, (1999, p. 44) esses três pilares encontram-se, hoje, em estado de desintegração, não porque a desordem substituiu a ordem, mas porque começou-se a admitir que lá onde reinava soberana, no mundo físico, existia na realidade um jogo dialógico entre ordem e desordem simultaneamente complementar e antagônico. Esses pilares da ciência moderna encontram-se, segundo este autor, abalados, uma vez que a ciência clássica, ao contrário do que sempre propagou, nunca deu conta da realidade e, ainda mais hoje, continua não dando – até porque isso seria impossível.

Para superar esse limite, a ciência moderna deixa de lado o que é "complexo". Por outro lado, a partir do século XIX e, principalmente, no decorrer do século XX, ela cria disciplinas, ou seja, categorias que "organizam o conhecimento científico e que instituem nesse conhecimento a divisão e a especialização do trabalho respondendo à diversidade de domínios que as ciências modernas recobrem" (Morin, 1999, p. 27). Dessa forma, de maneira simplificada, as ciências modernas isolam experimentalmente o que pode ser explicado, levando ao que conhecemos hoje como a hiperespecialização do investigador e também ao risco da "coisificação" do objeto estudado. Assim, criam-se fronteiras disciplinares e o isolamento de uma disciplina em relação às outras, já que elas possuem uma linguagem e um universo de conceitos que lhe são próprios (Morin, 1999).

Morin (1999) defende a necessidade da abertura das disciplinas, mas não o fim delas, o que seria impossível. Para ele, as *práticas interdisciplinares*, tão importantes na consolidação do currículo escolar, segundo entendemos – ou seja, o encontro de diferentes disciplinas para a troca e cooperação entre si, visando a um estudo mais orgânico –, não têm surtido o efeito desejado pela pedagogia moderna, pois, nesse processo, com raras exceções, acaba acontecendo um diálogo em que os sujeitos potencialmente dialogantes se negam a escutar um ao outro.

Nem mesmo a associação de diferentes disciplinas em torno de um projeto ou de um objeto que lhes é comum, o que caracteriza as práticas *polidisciplinares*, têm conseguido superar os limites impostos pelos muros disciplinares estabelecidos pelas ciências modernas.

Uma possível superação desse limite, já que não é possível pôr fim às disciplinas, seria, segundo ele, a combinação de atividades interdisciplinares e polidisciplinares com práticas *transdisciplinares*, estas que geralmente são caracterizadas como por "esquemas cognitivos que atravessam as disciplinas, às vezes com uma virulência tal que as coloca em transe" (Morin, 1999, p. 36). Isso porque, para Morin (1999, p. 36), foram as "redes complexas de inter, poli e transdisciplinaridade que operaram e que desempenharam um papel fecundo na história das ciências", o que as ciências modernas não reconhecem. Assim, esse autor propõe ainda que, associado a essas redes complexas, devemos "ecologizar" as disciplinas, ou seja, levar em conta tudo o que lhe é contextual, aí compreendidas as condições culturais e sociais.

Esta é a nossa perspectiva ao tratarmos do currículo: superar a linearidade do paradigma clássico de ciência e considerar a "união entre a unidade e a multiplicidade" (Morin, 2000, p. 38) levando em conta, para fins da determinação do currículo, tudo o que estiver no âmbito da "cultura da escola", isto é,

> este mundo social (que é a escola), que tem suas características de vida próprias, seus ritmos e seus ritos, sua linguagem, seu imaginário, seus modos próprios de regulação e de transgressão, seu regime próprio de pro-

dução e de gestão de símbolos. (Forquin, 1993, p. 167)

Além do âmbito da "cultura da escola", que seja considerado também, na determinação do currículo, o que estiver no âmbito da "cultura escolar", que, de acordo com as análises sociológicas do mesmo autor, corresponde ao

> conjunto dos conteúdos cognitivos e simbólicos que, selecionados, organizados, "normalizados", "rotinizados" sob o efeito dos imperativos de didatização, constituem habitualmente o objeto de uma transmissão deliberada no contexto das escolas. (Forquin, 1993, p. 167)

Vivemos em uma era planetária[6] e nos deparamos com o desafio de, mais uma vez, superarmos a polêmica do universalismo *versus* particularismos no fazer científico, que influencia diretamente a construção do currículo. Sem nos perdermos nos limites dessa discussão, desejamos avançar também em relação a essa problemática. Por isso, consideramos necessário pensarmos no currículo a partir dos espaços dos quais disponibilizamos nos dias atuais e, ao fazê-lo, estaremos considerando tanto a dimensão local como uma visão mais global e multidimensional do trabalho político-pedagógico que é pensar e fazer o currículo.

O CURRÍCULO INTERTRANSCULTURAL COMO FUNDAMENTO DA EDUCAÇÃO INTEGRAL

O currículo intertranscultural refere-se a processos educativos intencionais, escolares e não escolares, que pretendem contribuir para fundamentar e problematizar programas, projetos e ações que estimulem a realização, em diferentes espaços e tempos, de diálogos interativos e comunicativos entre as aprendizagens que acontecem em todas as modalidades e níveis de ensino. Trata-se de educar e tentar superar as dicotomias que resultam da desinformação, do fundamentalismo de todo tipo, das incertezas ou das certezas absolutas no campo das ciências, das artes, da religião, da política. Isso significa caminharmos entre, ao mesmo tempo e para além das históricas visões particularistas ou universalistas que resultam de diferentes interesses de pessoas, grupos e instituições, entre os quais, os econômicos, que negam sistematicamente o diálogo para enfatizar e tornar único o discurso pedagógico, social, cultural e político, subordinando tudo às leis do mercado.

O diálogo crítico é alternativa às construções monoculturais em educação para que sejamos capazes de conviver reconhecendo, respeitando e valorizando as diferenças e as semelhanças culturais, pois ambas são fundamentais e presentes em nossa humanidade, conforme as nossas origens, etnias, histórias individuais e coletivas e de acordo com os contextos glocais (global + local), socioculturais, socioambientais, políticos, econômicos – enfim, planetários, em que vivemos.

Na perspectiva do currículo intertranscultural, trabalha-se mais com as conexões (uma coisa e outra) do que simplesmente com a oposição ou negação (uma coisa ou outra) dos vários conhecimentos e saberes e suas respectivas manifestações socioculturais e socioambientais, relacionadas ao sistema cultural simbólico (linguagens, artes, ciências humanas, transcendências etc), associativo (ciências políticas, direito, antropologia, sociologia etc.) e produtivo (ciências naturais, tecnologias etc.). Buscamos processos educacionais que promovam a inclusão social, humana, com olhar ecossistêmico e considerando todas as formas e manifestações de vida existentes no planeta. Daí, a necessidade de um currículo da escola que trabalhe com e para além da multirreferencialidade humana.

Nessa perspectiva, a educação beberá na fonte de várias concepções curriculares, educacionais e políticas, mas não negará saberes e conhecimentos considerados subjetivos, não fenomenais, difíceis de serem observados sob o ponto de vista dos critérios para que determinados conhecimentos sejam considerados científicos e que, por isso mesmo, foram sendo deixados de lado na história da ciência moderna, tanto pela comunidade acadêmica como pelas próprias escolas.

Uma primeira característica do currículo intertranscultural é procurar ter sempre uma visão aproximativa da totalidade das ações propostas nos processos educativos, considerando a complexidade dos mesmos e evitando nos conformarmos, por exemplo, com a prática do projetismo, das ações imediatistas ou salvacionistas que dispensam um processo de formação do sujeito sem que ele seja capaz de estabelecer profundas relações com outros sujeitos e entre diferentes manifestações do conhecimento e da sabedoria acumulada pela humanidade.

Uma segunda característica marcante desse processo educativo, portanto, do currículo intertranscultural, é valorizar o trabalho interdisciplinar quando este cria condições para o encontro entre diferentes disciplinas ou áreas do conhecimento e quando, nesse processo, propõe-se uma ação curricular emancipadora. Neste caso, observemos bem, o foco principal da atenção ou da ação interativa são as disciplinas ou as áreas do conhecimento.

Uma terceira característica da perspectiva intertranscultural, que é talvez o maior diferencial em relação a outras abordagens curriculares, é que os seus pontos de partida não são exatamente as disciplinas, as áreas do conhecimento ou as ciências. Os seus pontos de partida são as pessoas, os coletivos humanos e as relações que eles estabelecem entre si e com o mundo em que vivem. Portanto, quando falamos de currículo intertranscultural, iniciamos o trabalho pelo reconhecimento das histórias de vida, das culturas e das identidades, semelhanças e diferenças culturais entre as pessoas. Mas não paramos aí. As relações humanas são o que nos interessa no início do processo pedagógico, justamente porque se trata de educar para a convivência, para as inter-relações e para a interconectividade entre as pessoas e entre elas com o que acontece no planeta, nas suas mais complexas, mais singelas e mais dinâmicas dimensões, jamais ficando restritos ao que acontece ao nível pessoal, individual ou local.

Sermos intertransculturais não significa apenas trabalhar, por exemplo, com grupos de pessoas que se encontram pela primeira vez em determinados contextos socioculturais de migração. Isso significa reconhecer, na nossa vida cotidiana, no dia a dia das nossas relações, que todas as pessoas são, em alguma dimensão, diferentes e semelhantes às outras, em determinados aspectos, e essa situação nos ajuda a construir uma relação educacional mais humanizada, mais condizente com os interesses, com as experiências, com as necessidades e com as características de cada cultura. De toda forma, os conflitos multiculturais no contexto da atual crise financeira internacional, nascida no coração do neoliberalismo, do capitalismo e por conta de sua própria estrutura, nos quais "o desperdício de recursos financeiros nas dinâmicas atuais é avassalador" (Dowbor, 2009, p. 25), aguçaram as manifestações xenofóbicas em todo o mundo, o que torna esta discussão ainda mais pertinente e urgente.

A diferença e a semelhança cultural – étnica, social, de gênero, geracional, religiosa, entre outras – estão presentes na nossa vida cotidiana, nas salas de aula, nas creches, na comunidade, nos espaços públicos, no "município que educa" e se educa, nos ambientes diversos que frequentamos para trabalhar, para o lazer, para qualquer tipo de convivência social, começando pela própria família. Por isso é que precisamos reconhecê-las até mesmo para melhorar e humanizar a nossa própria convivência humana, bem como nossas relações com todas as formas de vida do planeta neste "mundo educador" em que vivemos.

Hoje, os tempos, os espaços de relação e de contatos culturais, principalmente levando em consideração as novas tecnologias da comunicação, são outros, muito mais complexos e amplos, exigindo novas formas de enfrentamento do fenômeno multicultural e de suas manifestações mais diretas, como a violência, o preconceito, os conflitos sociais, raciais, étnicos, sexuais, religiosos, econômicos, políticos, entre outros. Nessa direção, esta perspectiva curricular viabiliza e propõe atividades inter-transdisciplinares, necessárias à educação integral, tentando dialogar e, ao mesmo tempo, transcender o conhecimento científico, dando ênfase à cultura como referência primeira na relação com outras formas e manifestações do conhecimento e da sensibilidade humana.

Acentuamos que o importante, quando falamos de ensino e aprendizagem no processo de educação integral, são as vivências e as convivências humanas respeitando e cuidando das relações interpessoais, interculturais, bem como das relações que estabelecemos com a sustentabilidade do planeta. Trata-se de educar para a sustentabilidade (Gadotti, 2008) e não apenas educar com base nos conhecimentos historicamente acumulados com os quais a escola, ainda hoje, tanto trabalha. Desta forma estimulamos o diálogo, o conflito, a diversidade cultural, o reconhecimento das diferenças, das diferenças dentro das diferenças, das identidades dos sujeitos envolvidos, visando tornar sempre possível a ampliação do diálogo e a melhor qualidade de vida das pessoas envolvidas nesses ciclos vitais de ensino e de aprendizagem.

Não estamos nos limitando à educação escolar ou à educação não escolar – ou, conforme ainda se escreve, à educação formal/não formal – inclusive porque, para nós, a educação acontece em todos os cantos, em todos os momentos, em todas as horas da nossa vida e em todos os espaços em que vivemos e convivemos. Daí também a valorização conjunta da cultura, da ciência, da política, enfim, das várias manifestações do conhecimento, do sentir e do saber da humanidade, acumulado e por vir. Procurar aprender a utilizar as várias linguagens artísticas como ato de conhecimento, as várias formas de expressão simbólica e representativa, material e imaterial, presentes em nossas vidas cotidianas, é uma forma de avançar na direção da construção de uma educação que compreende o mundo com base nas relações dialógicas que nele se estabelecem e que também podem se dar por conexões (e/e).

Esse movimento relacional procura desvelar quais são as visões de mundo e de natureza humana que cada pessoa traz na sua experiência cultural, educacional, social, política e espiritual. E, assim, processualmente, criam-se as possibilidades para o autoconhecimento individual, pessoal, intra, interpessoal e coletivo.

Diferenças e semelhanças reconhecidas se desdobram nos seus aspectos pedagógicos, filosóficos, históricos, antropológicos, sociológicos, psicológicos, linguísticos, políticos, econômicos etc.

O currículo intertranscultural nasce de um processo cultural e educacional que visa à conectividade humana, ao reconhecimento de relações híbridas da descoberta dos "entre-lugares", instâncias nas quais fundimos os nossos múltiplos saberes e procuramos superar o monoculturalismo e o "daltonismo cultural" (Stoer; Cortesão, 1999). Procuramos novas cores, novos sabores, novos sentidos e novos significados para o ato de educar.

Esse currículo deve também incluir todas as dimensões da organização do trabalho educacional ao qual estamos vinculados, seja ele em uma escola, em uma creche, em uma associação de moradores, em um salão paroquial, na favela, na fábrica, no sindicato, no clube de futebol, na escola de samba, em qualquer lugar onde a educação acontece de forma intencional. Ele inclui a nossa participação, prevê aprendizagens quando participamos da elaboração do projeto ecopolítico-pedagógico da escola ou da instituição educativa não formal, na sua gestão democrática/compartilhada, na valorização que damos (ou não) ao exercício da cidadania pelas crianças desde a infância e à decisão sobre as parcerias comunitárias e sociais que organizam e colaboram com o trabalho educacional, sociocultural e socioambiental que estamos desenvolvendo.

É também por essa razão que avaliar dialógica e continuamente a qualidade da nossa própria formação humana, nos termos já citados e com indicadores claros e precisos (ver PDE/MEC), é fundamental para que estejamos sempre pensando e reavaliando como se dão as relações humanas e de aprendizagem.

O objeto do conhecimento em uma organização curricular intertranscultural considerará os referenciais da nossa práxis (união dialética entre teoria e prática) e, por conseguinte, selecionará bibliografia, registros e sistematizações das experiências, bem como materiais didático-pedagógicos compatíveis com as exigências próprias do processo educacional aqui proposto. São também conteúdos de aprendizagem, nessa perspectiva, as mais recentes descobertas das ciências, em todas as suas áreas – da biologia, da bioética, da física quântica, da cibernética, do imaginário, das neurociências, da psicopedagogia, da semiótica, da linguística, da neurolinguística, da antropologia, das sociologia política, das pedagogias, do direito, enfim, das ciências humanas, naturais e produtivas, associadas às novas tecnologias e às artes que favorecem os processos educacionais e o avanço das próprias ciências e de outras formas de expressão e sentir humanos.

Em síntese, na perspectiva do currículo intertranscultural, escolar e não escolar, propomos:

- Partir das relações e da cultura das pessoas.
- Criar espaços e tempos de encontros na escola, na comunidade, no bairro, no "município que educa",[7] onde o diálogo entre as pessoas é estimulado.
- Realizar a "leitura do mundo" do contexto, problematizando a realidade e as relações humanas com outras formas de vida e com outros ecossistemas.
- Refletir sobre os diferentes significados dos múltiplos sentidos e significados do real e da realidade.
- Promover a tentativa de reconhecimento dos símbolos e das representações culturais, materiais e imateriais da realidade que nos cerca.
- Vivenciar experiências de aproximações e de afastamentos identitários conforme

o grau de comunicação que as nossas linguagens nos permitem.

A compreensão do currículo inter-transcultural e, portanto, a prática de uma educação assim chamada, pode ser fator primordial para viabilizarmos o que hoje chamamos de educação integral, que também não se refere apenas a determinados espaços ou tempos de aprendizagem, como se a educação tivesse que acontecer apenas dentro dos calendários fixos, seriados ou ciclados, mas que favorece a mobilidade, a ampliação dos espaços da comunidade que já são potencialmente educacionais, mas que, muitas vezes, são ou estão ociosos. Trata-se de articularmos saberes a partir de projetos integrados e integradores, de ações e parcerias intergeracionais, interterritoriais, intersetoriais e interculturais que, transcendendo os espaços educacionais escolares e não escolares, ganhem a comunidade, o bairro, a cidade, articulando e socializando as suas experiências com outros municípios, estados e países.

NOTAS

1. Paródia do autor para a música "Sampa", de Caetano Veloso.
2. Como tem sido proposto pelo Programa Mais Educação, da Secretaria de Educação Continuada, Alfabetização e Diversidade (SECAD) e pela Secretaria de Educação Básica (SEB) do Ministério da Educação.
3. A propósito, ver as seguintes publicações: Paro e colaboradores (1988); Fortunati (2006) e Cadernos CENPEC (2006). Ver também Gadotti (2009).
4. Gregory Bateson (1986) foi antropólogo, biólogo, psiquiatra e cibernético. Autor de vários livros voltados, principalmente, para a temática da comunicação humana, é ainda pouco conhecido e publicado no Brasil. Plantou o alicerce do que podemos chamar de uma "Antropologia da Comunicação".
5. Sobre o conceito de relação com o outro, bem como a respeito da possível formação de uma nova humanidade, marcada pelo entendimento e pela conciliação, ver, respectivamente, Buber (1979) e Badinter (1986).
6. A este respeito ver Gutiérrez e Prado (1999), que, ao tratarem também das novas categorias interpretativas da ciência, defendem uma cidadania ambiental e planetária que, na escola, manifesta-se pedagogicamente no que eles chamam de *Ecopedagogia*. Ver também o livro do professor Moacir Gadotti (2000a), no qual o autor trata do conceito de "planetaridade", contrapondo-se ao conceito de globalização capitalista, relembra que o estatuto científico só é legitimado como organização da reflexão sobre uma prática concreta (pedagogia da práxis), além de analisar alguns conceitos hoje muito utilizados na educação tais como "sociedade sustentável", "educação sustentável", "consciência planetária" e "civilização planetária". No Capítulo 7 do livro, Moacir Gadotti oferece ao leitor o significado do "Movimento pela Ecopedagogia" e conclui analisando "A terra como Paradigma".
7. A este respeito, ver Padilha (2009) e Padilha, Ceccon e Ramalho (2010).

REFERÊNCIAS

ANTUNES, A. *Leitura no mundo e no contexto da planetarização*: por uma pedagogia da sustentabilidade. São Paulo: Universidade de São Paulo, 2002.

APPLE, M. *Educação e poder*. Porto Alegre: Artmed, 1989.

APPLE, M.; BEANE, J. (Org.). *Escolas democráticas*. São Paulo: Cortez, 1997.

BADINTER, E. *Um é o outro*: relações entre homens e mulheres. 2.ed. Rio de Janeiro: Nova Fronteira, 1986.

BATESON, G. *Mente e natureza*: a unidade necessária. Rio de Janeiro: Francisco Alves, 1986.

BRASIL. Lei n. 9.394, de 20 de dezembro de 1996. Estabelece as diretrizes e bases da educação nacional. *Diário Oficial da União*, Brasília, DF, 23 dez. 1996.

BUBER, M. *Eu e tu*. São Paulo: Cortez & Moraes, 1979.

CADERNOS CENPEC. São Paulo, n.2, 2006.

CORTESÃO, L. *Ser professor:* um ofício em risco de extinção? São Paulo: Cortez/IPF, 2002.

DOWBOR, L. *A crise financeira sem mistérios:* convergências dos dramas econômicos, sociais e ambientais. 2009. Disponível em: <http://dowbor.org/crise-semmisterios8.pdf>. Acesso em: 20 abr. 2009.

FLEURI, R.M. Educação intercultural no Brasil: a perspectiva epistemológica da complexidade. *Revista Brasileira de Estudos Pedagógicos*, Brasília, v.80, n.196, p.277-289, 1999.

_____. *Educar para quê?* Contra o autoritarismo da relação pedagógica na escola. 9.ed. São Paulo: Cortez, 2001a.

_____. Entre o oficial e o alternativo em propostas curriculares: para além do hibridismo. *Revista Brasileira de Educação*. Rio de Janeiro, n. 17, p.115-116, 2001b.

_____. (Org.). *Intercultura e movimentos sociais.* Florianópolis: Mover/NUP, 1998.

FLEURI, R.M.; COSTA, M.V. *Travessia:* questões e perspectivas emergentes na pesquisa em educação popular. Ijuí: Ed. Unijuí, 2001.

FORQUIN, J.-C. *Escola e cultura*: as bases sociais e epistemológicas do conhecimento escolar. Porto Alegre: Artmed, 1993.

FORTUNATI, J. *Gestão da educação pública.* Porto Alegre: Artmed, 2006.

FREIRE, P. *A educação na cidade.* São Paulo: Cortez, 1999.

FREIRE, P.; SHOR, I. *Medo e ousadia:* o cotidiano do professor. 5.ed. Rio de Janeiro: Paz e Terra, 1995.

GADOTTI, M. Apresentação à edição brasileira: cidadania planetária. In: GUTIÉRREZ, F.; PRADO, C. *Ecopedagogia e cidadania planetária.* São Paulo: Cortez, 1999. p.21-25.

_____. *Educação integral no Brasil:* inovações em processo. São Paulo: Instituto Paulo Freire, 2009.

_____. *Educar para a sustentabilidade:* uma contribuição à década da educação para o desenvolvimento sustentável. São Paulo: Instituto Paulo Freire, 2008.

_____. *Pedagogia da Terra.* São Paulo: Ed. Fundação Peirópolis, 2000a.

_____. *Perspectivas atuais da educação.* Porto Alegre: Artmed, 2000b.

GIMENO SACRISTÁN, J. *Educar e conviver na cultura global*: as exigências da cidadania. Porto Alegre: Artmed, 2002.

GIROUX, H. *Os professores como intelectuais:* rumo a uma pedagogia crítica da aprendizagem. Porto Alegre: Artmed, 1997.

GUTIÉRREZ, F.; PRADO, C. *Ecopedagogia e cidadania planetária.* São Paulo: Cortez, 1999.

HALL, S. *A identidade cultural na pós-modernidade.* Rio de Janeiro: DP&A, 1997.

LIMA, E.S. *Ciclos de formação:* uma reorganização do tempo escolar. São Paulo: GEDH, 1998. (Série Separatas)

MORIN, E. *Complexidade e transdisciplinaridade*: a reforma da universidade e do ensino fundamental. Natal: EDUFRN, 1999.

_____. *Introdução ao pensamento complexo.* Porto Alegre: Meridional, 2005.

_____. *La méthode IV:* les idées, leur habitat, leur vie, leurs moeurs, leur organisation. Paris: Seuil, 1991.

_____. *Le paradigme perdu:* la nature humaine. Paris: Seuil, 1973. p.109-127.

_____. *O problema epistemológico da complexidade.* Mira-Sintra: Europa-América, 1985.

_____. *O problema epistemológico da complexidade.* 2.ed. Mira-Sintra: Europa-América, 1996.

_____. *Os sete saberes necessários à educação do futuro.* São Paulo: Cortez, 2000.

NICOLESCU, B. *O manifesto da transdisciplinaridade.* São Paulo: Trion, 1999.

PADILHA, P.R. *Currículo intertranscultural:* novos itinerários para a educação. São Paulo: Cortez, 2004.

_____. *Educar em todos os cantos:* reflexões e canções por uma educação intertranscultural. São Paulo: Instituto Paulo Freire, 2007.

_____. *Município que educa:* nova arquitetura da gestão pública. São Paulo: Instituto Paulo Freire, 2009. (Caderno de Formação da Educação Cidadã, 2.)

_____. *Planejamento dialógico:* como construir o projeto político-pedagógico da escola. São Paulo: Cortez, 2001.

PADILHA, P.R.; CECCON, S.; RAMALHO, P. (orgs). Município que educa: múltiplos olhares. São Paulo: Instituto Paulo Freire, 2010.

PARO, V.H. et al. *Escola de tempo integral*: desafio para o ensino público. São Paulo: Cortez, 1988.

ROMÃO, J.E. *Dialética da diferença*: o projeto da escola cidadã frente ao projeto pedagógico neoliberal. São Paulo: Cortez, 2000.

SANTOS, L.L.C.P. *Dilemas e controvérsias no campo do currículo.* [S.l.]: FAE/UFMG, 2001.

SILVA, T.T. da. *Documentos de identidade:* uma introdução às teorias do currículo. 3.ed. Belo Horizonte: Autêntica, 1999.

SNYDERS, G. *A alegria na escola.* São Paulo: Manole, 1988.

STOER, S.R.; CORTESÃO, L. *Levantando a pedra:* da pedagogia inter/multicultural às políticas educativas numa época de transnacionalização. Porto: Afrontamento, 1999.

VIGOTSKY, L.S. *Obras escogidas.* v. 3. Madrid: Visor, 1995.

WALLON, T. *Psychologie et éducation de l'enfance.* Paris: Laboratoire de Psycho-biologie de l'Enfant, 1973.

YOUNG, M.F.D. *O currículo do futuro:* da nova sociologia da educação a uma teoria crítica do aprendizado. Campinas: Papirus, 2000.

13

Ensinar a paz
Proposta para um currículo de educação integral

João Roberto de Araújo

A educação moderna redundou em completo malogro, por ter exagerado a importância da técnica. Encarecendo-a em demasia, destruímos o homem. Desenvolvendo capacidades e eficiência, sem a compreensão da vida, sem uma percepção total dos movimentos da mente e do desejo, tornar-nos-emos cada vez mais cruéis, e isso significa fomentar guerras e pôr em perigo nossa segurança física. O exclusivo cultivo da técnica tem produzido cientistas, matemáticos, construtores de pontes e conquistadores do espaço. Compreenderão esses homens o processo total da vida? Pode um especialista experimentar a vida como um todo? Só se deixar de ser especialista

(Krishnamurti, 2001).

INTRODUÇÃO

A cultura,[1] como conjunto de subjetividades, crenças, valores, ritos e símbolos articulado e compartilhado por um grupo, define padrões de pensamentos e sentimentos que, selecionados historicamente, são transmitidos de um grupo a outros. Assim, expressa valores que são orientações de vida e que influenciam na percepção da realidade e no comportamento dos indivíduos.

O ser humano imagina possibilidades[2] e por meio da imaginação nasce a ação; a seguir, vem a experiência que culmina no estabelecimento de regras e normas orientadoras do pensar e do agir. Estamos todos submersos e submetidos à influência desses modelos. Somos, ao mesmo tempo, filhos da biologia e da cultura[3] e esta última, de forma privilegiada, modela nossa mente e nossa estrutura de compreensão.

Cabe ao educador, frente à força da cultura, destacar-se, sair do senso comum, perceber e distinguir os valores que nos conduzem para uma condição de equilíbrio, integridade, harmonia, paz e felicidade de outros valores opostos, os quais nos remetem à redução, à fragmentação, à dor e ao sofrimento.[4]

Toda liderança saudável deve buscar um olhar novo, incomum e assumir o desafio de oferecer às pessoas não só o que elas gostam ou querem, mas também o que elas não sabem que gostam e querem. O educador, na turbulência cultural da atualidade, está convocado a focar sua atenção nos valores e comportamentos vigentes, além de identificar os equívocos e lacunas enraizados na cultura. Há muitas orientações equivocadas,[5] há muitas lacunas que esperam por urgente tomada de consciência e mudança. Valeria a pena um esforço conjunto de todas as lideranças, especialmente da educação, para identificar e promover a difusão dos equívocos fundamentais presentes na cultura. Porém, no contexto das reflexões sobre cultura de paz, destacamos o equívoco que julgo mais relevante: a lacuna e a negligência com a "educação para as emoções".

Na sábia reflexão de Edgar Morin (2005), o nosso conceito de desenvolvimento é subdesenvolvido. Privilegiamos e enfatizamos as dimensões econômicas e tecnológicas e negligenciamos as dimensões verdadeiramente humanas, do autoconhecimento, da compreensão, da convivência, da solidariedade e do sentido de comunidade. Nas famílias, qual a porcentagem de pais que conversam com seus filhos sobre emoções? Qual a porcentagem de famílias que convidam seus filhos para conversar sobre raiva, ciúme, inveja, ansiedade? Ou, numa abordagem construtiva, quantas famílias orientam seus filhos sobre as emoções positivas como a amorosidade, compaixão, bondade e calma? Não há necessidade de pesquisa formal para responder a essas questões. Sabemos que são pouquíssimas as famílias que escolhem esses temas como uma proposta ou necessidade educacional. É fácil concluir, assim, que é explícito o analfabetismo emocional predominante entre nós. Pais, mães, lideranças comunitárias, políticas e científicas são frequentemente assaltados por emoções destrutivas que promovem dor e sofrimento, além de, por decorrência, ocorrer violência autoinflingida e dirigida aos outros.

Quando vamos para a escola, qual é o cenário que encontramos em relação aos conteúdos apresentados aos alunos? Na matriz curricular, é notória a ausência de educação para as emoções. Na melhor hipótese, encontramos alguns educadores que, por iniciativa própria, promovem, esporadicamente, reflexões sobre tal tema com os alunos. Nas famílias, a educação para as emoções é esquecida e, na escola, não está organizada e sistematizada como conteúdo fundamental na formação das nossas crianças. É enfatizado o sucesso socioprofissional com os conteúdos da lógica matemática, linguística e memorização, ignorando ou negligenciando os conteúdos que possam assegurar o sucesso pessoal expresso na capacidade de ser feliz. Educamos para formar engenheiros, médicos, professores e administradores, mas não nos lembramos que, antes de tudo, o ser humano busca ser feliz. É natural que a formação socioprofissional contribua para o bem-estar, porém, é sabido que ela não é suficiente para assegurar a felicidade.

Se quisermos aprender inglês, estudamos e utilizamos todos os recursos pedagógicos disponíveis, que incluem material didático, professores capacitados e reflexões complementares, e, por mais religiosos que sejamos, não pediríamos a Deus para falarmos em inglês, pois é óbvio que para isso ocorrer é necessária uma estrutura de ensino e um esforço pedagogicamente orientado. Da mesma forma, estamos somente pedindo a Deus para sermos pacíficos e que a comunidade fique pacífica. Deus, certamente, de acordo com as mais variadas crenças religiosas, protege a nós todos, mas a paz é, antes de tudo, uma construção humana. Dito de outra forma, *a paz é um processo de aprendizagem;* é aprendida assim como se aprende geografia, história, matemática e línguas. Igualmente como ocorre com a aprendizagem desses conteúdos, há o imperativo de uma sistematização que inclui material didático elaborado a partir de um eixo psicopedagógico adequado, formação de educadores, acompanhamento pedagógico e avaliação de resultados.

Assim como nas disciplinas curriculares, existem fundamentos para ensinar a paz; existem fundamentos[6] para compreender as emoções construtivas e destrutivas; existem fundamentos para compreender os benefícios da amorosidade, da compaixão, da calma e da generosidade; tanto quanto existem fundamentos para compreender os danos pessoais e coletivos da raiva, do ódio, da inveja e do ciúme. *Educar para a paz é exatamente educar para as emoções.* A violência nasce na ignorância, na dor, no sofrimento de reiteradas frustrações. Decorre da incapacidade de lidarmos bem com nossas emoções e de resolvermos pacificamente nossos conflitos. Somos analfabetos emocionais e por isso sofremos e fazemos sofrer.

ONDE NASCE A VIOLÊNCIA?

Há uma questão que pede mais reflexão e compreensão: onde nasce a violência no ser humano? É oportuno, a priori, entender melhor o conceito de violência e, para isso, a Organização Mundial de Saúde (2002) define-a como:

> O uso intencional da força física ou do poder, real ou em ameaça, contra si próprio, contra outra pessoa ou contra um grupo e uma comunidade, que resulte ou tenha grande possibilidade de resultar em lesão, morte, dano psicológico, deficiência de desenvolvimento ou privação.

Entretanto, destaca-se a importância de perceber que não existe somente a violência explícita com tiros, facadas e lesões corporais, há outra e pode-se dizer que é bem intensa – a violência invisível, psicológica – que promove, na relação metafórica com os *icebergs*, condições desastrosas de danos psíquicos e de privações de desenvolvimento humano. É de Tensin Gyatsu, o Dalai Lama, a frase que caracteriza bem essa situação: "As palavras não usam armas, mas ferem o coração.".

É importante perceber a extensão do conceito de violência, no entanto, é fundamental compreender como ela surge. A nossa mente abriga pensamentos e emoções e vivemos muitas dessas emoções no nosso dia a dia; generalizando, distinguimos facilmente dois sentimentos muito conhecidos. O primeiro é o da *satisfação*, que acontece quando os nossos desejos, aspirações e necessidades são atendidos. Temos sede e há água; temos fome e há alimento; estamos carentes e alguém vem conversar conosco e nos acolhe. Assim é a satisfação, um sentimento que promove calor interno, uma acomodação positiva que nos deixa serenos pelo atendimento das nossas expectativas. Todos nós conhecemos esse sentimento nas suas dimensões fisiológica, psicológica, filosófica e compreendemos a sua importância. Todavia, vivemos também, todos os dias, um sentimento oposto, o da *frustração*. Tenho sede, mas não há água; tenho fome, mas não há alimento; estou carente e ninguém olha para mim; telefono e mando flores, mas ninguém responde. Isso é frustração. Conhecemos esse sentimento e sabemos o mal-estar dele decorrente. Daria para fazer um balanço ao final do dia, do mês, de um período da vida ou até da própria vida inteira, se nos percebemos com mais satisfações ou frustrações.

A frustração tem uma filha de nome muito conhecido: *agressividad*e. A agressividade nasce do estado de frustração e, sendo natural que a vida nos ofereça "nãos", é também natural ocorrer a frustração e, igualmente, a agressividade, que significa etimologicamente *aggredi* (do verbo latino) – colocar-se de pé e ir em direção a algo. Dessa forma, especialmente para os educadores, é importante a compreensão de que agressividade não é necessariamente ruim. Existe uma agressividade do bem, positiva, construtiva, que nos coloca de pé e na direção da busca de soluções e alternativas para romper obstáculos, realizando, assim, nossos sonhos. A agressividade nos tira do sofá e nos coloca no caminho. A realidade fala não e eu falo sim, eu quero. Fico de pé e vou em direção daquilo que busco.

Não podemos desejar que uma criança ou um adulto não seja agressivo, pois agressividade é fundamental; ela promove a continuidade e o desenvolvimento da vida: os jovens que não obtêm a aprovação no vestibular cortam os excessos de lazer, as noitadas, concentram-se e reorganizam o tempo para estudar numa nova postura construtiva. Da mesma maneira, no nono mês, a mãe grávida está desconfortável, ansiosa, e fica frustrada. A criança, incomodada com a insuficiência de espaço, também se frustra. Desse quadro de frustrações, expresso em respostas fisiológicas e psicológicas, surge a agressividade que promove a vida. Assim, a nossa própria vida está ligada à capacidade de expressar construtivamente a agressividade.

Há, no entanto, outra agressividade que não é do bem, é do mal; que não é da luz, é das sombras; que não é construtiva, é destrutiva. Essa agressividade chamamos de *violência*. É uma energia que se perverte, que se desvia para diferentes formas de destruição, inclusive a autodestruição. Cabe, então, uma pergunta básica: por que, ora a agressividade é dirigida construtivamente, ora vai para a destruição, ou para a violência? O desequilíbrio significativo entre satisfações e frustrações e a impossibilidade da agressividade se expressar criativa e produtivamente pode nos dar a resposta. Quando acontece na vida de uma pessoa um profundo desequilíbrio entre satisfações e frustrações, tendo muito mais frustrações que satisfações, a agressividade é canalizada para a violência. Ela é desviada de sua condição natural e se canaliza para a destruição.

Para melhor compreensão desse fenômeno psicológico de desequilíbrio entre satisfações e frustrações, podemos imaginar uma história possível na condição humana e encontrada, ainda, em todo grupo social. Uma jovem com uma história pessoal, familiar e social difícil, de dor e sofrimento físico e psicológico, fica grávida. Pela sua história de vida, ela tem uma relação negativa com a sua gravidez. Olha para a barriga e diz: "O que esta coisa está fazendo aí? Eu não a quero, eu a rejeito!" Sabemos que isso é possível e que uma criança pode sentir muita frustração antes mesmo de nascer, como a frustração psicológica pela rejeição afetiva e a frustração fisiológica por desconforto com movimentos, alimentos, drogas, etc. É caracterizada uma situação em que, antes de nascer, a criança já apresenta altos níveis de frustração. Ao nascer tal criança, é possível que essa mãe não a acolha bem, não ofereça o necessário e fundamental olhar e gestos de acolhimento amoroso; não acaricia, rejeita. Na nossa condição de adultos, é difícil avaliar a profunda dor da rejeição física e psicológica no momento do nascimento, no espanto com esse mundo novo que exige toda a proteção possível. O nascimento é um desafio enorme. Respirar e enfrentar novos e diferentes estímulos são ações que pedem ajuda e acolhimento que, não sendo oferecidos, criam enorme frustração e promovem um *imprinting* emocional negativo, o registro de que o mundo não é bom, suave e acolhedor, mas sim áspero e duro.

Nesse contexto, muitas crianças são deixadas em creches e retiradas de lá às cinco horas da tarde por mães ou pais negligentes que as devolvem, na manhã do dia seguinte, sem sequer abrir as fraldas para trocá-las. Por outro lado, a violência já existente em alguns pais, exacerbada por bebidas alcoólicas e outras drogas, amplifica a impaciência e a intolerância, promovendo, na relação com recém-nascidos, o doloroso fenômeno do "chacoalhão",[7] que fere física e psicologicamente e que representa mais uma grave situação de frustração. Imagine o estado psicológico de uma criança abusivamente "chacoalhada" com a raiva de um brutamonte à sua frente e com a natural expectativa biológica e psicológica de ser cuidada e acarinhada. Imagine o nível de frustração que isso significa para uma criança, ainda com seu sistema neurocerebral em formação e com sua compreensão sobre o mundo se estruturando.

Há crianças, ainda em tenra idade, e por isso necessitando de proteção, que presenciam violência doméstica, espancamentos, tapas, empurrões, internalizando medo, pavor, insegurança e mais frustrações. Existem crianças que são de alguma forma surradas todos os dias. Há aquelas que nunca foram abraçadas pela própria família e por ninguém; que nunca receberam elogios da mãe ou do pai; que só conhecem a negatividade da crítica, as referências desabonadoras da família e dos vizinhos; que escutam da própria mãe, repetidas vezes, a cruel afirmação: "Você é um estorvo na minha vida."; que ao chegarem aos quatro, cinco ou seis anos de idade, apresentam uma história, na qual predominam, radicalmente, as frustrações em detrimento das satisfações.

Esse tipo de história de frustrações revela uma profunda carência afetiva e, nesse ponto, reside um tema central que exige especial atenção dos educadores: estudos e pesquisas[8] indicam que *déficit afetivo cria déficit de aprendizagem*. Déficit de afeto faz a pessoa ficar comprometida, limitada com relação à sua racionalidade. Diante de uma criança com déficit afetivo, não é difícil perceber suas limitações para pensar com serenidade e promover a adequada construção lógica dos fatos. Ela é mais pobre de possibilidades, mais rígida, menos flexível, mais carente, reduzida e fragmentada intelectualmente. Difere da criança acarinhada, amada, estimulada e elogiada, a qual entende mais facilmente os conteúdos, tem menos ruídos internos. Facilita, para nós adultos, quando compreendemos as consequências desses ruídos, pois os internalizando em nós mesmos, podemos observar as limitações impostas por eles. A professora que briga com seu marido ou o professor que briga com sua esposa, logo cedo, ou com seu filho, seus pais, e vai para a escola trabalhar, é possível que, nessas condições, percebam-se incompetentes para fazer o que precisa ser feito. É possível que digam: "Por favor, não consigo trabalhar hoje, estou sem condições de ir para a sala de aula, preciso de ajuda.". Isso tudo por causa de um momento pontual de dificuldade afetiva. Imaginemos uma criança com uma permanente história de frustrações repetidas diante dos desafios da vida e da escola.

Crianças acarinhadas, que são tocadas com carinho físico, que percebem a afetividade dos pais e da família, desenvolvem biologicamente condições neurocerebrais diferenciadas que facilitarão no seu processo de aprendizagem. Contrariamente, as crianças que convivem com a violência têm sério comprometimento neurocerebral e a decorrente dificuldade de aprendizagem. *Muitas delas com esse déficit afetivo estão hoje nas nossas salas de aula, são nossos alunos.* Há o risco de não percebermos essa realidade.

Quando vamos a um hospital visitar um acidentado politraumatizado, com as pernas, a coluna e os braços engessados, é tão óbvia a sua imobilidade, que somos incapazes de pedir para que ele se levante e pegue um copo d'água. Metaforicamente, estamos correndo o risco de solicitar que uma criança mentalmente engessada, invisivelmente imobilizada "pegue um copo d'água". Não estamos vendo que existe um engessamento interno que é dor, que é sofrimento, que são ruídos que a mobilizam e que frequentemente escapam da nossa percepção. Crianças com esses ruídos internos se apresentam mais agitadas, com mais movimentos, são menos tranquilas que as crianças mais resolvidas afetivamente, as quais são, portanto, mais serenas. A criança com déficit afetivo é a que corre mais, se mostra mais, sobe e desce mais vezes, chuta mais, incomoda mais, expressando o seu desconforto interior e buscando ingênua e inconscientemente, e porque não dizer, equivocadamente, curar sua ferida. Diante disso, como adultos e educadores, corremos o risco de uma interpretação preconceituosa: "Olha aí, ela corre para todo lado, é saudável, não acompanha porque não quer", aparecendo em nós o desejo de castigar para corrigir.

Na história de vida de uma criança, no momento especial de iniciar seu processo de alfabetização, aos seis anos, ela poderá estar exposta, mais uma vez, à possibilidade de mais uma grave frustração. Com seu déficit afetivo, não acompanha os conteúdos que são normalmente apreendidos pelos outros alunos, encarando-os como dificílimos. Então, essa criança foge psicológica e fisicamente do ambiente da escola que *não consegue compreendê-la e ajudá-la*. Assim, de frustrações em frustrações, vamos construindo um desequilíbrio perverso que promove o nascimento da violência que fere e incomoda a todos nós. É visto, então, que violência não "cai do céu"; ninguém nasce violento[9] e ninguém fica violento de um momento para outro. A violência é uma construção na história de vida da pessoa.

Nós, hoje, estamos construindo a violência que vai se manifestar no futuro próximo. Hoje, vivemos a violência que começou a ser construída no passado. Hoje, estamos convocados para prevenir a violência que poderá surgir no futuro.

O QUE FAZER?

Outra questão fundamental que merece atenção das lideranças, especialmente dos educadores, é a compreensão do conjunto de ações necessárias para reduzir a violência na escola e na sociedade. O tema é complexo, apresenta muitas variáveis com significativo processo de interdependência e com a inevitável dinâmica da impermanência. Entretanto, é possível elaborá-lo numa proposta didática que reúne esse conjunto de ações em três grandes eixos, facilitando a compreensão.

1º Grande Eixo: aperfeiçoamento da repressão legítima

A violência está presente em nossa vida, no dia a dia, no aqui e agora. Há pessoas ferindo, matando, roubando e proporcionando dor e sofrimento aos outros. É necessário intervir para inibir e isolar o agente violento, além de evitar que a ação destrutiva se amplie. Dessa forma, é legítima a repressão quando executada dentro dos parâmetros legais e no contexto democrático. Nesse primeiro eixo, estão os esforços para a melhoria da legislação penal – existe espaço para o aperfeiçoamento legal, importante papel esperado dos nossos representantes no Poder Legislativo.

Há, também, a melhoria da justiça, que precisa apresentar respostas mais rápidas, além de existir, de forma generalizada, o sentimento de morosidade na justiça. Magistrados e promotores, com frequência, referem-se aos empecilhos estruturais e funcionais relacionados à aplicação da lei, os quais criam pela lentidão o sentimento de impunidade que não favorece a política de redução da violência. Também nesse eixo, buscam-se as melhorias dos mecanismos de segurança pública, pois as polícias que atuam na prevenção e na investigação apresentam carências significativas de aportes científicos e tecnológicos, acrescidos de carência moral e ética. A polícia, ainda, é parte significativa do processo de corrupção que desfavorece a ação eficaz na redução da criminalidade organizada.

A própria família tem, no eixo da repressão legítima, um papel importantíssimo alinhado com o pátrio poder. Pais devem utilizar com mais consciência o valor construtivo do "não" e reduzir a permissividade excessiva em relação aos seus filhos. No processo de construção do ser humano, particularmente de nossas crianças, precisamos incorporar a força do "não" construtivo e lembrar que ao lado do "sim" que constrói, está, igualmente, o "sim" que destrói.

Dentro do eixo da repressão legítima, devemos ampliar nosso olhar e verificar que, embora importantíssimas, necessárias e legítimas as ações repressivas são, elas não se apresentam suficientes. A maioria das pessoas quando consultadas sobre o que fazer para reduzir a violência, indica, enfática e prioritariamente, a repressão. Mais polícia na rua, mais viaturas, mais armamento são as respostas predominantes, todavia, aqui reside um equívoco e uma metáfora nos ajuda a entender isso: uma criança com meningite tem febre alta e, para curá-la, o médico prescreve dois medicamentos, um para baixar a febre e outro para combater a bactéria. Se o médico prescreve somente o remédio para baixar a febre, não haverá cura. Assim, as ações de justiça e de polícia constituem remédio para baixar a febre da doença social, a qual denominamos violência, e que, em alguns casos, nem a febre consegue baixar, tamanha a gravidade da doença. É preocupante quando notamos educadores enfatizando prioritariamente o eixo da repressão, sem a compreensão de que essa é uma ação periférica e que, além dela, precisamos de respostas mais consistentes.

2º Grande Eixo: aperfeiçoamento das políticas sociais

A Organização Mundial da Saúde apresenta a questão da violência como o principal problema de saúde pública no mundo e publicou no seu Relatório Mundial de Saúde e Violência de 2002 informações importantíssimas para compreender a realidade da violência no planeta. Destaca-se a informação, levantada por meio de sistemática pesquisa em vários países, que os bolsões de pobreza material favorecem o aparecimento da violência.[10] Sendo assim, o enfrentamento da violência deve passar pela redução da pobreza material com a criação de espaços para o trabalho, aumento da renda, habitação, alimentação, saúde e educação, promovendo dignas condições de sobrevivência. Refletindo sobre esse eixo de ações, devemos nos acautelar para não cair numa armadilha preconceituosa, afirmando que pobre é violento. Certamente não é isso que ocorre. A violência está na mente das pessoas e não na condição socioeconômica. Há cidades com altos índices de desenvolvimento material e destacada renda *per capita*, mas apresentam elevados índices de criminalidade, enquanto outras, pobres materialmente, apresentam baixíssimos índices de violência.

De um lado sabemos que a pobreza favorece o aparecimento da violência, mas de outro sabemos que pobreza não é sinônimo de violência. Um exemplo prático do dia a dia pode ajudar na compreensão dessa questão: imaginemos um casal de classe média, em que o marido esteja empregado e a esposa também, ambos mantendo uma boa qualidade de vida com casa, carro e alimentação diferenciados. De repente, perdem o emprego. O padrão de possibilidades de consumo muda, necessidades básicas de sobrevivência se destacam e muito facilmente aparecem na convivência familiar a grosseria, os insultos, a violência física e psicológica. O que aconteceu? Eles não eram violentos e de repente se transformaram? Os valores da violência já estavam neles, mas encontravam-se apenas amenizados ou anestesiados pelas condições materiais favorecedoras. Dessa maneira, é muito importante a compreensão de que as ações sociais redutoras da pobreza material contribuem para a redução da violência, no entanto, é igualmente importante compreender que elas não são suficientes. Há ricos violentos, existe violência na classe média e existe violência entre os pobres. A violência dos ricos, estruturada no egocentrismo, no sociocentrismo, na ganância e no abuso socioeconômico, é menos perceptível e visível ao olhar comum, porém, não podemos nos esquecer que ela existe e que orienta cruéis desdobramentos para outras formas de violência. A violência das lideranças é mais perniciosa, perigosa e cruel.[11]

É um preconceito generalizado afirmar que a violência está na periferia das cidades; ela percorre igualmente todas as escalas sociais e o educador deve estar atento para compreender que a violência está na mente das pessoas e não na sua condição socioeconômica.

3º Grande Eixo: educação para a paz

> Violência vem de medo, medo vem de incompreensão, incompreensão vem de ignorância (...) e combatemos a ignorância pela educação.
> (Leah Wells)

Egoísmo, intolerância, desconfiança, desejo de beneficiar-se à custa dos outros – enfim, a ignorância generalizada – criam condições que promovem a erupção da violência. Nesse contexto, inúmeras famílias encontram-se em estado de desintegração, animosidade velada, brigas abertas, violência física, ofensas, provocações, abusos psicológicos e físicos. A aprendizagem emocional (o desenvolvimento de competências para lidar com as emoções negativas) é a única forma eficaz para conter o processo de violência. Mas como evitar a violência? Como reduzi-la? Como construir a paz? A resposta está na mente; é na mente que devemos promover processos que conduzam à paz e à harmonia. Para isso, é necessário adotar, simultaneamente, estratégias de curto, médio e longo prazo. Não há dúvida sobre a direção geral a ser seguida: lançar fundamentos sólidos para a paz nas mentes, nas famílias e nas escolas.

Trata-se de um trabalho de educação[12] e, portanto, deve considerar os conteúdos de uma pedagogia da convivência, envolvendo as lideranças da comunidade em especial esforço educativo. A família é o alicerce da construção de uma cultura de paz. O esforço educacional a ser feito para construir a paz precisa levar em conta o papel crucial que a família desempenha na sociedade. Por outro lado, as escolas, acolhendo formalmente nossos filhos, que representam o futuro, possuem uma importante tarefa na formação de uma cultura de paz e não violência que, certamente, irradiará das escolas para as famílias. A missão e o desafio central dos educadores é construir a paz por meio de um processo educacional que vai além das ações repressivas e das políticas de redução da pobreza material. A escola está no centro desse processo e sabemos que a educação dos educadores será feita pelos próprios educadores que se destacam e constituem um núcleo de referência na educação. Por outro lado, fica a pergunta: quem educa a comunidade? Várias possibilidades e fontes contribuem com a pluralidade dessa empreitada. Fica, no entanto, a expectativa de que a escola do futuro terá um papel privilegiado na educação da comunidade, por meio de educadores, que, no espaço da escola, com o compromisso de olhar para fora, para as famílias, possam construir um diálogo e interface eficazes na relação família-escola. Sendo assim, podemos imaginar a educação do futuro com educadores olhando para fora, para as famílias, e educadores olhando para dentro, para a sala de aula, para os alunos. A educação poderá, de forma privilegiada, à frente de outras instituições sociais, chegar mais cedo e adequadamente às famílias.

É evidente que estamos submersos e impregnados dos valores que estruturam a cultura da violência.[13] A realidade sugere a necessidade de aperfeiçoar as ações para a construção de uma cultura de paz e não violência. Para isso, buscamos uma ação de importância fundamental, um passo sonhado por todos os pacifistas do mundo: incluir, de forma sistemática, na matriz curricular do ensino de todos os níveis, os conteúdos de Cultura de Paz, pois educandos do Ensino Fundamental, Médio e Superior incorporarão, com as aulas semanais regulares, os fundamentos e valores da cultura da não violência.

"Civilizar significa reduzir a violência", disse Karl Popper (Muller, 2007). "Educar é, antes de tudo, configurar espaços de convivência", afirma Humberto Maturana (2001). "Ensinar a compreensão com o "bem pensar", com a introspecção, a consciência da complexidade humana, a simpatia e a interiorização da tolerância constitui fundamento essencial da educação do futuro", na sábia visão de Edgar Morin (2001). "Educar exige disponibilidade para o diálogo diminuindo a distância entre o educador e o educando", orienta a sensibilidade de Paulo Freire (1996). Na lucidez amorosa de Ubiratan D'Ambrosio (1997), "há três elementos fundamentais para que a vida se realize: o indivíduo, a sociedade e a natureza – o Triângulo da Vida." Nenhum dos três componentes tem qualquer significado sem os demais. A interdependência e a interação dessa tríade devem servir de fundamento para entender a vida e o comportamento dos seres vivos. Com isso, três focos resumem a ética maior que deve sustentar os conteúdos do currículo de cultura de paz e não violência: **r**espeito pelo outro com todas as suas diferenças, *solidariedade com o outro* em relação à satisfação das necessidades de sobrevivência e transcendência, além de *cooperação com o outro* na preservação do patrimônio natural e cultural comum.

Segundo Mark Greenberg (1994), existem cinco conteúdos fundamentais nos currículos da aprendizagem emocional: acalmar-se, perceber os estados emocionais dos outros, falar sobre sentimentos para resolver dificuldades interpessoais, planejar e pensar antecipadamente e, ainda, analisar como o nosso comportamento atinge os outros. Esses fundamentos esperam para serem incorporados, sistematizados, enfatizados na educação brasileira.

Em vivências com nossas famílias, com os grupos sociais envolvidos com os nossos programas de cultura de paz e, particularmente, nas escolas que desenvolvem programas sistemáticos de educação para a paz, há percepção da eficácia desses fundamentos, sua relevância no processo educativo e sua contribuição para a melhoria de desempenho das crianças em todas as disciplinas.

O filósofo e sociólogo chileno Juan Casassus (2002) realizou estudo para a UNESCO e publicou o livro *A escola e a desigualdade*, no qual analisa os fatores que favorecem o bom desenvolvimento dos estudantes. O achado mais surpreendente foi a importância do ambiente favorável à aprendizagem na escola, mas, especificamente, a necessidade de um clima emocional adequado dentro da sala. Nas instituições em que os alunos se dão bem com os colegas, sem brigas, com relacionamento harmonioso e sem interrupções nas aulas, eles se saem melhor. Verificou-se, até, que o desempenho dos alunos chegou a superar 36% na nota média das provas de linguagem e 46% nas de matemática. Educar para a paz, na perspectiva de educar para as emoções, promove o sucesso pessoal das nossas crianças expresso em bem-estar, harmonia e felicidade. E vai além disso: contribui para melhorar o desempenho e alcançar o sucesso socioprofissional.

Em dezembro de 2009, na cidade de Maceió-AL, educadores de vários Estados brasileiros reuniram-se no I Fórum Nacional de Educação para a Paz nas Escolas e nas Famílias. Na oportunidade, apresentaram suas experiências concretas com a implantação do Programa de Educação para a Paz nas Escolas e foi elaborada a Carta de Alagoas, que sintetiza o ideal dos participantes na busca da redução da violência na escola e na sociedade. Transcrevemo-la, a seguir, pela importância que representa neste momento em que a educação toma consciência da necessidade de educar para a paz.

I Fórum Nacional de Educação para a Paz nas Escolas e nas Famílias
3 e 4 de Dezembro de 2009
Carta de Alagoas Para a Cultura de Paz e Não violência

> De todas as artes que teriam de ser ensinadas,
> em primeiro lugar deveria ser a do bem viver.
> Michel Montaigne

Reunidos em Maceió, nos dias 3 e 4 de dezembro de 2009, provenientes de várias cidades e Estados do território nacional, conversamos com educadores, lideranças governamentais e comunitárias que estão envolvidas nos Programas de Educação para a Paz nas Escolas e nas Famílias. Delegada pelo Fórum, a equipe de redação da "Carta de Alagoas Para a Cultura de Paz e Não Violência" sistematizou e redigiu o texto que segue, aprovado por todos os participantes do evento.

Muito se vem falando e escrevendo sobre os horrores da violência e muitas são as iniciativas que buscam uma cultura de paz. Apesar dos esforços de muitos organismos internacionais, governos locais, organizações não-governamentais e cidadãos individualmente engajados no intuito de educar para a paz, ainda há, hoje, um longo e difícil caminho pela frente. Estamos submersos e impregnados dos valores que estruturam a cultura da violência. Nossa estrutura de compreensão é construída pela nossa história de vida. Pensamos, sentimos e agimos no mundo, em larga escala, conforme as influências que recebemos da cultura. Somos filhos da cultura e nela encontramos valores que orientam nossas vidas para serenidade e paz; porém, nela também existem lacunas e equívocos que promovem dor, sofrimento e violência. Um equívoco se destaca: o desequilíbrio entre a importância que damos ao sucesso socioprofissional e o sucesso pessoal. Enfatizamos e privilegiamos as dimensões econômicas e tecnológicas, incluindo fama e status e negligenciamos, até desconsideramos, as dimensões verdadeiramente humanas do desenvolvimento da compreensão, da amorosidade, do carinho e da paz individual e coletiva. Essa situação é confirmada pela educação que oferecemos aos nossos filhos. Poucas são as famílias que conversam com seus filhos sobre emoções, especialmente as emoções positivas que promovem bem-estar e felicidade. A felicidade das nossas crianças, no presente e na futura condição de adultos, é negligenciada na família e na escola.

As matrizes curriculares privilegiam os conteúdos da lógica matemática, linguística e memória e ignoram a educação para as emoções. Educar para as emoções é educar para a paz, e a paz é um processo de aprendizagem. Se quisermos aprender inglês, estudamos inglês, e, para isso existe uma estrutura pedagógica, um método sistematizado ajustado às diferentes faixas etárias. O mesmo ocorre com todas as outras formações que buscamos. O equívoco é que, para sermos pacíficos, estamos limitados a fazer movimentos esporádicos, passeatas, invocações de fundo religioso, que são importantes, porém, certamente insuficientes.

Entendemos a paz como uma premissa e não como uma promessa. Ela se constitui na partilha do sensível, por meio de convivências e de um fazer vida com a Presença do Outro. Portanto, a paz não é algo pronto e ideal, um lugar a se chegar, mas um processo inacabado, em permanente construção e ampliação de possibilidades de bem viver. Possibilidades essas, que não denotam a paz como um decalque do empírico, um clichê, um estereótipo, um discurso vazio. Porém, algo possível de ser realizado com aquilo que é mais característico do humano como espécie: a capacidade de aprender e (re)inventar mundos.

Nesse sentido, aventurar-se na busca da reinvenção pacífica de si mesmo, e do mundo pressupõe um olhar mais cuidadoso de si e do Outro. Vivenciamos os fundamentos da paz em um processo relacional que, irredutivelmente, só pode ser pensado em exercício. Ou seja, a cultura de paz é uma tessitura coletiva situada no tempo e no espaço da invenção de novos modos de vida mais solidários, dialógicos, cooperativos, respeitando o meio ambiente e as diversidades étnicas, raciais, culturais, religiosas, sociais, físicas, sexuais e de gênero. Ela é uma conquista individual e coletiva, que também se faz com justiça social.

Assim, os participantes do **I Fórum Nacional de Educação para a Paz nas Escolas e nas Famílias** propõem as recomendações que seguem:

1. Incluir, de forma sistemática, não eventual, na pauta das reuniões das lideranças políticas, educacionais e culturais, o tema da educação para a paz / educação para as emoções, viabilizando aprofundamento das reflexões sobre as causas da violência e o conjunto de ações necessárias à sua redução. Esse permanente diálogo fomentará a constituição de políticas públicas em prol de uma cultura da paz, especialmente para a juventude, propiciando uma ampla sensibilização e formação inicial e continuada dos educadores, alicerçando ações mais objetivas de educação para a paz nas escolas e nas famílias, na perspectiva da educação integral;
2. Garantir investimentos públicos, com controle social e transparência, por uma Cultura da Paz e Não Violência, com previsão orçamentária e linhas de financiamento, a fim de que a promoção da paz se constitua como uma política de estado, em âmbito intersetorial e intergovernamental, com a participação da sociedade civil organizada;
3. Intensificar junto aos Conselhos de Educação o debate sobre a Cultura de Paz nas escolas com o objetivo de normatizar as propostas didático-pedagógicas em torno da temática;
4. Oferecer à Educação para a Paz nas Escolas e nas Famílias o mesmo grau de importância oferecido ao conjunto das demais áreas do conhecimento da matriz curricular apresentada aos alunos;
5. Incentivar, por meio de projetos e programas educacionais, a intensificação de processos de diálogo entre pais, alunos e de educadores, fomentando a reflexão sistemática sobre emoções;
6. Incentivar a produção, sistematização e difusão de materiais didáticos adequados para a educação e para a paz nas escolas, especialmente na Educação Básica, com capacitação de professores e familiares;
7. Promover parcerias com universidades e outras instituições afins com a finalidade de promover ensino, pesquisa e extensão sobre Educação para a Paz, subsidiando, inclusive, acompanhamento e monitoramento de experiências em curso;

> 8. Viabilizar, junto ao Ministério da Educação, ações pioneiras e inovadoras de Educação para a Paz, promovendo um novo paradigma contemporâneo de Educação Integral;
> 9. Sensibilizar empresários, através das suas associações, para, no caminho da Responsabilidade Social Empresarial/Sustentabilidade dos negócios, direcionarem investimentos para a Educação para a Paz nas Escolas e nas Famílias. Para tanto, indica-se incentivos tributários às pessoas físicas e jurídicas que queiram patrocinar tais ações, ajudando a garantir a Educação Integral como direito de todos.
>
> Selamos, então, esta carta, com as mãos cheias de mãos e nos remetemos nela ao endereço de cada um e cada uma. Como carteiros de uma Esperança que não espera a mensagem chegar, levamos nossos olhos a passear, ampliados de mundos possíveis.
> Por paisagens da paz... Sigamos!
>
> - Assinada por 300 participantes dos Estados de: São Paulo, Minas Gerais, Alagoas, Pernambuco, Bahia, Rio Grande do Sul e Distrito Federal.
> - Documento original arquivado na SEPAZ – Secretaria Especial de Promoção da Paz, rua Capitão Samuel Lins, nº 130 – Bairro Farol – Maceió/AL.
>
> Com essas iniciativas e esforços, com essas inteligências e sensibilidades, fica a nossa expectativa de que os conteúdos de Cultura de Paz e Não Violência, entendidos como um processo de educação para as emoções, possam se transformar na base da formação das nossas crianças e adolescentes, assegurando, não só o sucesso socioprofissional, mas também o bem-estar e a felicidade em suas vidas.

NOTAS

1. Para detalhes ver Morin (1986), Castoriadis (2000), Schein (1992), Durant e Durant (1968) Hofstede (1986) e Douglas (1986).
2. Concepção moriniana de cultura que, em síntese, concebe-a como um sistema indissociável, no qual o saber é registrado e codificado e, a um só tempo, ligado a modelos que possibilitam organizar as relações práticas, ou seja, as relações do agir e, por outro lado, a produção do imaginário. A cultura, assim entendida, é um circuito metabólico que permeia as diversas dimensões sociais, em que cada uma delas constitui um subsistema cultural que processa informações e colabora na articulação e integração com as demais dimensões, alimentando o sistema como um todo.
3. Para Morin (2005) "O humano é um ser a um só tempo plenamente biológico e plenamente cultural, que traz em si a unidualidade originária.".
4. Para Muller (2007) "(...) o alcance das influências culturais a que estamos submetidos – são múltiplas e contraditórias – e discernir entre aquelas que constituem aberturas voltadas à luz, portadoras de sentido, e aquelas que, ao contrário, levam a clausuras e cegueiras? Talvez seja possível escolher nossas influências.".
5. Segundo Muller (2007) "Para julgar a cultura é preciso suspender nossa adesão aos juízos inculcados pela cultura. Difícil tarefa que exige um distanciamento de nossa cultura para desaprender o que aprendemos, para re-novar nosso olhar sobre o homem e sobre o mundo, e para re-pensar nosso pensamento.".
6. Para saber mais leia Greenberg e Kusché (1994) e Rosenberg (2006).
7. Krug e colaboradores (2002) no Relatório Mundial sobre Violência e Saúde afirma: *A criança sacudida*. O ato de sacudir a criança é uma forma corrente de abuso observada em crianças muito pequenas. A maioria das crianças sacudidas têm menos de nove meses de idade. A maior parte dos perpetradores deste tipo de abuso são homens, embora isto possa ser mais um reflexo do fato de que os homens, sendo normalmente mais fortes que as mulheres, tendem a aplicar uma força maior, em vez de serem mais propensos que as mulheres a sacudirem as crianças. Hemorragias intracranianas, hemorragias retinianas e pequenas fraturas (trincas ou fissuras) na maior parte das articulações das extremidades do corpo da criança podem ser resultado de sacudidas muito rápidas em uma criança. Elas também podem ser resultado de uma combinação de sacudir e bater a cabeça em uma superfície. Há evidências de que aproximadamente um terço das crianças sacudidas fortemente morrem e que a maioria dos sobreviventes apresentam consequências em longo prazo, tais como retardamento mental, paralisia cerebral ou cegueira.
8. Ver também Bowlby (1997), Neumann (1973), Fordham (1999), Klein (1932) e Byington (2008).

9. **Declaração de Sevilha sobre a Violência.** Espanha, 1986. Posteriormente adotada pela UNESCO na 25ª Sessão da Conferência Geral em 1989. Acreditando ser nossa responsabilidade como pesquisadores de diversas disciplinas tratar a questão da violência e da guerra (...), nos reunimos e chegamos a este manifesto sobre a violência (...). Nosso ponto de vista é exposto aqui na forma de seis proposições(...):
   - É CIENTIFICAMENTE INCORRETO dizer que herdamos uma tendência a fazer guerra de nossos ancestrais animais (...)
   - É CIENTIFICAMENTE INCORRETO dizer que a guerra, ou qualquer outro comportamento violento, é geneticamente programado na natureza humana (...)
   - É CIENTIFICAMENTE INCORRETO dizer que a guerra, ou qualquer outro comportamento violento, é geneticamente programado na natureza humana (...)
   - É CIENTIFICAMENTE INCORRETO dizer que no curso da evolução humana houve uma seleção de comportamentos violentos mais do que outros tipos de comportamento (...)
   - É CIENTIFICAMENTE INCORRETO dizer que os humanos têm um "cérebro" violento (...)
   - É CIENTIFICAMENTE INCORRETO dizer que a guerra é causada por "instintos" ou por qualquer motivação isolada (...)

   (Assinada por 20 cientistas na cidade de Sevilha em 16 de maio de 1986.)
10. Krug e colaboradores (2002) no Relatório Mundial sobre Violência e Saúde, Abuso infantil e negligência por parte dos pais e outros responsáveis. Estrutura e recursos da família afirmam: "Há maior probabilidade de pais/mães que cometem abusos físicos serem *jovens, solteiros, pobres, desempregados* e terem *nível de educação inferior* ao de seus parceiros que não cometem abusos (...). As mães solteiras pobres e jovens estão entre aquelas com mais risco de utilizar a violência contra seus filhos. Ver também National Research Council (1993), Straus e colaboradores (1998) Sariola e Uutela (1992), Zunzuneghi, Morales e Martinez (1997).
11. Na década de 1960, o pesquisador norueguês Johan Galtung forjou a expressão 'violência estrutural' para designar a violência gerada pelas estruturas políticas, econômicas ou sociais que criam situações de opressão, exploração ou alienação (Muller, 2007, p.32).
12. Ver Jares (2008).
13. Para MULLER,(2007) "As tradições que herdamos, por terem reservado um amplo e belo espaço à violência, não reservaram praticamente nenhum espaço à não violência, ignorando-lhe inclusive o nome.".

REFERÊNCIAS

ADAMS, D. et al. *Declaração de Sevilha sobre a violência*. Espanha, 1986. Posteriormente adotada pela UNESCO na 25ª Sessão da Conferência Geral em 1989.

_____. *The American peace movements*: history, root causes, and future. New Haven: Advocate Press, 1985.

ANTUNES, C. *Alfabetização emocional:* novas estratégias. 12.ed. Petrópolis: Vozes, 1999.

ARAÚJO, J.R. de; BIS, L.M.; KROLL, K. *A liga pela paz*. Ribeirão Preto: Inteligência Relacional, 2008. Livro 1: Educando/educador.

_____. *A liga pela paz*. Ribeirão Preto: Inteligência Relacional, 2009. Livro 2: Educando/educador.

ARAÚJO, J.R. *Cultura organizacional e qualidade de serviços*: um estudo comparado na área de educação. 189f. 1996. Dissertação (Mestrado) – Instituto de Psicologia, Universidade de São Paulo, São Paulo, 1996.

BEAUDOIN, M.-N.; TAYLOR, M. *Bullying e desrespeito*: como acabar com essa cultura na escola. Porto Alegre: Artmed, 2006.

BOFF, L. *Virtudes para um mundo possível*. Petrópolis: Vozes, 2006. V. 2: Convivência, respeito e tolerância.

BOHM, D. *Diálogo*: comunicação e redes de convivência. São Paulo: Palas Athena, 2005.

BOWLBY, J. *Formação e rompimento de vínculos afetivos*. São Paulo: Martins Fontes, 1997.

BYINGTON, C.A.B. *Inveja criativa*: o resgate de uma força transformadora da civilização: introdução ao estudo das funções estruturantes pela psicologia simbólica. São Paulo: Religare, 2002.

_____. *Psicologia simbólica junguiana*. São Paulo: Linear B, 2008.

CARVALHO, E.A. et al. *Ética, solidariedade e complexidade*. São Paulo: Palas Athena, 1998.

CARVALHO, E.M.M. (Org.). *O pensamento vivo de Gandhi*. São Paulo: M. Claret, 1985.

CASTORIADIS, C. *A instituição imaginária da sociedade*. Rio de Janeiro: Paz e Terra, 2000.

D'AMBROSIO, U. *Transdisciplinaridade*. São Paulo: Palas Athena, 1997.

_____. *A era da consciência*. São Paulo: Editora Fundação Petrópolis, 1997.

_____. *Uma proposta transdisciplinar para a educação*. Transcrição da palestra de abertura do VI Congresso Brasileiro de Psicopedagogia, São Paulo, 9-10 de julho de 2003.

DALAI-LAMA. *A arte de lidar com a raiva*: o poder da paciência. Rio de Janeiro: Campus, 2001.

_____ . *Transformando a mente*: ensinamentos sobre como gerar a compaixão. São Paulo: Martins Fontes, 2000.

_____ . *Uma ética para um novo milênio*. Rio de Janeiro: Sextante, 2000.

DALAI-LAMA; GOLEMAN, D. *Como lidar com emoções destrutivas*: para viver em paz com você e os outros. 2.ed. Rio de Janeiro: Campus, 2003.

DISKIN, L.; ROIZMAN, L.G. *Paz*: como se faz? Semeando cultura de paz nas escolas. 2.ed. Brasília: Unesco, 2006.

DOUGLAS, M. *How institutions think*. Siracuse: Siracuse University Press, 1986.

DURANT, W.; DURANT, A. *The lessons of history*. New York: Simon & Schuster, 1968.

EISLER, R. *O poder da parceria*. São Paulo: Palas Athena, 2007.

FALEIROS, V.P.; FALEIROS, E.S. *Escola que protege*: enfrentando a violência contra crianças e adolescentes. Brasília: Unesco, 2007.

FANTE, C. *Fenômeno bullying*: como prevenir a violência nas escolas e educar para a paz. 2.ed. rev. ampl. Campinas: Verus, 2005.

FERREIRA-SANTOS, E. *Ciúme*: o medo da perda. 4.ed. São Paulo: Ática, 1998.

FONSECA, E.G. da. *Felicidade*: diálogos sobre o bem-estar na civilização. São Paulo: Companhia das Letras, 2002.

FORDHAM, M. *A criança como indivíduo*. São Paulo: Cultrix, 1999.

FREIRE, P. *Pedagogia da autonomia*. Rio de Janeiro: Paz e Terra, 1996.

GANDHI, M. *A roca e o calmo pensar*. São Paulo: Palas Athena, 1977.

_____ . *A única revolução possível é dentro de nós*. 2004. Versão para e-book da eBooksBrasil.com.

GOLEMAN, D. *Inteligência emocional*: a teoria revolucionária que define o que é ser inteligente. Rio de Janeiro: Objetiva, 2001.

GREENBERG, M.T.; KUSCHÉ, C. *Promoting alternative thinking strategies (PATHS)*. Series. South Deerfield: Channing Bete, 1994.

HOFSTEDE, G. *Culture's consequences*: international differences in work-related values. Newbury Park: Sage, 1986.

HART, S.; HODSON, V.K. *The compassionate classroom*: relationship-based teaching and learning. La Crescenta: PuddleDancer, 2004.

_____ . *The no-fault classroom*: tools to resolve conflict & foster relationship intelligence. Encinitas: PuddleDancer, 2008.

JARES, X.R. *Educar para a paz em tempos difíceis*. São Paulo: Palas Athena, 2007.

_____ . *Pedagogia da convivência*. São Paulo: Palas Athena, 2008.

KASHTAN, I. *Parenting from your heart*: sharing the gifts of compassion, connection and choice. Encinitas: Puddle Dancer Press, 2004.

KLEIN, M. *A psicanálise de crianças*. Rio de Janeiro: Imago, 1997.

KRISHNAMURTI, J. *A educação e o significado da vida*. São Paulo: Cultrix, 2001.

KRUG, E.G. et al. *Relatório mundial sobre violência e saúde*. Genebra: Organização Mundial da Saúde, 2002.

LIPMAN, M. *A filosofia vai à escola*. São Paulo: Summus, 1990.

MALDONADO, M.T. *Comunicação entre pais e filhos:* a linguagem do sentir. São Paulo: Saraiva, 2004.

MATURANA, H.R.; VARELA, F.J. *A árvore do conhecimento*: as bases biológicas da compreensão humana. São Paulo: Palas Athena, 2001.

MATURANA, H.R.; VARELA, F.J. *A árvore do conhecimento*: as bases biológicas da compreensão humana. 2ª edição São Paulo: Palas Athena, 2001.

MATURANA, H.R.; VERDEN-ZÖLLER, G. *Amar e brincar*: fundamentos esquecidos do humano do patriarcado à democracia. São Paulo: Palas Athena, 2004.

MORIN, E. *Os sete saberes necessários à educação do futuro*. 3ª edição. São Paulo: Cortez, 2001.

_____ . *A cabeça bem-feita*: repensar a reforma, reformar o pensamento. 12.ed. Rio de Janeiro: Bertrand Brasil, 2006.

_____ . *Ciência com consciência*. Rio de Janeiro: Bertrand Russel, 1998.

MORIN, E. *Cultura de massa do século XX*: o espírito do tempo, II: necrose. Rio de Janeiro: Forense Universitária, 1986.

_____. *O método, 1*: a natureza da natureza. Lisboa: Publicações Europa-América, 1977.

_____. *O método, 2*: a vida da vida. Lisboa: Publicações Europa-América, 1977.

_____. *O método, 3*: a natureza da natureza. Lisboa: Publicações Europa-América, 1977.

_____. *O método, 4*: as ideias: habitat, vida, costumes, organização. Porto Alegre: Sulina, 1998.

_____. *O método, 5*: a humanidade da humanidade: a identidade humana. Porto Alegre: Sulina, 2003.

_____. *Os sete saberes necessários à educação do futuro.* São Paulo: Cortez, 2005.

_____. *Para sair do século XX.* Rio de Janeiro: Nova Fronteira, 1986.

MORIN, E.; LE MOIGNE, J.-L. *A inteligência da complexidade.* São Paulo: Fundação Peirópolis, 2000.

MULLER, J.-M. *Não violência na educação.* São Paulo: Palas Athena, 2006.

_____. *O princípio da não violência.* São Paulo: Palas Athena, 2007.

_____. *O princípio da não violência:* uma trajetória filosófica. São Paulo: Palas Athena, 2007.

NATIONAL RESEARCH COUNCIL. *Understanding child abuse and neglect.* Washington, DC: National Academy Press, 1993.

NEEDLEMAN, J. *O coração da filosofia.* São Paulo: Palas Athena, 1991.

NEUMANN, E. *The child:* structure and dynamics of the nascent personality. London: Hodder & Stoughton, 1973.

NHÂT-HANH, T. *Aprendendo a lidar com a raiva*: sabedoria para a paz interior. Rio de Janeiro: Sextante, 2003.

_____. *Caminhos para a paz interior.* Petrópolis: Vozes, 1989.

ORTEGA, R.; DEL REY, R. *Estratégias educativas para a prevenção da violência.* Brasília: Unesco, 2002.

PHRABHAVANAVIRIYAKHUN. *Reforming society means reforming human nature.* Bangkok: Dhammakaya Foundation, 2003.

REVEL, J.-F.; RICARD, M. *O monge e o filósofo*: o budismo hoje. São Paulo: Mandarim, 1998.

ROSENBERG, M.B. *Comunicação não violenta*: técnicas para relacionamentos pessoais e profissionais. São Paulo: Ágora, 2006.

_____. *Life-enriching education: nonviolent communication helps schools improve performance, reduce conflict, and enhance relationships.* Encinitas: PuddleDancer, 2003.

SARIOLA, H.; UUTELA, A. The prevalence and context of family violence against children in Finland. *Child Abuse & Neglect*, Oxford, v.16, n.6, p.823-832, 1992.

SCHABBEL, C. *Mediação escolar de pares*: semeando a paz entre os jovens. São Paulo: Willis Harman House, 2002.

SCHEIN, E.H. *Organizational culture and leadership.* San Francisco: Jossey-Bass, 1992.

SÉMELIN, J. *A não violência explicada às minhas filhas.* São Paulo: Via Lettera, 2001.

STOCKER, M.; HEGEMAN, E. *O valor das emoções.* São Paulo: Palas Athena, 2002.

STRAUS, M.A. et al. Identification of child and maltreatment with the parent-child conflict tactics scales: development and psychometric data for a national sample of American parents. *Child Abuse & Neglect*, Oxford, v.22, n.4, p.249-270, 1998.

VARMA, R. *Gandhi*: poder, parceria e resistência. São Paulo: Palas Athena, 2002.

ZEHR, H. *Trocando as lentes*: um novo foco sobre o crime e a justiça. São Paulo: Palas Athena, 2008.

ZUNZUNEGUI, M.V.; MORALES, J.M.; MARTÍNEZ, V. Child abuse: socioeconomic factors and health status. *Anales Españoles de Pediatría*, v.47, n.1, p.33-41, 1997.

14

Direitos humanos e educação integral
Interfaces e desafios

Paulo César Carbonari

Este capítulo propõe a sistematização de um conjunto de ideias com vistas a compor uma aproximação entre educação em direitos humanos e educação integral. Toma como referência aspectos conceituais e os subsídios referenciais da política pública de educação em direitos humanos e de educação integral propostos pelo governo federal.

O texto é desenvolvido em três partes. A primeira retoma elementos conceituais sobre a educação em direitos humanos. A segunda faz uma aproximação entre educação em direitos humanos e educação integral. A terceira analisa os macrocampos da educação integral e sua relação com a educação em direitos humanos.

EDUCAÇÃO E DIREITOS HUMANOS

A educação em direitos humanos constitui um processo de formação de sujeitos de direitos cooperativos com práticas de promoção da dignidade humana e resistentes a todas as formas de violação. Educar em direitos humanos é formar sujeitos de direitos com postura consciente e crítica (conhecimento) e com atitude (ético-política). Sujeitos de direitos não são os que sabem só os "direitos do sujeito", são, acima de tudo, os que agem multidimensionalmente para promover o "ser sujeito de direitos" no cotidiano. Sujeitos não são abstrações, são concretos e históricos e se fazem na qualidade da relação com outros sujeitos, na singularidade, na particularidade e na universalidade constitutivas dessas relações (Carbonari, 2007).

A educação em direitos humanos prima pela construção de compreensões e práticas que têm na dignidade humana seu conteúdo central. Além de se constituir na realização do direito a aprender, a educação em direitos humanos tem no direito a aprender também seu conteúdo fundamental. É impensável fazer educação em direitos humanos em separado do conjunto do processo educativo como garantia e como exercício do direito de aprender.

Isso significa dizer que, além de promover a compreensão crítica de saberes e conhecimentos, de forma a promover uma síntese pessoal que afirme a dignidade humana, a educação em direitos humanos também exige a formação de atitudes e a consequente prática de ações que sejam coerentes com essa compreensão. Isso permitirá criar condições para promover atividades que afastem todo tipo de discriminação, de exploração, de opressão, de vitimização e que, ao mesmo tempo, viabilizem a efetivação de relações dialógicas, justas e pacíficas.

É por isso que, acima de tudo, formar sujeitos de direitos é contribuir de forma decisiva para a reconfiguração das relações entre os seres humanos e destes com o mundo e com o ambiente natural. É também sinônimo de preservação e de distribuição justa das condições para que a humanização seja efetiva para todos. Não dá para pretender, por exemplo, a humanização eliminando seres humanos que sejam diferentes àqueles do padrão hegemônico; também não é possível ignorar os contextos do mundo e, menos ainda, tratar o ambiente natural como oferta de recursos infinitos.

Três aspectos são fundamentais ao núcleo da educação em direitos humanos como processo de formação de sujeitos de direitos.

O primeiro aspecto é que educar em direitos humanos é formar sujeitos sustentáveis que promovam a sustentabilidade em sentido amplo. Nenhum ser humano é fora do mundo, fora do ambiente cultural e do ambiente natural. A interação com os outros ocorre como interação com os sentidos (mundo) e as condições de sentido (culturais e naturais) nos quais se está inserido. Assim, sujeitos de direitos são aqueles que são capazes de sustentar a si mesmos na interação multidimensional. Nisso se radica a noção de autonomia, cara aos sujeitos e que lhes permite efetivar a liberdade não como expectativa mas como exercício complexo. Aqui, de forma associada, está também a necessidade de promoção da sustentabilidade das condições desta autonomia. Nesse sentido, a sustentabilidade ambiental não é um agregado adicional ou uma etiqueta conveniente – da mesma forma a sustentabilidade cultural. Ela é central para que o humano se realize e para que faça isso sem que para tal seja necessário eliminar o natural e o cultural. Posturas predatórias ou mesmo as preservacionistas mitigadoras são insuficientes porque, além de comprometer o mundo como ambiente natural e cultural, também comprometem o humano. A educação em direitos humanos está profundamente articulada à educação ambiental, à educação cultural e a outros aspectos. Elas se complementam e se interferem criticamente. Daí que fazer uma sem as outras é não compreender a complexidade do sujeito de direitos e as exigências concretas para sua afirmação concreta.

O segundo aspecto é que educar em direitos humanos é formar para participar, para "aparecer" e para "dizer". Os seres humanos se fazem na relação com os outros seres humanos, sendo que é da qualidade das relações que se pode esperar maior ou menor humanização. Ou seja, seres humanos se fazem com os outros (nunca sobre e nem sob os outros) seres humanos. "Aparecer" e "dizer" consistem em aceitar que cada pessoa pode se expressar de forma livre e com condições adequadas para tal. Significa fazer frente a todo tipo de inviabilização e de cerceamento da expressão, o que é sinônimo de participar. A participação é conteúdo fundamental para a efetivação dos direitos humanos, e a democracia é a forma histórica mais adequada para que a participação possa ocorrer de forma efetiva. Democracia é presença. Presença é participação. Participação é interação. Interação é agir na alteridade. Alteridade é o núcleo forte da democracia. Todavia, as democracias que conhecemos são funcionalizadas e, de regra, não têm na alteridade sua nuclearidade. Estão centradas no jogo do poder e sua manutenção de acordo com as regras. Propor-se a pensar a democracia centrada na alteridade é reconhecer que é na diferença, na pluralidade, na presença, na participação que se efetiva tanto o conteúdo quanto a forma da democracia. Isso demanda que a democracia seja construída mais como processo e menos como procedimento; mais como mediação de conflitos e menos como formação de consensos; mais como inclusão e menos como disputa de maiorias e minorias; mais como construção e legitimação permanente de regras e menos como simples cumprimento das regras do jogo. Democracia com alteridade é entender o sentido do poder como pôr a ação em movimento de sorte a traduzi-la em obra. Democracias substantivas implicam a incorporação organizada dos diversos sujeitos – e da diversidade dos sujeitos – aos processos políticos como condição para o acesso aos bens materiais, ambientais e culturais produzidos socialmente e para vivenciar as dinâmicas de reconhecimento. Assim, está em questão identificar processos e propostas, dinâmicas e sujeitos, divergências e convergências, sob o crivo da alteridade. Quando centradas na alteridade, democracias são muito mais do que um jogo; são construção, permanente e sempre nova, de um *modo de ser* social e político, *um modo de ser* humano, com direitos humanos.

O terceiro aspecto é que educar em direitos humanos é formar para a justiça e a paz. Isto inclui trabalhar a memória e a verdade como componentes históricos determinantes e lidar com a violência através de mediações restaurativas da justiça, prioritariamente. Até porque, não há formação integral sem memória, assim como não há direitos humanos sem memória. A memória é constitutiva do modo de vida no qual se situam os sujeitos e no qual se fazem, sendo constitutiva da historicidade (da temporalidade e da finitude, mas também da possibilidade de transcendência ao dado) que faz do humano ser de dignidade (ou não). Exige a crítica contundente a todas as formas de esquecimento cínico. Sem memória das vítimas (dos "sujeitos sujeitados") não há verdade, nem justiça e nem paz. Não há formação integral sem verdade, assim como não há direitos humanos sem verdade. A verdade (não absoluta, muito menos relativa) como busca de assentimento e convergência é constitutiva da afirmação do conhecimento e também da vivência. Sujeitos se fazem em relações verdadeiras e que fazem com que a confiança não se dissolva em completo cinismo (versão prática do ceticismo). É da qualidade da verdade que se pode estabelecer convivência e interação. Por isso exige a crítica a todas as formas de dogmatismo e de relativismo, ambos cínicos. Sem verdade histórica, não há memória (do que já não queremos ver se repetir e do que esperamos seja continuado), nem justiça e nem paz. Não há formação integral sem justiça, assim como não há direitos humanos sem ela. A justiça é exigência que só pode ser efetivada pelo reconhecimento da singularidade, da particularidade e da universalidade dos sujeitos. Fazer justiça é reparar violações de direitos (reparar as vítimas), restaurar conflito com mediações adequadas e, acima de tudo, promover e proteger as pessoas e seus direitos de forma que a dignidade possa ser concreta no cotidiano. Por isso exige a crítica a todas as formas de cinismo que relegam a igualdade à quimera e a diversidade à desigualdade (discriminação) e fazem da justiça sequer uma promessa e da paz uma expectativa inócua. Justiça e paz constituem conteúdo fundamental da formação em direitos humanos. Sujeitos só se constituem e se fazem com os outros considerando estes conteúdos. Comumente o mais fácil, o mais simples e o mais conveniente fazem abrir mão delas. Mas abrir mão delas é dispensar a dignidade e, em consequência, inviabilizar, interditar, subjugar sujeitos.

Fazer educação em direitos humanos como parte da educação integral é partir da compreensão de que há diferentes motivações/razões para educar em direitos humanos. Por exemplo, há quem entende que a educação escolar, e dentro dela a educação integral, não tem nada que educar em direitos humanos, tem sim é que formar profissionais competentes e aptos ao mercado de trabalho; há quem entende que os motivos que levam a educar em direitos humanos são os mesmos que poderiam levar a educar para a cidadania, para os valores, para a moral, para a paz; e há quem entende que educar em direitos humanos se confundiria com fazer uma educação ideológica, estranha à escola, que deve ser científica.

Contra essas posições, afirmamos que a principal motivação para educar em direitos humanos é que os educandos da educação escolar (e da educação integral como parte dela) são sujeitos de direitos que, entre outros, têm o direito à educação, que é um dos direitos humanos, e também têm o direito de aprender direitos humanos como parte de sua formação integral. Educar em direitos humanos faz sentido porque, mais do que ensinar técnicas, mais ou menos ajustadas ao mercado, a escola é desafiada a promover o pensamento livre, autônomo e criativo.

Fazer educação em direitos humanos exige diferenciar essa forma de educar de outras concepções e práticas que lhe são muito próximas e caras, evitando confusões e ampliando as parcerias entre diversas intervenções na educação. Por isso, por exemplo, há quem confunde educar em direitos humanos com educar para a cidadania; há quem confunde educar em direitos humanos com educação em valores, quase educação moral (e cívica); há quem confunde educar em direitos humanos com educação para a paz; e há quem entende que educar em direitos humanos é o mesmo que ensinar ideologia que atenta contra a ordem.

Contra essas confusões, entendemos que educar em direitos humanos como parte da educação básica e da educação integral é afirmar a posição dos sujeitos da educação, os educandos, como sujeitos de direitos que assim se entendem não somente porque são parte de uma cultura jurídica do estado democrático de direito que lhes confere *status* de cidadania; não somente porque são parte de uma comunidade moral e por isso parte de um processo de formação em valores; não somente porque são parte de uma comunidade que resiste e exige viver livre de todas as formas de violência; não somente porque são parte de uma comunidade política e que, por isso, têm direito a resistir, a se organizar e a protestar, contestando a ordem injusta. Melhor, a educação em direitos humanos exige abordar todos os conteúdos acima elencados, além de muitos outros. O principal, no entanto, é que os sujeitos aprendentes conheçam seus direitos humanos e os exijam inclusive para qualificar o estado democrático de direito, para mudar a ordem moral e a ordem social e política. Direitos humanos, neste sentido, apresentam-se como um conteúdo utópico que alimenta as práticas de transformação das situações violadoras e exige a conformação de realidades humanizadas em sentido amplo e profundo.

POLÍTICA DE EDUCAÇÃO INTEGRAL E DE EDUCAÇÃO EM DIREITOS HUMANOS

O Plano Nacional de Educação em Direitos Humanos (PNEDH) expressa o posicionamento e os compromissos do governo brasileiro com a efetivação de uma política pública de educação em direitos humanos.

Construído com significativa participação popular, sua versão revisada foi publicada em dezembro de 2006, constitui-se em referência para a atuação no tema. O PNEDH contém uma concepção de educação em direitos humanos e prevê cinco áreas de atuação: educação básica, ensino superior, educação não formal, educação dos profissionais do sistema de justiça e segurança e educação e mídia. A compreensão de educação em direitos humanos adotada pelo PNEDH é dita da seguinte forma: "A educação em direitos humanos é compreendida como um processo sistemático e multidimensional que orienta a formação do sujeito de direitos" (Brasil, 2007a, p. 25). O PNEDH estabelece que a educação em direitos humanos "[...] é compreendida como um direito em si mesmo e um meio indispensável para o acesso a outros direitos", sendo que esta educação revela sua maior importância "[...] quando direcionada ao pleno desenvolvimento humano e às suas potencialidades, valorizando o respeito aos grupos socialmente excluídos". A finalidade fundamental da educação em direitos humanos é "[...] efetivar a cidadania plena para a construção de conhecimentos, o desenvolvimento de valores, atitudes e comportamentos, além da defesa socioambiental e da justiça social" (Brasil, 2007a, p. 25). O processo da educação em direitos humanos é articulando às seguintes dimensões:

a) apreensão de conhecimentos historicamente construídos sobre direitos humanos e a sua relação com os contextos internacional, nacional e local;
b) afirmação de valores, atitudes e práticas sociais que expressem a cultura dos direitos humanos em todos os espaços da sociedade;
c) formação de uma consciência cidadã capaz de se fazer presente em níveis cognitivo, social, ético e político;
d) desenvolvimento de processos metodológicos participativos e de construção coletiva, utilizando linguagens e materiais didáticos contextualizados;
e) fortalecimento de práticas individuais e sociais que gerem ações e instrumentos em favor da promoção, da proteção e da defesa dos direitos humanos, bem como da reparação das violações (Brasil, 2007a, p. 25).

A educação integral tem suas orientações estabelecidas nos instrumentos que passamos a comentar.

A Portaria Interministerial nº 17, de 24/04/2007,[1] estabelece que o objetivo do Programa Mais Educação é "[...] contribuir para a formação integral de crianças, adolescentes e jovens, por meio da articulação de ações, de projetos e de programas do Governo Federal e suas contribuições às propostas, visões e práticas curriculares das redes públicas de ensino e das escolas, alterando o ambiente escolar e ampliando a oferta de saberes, métodos, processos e conteúdos educativos" (Brasil, 2007b, art. 1º).

O Decreto Presidencial nº 7.083, de 27/01/2010, estabelece que a educação integral tem por finalidade "[...] contribuir para a melhoria da aprendizagem por meio da ampliação do tempo de permanência de crianças, adolescentes e jovens matriculados em escola pública, mediante oferta de educação básica em tempo integral" (Brasil, 2010, art. 1º). Define que a educação básica em tempo integral é "[...] a jornada escolar com duração igual ou superior a sete horas diárias, durante todo o período letivo, compreendendo o tempo total em que o aluno permanece na escola ou em atividades escolares em outros espaços educacionais" (Brasil, 2010, art. 1º, § 1º). O mesmo decreto estabelece os princípios da educação integral, que são os seguintes:

> I – a articulação das disciplinas curriculares com diferentes campos de conhecimento e práticas socioculturais [...]; II – a constituição de territórios educativos para o desenvolvimento de atividades de educação integral por meio da integração dos espaços escolares com equipamentos públicos como centros comunitários, bibliotecas públicas, praças, parques, museus e cinemas; III – a integração entre as políticas educacionais e sociais em interlocução com as comunidades escolares; IV – a valorização das experiências históricas das escolas de tempo integral como inspiradoras da educação integral na contemporaneidade; V – o incentivo à criação de espaços educadores sustentáveis com a readequação dos prédios escolares, incluindo a acessibilidade, e à gestão, à formação de professores e à inserção das temáticas de sustentabilidade ambiental nos currículos e no desenvolvimento de materiais didáticos; VI – a afirmação da cultura dos direitos humanos, estruturada na diversidade, na promoção da equidade étnico-racial, religiosa, cultural, territorial, geracional, de gênero, de orientação sexual, de opção política e de nacionalidade por meio da inserção da temática dos direitos humanos na formação de professores, nos currículos e no desenvolvimento de materiais didáticos; e VII – a articulação entre sistemas de ensino, universidades e escolas para assegurar a produção de conhecimento, a sustentação teórico-metodológica e a formação inicial e continuada dos profissionais no campo da educação integral (Brasil, 2010, art. 2º).

O VI princípio faz referência explícita à relação entre a educação integral e os direitos humanos, enfatizando a afirmação da cultura de direitos humanos estruturada centralmente na diversidade e na promoção da equidade. O mesmo princípio identifica as mediações através das quais este princípio seria efetivado dizendo que se daria por meio da inserção da temática dos direitos humanos na formação de professores, nos currículos e no desenvolvimento de materiais didáticos. Observe-se que direitos humanos estão no núcleo da educação integral, constituindo-se em princípio, o que significa dizer que todas as ações de educação integral haveriam de ser perpassadas substantivamente pelos direitos humanos e que o Programa Mais Educação, que a efetiva, haveria de viabilizar condições concretas para que a temática seja tratada cotidianamente, para o que são previstas como prioridades a formação de professores em direitos humanos e a explicitação dos direitos humanos nos currículos e nos materiais didáticos.

A conformação estabelecida pelos princípios da educação integral remete para a compreensão de que o conjunto da educação integral é uma forma de promover a cultura de direitos humanos. Isso significa dizer que, mais do que promover o conhecimento de conteúdos de direitos humanos em suas ações, o conjunto da educação integral haveria de ser formulado e implementado como uma forma de garantia dos direitos humanos. Isso porque de outra forma seria muito difícil compreender que pudesse cumprir o princípio de promover uma cultura de direitos humanos.

Entendendo que uma cultura é, a rigor, um modo próprio de ser e de viver, mais do que manifestações espontâneas e eventuais, fazer da educação integral uma mediação para a cultura de direitos humanos é, acima de tudo, fazer perpassar (não só transversalmente, mas em todos os sentidos, práticas e processos) nela os direitos humanos. Trata-se de compreender que não há como desenvolver qualquer ação de educação integral sem que nela se responda positivamente à pergunta se aquela ação é uma ação que promove os direitos humanos. Pelo reverso, não menos importante, nenhuma ação de educação integral pode ser feita de maneira que venha a interditar, inviabilizar ou mesmo violar os direitos humanos dos sujeitos implicados no seu processo. Em suma, a educação integral é concebida – o que exige que também seja realizada – como prática de direitos humanos, sem o que não alcançaria a efetivação do princípio de promover a cultura dos direitos humanos.

MACROCAMPOS DA EDUCAÇÃO INTEGRAL E EDUCAÇÃO EM DIREITOS HUMANOS

O Programa Mais Educação se estrutura pela articulação de vários saberes e de vários temas, sejam aqueles das comunidades nas quais estão as escolas, aqueles das escolas e dos programas públicos (federais e municipais) que estabelecem relação direta com a educação integral, particularmente no ensino fundamental. O Programa pretende articular criticamente a relação entre os saberes que se apresentam na vida das comunidades nas quais estão localizadas as escolas e os saberes que são promovidos pela vida escolar. Isto a fim de viabilizar a interação entre os saberes socialmente construídos e os saberes sistematizados pelos diversos campos científicos. Dessa forma, os educandos, como sujeitos aprendentes, são desafiados a promover sínteses criativas que resultem em posicionamentos consistentes e consequentes.

O Programa articula vários recortes temáticos em um conjunto de *macrocampos*. Juntos, os macrocampos formam campos de articulação de saberes comunitários que, por sua vez, articulam-se em áreas de ação dos programas de políticas públicas e que, desta feita, articulam-se aos saberes escolares e às grandes áreas do conhecimento escolar, sempre em interação em diversas direções, expressas graficamente através de *mandalas* (Brasil, 2009a, p. 33-77).

Os macrocampos temáticos articulam vários saberes e várias ações desenvolvidas pelo Programa Mais Educação. Os *macrocampos* previstos são: meio ambiente, esporte e lazer, arte e cultura, inclusão digital, saúde e alimentação, acompanhamento pedagógico, direitos humanos. Recentemente alguns *macrocampos* foram modificados: o que era *inclusão digital* passou a ser *cultura digital;* o que era *saúde e alimentação* passou a ser *prevenção e promoção da saúde;* e outros foram acrescentados: *educomunicação, educação científica e educação econômica.*

Há profunda integração entre educação integral e educação em direitos humanos. Ora, se a educação integral tem por finalidade tomar o conjunto, a integralidade do ser humano, não tem como fazê-lo senão fazendo-o desde uma compreensão de integralidade do ser humano. Falar de integralidade do ser humano é também falar de sua dimensão de sujeito de direitos. Como sujeito de direitos, também se trata de tomar o conjunto do humano como ser de dignidade e de direitos, todos os direitos, a integralidade dos direitos, em sua universalidade, interdependência e indivisibilidade. Nesse sentido, pode-se dizer que cada *macrocampo* pode ser lido e entendido como uma mediação para a formação de sujeitos de direitos humanos. Por outro lado, a existência de um macrocampo específico chamado direitos humanos indica que, além de perpassar o conjunto e cada *macrocampo*, os direitos humanos constituem-se em temática que terá abordagens específicas e especiais. Assim que os direitos humanos haveriam de ser explicitados em cada um dos *macrocampos*, de tal forma a se fazer vigentes no conjunto da educação integral e a concretizar o princípio de que a promoção da cultura de direitos humanos se efetivaria em toda a educação integral. Complementarmente, haveria a necessidade de explicitar o que constitui o *macrocampo* específico dos direitos humanos, de tal forma a guardar a especificidade da educação em direitos humanos dentro do Programa Mais Educação. Esses dois movimentos são exigências constitutivas de uma leitura sistemática daquilo a que se propõe o programa. Sem isso, o risco seria confundir educação em direitos humanos com outras possibilidades educativas ou reduzir os direitos humanos ao que "cabe" no macrocampo específico; porém, sem esquecer que, dada a posição de princípio, os direitos humanos haveriam necessariamente que perpassar o conjunto do Programa Mais Educação, inclusive para além dos *macrocampos*.

Em um exercício reflexivo propomos que a presença dos direitos humanos em cada um dos *macrocampos* pode ser entendida aproximativamente no sentido de que os *macrocampos* são mediações para a realização dos direitos humanos e para a formação de sujeitos de direitos humanos. Um exemplo: o macrocampo meio ambiente expressa um dos direitos humanos que compõe o conjunto dos demais direitos, o direito a um ambiente natural saudável, o que inclui medidas que garantam o direito humano ao desenvolvimento de forma sustentável. Outro exemplo: o macrocampo esporte e lazer expressa outro dos direitos humanos, exatamente o direito ao esporte e ao lazer. O mesmo parece valer para todos os demais macrocampos, visto que o enunciado destes guarda relação direta com o conteúdo dos direitos humanos presente nos instrumentos internacionais de direitos humanos e na própria Constituição Federal, para ficarmos no nível estritamente jurídico-normativo dos direitos humanos.[2] Em suma, a afirmação de que os direitos humanos constituem-se em princípio do conjunto da educação integral exige que cada *macrocampo*, ao articular saberes comunitários e saberes escolares, viabilize condições para que os sujeitos centrais da educação integral, os educandos, promovam sínteses que tomem os direitos humanos como substantividade consistente naquele recorte temático, além de estabelecer relações integradoras do conjunto desses recortes ao conjunto dos direitos humanos como transpassamento estruturante.

O tratamento específico dos direitos humanos como um dos *macrocampos* exige desenvolver ações específicas de educação em direitos humanos como estratégias concretas capazes de viabilizar sua efetivação e, inclusive, para evitar possíveis "confusões". Neste sentido, entendemos que há pelo menos três níveis de especificidade que poderiam conformar a efetivação do *macrocampo* direitos humanos: o nível das concepções, o do reconhecimento de sujeitos e de sua história e o dos mecanismos de ação em direitos humanos.

No caso do primeiro, o das concepções, as dinâmicas pedagógicas haveriam de ser capazes de explicitar a diversidade de concepções de direitos humanos expressas nos saberes comunitários e também nos saberes escolares. Trata-se de abrir o debate e a reflexão sobre o que significa falar de direitos humanos de tal forma a identificar concepções que são contrárias e/ou refratárias aos direitos humanos e aquelas que poderiam ser adequadas à sua afirmação e promoção. A explicitação das concepções também inclui o conhecimento da história dos direitos humanos, dos instrumentos nacionais e internacionais de proteção dos direitos humanos (declarações, pactos, convenções, tratados, Constituição, legislações e outros instrumentos), das características que identificam os direitos humanos especificamente dentro do conjunto do que se poderia chamar uma cultura de direitos, entre outros aspectos.

Nesta direção, dentro do Programa Mais Educação poderiam ser realizadas atividades de explicitação da concepção de direitos humanos dos educandos participantes; a realização de enquetes junto aos pais e lideranças da comunidade; entre outras estratégias: todas tendo por finalidade fazer um diagnóstico sobre o que as pessoas pensam sobre direitos humanos. Com base nesses diagnósticos poderiam ser realizados estudos de textos, entre os quais o da Declaração Universal dos Direitos Humanos, sessões de documentários que apresentam opiniões de especialistas sobre direitos humanos, ou mesmo outras estratégias adequadas ao público e ao grau de complexidade próprio a cada processo pedagógico. Com base nesses subsídios se poderia estabelecer dinâmicas adequadas para que o grupo de educandos chegue à formulação de uma concepção própria de direitos humanos. Identificar o modo mais adequado e os recursos mais apropriados é tarefa que pode ser facilitada quando os educadores compreenderem que, acima de tudo, educar em direitos humanos é ensinar/aprender que ser sujeito, não é uma obrigação e nem um privilégio, é um direito.

O fundamental em exercícios desse tipo é que os educadores ajudem os educandos a distinguir compreensões negativas e ideologizadas de concepções consistentes e fundamentadas de direitos humanos. Por exemplo, pode-se: desmascarar a ideia de que direitos humanos é sinônimo de proteger bandidos e marginais; desmistificar a ideia de que se aceita direitos humanos, mas só para quem cumpre seus deveres; ou ainda, enfrentar um trocadilho que diz que concorda com direitos humanos, mas só para "humanos direitos". Todas essas posturas partem de uma base discriminatória por aceitarem que as diferenças entre as pessoas são motivo para desigualdade, opressão e exclusão. Por outro lado, afirmar uma concepção de direitos humanos que tome a sério a dignidade das crianças participantes do programa; que seja capaz de traduzir as necessidades concretas delas em direitos; que identifique os instrumentos protetivos desses direitos, são alguns exemplos de exercícios cujo núcleo fundamental é que as crianças e adolescentes participantes encontrem nas atividades de direitos humanos um lugar para que consolidem sua sensibilidade de respeito à alteridade e, acima de tudo, de compreensão de que são sujeitos de direitos com os outros.

No caso do reconhecimento dos sujeitos, as dinâmicas pedagógicas haveriam de ser capazes de gerar o movimento do "aparecer" e do "dizer" concretos para os diversos sujeitos de direitos de tal forma a fazer emergir as diversidades e, junto com elas, as vozes que foram silenciadas pelo preconceito, pela discriminação, pela vitimização. Aqui, além do aspecto cognitivo, entra com ênfase o aspecto atitudinal, visto que a diversidade não é só um dado fenomênico, mas uma exigência prática ético-política. Neste sentido, a história pessoal e social dos sujeitos, a compreensão das razões que produzem as desigualdades e as discriminações, junto com a consciência e o compromisso concreto com o "nunca mais", são fundamentais. Exemplificando: não basta saber que existem negros, pessoas com deficiência, homossexuais, mulheres, indígenas; é preciso também compreender o que os faz diferentes uns dos outros e, mais do que isso, que a diferença nunca pode ser motivo para desigualdade, a fim de traduzir tudo isso em postura, atitude e em ações concretas.

Nesta direção, o programa poderia realizar atividades pedagógicas diversas como levantamentos sobre a composição étnica, de gênero, de renda, de orientação sexual e outros recortes da própria turma participante; este mesmo levantamento poderia ser estendido para enquetes junto aos pais e a lideranças da comunidade, a fim de confrontar a composição da turma com a da comunidade; o educador poderia enriquecer esses levantamentos com dados estatísticos (IBGE) sobre o município, o estado e o país, o que levaria os educandos a situar e confrontar seu próprio grupo com grupos mais amplos, identificando semelhanças e diferenças, buscando explicações para tal, entre outros aspectos. Além disso, poderiam ser realizadas atividades pedagógicas, como jogos educativos, nos quais as diferenças que compõem o grupo de participantes fosse explicitada, bem como as formas para lidar positivamente e integrativamente com elas. Outro recurso importante são a identificação de lideranças referenciais da comunidade e sugerir que os educandos façam entrevistas com elas. As entrevistas poderiam ser trabalhadas e sistematizadas com o uso de técnicas adequadas, de tal forma a compor a identidade pessoal e comunitária. Outra sugestão de atividade é fazer entrevistas com os moradores mais antigos a fim de levantar junto a eles as principais mudanças que ocorreram na região, como essas mudanças foram realizadas e também para ouvir deles que necessidades são ainda urgentes. Isso tudo poderia compor subsídios para a história da região, com recorte que chamasse a atenção para as lutas por direitos que marcaram a vida da comunidade. Uma sugestão é também o estudo de casos de discriminação tomando para tal notícias de jornal. Estudos desse tipo poderiam levar os educandos a identificar como os sujeito diversos tomaram parte do acontecimento; o que ocorreu com a vítima; com o agressor; com as autoridades, entre outros aspectos. Enfim, um último exercício, difícil mas importante e instrutivo, é identificar casos ocorridos na vida dos próprios educandos da escola; reconstruir a circunstância; perguntar-se sobre que direitos foram violados; como foi o atendimento à violação; se a violação foi reparada, enfim, os diversos aspectos implicados.

Em todos esses exemplos, o mais importante é que o educador conduza a atividade pedagógica de tal forma que não fique somente no diagnóstico descritivo das situações, nem transforme a análise em uma lista de enunciados moralistas ou moralizantes, mas que problematize ao máximo as situações para ajudar os educandos a compreender as razões da diversidade, o significado concreto de respeitar as diferenças e, acima de tudo, a notar a sutileza e/ou a violência expressa em violações desse tipo. Não se trata de usar casos para transformá-los em "lições de moral". Trata-se de tomar situações concretas que tenham força para tocar as sensibilidades e para promover novas posturas que sejam capazes de identificar na diversidade uma das realidades mais exigentes e, ao mesmo tempo, mais significativas para a vivência concreta dos direitos humanos.

No caso do domínio dos mecanismos adequados para a ação em direitos humanos, está em jogo desenvolver habilidades para que os educandos saibam operar concretamente formas de autodefesa de seus direitos e de defesa coletiva dos direitos. Em uma perspectiva de atuação integral, trata-se de saber fazer o respeito, a promoção e a proteção de todos e de cada um dos direitos humanos, além de saber fazer a denúncia das violações e a exigência de reparação. Em outras palavras, trata-se de um nível bastante efetivo e concreto que leve o educando a ser capaz de identificar na sua própria vida e na vida de seus colegas, de sua comunidade, de sua cidade, de seu país, o que significam os direitos humanos, se estão realizados ou não, com condições para responder ao que fazer para realizá-los cotidianamente e para enfrentar situações nas quais são violados.

Nesta direção, o programa poderia promover atividades pedagógicas nas quais o central seja:

a) compreender casos concretos;
b) saber o que fazer nos casos concretos;
c) saber o porquê de fazer tal coisa em determinado caso concreto.

Uma das estratégias para situações de violação, por exemplo, é fazer estudo de caso no qual o primeiro passo é a reconstrução do conjunto das implicações contidas nele – por isso o caso tem que ser conhecido ao máximo pelos participantes. Um segundo passo é estudar subsídios sobre atuação em direitos humanos para que os participantes sejam capazes de dizer se houve violação de direitos humanos e identificar de qual ou quais direitos em específico – para isso recomenda-se estudar os instrumentos internacionais e nacionais de direitos humanos –, em outras palavras, trata-se de tipificar o caso. Feitos esses dois movimentos, o fundamental é que o grupo possa identificar as responsabilidades: deles próprios, das autoridades, enfim, dos implicados, e, além disso, sejam capazes de identificar os procedimentos concretos a serem adotados inicialmente (por exemplo, encaminhar ao Ministério Público, à autoridade policial) e também como acompanhar o caso. Outra estratégia pedagógica é convidar lideranças de ONGs e movimentos sociais e abrir diálogos com os educandos a fim de que estes possam aprender porque as pessoas se organizam para lutar por direitos, como elas fazem isso, entre outros aspectos. Isto pode ajudar na identificação de formas de ação de promoção e proteção dos direitos humanos. Um outro exercício é organizar uma plenária da própria turma com o objetivo de fazer um levantamento de quais são as necessidades do grupo, em que medida essas necessidades se constituem em direitos, quais são as prioritárias, o que e como fazer para suprir essas necessidades e garantir os direitos, a quem podem demandar a sua realização, etc. Isso resultaria, por exemplo, na elaboração de uma "pauta de reivindicações" da turma. A mesma atividade poderia ser feita envolvendo o conjunto da escola ou mesmo da comunidade na qual ela está situada e, nestes casos, poderia ser completada com a realização de audiência com autoridades municipais (secretaria de educação, prefeito, vereadores).

Exercícios desse tipo podem ajudar os participantes a compreender como se faz para exercitar concretamente os direitos, seja para exigi-los, seja também para monitorar, caso não tenham sido ou não venham a ser realizados. Em todas as sugestões, o fundamental é que haja acompanhamento adequado, a fim de que as atividades abram canais diversos para que as alternativas sejam democraticamente compreendidas, definidas e realizadas. Em todos eles, o respeito às regras, o que exige seu conhecimento, é fundamental. Ele se completa com o desenvolvimento da capacidade de negociação e de cobrança, o que exige postura consequente e responsável. Em suma, exercícios como os propostos podem ajudar os educandos a compreender que direitos humanos são exercício concreto e que envolve cobrar responsabilidades e também poder ser cobrado por elas.

CONSIDERAÇÕES FINAIS

O exercício de reflexão e de proposição que desenvolvemos indica para a necessidade de aprofundamento a fim de que se possa fazer dos direitos humanos conteúdo e vivência prática nas ações da educação integral. Estamos cientes de que não esgotamos a complexidade e a diversidade das implicações contidas nessa tarefa.

Por isso, deixamos o proposto como subsídio para que outras conversas, muitas conversas, e, acima de tudo, muitas práticas possam vir a torná-las obsoletas por já terem sido superadas na efetivação dos direitos humanos como substantividade na escola e na vida de cada pessoa.

NOTAS

1. Publicada conjuntamente pelo Ministério da Educação, o Ministério do Desenvolvimento Social e Combate à Fome, o Ministério do Esporte e o Ministério da Cultura. Prevê prioritariamente a inserção do programa no ensino fundamental. O programa é coordenado pela Secretaria de Educação Continuada, Alfabetização e Diversidade (SECAD/MEC), em parceria com a Secretaria de Educação Básica (SEB/MEC) e com as Secretarias Estaduais e Municipais de Educação. Sua operacionalização é feita por meio do Programa Dinheiro Direto na Escola (PDDE), do Fundo Nacional de Desenvolvimento da Educação (FNDE).
2. A título de exemplo: o direito ao esporte e lazer está previsto no Pacto Internacional dos Direitos Econômicos, Sociais e Culturais (PIDESC), ratificado pelo Brasil em 1992, no artigo 7º. O mesmo para o direito à alimentação, conforme o artigo 11º do PIDESC, este também previsto no artigo 6º da Constituição Federal.

REFERÊNCIAS

BRASIL. Comitê Nacional de Educação em Direitos Humanos. *Plano nacional de educação em direitos humanos*. Brasília, 2007a. Disponível em: <http://portal.mj.gov.br/sedh/edh/pnedhpor.pdf>.

_____. Decreto n. 7.083, de 27 de janeiro de 2010. *Diário Oficial da União*. Brasília, DF, 27 jan. 2010.

_____. Ministério da Educação. *Educação integral*: texto referência para o debate nacional. MEC: Brasília, 2009a. (Série Mais Educação)

_____. Ministério da Educação. *Gestão intersetorial no território*. MEC: Brasília, 2009b. (Série Mais Educação)

_____. Ministério da Educação. *Redes de saberes Mais Educação*: pressupostos para projetos pedagógicos de educação integral. MEC: Brasília, 2009c. (Série Mais Educação)

_____. Portaria n. 17, de 20 de abril de 2007. *Diário Oficial da União*. Brasília. 24 abr. 2007b.

CANDAU, V.M.; SACAVINO, S. (Org.). *Educar em direitos humanos:* construir democracia. Rio de Janeiro: DP&A, 2000.

CARBONARI, P.C. *Direitos humanos:* sugestões pedagógicas. Passo Fundo: IFIBE, 2010. Disponível em: <www.memoriaenelmercosur.educ.ar/wp-content/uploads/2009/03/direitos-humanos-sugestoes-pedagogicas.pdf>.

_____. Diversidade e educação: ensaio de compreensão das raízes para indicar alternativas. In: KLEIN, R. et al. (Org.). *Ensino religioso:* diversidade e identidade. São Leopoldo: Sinodal/EST, 2008, p.35-40.

_____. (Org.). *Sentido filosófico dos direitos humanos:* leituras do pensamento contemporâneo. Passo Fundo: IFIBE, 2006. v.1.

_____. (Org.). *Sentido filosófico dos direitos humanos:* leituras do pensamento contemporâneo. Passo Fundo: IFIBE, 2009. v.2.

_____. Sujeito de direitos humanos: questões abertas e em construção. In: GODOY SILVEIRA, R.M. et al. (Org.) *Educação em direitos humanos*: fundamentos teórico-metodológicos. João Pessoa: UFPB, 2007. p.169-186.

CARVALHO, J.S.F. (Org.). *Educação, cidadania e direitos humanos*. Petrópolis: Vozes, 2004.

HERRERA FLORES, J. *A (re)invenção dos direitos humanos*. Florianópolis: Fundação Boiteux, 2009.

HINKELAMMERT, F.J. *El sujeto y la ley:* el retorno del sujeto reprimido. Heredia: Euna, 2003.

KERSTING, W. *Universalismo e direitos humanos.* Porto Alegre: Ediucrs, 2003.

MÜHL, E.H. et al. (Coord.). *Textos referenciais para a educação em direitos humanos.* Passo Fundo: IFIBE, 2009.

SANTOS, B.S. *A gramática do tempo*: para uma nova cultura política. São Paulo: Cortez, 2006.

_____ . (Org.). *Reconhecer para libertar*: os caminhos do cosmopolitismo cultural. Rio de Janeiro: Civilização Brasileira, 2004. (Reinventar a emancipação social para novos manifestos; 3)

SCHILLING, F. (Org). *Direitos humanos e educação:* outras palavras, outras práticas. São Paulo: Cortez, 2005.

15

A integração da universidade para a formação em educação integral
Muitos desafios, várias possibilidades

Inês Mamede

O desafio de formar profissionais na perspectiva da educação integral, ou seja, aquela que – além de ampliar a carga horária diária do aluno, revê, entre outros aspectos, a composição curricular como um todo, de maneira ampla, consistente e articulada com os objetivos e os alcances da educação – promove a aproximação bilateral da escola com sua comunidade/seu entorno; garante a apropriação dos espaços culturais da cidade, por adultos e crianças, entendendo que tudo isso é exercício de cidadania, encontra-se, ainda, como projeto educacional, situado no plano das utopias, pelo menos no que se refere à grande maioria dos municípios brasileiros.

Os profissionais atuantes na busca de implementar a educação integral, por exemplo, vivenciam e, mais do que isso, promovem eles mesmos, de maneira ainda predominante, o tempo escolar repartido em dois turnos antagônicos: um dedicado aos conteúdos escolares "rígidos" e o outro voltado a atividades "leves e prazerosas", incluindo esporte, cultura, lazer.

Não é difícil, contudo, situar as dificuldades e limitações na forma de compreender e organizar o tempo escolar estendido, se considerarmos, pelo menos, dois fatores: um deles diz respeito ao fato de que predomina na nossa história, na cultura escolar brasileira, a jornada de apenas quatro horas, e, nela, certa concepção de ensino e de aprendizagem, centrada, quase sempre, na rigidez e na quantificação de conteúdos ministrados. A ampliação da jornada escolar impõe aos profissionais não somente a necessidade não somente de incluir atividades a mais, em horas diárias a mais, mas, além disso, traz a urgência de rever o tempo escolar como um todo, situando-o em outras concepções de educação, de ensino, de currículo. Cabe pensar na amplitude dessa reflexão, considerando o que nos aponta Rayo (2004, p. 151):

> A educação tem a finalidade de contribuir para o desenvolvimento, nos alunos e nas alunas, daquelas capacidades consideradas necessárias para que se desenvolvam como cidadãos com plenos direitos e deveres na sociedade em que vivem. Capacidades essas que têm a ver não apenas com os conhecimentos que apresentam as diversas matérias do currículo ou disciplinas, mas também com certas questões de uma grande transcendência na época atual sobre as quais as sociedades reclamam uma atenção prioritária. A educação, por conseguinte, deve possibilitar que os alunos cheguem a entender esses problemas cru-

ciais – aos quais faz eco a comunidade internacional – e a elaborar em um juízo crítico a respeito deles, sendo capazes de adotar atitudes e comportamentos baseados em valores, racionais e livremente assumidos.

Outro fator, contudo, que dificulta superar a visão estreita de educação e que, certamente, limita as inovações que poderiam/deveriam ser lançadas na perspectiva da educação integral refere-se, ainda, às características estruturais do sistema educacional e, nele, da escola. Por isso, a situação da escola que trabalha com seus alunos nas tradicionais quatro horas diárias, mas, muito especialmente, a daquela instituição que atua/ou quer atuar na perspectiva da educação integral, mostra, mais do que nunca, o quanto são indispensáveis as condições estruturais, como, por exemplo, dos espaços físicos, dos recursos materiais, do suporte para as ações em espaços diversos da cidade e, além disso, da qualificação e da valorização dos profissionais, elementos estes historicamente apontados e reivindicados como fundamentais para darmos saltos qualitativos na educação, com ou sem jornada escolar ampliada. Mesmo que possamos trazer exemplos que, circunstancialmente, por motivos diversos, mostrem que a educação integral pode ser feita com pouco, com insuficientes recursos, não passaremos de exemplos isolados, se não houver realmente significativos investimentos e mecanismos legais para tal, de modo a conquistar e a abranger um amplo número de escolas que avancem perante o que hoje marca a precariedade da escola pública brasileira.

Entre as precariedades ou, pelo menos, entre as polêmicas em torno do que vivenciamos, hoje, no campo da educação integral, enfrentamos, então, questões, tais como: o alcance da educação integral para todos os alunos, as limitações de espaço físico, a precariedade na formação, na contratação, nas condições de trabalho e na remuneração dos profissionais. Todos esses elementos representam aspectos fundamentais, indispensáveis à reflexão e, mais do que isso, à concretização da qualidade da educação integral.

Não podemos, contudo, perder de vista a ideia de que, em última instância, a participação da educação não está desvinculada de um projeto mais amplo que aponte, provoque e efetive mudanças sociais mais consistentes, distribuição de renda mais justa, combatendo-se as desigualdades econômicas.

Nos últimos anos, leis e programas governamentais,[1] embora ainda com restrições, ao lado de um significativo movimento de instituições educacionais diversas – nas instâncias federal, distrital, estadual e municipal – e de seus profissionais, ainda que também com limitações, divergências ou mesmo conflitos conceituais e estratégicos, vêm indicando para caminhos – e caminham – com opções que passam a enriquecer e a ampliar reflexões, debates e ações no campo da educação integral.

É sabido que são enormes as dimensões e a diversidade do país e é complexa sua rede social, cultural, política, econômica. São inúmeros os obstáculos ainda a superar na educação brasileira como um todo, e na direção da educação integral, em particular, considerando-se que estão em pauta múltiplas dimensões aí imbricadas. No âmbito dessa temática, porém, não se pode desconsiderar o que foi feito e o que é realizado nessa perspectiva, bem como o que alguns programas e projetos propõem nesse campo, lançando ao mesmo tempo possibilidades de avanços, mas também ainda deixando lacunas a preencher.

Se, porém, entendemos e defendemos os princípios que podem sustentar a educação integral, identificamos sua relevância e divisamos a necessidade social, política e acadêmica de se atuar nesta direção, no sentido de enfrentar e transpor as dificuldades e limitações, pois, acreditamos, as experiências e conquistas podem valer a pena, e têm valido, realmente.

A UNIVERSIDADE E A FORMAÇÃO HUMANA E PROFISSIONAL

Lançado pelo Ministério da Educação, em 2008, teve início o Programa Mais Educação,[2] sendo ancorado por princípios norteadores e estratégias para suas ações,[3] e considerado *como uma importante estratégia de indução para a construção de uma política nacional de educação integral em tempo integral.*

No ano seguinte, o MEC convidou as universidades para que incrementassem sua participação no processo formativo dos agentes diversos que atuam no Programa Mais Educação. As universidades, então, formularam diferentes projetos de extensão para a Formação em educação integral dos profissionais vinculados ao Programa Mais Educação.[4]

Estreitou-se, com efeito, a relação entre a formação dos agentes do Programa Mais Educação e as universidades, o que nos remete a pensarmos sobre o papel da instituição universitária na formação dos profissionais envolvidos.

As Instituições de Ensino Superior – IES – agora em um conjunto numericamente maior, passaram a se articular ao Programa Mais Educação por meio das ações formativas. São ambos, então – o Programa Mais Educação e o de Formação em Educação Integral, elaborado pelas universidades – iniciativas recentes, se considerarmos o formato atual. Registra-se, porém, um expressivo e rápido crescimento, tanto na quantidade de municípios e escolas participantes do Programa Mais Educação, quanto de universidades envolvidas nos programas e projetos de formação.

Aqui cabe chamar a atenção para o fato de que o papel da universidade nessa formação é apenas um dos possíveis recortes entre muitos, ou seja, é somente um dos vários temas ou focos que, em determinado momento, se dá ao nos referirmos à educação integral. Essa é uma temática que, em si, por sua natureza, abrange vários outros assuntos, diversos atores, muitas instituições, inúmeras relações. O recorte, então, se faz necessário, tem importância, mas não se pode perder de vista a ideia de que ele se compõe com outras vertentes, dadas a complexidade e a riqueza da questão ou das questões envolvidas na grande temática – guarda-chuva – da educação integral. Todas elas e cada uma com sua relevância.

A universidade é uma instituição complexa e tem como funções um amplo conjunto de atuação: no ensino de graduação e de pós-graduação, na extensão universitária, no campo da investigação e da produção de conhecimento e na gestão universitária, o que revela seus papéis e compromissos sociais e que, por isso, permite um conjunto diversificado de experiências profissionais.

É tarefa sua a formação profissional em diversas áreas do conhecimento. E é uma de suas mais relevantes e nobres tarefas, por meio das licenciaturas, a formação inicial de professores da educação básica e, mediante projetos e programas diversos de extensão, por exemplo, a formação continuada de profissionais da educação. Este constitui um de seus mais alçados compromissos acadêmicos e sociais. Para tal, é indispensável que a universidade veja com um olhar múltiplo e aprofundado as ações formativas por ela promovidas.

> [...] Precisamos formar um professor que prepare o aluno para enfrentar as contradições sociais da conjuntura atual, que, por meio de práticas inovadoras e atraentes, ofereça e provoque no aluno o desejo de adquirir e construir conhecimento para responder aos desafios da sociedade. Para isso, é necessário um investimento contínuo na formação do professor. A formação é um processo, por isso, inacabado, não avança no isolamento, no individualismo. O compartilhar é imprescindível para que haja crescimento pessoal e coletivo [...]. (Veiga; Viana, 2010, p. 32)

AS UNIVERSIDADES FEDERAIS, HOJE, E A FORMAÇÃO EM EDUCAÇÃO INTEGRAL

Atualmente, com e após a adesão ao REUNI,[5] em 2007, as universidades federais passam por um intenso, almejado e reivindicado processo de expansão e de (re)qualificação, no que diz respeito não somente à graduação, foco central do REUNI, mas, consequentemente, à pesquisa, à pós-graduação e à extensão. Vivemos, hoje, um momento altamente instigante, propício à realização de inúmeras e diversificadas ações e inovações, o que exige cotidiano e árduo trabalho, voltado para o aprimoramento acadêmico e, também, para as articulações políticas, internas e externas à instituição.[6]

Podemos, contudo, nos perguntar: estão, hoje, as universidades preparadas para formar profissionais na perspectiva da educação integral? Ou ainda: sendo algumas das questões relativas à educação integral tão novas (ou talvez sendo tão recentes a concepção, o formato e a dinâmica com que elas se materializam no Programa Mais Educação), estão as universidades preparadas para atuar na formação desses agentes?

Talvez possamos responder que sim e que não. Não, porque, dentre outros problemas, ainda lidamos com currículos que precisam ser revistos e atualizados, porquanto ainda temos em nossos quadros de profissionais professores um tanto insensíveis, indiferentes ou mesmo contrários a essas ações, pelo fato de sermos lentos nas nossas mudanças. Muitas vezes, somos arrogantes em relação aos conhecimentos acadêmicos – quais deles são por nós reconhecidos como válidos e valiosos? Em outras situações, somos despreparados teórica ou metodologicamente, e não sabemos, por exemplo, viabilizar uma frutífera aproximação com a escola.

Não há uma homogeneidade quanto a esse quadro no que concerne ao perfil dos profissionais. E a universidade tem, entre suas principais missões, a de estreitar sua relação com a rede pública de ensino. Por isso podemos arriscar dizendo também que sim, que estamos preparados para participar da formação em educação integral dos atores do Programa Mais Educação, mesmo que isso signifique ter que dar novos passos e criar mais estratégias de ação. Não parece ser desprezível o fato de que temos muitos docentes altamente comprometidos, experientes e dispostos a ensinar e a aprender, a contribuir e a se renovar.

São inesgotáveis os *links* que se pode provocar com amparo nas interações de profissionais com estudantes da universidade e trabalhadores das redes de ensino e das escolas, na medida em que se deparem, coletivamente, cada um trazendo à educação integral o ângulo de olhar que sua formação permite.

INTEGRAÇÕES NECESSÁRIAS À UNIVERSIDADE PARA A FORMAÇÃO EM EDUCAÇÃO INTEGRAL

Considerando-se que são vários as instâncias institucionais, as áreas de conhecimento, os agentes sociais e as dimensões envolvidas na concepção e na efetivação da educação integral, destacamos aqui três das possíveis e necessárias linhas de integração das quais as universidades devem/podem participar, e muitas já participam, a fim de assumirem suas funções sociais e potencialidades acadêmicas.

Integração das instâncias e instituições educacionais

Com o Ministério da Educação, passando pelas redes estaduais e municipais de ensino e as escolas públicas e seus profissionais, a universidade tem, certamente, um campo extenso de possibilidades de ações conjuntas. As aproximações com essas instâncias educacionais são muitas vezes tensas, conflituosas e discordantes, mas há aí um meio fundamental para a concepção e o desenvolvimento de políticas, programas, projetos e ações diversas, o mesmo podendo ser considerado quanto à educação integral, no atinente às suas definições, planejamento, acompanhamento de ações, revisão de rotas etc.

Aceitando-se a importância da integração das instâncias educacionais, pode-se, então, questionar: como as universidades podem se articular às redes públicas de ensino e às escolas, por exemplo?

No caso específico da formação em educação integral, foi após convite feito pelo MEC que grande parte das universidades se mobilizou, internamente, e que também se acercou ou se reaproximou das redes públicas de ensino com este fim.

Sabemos, porém, que tais instituições (universidades, redes de ensino, escolas) e seus agentes têm dinâmicas e lógicas próprias de trabalho e autonomia (ou certa autonomia), para desenvolver suas ações. E podem, além ou entre as incumbências que lhes são próprias, realizar projetos/programas de maneira conjunta, tendo abertura para trocar informações, identificar demandas/necessidades, estabelecer parâmetros e princípios teóricos norteadores, definir estratégias metodológicas etc. Há, portanto, possibilidades diversas de estabelecerem parcerias.

A intensidade e a forma como sucedem tais articulações dependem de como, historicamente, isso vem acontecendo em cada estado, em cada município. Que experiências são ou já foram desenvolvidas, que grau de amadurecimento e de consolidação essas experiências já alcançaram. Em todos os locais, entretanto, essas ações interinstitucionais podem avançar, considerando-se o ponto atual, o momento em que se encontram. Para tal, entre outros fatores, contam: a compreensão de que aí está um canal valioso para a requalificação de todas as instâncias envolvidas e de seus agentes; a abertura para as mudanças decorrentes desse diálogo; a determinação e a capacidade de dar encaminhamentos concretos e viáveis. As instituições, reunidas e comprometidas em torno de um mesmo propósito, podem, com maior consistência, representar o apoio, dar o incentivo, garantir o acompanhamento e também fazer cobranças em relação ao trabalho desenvolvido junto aos professores.

Em alguns locais isso já se apresenta de maneira bastante avançada, com a formatação e a realização de projetos comuns, de ações conjuntas; em outros lugares, alguns passos estão sendo dados, com o enfrentamento ainda de muitas barreiras e resistências, talvez até retrocessos, mas também com algumas conquistas, indo ao encontro de caminhos e espaços de negociações; mas há, ainda, contextos em que a universidade não está tão vinculada às redes/às escolas, no que diz respeito à educação integral.

Nesse quadro diversificado, estão em andamento vários projetos de extensão, com formatos diferentes, de universidade para universidade, definidos por parte de cada instituição junto à sua realidade local, mas pensados, também, a partir de linhas gerais, formuladas em debates realizados entre as universidades e o Ministério da Educação, por meio da Secretaria de Educação Continuada, Alfabetização e Diversidade (SECAD).

A formação em educação integral junto aos profissionais do Programa Mais Educação não inaugura, é claro, a relação da universidade com a escola e com a comunidade; há inúmeros grupos de trabalho e há uma crescente produção acadêmica feita pelas instituições de ensino superior, por seus professores e pesquisadores, sobre ou junto às redes de ensino e às escolas. Muitos professores/pesquisadores são também componentes ativos de fóruns diversos e que se articulam com os movimentos sociais, por exemplo, além ou como parte do que realizam na universidade.

Se a formação em educação integral junto aos profissionais do Programa Mais Educação não inaugura a relação da universidade com a rede pública de ensino e com a escola pública, ela, no formato atual, representa para as universidades um valioso momento, importante oportunidade para caminharmos no sentido do aprofundamento e da consolidação da educação integral, com uma preparação mais consistente, para demandar e sustentar o que queremos: que se salte do que hoje é a educação integral – um programa –, para se alcançar o patamar de uma política pública de educação, muito mais consolidada do ponto de vista econômico, político e pedagógico.

Vale chamar atenção, também, para o fato de que as articulações que podem ser feitas entre universidades, redes de ensino e escolas públicas não desconsideram os inúmeros e, por vezes, desanimadores entraves e dificuldades aí presentes. Mesmo os reconhecendo, no entanto, devemos/podemos persistir nesse caminho, "que se faz ao caminhar", porque reconhecemos as possíveis e significativas contribuições para o sistema público de ensino (da creche à pós-graduação) dele decorrentes. As necessidades e as possibilidades se impõem e ganham força para agirmos no sentido de que a escola e a universidade, especialmente as da rede pública, sejam, realmente, lugares não somente de acesso, mas de permanência e de aprendizagem das crianças, adolescentes e jovens de nossa população.

Ensinar e aprender, juntos, não quer dizer que aprendemos e ensinamos desde um mesmo patamar ou de um mesmo ponto de vista. Cada instituição, com seu modo de funcionar, com suas responsabilidades e papéis, e cada profissional, com seus desafios, conhecimentos e conquistas, podem fazer parte dessa grande, desafiadora e fascinante rede da educação integral.

Integração – interna – da instituição universitária

Se, por um lado, a universidade precisa interagir com outras instâncias e instituições educacionais, no sentido tanto de colaborar com a efetivação de ações que tenham como foco a educação integral quanto de aprender nessa experiência interinstitucional sobre aspectos diversos dessa educação que aqui se defende, há outro movimento, necessário e concomitante àquele, que se impõe à universidade, qual seja, o de promover, internamente, as aproximações das áreas de conhecimento e as articulações políticas, para que, enriquecida e fortalecida academicamente, ela possa aprimorar a qualidade e o alcance do que realiza como projeto educacional, mantendo atenta a certeza de que tem, como funções sociais a ela inalienáveis, a produção e a socialização do conhecimento, em todas os campos do saber.

Com efeito, aparece como indispensável o encontro acadêmico de cursos e profissionais diversos, a fim de que, desde seus diferentes pontos de vista e de seus conhecimentos específicos, possam, juntos, olhar na direção comum da educação integral, refletindo sobre aspectos dela constituintes e colaborando na identificação de caminhos possivelmente mais adequados para uma educação que se deseja integral e integrada.

Mesmo considerando que a universidade está, em termos, preparada para atuar na formação em educação integral, como abordado anteriormente, a formação dos formadores se revela como um necessário aspecto a ser considerado nos nossos programas de extensão.

É curioso observarmos que, apesar de muitos docentes universitários não haverem se debruçado, nem teoricamente nem na prática, ante os desafios da educação integral, não terem realizado estudos acadêmicos ou mesmo vivido experiências formativas, na perspectiva da educação integral, deparam, agora, com o desafio de formar novas gerações, profissionais em formação inicial e/ou em formação continuada, que tenham acesso a reflexões e a conhecimentos teóricos e práticos que fortaleçam o pensamento e desvelem estratégias metodológicas capazes de fazer caminhar, qualitativamente, a educação integral. E, para tal, os formadores precisam não somente de recursos teóricos que permitam uma análise sistemática das questões em jogo, mas, também, de maior aproximação e integração quanto ao cotidiano das escolas e das comunidades das quais elas fazem parte.

Por isso, além de esse movimento interno, no âmbito da universidade, depender de uma aproximação de professores de cursos variados, que sejam sensíveis quanto à temática da educação integral e estejam dispostos e interessados em com ela contribuir, revela-se como primordial o envolvimento também intenso de estudantes oriundos de áreas/cursos diversos,[7] pois eles trazem visões complementares para as temáticas da educação integral, que, por sua vez, provoca ao heterogêneo grupo o encontro ou mesmo o confronto de ideias, propiciando interessantes debates, instigando respostas e provocando novas perguntas aos participantes.

Vale, também, explicitar um aspecto muito interessante e promissor para o aprimoramento da formação de profissionais voltados à educação integral: o fato de que a universidade é responsável, na formação inicial, não somente pelas licenciaturas, que em função de terem como objetivo a formação de professores já estariam mais evidentemente próximas às discussões e práticas relativas à educação integral, mas também pelos cursos de bacharelado, tais como Medicina e Psicologia, muito pode contribuir para o aprofundamento desse debate e para a ampliação de proposituras mais consistentes nesse campo pedagógico. Por isso, a formação realizada pela universidade pode e deve promover a formação de graduandos das mais diferentes áreas, todas aquelas que, de alguma maneira, possam dar alguma parcela de compreensão acerca da educação que se quer integral. Isso vale não somente para programas voltados à formação em educação integral, mas também para ações diversas hoje desenvolvidas. Por outro lado e considerando essas dificuldades apontadas, talvez estejamos perante a necessidade de incluir, àqueles que ainda não a têm em suas matrizes curriculares, alguma ou algumas disciplinas que garantam aos nossos estudantes um espaço de sua formação como graduandos que os insira na problemática acerca das diferentes dimensões, legislação, concepções, políticas educacionais e práticas pedagógicas em educação integral.

É um grande desafio, especialmente para os alunos, mas também para muitos professores universitários, aprender a observar e a entender como os atores – e são atores porque são ativos e inventivos – criam e recriam o cotidiano escolar e os tempos e espaços onde vivem, instigando-os a pensar em questões novas, que são apontadas e que permitem/provocam que se lance uma perspectiva diferenciada e que sejam encontrados caminhos antes não pensados.

Integração da formação inicial com a formação continuada (percebida em vice-versa)

Das necessárias linhas de integração aqui destacadas, ou seja, daquela de natureza interinstitucional e da que tem característica intrainstitucional, surge a integração da formação profissional voltada à atuação dos segmentos educacionais distintos, como professores, gestores e funcionários. Além disso, surge a necessidade de se pensar nos diferentes momentos do percurso formativo desses profissionais.

Entre os princípios teóricos e as práticas constituintes do desenvolvimento profissional, é relevante, então, considerarmos tanto a formação inicial quanto a continuada – e, claro, uma articulada à outra. Reside aqui um dos mais frutíferos canais para a participação da universidade como agência formadora,[8] também, no foco que aqui estamos dando, na perspectiva da educação integral, que, além de outras experiências, tem, nos dias atuais, o Programa Mais Educação como seu formato mais presente nos municípios brasileiros.

A possibilidade de que profissionais em formação inicial – estudantes de graduação e, vale lembrar, não somente das licenciaturas – em interação com profissionais formados e em formação continuada atuem juntos, inclusive com a previsão de que os alunos possam se aproximar das escolas/das comunidades, constitui uma parceria fundamental para a qualificação da formação profissional.

São muitos os pontos possíveis de interseção das diferentes áreas na contribuição que elas podem trazer para o pensamento e a efetivação pedagógica na escola. E outro interessante aspecto da formação, inicial e continuada, que tem relação estreita com a educação integral, é que, em ações compartilhadas, podemos incrementar a formação cultural de todos os atores envolvidos, uma vez que ações no campo da cultura serão desenvolvidas junto às escolas e às comunidades e que, em inúmeros casos, os professores/profissionais em formação e os profissionais das escolas não têm experiências/vivências culturais mais amplas. Então, conhecer os espaços/lugares e atores culturais da cidade/da comunidade ganha importância fundamental na formação inicial e continuada.

Conhecendo algumas necessidades formativas dos estudantes da graduação e de profissionais das escolas públicas, é possível criar espaços que provoquem e alcancem essa aproximação, fruto dessa parceria entre universidade, secretarias de educação, escolas públicas e comunidades nas quais essas escolas estão inseridas, levando a que todos possam efetivamente participar da efervescência de fatos, acontecimentos, experiências e saberes que aí circulam.

Tão importante quanto o que e o como se pode contribuir nessa parceria é o quanto se vai aprender com ela, permanentemente, desde seus aspectos mais legais e burocráticos, que regem a educação integral, até os de natureza mais conceitual, com base nos vários campos do conhecimento, passando pelas estratégias metodológicas, para darmos os passos na direção dos avanços que identificamos pertinentes, envolvendo os alunos ao longo de sua escolarização.

Vimos, então, ao longo destas páginas, a importância da integração da universidade com as demais instâncias e instituições educacionais, das suas articulações internas, envolvendo professores e estudantes de cursos diversos e, também, a relevância da integração da formação inicial e da continuada de profissionais envolvidos na educação integral. Esses aspectos foram aqui destacados como valiosos, mas não se pode esquecer de que eles compõem uma rede bem mais ampla do que o limite das reflexões aqui apresentadas permite. Essa rede engloba outros setores sociais e instituições responsáveis, por exemplo, pelas áreas da saúde, da cultura, dos esportes.

Além disso, há uma série de fatores relacionados à importância e ao papel das comunidades, das organizações diversas e dos espaços/lugares da cidade que fazem parte dessa rede de integração, sem a qual não se pode nem pensar nem efetivar a educação integral. Apropriar-se, individual e coletivamente, desses espaços é exercício de cidadania, objetivo central da educação.

> Os praticantes das cidades atualizam os projetos urbanos e o próprio urbanismo por meio da prática dos espaços urbanos. Os urbanistas indicam usos possíveis para o espaço projetado, mas são aqueles que o experimentam no cotidiano que os atualizam. São diferentes ações, apropriações ou improvisações mediadas pelo pensamento crítico apontado pela arte pública relacional contemporânea que podem extrapolar a circunscrição das experiências nos espaços convencionados ao consumo privado da arte em direção aos espaços da vida, das experiências no espaço público pelos habitantes, passantes ou errantes que reinventam tais espaços em seu cotidiano. (Amaral, 2008, p. 57)

Dessa maneira, os tempos e os lugares da escola, do seu entorno e da cidade, fazem parte dos itinerários formativos, pensando-se e agindo-se em comunidade e de forma articulada, para o que são indispensáveis as políticas públicas de educação, saúde, cultura, inclusão digital, esporte, lazer.

A valorização do que é feito, nas áreas do ensino, da pesquisa e da extensão universitária, junto às instituições e instâncias educacionais e às comunidades escolares, mostra também o quanto ainda precisa ser realizado para o aprimoramento dessas relações e conexões, integrando a universidade à rede de integração necessária à consolidação da educação integral no nosso país. Como um de seus eixos de atuação, é, também, por meio da reflexão, dos debates, da produção acadêmica, da apresentação dos processos e resultados de suas pesquisas, programas e projetos, que a universidade pode trazer sua parcela de contribuição para fortalecer as concepções e experiências em educação integral.

NOTAS

1. Como, por exemplo, o Fundo de Manutenção e Desenvolvimento da Educação Básica – FUNDEB – Brasília, 2007; e o Programa Dinheiro Direto na Escola – PDDE – criado em 1995.
2. "O Programa Mais Educação, criado pela Portaria Interministerial nº 17/2007, aumenta a oferta educativa nas escolas públicas por meio de atividades optativas que foram agrupadas em macrocampos como acompanhamento pedagógico, meio ambiente, esporte e lazer, direitos humanos, cultura e artes, cultura digital, prevenção e promoção da saúde, educomunicação, educação científica e educação econômica. A iniciativa é coordenada pela Secretaria de Educação Continuada, Alfabetização e Diversidade (SECAD/MEC), em parceria com a Secretaria de Educação Básica (SEB/MEC) e com as Secretarias Estaduais e Municipais de Educação. Sua operacionalização é feita por meio do Programa Dinheiro Direto na Escola (PDDE), do Fundo Nacional de Desenvolvimento da Educação (FNDE)." <www.mec.gov.br>.
3. Ver em Brasil (2008 e 2009).
4. São fundamentais o desejo de participação e uma canalização de esforços acadêmicos, institucionais e políticos, contatos e combinados diversos, que as universidades federais tiveram e têm que fazer para responderem/atenderem às inúmeras demandas lançadas, nos últimos anos, pelo Ministério da Educação, passando a participar de ações diversas, tais como: o Pró-Letramento, o Prodocência, o Programa Institucional de Bolsas de Iniciação à Docência – PIBID, o Conexões de Saberes, entre outros. A Formação em Educação Integral para Profissionais do Programa Mais Educação constitui-se, então, em uma dessas importantes ações.
5. Ministério da Educação. Programa de Apoio a Planos de Reestruturação e Expansão das Universidades Federais – REUNI – 2007.
6. Além dos programas federais, temos os programas específicos de cada instituição. Na Universidade Federal do Ceará, idealizamos, lançamos e efetivamos, por exemplo, o Projeto CASa (formação de docentes recém ingressos; hoje, mais de 600), o PROPAG (formação para a docência no ensino superior, envolvendo a participação de bolsistas de mestrado e de doutorado) e o Programa de Aprendizagem Cooperativa (células de aprendizagem cooperativa vivenciadas entre os estudantes de graduação). <www.prograd.ufc.br>
7. No caso da UFC, por exemplo, todos os professores contatados, profissionais reconhecidos nas diversas áreas em que atuam, aceitaram participar do Programa de Formação em Educação Integral, composto por cursos de extensão, procurando integrar suas áreas à educação integral. Contamos, no Programa, com o envolvimento de professores e de estudantes, e também de alguns profissionais técnicos das redes de ensino, oriundos de diferentes áreas de conhecimento. São participantes do programa docentes e discentes dos cursos de Pedagogia, Letras, Educação Física, Educação Musical, Psicologia e Medicina.
8. Nossa experiência na articulação entre formação inicial e continuada tem nos mostrado o quanto é possível ensinar e aprender, coletivamente, envolvendo pessoas em diferentes estágios de sua formação, como, por exemplo, alunos de graduação, de pós-graduação, professores universitários e profissionais das secretarias de educação e das escolas públicas (Mamede, 2006 e 2007).

REFERÊNCIAS

AMARAL, L. Interterritorialidades: passagens, cartografias e imaginários. In: BARBOSA, A.M.; AMARAL, L. (Org.). *Interterritorialidade:* mídias, contextos e educação. São Paulo: Ed. SENAC, 2008.

BRASIL. Decreto n. 6.096, de 24 de abril de 2007. Institui o Programa de Apoio a Planos de Reestruturação e Expansão das Universidades Federais – REUNI. *Diário Oficial da União*, Brasília, 25 abr. 2007a.

_____ . *Programa Mais Educação*: gestão intersetorial no território. Brasília, 2009.

_____ . Portaria n. 17, de 20 de abril de 2007. *Diário Oficial da União*, Brasília, DF, 24 abr. 2007b.

_____ . *Rede de saberes Mais Educação*: pressupostos para projetos pedagógicos de educação integral: caderno para professores e diretores de escolas. Brasília, 2008.

MAMEDE, I.C.M. Jovens e adultos ensinando e aprendendo a ler e a escrever: a diversidade como fator de enriquecimento das experiências. In: MAMEDE, I.C.M. et al. (Org.). *Alfabetizar(se)*: o desafio de ler, escrever e compreender o mundo. Fortaleza: Ed. UFC, 2007.

MAMEDE, I.C.M.; NUNES, A.I.B.L. Formação de professores alfabetizadores: a experiência do Projeto Uniescola. In: MATOS, K.S.L.; ADAD, S.J.H.C.; FERREIRA, M.D.M. (Org.). *Jovens e crianças*: outras imagens. Fortaleza: Ed. UFC, 2006.

RAYO, J.T. *Educação em direitos humanos*: rumo a uma perspectiva global. Porto Alegre: Artmed, 2004.

VEIGA, I.P.A.; VIANA, C.M.Q.Q. Formação de professores: um campo de possibilidades inovadoras. In: VEIGA, I.P.A.; SILVA, E.F. (Org.). *A escola mudou*: que mude a formação de professores! Campinas: Papirus, 2010.

16

A política de formação continuada de professores para a educação integral

Veronica Branco

O PROBLEMA DA QUALIDADE DA EDUCAÇÃO BRASILEIRA

Os dados das avaliações da aprendizagem em Língua Portuguesa e Matemática dos alunos das escolas brasileiras, realizados bienalmente desde os anos 1990 pelo Instituto Nacional de Pesquisas Pedagógicas Anísio Teixeira – INEP, têm demonstrado a baixa qualidade do ensino nas escolas públicas, uma vez que em nenhum dos segmentos avaliados, – 4º e 8º anos do ensino fundamental e 3º ano do ensino médio – atingiu, no período de 1990 a 2007, uma média próxima de 5,0. Embora mereça destaque que nas avaliações de 2005 para 2007 houve pequena melhora nos resultados nacionais.

Diante desse quadro, o governo federal, através da Portaria Interministerial nº 17, de 24/04/2007, criou o Programa Mais Educação com a finalidade de induzir os sistemas públicos de ensino, municipal e estadual, a implantarem a educação integral nas escolas situadas na periferia das cidades de mais de 200 mil habitantes, atendendo, preferencialmente, os alunos vulneráveis, em situação de risco. Também foram convidadas a ingressarem nesse programa as escolas de Índice de Desenvolvimento da Educação Básica (IDEB) – inferior a 2,5 para que recebessem ajuda pedagógica e financeira.

Essa política indutora se propôs a contribuir para a melhoria da aprendizagem dos alunos por meio da ampliação do tempo de permanência de crianças, adolescentes e jovens matriculados em escola pública, mediante oferta de educação básica em tempo integral.

O Decreto nº 7.083, de 27/01/2010, (Brasil, 2010) veio consolidar essa intenção considerando em seu artigo 1º, como educação básica em tempo integral, a jornada escolar com duração igual ou superior a sete horas diárias, durante todo o período letivo, compreendendo o tempo total em que o aluno permanece na escola ou em atividades escolares em outros espaços educacionais.

O citado documento legal estabeleceu ainda, nos parágrafos 2º e 3º do artigo 1º, que a jornada escolar diária deveria ser ampliada para desenvolver atividades de: acompanhamento pedagógico, experimentação e investigação científica, cultura e artes, esporte e lazer, cultura digital, educação econômica, comunicação e uso de mídias, meio ambiente, direitos humanos, práticas de prevenção aos agravos à saúde, promoção da saúde e da alimentação saudável, entre outras atividades. Considerando que, na situação atual em que muitas escolas públicas se encontram, com carência de espaço físico e de edificações, o conceito contemporâneo de educação integral, exposto no Documento de Referência sobre Educação Integral (Moll, 2008), acenou com possibilidades de desenvolvimento das atividades curriculares complementares. Isso porque o documento-referência considerou que tais atividades poderão ser desenvolvidas dentro do espaço escolar, de acordo com a disponibilidade da escola, ou fora dele sob orientação pedagógica da escola, mediante o uso dos equipamentos públicos e do estabelecimento de parcerias com órgãos ou instituições locais. Além disso, o documento referência aponta a necessidade que os alunos têm de circular pela cidade, visitar museus, cinemas e parques como prática rotineira de aprendizagem.

No entanto, para cumprir de forma eficiente esse objetivo, uma outra tarefa se faz necessária: a formação inicial e continuada dos professores para atender esses alunos, uma vez que não se pretende ofertar "mais do mesmo", isto é: reter os alunos nas escolas por mais tempo para desenvolver os mesmos programas até agora em execução. Para isso, muitas ações deverão ser implementadas e, sem dúvida, a formação continuada dos professores deverá ser considerada prioritária.

A FORMAÇÃO INICIAL E CONTINUADA DOS PROFESSORES NO CONTEXTO INTERNACIONAL

Para entender como deverá ser feita a Formação Continuada dos Professores que atuarão na Educação integral é preciso antes verificar como tem se dado a formação inicial e continuada dos profissionais da educação.

Tardif (2002) menciona que a formação de professores tem sido alvo de inúmeras pesquisas – "dezenas de milhares" – a partir dos anos de 1980, no mundo anglo-saxão e mais recentemente na Europa. Também no Brasil, a partir dos anos de 1990, essa preocupação aparece e com ela os questionamentos sobre os saberes docentes, os currículos de formação acadêmica e a concepção da relação teoria/prática existente nesses currículos.

O dispositivo legal brasileiro da Lei de Diretrizes e Bases (LDB). estabelece que os professores que atuam nos diferentes níveis da educação devem ter formação de nível superior. Porém a realidade é que ainda existe um grande contingente de profissionais sem a formação mínima exigida. E ainda que todos os professores em exercício já fossem portadores do título de licenciatura, as questões da formação desses profissionais não estariam resolvidas, porque a profissão de professor é muito peculiar e as universidades e as escolas normais dos diferentes países ainda não chegaram a um modelo satisfatório de formação desses profissionais, como afirma Tardif (2002). Complementa o autor que os cursos existentes estão fortemente marcados por um *modelo aplicacionista* que está baseado na racionalidade técnica. Esse é o modelo em que os alunos precisam primeiro aprender um grande repertório de conhecimentos dispersos por disciplinas estanques no currículo, para depois realizar um estágio tutelado em que vão aplicar o que aprenderam. No entanto, o autor conclui que quando os estudantes se formam e vão trabalhar sozinhos nas escolas, aprendem seu ofício na prática e descobrem que os conteúdos veiculados na universidade nem sempre se aplicam na ação cotidiana.

Para Tardif o grande problema desse modelo é que os conhecimentos veiculados na universidade, durante a formação, fornecem uma falsa e idealizada representação dos saberes dos profissionais sobre a prática docente, além de desconsiderarem as crenças e as representações anteriores dos alunos a respeito do ensino.

Em pesquisa efetuada sobre os saberes docentes Tardif informa que boa parte do que os docentes sabem sobre o ensino, sobre os papéis do professor e sobre como ensinar, não provém de sua formação acadêmica e sim de sua própria história de vida, principalmente de suas vivências como aluno. O autor acrescenta que os professores são profissionais que muito antes de iniciarem sua formação profissional estiveram imersos em seu local de trabalho, por cerca de 16 anos, como alunos. Essa longa imersão no mundo do trabalho fornece-lhes uma bagagem de conhecimentos, de crenças, de representações e de certezas sobre a prática docente. O conjunto de conhecimentos, valores e procedimentos armazenado é muito forte e permanece estável por muito tempo na mente dos professores, a ponto de Tardif (2002, p. 9) afirmar que:

> Na América do Norte, percebe-se que a maioria dos dispositivos introduzidos na formação inicial dos professores não consegue mudá-los nem abalá-los. Os alunos passam através da formação inicial para o magistério sem modificar substancialmente suas crenças anteriores a respeito do ensino. E tão logo começam a trabalhar como professores, sobretudo no contexto de urgência e de adaptação intensa que vivem quando começam a ensinar, são essas mesmas crenças e maneiras de fazer que reativam para solucionar seus problemas profissionais, tendências que são muitas vezes reforçadas pelos professores de profissão.

Concluindo suas constatações o autor comenta que as lembranças dos professores sobre o seu modelo ideal de professor recaem, na maior parte das vezes, sobre professores com quem conviveram no ensino básico e médio e raramente sobre os da universidade.

Tardif é defensor dos saberes docentes na formação profissional e cético quanto à possibilidade dos pesquisadores acadêmicos conseguirem revolucionar a formação dos professores a partir de suas pesquisas:

> [...] se os pesquisadores universitários querem estudar os saberes profissionais da área do ensino, devem sair de seus laboratórios, sair de seus gabinetes na universidade, largar seus computadores, largar seus livros e os livros escritos por seus colegas que definem a natureza do ensino, os grandes valores educativos ou as leis da aprendizagem e ir diretamente aos lugares onde os profissionais do ensino trabalham, para ver como eles pensam e falam, como trabalham na sala de aula, como transformam programas escolares para torná-los efetivos, como interagem com os pais de alunos, com seus colegas, etc. (Tardif, 2002, p. 258)

Apesar dessa situação reinante na formação de professores existem pesquisadores buscando novos encaminhamentos. A partir dos anos de 1990 encontra-se uma posição que se contrapõe ao modelo tradicional; trata-se do paradigma da racionalidade reflexiva e crítica defendida por Donald Schön (2000) e Kenneth Zeichner (1998, 2005).

Schön (2000) ao apresentar sua proposta aponta algumas questões subjacentes ao debate da formação de professores para o exercício de uma prática reflexiva: quais as competências que os professores devem ter para ajudar as crianças em seu desenvolvimento? Quais os conhecimentos e que saber-fazer ajuda os professores no desempenho de suas tarefas? Qual a formação necessária para equipar os professores com as capacidades necessárias ao desempenho de seu trabalho?

Além dessas questões não esclarecidas, Schön afirma existir uma crise entre o saber escolar e a reflexão-na-ação dos professores e alunos que é sustentada por um poder central político que exerce um controle regulador das escolas; o qual procura estabelecer através de legislação o que deve ser ensinado, quando e por quem. Afirma também que esse controle é efetivado também por processos de avaliação reguladora. É essa ação reguladora que impede e/ou dificulta a aplicação do saber do professor ou o "conhecer-na-ação".

Para o autor existe uma situação de ação, de prática, para a qual se dispõe de um corpo de conhecimentos que orienta as respostas e ações de forma espontânea. É essa situação que o autor denomina de conhecer-na-ação. Em geral muitas das ações de trabalho rotineiras são resolvidas empregando esse conhecimento tácito e sem deliberação consciente, porém quando alguém se depara com problemas novos, desconhecidos e para os quais não dispõe de uma pronta resposta, esse alguém é surpreendido, e sua atenção é dirigida para o fato estranho. Essa atitude de surpresa e estranhamento leva à reflexão, a uma atitude consciente de busca de outras soluções para resolver o problema. É o pensamento do sujeito que se volta para si próprio em busca de uma solução, e é essa atitude de retroação que Schön chama de reflexão-na-ação. É uma atitude crítica que leva a questionar os pressupostos do ato de conhecer-na-ação, que leva a questionar porque se fez determinada coisa e daquela forma. Ao pensar criticamente sobre o pensamento que orientou a ação bem ou malsucedida é possível, nesse processo, reestruturar as estratégias de ação de que se dispõe, obter melhor compreensão dos fenômenos e repensar as formas como são concebidos os problemas. Essa reflexão gera o experimento imediato, ou seja, leva a uma tentativa de aplicar as novas ideias, estratégias e compreensões para testar o poder de solucionar o problema.

Para Schön a reflexão-na-ação é um processo individual, do sujeito consigo mesmo, que é possível de ser treinada em "momentos" sutilmente combinados em uma habilidosa prática de ensino.

Um dos objetivos para melhorar a formação, segundo Schön, é fazer com que os professores tomem consciência de sua própria aprendizagem: que descubram como é que aprendem a compreender o sentido das aprendizagens. Entretanto, o autor aponta que o grande obstáculo ao processo de reflexão na prática e sobre ela é a epistemologia da escola e as distâncias que ela ocasiona entre o saber escolar e a compreensão espontânea dos alunos, entre o saber privilegiado da escola e o modo espontâneo como os professores encaram o ensino.

Zeichner (2005) tem focado sua atenção na necessidade de eliminar a separação entre o mundo dos professores-pesquisadores e o dos pesquisadores acadêmicos, já que ambos consideram, com raras exceções, as investigações de um e de outro irrelevantes. Afirma que os professores acham que a teoria produzida pelos pesquisadores acadêmicos é de pouca serventia para sua prática, enquanto os pesquisadores acadêmicos dão pouca importância ao saber prático dos professores.

Para o autor, a integração desses dois grupos de profissionais pode possibilitar aos alunos em formação adquirir experiência observando determinadas práticas, enquanto a investigação exterior dos pesquisadores pode ser uma força motriz inovadora das práticas escolares.

Ele considera que, para a melhoria das práticas na formação de professores, é necessário considerar o contexto estrutural e político, assim como a atribuição de papéis mais politizados aos formadores de professores. Esse pensamento toma por base sua experiência com os cursos de formação de professores nos Estados Unidos, que são relegados a um plano secundário porque associados a uma profissão largamente feminina e que se ocupa de crianças.

O grande diferencial do pensamento de Zeichner é que ele concebe a reflexão como um processo coletivo, que deve ocorrer entre o sujeito e seus pares.

Thiollent (1994) vê a pesquisa-ação como o tipo de pesquisa em que os participantes nela envolvidos formam um grupo que compartilha objetivos e metas comuns, que se interessam por um problema que emerge no contexto em que desempenham seu trabalho e na qual exercem variados papéis: pesquisadores universitários, professores, pedagogos. Acrescenta ainda que a constatação do cerne da questão coloca o pesquisador universitário no papel de auxiliar do grupo na definição e análise do problema com a ajuda de algum referencial teórico que possibilite a ampliação da consciência dos envolvidos.

Outro expoente da pesquisa-ação, Kincheloe (1997), aponta algumas características da pesquisa-ação destacando a possibilidade de: construir uma consciência profissional; abrir espaço para a produção crítica do conhecimento; conduzir à organização das informações (interpretando-as); relacionar valores e compromissos e possibilitar alterações nas ações cotidianas dos professores em sala de aula.

Ao comentar a utilização cada vez mais frequente que se faz da noção de "prático reflexivo" na formação inicial dos docentes, Monceau (2005), afirma que a pesquisa-ação é uma modalidade de formação continuada e de transformação dos funcionamentos coletivos porque permite captar dificuldades de exercício encontradas por equipes de trabalho para convertê-las em questionamento em um procedimento de formação.

A FORMAÇÃO INICIAL E CONTINUADA DOS PROFESSORES NO CONTEXTO NACIONAL

No Brasil, Pimenta (2002) analisou as origens, os pressupostos, os fundamentos e as características dos conceitos de professor reflexivo e professor pesquisador, no movimento de valorização da formação e da profissionalização de professores surgidos a partir dos anos de 1990. A articulação entre prática docente, reflexão e pesquisa levaram a pesquisadora a conceber o paradigma da reflexão e da investigação na ação e sobre ela. Nesse paradigma, o professor é um profissional que é concebido em contínuo processo de desenvolvimento e construção de sua autonomia, já que se considera capaz de refletir e investigar seu próprio agir – dentro das condições estruturais, sociais e históricas concretas – de construir conhecimento crítico e propor alternativas inovadoras e criativas diante das necessidades emergentes.

Para Pimenta (2002, 2005) a pesquisa-ação é a modalidade de pesquisa que possibilita: "a constatação de que os professores que vivenciam processos de pesquisa-ação têm a possibilidade de refletir sobre suas próprias práticas, sua condição de trabalhador, bem como os limites e possibilidades do seu trabalho" (Pimenta, 2005, p. 527).

Candau (1999) é outra pesquisadora brasileira que dá destaque à Formação Continuada de Professores considerando a escola como espaço de formação em serviço. Baseia-se, entre outros pesquisadores, em Nóvoa (1991), quando afirma que "emerge, hoje, um novo conceito de instituição escolar, essa espécie de entre-dois onde se decide grande parte das questões educativas" (Nóvoa, 1991, p. 27). O autor, ao defender que se faça um investimento educativo nos projetos escolares e que se realize uma prática de formação continuada centrada nas escolas, conclui que: "A formação não se faz antes da mudança, faz-se durante, produz nesse esforço de inovação e de procura aqui e agora dos melhores percursos para a transformação da escola" (Nóvoa, 1991, p. 27).

Como bem define Nóvoa, é a partir das experiências realizadas nas escolas que ocorrem as mudanças, sendo impossível defini-la e prevê-la previamente porque é no movimento de mudança que são definidas as necessidades de formação continuada dos professores.

Outra pesquisadora brasileira que tem dado destaque à formação continuada de Professores, por ela denominada de formação em serviço, é Kramer (1989) que afirma:

> [...] há que se ter em vista que a formação do professor que está em serviço é feita na escola e a ela deve estar voltada às demais instâncias, a fim de que sejam fortalecidos os professores em termos teórico-práticos, possibilitando-lhes uma reflexão constante sobre sua atuação e os problemas enfrentados e uma instrumentalização naqueles conhecimentos imprescindíveis ao redimensionamento da sua prática. (Kramer, 1989, p. 197)

Como dá para perceber, para a autora o trabalho de formação continuada de professores deve privilegiar o *locus* da escola, que no seu cotidiano enfrenta problemas variados para os quais são necessários referenciais teóricos confrontados com as práticas ali realizadas, bem como a construção de conhecimentos, estratégias e instrumentos pedagógicos que deem uma nova dimensão ao trabalho escolar. A autora aponta que uma formação de professores centrada na escola pode proporcionar, entre outras, uma busca de soluções para os problemas enfrentados no cotidiano escolar; uma atualização através da articulação da teoria/prática; uma troca de experiências bem-sucedidas entre os professores que facilitaria o processo de construção e apropriação dos saberes docente. Além disso, essa formação possibilitaria a construção coletiva do Projeto Político Pedagógico da escola uma vez que todos estariam interessados na partilha dos recursos comuns existentes e na mobilização conjunta da comunidade escolar.

Os objetivos possíveis de serem desenvolvidos pela formação continuada – a partir da escola como *locus* de formação de professores – apontados por Kramer, oferecem muito do que se pode almejar para alcançar uma educação de qualidade para a escola pública atual.

No entanto, Alarcão (2008), ao comentar o paradigma da racionalidade reflexiva de Schön, aponta certo desencanto dos pesquisadores portugueses e brasileiros com os resultados atuais das pesquisas, considerando como principal fator dos fracos resultados obtidos nas mudanças do papel do professor na sociedade atual.

Outra suposição possível também é que os fracos resultados obtidos com os trabalhos de pesquisa sobre professores reflexivos seja causado pela realização de atividades de reflexão sobre representações mal ou deficientemente construídas pelos professores em sua formação inicial, o que os impede ou dificulta a compreensão dos problemas reais a serem enfrentados no campo profissional.

Considerando o panorama da formação inicial apresentado e o da formação continuada ou em serviço descrita é possível supor que para atuar na educação integral– segmento ainda inexplorado pela academia e pelas práticas escolares – o professor precisa contar com uma formação continuada diferenciada proporcionada pelos sistemas educacionais; de uma reorganização interna das escolas que contribua para a busca e a compreensão dos conhecimentos não construídos, e para a reflexão coletiva entre seus pares, sobre os seus saberes e práticas sobre e na ação para a construção da sua autonomia e interação profissional.

A FORMAÇÃO CONTINUADA DE PROFESSORES PARA ATUAREM EM UM PROJETO DE EDUCAÇÃO INTEGRAL NA REDE MUNICIPAL

Com fundamento no que Barbier (2007) aponta sobre a pesquisa-ação, de que "a teoria decorre de uma avaliação permanente da ação" (Barbier, 2007, p. 143), reafirmando o já apontado na obra de 1977, procuramos desenvolver um projeto de formação continuada de professores de uma rede municipal objetivando implantar a educação integral. Iniciamos no ano de 2005 com a formação continuada dos professores seguindo os passos da pesquisa-ação propostos pelo autor: uma sucessão de ações cuja sequência deve transcorrer da seguinte forma: Primeiramente se faz um amplo diagnóstico da situação pesquisada para identificar uma situação problemática, na sequência se faz o planejamento e a ação nº 1; em seguida se faz uma avaliação e uma teorização. Esse passo leva a uma retroação sobre o problema gerando um novo planejamento e a ação nº. 2. A esta segue nova avaliação, teorização e retroação sobre o problema. Segue-se o planejamento e a ação nº. 3, avaliação e teorização, retroação sobre o problema, e assim sucessivamente, enquanto o grupo estiver interessado na busca da transformação de suas práticas. É importante destacar que essa sequência de ações não se dá de forma linear porque a avaliação e a teorização são ações que se desenvolvem de forma interativa desde a identificação do problema até sua retroação.

O modo como devem ser executados o levantamento das características, objetivos, possibilidades e forma de execução da pesquisa-ação indicou ser ela a mais adequada para o tratamento do problema que se propôs a pesquisar.

POR QUE A ESCOLHA DA METODOLOGIA DA PESQUISA-AÇÃO

Procuramos desenvolver uma prática de formação continuada de professores que superasse os paradigmas apontados, realizamos uma pesquisa-ação nos moldes definido por René Barbier (1985 e 2007) junto aos professores das séries iniciais do ensino fundamental de uma rede pública municipal do estado do Paraná (Branco, 2009).

A escolha da metodologia da pesquisa-ação se deu tendo em vista a possibilidade que essa abordagem oferece de desenvolver uma ação deliberada para transformar a realidade, como apontam os diversos autores já citados e principalmente Barbier para quem esse tipo de pesquisa tem um duplo objetivo: o de transformar a realidade e produzir os conhecimentos relacionados a essas transformações. Na obra de 2007, sobre o mesmo tema, o autor afirma que na pesquisa-ação o pesquisador compreende que as ciências humanas são "essencialmente" ciências de interações entre sujeito e objeto de pesquisa" (Barbier, 2007, p. 14), o que permite ao pesquisador envolver-se nela como um membro participante do grupo de pesquisa. Destaca, porém, que nela o pesquisador intervém de modo quase militante no processo, em função de uma mudança cujos fins ele define como estratégica para enfrentar o problema identificado pelo grupo. Acrescenta também que a mudança visada não é imposta de fora pelos pesquisadores porque ela é uma atividade de pesquisa na qual os atores se debruçam sobre si mesmos.

Por essas razões, a pesquisa efetivada se propôs a reunir os professores, no seu "lócus", a escola, e desenvolver com eles sucessivos questionamentos, reflexões e teorizações para buscar solução para os principais problemas de sua prática pedagógica.

Os participantes da pesquisa

A pesquisa transcorreu de 2005 a 2008 com 121 professores concursados da rede municipal de ensino, sendo que 61 deles tinham formação de Magistério de 2º. Grau e 60 tinham cursos de graduação; desses, a maioria – 42– tinha curso de Pedagogia ou Normal Superior e os outros 18 eram detentores de outras licenciaturas (Figura 16.1).

Também participaram da pesquisa 14 pedagogos das escolas e 4 técnicos educacionais do Departamento Municipal de Educação, perfazendo um total de 139 participantes.

Os professores eram todos regentes de classes de educação infantil e séries do primeiro e do segundo ciclo do ensino fundamental de sete escolas do município. As escolas estavam assim classificadas: três escolas urbanas que ofertavam educação infantil e séries iniciais do ensino fundamental, duas escolas rurais que ofertavam educação infantil e séries iniciais do ensino fundamental e dois Centros urbanos de educação infantil.

A partir do segundo ano da experiência, 2006, foram incorporados ao grupo de professores 90 estagiários, alunos das faculdades existentes na região e da escola normal, contratados pela prefeitura municipal através de convênio com o Centro de Integração Escola Empresa (CIEE).

Os problemas para os quais os professores buscavam solução situaram-se nos campos da aprendizagem; da linguagem: leitura e escrita; do planejamento do ensino e da avaliação.

Cada uma dessas áreas foi focada, ao longo da pesquisa, em sucessivos encontros de discussão em dinâmicas com pequenos e grandes grupos, conforme a situação propiciava; em estudo teórico de textos, em apli-

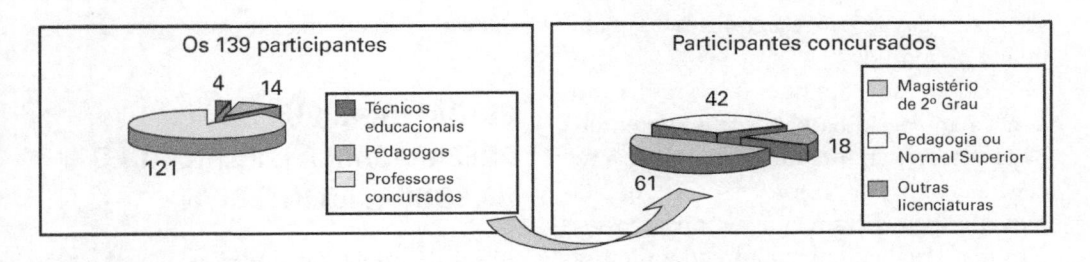

FIGURA 16.1 Formação dos participantes da pesquisa.

cação de práticas: em situação de Oficinas. As situações em grupo procuraram clarear as colocações dos professores. Para chegar ao tema da aprendizagem, por exemplo, foram necessárias muitas reflexões e exercitações práticas porque os professores tinham ideias preconcebidas: os alunos é que apresentavam problemas. Conceber-se como parte do problema foi um processo longo, doloroso e demorado.

Partiu-se para o questionamento de como eles, professores, haviam adquirido uma habilidade ou conhecimento que dominavam. Os professores mencionaram várias aprendizagens que classificamos como aprendizagens motoras: aprender a dirigir, bordar, cozinhar, costurar, andar de bicicleta, etc. Habilidades cognitivas: usar o computador, escrever textos, música, estudar independentemente, etc. Habilidades sociais: falar em público, locomover-se na cidade grande, etc.

Questionados sobre como desenvolveram tais aprendizagens, os professores informaram: "aprendi fazendo", "praticando", "pedindo ajuda para quem sabia", "observando". Uma constatação comum foi que não é possível aprender sem se envolver diretamente na ação de fazer e sem alguma ajuda de quem já sabe fazer. Completaram dizendo que a aprendizagem não foi instantânea, que levou algum tempo de prática e experimentações, que no começo foi difícil, mas as tentativas, repetições e correções dos erros levaram a um domínio cada vez maior das ações até a aquisição da habilidade pretendida.

Sobre as razões que os levaram a procurar a aquisição da habilidade pretendida os professores apontaram o interesse e a necessidade. Por fim, os professores comentaram que perceberam que algumas pessoas têm mais facilidade para aprender e outras menos, e que umas pessoas têm facilidade para aprender algumas habilidades e outras pessoas apresentam facilidade para aprender outras: as pessoas são diferentes em suas capacidades e interesses para aprender.

Dessa forma, os professores reconstruíram uma teoria da aprendizagem a partir de suas práticas e reflexões. Saber que alguns pesquisadores conhecidos como Piaget (1978) e Vygotsky (1989a, b) já haviam, no início do século XX, teorizado que essa era a forma como as aprendizagens se davam foi surpresa para os professores. Eles haviam estudado, na escola normal ou na faculdade, as teorias de aprendizagem daqueles autores, porém, não tinham tido a compreensão daquilo que a reflexão sobre sua própria aprendizagem proporcionou.

No entanto, a reflexão dos professores permaneceu no discurso, porque na prática pedagógica eles continuaram a trabalhar com os conteúdos das áreas de conhecimento isoladas. Utilizavam a aula expositiva como única forma das crianças aprenderem os conteúdos escolares, com a desculpa que as crianças não compreenderiam o que estava nos livros didáticos sem aquela forma de mediação. Empregavam ainda a cópia como principal atividade passada para as crianças fixarem a aprendizagem.

Na realidade, constatamos o quanto é difícil romper com o paradigma tradicional vigente há pelo menos dois séculos nas escolas: de que a única forma de apropriação do saber se dá pela transmissão linear dos conhecimentos construídos pela humanidade às gerações mais novas.

ESTRATÉGIAS QUE PREPARARAM A IMPLANTAÇÃO DA EDUCAÇÃO INTEGRAL

Antes de implantar o período de educação integral do município, no primeiro ano da experiência, ainda com o horário de quatro horas de atividades escolares por dia, lançamos mão de uma estratégia para ajudar os professores a mudarem suas práticas: o trabalho com projetos integrados. Eles foram desenvolvidos durante meio período – cerca de duas horas – em dois dias na semana, integrando pelo menos duas áreas de conhecimento durante um bimestre. Além disso, estava previsto que as crianças trabalhassem em grupos: 1º e 2º ano em duplas, 3º ano em trios e 4º ano em quartetos. Essa forma de agrupamento se deu porque nunca tinha sido utilizado o trabalho em grupo com os alunos, e eles – alunos e professores – precisavam aprender a compartilhar o trabalho. Também pretendia-se que houvesse um produto final: a exposição dos trabalhos para as famílias dos alunos.

As pesquisadoras auxiliaram os professores na etapa do planejamento dos projetos e o primeiro deles integrou Língua Portuguesa, Ciências, História, Geografia e Educação Artística, em toda a escola, com o título: Nossos animais.

Os professores deixaram as crianças escolherem seu animal preferido, sem duplicação por turma, forneceram cópias de textos, pesquisados na internet, sobre cada animal – o município não contava com computadores e ligação com internet para disponibilizar aos alunos – e textos de livros didáticos existentes na biblioteca da escola.

Cada turma e cada agrupamento de alunos foi orientado nas leituras e na produção de textos de diferentes gêneros sobre o seu animal: textos narrativos, informativos, argumentativos, expositivos e prescritivos. Os alunos contaram histórias e fizeram versos sobre o seu animal, fizeram textos com argumentos expondo as razões de quem gosta e de quem não gosta daquele animal, elaboraram cartazes em que expuseram todas as informações coletadas de forma ordenada: descrição, forma de alimentação, *habitat* original, forma de vida e atividades desenvolvidas, tudo acompanhado de desenhos. Elaboram ainda textos em que prescreveram formas de cuidar do animal para garantir sua preservação. Os textos compuseram um livro sobre cada animal.

A forma de organizar e guardar os livros nas prateleiras da biblioteca da classe, em vários momentos, oportunizou a elaboração de diferentes taxonomias: animais domésticos e selvagens; terrestres, aquáticos e aéreos; herbívoros e carnívoros, vertebrados e invertebrados, etc.

Algumas descobertas interessantes das crianças: no Marrocos, o cachorro não é bem visto como animal de estimação, somente os gatos o são. O sapo, que é visto com repugnância por muitas crianças brasileiras, é visto como portador de boa sorte pelos espanhóis. Sobre a principal alimentação dos animais domésticos ser a "ração", esta é a forma que o homem encontrou de alimentar os animais que ele aprisionou e os quais em decorrência disso não puderam mais buscar seu alimento natural.

No transcorrer do projeto, as crianças tiveram que sair na comunidade para consultar outros livros e enciclopédias que não existiam na escola, realizando visitas à Biblioteca Municipal.

As crianças fizeram máscaras dos animais, com o auxílio da professora de educação artística, para uma dramatização cujo texto tinha sido elaborado pelo grupo. As professoras regentes fizeram as roupas em "tnt" com o auxílio dos estagiários e das serventes da escola, em horário fora de seu turno de trabalho.

A professora de educação física integrou-se posteriormente ao projeto para ensinar danças e movimentos dos animais com o objetivo de enriquecer a dramatização.

A culminância do projeto ocorreu na festa para os pais com exposição dos cartazes, dos livros e da dramatização sobre "Os animais na arca de Noé".

Os professores descobriram que as crianças conseguiam ler e compreender os textos com pouca mediação; que trabalhar em grupo não é sinônimo de "bagunça", embora possa ser pouco silencioso e até "barulhento" algumas vezes; que elas obtinham ajuda dos familiares na busca de novos textos e outros materiais – sem que isso tivesse sido solicitado – produziam textos variados e os revisavam, demonstravam muito interesse e satisfação nas aulas do projeto, dominavam muitos conteúdos além dos previstos no currículo escolar e, principalmente, reivindicaram mais tempo para trabalharem no projeto integrado.

CONSIDERAÇÕES FINAIS

Para as pesquisadoras e sob o ponto de vista da Formação Continuada dos Professores, estavam dadas algumas das condições para a implantação do tempo integral: o direito da criança aprender construindo seu conhecimento de forma ativa, a necessidade de dispor de mais tempo na escola para o desenvolvimento da aprendizagem, a integração do trabalho das diversas áreas de conhecimento, as saídas da escola (encaradas de forma natural, para buscar e utilizar recursos da comunidade), o direito do professor de aprender ensinando e com as crianças, e que a ajuda e a integração de diferentes personagens na equipe possam melhorar e qualificar o trabalho escolar.

As principais constatações sobre a utilização da pesquisa-ação na formação continuada dos professores nos permitiram destacar que, o discurso transmissivo, a palestra e a leitura de textos desvinculados do contexto de interesse e necessidade do professor têm pouca probabilidade de mudar a ação pedagógica. O que o professor incorpora na sua ação são os conhecimentos adquiridos na prática e cuja reflexão foi reforçada por algum conhecimento teórico ressignificado pela prática.

REFERÊNCIAS

ALARCÃO, M.I. *Professores reflexivos em uma escola reflexiva*. São Paulo: Cortez, 2008.

BARBIER, R. *A pesquisa-ação*. Brasília: Líber Livro, 2007.

_____. *Pesquisa-ação na instituição educativa*. Rio de Janeiro: Zahar, 1985.

BRANCO, V. *O desafio da construção da educação integral*: formação continuada de professores do município de Porecatu – Paraná. 2009, 219 f. Tese (Doutorado) – Programa de Pós-graduação em Educação, Universidade Federal do Paraná, Curitiba, 2009.

BRASIL. Decreto n. 7.083, de 27 de janeiro de 2010. *Diário Oficial da União*, Brasília, DF, 27 jan. 2010.

_____. Portaria n. 17, de 20 de abril de 2007. *Diário Oficial da União*, Brasília, DF, 24 abr. 2007.

CANDAU, V.M.F. Formação continuada de professores: tendências atuais. In: MIZUKAMI, M.G.N.; REALI, A.M.M.R. (Org.). *Formação de professores*: tendências atuais. São Carlos: Edufscar, 1996.

KINCHELOE, J.L. *A formação do professor como compromisso político*: mapeando o pós-moderno. Porto Alegre: Artmed, 1997.

KRAMER, S. Melhoria da qualidade do ensino: o desafio da formação de professores em serviço. *Revista Brasileira de Estudos Pedagógicos*, Brasília, v.70, n.165, 1989.

MOLL, J. (Org.). *Educação integral*: texto referência para o debate nacional. Brasília: Ministério da Educação, 2009. (Série Mais educação). Disponível em: <http://portal.mec.gov.br/dmdocuments/cadfinal_educ_integral.pdf>.

MONCEAU, G. Transformar as práticas para conhecê-las: pesquisa-ação e profissionalização docente. *Educação e Pesquisa*, São Paulo, v.31, n.3, p.467-482, 2005.

NÓVOA, A. *Os professores e sua formação.* Lisboa: Dom Quixote/IIE, 1991.

PIAGET, J. *Fazer e compreender.* São Paulo: Melhoramentos, 1978.

PIMENTA, S.G. Pesquisa-ação crítico-colaborativa: construindo seu significado a partir de experiências com a formação docente. *Educação e Pesquisa*, São Paulo, v.31, n.3, p.521-539, 2005.

PIMENTA, S.G.; GHEDIN, E. (Org.). *O professor reflexivo no Brasil:* gênese e crítica de um conceito. São Paulo: Cortez, 2002.

SCHÖN, D.A. *Educando o profissional reflexivo:* um novo design para o ensino e a aprendizagem. Porto Alegre: Artmed, 2000.

TARDIF, M. *Saberes docentes e formação profissional.* Petrópolis: Vozes, 2002.

THIOLLENT, M.J.-M. *Metodologia da pesquisa-ação.* São Paulo: Cortez, 1994.

VYGOTSKY, L.S. *A formação social da mente:* o desenvolvimento dos processos psicológicos superiores. São Paulo: Martins Fontes, 1989a.

_____. *Pensamento e linguagem.* São Paulo: Martins Fontes, 1989b.

ZEICHNER, K.M. Tendências da pesquisa sobre formação de professores nos Estados Unidos. *Revista Brasileira de Educação*, Rio de Janeiro, n.9, p.76-87, 1998.

ZEICHNER, K.M.; DINIZ-PEREIRA, J.E. Pesquisa dos educadores e formação docente voltada para a transformação social. *Cadernos de Pesquisa*, São Paulo, v.35, n.125, p.63-80, 2005.

17

Por entre olhares, danças, andanças, os alfabetismos, letramentos na perspectiva da educação integral

Ivany Souza Ávila

Na perspectiva de uma educação integral, alfabetização/letramento consistem em uma questão de direitos para todas as crianças, jovens, adultos. Letrar-se, fazer-se letrado, das letras fazer uso, delas valer-se para entender-se em uma sociedade como cidadão ou cidadã de muitos direitos (espaciais, temporais, culturais, humanos), o que significa dizer: direitos de cidadania, também direitos de vivenciar as múltiplas manifestações culturais de seu tempo e de outros tempos; dos tempos históricos, dos tempos que projetam sentidos para o mundo contemporâneo. Inclui-se nessa concepção de direitos viver a cultura que valoriza a transmissão oral, que lhe credita valor, mas, além disso, viver a cultura letrada, para nela irmanar-se com outros que a vivem, podendo entendê-la, entender-se, fazer-se entendido ou, como dizia Sr. Adelino de uma turma de Alfabetização de Jovens e Adultos: poder conversar com as letras, com as palavras escritas.

Letrar-se é mais do que conhecer o código de uma língua materna, embora seja preciso conhecê-lo; é, além disso, ter a possibilidade de penetrar os segredos das palavras, de sua combinação nos textos, dos múltiplos dizeres desses que nos convidam à informação, ao deleite, à diversão, a uma insondável gama de emoções.

Viver o letramento é tudo isso e muito mais, é viver a cultura oral, a leitura, a escrita, é viver os espaços urbanos, é filiar-se aos discursos das cidades, dos espaços por onde se circula ou se deseja circular. As cidades são o letramento, são também fontes e efeitos de letramento. As pessoas andam, circulam pelas ruas, pelas avenidas, pelos bairros banhados de letras, de dizeres, de conceitos, de convites, apelos, chamadas e, ao mesmo tempo, as pessoas que apelam para as informações, têm desejos de desvendá-las de penetrar-lhe os mistérios, as pessoas criam, produzem estratégias de leitura e até de escrita – sobrevivem sem o domínio da escrita nas cidades das letras, dos números, das palavras, dos símbolos, e se fazem leitores e leitoras das cidades, mas há que conferir a cada criança, a cada jovem e a cada adulto a possibilidade de viver o mundo das coisas escritas como cidadão alfabetizado/letrado.

Os estudos sobre pedagogias urbanas têm nos mostrado que as cidades são fontes de muitas aprendizagens, e eu complemento dizendo: de muitos alfabetismos. Este é um lado da pedagogia das cidades – elas aí estão a oferecer-se em escritas, abrindo-se a leitores, e é por esses caminhos que podemos transitar com nossos alunos e filhos, despertando seus olhares, sua curiosidade para a leitura dos *outdoors*, dos letreiros luminosos, das placas de ônibus; enfim, deste universo múltiplo e uno, ao mesmo tempo colorido, cheio de luzes, de claros, de escuros, piscando letras.

Há outros aspectos dessas pedagogias culturais – andar pelos parques, educar o olhar para cada pedaço de chão cuidado, planejado ou produzido naturalmente, para cada grão que foi cuidadosamente plantado e regado, para o chafariz que tem cores e brilhos de muitas infâncias vividas, para os diferentes tons de verde, para as palmeiras que vão se esgueirando entre suas companheiras quando lhes falta a luz necessária para se desenvolverem e robustecerem; educar o olhar para cada pôr do sol que se oferece gratuitamente.

Quem fala disso em escolas: de verde, de pôr do sol de chafarizes, de amores e de tempos de amadurecimento das amoras ou das pitangueiras em flor? Quem vai ousando escapar dos espaços físicos fechados por muros e portas, vai vivendo as cidades, as humanidades? Falar de humanidades nos remete a Miguel G. Arroyo (2000) que em seu *Ofício de mestre* nos fala da humanidade roubada e da humanização da docência – em uma das passagens de sua obra, o autor afirma que a recuperação do ofício de mestre não pode vincular-se a um desprezo pela função de ensinar, mas ligar-se a um reinterpretar essa função na tradição mais secular – no ofício de ensinar a ser humano, e só aprendemos a ser humanos em uma trama complexa de relacionamentos com outros seres humanos.

Nessa trama complexa de vivermos as humanidades insere-se também a alegria na escola, de que muito bem tratou Snyders (1993) ao lembrar que para crescer harmoniosamente a criança necessita inundar-se da alegria do presente, embora em cada etapa da vida as limitações, as frustrações e os momentos de não alegria tenham também um papel a desempenhar, impedindo a pessoa de se fixar em um dado estágio de desenvolvimento. No entanto, ele lembra também que a insatisfação do presente não pode predominar, sob pena de o indivíduo buscar no futuro uma espécie de refúgio e não ter forças de construir esse futuro. Por outro lado, afirma ainda o autor que há algo de irrefutável na oposição entre o princípio do prazer e o princípio da realidade. A luta entre essas duas forças compõe também a vida nos espaços escolares. Nesse sentido, Snyders sugere que a alegria propriamente escolar significa a convivência com a "cultura cultivada" que culmina na relação entre o aluno e os mais belos resultados atingidos pela cultura-alegria, alegria escolar – o princípio do prazer aqui está contido na ideia de que o esforço tem que valer a pena pela alegria que traz.

O esforço tem que valer a pena para quem ensina e para quem aprende, e esse aprender, quando se trata de educação integral, pode vincular-se a alargar horizontes, ampliar espaços. Ampliar espaços e alargar horizontes envolve a relação com a cidade e estudos sobre cidades educadoras, como os de Brarda e Rios demonstram que podemos aprender na cidade, com a cidade, da cidade; e eu diria também para a cidade, ou com, para, desde o bairro em que se vive ou se estuda.

Pensar cidades educadoras significa também pensar pedagogias urbanas e essas pedagogias estão relacionadas às possibilidades de ensino e de aprendizagem que são produzidas pelos espaços urbanos. Temos convivido com a crença de que só nas instituições escolares se ensina e se aprende. Esses são, sem dúvida, espaços cuja competência atrela-se, em uma primeira instância, ao educar, ao ensinar. Espera-se que aqueles que frequentam tais espaços, no mínimo, realizem aprendizagens a partir do que se propõem a ensinar nas escolas, nas universidades. Logo, sem negar a importância da instituição escolar, temos que reconhecer que as aprendizagens realizam-se em múltiplos contextos de vida e que isso se dá dentro das casas, nos grupos sociais, nos espaços urbanos. Aprende-se, de modo informal, andando pelas ruas, e se nosso encontro não for com parques e chafarizes, poderá ser com uma praça, um banco que nos possibilitará criar e imaginar histórias românticas ou tristes, de aventura ou de terror ou, simplesmente, nos convidará a olhar, sentir, viver o frescor da manhã ou um morno final de tarde de verão.

Ao andar pelas ruas, pelos bairros, pela cidade somos convidados a ler as placas que nos trazem muitas informações, elas podem nos contar sobre espaços públicos, por exemplo, sobre uma praça – que praça é esta, que nome tem, por que, quem a projetou, implantou – é uma obra da prefeitura, da empresa construtora que devia se comprometer com o lazer e o cuidado com as suas cidades ou uma obra da comunidade? E aí está a história, a vida do bairro, da cidade e da geografia dos espaços públicos, e tudo isso está no mundo das letras ou elas estão nesses mundos.

Será difícil aprender a ler e a escrever?

Emília Ferreiro diz que as pessoas são facilmente alfabetizáveis e eu argumento em favor dessa tese – são, sim, facilmente alfabetizáveis (crianças, jovens e adultos) desde que não os enclausuremos em salas, com rígidos rituais, determinando as leituras (se é que podemos chamar isso de leitura) ou o que devem aprender aprisionados a um quadro-negro, verde ou branco, desde que não os deixemos entregues a um olhar cansado de copiar as letras em palavras de um código desconhecido, ou ainda, lamentavelmente, determinando que letra ou som devem aprender em cada novo dia.

Facilmente alfabetizáveis ou letráveis, sim, já que podemos tomar letramento e alfabetização como sinônimos desde que atribuamos, a ambos os conceitos, sentidos semelhantes. Fácil, sim, se letras, números, palavras, textos forem chegando, tocando cada pessoa como mais um conhecimento que emana da vida e que a ela retorna em um jogo de busca, de encontro, de compreensão e de produção de significados para o quotidiano.

Certamente se faz necessário, nos espaços das instituições escolares, criar formas de organização, de uma dada sistemática; mas é preciso que isso aconteça de um modo transbordante de ludicidades, de forma sistemática, organizada, mas ampla, rica, plena de alegrias que dizem respeito ao prazer de aprender, de conhecer, de usar os conhecimentos, as aprendizagens na vida e de imediato.

Trazer à tona esses conceitos acerca da organização nos espaços escolares nos leva a retomar as Pedagogias da Cidade na sua relação com as aprendizagens – para além das praças, das feiras do livro, do artesanato, dos museus das nossas cidades que são, sem dúvida, fontes importantes de aprendizagens aprende-se a andar pelas cidades; brincando, jogando com a memória – este lugar sempre foi assim? Penso em nossa cidade: Porto Alegre. A Rua dos Andradas, que um dia se chamou Rua da Praia, tem uma bela história; assim como qualquer outra cidade, cada uma com sua história, tem também suas ruas com muitas outras histórias a contar. Quem fala dessas histórias nas escolas? Ou deveríamos perguntar ainda, quantas crianças das periferias urbanas não conhecem o centro da cidade?

Andando pelas ruas dos bairros ou pelo centro da cidade é possível olhar, de fato, com um jeito de estranhamento, o presente e a busca pelo passado – como teriam sido estes caminhos, estas calçadas? Quem teria andado por esses lugares? O que haveria, em um passado distante, nos espaços, onde hoje vemos altos prédios, agências bancárias, centros de compras?

Em um movimento de busca nas memórias de outras pessoas, das mais velhas ou nas fontes escritas ou iconográficas, poderemos encontrar coisas curiosas, bonitas, interessantes, como cavalheiros muito bem vestidos usando chapéus, bengalas, frequentando cafés, mulheres usando roupas elegantes para a época, mas estranhas para os dias de hoje ou, ao contrário disso, andar por ruas asfaltadas, onde em um passado não muito distante andava-se em "chão batido," pisando no barro em dias de chuva – esses seriam alguns modos de "ler a cidade", de uma forma que torna-se multidisciplinar pela força de um desejo investigador. Conjugam-se, nesse olhar de quem olha indagando, as ciências sócio-históricas, as ciências da natureza, o mundo das artes, do lazer, dos esportes, da leitura e da escrita nas suas múltiplas manifestações.

Viver a alfabetização/letramento na perspectiva de uma educação integral significa viver todas essas pedagogias, na superação da monotonia, do enclausuramento e da enfadonha lógica da cópia do quadro que só poderia fazer sentido em um tempo remoto, no qual o conhecimento se produzia de forma lenta e restrita e em que os recursos didáticos eram precários.

A cidade e suas pedagogias se oferecem quotidianamente, e as escolas podem não só viver com seus alunos tais ofertas como tornarem-se, elas próprias, ofertas de pedagogias urbanas, levando para a cidade sua produção.

Quando nos referimos a tantas e belas possibilidades de aventurar-se no mundo da escrita por caminhos que podem ser de magia e encantamento, por trilhas em que aqueles risquinhos, antes sem sentido, vão se desenhando como provocadores de leitura e se transformando em alvo de atenção e de desejo de mais e mais conhecimento, estamos falando de sonhos possíveis. E é de sonhos possíveis e de inéditos viáveis, tomando por empréstimo de Paulo Freire essa feliz expressão, que estamos falando quando relacionamos o aventurar-se na magia da escrita e da leitura com educação integral.

Ao nos referirmos à educação integral, estamos indo além do conceito restrito de educação ao longo da vida ou de desenvolvimento integral do indivíduo, estamos nos referindo, mais especificamente, ao Programa Mais Educação/Educação Integral que vem sendo desenvolvido pelo MEC, através da SECAD, como mais um projeto inédito e viável da perspectiva freireana.

Esse programa foi criado e vem sendo desenvolvido pelo sonho de muitos e pela luta, pelo trabalho de um grupo impulsionado pelo desejo de justiça social através da educação, contando com as possibilidades de ação dentro de uma política de governo que vem apostando nessa mesma justiça social tendo a educação como meta e como caminho.

O Programa Mais Educação foi se concretizando ao longo dos últimos anos, e a educação integral, que eu conceituaria, ainda, como integrada e integradora, vem ocupando seu lugar nos espaços educativos, envolvendo escola, comunidade, cidade – espaços de estar, viver, aprender, para além dos limites da escola e para além do restrito tempo de um turno escolar.

Apostamos nesse Programa porque apostamos em uma nova escola, tantas vezes clamada por tantos educadores, entre os quais me incluo, como alguém que não desiste da luta. Quantas vezes dissemos, ouvimos ou lemos nos dizeres de outros que essa escola que temos não está dando conta das populações do mundo contemporâneo – que ela não se ajusta, não cabe mais no modo de vida dos alunos que a frequentam, das famílias em suas novas configurações, das comunidades nas novas relações que estabelecem com o mundo do trabalho e com as particularidades de cada grupo social?

Estamos encontrando, talvez, a concretização do sonho da nova escola nessa proposta de educação integral, de tempo integral, que busca também uma ação integrada e integradora tanto no interior da escola quanto fora dela, na relação com a comunidade.

Como tantas vezes tem afirmado a professora Jaqueline Moll, organizadora desta obra e uma das grandes responsáveis pela idealização e concretização do Programa de Educação Integral, não se trata de uma escola de dois turnos entendidos como "turno e contraturno", nem de se oferecer "mais do mesmo" na expansão do tempo.

Há uma nova concepção instalando-se nesses novos tempos para a educação, a de educação que se pretende voltada, de fato, para as aprendizagens dos alunos, na perspectiva de que possam aprender de corpo inteiro e de modo mais inteiro. Para isso, fez-se necessário pensar em uma escola com o que poderíamos chamar de "extensões de turno", com uma proposta integrada por princípios que fazem com que seja possível diminuir a distância entre o que seria o dito turno regular e o que aconteceria na extensão de turno.

Nas extensões de turno, desenvolvem-se as propostas que integram diferentes áreas do conhecimento, como as artes, a dança, os esportes, a informática as múltiplas facetas da música, das mídias, do mundo da comunicação, além do letramento, da matemática, das ciências. Parece-nos que coisas mais atraentes acontecem nessas extensões de turno, mas o que se pretende é que, gradativamente, desapareçam as diferenças e tudo se torne como um cântico em uníssono, ou seja, essa nova escola que pode ser atraente também por inteiro.

Talvez não seja tarefa simples criar ou inventar essa escola que funcione em uníssono nos dois turnos, atraente por inteiro, pelo contrário, talvez seja muito trabalhosa, difícil, pois requer transformação de padrões de pensamento, de ações pedagógicas, de modos de sentir, viver os espaços escolares, de relações que aí se estabelecem em toda a sua gama de complexidades. Embora tenhamos sempre a incerteza dos resultados, poderemos, quem sabe, apostar.

Entretanto, para que seja possível apostar, faz-se necessário pensar que algumas condições são indispensáveis para que as coisas possam acontecer.

Uma proposta, como essa de educação integral, que modifica o cotidiano da escola, exige, para sua concretização, ser pensada, sentida, vivida, construída no coletivo.

A história e as próprias experiências com as escolas têm mostrado que não há propostas político-pedagógicas que avancem quando implantada pelos sistemas de ensino, originadas em ações governamentais sem a prévia discussão com as escolas e sem um processo de preparação para que as pessoas possam se engajar compreendendo, acreditando e sabendo de fato do que se trata e de suas possibilidades de ação. E, para abraçar uma ideia parece necessário que ela se integre à vida, entre na corrente sanguínea de cada participante, de cada grupo, do coletivo; e isso envolve viver, explicitar os conflitos, as queixas, os medos, as dúvidas, as contrariedades, o que requer a constituição de tempos e de espaços que possibilitem às pessoas entrar em processo de interlocução (Ávila, 2004).

Ao tratar desse programa, podemos afirmar que é exatamente isso que vem acontecendo, pelo menos com relação às experiências que temos tido oportunidade de acompanhar, seja interagindo no interior de algumas escolas ou acompanhando relatos de várias delas.

Os cursos de formação previstos pelo programa, geralmente organizados pelas universidades públicas, têm se apresentado como uma forma de reunir os diferentes profissionais das instituições escolares em processos de interlocuções em um movimento de explicitação de dúvidas, dificuldades, conflitos, para a partir daí criarem-se as buscas de soluções conjuntas.

Além disso, o trabalho conjunto com o município, com a comunidade, as discussões no interior das instituições, a atuação do educador comunitário que tem a seu cargo coordenar o Programa Mais Educação na escola são fatores que, se levados em consideração tal como proposto pelo programa, poderão favorecer cada vez mais a criação de vínculos; laços entre aquilo que é o que vem se fazendo tradicionalmente em muitas escolas e o que se está propondo como inovador na busca da superação da lógica das dificuldades, impossibilidades de aprendizagem dos alunos para apostar nas possibilidades que, com certeza, são muitas e importantes – poderíamos chamar isso de trocar a lógica das dificuldades de aprendizagem não pelas das dificuldades de ensinamento, mas das possibilidades de um competente ensinamento que, em última instância, relaciona-se a uma escola competente que se filia às transformações e necessidades da vida e do mundo contemporâneo.

Tratar do modo de ser e estar dessa nova escola leva-me aos belos e fecundos versos de Mario Manacorda (1999): "Passemos da vida cotidiana da escola real para os sonhos da escola possível. Também as utopias têm lugar na história (...)".

Com certeza as utopias têm seu lugar e a escola possível se desenha para nós que acreditamos em sonhos.

Iniciei este texto com a leitura e a escrita e o modo de entendê-las desde o lugar de quem aprende ou desde os momentos iniciais de quem tem o direito de aprender a ler e a escrever, e nas inevitáveis inter-relações que o assunto provoca, transitei pelo tema das cidades, das humanidades e fui entrelaçando com a questão do Programa Mais Educação/Educação Integral que se constitui como tema central desta obra e que está intimamente conectado às questões de letramento, ainda mais se considerarmos que as escolas integrantes do Programa, neste momento, são aquelas de baixo IDEB ou de áreas de vulnerabilidade social, e as crianças que estão participando, nessas escolas, são as que parecem necessitar mais, seja por defasagem em suas aprendizagens ou por necessidades ligadas a processos civilizadores. Posto isso, retomo e enredo novamente os fios dessa trama do ensinar, do aprender, do viver espaços escolares e não escolares, ligando-os todos ao que considero, ao mesmo tempo, fascinante e dramático tema da alfabetização ou do letramento dos alfabetismos.

Fascinante porque é uma belíssima experiência essa do aventurar-se nos segredos do mundo da escrita para deles apropriar-se, fazendo-se leitor/escritor, produtor de novos sentidos para os escritos que estão no mundo. Dramático porque desde que a escola, por força de ofício, escolariza a língua escrita e se apropria de modos de ensinar, o que parece ser simples e fácil torna-se complexo e difícil para um grande número de crianças. Encontrei-me com essa reflexão nos textos de Emília Ferreiro, em que ela tem afirmado que as crianças são facilmente alfabetizáveis e que são os adultos e, mais fortemente, a escola que dificultam esse processo. Parte dessa afirmativa já está no início deste trabalho, retomo-a de modo mais completo porque não é demais repeti-la, dada sua importância.

Certamente não se trata aqui de culpabilizar escolas e professores, mas de provocar reflexões. Tais reflexões dizem respeito a um repensar o que vem se entendendo por aprendizagem da leitura e da escrita, os possíveis modos de aprender e o que se vem entendendo por ensinar a ler e a escrever. Estudos como os de Ferreiro e Teberoski (1985) sobre a psicogênese da língua escrita, de Kleiman (1995) podem ajudar nessa reflexão, bem como outros aqui citados que, embora não tratem especificamente de alfabetização/letramento, relacionam-se ao tema, pois que esse, como já vimos ao longo deste texto, é um campo multidisciplinar.

Multidisciplinar é também o Programa de Educação Integral, no qual insere-se o letramento, incluído no que convencionou-se chamar Macrocampo Acompanhamento Pedagógico. Então, além de todas as possibilidades de letramento que se dão pelos espaços e pelos diferentes campos contemplados nas extensões de turno, ainda temos outra modalidade mais específica, mas que deve estar entrelaçada a todas as outras manifestações que provocam, incentivam e apoiam os atos prazerosos de interação com o mundo da leitura e da escrita.

No caderno sobre alfabetização, integrante do Macrocampo Acompanhamento Pedagógico, do qual participei como elaboradora em parceria com a professora Maria Luiza Moreira, apresentamos esquemas sobre as múltiplas possibilidades de aprendizagem da leitura e da escrita e me permitirei apresentá-los, porque bem ilustram as abordagens deste texto (Figura 17.1 e 17.2).

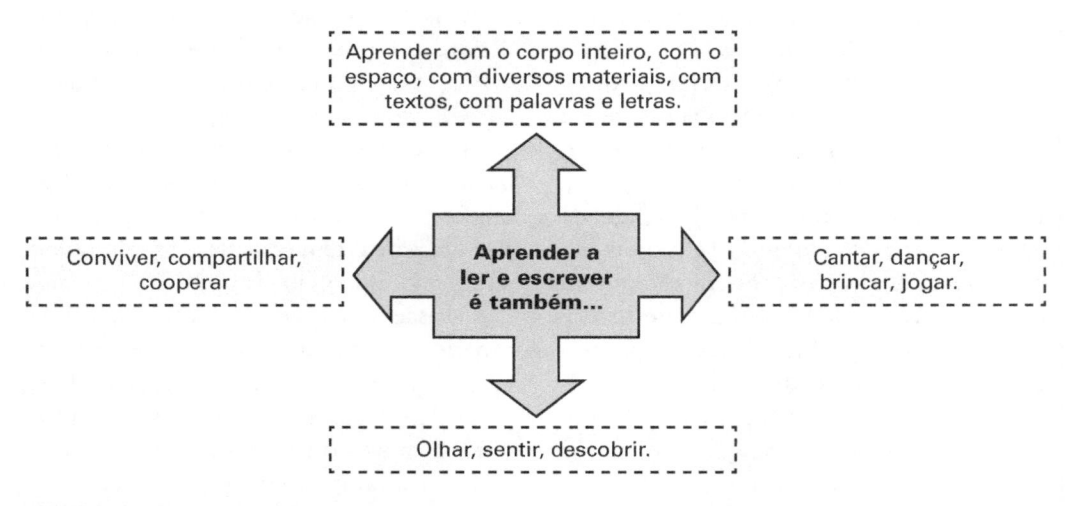

FIGURA 17.1 Múltiplas possibilidades de aprendizagem da leitura e da escrita.

Algumas possibilidades de viver os processos de ler e escrever

- Explorar múltiplos materiais de leitura – roteiros, mapas, embalagens/rótulos, jornais, revistas, bulas de remédio, quadrinhos, bilhetes, receitas, cartas, Bíblias, folheto de oração, *folders*, cartazes, canções de igreja, cantigas de roda e letras de música.
- Construir textos coletivos e realizar leituras orientadas.
- Escrever mesmo quando ainda não se sabe escrever.
- Produzir e explorar textos quando já se sabe ler. Compartilhar leituras.
- Trabalhar, jogar e brincar com palavras e letras móveis.
- Ler quando ainda não se sabe ler, recorrendo a letras de música e qualquer texto memorizado, em múltiplos portadores de textos e tipologias textuais.
- Viver a sala de aula, ou outros espaços, como um grande livro de textos.

FIGURA 17.2 Possibilidades de aprendizagem da leitura e da escrita.

Encaminhando para as considerações que finalizam este trabalho, retomo a ideia das multidisciplinaridades, dos alfabetismos e do Programa, lembrando que se podemos tomar como uma possível verdade o fato de que as crianças são facilmente alfabetizáveis, esse processo poderia também facilmente ocorrer em um turno escolar, então, imaginemos como isso se torna ainda mais fácil se temos dois turnos com uma proposta integrada! Os eventos de letramento ocorrem na ampliação do tempo, dos espaços e das diferentes propostas.

Acompanhando o trabalho em algumas escolas, tive a feliz oportunidade de observar o que já chamei, anteriormente, de aprendizagem de corpo inteiro e descrevo a seguir como senti e vivi esses momentos.

É a música entrando pela alma, é o corpo movendo-se na dança, na capoeira, no judô, nas diferentes modalidades esportivas. Os corpos se movem, as vozes ecoam, afinam-se, os sons das flautas irmanam-se no universo e tocam nossa emoção. Mover-se corporalmente é mover-se também intelectualmente. Se acreditarmos no que um dia nos ensinou Vygotsky; que o gesto é o signo visual inicial que contém a futura escrita, assim como a semente contém o futuro carvalho, então acreditaremos que letrar-se, fazer-se letrado passa pelo corpo e nos movimentos da dança ou nas andanças pelos espaços vão se produzindo os alfabetismos, os letramentos, pelos caminhos da alegria cultural e das humanidades.

Por essa linha de pensamento, o Programa Mais Educação/Educação Integral inclui as crianças das escolas públicas e das camadas populares em processos plenos de possibilidades de aprendizagens integrando mente, corpo e emoções em movimentos para além do que seriam os tempos e espaços destinados a essa população, muitas vezes desconsiderada em seus anseios e necessidades.

REFERÊNCIAS

ÁVILA, I.S. Das políticas públicas ao interior da sala de aula: os sonhos possíveis. In: MOLL, J. (Org.). *Ciclos na escola, tempos na vida*: criando possibilidades. Porto Alegre: Artmed, 2004. p.91-100.

_____. (Org.). *Escola e sala de aula*: mitos e ritos: um olhar pelo avesso do avesso. Porto Alegre: Ed. UFRGS, 2004.

_____. Leitura na escola: alguns olhares. In: ÁVILA, I.S. (Org.). *Escola e sala de aula*: mitos e ritos: um olhar pelo avesso do avesso. Porto Alegre: Ed. UFRGS, 2004. p. 127-141.

BRARDA, A.; RIOS G. Argumentos e estratégias para a construção da cidade educadora. In: GADOTTI, M.; PADILHA, P.R; CABEZUDO, A. (Org.). *Cidade educadora*: princípios e experiências. São Paulo: Cortez, 2004.

FERREIRO, E.; TEBEROSKY, A. *Psicogênese da língua escrita*. Porto Alegre: Artmed, 1985.

GONZALEZ ARROYO, M. *Ofício de mestre*: imagens e auto-imagens. 2.ed. Petrópolis: Vozes, 2000.

KLEIMAN, Â.B. (Org.). *Os significados do letramento:* nova perspectiva sobre a prática social da escrita. São Paulo: Mercado de Letras, 1995.

MANACORDA, M.A. *História da educação*: da antiguidade aos nossos dias. São Paulo: Cortez, 1999.

SNYDERS, G. *Alunos felizes*: reflexão sobre a alegria na escola a partir de textos literários. Rio de Janeiro: Paz e Terra, 1993.

18

Ampliação de tempo escolar e aprendizagens significativas
Os diversos tempos da educação integral

Alexsandro dos Santos Machado

O tempo

O despertador é um objeto abjeto.
Nele mora o Tempo. O Tempo não pode viver sem nós, para não parar.
E todas as manhãs nos chama freneticamente como um velho paralítico a tocar a campainha atroz.
Nós
é que vamos empurrando, dia a dia, sua cadeira de rodas.
Nós, os seus escravos.
Só os poetas
os amantes
os bêbados
podem fugir
por instantes
ao Velho... Mas que raiva dá no Velho quando encontra crianças a brincar de roda
e não há outro jeito senão desviar delas a sua cadeira de rodas!
Porque elas, simplesmente, o ignoram...

Mario Quintana

Há um movimento irreversível em curso na educação pública brasileira. Diversas possibilidades de ampliação de tempos, espaços e oportunidades educativas têm sido criadas aos estudantes das escolas públicas nos últimos anos. Fomentadas por ações estratégicas de governo, com destaque ao Programa Mais Educação, a construção de uma política pública de educação integral no Brasil tem pautado o debate e a atuação de diversos agentes educativos em prol do Direito de Aprender.

Trata-se de uma trajetória de construção coletiva, na qual novos horizontes conceituais desvelam-se progressivamente. Conceituar não é sinônimo de definir. Produzir conceitos é elaborar pensamento, é esticar a experimentação. "Um conceito não exige apenas um problema a partir do qual se refaça ou substitua conceitos precedentes, mas uma encruzilhada de problemas que se alie a outros conceitos coexistentes" (Deleuze, 1992, p. 23).

Nessa encruzilhada de problemas, destaco o debate em torno do tempo da educação integral. Afinal de contas, o que entendemos por "ampliação de tempos educativos"? Ampliar o tempo da escola garante a ampliação de aprendizagens significativas?

No Brasil, educação integral parece ser sinônimo de aumento de jornada escolar. Contudo, a relação entre o acréscimo do número de horas de aulas aos educandos e o Direito de Aprender dos mesmos parece ser mais complexa quando analisamos os processos educativos de maneira mais atenta.

O Programa Mais Educação, em seus documentos, tem promovido o debate em torno de uma educação integral em tempo integral. Ou seja, por meio da ampliação de tempos, espaços e oportunidades educativas deseja-se contribuir para a formação de um ser humano em suas múltiplas dimensões e potencialidades.

Além disso, ao incentivar novos arranjos educativos de responsabilização da educação integral nos territórios, o Programa Mais Educação complexifica ainda mais tal debate ao propor encontros de diversas instituições que coexistem em distintas texturas de tempo:

> Nesse processo de aprender, o tempo assume grande importância, pois a aprendizagem requer elaboração, requer realização de múltiplas experiências, requer poder errar no caminho das tentativas e buscas, enfim, requer considerar o tempo de cada um dos parceiros da comunidade: o tempo da escola, que está preso a um calendário e o da comunidade, que flui e é mais abrangente, que envolve mais experiências que podem ajudar a otimizar e direcionar melhor o tempo da escola. (Brasil, 2009, p. 35)

Mais tempo na vida pode trazer consigo mais sapiência. Pessoas que possuem uma idade mais avançada tendem a possuir mais sabedoria. Mas isso é uma tendência, não uma garantia. De maneira similar, o aumento de horas pode propiciar aprendizagens significativas, mas esse processo não é assegurado em uma relação simples de causa e efeito.

Em suma, a ampliação de tempos e espaços pode oferecer um conjunto maior de oportunidades educativas. Todavia, perguntas nodais surgem imersas neste contexto: Como aproveitar a ampliação de tempo no sentido do Direito de Aprender dos educandos? O que de fato é importante ser apreendido pelos alunos? Como podemos avaliar se um aprendizado é significativo ou não para a vida de um educando? Quanto tempo pode durar uma aula?

A partir dessas e outras questões, tenho desenvolvido uma pesquisa de doutorado[1] sobre a relação entre tempo educativo e aprendizagens significativas junto ao Programa de Pós-Graduação em Educação da Universidade Federal do Rio Grande do Sul. Ela é intitulada "Kairós Corpóreo: a Educação como a arte do Encontro".

Essa pesquisa surgiu a partir de uma experiência insólita e intempestiva que tenho realizado desde o ano 2000 com alunos de turmas de ensino médio.[2] Essa atividade é chamada de "Dinâmica das Cartas". Durante a realização de uma aula,[3] os convidei a escrever uma carta de si para si mesmos, a ser recebida pelo correio dali a cinco anos. Nessa carta, cada um poderia escrever o que quisesse "dizer" para si mesmo, cinco anos mais velho.

As cartas foram colocadas dentro de envelopes devidamente lacrados e endereçados aos próprios remetentes. Os invólucros também poderiam ser recheados com fotos, bilhetes de outras pessoas ou o que mais o participante tivesse desejo de ali depositar. Todos os envelopes foram assentados dentro de uma caixa de papelão, que foi fechada e identificada com o número e o ano letivo de cada turma, bem como a data em que ela deveria ser aberta.

O meu compromisso é de zelar pela integridade das caixas, salvaguardando que ninguém terá acesso a seus conteúdos, a não ser seus próprios autores. Além disso, eu me comprometi com cada turma a enviar as cartas pelo correio no prazo combinado. Cinco anos depois de escrita, cada carta retirada das caixas foi colocada dentro de um envelope maior.

Dentro deste, também insiro uma carta de minha autoria convidando cada um para me escrever correspondências ou *e-mails* dizendo como tinha sido a experiência de reencontrar-se com o que haviam escrito cinco anos antes. Poucas cartas voltaram para minha casa. Espaços virtuais como *Orkut* e *MSN* foram mobilizados pelos expectantes participantes. Somente dos alunos do ano de 2003 tenho catalogadas mais de 250 páginas de *e-mails* dos participantes.

Logo depois que enviei as cartas de volta aos seus remetentes, promovi um encontro entre todos os participantes, quando só então, cinco anos depois, conversamos sobre os sentidos dessa experiência. No dia combinado previamente,[4] nos encontramos na escola onde havíamos convivido há cinco anos. Da turma de 2003, 160 pessoas compareceram para nossa "conversa".

Assim Anelise Valls,[5] analisa a experiência do reencontro em *e-mail* enviado no mesmo dia de sua realização:

> Sabe, a experiência de hoje foi plena demais, daquelas que horas depois ainda se tem reflexos e continua ecoando em ti, em mim, em mais vários. (eu to muita sentida nesse momento e não to considerando o fato de estar de tpm ou coisas do tipo. É pra lá da afetação da sensibilidade). Re-encontros são muito fortes (intensidade mesmo). A gente já costuma saber isso, ok?! É porque o tipo de re-encontro de hoje captura elementos excessivos e organizar tantas sensações, percepções, leva tempo e cuidado. Ainda não vou te escrever o que de fato pretendo por uma questão de que saboreando um pouco mais isso, dá pra fazer mais arte.

De fato, continuamos escrevendo cartas e *e-mails* uns aos outros sobre a Dinâmica das Cartas. Além disso, inventamos encontros, confrarias e outros pretextos para continuarmos pensando juntos sobre essa aula que parece nunca mais acabar. Dos 40 participantes da dinâmica, alguns seguem produzindo pensamentos e significados de maneira sistemática. Eles constituem o grupo com o qual estamos produzindo a pesquisa. Com tempo e cuidado, vamos (re)criando-nos estética e eticamente pelo encontro de muitos mundos incompatíveis. Podemos sentir um pouco disso ao escutarmos sensivelmente o relato abaixo:

> A escola entrou nisso tudo como uma mediadora, entre nós alunos e tu professor, mas acho que ao reencontrar todo mundo, ao pensar outro reencontro e pensar nesse contato mais seguido pode mostrar que a escola tem mais funções do que apenas disciplinar e entregar um conhecimento pronto. Afinal, as lembranças que a gente tem, aquelas que nos são mais queridas do tempo de colégio, normalmente, são os recreios, as bagunças, os passeios, aquelas coisas que não envolvem muito a sala de aula, mas sim que envolvem a convivência e a socialização. São essas coisas boas que guardamos e das pessoas legais que encontramos e compartilharam esses momentos conosco o que motiva todo mundo a se ver de novo e ver as mudanças de cada um. E falar com nós mesmos, olhar para nós mesmos, é uma atividade muito rica, pois é uma forma de pararmos para pensar um pouco na nossa vida, em tudo que aconteceu, realmente processar os rumos que tomamos, afinal não é todo dia que damos atenção a nossa existência.[6]

De maneira espontânea, boa parte dos relatos dos participantes da dinâmica versa sobre o que foi experimentado em ambiente escolar há cinco anos, e segue sendo significativo para suas vidas hoje. É esse material que analisamos com cuidado para a construção desta pesquisa. Chama atenção também, por exemplo, o fato de não haver citação alguma sobre conteúdos aprendidos durante as aulas há cinco anos e que sejam reconhecidos como importantes para suas vidas no momento presente. Também é interessante perceber que para praticamente todos os participantes as amizades estabelecidas naquele tempo são evidenciadas como as mais significativas forças que seguem ressoando na transformação de suas vidas no momento presente.

E talvez ainda seja mais instigante perceber como a leitura de um si-mesmo-adolescente por um si-mesmo-adulto pode tornar-se extremamente potente para a (re)criação ética e estética de si. Trata-se da possibilidade de uma intervenção artística em suas próprias vidas (Maffesoli, 1998), fazendo delas "uma obra de arte" (Maffesoli, 1997, p. 257).

KAIRÓS CORPÓREO – EDUCAÇÃO COMO A ARTE DO ENCONTRO: (RE)CRIAÇÃO ÉTICA E ESTÉTICA DE SI PELA DINÂMICA DAS CARTAS

> [...] Os cinco anos passaram tão rápidos, mas tão devagar ao mesmo tempo que fiquei surpresa de finalmente (e tão rápido) recebê-la.
>
> Francelise Cappellaro (2008)[7]

Quanto tempo dura cinco anos? Como esse tempo pode ser experimentado como rápido e lento ao mesmo tempo? Lembremos que a Dinâmica das Cartas foi uma proposição escolar feita na ambiência de uma sala de aula. Sabemos que a escola é organizada, como toda instituição moderna, em espaços mensurados e tempos "cronometrados". Mas como "metrar o cronos" de uma aula como a Dinâmica das Cartas?

Em uma primeira tentativa simplista, poderíamos tentar "cronometrá-la" em 50 minutos, estendidos pelos 2.628 mil minutos daqueles cinco anos. Mas isso pouco ou nada nos diz. Para uma análise mais profunda, faz-se necessário retomarmos a origem mitológica de Cronos (Κρόνος – *Cronus*).

Cronos (Tempo), também identificado com o deus latino Saturno, é filho de Urano e Gaia, marido de Réia, pai de Zeus, Poseidon, Hades, Hera, Demeter e Hestia (Lidell e Scott's, 1996 p. 45). Ele é um Titã que devora os próprios filhos, que, pode-se dizer, na verdade destrói tudo que ele próprio cria (Bulfinch, 2002, p. 353). Segundo Hesíodo (2001), Cronos foi banido pelos seus filhos para o Tártaro para que a humanidade pudesse acontecer.

De maneira similar, gostaria de evocar a experimentação do tempo que usualmente é vivenciada na ambiência escolar. Lembremos que aos alunos, geralmente, não faltam tarefas a cumprir, atividades para realizar, expectativas professorais a corresponder. Planos de aulas são construídos com zelo e afinco. Contudo, o que fora criado precisa ser devorado pelo criador. O tempo escolar (Cronos) também necessita devorar tudo o que cria. Nisso reside sua eficácia.

O tempo escolar precisa ser "preenchido" e há pressa, muita pressa em efetivar o cumprimento das inúmeras tarefas, atividades, planos de aulas. Não há tempo a perder. Não há tempo para despropósitos. É preciso correr porque o tempo (*Cronus*) exige que devoremos o que fora proposto.

Nesse sentido, é muito interessante o estudo de Ferreira e Arco-Verde (2001), intitulado "Chrónos e Kairós: o tempo nos tempos da escola". As autoras nos apontam como historicamente a instituição escolar foi aperfeiçoando seus mecanismos de controle dos espaços e tempos escolares a fim de que a perspectiva do tempo Cronos se instaurasse e roubasse a experimentação da graça e sentidos próprios dos meninos e meninas na escola. O adulto seria este ser que se movimenta imerso neste tempo cada vez mais mecânico e menos corporal (Lightman, 1993).

Talvez por isso diz-se às crianças que elas precisam ir à escola para "serem alguém" na vida. As crianças essencialmente não seriam ninguém, pois banalizam o tempo Cronos. Elas o ignoram, como bem expressa o poema de Mario Quintana, que está no começo deste capítulo.

Análises preliminares de nossa pesquisa demonstram claramente as aprendizagens percebidas como significativas pelos educandos cinco anos depois. E o surpreendente é que elas não estão relacionadas com a quantidade de tempo ou com os conteúdos desenvolvidos em sala de aula. A escola é reconhecida como espaço importante para suas vidas. Contudo, a potência educativa da escola parece residir em uma dimensão qualitativa e experiencial do tempo.

Imerso no mesmo instante experiencial do tempo *Cronus*, na ambiência de uma sala de aula, coexiste outro mundo. Trata-se de mundos "incompossíveis". Neste mundo, o tempo não é medido pela ânsia devoradora de *Cronus,* mas pela experimentação de um tempo e espaço que se abrem pelo vivenciado. Outra terminologia grega bem expressa essa textura de tempo: Kairós (Καιρός).

Em grego arcaico, Kairós remete ao tempo das estações do ano, sazonável, tempo certo, tempo oportuno. É o momento certo das circunstâncias, oportunidades. (Lidell; Schott's, 1996, p. 392). Ele é "um presente, mas um presente singular e aberto (...) a aventura para além da borda do tempo, (...) a potência de experimentar a temporalidade." (Negri, 2003, p. 43-44)

Kairós é um tempo imerso no "estar ali", sem a ânsia de atuar em uma tarefa pré-ocupada com algo fora, com um tempo futuro, já preenchido com mais outra coisa a ser devorada, cumprida, exaurida. Estar simplesmente imerso em um instante vivenciado pode torná-lo eterno, exatamente por contemplá-lo tragicamente como irrepetível, finito, imanente (Maffesoli, 2003).

Propor a Dinâmica das Cartas é oferecer uma atividade encharcada de um entre-tempo. É criar coletivamente um evento que ocorre na borda do tempo, onde a temporalidade se abre ao porvir. Kairós reverberante pela eternidade. E isso é belo por ser trágico. Não é um gesto bom ou mau em si mesmo, pois a ele não cabe juízo algum de valor.

Ao acolher sua própria escrita de cinco anos atrás, o participante da Dinâmica das Cartas experimenta um passado que não é um presente que envelheceu, mas pura virtualidade. Kairós corpóreo reverberante que convoca à recriação, à (re) nomeação de si e do mundo.

> O Kairós corpóreo é, de fato, produção de ser e de corpos, mas, quando é o corpo que produz, isso acontece por meio daquele amor que é pai de todas as paixões e que, em si mesmo, é conhecimento. Ou seja, é a própria razão que produz o amor através do nome comum, e a reflexão é sempre amorosa. (Negri, 2003, p. 83)

A potência deste Kairós Corpóreo se dá na arte dos encontros. Ao lerem suas próprias cartas de cinco anos atrás os participantes refletem apaixonadamente sobre suas próprias vidas. Algumas vezes, as paixões de suas reflexões são tristes, mas na maioria dos relatos transparecem paixões alegres. E paixões tristes geram éticas tristes, assim como paixões alegres geram éticas alegres (Spinoza, 2007).

Poucas culpas ou remorsos são expressos nos *e-mails* e cartas que recebi. A imensa maioria das experiências narradas como significativas às vidas dos participantes da Dinâmica das Cartas parece versar sobre a potência dos encontros amorosos vivenciados na escola há cinco anos. Mesmo com tanto investimento pedagógico da escola em tempos de textura "cronometrados", parece-nos que é o Kairós Corpóreo que funda aprendizagens significativas às vidas dos educandos.

Nosso trabalho também aponta para a força de tempos e espaços que se abrem pela escuta sensível e sistemática de um si-mesmo-adolescente por um si-mesmo-jovem-adulto na Dinâmica das Cartas,

> [...] Fiquei meio assim de ler a carta, não era medo, nem alegria, era tudo junto. (...) Uma emoção cor branca, que pode ser todas juntas ou nenhuma. [...] Parece incrível como eu, mesmo tendo mudado muito, sentia que ia mudar. Não sabia racionalmente, mas parece que sentia... Na carta eu basicamente conto como eu era em 2004 e me questiono como eu sou hoje. Coisas como música, série de TV e tal da época que eu continuo gostando, e não tem nada escrito explicitamente que demonstra que eu tenha mudado. Mas não precisa estar escrito, eu sei como eu era... só não lembrava! Eu era uma pessoa muito sonhadora (que levava fé mesmo!) e ia à luta. Hoje eu posso até ser muito sonhador ainda, mas sou muito mais acomodado. Na carta, pergunto que faculdade eu curso (cuja resposta é nenhuma!). Veja bem: o Luiz 2004 pergunta isso, ele nem cogita que eu não fosse estar em nenhuma. Mas estarei, por ele. No final, esse rapaz incrível e nem um pouco bobinho fala meio assim: "Se a vida não estiver como tu quiser, não se preocupe, eu sempre estarei lá pra te ajudar"... Olha só que viagem, eu acabo de descobrir que sempre vou poder contar com... eu mesmo! (sic)[8]

A Dinâmica das Cartas parece oferecer aos seus participantes a possibilidade de um reencontro intempestivo consigo mesmo, como bem sugere o encontro do Luiz de 2004 com o Luiz de 2010. Ambos coe-

xistem e ajudam a se recriarem ética e esteticamente. Qual o Luiz do presente? Qual o Luiz que ficou no passado? O que será do Luiz do futuro?

A leitura das cartas sugere encontros imersos em tempos que se abrem. Trata-se de tempos não domesticados, não cronologicamente mensuráveis, não topologicamente localizáveis. O contato do escritor-leitor, remetente-destinatário com sua carta incita uma força incontrolável, onírica, tempo puro, selvagem.

O intempestivo passa a ser experimentação segundo um tempo do devir, tempo flutuante, tempo não pulsado, tempo indefinido do acontecimento puro: tempo livre. (Pelbart, 2004, p. 114) Acontecimentos vividos em Kairós Corpóreo ficam tatuados em nossa alma como um mosaico. Cada fragmento impregnado profundamente em nossa pele. Ao encontro de sua própria carta, a mínima semelhança de uma pecinha do mosaico traz todo o acontecimento novamente à tona (Figura 18.1).

O presente poderia ser representado como uma membrana de tensionamento entre o passado e o futuro. Para Deleuze e Guattari (1992, p. 32)

> O presente é o que não é mais, puro devir, sempre fora de si. Em contrapartida, o passado, que cessou de agir e de ser útil, conserva-se enquanto passado. O passado é o único que é,

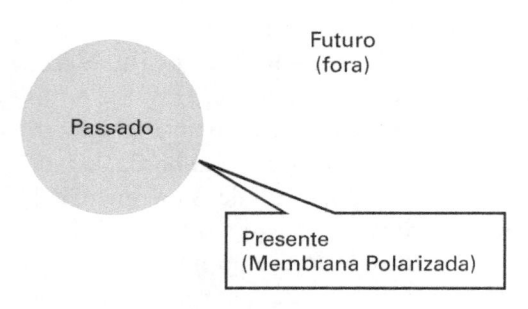

FIGURA 18.1 Mosaico de acontecimentos.

rigorosamente falando. Ainda que inútil, inativo, impossível, o passado é o em-si do ser, contrariamente ao presente, que, este sim, se consome e se coloca fora de si. O presente é o que constantemente já era, o passado o que constantemente já é.

O futuro, por sua vez, não está na frente, mas em qualquer lugar, em uma espécie de imanência. O vivido em Kairós Corpóreo é plasmado em um passado pronto a se atualizar e gerar vontade de potência (Nietzsche, 1966). Ao reler as cartas os participantes da dinâmica não estão vivendo apenas no presente. Experimentam-se com a leitura das cartas com a possibilidade de um pensamento substancializado em um tempo puro. Tal movimento pode levar o remetente-destinatário a um devir-outro, a algo novo:

> Pensar é se alojar no estrato no presente que serve de limite: o que é que posso ver e o que posso dizer hoje? (...) Pensar o passado contra o presente, resistir ao presente, não para um retorno, mas em favor, espero, de um tempo que virá, isto é, tornando o passado ativo e o presente fora, para que surja enfim algo novo, para que pensar sempre suceda ao pensamento. O pensamento pensa sua própria história (passado), mas para se libertar do que ele pensa (presente) e poder, enfim, "pensar de outra forma" (futuro). (Deleuze, 2005, p. 127)

Se o tempo é uma linha, somos novelo.[9] Passado, presente e futuro não são tempos que se sucedem, mas se sobrepõem. Ao oferecemos uma atividade aos nossos educandos podemos apresentá-las, pretensiosamente, como mais um conjunto de tarefas a "ocuparem seus tempos livres", "tirando-os da perigosa ociosidade", "resgatando-os das ruas", "oferecendo-lhes um futuro".

Nesse caso, contudo, olvidamos a rede infinita de possibilidades, de desejos, de esperanças depositadas em cada gesto. Ela se abre quando experimentada por meio de atos educativo vivenciados como experiências almadas, imersas em um tempo de um Kairós Corpóreo.

A Dinâmica das Cartas é exemplo de uma aula que ofereceu aos seus remetentes-destinatários tempos que se abrem, assim como "O Jardim das Veredas que se bifurcam", de Jorge Luis Borges (2001, p. 113):

> Acreditava em infinitas séries de tempos, em uma rede crescente e vertiginosa de tempos divergentes, convergentes e paralelos. Essa trama de tempos que se aproximam, se bifurcam, se cortam ou que secularmente se ignoram abrangem todas as possibilidades.

Poder pensar sobre suas vidas em um tempo livre, cheio de possibilidades, é outra vez poder retomar a obra de arte em aberto que é a própria vida. É poder intervir estética e eticamente nos tempos e espaços que se sobrepõem:

> (...)
> Marcos Vinícius Vidor[10] – Quando a gente é criança a gente quer ser mais velho, quer ser grande, quer crescer. Então a gente chega na adolescência, a gente está no Ensino Médio e quer estar na faculdade porque na faculdade eu vou estar estudando o que eu quero e não vai ter erro. E daí a gente tá na faculdade e está muito chato e a gente quer estar no mercado de trabalho. E daí a gente chega no mercado de trabalho e o mercado de trabalho é muito estressante e a gente quer se aposentar, e a gente se aposenta pra aproveitar a vida e daí a gente percebe que está no fim da vida e quer voltar a ser criança... mais ou menos isso...(risos)
>
> Alexsandro Machado – E o que vocês acham que este tipo de raciocínio aí que o Vidor falou tem a ver, ou, o que a Experiência da Carta ajudou vocês a ver essas coisas? Ler vocês mesmos de cinco anos atrás fez vocês pensarem na relação que vocês estabelecem com o tempo de vocês?
>
> Anelise Valls – Acho que a carta serviu pra eu tentar ver não a relação que eu estabeleço com

o tempo, mas a relação que eu tenho comigo mesma. Eu *versus* eu, sei lá... Acho que a carta serviu pra tentar re-buscar, re-capturar e re-vificar pra agora e pra quando eu sair da faculdade e entrar no mercado de trabalho, e pra quando do mercado de trabalho eu me aposentar, e pra quando eu ficar velhinha, de tentar tornar sempre vivas coisas que eu encontrei lá e que me fazem aumentar a "chaminha".

Laura Azeredo[11] – Eu acho que seja da amizade principalmente até porque minha carta foi bem diferente da Anelise. Foi uma lista com meus amigos da época pra eu conferir. Tava escrito: "confere aí !" E aí foi tipo um joguinho (risos). Tipo: "Ai, este aqui sim. Este aqui não." Foi muito louco, assim sabe. Eu falei pro Alex que tem gente que hoje está ta ali naquela lista e não sabe nem onde eu moro, o que estou fazendo. E têm outros que vejo três, quatro vezes por semana.

Ari Job Júnior[12] – Esta foi tua carta? Só uma lista?

Laura Azeredo – Não, tinha umas coisinhas umas coisinhas escritas mas...

Ari Job Júnior –... o essencial, o que era mais importante pra ti, eram os amigos?

Laura Azeredo – Era o mais importante... Os amigos, assim... a essência da carta eram os amigos!

(...)[13]

Penso que Vidor expressa com poder de síntese e humor a força imperativa do tempo Cronos em nossas vidas. Contudo, Anelise explicita que a Dinâmica das Cartas serviu para que ela pudesse "re-buscar, re-capturar e re-vificar (...) tentar tornar sempre vivas coisas que eu encontrei lá". Subentendemos este "lá" como o Kairós Corpóreo experimentado por ela há cinco anos, que parece seguir vivo dentro dela. Mas da onde vem a força desta "chaminha"? Que substância evidenciada há neste si-mesmo-adolescente capaz de gerar esta força viva a ser evocada "agora e pra quando eu sair da faculdade e entrar no mercado de trabalho, e pra quando do mercado de trabalho eu me aposentar, e pra quando eu ficar velhinha"?

Laura Azeredo parece apontar a pista: a amizade. Tenho como hipótese desse trabalho de que a experiência realizada pelos participantes da Dinâmica das Cartas possibilita (re)criação estética pela (re)invenção de si na amizade. Há um destaque especial dos participantes, exemplarmente explicitado no fragmento acima, à experiência do ser-outro-consigo pela relação epistolar de autoconstituição, como Ortega (1999) problematiza em sua obra *Amizade e estética da existência em Foucault*. Mais do que correspondências, as cartas constituíram verdadeiras operações de si consigo mesmo em outra textura de tempo, propiciando recriações pessoais por uma espécie de tecnologia de si criada pela amizade.

O ato da conversa em grupo entre os participantes da Dinâmica também se constitui em um esforço de autoestilização enquanto uma tarefa ética de contemplar a si mesmos, também através dos olhares dos outros, como uma obra de arte.

> O que me surpreende é o fato de que, em nossa sociedade, a arte tenha se transformado em algo relacionado apenas a objetos e não a indivíduos ou à vida; que a arte seja algo especializado ou feita por especialistas que são artistas. Entretanto, não poderia a vida de todos se transformar em uma obra de arte? Por que deveria uma lâmpada ou uma casa ser um objeto de arte, e não nossa vida? (Dreyfus; Rabinow, 1995, p. 261)

Ao retomar a noção epicurista da amizade, Foucault (2006, p. 239) afirma que "na amizade nada se busca senão a si mesmo ou a própria felicidade. A amizade nada mais é que uma das formas que se dá o cuidado de si".

A escuta sensível e cuidadosa de um si-mesmo-adolescente parece oferecer ao jovem-adulto a possibilidade de evocação de um Kairós Corpóreo, com seus tempos e espaços abertos, potencialmente (re)criadores de si e do mundo, especialmente pela força da amizade.

CONSIDERAÇÕES FINAIS

Oxalá possamos construir uma Política Pública de Educação Integral que não se restrinja a chavões embalados por palavras de ordem esvaziadas de sentido. Tão importante quanto a ampliação da quantidade de tempo, urge lutarmos por uma formação docente que privilegie o aproveitamento qualitativo do tempo educativo.

Que o tempo da Educação Integral seja de uma textura constituída em encontros almados, imerso em um Kairós Corpóreo, vivenciados na alegria do encontro com o outro. Porque afinal de contas, o que queremos é aprender juntos, (re)conhecendo possibilidades de vidas em todas as suas dimensões, descobrindo novas e duradouras formas de sermos felizes.

NOTAS

1. Trabalho orientado pela Profª Drª Malvina do Amaral Dorneles.
2. Entre 1996 e 2000 e entre 2003 e 2005 trabalhei no Colégio La Salle São João, de Porto Alegre/RS. Nesses oito anos, fui Assessor de Grupos de Jovens, Jornadas de Formação, Professor de Ensino Religioso no ensino médio, Psicólogo e membro da Equipe Diretiva. As histórias que criamos com os adolescentes e jovens da escola são incontáveis. Com eles, percebi que efetivamente eu não era um professor, mas um ajudador de olhares...
3. Uma aula, neste caso, corresponde a um período cronometrado de 50 minutos.
4. No caso das turmas de 2003, foi o dia 21/06/ 2008.
5. Anelise Valls escreveu sua carta quando estava no 2º ano do ensino médio. Hoje ela é filósofa formada pela UFRGS e mestranda em Filosofia (USP). Todos os participantes aqui citados autorizaram, mediante assinatura de Consentimento Livre e Informado, a utilização de seus *e-mails* e a divulgação de seus nomes.
6. *E-mail* enviado em 22/06/2008 por Eduarda Bonora Kern. Ela estava no 1º. ano do ensino médio quando escreveu a carta. Hoje ela é estudante de Ciências Sociais (UFRGS).
7. *E-mail* escrito em 22 de Junho de 2008. Quando escreveu a carta ela estava no 3º ano do ensino médio. Atualmente, Francelise é formada em Direito.
8. *E-mail* enviado por Luiz Alberto Albe Rigon em 30 de Março de 2010. Quando escreveu a carta Luiz estava no 8º. ano.
9. Caderno de Campo, Mangunde – Moçambique, 06/03/06.
10. Estava no 1º ano do ensino médio quando escreveu sua carta. Hoje estuda psicologia (PUCRS).
11. Estava no 2º ano do ensino médio quando escreveu a sua carta. Hoje estuda arquitetura (UFRGS).
12. Estava no 1º ano do ensino médio quando escreveu sua carta. Hoje estuda direito (PUCRS).
13. Com a finalidade de nos demorarmos com mais cuidado, estendendo um pouco mais a possibilidade de estarmos todos juntos, os próprios participantes da pesquisa sugeriram a criação de uma Confraria. Em cada encontro, uma pessoa preparava uma janta, degustada enquanto continuávamos discutindo sobre as cartas. Fora também criado uma comunidade homônima na internet a fim de que todos entrassem em contato com as reações de todos. Os escritos foram se multiplicando, cada vez mais polifônicos e polissêmicos. Os encontros da Confraria eram filmados e seus diálogos transcritos. Este material também era postado na comunidade virtual a fim de que seguíssemos produzindo este trabalho coletivo. Em um desses encontros da Confraria da Pandora, realizado no dia 07 de Novembro de 2008, na cozinha do Colégio São João, houve este interessante diálogo sobre as nuances destes encontros intempestivos entre um si-mesmo adolescente com si-mesmo-jovem-adulto.

REFERÊNCIAS

BORGES, J.L. *Ficções*. São Paulo: Globo, 2001.

BRASIL. *Educação integral*: texto referência para o debate nacional. Brasília: MEC, 2009. Disponível em: <http://portal.mec.gov.br/dmdocuments/cadfinal_educ_integral.pdf>.

BULFINCH, T. *O livro de ouro da mitologia:* história de deuses e heróis: a idade da fábula. 26.ed. Rio de Janeiro: Ediouro, 2002.

DELEUZE, G. *Foucault*. Lisboa: Ed. 70, 2005.

DELEUZE, G.; GUATTARI, F. *O que é a filosofia?* Lisboa: Presença, 1992.

DREYFUS, H.L.; RABINOW, P. *Michel Focault*: uma trajetória filosófica: para além do estruturalismo e da hermenêutica. Rio de Janeiro: Forense Universitária, 1995.

FERREIRA, V.M.R.; ARCO-VERDE, Y.F.S. *Chrónos & Kairós*: o tempo nos tempos da escola. *Educar em Revista*, n.17, Curitiba, p.63-78, 2001.

FOUCAULT, M. *A hermenêutica do sujeito*: curso dado no Collège de France (1981-1982). São Paulo: Martins Fontes, 2006.

HESÍODO. *Teogonia*: a origem dos deuses. São Paulo: Iluminuras, 2001.

LIDELL, H.G.; SCOTT, R. *A Greek-English lexicon*. New York: Oxford University, 1996.

LIGHTMAN, A. *Sonhos de Einstein*. São Paulo: Companhia das Letras, 1993.

MAFFESOLI, M. *A conquista do presente*. Natal: Argos, 2001.

_____. *A transfiguração do político*: a tribalização do mundo. Porto Alegre: Sulina, 1997.

_____. *Elogio da razão sensível*. Petrópolis: Vozes, 1998.

_____ . *No fundo das aparências*. Petrópolis: Vozes, 1996.

_____ . *O instante eterno*: o retorno do trágico nas sociedades pós-modernas. São Paulo: Zouk, 2003.

NEGRI, A. *Kairós, Alma Vênus, Multitudo:* nove lições ensinadas a mim mesmo. Rio de Janeiro: DP&A, 2003.

NIETZSCHE, F. *Vontade de potência*. Rio de Janeiro: Edições de Ouro, 1966.

ORTEGA, F. *Amizade e estética da existência em Foucault*. Rio de Janeiro: Graal, 1999.

PELBART, P.P. *O tempo não reconciliado*. São Paulo: Perspectiva, 2004.

SPINOZA, B. *Ética*. Belo Horizonte, Autêntica, 2007.

19

Educação integral e currículo integrado

Quando dois conceitos se articulam em um programa

Carmen Teresa Gabriel
Ana Maria Cavaliere

Em tempos de globalização, "integrar" é a palavra da vez nos discursos pedagógicos produzidos por diferentes países e pelas agências internacionais com vistas à implementação de novas políticas educacionais. Nessas políticas, a ação de integrar tende a ser vista como consequência direta da necessidade de intervir na organização escolar e curricular, de forma a não apenas superar muitas das dificuldades encontradas no cotidiano das escolas, mas também colocar a educação escolar em sintonia com as exigências de um mundo marcado pela expectativa da democracia social e pelo impacto da revolução tecnológica em curso.

No Brasil, a intensificação do debate político e acadêmico em torno do formato institucional escolar e do currículo escolar, desde o final dos anos de 1990 não deixa de ser um dos efeitos desse movimento mais geral. Um rápido mapeamento dos textos políticos e/ou acadêmicos da área de educação nesse período é suficiente para evidenciar que expressões como "educação integral", "temas tranversais", "currículo integrado", "currículo por competências", "interdisciplinaridade", "contextualização", "trabalho por projetos", "temas geradores", "saberes em rede" e "intersetorialidade", entre outros, fazem parte do universo semântico dos pesquisadores e formuladores de políticas educacionais desta última década.

Neste texto, pretendemos contribuir para o debate em torno dessa temática, analisando os documentos escritos do programa governamental Programa Mais Educação desenvolvido no âmbito da Secretaria de Educação Continuada, Alfabetização e Diversidade (SECAD-MEC). Esse Programa, que incorpora alguns dos conceitos acima referidos, publicou no ano de 2009 três cadernos, compondo a Série Mais Educação (Brasil, 2009a, b, d), que visam explicitar a sua concepção, sugerir soluções concretas para a sua implementação e estimular o debate em torno de sua proposta. Além disso, foram considerados para a análise os documentos que regulamentam a adesão e organização do Programa nos estados e municípios: "Manual de educação integral para obtenção de apoio financeiro por meio do Programa Dinheiro Direto na

Escola – PDDE" (Brasil, 2008) e "Programa Mais Educação: passo a passo" (Brasil, [2009c]).

Os três cadernos citados têm objetivos e processos de elaboração diferentes. Publicados no mesmo ano, não formam uma sequência, mas um conjunto complementar. O caderno "Gestão intersetorial no território" (Brasil, 2009b) foi elaborado pelo CENPEC, uma organização da sociedade civil sem fins lucrativos com sede em São Paulo. O caderno "Educação Integral" (Brasil, 2009a) cujo subtítulo "texto referência para o debate nacional" expressa seu objetivo, é uma produção coletiva que envolveu a participação de 29 colaboradores de 17 diferentes instituições sociais, e cujo processo iniciou-se em discussões presenciais, seguido da elaboração do texto através de comunicação pela internet. Já a publicação "Rede de Saberes Mais Educação" (Brasil, 2009d), cujo subtítulo é "pressupostos para projetos pedagógicos de educação integral" tem elaboração, texto e edição de um só autor, com a colaboração da Casa da Arte, uma organização da sociedade civil sem fins lucrativos com sede no Rio de Janeiro, e da Secretaria Municipal de Educação de Recife.

O Programa Mais Educação foi criado em abril de 2007, através de Portaria normativa interministerial (Brasil, 2007) envolvendo os Ministérios da Educação, da Cultura, do Esporte e do Desenvolvimento social e combate à fome. Uma de suas características mais marcantes consiste no fato de incorporar um conjunto de concepções de gestão da educação pública que pretende ser inovador e propiciador de práticas – entre elas as relativas à organização curricular – que uma vez implantadas e multiplicadas promoveriam mudanças profundas na ação educacional do sistema público brasileiro de Educação Básica.

O Programa está situado no âmbito do Plano de Desenvolvimento da Educação (PDE) e do Plano de Ações Articuladas (PAR). A sua dinâmica gerencial se faz por transferência de recursos e assistência técnica do Ministério da Educação aos municípios e estados, os quais devem gerir a sua distribuição entre as escolas que se inscreveram no Programa.[1]

Em seus objetivos, o Programa Mais Educação pretende fomentar, nos termos da portaria que o criou, a "educação integral" de alunos da rede pública de educação básica de todo o país, por meio de um conjunto de ações socioeducativas e da aproximação das escolas com as famílias e as comunidades.

Os "considerandos" da portaria aludem ao artigo 34 da Lei de Diretrizes e Bases da Educação Nacional (Brasil, 1996), que prevê a ampliação do período de permanência das crianças na escola; aludem ao direito à proteção integral constante do Estatuto da Criança e do Adolescente e ainda à própria Constituição Federal que responsabiliza a família, a comunidade, a sociedade e o poder público pela educação das crianças. Eles destacam e associam o Programa à situação de vulnerabilidade social de parte considerável da população brasileira.

Por fim, o documento ressalta em seu trecho introdutório o fato de que os processos educativos desenvolvem-se em múltiplos espaços tais como a família, a comunidade, o trabalho, as instituições de ensino e de pesquisa, os movimentos sociais e culturais e as organizações da sociedade civil, deixando subentendida a compreensão do processo educativo como um processo que envolve, necessariamente, múltiplos agentes e contextos.

Ainda de acordo com a Portaria que o criou, o Programa Mais Educação concretiza-se no apoio à realização em escolas e outros espaços socioculturais de "ações socioeducativas no contraturno escolar"

> Essas ações devem abarcar os âmbitos da educação, arte, cultura, esporte e lazer, mobilizando-os para a melhoria do desempenho educacional, para o cultivo de relações entre professores, alunos e suas comunidades, para a garantia da proteção social e da formação para a cidadania, incluindo as perspectivas temáticas dos direitos humanos, consciência ambiental, novas tecnologias, comunicação social, saúde e consciência corporal, segurança alimentar e nutricional, convivência e democracia, compartilhamento comunitário e dinâmicas de redes. (Brasil, 2007)

O texto da portaria, bem como os demais textos que subsidiam a proposta, utiliza as expressões "educação integral" e "formação integral" com o sentido de ampliação do tempo e do espaço educativo e como forma de extensão daquilo que seria considerado o "ambiente escolar".

Na esfera da administração federal, para a execução do Programa, diversos órgãos e ministérios foram a ele se agregando.[2] Para propiciar essa articulação, a Portaria nº 17 previu o Fórum Interministerial Programa Mais Educação, de caráter normativo, deliberativo, articulador e resolutivo.

Considerando que as políticas educacionais se expressam em diferentes níveis e contextos decisórios, optamos, nesta análise, por colocar em evidência o que Stephen Ball (1994) denomina o "contexto da produção" de textos oficiais. Interessa-nos mais particularmente analisar a forma como os conceitos de "educação integral" e "currículo integrado" aparecem recontextualizados e dialogam entre si do ponto de vista teórico, e em sua aplicação, nos textos do Programa Mais Educação.

Os estudos sobre Reformas Educacionais, nas perspectivas desenvolvidas por Ball (1994, 1998, 2001), Lopes (2005, 2008) e Lopes e Macedo (2002) nos ajudaram a olhar esse conjunto de textos como um lugar simultaneamente específico e relacional de produção de uma política educacional, espaço oficial de recontextualização e de hibridização de diferentes sentidos de "integração" no campo educacional. Desse modo, focalizamos, neste estudo, algumas das formas como as disputas pela fixação do sentido desse termo, presentes no conjunto de políticas globais, vêm sendo recontextualizadas nas políticas nacionais da década que terminou.

Organizamos nossas argumentações em três eixos de discussão. O primeiro consiste em apresentar o debate conceitual sobre a educação integral, bem como perceber quais sentidos e como eles estão explicitados nos documentos analisados. No segundo eixo, ajustamos a escala de observação, e focalizamos os debates acadêmicos em torno do termo "currículo integrado" nesse novo paradigma educacional em construção. Interessa-nos perceber como esses debates aparecem recontextualizados e hibridizados na proposta pedagógica do Programa Mais Educação. Por fim, procuramos apontar algumas das potencialidades e dos desafios presentes no programa analisado quando se trata de pensar estratégias políticas, epistemológicas e pedagógicas para a consolidação de uma educação comprometida com uma sociedade mais democrática e menos dogmática.

EM TORNO DO CONCEITO DE EDUCAÇÃO INTEGRAL

O conceito de educação integral tem uma longa história na área educacional do Brasil e do mundo. A ideia que ele traz, de uma educação com responsabilidades ampliadas, em geral com forte atuação nas áreas da cultura, dos esportes, das artes, ultrapassando a atuação restrita à típica instrução escolar, está presente em programas educacionais de diversos países e em diversas épocas.

Em geral, educação integral significa uma ação educacional que envolve dimensões variadas e abrangentes da formação dos indivíduos. Uma das utilizações do conceito se faz conforme a ideia grega de Paidéia, que significa a formação geral do homem, envolvendo o conjunto completo de sua tradição e propiciando o pleno desenvolvimento, no indivíduo, da cultura a que ele pertence (Jaeger, 2010). O conceito também aparece associado à educação não intencional, ou seja, referindo-se aos processos socializadores e formadores amplos que são praticados por todas as sociedades, por meio do conjunto de seus atores e ações, como uma decorrência necessária da convivência entre adultos e crianças. Como definição genérica, tanto relacionada aos que educam como aos que são educados, a educação integral indica a pretensão de abarcar diferentes aspectos da condição humana, tais como os cognitivos, emocionais e societários. Por isso, com frequência, o termo aparece associado ao conceito de "homem integral".

Quando referida à educação escolar, a educação integral apresenta o sentido de religação entre a ação intencional da instituição escolar e a vida em sentido amplo. A concepção de educação integral, como prática político-social, visando a interferência no destino não só dos indivíduos, mas da sociedade como um todo, entrou em pauta, no mundo ocidental, a partir da difusão da escolarização, ao final do século XVIII. A generalização social da escola, ou seja, da educação apartada da vida cotidiana e produtiva, fez surgir duas interpretações, de certa forma antagônicas. De um lado, a compreensão deste apartamento como sendo a base para a realização da tarefa educativa; situam-se aí os esforços de Comenius a Herbart pela definição de uma cultura especificamente escolar. De outro lado, a preocupação com a necessidade de reatamento entre educação e vida que teve sua expressão precoce em Rousseau e, posteriormente, nos séculos XIX e XX, nas concepções libertárias, socialistas e liberais da educação.

Os vínculos entre educação escolar e natureza, valores espirituais, valores morais, formação da cidadania e formação para o trabalho foram, em diferentes momentos, considerados insatisfatórios e levaram ao desenvolvimento de propostas de educação integral. Diversas correntes do pensamento educacional representam tentativas de recuperar alguns desses vínculos, fortalecendo determinado tipo de formação. É o caso de movimentos filosófico-educacionais tais como o naturalismo de Rousseau, o filantropismo de Basedow, a educação política de Condorcet, o neo-humanismo social de Pestalozzi, a pedagogia da ação de Dewey, a pedagogia do trabalho de Blonski (Larroyo, 1974), ou ainda a politecnia na tradição marxista (Machado, 1989), que buscavam a reunificação entre a escola e aquilo que cada um deles considerava ser o fundamento da vida em sociedade.

Em geral, políticas públicas que tentam dar conta do fracasso escolar e dos problemas de integração social e escolar de determinados grupos sociais investem mais fortemente em uma concepção ampliada de educação escolar, aproximando-se daquilo que seria uma proposta de educação integral.

Na história brasileira, utilizando-se ou não da expressão, diversos projetos desenvolveram ações na direção do que, hoje, o Programa Mais Educação, foco de nossa análise, denomina "educação integral". Podemos lembrar os já longínquos Parques Infantis da cidade de São Paulo, criados por Mário de Andrade, entre 1935/1938, e que pretendiam oferecer às crianças pequenas uma educação "não escolar"; o Centro Educacional Carneiro Ribeiro, criado em 1950, na capital da Bahia, por Anísio Teixeira, para propiciar às crianças das classes populares acesso à Escola Parque e ao seu conjunto de atividades complementares às Escolas Classe; os CIEPs, criados por Darcy Ribeiro, no Rio de Janeiro, entre 1985 e 1994, que eram escolas de horário integral, com atuação forte nas áreas da educação, cultura e saúde.

Em outros países e épocas, experiências de educação integral aconteceram em variados contextos, como entre os anarquistas europeus, com seus inúmeros experimentos nos séculos XIX e XX, denominados de "educação integral" (Moriyón, 1989), ou nas escolas dos Kibutzim, nos primórdios do Estado de Israel, no século XX. Na França, os programas de educação prioritária, iniciados na década de 1980 pelo governo socialista de François Mitterand, permanecem até hoje em funcionamento, com modificações sucessivas, mantendo a ideia de "dar mais àqueles que têm menos". Eles incorporam muitos aspectos de uma educação escolar ampliada, em suas áreas de atuação e em suas responsabilidades (Robert, 2009).

Apesar dos exemplos do passado e do presente, a utilização do conceito de educação integral, quando referido à escola contemporânea, não é autoevidente. Ele resulta da reavaliação do papel da instituição escolar, ou seja, relaciona-se à busca dos limites e possibilidades de atuação da instituição escolar. Daí a sua inevitável polissemia.

Do ponto de vista dos formatos das experiências atualmente em curso no país, ligadas ou não ao Programa Mais Educação, que tentam ampliar a esfera de atuação da escola, pudemos identificar, grosso modo, dois formatos de implementação do que tem sido chamado de educação integral no Brasil (Cavaliere, 2009): um mais centrado na instituição escolar propriamente dita, com investimentos e mudanças no interior das unidades escolares, em seus espaços, tempos e atividades; e outro que se lança para fora da escola, buscando apoios e parcerias com agentes externos a ela.

De acordo com os documentos analisados, é nesse segundo modelo que se enquadra a proposta de educação integral do Programa Mais Educação.

EDUCAÇÃO INTEGRAL NO PROGRAMA MAIS EDUCAÇÃO

O aspecto a destacar na concepção de educação integral do Programa Mais Educação que se diferencia da utilização do conceito em outros momentos históricos, é o reconhecimento de que a educação integral não é obra apenas da escola ou dos setores de governo diretamente ligados à educação. O significado da expressão "educação integral" no conjunto dos documentos analisados não se limita às intervenções no interior da escola, tais como o aumento da jornada escolar ou o enriquecimento das atividades culturais. Os três cadernos reforçam os sentidos de responsabilização coletiva da sociedade pela educação das crianças e jovens. Essa responsabilização refere-se tanto ao aporte e à gestão de recursos como à implementação concreta das ações educativas. Essa abordagem, entretanto, tem ênfases variadas nos documentos analisados.

É no caderno Gestão intersetorial no território (Brasil, 2009b, p. 18) que predomina a concepção de que "A educação integral constitui ação estratégica para garantir proteção e desenvolvimento integral às crianças e aos adolescentes que vivem na contemporaneidade [...]".

Nesse caderno, a caracterização da educação integral está focalizada nas possibilidades de gestão compartilhada entre instâncias do poder público e da sociedade. A ideia de "integralidade" refere-se aqui à própria articulação das múltiplas estruturas e agentes, levando à ampliação do campo da educação, no sentido bourdieusiano do termo, por meio da incorporação de instâncias tradicionalmente estranhas a ele.

> A intersetorialidade supõe trocas sustentadas na horizontalidade das relações políticas, gerenciais e técnicas. Não se trata de equivalências, mas, sobretudo, do reconhecimento da capacidade que cada política setorial tem a aportar ao propósito comum: garantir educação integral às crianças, adolescentes e jovens. (Brasil, 2009b, p. 25)

Essa proposta de intersetorialidade, é definida como "corresponsabilização", e é viabilizada por meio do planejamento territorial das ações intersetoriais, de modo a promover sua articulação no âmbito local.

Para a concretização desse sentido de educação integral, o Programa pretende estimular parcerias no interior da esfera pública e entre os setores público e privado, visando a ampliação e o aprimoramento dos espaços e ações socioeducativas.

No âmbito da estrutura do Estado, os problemas advindos da tradição administrativa brasileira de funcionamento isolado dos diferentes setores são um desafio posto de início à proposta. As políticas dos diferentes órgãos públicos brasileiros não estão estruturadas para funcionarem conjuntamente. É preciso lembrar ainda que as ações conjuntas dependem da superação das injunções político-partidárias que, com frequência, orientam as escolhas e motivações administrativas. As políticas de âmbito nacional que dependem de articulações políticas locais tornam-se quase sempre subjugadas às injunções político-partidárias de cada região ou localidade. A criação dos comitês (local e metropolitano) previstos pelo Programa Mais Educação parece ser uma tentativa de enfrentar essas dificuldades.

Na medida em que a complexidade da ação educativa necessita, hoje, incorporar um conjunto de direitos assegurados às crianças e adolescentes por meio da articulação de múltiplos atores institucionais, isso traz a questão da necessidade de um alto grau de legitimidade e reconhecimento recíproco entre esses múltiplos atores, processo que também depende de uma construção política que não se faz de imediato.

Isso explica o sentido presente em todos os documentos analisados de que trata-se de uma proposta em construção como bem expressa o capítulo "Educação entegral: uma proposta em construção", do caderno "Educação integral" (Brasil, 2009a). A variedade de autores e de instituições envolvidas na elaboração dos cadernos que compõem a Série Mais Educação, por exemplo, revela uma concepção de obra em processo de experimento ou de ensaio.

A "apresentação", assinada pelo Ministério da Educação, comum aos três cadernos, afirma que o conjunto pretende "animar o debate e a construção de um paradigma contemporâneo de educação integral que possa constituir-se como legado qualificado e sustentável". O texto padronizado busca dar coerência ao conjunto dos demais textos, frente à multiplicidade de autores que falam de posições diferentes tais como universidades públicas, organizações não governamentais, setores de governo e outros.

Examinando a coerência interna da política por meio da análise do conceito de educação integral, tal como recontextualizado nesse conjunto de documentos, observamos a recorrência da percepção dos limites da ação do Estado. No caderno "Gestão intersetorial no território" encontra-se o questionamento:

> Qual a permeabilidade das estruturas organizacionais às demandas e soluções aportadas pelas crianças, adolescentes, famílias, educadores? Qual a capacidade da administração pública ampliar os canais de participação e sua disposição para alterar a programação e a priorização dos serviços a partir dos resultados dos processos de participação? Que modelos de ação intersetorial poderão ser produzidos nas diversas regiões do país? (Brasil, 2009b, p. 27)

O Programa expressa, ao mesmo tempo, dois movimentos aparentemente divergentes: o fortalecimento da ação política emanada do governo federal em relação à ponta do sistema de educação básica e a tendência de descentralização das políticas sociais, incluindo a maior autonomia dos estados, municípios e instituições escolares, em curso desde o final dos anos de 1980. Inevitavelmente, os textos carregam contradições internas, ou entre eles, pois referem-se a um Programa que tanto resulta da difusão, em escala internacional, de determinados paradigmas organizacionais, como da descentralização administrativa e da redefinição da responsabilidade do Estado, que passaria a ter caráter estratégico e indutor, mais do que executivo, como é o resultado do momento histórico brasileiro no qual a consolidação do sistema público de educação básica está sendo feita com a forte participação do poder central. Nesse processo, podemos identificar o fenômeno da adaptação ao contexto local das políticas de tendência internacional, em um processo de hibridização no qual o papel dos mediadores é essencial. Mesmo se levarmos em conta que o processo de globalização gera um conjunto de normas e formas de ação pública cuja produção escapa, em grande medida, aos atores nacionais (Henriot-Van Zanten, 2004), podemos observar a particularidade e a reapropriação desse conjunto na realidade brasileira, no caso da formulação do conceito de educação integral.

O fato de no Brasil uma política de descentralização e localização da ação educativa ser induzida pelo poder central e denominada de "educação integral" – considerando-se a carga histórica desse conceito – revela, nos parece, por um lado, a ainda enorme expectativa em possibilidades não esgotadas da ação educacional escolar e, por outro, uma conpreensão do peso da tradição de uma cultura escolar burocratizada e padronizada.

É no caderno Rede de Saberes Mais Educação (Brasil, 2009d, p. 13) que está desenvolvido o sentido de que "o projeto de educação integral tem como desafio estabelecer um diálogo ampliado entre escolas e comunidades". Aqui o significado de educação integral está relacionado à aproximação entre a escola, as famílias e as comunidades, não apenas do ponto de vista da gestão, mas do encontro de saberes. Ou seja, reaparece a concepção de educação integral como religação da educação não formal à educação formal, dos processos espontâneos aos intencionais, dos saberes comunitários aos escolares, tal como em um dos significados tradicionais do conceito. Aprofundaremos essa questão mais diante.

A possibilidade de criação de uma comunidade educativa, que forma o sentido de educação integral no caderno citado, ultrapassa a ideia de colaboração e alcança a ideia de efetivo partilhamento. Essa proposta tem como desafio a realidade social dos destinatários do Programa. Sendo ele destinado, de acordo com a Portaria nº 17 e demais documentos, principalmente às escolas com problemas relativos ao desempenho dos alunos e em condições de vulnerabilidade social, essas encontram-se, em geral, situadas em regiões empobrecidas, sem recursos e equipamentos urbanos públicos ou privados, o que faz com que a busca por novos espaços e parceiros socioeducacionais que possam aprofundar a troca entre escola e vida comunitária represente uma dificuldade às vezes incontornável. A mobilização de possíveis parceiros para a formação de uma comunidade educativa corre o risco de tornar-se uma tarefa de mão única, superior às possibilidades da instituição escolar. A intervenção dos setores de governos na "facilitação" desse processo introduz a contradição acima referida. O trecho abaixo apresenta o espectro dos destinatários preferenciais

> Recomenda-se às Unidades Executoras que criem critérios claros e transparentes para a implementação da educação integral, para seleção das turmas que irão participar do programa, como:
> - alunos que apresentam defasagem série/idade em virtude de dificuldades de aprendizagem;
> - alunos das séries finais da 1ª fase do ensino fundamental (4º e/ou 5º anos), na qual existe uma maior evasão de alunos na transição para a 2ª fase;
> - alunos das séries finais da 2ª fase do ensino fundamental (8º e/ou 9º anos), na qual existe um alto índice de abandono após a conclusão;
> - alunos de anos em que são detectados índices de evasão e/ou repetência, e assim sucessivamente;
> - a educação integral deverá ser implementada com a participação de, no mínimo, cem alunos. (Brasil, 2008, p. 2)

Nesse aspecto, a concepção de educação integral aproxima-se, no Brasil, da concepção de educação prioritária, em prática em alguns países europeus, e com mais longa duração na França. Uma política educacional que consiste em oferecer as condições necessárias para que os grupos sociais normalmente excluídos da escola – mesmo que no interior dela – tal como constatou Bourdieu, possam de fato a ela se integrar.

O projeto de educação integral do Programa Mais Educação é ambicioso do ponto de vista de seus objetivos, e pretende alcançar esferas mais amplas da vida de alunos e comunidades, envolvendo os pais e o entorno da escola. Incorporando os modelos que valorizam o protagonismo local, em certa medida a concepção de educação integral desenvolvida nos documentos do Programa Mais Educação é formada pela intersetorialidade e descentralização na gestão e pela multiplicação e diferenciação dos agentes educativos diretos.

Esses significados de educação integral apresentados no conjunto dos textos analisados, a depender da plasticidade do conceito, poderão ou não ser incorporados à noção de educação integral no processo de sua recontextualização nos níveis locais. Na tradição brasileira e internacional, esse entendimento de educação sempre esteve mais claramente relacionado aos objetivos a serem atingidos, isto é, ao resultado final da ação educativa sobre os indivíduos – que se espera mais abrangente – do que às mudanças nos processos e nos atores da educação.

Se considerarmos que a compreensão de uma política educacional supõe a percepção das diferentes instâncias que participaram de sua elaboração, possivelmente a presença de representantes de diferentes instâncias sociais na elaboração dos documentos favoreceu um olhar de fora da estrutura estatal, mesmo que a política seja de iniciativa do Estado.

Nos documentos analisados, o conceito aparece como uma síntese híbrida das ideias sobre a educação e a escola mobilizadas pelo Programa. Ele expressa ao mesmo tempo o sentido de uma educação com objetivos ampliados, de uma educação assumida por diferentes instâncias de governo e da sociedade, uma educação voltada para o combate à desigualdade e uma educação praticada em conjunto com os pais, a comunidade e o bairro onde a escola se localiza.

EM TORNO DO "CURRÍCULO INTEGRADO"

A escolha desse conceito como um dos eixos da análise sobre o Programa Mais Educação a que nos propomos neste texto precisa ser melhor justificada, tendo em vista que, ao contrário do conceito de "educação integral", ele não é um termo utilizado nos documentos oficiais analisados. Importa observar que, embora a intencionalidade da busca de uma integração entre os diferentes saberes se manifeste de forma explícita constituindo a espinha dorsal da proposta pedagógica desse Programa, ela não se apropria da expressão "currículo integrado". Como veremos mais adiante, a ausência desse significante nos parece um indício fecundo para a compreensão de como os sentidos de integração entre saberes são ressignificados no Programa.

A defesa da potencialidade política e pedagógica de um "currículo integrado" para a democratização da educação básica vem ganhando espaço no Brasil nesses últimos anos, sendo incorporada em diferentes propostas de políticas públicas envolvendo diferentes níveis e setores educacionais (ENEM, PCNEM entre outros). No campo acadêmico, assistimos igualmente a intensificação do debate em torno dessa ideia entre diferentes posicionamentos teóricos no campo do currículo (Hernández, 1998; Torres Santomé, 1998; Bernstein, 1996; Lopes e Macedo, 2002; Goodson, 1997, 1998; Veiga Neto, 1996, 1997, 1998).

Apresentamos a seguir, em linhas gerais, alguns aspectos presentes nos debates acadêmicos do campo do currículo sobre integração curricular, nos últimos anos, para, em seguida, sublinhar como os mesmos estão sendo recontextualizados e hibridizados com outros discursos na proposta pedagógica do Programa Mais Educação.

Um primeiro aspecto a ser considerado e já apontado por alguns estudiosos do campo do currículo consiste na necessidade de problematizar a associação discursiva comumente estabelecida nesses debates entre "inovação pedagógica", "transformação social" e "currículo integrado". Em estudo relativamente recente, Lopes (2008, p. 24) afirma que:

> Há que se considerar, contudo, que o atual realce do discurso sobre integração curricular não caracteriza obrigatoriamente um discurso inédito. Diferentes propostas pedagógicas de integração atravessam a história do currículo (Beane, 1996; Schubert, 1995)

Diferentes tendências políticas e perspectivas teórico-metodológicas têm contribuído para a produção de diferentes sentidos de integração e de propostas de currículo integrado. Associar integração aos métodos ativos e não tradicionais e/ou necessariamente à perspectiva curricular crítica, como tem sido usualmente feito por parte dos defensores dessa modalidade de organização curricular, pode ser entendido como uma estratégia política no jogo de fixações de sentido, entre outras tantas possibilidades de significar esse termo.

Essa constatação não tem por objetivo desqualificar a luta pela democratização da educação básica nem tampouco negar a possível potencialidade subversiva de um "currículo integrado". Nossa preocupação é, ao contrário, evidenciar a complexidade da mesma e entender os mecanismos por meio dos quais essa potencialidade encontra, com maior ou menor intensidade, formas de manifestar-se subversivamente em relação às articulações hegemônicas.

Um segundo aspecto, decorrente do primeiro, diz respeito à reafirmação da importância do reconhecimento deste tema – "integração curricular" – como fenômeno político, envolvendo relações de poder historicamente estabelecidas em nossa sociedade. Isso significa que, independente da perspectiva político-teórica da proposta pedagógica, uma vez que se trata de manter e/ou de transformar a organização curricular, essa proposta interfere no jogo de forças em curso.

Como apontam estudiosos do currículo na perspectiva crítica (Bernstein, 1996; Goodson, 1997, 1998) o termo "integrado", ao adjetivar currículo, expressa o resultado do ato de integrar saberes particulares em um espaço no qual circulam saberes socialmente legitimados para serem ensinados e aprendidos. Envolve a mobilização de critérios de seleção e de organização do conhecimento escolar. Isso significa que ao estabelecer o que pode/deve ser considerado como um saber/conhecimento passível de ser integrado, o ato de integrar define simultaneamente os sentidos de saber/conhecimento, do jogo político no qual as lutas por essa definição estão sendo travadas, bem como define também o contexto contingencial em que elas ocorrem.

Como aponta Bernstein (1996) falar de integração no domínio dos saberes é simultaneamente discutir princípios de regulação – "classificação" e "enquadramento" responsáveis, segundo esse autor, pela manutenção e pela força/poder das fronteiras que separam o que é e o que não é legitimado como conhecimento a ser ensinado nas escolas. Para Bernstein, de acordo com Leite (2007, p. 27),

> Enquanto a classificação traduz as relações sociais de poder, o enquadramento vai traduzir mais especificamente as disposições de controle sobre as comunicações nas relações pedagógicas locais. Se a classificação define os limites dos discursos e gera regras de reconhecimento, o enquadramento gera regras de realização: o primeiro princípio regula o "que" e o segundo regula o "como" dos significados produzidos nas interações comunicativas pedagógicas.

Para Bernstein, a organização dos conhecimentos em uma matriz que traduza o que ele nomeia de "código integrado", isto é, que opere com uma perspectiva relacional entre os saberes, carrega uma possibilidade de socialização do conhecimento mais democrática, na medida em que combate as visões dogmáticas e hierárquicas presentes na apreensão e na distribuição desse bem simbólico.

Do mesmo modo, as contribuições da História das Disciplinas na linha desenvolvida por Ivor Goodson (1997, 1998), ao evidenciarem a estreita relação entre a organização curricular e as questões de estratificação social dos saberes, oferecem subsídios teóricos para a compreensão da centralidade e da força da matriz disciplinar no entendimento dessa relação. As disciplinas escolares são muito mais do que uma distribuição e organização dos conhecimentos científicos. Como construções sócio-históricas, elas mobilizam e articulam sujeitos e saberes em torno da luta por recursos materiais e simbólicos, por *status* e poder, nos diferentes territórios em que elas atuam.

Um terceiro e último aspecto presente nesses debates, e que gostaríamos de destacar, diz respeito ao fato de que essa imbricação entre organização curricular, disciplina e relações de poder não pode ser sempre enfrentada, nem tampouco explicitada nas discussões e estudos sobre currículo integrado. A preocupação em "como fazer" um currículo integrado tende a se sobrepor, entre os estudiosos do tema, a uma análise crítica das relações de poder que atravessam o currículo disciplinar. Como afirma Lopes (2008, p. 80):

> Nessas propostas, percebe-se fortemente a preocupação em apresentar formas de fazer o currículo integrado, sem que essas formas de fazer sejam relacionadas com uma teorização de por que o currículo se organiza disciplinarmente.

O discurso em defesa de um "currículo integrado", ainda que não explicite o quadro teórico no qual ele é produzido, esbarra necessariamente com um obstáculo incontornável, isto é, com a lógica disciplinar. Como aponta Lopes (2008), o entendimento de integração depende da lógica curricular privilegiada. Por sua vez, falar de lógica disciplinar é entrar no debate sobre finalidades da educação, o que pressupõe operar com diferentes matrizes de organização curricular. Estudiosos da história do currículo identificam três matrizes clássicas de organização curricular mobilizadas nos processos de recontextualização e hibridização dos sentidos de "currículo integrado".

Uma primeira modalidade de matriz curricular traz as marcas das perspectivas mais instrumentais, nas quais a ênfase está posta na integração em meio à ação. Isto é, integram-se os saberes por meio das competências e habilidades a serem desenvolvidas nos alunos, reatualizando e fixando o sentido do conhecimento escolar como um "saber-fazer". Nessa modalidade encontram-se as propostas de currículo por competências tão em voga nas reformas educacionais mais recentes.

Em outra modalidade conhecida como "currículo centrado nas disciplinas de referência", trata-se de integrar os conceitos das diferentes disciplinas de referência sem interferir em suas respectivas matrizes curriculares, nem tampouco na lógica acadêmica que as informa. Nessa perspectiva, o sentido de integração (con)funde-se com um sentido de interdisciplinaridade, que tende a estar limitado ao planejamento da ação pedagógica sem, no entanto, considerar as dimensões políticas e epistemológicas presentes no processo de seleção e organização do conhecimento escolar.

A terceira modalidade de currículo integrado ao romper com a matriz disciplinar ("currículo por temas geradores"; "currículo por projetos", etc), implicaria problematizar o poder das disciplinas de referência na definição das disciplinas escolares. Nela, a ênfase da ação de integrar é posta no grau de articulação entre o conhecimento escolar selecionado e organizado e as questões e demandas sociais, políticas, culturais mais amplas pelas quais somos interpelados, cotidianamente, em nossa contemporaneidade.

Ao trazer para a discussão a diferenciação entre essas modalidades de matrizes, nosso intuito não é reafirmar a existência de "gêneros puros" de uma configuração discursiva de currículo integrado ou identificar, a partir de uma escala de valores, a melhor matriz de organização curricular para a construção de um currículo desse tipo. Entendendo que as diferentes propostas de integração curricular reatualizam e articulam os sentidos das matrizes curriculares clássicas, bem como outros discursos de diferentes campos, nos interessa analisar como esse processo se deu em uma proposta específica, isto é, no Programa Mais Educação.

CURRÍCULO – MANDALA COMO UMA PROPOSTA DE CURRÍCULO INTEGRADO

Entre os três cadernos que compõem a coleção Mais Educação, o intitulado "Rede de Saberes Mais Educação – Pressupostos para Projetos Pedagógicos da Educação Integral" tem como foco a discussão sobre a integração no plano dos saberes, remetendo-nos aos debates sobre currículo integrado.

Nesse caderno, o símbolo da Mandala assume um papel central na estruturação estética e conceitual do texto, bem como na formulação dos pressupostos para projetos pedagógicos de uma educação integral e integrada. Na construção de uma rede de saberes, a Mandala é vista como:

> [...] a ferramenta de auxílio à construção de estratégias pedagógicas para a educação integral capaz de promover condições de troca entre saberes diferenciados. (Brasil, 2009d, p. 22)

Uma leitura da utilização do símbolo da Mandala, tendo como fio condutor os objetivos deste trabalho, permite inferir sobre os sentidos de conhecimento/saberes que se quer fixar neste documento. Como explicitado em diferentes passagens do texto analisado, trata-se de operar com a ideia de um "sistema de saberes", com uma visão sincrética do conhecimento produzido em diferentes territórios sociais. Além de reafirmar os princípios de totalidade e integralidade no plano epistemológico, a utilização da Mandala para simbolizar a proposta de integração dos saberes é justificada, no documento, pelo fato de expressar a possibilidade de incorporar as diferentes leituras e apropriações dos contextos da prática. Nessa perspectiva, o caderno Rede de Saberes não se apresenta como um texto normativo, mas sim como uma "obra-aberta", isto é,

> [...] uma obra que não encerra em si suas possibilidades, mas abre-se para que diferentes sujeitos possam escolher suas condições, sequências, formas, transformando a prática educacional em espaço de diálogo e negociação, ou talvez em espaço de criação. (Brasil, 2009d, p. 28)

A metáfora da Mandala é um recurso retórico que visa expressar simultaneamente o entendimento de conhecimento e a busca de uma organização curricular para uma educação integral que, sem utilizar a expressão "currículo integrado", como já observado anteriormente, mobiliza entendimentos de integração. Um currículo – Mandala que expressa as ideias de integralidade na fixação do sentido e na classificação de conhecimento, de flexibilidade e de inovação para selecioná-los e organizá-los em uma matriz curricular escolar.

> Para isso estruturamos uma Mandala de Saberes capaz de recuperar e construir o diálogo entre temas transversais, disciplinas, saberes e práticas cotidianas escolares e comunitárias. (Brasil, 2009d, p. 21)

Essa proposta pedagógica mobiliza e hibridiza igualmente muitos outros discursos, resultando em configurações discursivas que, se não chegam a negar a potencialidade crítica pretendida com o uso dessa simbologia, tendem a enfraquecer o potencial analítico de algumas categorias, bem como a força política dos argumentos desenvolvidos.

Interessa-nos perceber como os sentidos fixados para esse universo semântico que gira em torno da ideia de um "currículo integrado", nesse documento, reatualizam os sentidos de "currículo", "conhecimento", "cultura", "disciplina/disciplinarização" e "escola", em disputa no campo educacional, intervindo, desse modo, nas lutas hegemônicas pela democratização da educação básica.

Uma primeira configuração discursiva que, no nosso entender, merece ser sublinhada diz respeito às articulações estabelecidas entre os sentidos fixados para os termos "escola" e "comunidade".

Essa configuração é o eixo articulador de toda a proposta. Um dos pressupostos explicitados nesse documento, por meio da metáfora da Mandala, consiste na afirmação da experiência educacional como um processo que ocorre dentro e fora da escola.

> Acreditamos que, enfrentando *a distância* que hoje caracteriza as relações *entre escolas e comunidade*, poderemos ampliar a dimensão das experiências educadoras na vida dos estudantes, promovendo a qualificação da educação pública brasileira. (Brasil, 2009db, p. 13, grifos nossos)

A análise desse trecho permite evidenciar que o pressuposto da distância entre esses dois territórios sociais – escola e comunidade – é plenamente assumido e está na base do movimento em prol do tipo de integração buscada no Programa Mais Educação. Esse distanciamento é reafirmado e reforçado por meio de hibridizações com sentidos de cultura produzidos no campo da Antropologia. Por esse viés, escola e comunidades são territórios distantes nos quais vivem sujeitos com pertencimentos culturais diferentes, que utilizam grades de leitura de mundo diferenciadas e são produtores de saberes distintos.

Não é por acaso o uso da metáfora da ponte para expressar o entendimento de integração, bem como a percepção dos processos de integração como processos interculturais. Integração e interculturalidade em diferentes passagens do documento são fixadas como sinônimas.

> A interculturalidade remete ao encontro e ao entrelaçamento com o que acontece, quando os grupos entram em relações de troca. Os contextos interculturais permitem que os diferentes sejam o que realmente são nas relações de negociação, conflito e reciprocidade. Escola e comunidade são desafiadas a expandirem-se uma em direção à outra e complementarem-se. (Brasil, 2009d, p. 21)

A associação entre território, cultura e saberes sem dúvida carrega – dependendo dos sistemas discursivos em que ela se insere – um potencial subversivo. Com efeito, ela pode produzir significados que problematizam e podem interferir na cadeia de equivalências historicamente legitimada do sentido de saberes considerados válidos a serem ensinados na escola e pela escola. A recontextualização das teorias de cultura pode apontar simultaneamente para possibilidades de subversão e de consolidação de posições hegemônicas que atravessam a escola em função das hibridizações com outros discursos estabelecidos.

No documento analisado, é possível perceber, em muitas passagens, a necessidade de romper com uma tradição de escola monocultural, representativa das demandas e interesses de grupos particulares. No entanto, a justificativa dessa ruptura é feita de forma a associar interculturalidade a uma concepção estereotipada de escola, fazendo com que essa mudança seja defendida como algo que deve ocorrer para além da cultura escolar. Essa articulação de sentidos tende a esvaziar o potencial crítico e transformador dessa mudança, na medida em que não enfrenta teoricamente as relações de poder específicas a essa instituição.

Os trechos a seguir destacados exemplificam o sentido de escola fixado hegemonicamente e que tende a restringi-la a um dos pilares para a construção da ponte desejada, permitindo oxigená-la por meio de sua abertura para o "mundo de fora" sem, no entanto, interferir diretamente na organização curricular da mesma.

> [A educação integral] Compreende a educação como um desafio para as escolas e comunidades e pretende dialogar com a complexidade dos agentes sociais, territórios e saberes que envolvem as experiências comunitárias, buscando construir-se *para além do espaço escolar*. (Brasil, 2009d, grifo nosso, p. 15)
>
> As escolas (e seu funcionamento tributário de uma tradução cientificista do conhecimento, filtrada pela tecnologia da produção) ainda não encontraram uma via clara na qual possam fluir e se ramificar em processos educacionais as diversas experiências comunitárias e seu "saber-fazer". *A vida cotidiana ainda é distante da prática escolar* (Brasil, 2009d, grifo nosso, p. 16)

Quando consideramos o peso das disciplinas escolares, a estratificação social dos saberes ou a distribuição desigual de bens simbólicos nas organizações curriculares, como nos mostram estudos acumulados tanto na área de Currículo como na de Didática, parece-nos importante reconhecer que na luta pela democratização da escola pública de qualidade existem outros sentidos de "escola" e de "conhecimento escolar" que estão em disputa. Nesses discursos, essa instituição não é necessariamente somente significada como algo fechado, avessa às demandas sociais do nosso presente. "Arena cultural", espaço de "entrecruzamento de culturas", são muitas as expressões produzidas no campo educacional que reconhecem que esse espaço não pode ser visto apenas como o lócus privilegiado da sistematização do conhecimento universalizado (Brasil, 2009d, p. 15) e que sublinham a especificidade das relações assimétricas de poder que informam tanto a cultura escolar como a cultura da escola. (Forquin, 1993).

Essa visão que universaliza um sentido possível e particular de escola se reproduz também no entendimento de comunidade, outro pilar da ponte de integração. Se no caso da generalização do sentido de escola prevalece a marca do estereótipo de uma escola atrelada ao mundo acadêmico-científico, engessada e fechada para a vida, no caso do sentido de comunidade o processo de generalização está associado a uma visão idealizada, como podemos constatar na passagem a seguir:

> A marca da comunidade é o bem comum, seus membros estão sempre em uma relação de igualdade entre si, sem mediações. Possuem igualmente o sentido de unidade e destino comum. (Brasil, 2009d, p. 37)

No entanto, e de forma paradoxal, essa comunidade idealizada não corresponde a um entorno qualquer de uma escola qualquer. A comunidade com a qual se busca integração, nessa proposta de educação integral, são os territórios sociais de baixa renda e com dificuldades de acesso aos bens culturais e simbólicos, como já sublinhado anteriormente. Nessa perspectiva, a proposta focaliza um grupo social específico e não todos os estudantes da educação básica. Os "diferentes", do ponto de vista cultural, associam-se discursivamente com "os desiguais", como já apontado na identificação do sentido de educação integral como educação que procura "dar mais aos que têm menos".

Desse modo, o Currículo-Mandala, embora se estruture em torno de uma demanda de democratização dos saberes, tende a reforçar a manutenção das relações sociais hierárquicas, na medida em que não enfrenta radicalmente as implicações, para as práticas pedagógicas e para a organização curricular, do reconhecimento da hierarquização entre os diferentes saberes.

Esse não enfrentamento pode ser traduzido por algumas marcas discursivas presentes no texto analisado. Por exemplo, os processos de significação da diferenciação entre os "saberes comunitários" e os "saberes escolares" como explicitado nos Capítulos 7 e 8, respectivamente, desse caderno.

A definição de saberes comunitários mobiliza novamente sentidos de cultura: "os saberes comunitários representam o universo cultural local" (Brasil, 2009d, p. 37). Interessante observar que o sentido de "saber comunitário" fixado aproxima-se tanto de "saberes populares" (Brasil, 2009d, p.28) como de "saberes sociais" ou saberes prévios" que os alunos trazem de suas trajetórias individuais e sociais, suas leituras de mundo, vivências, memórias não sistematizadas. No entanto, e ao contrário de outras passagens do documento, quando os sentidos de comunidade e cultura local estão associados, neste capítulo percebe-se um esforço em ordenar, organizar essa cultura local de maneira a formatá-la, adequá-la ao seu papel de objeto a ser aprendido. As 11 áreas distintas em torno da qual organizam-se os saberes comunitários expressam esse movimento, oferecendo indícios que ratificam a força e a necessidade de alguma forma de "ordenação" dos conteúdos quando nos aproximamos do universo escolar.

Por sua vez, a definição de saberes escolares se faz a partir da reatualização, com ênfases diferenciadas, das matrizes curriculares clássicas anteriormente mencionadas, sem a incorporação do debate acadêmico acumulado no campo do currículo, no que se refere ao peso político das matrizes disciplinares escolares nas mudanças curriculares. Interessante observar que a ausência do debate se expressa na definição de saber escolar, na medida em que o sentido fixado está "para além" do conteúdo disciplinar.

> [...] Aqui os *saberes escolares que se constituem além dos conteúdos específicos* de cada disciplina escolar são também as habilidades, procedimentos e práticas que nos tornam sujeitos formuladores de conhecimentos. (Brasil, 2009d, p. 43, grifo nosso)

O mesmo movimento que fixa o sentido de saber escolar como exemplificado no trecho acima, o organiza também em áreas do conhecimento escolar inspiradas nos Parâmetros Curriculares do Ensino Médio (PCNEM) (Brasil, 2009d, p. 44), incorporando as ideias de interdisciplinaridade e de contextualização como princípios organizadores. A recente reforma curricular do ensino médio no Brasil, embora com foco na organização curricular, não discute igualmente os critérios de seleção dos conteúdos, áreas e disciplinas, deixando entrever a naturalização dos conteúdos disciplinares "como se eles fossem obrigatoriamente os melhores e os mais legítimos" (Lopes, 2008, p. 96).

Procuramos mostrar como o processo de recontextualização por hibridismo de diferentes discursos em torno do termo "integração" no caderno Rede de Saberes traz à tona alguns aspectos da luta hegemônica pela democratização do acesso ao conhecimento em contexto escolar. A análise de alguns recursos retóricos permitiu perceber que a ideia de integração proposta no Currículo-Mandala mobiliza simultaneamente – mas não com a mesma força – sentidos de integração como ampliação do conhecimento para além do conteúdo disciplinar ou currículo escolar (Brasil, 2009d, p. 17) e sentidos de reestruturação desses conteúdos quando associados ao sentido de culturas na medida em que reconhece a legitimidade de saberes produzidos em outros territórios sociais que não a academia ou mesmo a escola (Brasil, 2009d, p. 17, 21).

Essas ambivalências expressam o jogo político e a disputa pela fixação de um sentido de currículo integrado que traz as marcas das tensões presentes no contexto específico de sua produção.

DESAFIOS E POTENCIALIDADES

Gostaríamos de finalizar reforçando alguns aspectos que nos pareceram importantes trazer para o debate em torno do paradigma de educação integral em processo de construção. A articulação entre "educação integral" e "currículo integrado" tal como presente no conjunto de documentos analisados é tradutora das potencialidades e desafios do Programa Mais Educação.

Como experimento (exploração de um caminho) institucional e curricular, esse programa é um rompimento com o sentido predominante do termo, pois o subordina a uma construção, isto é, a uma descoberta coletiva feita a muitas mãos. Não há um modelo de homem integral a ser alcançado ou de ação educacional integral. Os pilares da proposta impedem uma compreensão prévia ou generalizadora do conceito. Isso significa uma abertura para a incorporação das complexidades de ordem epistemológica, política e pedagógica que caracterizam o nosso presente, e que nos parece se fazer sem receitas e roteiros prévios mas talvez ainda com algumas certezas ou apostas.

Construção, por mais plural e aberta que possa ser, não significa necessariamente negar as especificidades dos diferentes lugares e sujeitos envolvidos nesse processo. Se o movimento de integração "para além da escola" pode trazer elementos novos e subversivos para pensar uma nova maneira de fazer política pública na área da educação, ele tem que estar atento para o fato de que esse "para além da escola" não se confunda com um esvaziamento do lugar específico que essa instituição assume na luta hegemônica pela democratização da educação básica.

Se a escola está "sob suspeita" (Gabriel, 2008), isso não significa que ela já tenha sido condenada e esvaziada de qualquer possibilidade de subversão. Em vez de negar esse papel, os debates e propostas ganhariam em consistência teórica se procurassem melhor compreender os mecanismos ou estratégias políticas específicas acionadas por dentro dessa instituição. Em linhas gerais, tratar-se-ia de passar a olhar o currículo escolar não como algo imutável, e reconhecer que os conteúdos não são objetos estáveis e universais, tampouco uma adaptação didatizada do conhecimento científico, mas sim construções específicas, tanto do ponto de vista político como epistemológico. Em suma, que as disciplinas tem história e são construídas socialmente em meio às disputas por *status*, prestígio e território (Goodson, 1997).

Vale ressaltar ainda que em um sistema educacional ainda frágil institucional e materialmente, as formas alternativas de ampliação do tempo socioeducativo que não têm como centro a instituição escolar, expõem-se aos perigos da fragmentação e da perda de direção, principalmente quando a proposta recontextualiza-se nas escolas onde a força das contingências traz à tona a urgência no combate contra a precarização das práticas educativas das escolas públicas do país.

NOTAS

1. Em 2009, o Programa Mais Educação atuava em 126 municípios de todos os estados e no Distrito Federal, alcançando 5 mil escolas e cerca de 1,5 milhão de estudantes. As escolas inscrevem-se diretamente, por meio de formulário eletrônico de captação de dados gerados pelo Sistema Integrado de Planejamento, Orçamento e Finanças do Ministério da Educação (SIMEC). Para o funcionamento local do Programa, é prevista a criação de duas instâncias político-organizacionais intituladas Comitê Metropolitano (consultivo e propositivo) e Comitê Local (formulação e acompanhamento), as quais acompanham a implantação do Programa
2. Ministérios da Educação, do Esporte, do Desenvolvimento Social e Combate à Fome, da Cultura, da Ciência e Tecnologia, do Meio Ambiente e a Secretaria Nacional da Juventude da Presidência da República.

REFERÊNCIAS

BALL, S.J. Cidadania global, consumo e política educacional. In: SILVA, L.H. (Org.). *Século XXI*: qual conhecimento? Qual currículo? Petrópolis: Vozes, 1998.

_____. Diretrizes políticas globais e relações políticas locais em educação. *Currículo Sem Fronteiras*, Mangualde, v.1 n.2, p.99-116, 2001. Disponível em: <http:// www.curriculosemfronteiras.org/vol1iss2articles/ball.pdf>

_____. *Education reform*: a critical and poststructural approach. Buckingham: Open University Press, 1994.

BERNSTEIN, B. *A estruturação do discurso pedagógico*: classe, códigos e controle. Petrópolis: Vozes, 1996.

BRASIL. Lei n. 9.394, de 20 de dezembro de 1996. Estabelece as diretrizes e bases da educação nacional. *Diário Oficial da União*, Brasília, DF, 23 dez. 1996.

_____. Ministério da Educação. *Educação integral*: texto referência para o debate nacional. MEC: Brasília, 2009a. (Série Mais Educação)

_____. Ministério da Educação. *Gestão intersetorial no território*. MEC: Brasília, 2009b. (Série Mais Educação)

_____. Ministério da Educação. *Manual de educação integral para obtenção de apoio financeiro por meio do Programa Dinheiro Direto na Escola – PDDE*. 2008.

_____. Ministério da Educação. *Programa mais educação passo a passo*. Brasília, [2009c]

_____. Ministério da Educação. *Redes de Saberes Mais Educação*: pressupostos para projetos pedagógicos de educação integral. MEC: Brasília, 2009d. (Série Mais Educação)

_____. Portaria n. 17, de 20 de abril de 2007. *Diário Oficial da União*, Brasília, DF, 24 abr. 2007.

CAVALIERE, A.M. Escolas de tempo integral *versus* alunos em tempo integral. *Em Aberto*, Brasília, v.22, n.80, p.51-63, 2009.

FORQUIN, J.-C. *Escola e cultura*: as bases sociais e epistemológicas do conhecimento escolar. Porto Alegre: Artmed, 1993.

GABRIEL, C.T. Conhecimento escolar, cultura e poder: desafios para o campo do currículo em tempos-pós. In: MOREIRA, A.F.B.; NDAU, V.M. (Org.). *Multiculturalismo*: diferenças culturais e práticas pedagógicas. Petrópolis: Vozes, 2008. p.212-245.

GOODSON, I.F. *A construção social do currículo*. Lisboa: Educata, 1997.

_____. A crise da mudança curricular: algumas advertências sobre iniciativas de reestruturação. In: SILVA, L.H. (Org.). *Século XXI*: qual conhecimento? Qual currículo? Petrópolis: Vozes, 1998.

HENRIOT-VAN ZANTEN, A. *Les politiques d'éducation*. Paris: PUF, 2004.

HERNÁNDEZ, F. *Transgressão e mudança na educação*: os projetos de trabalho. Porto Alegre: Artmed, 1998.

JAEGER, W. *Paidéia:* a formação do homem grego. São Paulo: Martins Fontes, 2010.

LARROYO, F. *História geral da pedagogia*. São Paulo: Mestre Jou, 1974.

LEITE, M.S. *Recontextualização e transposição didática*: introdução à leitura de Basil Bernstein e Yves Chevalallard. Araraquara: Junqueira & Marin, 2007.

LOPES, A.C. Política de currículo: recontextualização e hibridismo. *Currículo Sem Fronteiras*, Mangualde, v.5, n.2, p.50-64, 2005.

_____ . *Políticas de integração curricular*. Rio de Janeiro: Ed. UERJ, 2008.

LOPES, A.C.; MACEDO, E. A estabilidade do currículo disciplinar: o caso das ciências. In: LOPES, A.C.; MACEDO, E. (Org.). *Disciplinas e integração curricular*: histórias e políticas. Rio de Janeiro: DP&A, 2002. p.73-94.

MACHADO, L.R.S. *Politecnia, escola unitária e trabalho*. São Paulo: Cortez, 1989.

MORIYÓN, F.G. *Educação libertária*. Porto Alegre: Artmed, 1989.

ROBERT, B. *Les politiques d'éducation prioritaire*: les défis de la réforme. Paris: PUF, 2009.

TORRES SANTOMÉ, J. *Globalização e interdisciplinaridade:* o currículo integrado. Porto Alegre: Artmed, 1998.

VEIGA-NETO, A. Currículo, disciplina e interdisciplinaridade. *Revista Brasileira de Ciências do Esporte*, São Paulo, v.17, n.2, p.128-137, 1996.

_____ . Currículo e interdisciplinaridade. In: MOREIRA, A.F.B. (Org.). *Currículo*: questões atuais. 14.ed. Campinas: Papirus, 1997.

_____ . *Interdisciplinaridade*: mais uma volta no parafuso. *Fronteiras*, Porto Alegre, v.12, p.25-32, 1998.

20

Educação integral e educação profissional
Interfaces possíveis

Simone Valdete dos Santos

O movimento anarquista, em sua organização dos anos de 1850 aos anos de 1930, cunha os pressupostos da educação integral:

> A educação integral compreendia os seguintes aspectos: *a educação intelectual*, que consistia na socialização da cultura e dos saberes produzidos pela humanidade; *a educação física*, que consistia no desenvolvimento físico, por sua vez tomado em três aspectos (uma educação esportiva; uma educação manual e uma educação profissional) e a *educação moral*, que consistia em uma vivência coletiva da liberdade e da responsabilidade. (Gallo; Moraes, 2005, p. 90)

Embora as escolas anarquistas[1] tenham sido duramente reprimidas e seus professores perseguidos e assassinados, pois o nazismo e o fascismo em ascensão no período reconheceram no anarquismo uma qualificada oposição, o ideário anarquista de educação perdura, sobretudo quando a abordagem é vinculada à educação profissional, como é o caso do presente texto, pois os "alunos" potenciais das escolas anarquistas foram os operários e suas famílias.

O teatro, a literatura, a imprensa, os exercícios de oratória, a democracia participativa, o envolvimento das mulheres e das crianças compõem práticas anarquistas de educação exemplares para a reflexão atual da educação integral.

Ainda conforme Gallo e Moraes:

> A educação física, para além dos jogos e recreações que procuravam estimular a cooperação e a solidariedade, não a competição, investia também em uma educação manual, voltada para o refinamento sensório-motor nas crianças pequenas. E, mais importante, desdobra-se também em uma educação profissional politécnica. Isto é, a escola era dotada de uma série de oficinas, de trabalhos com madeira, com metais, com papel (gráfica e imprensa), com tecidos (roupas), de trabalhos

agrícolas (horta), além dos serviços gerais de limpeza. As crianças e jovens eram organizados em grupos que se revezavam nessas várias atividades, semana a semana. (Gallo; Moraes, 2005, p. 90)

O trabalho manual era assumido como tarefa de todas as gerações: adultos, jovens e crianças, de forma integrada. Tal aprendizagem era tão considerada quanto a apreendida pela leitura dos livros. Os princípios de liberdade e autonomia eram perseguidos no sentido essencial das atividades com madeira, metal, papel; materiais estes que constituem boa parte dos artefatos que promovem o conforto de nosso cotidiano: alimentação, moradia, estudo, lazer...

O presente texto, tendo como baluarte o entendimento e as práticas anarquistas de educação integral, dissertará inicialmente sobre as origens da educação escolar e da educação para o trabalho no Brasil, sendo a escola cerceada dos saberes e da presença das classes populares e o trabalho braçal colocado como sua obrigação. A educação profissional é apresentada com sua legislação atual, sendo o Programa Nacional de Educação Profissional Integrada à Educação Básica na modalidade Educação de Jovens e Adultos (PROEJA) instituinte de práticas pedagógicas na perspectiva da educação integral.

ORIGENS DA ESCOLA E DA EDUCAÇÃO PARA O TRABALHO NO BRASIL

O analfabetismo foi uma grande barreira para organização dos grupos anarquistas durante a República Velha. Como fazer circular os jornais entre os trabalhadores urbanos que não sabiam ler e escrever? Como ensinar nas escolas modernas prescindindo do que hoje nomeamos como educação básica?

Desde os anarquistas a abordagem sobre a Educação Integral no Brasil está vinculada aos conhecimentos advindos da frequência à escola, diante do fato que ainda não ocorreu à universalização[2] do acesso à ela.

Os nove anos do ensino fundamental estão organizados para o acesso universal nas redes públicas municipais e estaduais de ensino, no entanto, convivemos com o índice atual de 10% de analfabetismo absoluto entre a população.

> No mundo subdesenvolvido e analfabeto, o filósofo, para pensar autenticamente a realidade, precisa ser analfabeto. Não que ignore a habilidade de ler e escrever – mas, sabemos bem não ser exclusivamente essa falta que constitui o analfabetismo –, e sim porque coloca em primeiro lugar, na tentativa de conceber e interpretar o mundo às condições reais dele, entre as quais inclui a de ser um mundo de analfabetos. Considerará a acumulação da cultura estranha e as diversas cogitações, passadas e presentes, conhecidas pelo estudo dos livros, uma fonte subsidiária, embora indispensável para formação da consciência de si. Mas terá de aprender muito mais com o que vê do que com o que lê. A consciência filosófica só será legítima se explicar o estado do seu meio, não por um reflexo passivo exterior, mesmo verídico, mas pela apreensão da essência do ser social do qual o pensador é parte. (Pinto, 2005, p. 45)

Nesse contexto, há uma dívida com a classe trabalhadora, distante dos bancos escolares, pois o ideal moderno de escolarização não se cumpriu. Vivenciamos o que Clarice Nunes (2000) denomina como um *des* encanto de nossa modernidade pedagógica.

A modernidade brasileira, iniciada no projeto colonial português da contra-reforma não valorizava a escola. O privilégio das primeiras letras correspondia aos meninos brancos, filhos de proprietários de terras, com preceptores homens, na maioria das vezes, brancos e integrantes do clero.

O trabalho braçal, por sua vez, foi colocado como obrigação dos indígenas, posteriormente dos africanos desterrados e também dos mestiços, resultado do encontro dessas etnias com os europeus, especialmente com os portugueses.[3]

Os indígenas, e posteriormente os africanos,[4] são subjugados à empresa escravista, de alta complexidade, quando da chegada dos portugueses, e, em nossos dias, um número significativo de seus descendentes é subjugado ao trabalho em condições precárias, sem seguridade social.

No Império, o ensino de ofícios ocorria entre os brancos e os pardos da colônia, entre as irmandades de negros escravos e, posteriormente, irmandades de negros livres. As primeiras letras algumas vezes eram associadas a este aprendizado e outras não, como bem coloca Louro (2004, p. 444):

> Os legisladores haviam determinado, nos idos de 1827, que se estabelecessem "escolas de primeiras letras", as chamadas "pedagogias em todas as cidades, vilas e lugarejos mais populosos do Império". Mas a realidade estava, provavelmente, muito distante dessa imposição legal. Até que ponto era imperativo saber ler e escrever ou conhecer as quatro operações? Naquela sociedade escravocrata e predominantemente rural, em que latifundiários e coronéis teciam as tramas políticas e silenciavam agregados, mulheres e crianças, os arranjos sociais eram feitos na maior parte das vezes por acordos tácitos, pelo submetimento ou pela palavra empenhada.

Tal processo colonizador faz com que a escola, que originalmente é criação moderna, logo, branca e ocidental, não tenha um valor aqui e, retomando a reflexão de Louro, nossa trajetória econômica inicial é o extrativismo e o plantio na forma de latifúndio, dependendo de acordos tácitos, contexto no qual a palavra escrita não era superior à palavra falada.

Os primeiros discursos sobre a universalização da educação escolar no Brasil, datados dos anos de 1910, narrados na obra "Educação popular e educação de adultos" de Vanilda Paiva (1985), atribuem ao analfabetismo todas as mazelas sociais. O atraso econômico do Brasil era "culpa" do analfabetismo, sem qualquer menção à nossa profunda desigualdade social, que perdura até hoje.

As elaborações de Anísio Teixeira nos anos de 1930, 1940 e 1950, embasam a luta pelo direito à educação, bem como as elaborações do Manifesto dos Pioneiros da Educação Nova de 1932.

> Para nós, o público e as formas pelos quais o Estado o representa são cousas[5] relativas e plurais, dotadas as formas do Estado de extrema flexibilidade de organização. Nenhum outro interesse público exigirá forma tão especial do Estado quanto o da educação.
>
> (Teixeira, 2004, p. 46)

No entanto, o período do Estado Novo reforça a educação privada, garantindo recursos públicos para as escolas particulares, sobretudo as católicas, constituindo uma legislação da educação profissional a partir das reformas dos ministros da educação Francisco Campos e Gustavo Capanema que cristalizaram a dualidade da formação: uma formação geral para a elite assumir o comando da burocracia, dos meios de produção, e uma formação profissional para os filhos dos trabalhadores.

A conformação do Serviço Nacional de Aprendizagem Industrial (SENAI), em 1942, e a organização do que nomeamos Sistema S – Serviço Nacional de Aprendizagem do Comércio (SENAC) Serviço Social da Indústria (SESI) – ocorre mediante uma parceria do Estado com a iniciativa privada para a formação inicial e continuada de trabalhadores, para a organização da mão de obra direcionada ao ciclo de industrialização do Brasil que o período Vargas possibilitou. Até nossos dias o Sistema S está vinculado ao Ministério do Trabalho e também ao Ministério da Educação, ocorrendo nos últimos anos um controle mais rígido das verbas públicas que recebe, e a contrapartida para a sociedade através de cursos gratuitos, políticas de acesso a cultura[6] presentes no SESC (Serviço Social do Comércio).

Nossa primeira Lei de Diretrizes e Bases (LDB) – a Lei nº 4.024 – foi aprovada em 1961, naturalizando a exclusão dos trabalhadores, na medida em que havia exceções para oferta de vagas:

> Art. 30. Não poderá exercer função pública, nem ocupar emprêgo em sociedade de economia mista ou emprêsa concessionária de serviço público o pai de família ou responsável por criança em idade escolar sem fazer prova de matrícula desta, em estabelecimento de ensino, ou de que lhe está sendo ministrada educação no lar.
> Parágrafo único. Constituem casos de isenção, além de outros previstos em lei:
> a) comprovado estado de pobreza do pai ou responsável;
> b) insuficiência de escolas;
> c) matrícula encerrada;
> d) doença ou anomalia grave da criança. (Brasil, 1961)

Comprovando pobreza ficava fora da escola, não havendo escolas ficava fora da escola, estava doente ficava fora da escola...

A nossa segunda LDB, a 5.692, de 1971 (Brasil, 1971), da ditadura militar, ampliou a oferta da educação escolar do então nomeado "primário", que hoje denominamos anos iniciais, e também ampliou a oferta do 1º grau para as séries finais do que hoje chamamos de ensino fundamental, e aí extinguindo o exame de admissão que marcava o fim do 4º, 5º ano primário e a passagem para o ginásio de crianças entre 10 e 13 anos. Oferta que não supria a demanda da população, a maioria não cursava esses anos finais, sendo relegada aos setores médios.

A obrigatoriedade do ensino profissionalizante, tanto no então 1º grau como no 2º grau,[7] resultou em uma educação profissional de "pobre para pobre", ou seja, uma formação profissional que efetivamente não qualificou os trabalhadores, pois consolidou o que Boaventura Souza Santos denomina como condição de desigualdade, aquela que inclui no mercado de trabalho de forma desfavorável.

Em 1982, pela Lei nº 7.044 (Brasil, 1982), o ensino profissionalizante perde seu caráter obrigatório, sendo atribuição da rede federal de educação profissional, que nesse período é composta pelas escolas agrotécnicas, escolas vinculadas às universidades federais, colégios industriais e alguns Centros Federais de Educação Profissional regulamentados por lei a partir de 1978. Há também as redes estaduais[8] de educação profissional, tendo destaque o Estado de São Paulo.

A atual LDB (Lei nº 9.394) publicada em 1996, é abrangente na oferta de educação profissional, seu capítulo III:

> Art. 40 A educação profissional será desenvolvida em articulação com o ensino regular ou por diferentes estratégias de educação continuada, em instituições especializadas ou no ambiente de trabalho. (Brasil, 1996)

Tal abrangência permitiu ao governo neoliberal dos anos de 1990 implementar o

Decreto nº 2.208, de 1997 (Brasil, 1997), o qual separava a oferta da educação profissional da educação geral, quase extinguindo a oferta de ensino médio nas redes públicas federal e estadual.

O governo Lula, cuja orientação política pressupõe crescimento econômico com investimento nas políticas sociais, a despeito do programa bolsa família, dos créditos imobiliários para famílias de baixa renda, substituiu esse decreto de separação da educação geral à educação profissional pelo também Decreto 5.154/2004 (Brasil, 2004) que permite a oferta integrada junto ao ensino médio, mas também na forma concomitante ou ao completar o ensino médio em caráter subsequente. Esse dispositivo legal não determina a integração, até porque muitas escolas privilegiaram a educação profissional diminuindo substancialmente seu quadro docente e a obrigatoriedade inviabilizaria seu cumprimento.

Os recursos[9] financeiros, aplicados nos diversos programas de formação profissional, encontram-se de forma dispersa nos ministérios (trabalho, educação, saúde), e não dão conta da demanda populacional, pois conforme os dados do censo escolar, relatório de 2008,[10] a matrícula nacional nos estabelecimentos privados de cursos de educação profissional na modalidade integrada ao ensino médio, concomitante e subsequente é de 53,6%.

No ensino fundamental, a educação profissional é regulamentada como formação inicial e continuada dos trabalhadores, no ensino médio a educação profissional está adequada ao atual Catálogo Nacional de Cursos Técnicos aprovado pela portaria 870, de 16 de julho de 2008, do Ministério da Educação (Brasil, 2008c), amparada na resolução 3, de 9 de julho de 2008, do Conselho Nacional de Educação e da Câmara de Educação Básica (BRASIL, 2008d).

A transformação dos Centros Federais de Educação Profissional e Tecnológica (CEFETs) em Institutos Federais de Educação Profissional, Ciência e Tecnologia (IFs) através da Lei 11.892, de 28 de dezembro de 2008 (Brasil, 2008b), institui, em seu artigo 8º, que 50% das vagas devem atender à educação profissional técnica de nível médio, prioritariamente na forma de cursos integrados, para os concluintes do ensino fundamental e para o público da educação de jovens e adultos.

Na legislação há um compromisso dessa nova instituição com a formação da juventude brasileira, ou das juventudes brasileiras, considerando a multiplicidade étnica, de classe social, de gênero, de opção sexual desses sujeitos, que ao fim e ao cabo usualmente são definidas como diferenças culturais. A rede federal de educação profissional e tecnológica está em expansão,[11] sendo construídas novas unidades em todos os estados da União, ocorrendo audiências públicas em função da implantação dos novos cursos de educação profissional.

O Programa Nacional de Integração da Educação Profissional à Educação Básica na modalidade Educação de Jovens e Adultos (PROEJA) é um dos novos cursos presente na conformação dos IFs, sua regulamentação ocorreu pelo Decreto 5.840/2006 (Brasil, 2006).

Tenho afirmado que essa política tem um caráter *inédito*, pois coloca para dentro de instituições de excelência em educação profissional trabalhadores "reais", com demandas concretas e um caráter *aleatório*, porque não é possível afirmar que ela se constituirá como política perene de educação profissional, para além da regulamentação que já existe através da Lei 11.741, de 16 de julho de 2008, (Brasil, 2008a) que insere no artigo 37 da atual LDB (Brasil, 1996), Capítulo da Educação de Jovens e Adultos:

§ 3º. A educação de jovens e adultos deverá articular-se, preferencialmente, com a educação profissional, na forma do regulamento. O caráter preferencial, não obrigatório, evita uma reedição da LDB dos militares, a 5.692/71 (Brasil, 1971) que determinava a oferta de educação profissional, a mudança da atual LDB reforça a legalidade do PROEJA, garantida anteriormente pelo Decreto nº 5.840, de 2006 (Brasil, 2006).

Há muita resistência entre os professores da rede (muitos deles tendo a titulação de mestres, doutores), na inclusão em seus cursos do público da EJA. Tal situação é bem referida por Álvaro Vieira Pinto, citado anteriormente; esta disposição em constituir-se um *filósofo analfabeto, ou um engenheiro analfabeto, um administrador analfabeto, um historiador analfabeto* não é simples para a tradição acadêmica elitista. Reconhecer problemas a princípio colocados como "simples" pelos trabalhadores como problemas de pesquisa, problemas possíveis para a organização do currículo do curso, é desafio atual para os IFs, os quais pressupõem pesquisa, ensino e extensão nas suas atribuições institucionais: – Como organizar um galpão de reciclagem? – Qual é a composição da cola[12] mais adequada, economicamente viável para uma empresa familiar do ramo moveleiro? – Qual forma de separar o lixo seco é a mais recomendada para racionalizar o aproveitamento do resíduo?

O PROEJA, por sua concepção, pode ser compreendido como uma experiência educacional na perspectiva da Educação Integral. Pesquisas[13] sobre as ênfases de Educação Profissional de seus currículos, alunos atendidos e evasão existente são emergentes para a confirmação de tal pressuposto.

A Secretaria Nacional de Educação Profissional e Tecnológica (SETEC), a qual vem concebendo e executando as políticas em torno do PROEJA dentro do Ministério da Educação, motivou a elaboração de três documentos-base,[14] a fim de subsidiar sua implantação nos níveis médio, fundamental e junto à educação escolar indígena.

A formação dos professores e gestores que atuam ou vão atuar em turmas do PROEJA das redes municipal, estadual e federal e nas especificidades do PROEJA indígena e prisional através dos polos[15] de especialização *lato sensu* conta, em 2009, com sua quarta edição. Desde a aprovação do Decreto nº 5.840, em 2006, (Brasil, 2006) há financiamento para os então Centros Federais de Educação Profissional e Tecnológica e universidades federais que constituíram-se como pólos[16] estaduais da especialização.

Atualmente, os IFs, sob financiamento específico da SETEC, firmaram convênio com diversos municípios na implantação do PROEJA/FIC (Formação Inicial e Continuada),[17] realização de cursos nos quais os municípios são responsáveis pela parte geral do currículo, compreendida como ensino fundamental e os IFs pela parte profissional. Tal ação proporciona a integração da rede federal com a rede municipal de educação, constituindo um sentimento de rede pública estatal na implementação do PROEJA.

A Educação Profissional e a Educação de Jovens e Adultos constituem no PROEJA um novo campo epistemológico, baseado em trajetórias e concepções das redes públicas de educação, a rede federal com tradição na Educação Profissional e as redes municipais com tradição na EJA. Tal realidade exacerba seu caráter complexo, na ocorrência de turmas vinculadas ao sistema prisional e público, em sua maioria ausente das demandas da rede federal de educação profissional.

A presença do PROEJA nas redes públicas de educação (federal, estadual e municipal) constitui desordem, categoria analítica fecunda, instituída e instituinte de movimento:

> Balandier considera que existem "figuras de desordem", que materializam o diferente, o desajuste, exemplificando com a figura do filho mais novo, do estrangeiro, da mulher na sociedade patriarcal. Amplio a categorização de figuras de desordem de Balandier para o aluno e para a aluna da EJA na escola regular: são diferentes daqueles que cursam, na idade "certa", o ensino fundamental ou o médio; desafiam para estudar aqueles que não trabalham, que não assumem uma série de responsabilidades junto à família; desafiam os conteúdos curriculares para serem apreendidos pelas pessoas nas diferentes idades, com diferentes credos religiosos, nas diversas realidades, com diferentes trajetórias de vida; desafiam a organização curricular canônica da escola. (Santos, 2006, p. 54-55)

Tal desordem é fecunda para proporcionar princípios de uma educação integral para os trabalhadores: no reconhecimento do trabalho para além do assalariamento, nas possibilidades de economia popular e solidária, possibilidades estas ausentes inclusive do documento final da VI Conferência Internacional de Educação de Adultos,[18] e estimuladoras de experiências educativas da educação profissional.

No mesmo sentido, também são férteis para as aprendizagens que os currículos do PROEJA estejam voltados para indígenas, quilombolas, pescadores, comunidades rurais, recicladores, para pessoas privadas de liberdade, em conflito com a lei; na implementação de experiências escolares específicas que tencionam a "normalidade" da "escola regular", questionam práticas e rituais óbvios do quotidiano escolar e compõem inéditos viáveis na perspectiva freireana, possíveis de ocorrer com o "aluno regular".

Encerro com a definição de Nilton Bueno Fischer para o seu trabalho como pesquisador de galpões de reciclagem, a qual sintetiza o esforço desse ensaio na elucidação das possibilidades da educação profissional ao compor o entendimento da educação integral, tendo no PROEJA uma política ressonante a tais sentidos:

> Retomo a condição de ser parte, como instituinte, de uma dinâmica que aproxima saberes, que fertiliza-se pela diferença e que expande-se da concretude para totalidades em crescentes espirais. A linha reta vai sendo substituída aos poucos pelo ascendente em espiral, movimento que alimenta-se da revisitação entre as diversas culturas das classes populares e a diversidade ambiental parece convergir para um novo tempo de compreensão do real, tomando uma racionalidade que não elimina o resíduo e a sobra e muito menos descarta o diferente e a sombra. (Fischer, 2009, p. 36)

NOTAS

1. No Brasil, há estudos sobre as escolas anarquistas, denominadas "escolas modernas", as quais foram organizadas nos estados de São Paulo, Rio de Janeiro, Ceará, Rio Grande do Sul, em suas capitais e outros municípios (Gallo; Moraes, 2005).
2. A tese de doutorado de Bergamaschi (2005) problematiza a existência da educação escolar entre os guaranis, sendo a escola, como ficará evidenciado no presente texto, uma construção da modernidade, logo, europeia ocidental, e desta a valorização da escrita e da leitura em detrimento da oralidade, dimensão de socialização das culturas tradicionais. Nesse sentido, o debate sobre a educação escolar indígena já pressupõe uma escola diferente, pois ela é dos índios para eles mesmos, considerando as diferenças étnicas entre os grupos indígenas aqui existentes: guarani, kaingang, macuxi, entre tantos reconhecidos ou não pelos organismos oficiais das políticas indigenistas.
3. Darcy Ribeiro em sua obra O povo brasileiro refere-se à nossa gestação étnica como resultado do encontro dos "bagos" dos portugueses com os "ventres" das índias (Ribeiro, 1995).

4. Gilberto Freyre, em sua obra clássica *Casa grande & senzala*, afirma a absorção de sujeitos, por assim dizer, da elite dos diversos grupos africanos para a exploração das minas, para o cultivo no latifúndio e como mucamas "companheiras" em uma sociedade de poucas mulheres brancas. Tais trabalhadores negros especializados de diversas origens étnicas (malês, bantos, originários do Congo, hotentonte, boximane, originários da Horn Oriental, originários do Sudão Oriental, Daomei, Benim, Axanti, Haúça, Bornu, Ioruba e originários da área do deserto berbere) foram colocados na condição de escravos, os quais garantiram o projeto português de colonização (Freyre, 2004).
5. No presente artigo há palavras escritas na sua forma original, anteriores à reforma ortográfica de 1971.
6. Exibição de filmes nas praças, teatros com valores de ingresso acessíveis ao orçamento dos trabalhadores, gratuitos, vinculados às campanhas de agasalhos.
7. A conclusão do 2º grau permitia acesso aos cursos superiores, possibilitando a inscrição nos exames vestibulares.
8. No Rio Grande do Sul atualmente são 147 escolas estaduais de educação profissional.
9. Grabowski e Ribeiro (2010) argumentam sobre a emergência de unificar os atuais fundos e também as ações políticas de educação e qualificação profissional.
10. EDUCACENSO – Sinopse Estatística da Educação Básica 2007. Ministério da Educação/INEP, 2008.
11. No Rio Grande do Sul, são 27 unidades da rede federal de educação profissional, com 3 Institutos Federais: Instituto Federal Sul-rio-grandense com reitoria em Pelotas, Instituto Federal Rio Grande do Sul com reitoria em Bento Gonçalves e Instituto Federal Farroupilha com reitoria em Santa Maria, 4 escolas técnicas vinculadas às universidades federais.
12. Esta questão foi colocada por um aluno em Bento Gonçalves e resolvida nas aulas de Química, conforme relato da coordenadora do PROEJA em uma das reuniões do grupo de pesquisa CAPES/PROEJA.
13. O edital PROEJA CAPES/SETEC 03/2006 selecionou grupos de pesquisa nos Estados articulando universidades e os então CEFETs, agora Institutos Federais, sob coordenação das universidades. No Rio Grande do Sul, integro o grupo de pesquisa CAPES/PROEJA, o qual envolve UFRGS, UFPel e Unisinos junto ao Instituto Federal Sul-rio-grandense campi Pelotas, Charqueadas e Sapucaia do Sul; IF Rio Grande do Sul campus Bento Gonçalves, IF Farroupilha campi Alegrete e Júlio de Castilhos circunscritos no projeto de pesquisa intitulado: Experiências da Educação Profissional e Tecnológica Integrada à Educação de Jovens e Adultos no Estado do Rio Grande do Sul.
14. É importante destacar a presença da professora Dra. Jaqueline Moll na equipe gestora da SETEC quando da escrita e publicação destes três documentos base.
15. Conforme consulta no site da SETEC/MEC em 16/04/2009 há 33 pólos de especialização PROEJA, com cerca de 2.789 matrículas.
16. No Rio Grande do Sul estamos na quarta edição da Especialização PROEJA, na primeira edição ocorreu uma articulação da Universidade Federal do Rio Grande do Sul (UFRGS) com o então CEFET de Pelotas e Bento Gonçalves, com oferta de três turmas – uma em Pelotas, outra em Porto Alegre e outra em Bento Gonçalves; na segunda edição a partir da articulação da UFRGS com o CEFET de São Vicente do Sul, Colégio Técnico Industrial de Santa Maria vinculado à Universidade Federal de Santa Maria (UFSM) e CEFET de Bento Gonçalves, ocorrendo duas turmas em Santa Maria, duas em São Vicente do Sul, duas em Porto Alegre e uma em Bento Gonçalves; na terceira edição, articulação da UFRGS com o então Instituto Federal Farroupilha – campi de Alegrete e Júlio de Castilhos e Instituto Federal Rio Grande do Sul – campus Bento Gonçalves, no qual as turmas estão em curso: uma em Porto Alegre, uma em Bento Gonçalves, uma em Alegrete e uma em Júlio de Castilhos. A quarta edição, que ainda não iniciou a seleção dos alunos em todas as instituições, possui turmas promovidas pela UFSM em Santa Maria, pelo Instituto Federal Rio Grande do Sul – campi Bento Gonçalves, pelo Instituto Federal Sul-rio-grandense campus Passo Fundo, pelo Instituto Federal Farroupilha campus Alegrete e uma turma específica do PROEJA indígena, com professores kaingang e guarani organizada pela UFRGS.
17. Conforme informações do site da SETEC, são 11.224 matrículas implementadas do segundo semestre de 2009 a 2010, com investimento de R$ 16.219. 231, 18.
18. A VI CONFINTEA aconteceu em dezembro de 2009 em Belém do Pará, sendo um evento organizado pela Organização das Nações Unidas. A delegação brasileira propôs a entrada no documento de uma redação sobre economia popular solidária vinculada às experiências de Educação de Jovens e Adultos, sendo recusada tal abordagem.

REFERÊNCIAS

BALANDIER, G. *A desordem: elogio do movimento*. Rio de Janeiro: Bertrand Brasil, 1997.

BERGAMASCHI, M.A. *Nhembo'e: enquanto o encanto permanece! Processos e práticas de escolarização nas aldeias Guarani*. 2005. 272f. Tese (Doutorado) – Programa de Pós-Graduação em Educação, Faculdade de Educação, Universidade Federal do Rio Grande do Sul, Porto Alegre, 2005.

BRASIL. Decreto n. 2.208, de 17 de abril de 1997. Regulamenta o § 2º do art.36 e os arts. 39 a 42 da Lei n.º 9.394, de 20 de dezembro de 1996, que estabelece as diretrizes e bases da educação nacional. *Diário Oficial da União*, Brasília, DF, 18 abr. 1997.

_____. Decreto n. 5.154, de 23 de julho de 2004. Regulamenta o § 2º do art. 36 e os arts. 39 a 41 da Lei Nº 9.394/1996, que estabelece as diretrizes e bases da educação nacional, e dá outras providências. *Diário Oficial da União*, Brasília, DF, 24 jul. 2004.

_____. Decreto n. 5.840, de 13 de julho de 2006. Institui, no âmbito federal, o Programa Nacional de Integração da Educação Profissional com a Educação Básica na Modalidade de Educação de Jovens e Adultos – PROEJA, e dá outras providências. *Diário Oficial da União*, Brasília, DF, 14 jul. 2006.

_____. Lei n. 4.024, de 20 de dezembro de 1961. Lei de diretrizes e bases da educação nacional. *Diário Oficial da União*, Brasília, DF, 27 dez. 1961.

_____. Lei n. 5.692, de 11 de agosto de 1971. Lei de diretrizes e bases da educação nacional. *Diário Oficial da União*, Brasília, DF, 12 ago. 1971.

_____. Lei n. 7.044, de 18 de outubro de 1982. Altera dispositivos da Lei nº 5.692, de 11 de agosto de 1971, referentes a profissionalização do ensino de 2º grau. *Diário Oficial da União*, Brasília, DF, 19 out. 1982.

_____. Lei n. 9.394, de 20 de dezembro de 1996. Estabelece as diretrizes e bases da educação nacional. *Diário Oficial da União*, Brasília, DF, 23 dez. 1996.

_____. Lei n. 11.741, de 16 de julho de 2008. *Diário Oficial da União*, Brasília, DF, 17 jul. 2008a.

_____. Lei n. 11.892, de 29 de dezembro de 2008. Institui a Rede Federal de Educação Profissional, Científica e Tecnológica, cria os Institutos Federais de Educação, Ciência e Tecnologia, e dá outras providências. *Diário Oficial da União*, Brasília, DF, 30 dez. 2008b.

_____. Portaria n. 870, de 16 de julho de 2008. *Diário Oficial da União*, Brasília, DF, 18 jul. 2008c.

_____. *PROEJA*: programa nacional de integração da educação profissional com a educação básica na modalidade de educação de jovens e adultos: educação profissional e tecnológica integrada à educação escolar indígena: documento base. Brasília, 2007a. Disponível em: <http://portal.mec.gov.br/setec/arquivos/pdf2/proeja_indigena.pdf>. Acesso em: 14 abr. 2010.

_____. *PROEJA*: programa nacional de integração da educação profissional com a educação básica na modalidade de educação de jovens e adultos: formação inicial e continuada/ensino fundamental: documento base. Brasília, 2007b. Disponível em: <http://portal.mec.gov.br/setec/arquivos/pdf2/proeja_fundamental_ok.pdf>. Acesso em: 14 abr. 2010.

_____. *Programa de integração da educação profissional técnica de nível médio ao ensino médio na modalidade de educação de jovens e adultos*: PROEJA: documento base. Brasília, [2006?]. Disponível em: <http://portal.mec.gov.br/arquivos/pdf/acs_docbaseproeja.pdf>. Acesso em: 14 abr. 2010.

_____. Resolução n. 3, de 9 de julho de 2008. Dispõe sobre a instituição e implantação do Catálogo Nacional de Cursos Técnicos de Nível Médio. *Diário Oficial da União*, Brasília, DF, 10 jul. 2008d.

FISCHER, N.B. Perplexidades, desafios e propostas na educação ambiental a partir de trajetórias de um pesquisador. *Educação & Realidade*, Porto Alegre, v.34, n.3, p.25-39, 2009.

FREYRE, G. *Casa grande & senzala*: formação da família brasileira sob o regime da economia patriarcal. 49.ed. São Paulo: Global, 2004.

GALLO, S.; MORAES, J.D. Anarquismo e educação: a educação libertária na Primeira República. In: STEPHANOU, M.; BASTOS, M.H.C. *Histórias e memórias da educação no Brasil*. Petrópolis: Vozes, 2005. v. 3: Século XX.

GRABOWSKI, G.; RIBEIRO, J.A.R. Reforma, legislação e financiamento da educação profissional no Brasil. In: MOLL, J. *Educação profissional e tecnológica no Brasil contemporâneo: desafios, tensões e possibilidades*. Porto Alegre: Artmed, 2010.

LOURO, G.L. Mulheres na sala de aula. In: DEL PRIORE, M. (Org.). *História das mulheres no Brasil*. São Paulo: Contexto, 2004.

NUNES, C. Des encantos da modernidade pedagógica. In: LOPES, E.M.S.T.; FARIA FILHO, L.M.; VEIGA, C.G. (Org.). *500 anos de educação no Brasil*. Belo Horizonte: Autêntica, 2000.

PAIVA, V.P. *Educação popular e educação de adultos*: contribuição a história da educação brasileira. 3.ed. São Paulo: Loyola, 1985.

RIBEIRO, D. *O povo brasileiro:* a formação e o sentido do Brasil. São Paulo: Companhia das Letras, 1995.

SANTOS, B.S. *A construção multicultural da igualdade e da diferença.* Palestra proferida no VII Congresso Brasileiro de Sociologia/UFRJ, 1995. Texto digitado.

SANTOS, S.V. O PROEJA e o desafio das heterogeneidades. *Salto Para o Futuro: EJA: Formação Técnica Integrada ao Ensino Médio*, boletim 16, p.54-60, 2006. Disponível em: <http://tvbrasil.org.br/fotos/salto/series/141327Proeja.pdf>.

TEIXEIRA, A. *Educação é um direito.* 3.ed. Rio de Janeiro: Ed. UFRJ, 2004.

Parte III
VIVÊNCIAS E ITINERÁRIOS EM POLÍTICAS PÚBLICAS

21

Programa Mais Educação e práticas de educação integral

Gesuína Leclerc

Toda política que possa ser considerada de cunho político ou social é uma solução proposta a um problema, e precisamos de clareza sobre o problema antes de podermos propor a solução. Devemos ser capazes sempre de perguntar em relação a uma política: "para qual problema ela constitui uma solução?" (Magee, 1997, p. 314)

A política educacional brasileira conta hoje com um programa e uma agenda de educação integral. A Portaria Interministerial nº 17, de 24 de abril de 2007 (Brasil, 2007c), instituiu o Programa Mais Educação com a parceria formal dos Ministérios do Desenvolvimento Social e Combate à Fome, da Cultura, do Esporte e o da Educação. O Programa Dinheiro Direto na Escola, do Fundo Nacional de Desenvolvimento da Educação (PDDE/FNDE) operacionalizou o financiamento de suas ações desde 2008, desencadeando o processo de adesão das escolas e redes de ensino. O Decreto nº 7.083/2010 (Brasil, 2010) regulamentou essa estratégia para induzir a ampliação do tempo diário de permanência de crianças, adolescentes e jovens na escola e em atividades educativas coordenadas pela escola. Trata-se de uma estratégia que reconhece as oportunidades educativas em experiências vivenciadas em nível de escolas, redes de ensino e organizações não governamentais e as transforma em ofertas educativas. Para propiciar escala a essa estratégia, a oferta é organizada por meio dos macrocampos de atividades de educação integral, prevendo-se no âmbito do território a constituição de Comitês Metropolitanos locais e os Fóruns de Educação Integral, segundo os arranjos educativos locais. Essa organização avança sobre o conjunto das ações de manutenção e funcionamento da educação dentro da escola (infraestrutura e espaço físico, alimentação, demandas de profissionalização e formação, qualificação do ambiente escolar, etc.); e fora da escola, em relação às políticas sociais, esportivas e de lazer, de saúde, meio ambiente, direitos humanos e de organização dos equipamentos culturais do bairro e da cidade. Seu principal desafio é consolidar a escala dessa oferta, de modo articulado, entre a União, os estados e os municípios, para converter-se, efetivamente, em uma política pública e de estado. Na base de sua proposição encontra-se um problema com pelo menos duas faces explícitas: por um lado, a da "escola de no máximo quatro horas diárias, a funcionar em turnos" (Teixeira, 2005, p. 104).[1] Nessa lógica é preciso lembrar que:

> As crianças e jovens brasileiros matriculados no ensino fundamental e no ensino médio têm direito a uma carga horária mínima de 800 horas de aula, distribuídas por pelo menos 200 dias letivos, conforme determina a LDB. O objetivo desse período é garantir um mínimo de tempo de trabalhos escolares a fim de assegurar um padrão adequado de qualidade à educação. [...] Muitas escolas se preocupam apenas com a quantidade de dias letivos, sem, no entanto, garantir que, em cada um deles, cumpra-se a jornada mínima de quatro horas, necessária para que sejam efetivadas as 800 horas previstas na lei. Em alguns locais, o turno do período noturno tem cerca de 3 horas e 20 minutos, mas não se estende a quantidade de dias letivos para compensar a diminuição na jornada diária, por exemplo, com aulas aos sábados ou início do ano escolar antecipado. (Fundo das Nações Unidas para a Infância, 2009, p. 37)

A outra face é a da desigualdade social e exclusão, frente a qual a escola não é nem autônoma, nem está sobredeterminada. A escola pode desempenhar sua tarefa com sucesso quando é apoiada por um conjunto de práticas sociais, comunitárias e de políticas públicas. Destaca-se, assim, a organização das redes de aprendizagem (UNICEF, 2008), a qual o Estado se alia para cumprir seu papel insubstituível na oferta e na articulação das políticas públicas, particularmente nos contextos de vulnerabilidade social. Esses contextos demandam um sistema de práticas de educação integral.[2] Nossa reflexão auxilia a descrição da dinâmica do Programa Mais Educação como um desses sistemas. O conceito de educação integral e em tempo integral auxiliar da descrição está relacionado ao desenvolvimento humano, sob o enfoque tratado por Amartya Sen. O da expansão das liberdades reais que as pessoas desfrutam e que são expressas em sua capacidade efetiva de realizar coisas (Sen, 2000, p.17). Essa expansão depende de oportunidades econômicas, liberdades políticas, oferta de políticas públicas e de um conjunto de relações socioculturais. É a expansão de liberdades que possibilita a integralidade do desenvolvimento humano, que "permite que sejamos seres sociais mais completos, pondo em prática nossas volições, interagindo com o mundo em que vivemos e influenciando esse mundo" (Sen, 2000, p. 29). A perspectiva refere-se à educação porque pressupõe o desenvolvimento da capacidade para fazer as coisas que são valorizadas por serem reconhecidas como justas (Sen, 2009, p. vii). A percepção das situações de injustiça é uma das nossas primeiras capacidades, e para lembrar disso, o autor se vale do personagem Pip, de Charles Dickens, em *Grandes esperanças*.

> No pequenino mundo da existência das crianças, não importa quem as crie, não há nada tão finamente percebido e tão finamente sentido como a injustiça. Pode ser somente uma pequena injustiça a que a criança esteja exposta. Mas ela é pequenina, e seu mundo é pequenino, e seu cavalinho de madeira parece ter uma tal altura que é como se fosse um cavalo de verdade. (Dickens, 2003, p. 63)[3]

A convicção de que nossa ação pode corrigir injustiças ao nosso redor e que as injustiças são passíveis de correção; que essa correção depende de nossas atitudes, deve orientar a vida adulta.[4] No contexto da escravidão, os abolicionistas não tinham a ilusão de que a abolição da escravidão tornaria o mundo justo. Sua luta não foi em favor de um consenso sobre como fazer uma sociedade justa. Eles argumentaram que a escravidão era totalmente injusta.[5] No contexto de diferenciação social brasileiro, lutar pela ampliação do tempo diário de escola com a oferta de educação integral, requer não ter ilusão de que isso tornará justo o nosso sistema educativo. É preciso argumentar que a naturalização dos turnos, como único meio de organização do tempo diário de escola, sedimenta as injustiças que conformaram o nosso sistema educativo. E é isso que está em questão na implementação do Programa Mais Educação. A ampliação da jornada com oferta de educação integral tem que ser desencadeada desde já, apesar das condições de funcionamento do sistema público de educação; e integrada às lutas por sua qualificação. Sua materialidade antecede o consenso sobre o que precisa ser feito para "resolvermos os problemas da educação brasileira". Essas condições concretas estão expostas na proposição do financiamento e da gestão da política educacional, na busca de saída para a organização da escola em relação ao seu prédio, seus equipamentos, sua articulação com outros espaços potencialmente educativos e as condições de trabalho de seus profissionais. Elas foram enfrentadas nos interstícios das experiências históricas de educação integral.[6] Tratam-se de condições históricas em que temporalidades distintas se entrecruzam e convivem. A estruturação da arquitetura escolar expõe o entrecruzamento de "escolas de improviso, escolas-monumentos e escolas funcionais" (Faria Filho; Vidal, 2000, p. 21).[7] Nessa perspectiva:

> o espaço e o tempo escolares foram sendo produzidos diferenciadamente ao longo da nossa história da educação e constituíram-se em dois grandes desafios enfrentados para se criar, no Brasil, um sistema de ensino primário ou elementar que viesse atender, minimamente que fosse, às necessidades impostas pelo desenvolvimento social e/ou às reivindicações da população. (Faria Filho; Vidal, 2000, p. 20)

Ao tocar na organização do tempo escolar estruturada por meio de turnos, o Programa Mais Educação promove o encontro do tempo presente com a instalação do sistema escolar no Brasil, com suas condições históricas, econômicas, socioculturais, geográficas. Contar com uma agenda pública nacional de educação integral significa reconhecer que a temática está pautada no conjunto das políticas para qualificação da educação.

A AGENDA PÚBLICA DE EDUCAÇÃO INTEGRAL QUE CONTÉM O PROGRAMA MAIS EDUCAÇÃO

Considera as informações produzidas nas demandas do "direito de aprender" (UNICEF, 2007, 2009, 2010); a interlocução institucional estabelecida para a construção do texto-referência para o debate nacional sobre educação integral;[8] e o movimento desencadeado pelo Ministério da Educação e redes de ensino para constituir as equipes responsáveis pela implementação do Programa Mais Educação. Esse último, no nível das secretarias de educação e das escolas, articulando-se às dinâmicas instituídas pelos comitês e fóruns de educação integral nas regiões metropolitanas e conforme sua ampliação territorial. Em relação aos estudos, destacam-se as referências consideradas de maior impacto sobre o sucesso de escolas e de redes de ensinos, desde a Prova Brasil. O primeiro estudo (Fundo das Nações Unidas para a Infância, 2007) identificou aspectos relacionados à gestão, à organização e ao funcionamento que poderiam ter contribuído para o aprendizado dos estudantes em 33 escolas. As escolas foram escolhidas com base no cruzamento de informações socioeconômicas dos alunos, extraídas dos questionários que acompanharam a Prova Brasil em 2005, com as do município em que as escolas estão localizadas e com base na proficiência média das escolas. Esse cruzamento permitiu considerar o Índice de Efeito Escola.

O Índice de Efeito Escola é um indicador do impacto que a escola tem na vida e no aprendizado da criança. Pesquisado e testado em estudos em diversas realidades, o Índice é determinado a partir de critérios científicos. As escolas visitadas, pesquisadas e analisadas no estudo Aprova Brasil, o direito de aprender, não são exatamente as melhores escolas, mas aquelas com o mais alto "efeito escola". Ou seja, em municípios ou bairros onde moram crianças de famílias de baixa renda – em suas casas, não há livros infantis; em sua maioria, os pais dessas crianças têm baixa escolaridade; algumas dessas crianças até mesmo falam outra língua, como as meninas e meninos Ticuna, no Amazonas, ou as crianças Kaigangue de Charrua, no Rio Grande do Sul. Nessas escolas, e em todas pesquisadas, há maior número de crianças com maior vulnerabilidade para a exclusão social, mas ali há também aprendizado. O aprender, portanto, deve-se principalmente à escola. (Fundo das Nações Unidas para a Infância, 2006, p. 10)

Pesquisa similar estudou 37 redes municipais (Fundo das Nações Unidas para a Infância, 2008) selecionadas com base no Índice de Desenvolvimento da Educação (IDEB) e no contexto socioeconômico dos alunos e de suas famílias. Foram identificados os seguintes pontos de convergência: foco na aprendizagem, consciência e práticas de rede, planejamento, avaliação, perfil do professor, formação do corpo docente, valorização da leitura, atenção individual ao aluno, atividades complementares e parcerias. Mais recentemente, a pesquisa foi centrada em um município por estado, segundo o critério de que o mesmo estivesse entre os 5% que mais avançaram no IDEB de 2005 para 2007 ou constar entre os 20 municípios de maior IDEB em 2007. Considerou-se ainda informações socioeconômicas e tamanho da população. A pesquisa teve como questão central: "a que fatores você atribui o avanço do IDEB de seu município entre 2005 e 2007?" (Fundo das Nações Unidas para a Infância, 2010), dirigida aos dirigentes municipais de educação, comunidade escolar, com visitas a escolas. A importância dessa informação no quadro dessa agenda deve-se ao reconhecimento do IDEB como categoria que passou a contar no conjunto dos processos educacionais.

Quanto ao movimento de constituição das equipes para implementação do Programa Mais Educação, considera-se seus aspectos internos para oferta das atividades de educação integral e a interlocução institucional requerida. Os aspectos internos podem ser melhor descritos com base no arranjo educativo que a Secretaria de Educação promove e organiza, algumas vezes definindo um modelo próprio que se soma às condições oferecidas pelo Programa Mais Educação (e isso é desejável), ou ainda adaptando seu próprio modelo às novas condições de financiamento. Nas condições iniciais, está prevista a definição do coordenador do programa no âmbito da secretaria e de cada escola. No caso da escola considera-se o perfil profissional de professor comunitário, ao qual podem ser associadas expectativas historicamente reconhecidas sobre o orientador educacional (uma das habilitações da Pedagogia); designa um perfil profissional novo, ainda não definido pela formação profissional e sim pelo reconhecimento da necessidade de diálogo entre a escola, seu entorno, as famílias e a comunidade. O perfil vincula-se aos estudos dos efeitos do ambiente escolar, depreendidos da compreensão do Índice de Efeito Escola, apontando-se o que uma escola pode agregar aos seus alunos e o que se deve particularmente ao seu papel na vida dos mesmos. E vincula-se à compreensão da territorialidade em relação à oferta de políticas públicas, com o reconhecimento de vulnerabilidades sociais, baixo IDEB e estratégias de intervenção urbana para apoiar a organização dos processos de ensino e de aprendizagem. Nesses contextos, a coordenação das atividades de educação integral deve representar o investimento em redes de aprendizagem, troca de saberes e valorização de saberes comunitários, a começar pelo saberes de outros profissionais que atuam na escola e na comunidade, os quais não exercem a função docente e que passam a atuar como monitores no desenvolvimento das atividades. Essa agenda é marcada pelo reconhecimento da ampliação das funções e tarefas da escola que acabaram por sobrecarregar seus professores.

A organicidade da estratégia indutora da política pública

As deliberações que resultaram no desenho do Programa Mais Educação consideram as condições realmente existentes também no âmbito do marco legal, frente à demanda por educação integral. Os artigos 205, 208 e 227 da Constituição Federal:

> Art. 205 – A educação, direito de todos e dever do Estado e da família, será promovida e incentivada com a colaboração da sociedade, visando ao pleno desenvolvimento da pessoa, seu preparo para o exercício da cidadania e sua qualificação para o trabalho.
> Art. 208. O dever do Estado com a educação será efetivado mediante a garantia de: I – ensino fundamental, obrigatório e gratuito, assegurada, inclusive, sua oferta gratuita para todos os que a ele não tiveram acesso na idade própria;
> II – progressiva universalização do ensino médio gratuito; III – atendimento educacional especializado aos portadores de deficiência, preferencialmente na rede regular de ensino; IV – educação infantil, em creche e pré-escola, às crianças até 5 (cinco) anos de idade; V – acesso aos níveis mais elevados do ensino, da pesquisa e da criação artística, segundo a capacidade de cada um; VI – oferta de ensino noturno regular, adequado às condições do educando; VII – atendimento ao educando, no ensino fundamental, através de programas suplementares de material didático-escolar, transporte, alimentação e assistência à saúde.
> § 1º – O acesso ao ensino obrigatório e gratuito é direito público subjetivo.
> § 2º – O não oferecimento do ensino obrigatório pelo Poder Público, ou sua oferta irregular, importa responsabilidade da autoridade competente.
> § 3º – Compete ao Poder Público recensear os educandos no ensino fundamental, fazer-lhes a chamada e zelar, junto aos pais ou responsáveis, pela frequência à escola.
> Art. 227 – É dever da família, da sociedade e do Estado assegurar à criança e ao adolescente, com absoluta prioridade, o direito à vida, à saúde, à alimentação, à educação, ao lazer, à profissionalização, à cultura, à dignidade, ao respeito, à liberdade e à convivência familiar e comunitária, além de colocá-los a salvo de toda forma de negligência, discriminação, exploração, violência, crueldade e opressão. (Brasil, 2006)

O Estatuto da Criança e do Adolescente (ECA), Lei nº 8.069/1990, em seu Capítulo IV, artigo 53, reforça a obrigatoriedade do acesso e permanência na escola.

> Art. 53. A criança e o adolescente têm direito à educação, visando ao pleno desenvolvimento de sua pessoa, preparo para o exercício da cidadania e qualificação para o trabalho, assegurando-se-lhes: I – igualdade de condições para o acesso e permanência na escola;
> II – direito de ser respeitado por seus educadores;
> III – direito de contestar critérios avaliativos, podendo recorrer às instâncias escolares superiores;
> IV – direito de organização e participação em entidades estudantis;
> V – acesso à escola pública e gratuita próxima de sua residência.

Parágrafo único. É direito dos pais ou responsáveis ter ciência do processo pedagógico, bem como participar da definição das propostas educacionais. (Brasil, 1990).

O Estatuto em questão ainda associa o desenvolvimento integral da criança e do adolescente a uma forma específica de proteção e, por isso, propõe um sistema articulado e integrado de atenção, conforme o artigo 56, e com destaque para os artigos 57, 58 e 59.

> Art. 56. Os dirigentes de estabelecimentos de ensino fundamental comunicarão ao Conselho Tutelar os casos de:
> I – maus-tratos envolvendo seus alunos;
> II – reiteração de faltas injustificadas e de evasão escolar, esgotados os recursos escolares;
> III – elevados níveis de repetência
> Art. 57. O poder público estimulará pesquisas, experiências e novas propostas relativas a calendário, seriação, currículo, metodologia, didática e avaliação, com vistas à inserção de crianças e adolescentes excluídos do ensino fundamental obrigatório.
> Art. 58. No processo educacional respeitar-se-ão os valores culturais, artísticos e históricos próprios do contexto social da criança e do adolescente, garantindo-se a estes a liberdade da criação e o acesso às fontes de cultura.
> Art. 59. Os municípios, com apoio dos estados e da União, estimularão e facilitarão a destinação de recursos e espaços para programações culturais, esportivas e de lazer voltadas para a infância e a juventude. (Brasil, 1990)

A Lei de Diretrizes e Bases (LDB), Lei nº 9.394/1996, em seu artigo 34 prevê:

> Art. 34. A jornada escolar no ensino fundamental incluirá pelo menos quatro horas de trabalho efetivo em sala de aula, sendo progressivamente ampliado o período de permanência na escola. § 1º (...)
> § 2º O ensino fundamental será ministrado progressivamente em tempo integral, a critério dos sistemas de ensino. (Brasil, 1996)

As disposições transitórias da LDB, ao instituir a Década da Educação, estabelece que:

> §5º Serão conjugados todos os esforços objetivando a progressão das redes escolares públicas urbanas do ensino fundamental para o regime de escolas de tempo integral. (Brasil, 1996)

O Plano Nacional de Educação, Lei nº 10.172/01 (Brasil, 2001), traz a educação em tempo integral como objetivo do ensino fundamental e, também, da educação infantil, com a meta da ampliação progressiva da jornada escolar para um período de, pelo menos, sete horas diárias, com previsão de professores e funcionários em número suficiente.[9] O Fundo de Manutenção e Desenvolvimento do Ensino Fundamental e de Valorização dos Profissionais da Educação (Lei nº 11.494/2007) (Brasil, 2007b), em seu décimo artigo, considera o tempo integral como um dos tipos de matrículas com diferenciação das ponderações para distribuição proporcional de recursos. O Plano de Desenvolvimento da Educação, por meio do Decreto nº 6.253/2007, assumiu o que foi estabelecido no Plano Nacional de Educação e definiu em seu artigo 4.º a duração do tempo integral:

> Considera-se educação básica em tempo integral a jornada escolar com duração igual ou superior a sete horas diárias, durante todo o período letivo, compreendendo o tempo total que um mesmo aluno permanece na escola ou em atividades escolares. (Brasil, 2007a)

A escala territorial das práticas de educação integral

Inicialmente, o Programa Mais Educação constituiu sua territorialidade nas capitais, regiões metropolitanas, áreas com vulnerabilidade social e escolas de baixo IDEB, escolas localizadas em municípios atendidos pelo Programa Nacional de Segurança Pública com Cidadania (PRONASCI), do Ministério da Justiça, assim como municípios das áreas de desmatamento na região amazônica. Posteriormente, avançou para cidades com mais de 100 mil habitantes, municípios com mais de 50 mil habitantes em estados de pouca densidade populacional que podem atuar como polos locais. A meta para 2011 é o Programa Mais Educação ser implementado em 15 mil escolas públicas.

A organização dos macrocampos de atividades de educação integral

A ênfase sobre como as ofertas educativas e os arranjos educativos locais possibilitam o desenvolvimento de projetos político-pedagógicos de educação integral requer a explicitação dos macrocampos de atividades. Tratam-se de linguagens, vivências e conhecimentos, agrupados por familiaridade, que são financiadas segundo os materiais necessários para seu desenvolvimento, (custeio e capital) e destinação de valores financeiros para ressarcimento dos voluntários. Cada escola pode escolher 3 entre os 10 macrocampos organizados e até 6 atividades, quando do preenchimento de seu plano de atendimento.

1. **Acompanhamento pedagógico**. Ensino fundamental: matemática, letramento, ciências, história, geografia, línguas estrangeiras. Ensino médio, matemática, leitura e produção de texto ou português, cinética química, reações químicas, eletroquímica, química orgânica, física ótica, circuitos elétricos, calorimétrica, célula animal estrutura do DNA; coleta de sangue, história e geografia, filosofia e sociologia.
2. **Meio ambiente**. COM-Vidas, Agenda 21 na escola, educação para sustentabilidade, horta escolar e/ou comunitária.
3. **Esporte e lazer**. Recreação e lazer, voleibol, futebol, basquete, handebol, tênis de mesa, judô, karatê, taekwondo, yoga, natação, xadrez tradicional, xadrez virtual, atletismo, ginástica rítmica, corrida de orientação, ciclismo, tênis de campo. Basquete de rua, Programa Segundo Tempo.
4. **Direitos Humanos**. Direitos humanos e ambiente escolar, aprendizagem e convivência.
5. **Cultura e Arte**. Leitura, banda fanfarra, canto coral, *hip-hop*, dança, teatro, pintura, grafite, desenho, escultura, percussão, capoeira, flauta doce, cineclube, práticas circenses, mosaico.
6. **Cultura digital**. *Software* educacional, informática e tecnologia da informação, ambiente de redes sociais.
7. **Prevenção e promoção à saúde**. Alimentação saudável, saúde bucal, práticas corporais e educação do movimento, saúde sexual reprodutiva e prevenção DST/Aids, prevenção ao uso do tabaco e outras drogas, saúde ambiental, promoção da cultura de paz, prevenção às violências e acidentes, estratégias de promoção da saúde, prevenção à dengue, febre amarela, malária, hanseníase, doença falciforme e outras (Articulação com o Programa Saúde na Escola-MEC/MS).
8. **Comunicação e uso de mídias**. Jornal escolar, rádio escolar, histórias em quadrinhos, fotografia, vídeo.

9. **Iniciação à investigação das ciências da natureza.** Laboratório, feiras e projetos científicos.
10. **Educação econômica.** Direitos do consumidor, educação financeira, empreendedorismo, cidadania fiscal.

A emergência de novos perfis profissionais ao lado da docência

A educação integral é mediatizada pelo trabalho dos profissionais da educação, das áreas sociais, culturais, do esporte e outras, dos educadores populares com saberes reconhecidos e estudantes universitários. Nesse sentido, o Programa Mais Educação participa dos processos de definição de perfis no âmbito da organização do Catálogo Nacional de Cursos Técnicos (Brasil, 2009) e articula os processos de institucionalização de suas estratégias de formação, de modo a consolidar as demandas formativas ao sistema nacional de formação e aos programas de formação.[10]

A centralidade da escola em relação aos novos itinerários educativos

Quando passamos a articular a escola com o conjunto de práticas educativas e equipamentos culturais, por meio do Programa Mais Educação, temos presente a proposição da Educação Integral em sua relação com as diferentes realidades das escolas. Destacam-se as condições de instalações físicas desses equipamentos públicos, associados ao uso da cidade e suas possibilidades. A ampliação dos tempos educativos não se realiza com a necessária ampliação cronológica da jornada escolar. É preciso modificar a rotina escolar para que ela não ofereça "mais do mesmo"; bem como é preciso combater a ideia da escola vivida para o cumprimento de medidas de disciplinarização e regeneração social (Souza, 1998)[11] ou ainda conforme o princípio das instituições totais.

Os arranjos educativos locais e as ações intersetoriais

O desafio da aproximação entre os sistemas de ensino, o Ministério da Educação e o chão da escola, no contexto da implementação do Programa Mais Educação, requer a autocrítica porque reconhecemos os movimentos sociais como ator implicado. O aspecto central do desafio é a compreensão do chão da escola como espaço de tensão, (re)construção, saberes e vivências, em oposição ao aspecto reducionista de certa visão que a persegue como lócus para implementação de projetos, programas e de admoestações sobre projeto político pedagógico. Por isso mesmo, a ampliação de tempos educativos deve estar implicada no reconhecimento de novos espaços educativos (novos sistemas de objetos e de ações), avançando-se para os domínios da cidade; provocando a mobilização da família e da comunidade na concretude das unidades escolares. Esse reconhecimento está associado aos arranjos educativos locais. Todavia, é a convergência na oferta das políticas públicas, por meio da intersetorialidade das políticas governamentais, que torna consequente o esforço de diálogo dos atores nessa empreitada em que é invocado esse tipo de arranjo. A intersetorialidade é compreendida como concentração de esforços interinstitucionais para assegurar a integralidade no atendimento aos direitos sociais. O Governo Federal lida com as soluções em maior escala e maior efeito sobre a vida das pessoas, por isso precisa cuidar de sua presença na ação que acontece nos territórios. A articulação proposta é empreendida com foco nas ações no território, por meio da "rede humana do espaço" isto é "uma série de redes interdependentes e superpostas, onde mudanças nunca afetam as demais" (Santos, 2008, p. 98). É essa rede que operacionaliza os arranjos educativos locais.

COMPROMISSOS EM RELAÇÃO À POLÍTICA EDUCACIONAL

Por meio do Programa Mais Educação acontece o deslocamento do Ministério da Educação em direção à escola pública que pertence às outras esferas de governo. Esse fato está implicado em uma tensão normativa, decorrente do processo de legitimação democrática, mas sobretudo no fato de que são esperadas repostas imediatas, antes que se fale na atribuição desta ou daquela esfera de governo. Aqui nos deparamos com as questões duradouras da política educacional compreendidas nos termos da dificuldade para realizar a ideia de um sistema nacional de ensino (Saviani, 2010). A preocupação com essa legitimação se reveste da vigilância necessária para que o poder político, organizado na forma da administração pública, seja capaz de reforçar decisões coletivas. O Programa Mais Educação também representa o investimento na formação da opinião pública por meio da construção do espaço público. O desafio de assegurar às populações a informação sobre o resultado do desempenho escolar, de modo censitário, requer maior investimento na reversão do insucesso escolar. Para isso é preciso considerar as desvantagens que continuam se expressando na seletividade nos sistemas de ensino, segundo a cor, a obrigação de trabalhar para se sustentar, a impossibilidade de permanecer no sistema público nos níveis mais elevados de ensino quando se trata de famílias com menores níveis de instrução e nas regiões mais pobres do país. Destacam-se os aspectos demandados quanto à ampliação de espaços educativos e dialógicos que podem contribuir para inscrever simbolicamente a escola como espaço de acolhida e pertencimento comunitário. Esses aspectos dizem respeito à organização das atividades oferecidas pelas escolas para sua abertura à comunidade; às apostas na melhoria do clima escolar expresso no relacionamento entre professores e alunos; à participação da comunidade no Conselho Escolar e na vida da escola.

CONSIDERAÇÕES FINAIS

As políticas de ampliação de territórios educativos que representam o reconhecimento de interesses, vivências, linguagens, curiosidades e singularidades dos estudantes, conforme a vivência de projetos em diferentes escalas, estão colocadas na agenda pública. Por elas pode-se discutir crítica e propositivamente a gestão da escola, por exemplo, em relação à divisão da vida escolar em turnos de estudo. Muitos limites são vivenciados nessas políticas. É importante apontar como o Programa Mais Educação ajuda a expor esses limites. Ele fez ver um turno em que prevalecem as disciplinas tradicionais que constituem o núcleo duro do currículo e os contraturnos em que prevalecem as atividades que procuram tornar o tempo escolar suportável. Agora, ele aponta para o tempo contínuo e essa é uma outra história.

NOTAS

1. [...] Como resultado, temos a escola com o máximo de quatro horas diárias, a funcionar em turnos (dois e até três), tanto no nível primário, secundário e até no superior. O professor acumulando ou várias funções ou várias escolas. E o aluno dividindo seu tempo entre o estudo e o abandono, na escola primária, e estudo e emprego nas demais escolas, embora servindo mal a ambos. (Teixeira, 2005, p. 104).
2. Um sistema de práticas de educação integral pressupõe a articulação dos elementos estruturantes da política educacional (financiamento, gestão, formação, valorização profissional, currículo, avaliação, etc.), a convergência de meios, conteúdos e atores sociais para responder a ampliação das funções da escola, notadamente em relação às rotinas de atenção e cuidados. Sem esse sistema a sobrecarga de trabalho dos professores acaba descaracterizando sua ação docente. As políticas intersetoriais, particularmente entre os campos da educação, saúde, assistência social, cultura, esporte e lazer, representam o principal potencial da educação integral. Nesse sentido, emprega-se a expressão "educação integral", integrada e em tempo integral em referência ao conjunto das políticas públicas e ao seu mapeamento, em relação ao raio de presença da escola em sua comunidade e na configuração da cidade.
3. Tradução livre do trecho: In the little world in which children have their existence whosoever brings them up, there is nothing so finely perceived and so finely felt, as injustice. It may be only small injustice that the child can be exposed to; but the child is small, and its world is small, and its rocking-horse stands as many hands high, according to scale, as a big-boned Irish hunter.
4. Amartya Sen trata da justificação do raciocínio prático, baseado nos meios para reduzir injustiças e fazer com que a justiça progrida, mais do que em uma teoria rigorosa sobre como pode ser uma sociedade justa. Nesse sentido, analisa a distinção entre as palavras *niti* e *nyaya* (sânscrito), aplicadas à justiça. *Niti* é usada para instituições e correção de comportamento, com o sentido de uma máxima severa. Na exclamação de Ferdinando I, Imperador Romano do século XVI, *Fiat justitia, et pereat mundus* (que a justiça seja feita ainda que o mundo pereça), tem-se o uso de *niti*. O mundo passaria por um catástrofe para se tornar justo. Por sua vez, a palavra *nyaya* é usada para a justiça em sentido largo, tendo presente contextos da vida em que se quer prevenir manifestações de injustiça. Daí deriva o uso da expressão *matsyanyaya* (justiça no mundo do peixe) para se falar que na natureza "um peixe grande pode livremente devorar um peixe pequeno" enquanto na relação entre as pessoas deve existir a justiça para que a vontade do forte não prevaleça contra o fraco. Os contextos motivacionais (indignação, arrependimento, raiva, alivio, etc.), tão presentes no raciocínio prático, não são analiticamente desconectados. As decisões das instituições como a família e a escola devem ser justificadas em relação à justiça, notadamente quando se trata de organizar o cotidiano para relações coletivas (respeitar a vez, dividir os alimentos, não trapacear, etc.). A reiteração de injustiças ao nosso redor tem se traduzido mais imediatamente em comportamentos transgressores do que em respostas institucionais.
5. Temos presente a leitura sobre as divergências básicas do iluminismo, apresentadas na perspectiva de Amartya Sen (2009) ao estabelecer a distinção entre o institucionalismo transcendental ou contratualismo (Hobbes, Rousseau, Locke e Kant) e a abordagem comparada ou de realizações sociais (Adam Smith, Condorcet, Bentham, Wollstonecraft, Marx e Stuart Mill).
6. Ver Decreto nº 7.083/2010 (Brasil, 2010), artigo 2º. Dentre os princípios do Programa Mais Educação destaca-se "a valorização das experiências históricas das escolas de tempo integral como inspiradoras da educação integral na contemporaneidade". Nesse sentido, as experiências dos Centros Integrados de Educação Pública (CIEPs) e das Escolas Classe e Parque são revisitadas e referenciam a formulação da política pública. O abandono de tais políticas expressa a marca da descontinuidade e das políticas de governo na representação da "ruína de uma escola em construção", advertida pelo poeta: "vapor barato, um mero serviçal do narcotráfico, foi encontrado na ruína de uma escola em construção. Aqui tudo parece que ainda é construção e já é ruína. Tudo é menino e menina no olho da rua. O asfalto, a ponte, o viaduto ganindo pra lua. Nada continua" (Caetano Veloso, Fora de ordem).Ver ainda Moll (2010).
7. Escolas de improviso (sec.XVIII e XIX) em referência aos espaços improvisados em que eram ministradas as aulas régias (igrejas, sacristias, dependência das Câmaras Municipais, salas de entradas de lojas maçônicas); Escolas Monumentos para descrever a organização dos Grupos Escolares (desde 1890) e Escolas Funcionais em referência ao contexto dos anos de 1930, com as Escolas-Classe e Escolas-Parque.
8. Tratou-se de uma interlocução desencadeada pela realização do seminário Educação Integral e Integrada: reflexões e apontamentos, promovido pela Secretaria de Educação Continuada, Alfabetização e Diversidade (Secad/MEC) nos dias 11 a 13 de dezembro de 2007. A dinâmica dos debates foi constituída por três momentos: foco no debate das experiências de Belo Horizonte (MG), Apucarana (PR) e Nova Iguaçu (RJ), exposição de organização

não governamental (CENPEC, Observatório de Favelas, Aprendiz, Casa das Artes), universidades (UniRio, UFPR, UnB, UFMG, UFRJ), levantamento dos eixos estruturantes de debates para a produção do Texto Referência para o debate nacional e articulação institucional das universidades para desenvolvimento de pesquisa sobre a jornada ampliada no ensino fundamental. O principal resultado do seminário foi o primeiro levantamento dos temas estruturantes do documento referência: 1) por que uma educação integral e integrada no Brasil de hoje?; 2) finalidades e objetivos da educação integral e integrada; 3) a contextualização da educação integral; 4) a educação integral que propomos; 5) os poderes públicos e a educação integral; 6) o papel e a centralidade da escola; 7) educação integral e integrada como arranjo educativo local. Foram constituídas equipes para cada tema estruturante, entre os participantes do Grupo de Trabalho, de modo a orientar o aprofundamento dos debates e a escrita do texto, com um cronograma de trabalho. A estrutura institucional do grupo teve a seguinte composição: representantes da União Nacional de Dirigentes Municipais de Educação (Undime), do Conselho Nacional de Dirigentes de Estado de Educação (Consed), da Confederação Nacional dos Trabalhadores em Educação (CNTE), da UNICEF, dirigentes de organizações não governamentais, universidades e gestores públicos (Moll, 2009).

9. Temos presente o contexto de proposição da Lei 8.035/2010 (Plano Nacional de Educação para o decênio 2011-2021) e os debates empreendidos pela Conferencia Nacional de Educação 2010. A meta 6 prevê: Meta 6 – Oferecer educação em tempo integral em 50% das escolas públicas de educação básica. Este assunto comporá número especial da Revista Em Aberto a aparecer em 2011.

10. A estratégia compreende a integração das escolas do Programa Mais Educação nas ações da CAPES por meio dos editais MEC/CAPES/FNDE como o Programa Institucional de Iniciação à docência (PIBID); SECAD/CAPES/Inep: Observatório da Educação; Edital CAPES/DEBP (Diretoria de Educação Básica Presencial) e Programa de Consolidação das Licenciaturas – PRODOCÊNCIA.

11. Esta referência considera as análises dessa autora em relação ao desenvolvimento dos sistemas oficiais de ensino por meio da configuração dos grupos escolares.

REFERÊNCIAS

DICKENS, C. *Great expectations*. London: Penguin, 2003.

BRASIL. *Constituição da República Federativa do Brasil*. São Paulo: Atlas, 2006.

_____. Decreto n. 6.253, de 13 de novembro de 2007. *Diário Oficial da União*, Brasília, DF, 14 nov. 2007a.

_____. Decreto n. 7.083, de 27 de janeiro de 2010. *Diário Oficial da União*, Brasília, DF, 27 jan. 2010.

_____. Lei n. 8.069, de 13 de julho de 1990. Dispõe sobre o Estatuto da Criança e do Adolescente e dá outras providências. *Diário Oficial da União*, Brasília, DF, 16 jul. 1990.

_____. Lei n. 9.394, de 20 de dezembro de 1996. Estabelece as diretrizes e bases da educação nacional. *Diário Oficial da União*, Brasília, DF, 23 dez. 1996.

_____. Lei n. 10.172, de 9 de janeiro de 2001. Aprova o Plano Nacional de Educação e dá outras providências. *Diário Oficial da União*, Brasília, DF, 10 jan. 2001.

_____. Lei n. 11.494, de 20 de junho de 2007. *Diário Oficial da União*, Brasília, DF, 22 jun. 2007b.

_____. Portaria n. 17, de 20 de abril de 2007. *Diário Oficial da União*, Brasília, DF, 24 abr. 2007c.

_____. Ministério da Educação. *Catálogo nacional de cursos técnicos*. Brasília, 2009. Disponível em: <http://catalogonct.mec.gov.br/>. Acesso em: 11 abr. 2011.

FARIA FILHO, L.M.; VIDAL, D.G. Os tempos e os espaços escolares no processo de institucionalização da escola primária no Brasil. *Revista Brasileira de Educação*, Rio de Janeiro, n.14, p.19-34, 2000. Disponível em: <http://www.scielo.br/pdf/rbedu/n14/n14a03.pdf>.

FUNDO DAS NAÇÕES UNIDAS PARA A INFÂNCIA. *Aprova Brasil*: o direito de aprender: boas práticas em escolas públicas avaliadas pela Prova Brasil. 2.ed. Brasília, 2007. Disponível em: <http://www.unicef.org/brazil/pt/aprova_final.pdf>.

_____. *Caminhos do direito de aprender*: boas práticas de 26 municípios que melhoraram a qualidade da educação. Brasília, 2010.

_____. *O direito de aprender*: potencializar avanços e reduzir desigualdades. Brasília, 2009. Disponível em: <http://www.unicef.org/sitan/files/Brazil_SitAn_2009_The_Right_to_Learn.pdf>.

_____. *Redes de aprendizagem*: boas práticas de municípios que garantem o direito de aprender. Brasília, 2008. Disponível em: <http://www.unicef.org/brazil/pt/Redes_de_aprendizagem.pdf>.

MAGEE, B. Qual a utilidade de Popper para um político? In: O'HEAR, A. (Org.). *Karl Popper*: filosofia e problemas. São Paulo: Ed. UNESP, 1997. p. 307-323.

MOLL, J. Educação integral e reinvenção da escola: elementos para o debate a partir do Programa Mais Educação. In: OLIVEIRA, D.A.; DUARTE, M.R.T. *Convergências e tensões no campo da formação e do trabalho docente*: avaliação educacional,... Belo Horizonte: Autêntica, 2010. p. 853-869. (Coleção Didática e Prática de Ensino). Disponível em: <www.fae.ufmg.br/endipe/livros/Livro_3.PDF>.

MOLL, J. (Org.). *Educação integral*: texto referência para o debate nacional. Brasília, Ministério da Educação, 2009. (Série Mais Educação). Disponível em: <http://portal.mec.gov.br/dmdocuments/cadfinal_educ_integral.pdf>.

SANTOS, M. *A natureza do espaço*. São Paulo: Ed. USP, 2008.

SOUZA, R.F. de. *Templos de civilização*: a implantação da escola primária graduada no estado de São Paulo (1890-1910). São Paulo: Ed. UNESP, 1998.

SAVIANI, D. *História das ideias pedagógicas no Brasil*. Campinas: Autores Associados, 2010.

SEN, A. *O desenvolvimento como liberdade*. São Paulo: Companhia das Letras, 2000.

_____. *The idea of justice*. Cambridge: Belknap Press of Harvard University Press, 2009.

TEIXEIRA, A. *A educação e a crise brasileira*. Rio de Janeiro: Ed. UFRJ, 2005.

22

Mais Tempo na Escola

Desafio compartilhado entre gestores, educadores e comunidade escolar da rede estadual de ensino do Espírito Santo (ES)

Adriana Sperandio
Janine Mattar Pereira de Castro

Organizar uma escola com carga horária ampliada não pode ser apenas reproduzir, por mais tempo, os procedimentos pedagógicos tradicionalmente praticados, é preciso oportunizar novas possibilidades de desenvolvimento e de aprendizagem para os alunos.

O Programa Mais Tempo na Escola (PMTE) constitui a estratégia encontrada pela Secretaria de Estado da Educação do Espírito Santo (SEDU/ES) para permitir que, gradativamente, as escolas estaduais comprometam-se com a ampliação da jornada escolar como uma ação que oportunizará a dinamização do currículo, garantindo sua efetividade e contextualização em uma perspectiva de educação integral. A perspectiva do programa encontra sintonia com Cavaliere (2007), quando afirma que:

> Os resultados positivos das pesquisas que relacionam tempo e desempenho escolar e a percepção de que a escola pode ser uma instituição mais eficiente em sua função socializadora encorajam e dão suporte às políticas de ampliação do tempo. [...] A ampliação do tempo de escola somente se justifica na perspectiva de propiciar mudanças no caráter da experiência escolar, ou melhor, na perspectiva de aprofundar e dar maior consequência a determinados traços da vida escolar. (Cavaliere, 2007, p. 1021)

> É a construção de uma proposta pedagógica para escolas de tempo integral que repense as funções da instituição escolar na sociedade brasileira, que a fortaleça através de melhores equipamentos, do enriquecimento de suas atividades e das condições adequadas de estudo e trabalho para alunos e professores o que poderá trazer algo de novo e que represente crescimento na qualidade do trabalho educativo. (Cavaliere, 2007, p. 1032)

A rede estadual de ensino do Espírito Santo conta com mais de 330 mil alunos, 22 mil educadores, 587 escolas de ensino fundamental, médio e de educação profissional distribuídas por 78 municípios, constituindo uma estrutura complexa que abriga grupos de escolas com histórias, recursos de infraestrutura e complexidades próprias.

As experiências no campo da educação integral por meio da ampliação da jornada escolar no contraturno tiveram início no ano de 2006. Uma ação-piloto atendendo 10 mil alunos, denominada de Programa Mais Tempo Na Escola, foi desenvolvida em 60 escolas estaduais de oito municípios capixabas, e obteve resultados que apontaram contribuições significativas na qualificação do processo de aprendizagem pela dinamização das práticas educativas na escola.

A ação piloto possibilitou ajustes e o incremento das diretrizes do Programa, o que favoreceu o desenvolvimento da proposta apresentada para adesão por parte de toda a rede estadual a partir de 2007, conforme síntese na Tabela 22.1.

Como é possível notar, do total de 434 escolas aptas ao programa, a adesão foi aumentando gradativamente, o que revela um avanço na perspectiva indutora de uma política de Estado que acaba por ser concretizada na medida em que o que era uma oportunidade de ampliação da jornada em 2007, tornou-se, em 2010, uma política universalizada de organização do horário regular de atendimento das escolas passando de quatro para cinco horas diárias. Isso significou um ganho definitivo para a educação estadual.

Cabe considerar, nesse processo, que o investimento gradativo do Poder Público Estadual no provimento de infraestrutura e repasse de recursos aliados à realização de ações de mobilização e à sensibilização, por meio de seminários anuais de estudos e relatos das experiências escolares da rede estadual, pautaram amplo debate quanto aos desafios e, ao mesmo tempo, permitiram compartilhar iniciativas de ações inovadoras construídas no coletivo das escolas participantes. Os espaços de debate e estudo foram abertos para as redes municipais de ensino que, em alguns casos, criaram seus projetos de ampliação de jornada inspirados no programa estadual.

AO ENCONTRO DO MARCO LEGAL

Nos últimos tempos, as legislações registram de forma explícita a importância da educação integral. Em destaque, o Estatuto da Criança e do Adolescente (ECA), Lei nº 8.069, de 13 de julho de 1990 (Brasil, 1990), que garante às crianças e aos adolescentes a proteção integral e todos os direitos fundamentais inerentes à pessoa humana, assegurando-lhes oportunidades, a fim de lhes facultar o desenvolvimento físico, mental, moral, espiritual e social, em condições de liberdade e de dignidade. Dando seguimento, a Lei de Diretrizes e Bases da Educação Nacional nº 9.394/96 estabelece

Tabela 22.1
Síntese de adesão ao programa

DIMENSÕES	2007	2008	2009	2010
Escolas estaduais que aderiram a, no mínimo, uma das modalidades do programa	42,85%	62,67%	75,57%	100%
Municípios com oferta	53	69	70	78
Alunos beneficiados	68.980	94.270	141.898	231.142
Parceria com o Programa Mais Educação	–	–	52 escolas	119 escolas

no artigo 34: "A jornada escolar incluirá o mínimo de quatro horas de trabalho efetivo em sala de aula, sendo progressivamente ampliado o período de permanência na escola"; e no § 2º que "O ensino fundamental será ministrado progressivamente em tempo integral, a critério dos sistemas de ensino" (Brasil, 1996).

Em pertinência ao PMTE, citamos sobre esse artigo da LDB os comentários de Menezes (Coelho, 2009, p. 72):

> [...] jornada escolar, considerada como período em que a criança e o adolescente estão sob a *responsabilidade da escola,* quer em atividades intraescolares, quer extraescolares. [...] A LDB reconhece que as instituições escolares, em última instância, detêm a centralidade do processo educativo pautado pela relação ensino--aprendizagem.

O Plano Nacional de Educação, sancionado em janeiro de 2001, apresenta como metas:

> 21. Ampliar, progressivamente, a jornada escolar visando expandir a escola de tempo integral que abranja um período de pelo menos sete horas diárias, com previsão de professores e funcionários em número suficiente.
>
> 22. Prover, nas escolas de tempo integral, preferencialmente para as crianças das famílias de menor renda, no mínimo duas refeições, apoio às tarefas escolares, a prática de esportes e atividades artísticas, nos moldes do Programa de Renda Mínima Associado a Ações Socioeducativas. (Brasil, 2001)

O Programa de Metas Compromisso Todos Pela Educação (Brasil, 2007a) prevê na Diretriz VII: "ampliar as possibilidades de permanência do educando sob responsabilidade da escola para além da jornada regular". O Decreto Federal nº 6.253/2007, de 13 de novembro de 2007, dispõe sobre o Fundo de Manutenção e Desenvolvimento da Educação Básica e de Valorização dos Profissionais da Educação (FUNDEB, Brasil, 2007b), apresenta em seu artigo 4º: "considera-se educação básica em tempo integral a jornada escolar com duração igual ou superior a sete horas diárias, durante todo o período letivo, compreendendo o tempo total que um mesmo aluno permanece na escola ou em atividades escolares [...]".

Esses fundamentos legais asseguram o reconhecimento da necessidade de ampliar e qualificar o tempo escolar, em estreita associação às múltiplas dimensões que caracterizam a instituição educacional.

Nessa perspectiva, em abril de 2007, entre as ações do Plano de Desenvolvimento da Educação (PDE), o Governo Federal publicou a Portaria Interministerial com o objetivo de fomentar a educação integral (Brasil, 2007c) e, em 2010, o Decreto Federal nº 7.083/2010 dispõe sobre o Programa Mais Educação (Brasil, 2010).

Em nível estadual, o Programa Mais Tempo na Escola referenda-se como política pública por meio das Portarias Estadual nº 001-R, de 7 de janeiro de 2009, (Anexo A), e Portaria Estadual nº 021-R de 25 de fevereiro de 2010, (Anexo B).

AO ENCONTRO DE UMA NOVA POLÍTICA PÚBLICA: AMPLIAÇÃO DA JORNADA ESCOLAR

Com o PMTE, a gradativa ampliação no tempo de permanência do aluno na escola constituiu-se em medida efetiva com o objetivo de atender às necessidades educativas dos estudantes das escolas estaduais, implicando na reorganização do espaço e da dinâmica escolar, atendendo a crianças e jovens integralmente em suas necessidades educacionais. Possibilitou o incremento do trabalho pedagógico ao oferecer aos estudantes conhecimentos e vivências contextualizadas, criando novas oportunidades de aprendizagem e contribuindo para a melhoria do desempenho escolar e, em especial, intensificando práticas sistematizadas de leitura, escrita e raciocínio lógico-matemático e a ampliação do universo de experiências socioculturais, artísticas, esportivas, de pesquisa e investigação científica. Tal reorganização contribuiu para a melhoria do desempenho escolar.

Nesse contexto, consideram-se provocativas as observações de Coelho:

> [...] nos perguntamos qual a função da escola pública hoje, quando repete-se, a todo o momento, a sua ineficácia em termos de qualidade. Não seria o caso de concretizar projetos mais ousados de ampliação do tempo de permanência em seu espaço formal, a partir de seu projeto pedagógico, consolidando sua centralidade enquanto instituição formadora e, com a força desse projeto construído coletivamente, buscar, no poder público, verbas necessárias à sua consecução, sem interferências externas que não sejam as que foram aprovadas nesse mesmo projeto pedagógico? (Coelho, 2009, p. 98)

Acredita-se, como desafio da escola e tarefa dos profissionais da educação, que o reconhecimento de ações como a ampliação do tempo escolar implica investir em reflexão sobre a prática e ousar em estratégias e metodologias inovadoras, oferecendo ao maior número possível de alunos o direito de aprender.

> [...] a concepção democrática de escola de tempo integral imagina que ela possa cumprir um papel emancipatório. O tempo integral seria um meio a proporcionar uma educação mais efetiva do ponto de vista cultural, com o aprofundamento dos conhecimentos, do espírito crítico e das vivências democráticas. A permanência por mais tempo na escola garantiria melhor desempenho em relação aos saberes escolares, os quais seriam ferramentas para a emancipação. (Cavaliere, 2007, p. 1.029)

A autora ainda afirma que:

> a ampliação do tempo diário de escola tem sido apresentada, no Brasil (Ribeiro, 1986) e em outras partes do mundo (Grunder, 1997; Cattabrini, 1997), como uma aposta na diminuição das diferenças entre os sistemas de prestígio e os sistemas desprestigiados entre os alunos com forte capital cultural e os oriundos de famílias com baixo capital cultural, coisa que o prolongamento generalizado dos anos de escolarização não teria atingido. A novidade da ampliação do tempo diário estaria na transformação do tipo de vivência escolar, na mudança, portanto, no papel desempenhado pela escola. (Cavaliere, 2007, p. 1021)

Nesse sentido, é preciso considerar a participação dos estudantes nos processos educacionais, por não serem tão somente destinatários da atividade educacional. A aprendizagem efetiva requer que sejam considerados: aos estudantes, no que se refere às características e ao contexto em que vive; aos educadores, quanto à autoconfiança na capacidade e na possibilidade de mediar a apropriação do conhecimento, à criação de contextos enriquecedores para a aprendizagem dos estudantes, à fundamentação que embasam sua práxis, à expectativa a respeito das aprendizagens de seus alunos; à escola, como espaço legítimo de aprendizagem que prioriza as relações interpessoais possibilitando e promovendo mudanças e, especialmente, à família, pelo fortalecimento do relacionamento entre pais e filhos e pelo resgate do diálogo geracional. Esta última se caracteriza como uma iniciativa que prima pela interação "por uma melhor qualidade da educação, construindo uma relação de corresponsabilidade entre a escola e a família que sustente e apoie as aprendizagens dos alunos, reconhecendo a escola como espaço de conhecimento, afeto e convívio democrático em articulação com a família" (Espírito Santo, 2009a, p. 15).

> A qualidade das aprendizagens construídas na escola pressupõe intencionalidade educativa que envolve, além de ambientes ricos e dinâmicos para a aprendizagem, estratégias de ensino que possam contribuir intensamente com a formação de sujeitos emancipados, autônomos, críticos e criativos, capazes de saber pensar e aprender a aprender ao longo de suas vidas. Grande destaque tem sido a pesquisa enquanto processo investigativo, que nos projetos pedagógicos, asseguram a necessária união entre teoria e prática, entre conhecimentos empíricos e conhecimentos científicos, articulando pensamento e ação. (p. 47)

No desafio da construção de políticas públicas de educação integral, o diálogo entre união, estados e municípios se intensificou com a proposição do Programa Mais Educação. Uma estratégia indutora de políticas sociais integradas que valoriza a diversidade local e regional considerando percursos e conquistas, bem como, potencializando os valores e práticas que caracterizam tanto o Espírito Santo e quanto o Brasil, com suas riquezas de saberes e fazeres, conforme constatamos nos destaques a seguir:

> [...] o objetivo do Programa Mais Educação é a conquista efetiva da escolaridade dos estudantes, através da ampliação de experiências educadoras, as praticas realizadas além do horário escolar precisam estar sintonizadas com o currículo e os desafios acadêmicos [...].
> O Programa Mais Educação propõe uma metodologia de trabalho capaz de fazer dos programas de governo que integram esta ação um instrumento sensível de produção de conhecimento e cultura, pois considera a diversidade de saberes que compõem a realidade social brasileira. (Brasil, 2009 p.13)

Neste sentido, o Programa Mais Tempo na Escola é enriquecido, a partir de 2009, com as contribuições que chegam do Programa Federal para as escolas estaduais, bem como, com as oportunidades de discussões ampliadas que foram pautadas em grupos de trabalho e eventos nacionais e internacionais promovidos pelo MEC/SECAD.

AO ENCONTRO DOS PRINCÍPIOS EDUCACIONAIS DO CURRÍCULO DINAMIZADOS PELO PROGRAMA

Na concepção do PMTE foram elaborados princípios norteadores que, em seus desdobramentos, indicam os ancoradouros de todo o processo de implementação, são eles: a ênfase nas pessoas; a ênfase na aprendizagem; a instituição como organização aprendente; a formação de subjetividades e a ênfase na vivência da diversidade, no respeito mútuo e na ética. Tais princípios se (re)construíram no processo, vivenciados pelos profissionais da rede estadual durante a elaboração do Currículo Básico da Escola Estadual, finalizado em 2008 e publicado em 2009 e se apresentam como segue:

> Os princípios representam a base e o fundamento que subsidiam a política educacional de escolarização das crianças, jovens e adultos capixabas. Esses princípios colocam o educando como referência e foco de todo o processo educativo.
> **Valorização e afirmação da vida.**
> Esse princípio expressa que a educação deve, acima de tudo, estar a serviço da vida. A vida é a dimensão integradora das relações na escola e, em sua fragilidade, exige o autocuidado e o respeito ao outro. [...] A escola precisa estimular os diversos atores educacionais a desenvolverem uma consciência de si, do outro e do mundo, por meio da constante elaboração da

relação ser humano – natureza – sociedade. [...] No ambiente escolar essa convivência pressupõe a formação de sujeitos éticos, solidários, cooperativos e comprometidos com o firme propósito de alcançar a sustentabilidade, intensificando os esforços pela justiça, pela paz e pela vida em toda a sua diversidade.

O reconhecimento da diversidade na formação humana.
[...] Pelo reconhecimento da diversidade como traço da realidade social. Apresentar a diversidade como princípio norteador de uma proposta curricular implica compreender o processo de formação humana que se realiza em um contexto histórico, social, cultural e político. [...] Superar as diversas formas de exclusão, de dominação e discriminação é oportunizar que a diversidade seja vivida, experienciada por e com todos os sujeitos por meio do acesso e troca de informações, pela compreensão dos direitos e deveres do cidadão e pelo exercício da autonomia necessária para a vida social. O desafio que se coloca na escola é adotar uma postura ética na relação entre grupo humano e social que são apenas diferentes.

A educação como bem público.
A educação, direito de todos e dever do Estado e da família, é um bem público que deve servir aos propósitos da emancipação humana e consequente desenvolvimento social e econômico da nação. A educação como obra de mudança, de movimento de uma dada situação a outra diferente, mediante um determinado caminho [...]. A unidade escolar é o lócus onde se concretiza o objetivo máximo do sistema educacional: a garantia do direito de aprender. A escola pública com compromisso social, espaço de visibilidade, onde liberdade com responsabilidade legitima a participação de todos e de cada um [...].

A aprendizagem como direito do educando.
Aprender é, antes de tudo, um direito. Todos os alunos têm condições de conhecer e aprender, possuem capacidades intrínsecas de auto-organização e de autogestão, envolvendo a percepção, a interpretação, a construção, a reflexão e a ação. No entanto, conhecer e aprender são processos que emergem a partir das relações entre sujeito e objeto e entre diferentes sujeitos do processo de ensino aprendizagem em uma perspectiva dialógica e dialética. É na relação entre os sujeitos, com toda a sua complexidade, que a aprendizagem constitui-se e nela se expressam emoções, sentimentos e atitudes. Na escola, o aluno é o centro do processo educativo e, em função dele, as ações educativas devem ser planejadas e executadas. Cabe ao educador comprometer-se com a dinamização deste processo, assumindo o lugar de mediador. No direito de aprender se insere o direito a um ambiente e contextos de aprendizagens adequados às necessidades e expectativas do educando, em que a prática educativa seja sustentada: por um currículo aberto à vida, que promova a conquista da autonomia intelectual do sujeito aprendiz; pressupõe, ainda, que promova a capacidade do aluno de aprender a aprender e aprender a desaprender (quando necessário); que desenvolva competências e atitudes criativas; que promova o aprender a dialogar como condição fundamental do processo de construção do conhecimento cuja base se expressa na aquisição da leitura da escrita e dos conhecimentos matemáticos; a aprender a reconhecer que toda ação envolve interação em um contexto dinâmico e relacional e que, acima de tudo, promova a aprendizagem da cooperação e da solidariedade como condição de superação dos fatores de exclusão, preparo para o exercício da cidadania e aprendizagem ao longo da vida.

A ciência, a cultura e o trabalho como eixos estruturantes do currículo.
A proposta de assumirmos um projeto educacional cuja formação humana promova a construção do conhecimento a partir da articulação dos princípios de trabalho, ciência e cultura anuncia um movimento permanente de inovação do mundo material e social em que estamos inseridos. A pedagogia aqui apontada será promotora de uma escola verdadeiramente viva e criadora, na medida em que constrói uma relação orgânica com e a partir do dinamismo social que vivencia pela autodisciplina e autonomia moral e intelectual de seus alunos.

Esta proposta não concebe a educação para a conformação do ser humano à realidade material e social, ela deve dar condições para enfrentá-la a partir da compreensão dessa mesma realidade, apropriando-se dela e transformando-a [...]. Nesse sentido, essas categorias integradas constituem a própria essência da dimensão curricular apresentada neste documento. Ao concebermos o espaço escolar como ambiente de aprendizagem promotor de uma educação emancipadora, essa perspectiva se concretiza ao materializarmos, no interior da unidade educacional, a organização física, a exemplo dos laboratórios de estudo que asseguram o conhecimento dos fenômenos tornando-os visíveis e com consistência teórico-prática; dos ambientes de sala de aula e de convivência como espaços de criação onde se articula arte e ciência; a biblioteca escolar como celeiro de acesso ao mundo das letras e de exercício da imaginação e da inventividade. (Espírito Santo, 2009b, p. 22-26)

Reconhece-se o grande desafio que é imputado à área educacional em relação ao enfrentamento dos problemas e das demandas sociais, econômicas, políticas, culturais, ambientais, morais, religiosas, enfim, de toda a ordem que caracteriza o mundo contemporâneo, exigindo posicionamentos e respostas no âmbito da instituição escolar. Assim, algumas novas tarefas passaram a integrar-se à dinâmica educacional escolar, não porque seja a única instituição responsável pela educação, mas por ser aquela que desenvolve uma prática educativa planejada e sistemática durante um período contínuo e extenso de tempo na vida das pessoas. A escola é reconhecida pela sociedade como a instituição da aprendizagem que não pode prescindir de interagir, dialogar e compartilhar saberes com as outras instituições sociais. O desafio é construir uma nova identidade da escola, incrementando os tempos e espaços escolares, as dimensões curriculares, a metodologia e a prática pedagógica. De acordo com Menezes,

A educação integral integrada vai além das parcerias para abarcar a integração das disciplinas dentro do currículo escolar tanto pela perspectiva da transversalidade de temas [...], como pela ótica do desenvolvimento de outras habilidades/inteligências que auxiliem o aluno na compreensão dos conteúdos de sala de aula [...].
[...] o aumento do tempo escolar deve necessariamente se fazer associar a uma ampliação do espaço escolar. A ampliação da jornada, quando limitada exclusivamente ao espaço físico intraescolar, impede que os estudantes tenham acesso e oportunidades de convivência com outros ambientes socioculturais enriquecedores. (Coelho, 2009, p. 81-82)

AO ENCONTRO DE UM DESENHO PEDAGÓGICO

Considerando o desafio de incremento das políticas públicas pela garantia do direto à aprendizagem, o Programa Mais Tempo na Escola foi destinado a todos os alunos das escolas de ensino fundamental e médio da rede estadual de ensino. Mesmo com a perspectiva de rede, pelo reconhecimento das diferentes realidades que marcam cada unidade escolar e sua história local, bem como a complexidade e variedade dos grupos de educadores e comunidades escolares, o programa foi apresentado como uma possibilidade de adesão e ainda com modalidades diferenciadas que viabilizasse o diálogo com essa diversidade. A participação das escolas públicas estaduais constituiu-se por adesão a uma ou mais modalidades de organização diferenciada dos tempos escolares e, como desafio, a SEDU/ES estabeleceu internamente uma meta de que 90% das escolas da rede estadual estivessem inseridas em uma das modalidades do Programa até 2010. Isso implicou ações de estudo, mobilização, sensibilização dos gestores, educadores e comunidade escolar para a busca da mudança e, por outro lado, em assumir a necessidade de criar condições e investir em infraestrutura, no provimento de equipamentos em recursos materiais e humanos.

Considerando os objetivos da instituição educacional em sua dimensão curricular, definiu-se para atuar no programa estadual os trabalhadores do magistério, licenciados, efetivos ou em designação temporária. A participação do professor no programa também se faz por adesão considerando ainda seu potencial, seu interesse e a adequação de seu perfil à natureza do projeto escolar que, por sua vez, ancora-se na proposta pedagógica da unidade escolar.

Para participar com o envolvimento de todos da comunidade escolar, a escola avalia qual das modalidades melhor atenderá à sua realidade e garante em seu plano de trabalho (Plano Estadual de Dinheiro Direto na Escola – PEDDE) a previsão de recursos necessários ao desenvolvimento das ações propostas. A participação no programa efetiva-se com um Termo de Adesão assinado pelo Conselho de Escola, seguido da entrega de um selo de identificação do programa.

O PMTE disponibiliza três modalidades de organização diferenciada dos tempos escolares:

a) **Modalidade 25 horas semanais** que corresponde à jornada escolar de cinco horas diárias para todos os alunos, ampliando sua permanência por mais uma hora no dia (totalizando 25 horas semanais). Para tanto, a escola passa a adotar o modelo de organização curricular com 1000 horas de aulas anuais, o que favorece o enriquecimento curricular. Após três anos de experiência com o processo de adesão, escolas e sistema prepararam-se para o avanço ocorrido em 2010 com a política universalizada de organização do horário regular de atendimento de todas as escolas, passando, oficialmente, de quatro para cinco horas diárias.

b) **Modalidade de 35 horas semanais** que corresponde à ampliação em mais 10 horas semanais, no contraturno, perfazendo a carga horária diária de sete horas ou, em alguns casos, a carga horária divide-se em alguns três ou quatro dias na semana. A escola elabora um projeto didático escolar para o desenvolvimento do Projeto de Enriquecimento Curricular (PEC), instrumento organizador das atividades escolares subdividido, inicialmente, pelos núcleos de linguagem; das ciências da natureza e matemática e o núcleo de apoio pedagógico e a promoção social e, que, em 2010, constituem-se as áreas de conhecimento contempladas no Currículo Básico Estadual. A partir de 2009, algumas escolas participantes desta modalidade, a partir de 2009, passaram a dialogar com o Programa Federal Mais Educação.

Em cada projeto são elaboradas por núcleo/área escolhida: Atividades Integradoras que possuem caráter unificado de rede, pois estão diretamente relacionadas ao objetivo das áreas de conhecimento e Atividades Escolares, de autonomia da escola, considerando a escolha dos alunos, de acordo com a identidade e a capacidade de infraestrutura local.

c) **Modalidade de 40 horas semanais** que corresponde à jornada escolar diária de oito horas que incorpora a modalidade 25 horas e amplia a permanência do aluno na escola por mais 15 horas semanais, ou seja, escola em tempo integral. A adesão a esta modalidade é fruto do diálogo entre a unidade escolar e a SEDU/ES, a partir da identificação de questões de infraestrutura, da especificidade do atendimento e identidade local e da proposta pedagógica da escola, como aconteceu nos três Centros Estaduais de Educação Rural (CEIER). Esta modalidade também contempla o Projeto de Enriquecimento Curricular (PEC), composto por núcleos de atividades com projetos integradores e escolares.

O PEC, adotado na ampliação das jornadas de 35 e 40 horas, organiza-se em núcleos estruturados que vêm ao encontro dos objetivos que incrementam a proposta de desenvolvimento integral do educando. Nessa proposta, as atividades de leitura, escrita, raciocínio lógico e pesquisa conjugam-se às atividades artísticas, culturais e esportivas como ferramentas curriculares.

Os conhecimentos trabalhados nos núcleos/áreas são compostos por competências, habilidades e conteúdos disciplinares que mais facilmente se comunicam ou têm afinidades entre si, criando condições para que desenvolva-se, internamente, uma aproximação de saberes proporcionando uma inter-relação entre a teoria e a prática.

A divisão interna dos núcleos/áreas em projetos didáticos (atividades integradoras e atividades escolares) permite contemplar: língua e literatura, cultura, valorização étnica/racial, ética e cidadania, desenvolvimento pessoal e social, esportes, artes, iniciação à pesquisa, saúde e sexualidade, educação ambiental, entre outros.

As atividades integradoras são desenvolvidas nos projetos didáticos que deverão fortalecer os conhecimentos do currículo como, por exemplo, de língua portuguesa, de matemática e de ciências, principalmente com o objetivo de ampliar a competência leitora e escritora (leitura de obras literárias diversas, leitura e produção de textos de gêneros variados) e o desenvolvimento do raciocínio lógico e científico. Dentro do mesmo projeto, a escola poderá desenvolver outras formas de estímulo à leitura e às linguagens, tais como: artes visuais – escultura, pintura, vídeo, fotografia, cinema e ainda outras linguagens artísticas – música, teatro, dança, pintura, desenho, cinema, etc., conforme o Quadro 22.1.

AO ENCONTRO DOS (DES) ENCONTROS E DESAFIOS

Como toda construção em processo, cabe aqui registrar alguns desafios e por que não dizer barreiras e dificuldades vivenciadas ao longo do percurso de implementação descritas a partir das duas realidades que merecem destaque: a dinâmica da vida urbana, onde se concentram aproximadamente 70% das escolas e matrículas, e a especificidade do campo.

Na região metropolitana e nos maiores centros urbanos grande parte das dificuldades ficaram centradas em três questões: a incompatibilidade de horários envolvendo as atividades de estágio para os estudantes e o programa jovem aprendiz; o temor, expresso pelos estudantes, e a preocupação compartilhada com gestores e educadores quanto à ampliação desse tempo representar "mais do mesmo" e a questão da alimentação escolar para os alunos do ensino médio.

No que se refere ao primeiro aspecto, uma das ações desenvolvidas para minimizar o problema foi a pactuação feita junto aos empresários e às federações do comércio e da indústria quanto à garantia do reconhecimento de que a atividade escolar é preponderante sobre o estágio, que caracteriza-se como complementar, culminando em uma carta aberta do empresariado capixaba manifestando o apoio à ampliação do tempo escolar pela melhoria do desempe-

Quadro 22.1
Projeto de Enriquecimento Curricular (PEC)

	Modalidade 35 horas	
Núcleo/ Área da linguagem	*Projeto didático*	
	Atividades integradoras	Leitura, produção de textos e literatura
	Atividades escolares	Artes plásticas Artes cênicas e expressão corporal Artes musicais Esporte
Núcleo/ área das ciências da natureza e matemática	*Projeto didático*	
	Atividades integradoras	Raciocínio lógico e cálculo Pesquisa aplicada (Física, Química e Biologia na vida diária)
	Atividades escolares	Educação ambiental
Núcleo/área de ciências humanas e apoio pedagógico	*Projeto didático*	
	Atividades integradoras	Recuperação de estudos e estudos independentes Temáticas da diversidade (ética e cidadania, cultura da paz, sexualidade, prevenção à gravidez na adolescência e etc.)
	Atividades escolares	Projeto de desenvolvimento pessoal e social do aluno

nho educacional. Paralelamente, o Governo do Estado criou, em 2009, o Programa Jovens Valores que oferece aos alunos de nível médio ou equivalente de escolas da rede pública estadual, participantes do PMTE na modalidade 25 horas, a oportunidade de estágio nos diversos órgãos, autarquias e fundações do governo com o objetivo de proporcionar o aprimoramento do processo educacional, contribuindo para o desenvolvimento intelectual, profissional e humanitário.

Quanto ao segundo aspecto, o questionamento feito em relação à necessidade de maior dinamicidade das ações pedagógicas no cotidiano escolar contribuiu para que a SEDU/ES estabelecesse como prioridade o aprofundamento de estudos e a realização de oficinas de ideias metodológicas que subsidiassem o trabalho docente.

O terceiro aspecto esteve relacionado à alimentação escolar para todos os estudantes do ensino médio, situação superada pela decisão governamental de extensão do benefício para todos os alunos de ensino médio e EJA, a partir de 2009.

Nas comunidades escolares do campo, as dificuldades estiveram associadas ao transporte escolar, que é executado de forma compartilhada com as redes municipais. Essa dificuldade só foi superada em 2010, com o novo planejamento de rotas e recursos, bem como a crescente adoção da ampliação da jornada por alguns municípios.

Cabe considerar que a realização de ações de mobilização por meio de seminários anuais de estudos e relatos das experiências escolares da rede estadual teve efeito sensibilizador, na medida em que, a partir das experiências compartilhadas entre pares e com as redes municipais de ensino, identificou-se a progressiva adesão das escolas estaduais ao programa e, em alguns casos, redes municipais que já criaram seus projetos inspirados no programa estadual. É preciso reconhecer que propostas como as do PMTE que objetivam inovar a ação pedagógica, reconstruir as relações espaço/tempo escolar, fomentam o debate acerca dos diferentes papéis ocupados pelos membros de toda a comunidade escolar diante do anunciado processo de mudança.

Nesse processo, foram reveladas algumas fragilidades anunciadas como "entraves" na execução do programa, como a falta de integração entre pedagogos e professores e a insuficiência de informações por parte da família e dos professores sobre o PMTE. Ficou evidente, também, no depoimento das escolas, a dificuldade em desenvolver parcerias, cujos projetos cooperem em uma convergência de objetivos a partir das necessidades da escola, já que, as proposições feitas pelas instituições parceiras, apesar de bem formuladas e com propósitos dignos, não correspondem à expectativa dos educadores quanto ao alinhamento à proposta pedagógica das escolas.

AO ENCONTRO DAS CONSTRUÇÕES, POSSIBILIDADES E NOVOS CAMINHOS

O PMTE vem sendo construído em processo e em suas bases está a ressignificação do espaço escolar e das concepções e práticas de todos os envolvidos no ato educativo de forma direta ou indireta. Um momento novo que demandou acompanhamento e avaliação permanentes em todos os âmbitos da gestão pública da educação, com etapas vividas, superadas, desconstruíras, alinhadas e renovadas. Um processo explícito de aprendizagem coletiva que já apresenta frutos e sinaliza para novos caminhos e novas possibilidades. As palavras finais para traduzir essa experiência ficam com os atores, protagonistas, autores que em determinados momentos se expressam e dizem[1]:

> O aluno percebe a escola com outros olhos, além de seus muros e as disciplinas além das quatro paredes. Valoriza e reconhece que na escola estadual acontecem projetos e programas focados no desempenho integral do aluno. (Pedagogo)

> Passamos a aprender mais, gostei muito da sala de leitura aberta que a escola criou com o Programa. Nossa escola está com ensino de ótima qualidade. (Estudante de 10 anos)

> Tive mais tempo para aprender, fazer novos amigos e executar apresentações dos conteúdos estudados para família e minha comunidade. (Estudante de 16 anos)

> Temos aulas diferentes, temos mais ligação com a escola e tiramos dúvidas com os professores. (Estudante de 13 anos)

> Os alunos estão mais próximos dos professores e gostando mais da escola. (Diretor)

> Aumentou a autoestima do meu filho. (Mãe de aluno de EF)

> Ele agora demonstra mais consciência com as coisas de uso público. (Mãe de aluno de EM)

> Os alunos comentam em sala os temas trabalhados no programa contribuindo assim para o trabalho na sala de aula. (Professor)

> Menos tempo na ociosidade e mais tempo interessado nos estudos. (Mãe de aluno de EM)

Percebemos prazer em estar na escola durante todo o dia, como também ótimos progressos na aprendizagem e na socialização. (Professor)

Mais proximidade dos alunos com a escola e com a comunidade. (Mãe de aluno de EM)

Incentiva a criança a estudar mais e a ter mais compromisso com os estudos. (Mãe de aluno de EF)

A participação do aluno é que mantém viva toda a empolgação dos professores. (Pedagogo)

NOTA

1. Depoimentos coletados na pesquisa de opinião amostral que envolveu 428 entrevistados de 47 escolas localizadas em 17 municípios capixabas.

REFERÊNCIAS

BRASIL. Lei n. 8.069, de 13 de julho de 1990. Dispõe sobre o Estatuto da Criança e do Adolescente e dá outras providências. *Diário Oficial da União*. Brasília 16 jul. 1990.

_____. Lei n. 9.394, de 20 de dezembro de 1996. Estabelece as diretrizes e bases da educação nacional. *Diário Oficial da União*. Brasília: 23 dez. 1996.

_____. Lei n. 10.172, de 9 de janeiro de 2001. Aprova o Plano Nacional de Educação e dá outras providências. *Diário Oficial da União*.Brasília: 10 jan. 2001.

_____. Decreto n. 6.094, de 24 de abril de 2007. *Diário Oficial da União*. Brasília: 25 abr. 2007a.

_____. Decreto n. 6.253, de 13 de novembro de 2007. *Diário Oficial da União*. Brasília: 14 nov. 2007b.

_____. Portaria n. 17, de 20 de abril de 2007. *Diário Oficial da União*, Brasília, DF, 24 abr. 2007c.

_____. Rede de saberes mais educação: pressupostos para projetos pedagógicos de educação integral: caderno para professores e diretores de escolas. 1.ed. Brasília: Ministério da Educação, 2009.

_____. Decreto n. 7.083, de 27 de janeiro de 2010. *Diário Oficial da União*, Brasília, DF, 27 jan. 2010.

CAVALIERE, A.M. Tempo de escola e qualidade na educação pública. *Educação e Sociedade*, Campinas, v.28, n.100, p. 1015-1035, 2007. Número especial.

COELHO, L.M.C.C. (Org*.*). *Educação integral em tempo integral*: estudos e experiências em processo. Petrópolis: FAPERJ, 2009.

ESPÍRITO SANTO (Estado). *Programa estadual mais tempo na escola*. Vitória: Secretaria da Educação, 2007.

_____. *Currículo básico da escola estadual*. Vitória: Secretaria da Educação, 2009a.

_____. *Projeto família presente na educação*: diretrizes. Vitória: Secretaria da Educação, 2009b.

ANEXO A

Portaria N° 001- R, DE 07 DE JANEIRO DE 2009.

Institui o Programa Mais Tempo na Escola nas escolas da rede escolar estadual.

A SECRETÁRIA DE ESTADO DA EDUCAÇÃO em exercício, no uso da atribuição que lhe confere o Artigo 98, item II da Constituição Estadual,

CONSIDERANDO que o artigo 34 da Lei de Diretrizes e Bases da Educação Nacional, Lei n° 9.394, de 20 de dezembro de 1996, determina a progressiva ampliação do período de permanência, do aluno na escola;

CONSIDERANDO que o Estatuto da Criança e do Adolescente, Lei n° 8.069, de 13 de julho de 1990, garante às crianças e aos adolescentes a proteção integral e todos os direitos fundamentais inerentes à pessoa humana, assegurando-lhes oportunidades, a fim de lhes facultar o desenvolvimento físico, mental, moral, espiritual e social, em condições de liberdade e de dignidade;

CONSIDERANDO a necessidade de ampliação da vivência escolar de crianças, adolescentes e jovens, de modo a promover, além do aumento da jornada, a oferta de novas atividades formativas e de espaços favoráveis ao seu desenvolvimento sadio;

RESOLVE:

Art. 1° – Instituir o Programa Mais Tempo na Escola, destinado a contribuir para a formação integral de crianças, adolescentes e jovens, por meio da criação de novas oportunidades de aprendizagem, contribuindo para a melhoria do desempenho escolar e para a ampliação do universo de experiências socioculturais, esportivas e de iniciação científica.

Parágrafo Único - O programa será implementado por meio de apoio à realização, nas escolas e em outros espaços sócio-culturais, de ações sócio-educativas, incluindo os campos da educação, das artes, da cultura e do esporte, mobilizando-os para a melhoria do desempenho educacional, e do ao cultivo de relações entre professores, alunos e suas comunidades.

Art. 2° – O Programa Mais Tempo na Escola tem por finalidade ampliar o tempo de permanência do aluno na escola com o objetivo de atender às necessidades educativas dos estudantes das escolas estaduais.

Art. 3° – O Programa Mais Tempo na Escola apresenta três modalidades de organização diferenciada dos tempos escolares:

I – modalidade de 25 horas semanais (jornada escolar de 5 horas diárias para o aluno).
II – modalidade de 30 horas semanais (jornada de até 10 horas semanais no contra-turno).
III – modalidade de 40 horas semanais (jornada escolar diária de 8h)

Art. 4° – A participação das escolas públicas estaduais no Programa Mais Tempo na Escola faz-se por adesão a uma ou mais modalidades de organização diferenciada dos tempos escolares.

I – Para aderir à modalidade de 25 horas, a Escola deverá adotar a matriz curricular de 25h/ aulas semanais apresentada pela Secretaria de Estado da Educação SEDU.
II – Para aderir à modalidade de 30 horas, a Escola deverá elaborar, conforme diretrizes do programa, um Projeto de Enriquecimento Curricular- PEC, contemplando as peculiaridades locais, devendo o mesmo ser analisado e autorizado pela SRE/SEDU;
III – Adesão à modalidade de 40 horas dar-se-á por indicação da SEDU, a partir da avaliação de demanda apresentada pela Escola, em consonância com as diretrizes do programa;
IV – A participação da Escola no Programa se efetiva com um Termo de Adesão, assinado pela escola, que receberá o selo de Identificação do Programa.

Parágrafo Único – O Programa MaisTempo na Escola é implementado por meio de ações nas áreas de educação, artes, cultura e esporte, sob a responsabilidade da escola pública estadual.

Art. 5º – O Programa MaisTempo será implementado com base nas seguintes diretrizes:
I – integrar as atividades sócio-educativas, esportivas e culturais ao projeto político pedagógico da rede estadual de ensino e das escolas participantes;
II – contribuir para a formação, a expressão e o protagonismo de crianças, adolescentes e jovens;
III – possibilitar ao aluno conhecimentos e vivências contextualizadas que ampliem sua aprendizagem, em especial, em Português e Matemática;
IV – oportunizar o acesso a experiências de aprendizagem, por meio da cultura, da arte e do esporte;
V – construir uma nova identidade da escola, incrementando os tempos e espaços escolares, as dimensões curriculares, a metodologia e a prática pedagógica;
VI – contribuir para a redução dos índices de evasão e repetência dos alunos da educação básica da rede pública estadual.
VII – contribuir para minimizar o risco de vulnerabilidade social.

Art. 6º – Esta Portaria entra em vigor na data de sua publicação.

Art. 7º – Revogam-se as disposições em contrário.

Vitória, 07 de janeiro de 2009.

Adriana Sperandio
Secretária de Estado da Educação em Exercício

ANEXO B

PORTARIA Nº 021-R, DE 25 DE FEVEREIRO DE 2010.

Atualiza o Programa Mais Tempo na Escola implantado nas escolas da rede pública estadual em 2007.

O SECRETÁRIO DE ESTADO DA EDUCAÇÃO, no uso da atribuição que lhe confere o Artigo 98, item II da Constituição Estadual, e

CONSIDERANDO:

- o artigo 34 da Lei de Diretrizes e Bases da Educação Nacional, Lei nº 9.394, de 20 de dezembro de 1996, que determina a progressiva ampliação do período de permanência do aluno na escola;
- o Estatuto da Criança e do Adolescente, Lei nº 8.069, de 13 de julho de 1990, que garante às crianças e aos adolescentes a proteção integral e todos os direitos fundamentais inerentes à pessoa humana, assegurando-lhes oportunidades, a fim de lhes facultar o desenvolvimento físico, mental, moral, espiritual e social, em condições de liberdade e de dignidade;
- o estabelecimento da jornada escolar ampliada como projeto estruturante do Plano de Desenvolvimento Espírito Santo 2025;
- a necessidade de ampliação da vivência escolar de crianças, adolescentes e jovens, de modo a promover, além do aumento da jornada, a oferta de novas atividades formativas e de espaços favoráveis ao seu desenvolvimento integral;
- o Currículo Básico da Escola Estadual 2009 ao tematizar um conjunto de princípios que colocam o educando como referência e foco de todo o processo educativo, de modo a valorizar a vida, reconhecer a diversidade humana, reiterar a educação como direito e situar a ciência, a cultura e o trabalho como eixos da formação educativa;
- a incorporação da modalidade de 25 horas semanais, implementada por adesão, nos anos 2007, 2008 e 2009, instituída como carga horária regular de 5 horas diárias para os estudantes das escolas públicas estaduais nos turnos matutino e vespertino, a partir de 2010.

RESOLVE:

Art. 1º – Atualizar o Programa Mais Tempo na Escola cuja finalidade é contribuir para a formação integral de crianças, adolescentes e jovens, por meio da criação de novas oportunidades de aprendizagem, que promovam a melhoria do desempenho escolar e a ampliação do universo de experiências socioculturais, esportivas e de iniciação científica.

Art. 2º – O Programa contempla atividades que dinamizam o Currículo Básico da rede escolar pública estadual, de modo a fortalecer aprendizagens significativas nas áreas do conhecimento: Linguagens e Códigos, Ciências da Natureza e Ciências Humanas.

Parágrafo Único – As atividades a que se refere o caput deverão priorizar as competências leitora e escritora, o raciocínio lógico e a iniciação científica.

Art. 3º – O Programa reorganiza os tempos e espaços escolares, ampliando o tempo de permanência do aluno na escola com o objetivo de atender suas necessidades educativas.

Art. 4º – O Programa Mais Tempo é implementado com base nas seguintes diretrizes:
I – promover o desenvolvimento de atividades de enriquecimento do Currículo Básico da Escola Estadual, integradas à Proposta Pedagógica das escolas participantes;
II – contribuir para a formação, a expressão e o protagonismo de crianças, adolescentes e jovens;

III – possibilitar ao aluno aprendizagem significativa por meio da apropriação de conhecimentos e vivências contextualizadas que ampliem sua aprendizagem, em especial, quanto às competências leitora e escritora, ao raciocínio lógico e à iniciação científica;
IV – construir uma nova identidade da escola, incrementando os tempos e espaços escolares, as dimensões curriculares, a metodologia e a prática pedagógica;
V – contribuir para a redução dos índices de evasão e repetência dos alunos da educação básica da rede pública estadual;
VI – contribuir para minimizar o risco de vulnerabilidade social.
Art. 5º – O Programa Mais Tempo na Escola se desenvolve de acordo com as seguintes modalidades de organização:
I – jornada de 35 horas semanais (amplia a jornada regular em até 10 horas semanais no contra turno);
II – jornada de 40 horas semanais (amplia a jornada regular em 15 horas semanais).
III – A modalidade de 25 horas semanais constitui-se carga horária regular obrigatória para os estudantes das escolas públicas estaduais nos turnos matutino e vespertino.
Parágrafo Único – A participação do professor em quaisquer das três modalidades de ampliação da jornada escolar faz-se por adesão podendo o professor efetivo estender a sua carga horária de trabalho e respectiva remuneração.
Art. 6º – A participação das escolas públicas estaduais nas modalidades previstas nos incisos I e II do Art. 5º do Programa Mais Tempo na Escola faz-se por adesão a uma dessas modalidades de organização diferenciada dos tempos escolares.
§ 1º – Para aderir à modalidade de 35 horas semanais, a escola deverá elaborar um **Projeto de Enriquecimento Curricular- PEC**, conforme diretrizes a seguir:
I – o PEC organiza-se em atividades estruturadas de acordo com as áreas do conhecimento que integram o Currículo Básico da Escola Estadual, a saber:
   a) **Linguagens e Códigos**: Língua Portuguesa, Artes e Educação Física;
   b) **Ciências da Natureza**: Ciências e Matemática para o ensino fundamental e Química, Física, Biologia e Matemática para o ensino médio;
   c) **Ciências Humanas**: História e Geografia para o ensino fundamental e História, Geografia, Sociologia e Filosofia para o ensino médio.
II – Na estruturação do Projeto de Enriquecimento Curricular - PEC, devem ser observadas:
   a) apresentação clara das competências e habilidades do Currículo Básico da Escola Estadual, vinculadas à(s) área(s) do conhecimento a ser(em) desenvolvida(s) por meio das atividades do Projeto de Enriquecimento Curricular- PEC;
   b) garantia da interdisciplinaridade, por meio da integração de, no mínimo, duas disciplinas e contextualização dos conteúdos contemplados na área de conhecimento;
   c) oportunidade de tematização do Projeto de Enriquecimento Curricular - PEC contemplando questões da diversidade na formação humana previstas no Currículo Básico da Escola Estadual.
   d) Para aderir ao Programa na modalidade 35 horas, a escola estadual deverá inscrever o projeto, submetendo-o à análise e aprovação pela Sedu regional e central conforme orientações definidas em edital específico.
§ 2º – A adesão à modalidade de 40 horas semanais dar-se-á por indicação da Secretaria de Estado da Educação - SEDU, a partir da avaliação de demanda apresentada pela escola, em consonância com as diretrizes do programa;
§ 3º – O Programa Mais Tempo na Escola é implementado com a utilização de metodologias que oportunizem o diálogo entre as áreas e a efetiva aprendizagem considerando as áreas do conhecimento expressas no Currículo Básico da Escola Estadual.
Art. 7º – O desenvolvimento do programa na modalidade 35 horas deverá obedecer aos seguintes dispositivos:
I – a adesão dos alunos à participação no Programa sob orientação e apoio da escola;
II – a organização das turmas que poderão ser integradas por alunos de diferentes séries escolares;
III – o número mínimo de alunos por turma de 25 (vinte e cinco), tanto para a organização inicial como para a manutenção das turmas;

IV – a avaliação da aprendizagem dos alunos no Programa não tem caráter de promoção, devendo ocorrer ao longo do processo, como acompanhamento contínuo e sistemático, a partir de uma avaliação inicial, cujos dados deverão ser comparados aos dados de avaliação final.

V– a freqüência dos alunos ao Programa e as atividades desenvolvidas em cada turma, diariamente, deverão ser registradas sistematicamente em documento próprio, especialmente organizado para esse fim.

Art. 8º – As escolas localizadas em comunidades de imigrantes poderão optar por oferecer, como Projeto de Enriquecimento Curricular, línguas estrangeiras como o Italiano, o Pomerano, nos termos do Art. 2º, § 5º da Portaria 143-R, 17 de novembro de 2009.

Art. 9º – A participação da escola no Programa se efetiva com um Termo de Adesão, assinado pelos representantes do Conselho de escola.

Art. 10 – Esta Portaria entra em vigor na data de sua publicação.

Art. 11 – Revogam-se as disposições em contrário.

Vitória, 25 de fevereiro de 2010.

Haroldo Corrêa Rocha
Secretário de Estado da Educação

23

Reflexão sobre o Programa Mais Educação na rede estadual de ensino da Bahia (BA)

Claudia Cristina Pinto Santos
Roberto Carlos Vieira

Este capítulo tem como objetivo compartilhar com professores e professoras desafios, entraves, possibilidades e estratégias encontradas pelas escolas da rede estadual de ensino em Salvador, Bahia, no período de 2008 e 2009, na implantação e implementação da educação integral a partir da proposta apresentada pelo Programa Mais Educação.

O Programa Mais Educação prevê a ampliação de tempos, espaços e oportunidades educativas a partir de uma articulação entre escola, comunidade e diversos setores da sociedade direta ou indiretamente responsável pela educação enquanto direito, como garante a Constituição Federal de 1988 em seu artigo 205 (Brasil, 2010a, p. 34): "A educação, direito de todos e dever do Estado e da família, será promovida e incentivada com a colaboração da sociedade, visando ao pleno desenvolvimento da pessoa, seu preparo para o exercício da cidadania e sua qualificação para o trabalho."

Nessa perspectiva, o Programa visa assegurar a proteção social e o direito de aprender apostando nas áreas de esportes, cultura, arte, acompanhamento pedagógico, tecnologia digital, direitos humanos, comunicação, meio ambiente e saúde a partir do diálogo e articulação com o projeto político pedagógico e a proposta curricular de cada escola. Trata-se de construir um novo paradigma contemporâneo de educação considerando as valiosas experiências de educação integral já realizadas no Brasil; promovendo um movimento em prol da consolidação de uma política pública educacional de estado que constitua-se junto a participação e envolvimento de toda a sociedade. Nessa direção regata-se o pensamento prático e objetivo do grande educador baiano Anísio Teixeira ao defender o processo de descentalização da educação como pressuposto básico para política educacional mais articulada com o contexto local/regional do território brasileiro, a partir da integração dos sistemas de educação municipal, estadual e federal:

> A grande reforma da educação é, assim, uma reforma política, permanentemente descentralizante, pela qual se criem nos municípios os órgãos próprios para gerir os fundos municipais de educação e os seus modestos, mas vigorosos, no sentido de implantação local, sistemas educacionais. (Teixeira, 2007, p. 70)

As demandas atuais avançam no debate da descentralização e articulação dos sistemas de ensino para a autonomia das instituições escolares, que, por sua vez, amplia seu campo e suas ações educativas através de parcerias com a família e a comunidade. Espera-se que a escola transforme-se à medida que perceba-se como a grande protagonista da função educadora, e, como tal, não estará em cena sozinha: a aproximação e convivência em comunidade é condição indispensável para a afirmação de sua existência nesse tempo.

Reconhecer a escola como espaço central na promoção da educação e compreendê-la enquanto mediadora dos diversos saberes presentes na comunidade: nesse desafio se configuram as necessidades, desejos e direitos de um coletivo social. Portanto, é um debate que só está começando, mas que vem se afirmando como ação estratégica, para garantia da permanência e do sucesso escolar de crianças, adolescentes e jovens que, seguramente, precisam de mais tempos, espaços e oportunidades educativas.

Trata-se de transformar a escola em direção à sua ressignificação no mundo contemporâneo, no sentido de dar sentido ao que vivemos e fazemos, no sentido da paixão, da fantasia, do sonho, do verdadeiro encanto naquilo que move o homem e o faz sentir-se vivo, dar sentido a tempos e espaços educativos é tornar o universo escolar um universo de prazer, como diz a professora Jaqueline Moll:

> Trata-se de (des)esfalecer os tempos da vida de nossos alunos, entendendo-os em seu *continuum*, em suas dinâmicas como sujeitos "portadores" de todas as possibilidades de aprendizagens e saberes. Trata-se de, a partir dos processos de reflexão e ação instituídos há muito em muitas escolas, avançar na qualificação do espaço escolar como espaço de vida, como espaço de conhecimento e valores, como espaço no qual a vida transita em sua complexidade e inteireza, como espaço no qual cada aluno e aluna, com razão e emoção, possa operar com a música, com as ciências, com as artes cênicas, com as matemáticas, com a literatura... onde cada um e todos em relação possam humanizar-se e singularizar-se, entendendo o mundo e entendendo-se no mundo. (Moll, 2004, p. 105)

Esse fragmento traz a humanização como processo necessário a ser construído ou reconstruído; permite-nos compreender de forma plena o verdadeiro sentido das relações sociais significativas e positivas; devolve-nos a crença no trabalho docente e do potencial de nossa função; leva-nos à construção de um novo olhar em direção à formação do sujeito como ser capaz de ser feliz.

PRIMEIROS MOMENTOS DO DEBATE COM OS DIRETORES E PROFESSORES DA REDE ESTADUAL DE ENSINO

Pensar em educação integral nos reporta à ideia de ampliação de tempos e espaços educativos. É consenso entre os educadores o reconhecimento de que as horas dedicadas à educação escolar são insuficientes e que se trata de um tempo corrompido por diversas situações: baixa assiduidade, falta de rigor no início e término das atividades, intervalos que prolongados e tantos outros motivos que são utilizados para liberar mais cedo ou suspender as aulas por qualquer motivo ou razão. A ampliação de tempos sugere que se pense esse tempo com mais qualidade e satisfação para educandos e educadores. Em geral, nega-se a possibilidade de ampliação desse tempo em função das estruturas físicas das unidades escolares, que, em sua maioria, não oportunizam espaços e condições adequados, tais como banheiros, quadras, cozinhas e refeitórios; para desenvolvimento de atividades, refeição, banheiros, etc. Nesse contexto, não é possível, sequer, avançar a discussão sobre ampliação de tempos e espaços, e, muito menos, qualificar essa educação. Porém, mais uma vez, vale ressaltar o pensamento de Anísio Teixeira com relação à educação integral, ao direito e à proteção da criança e do adolescente:

> Precisamos restituir-lhe o dia integral, enriquecer-lhe o programa com atividades práticas, dar-lhe amplas oportunidades de formação de hábitos de vida real, organizando a escola como miniatura da comunidade, com toda a gama de suas atividades de trabalho, de estudo, de recreação e de arte. (Teixeira, 2007, p. 67)

A questão de espaço e estrutura física inadequada, em verdade, é um elemento que ameaça a continuidade das discussões, afinal as escolas públicas, em grande parte, necessitam de adequações na rede física para atender e acolher estudantes com dignidade. Sem ignorar tal premissa, norteia-se o debate em direção à ação que exige reação. A certeza de que tais adequações virão.

Educar na perspectiva da educação integral extrapola a ampliação do tempo, bem como a ampliação de espaços; trata-se da necessidade de educar para ler, escrever, calcular, interpretar, produzir textos e poesias, resolver problemas com as quatro operações e muito mais que isso, ou seja, a educação em sua integralidade visa ao ensino e à aprendizagem, ao olhar e ao cuidar do outro, visa à proteção e à emoção, respeito às diversidades; traduz a cultura de paz. O desejável é educar sujeitos que construam uma sociedade mais humanizada e menos violenta, a educação integral desenvolve-se e acontece em diferentes espaços, tempos e relações, é a educação da família, da escola, da maré, do campo de futebol, da rua, do bairro, etc. Pensar nessa grande rede é pensar na educação integral do nosso tempo.

É preciso pensar e considerando o estudo e a pesquisa das nossas raízes pedagógicas; as experiências das Escolas-Parque são embasadas no projeto pioneiro da perspectiva da educação integral, pensada e protagonizada por Anísio Teixeira, marco dessa concepção no Brasil. O Centro Educacional Carneiro Ribeiro, ou Escola-Parque junto às Escolas-Classe, compõe um complexo educacional estruturalmente pensado para promoção da educação integral, a partir da proteção social e garantia da educação e saúde como direito, segundo a concepção de Anísio Teixeira. As Escolas-Classe, que, do ponto de vista estrutural, referem-se a uma construção simples e econômica, promovem a educação escolarizada ou conteudista, e nelas as crianças e adolescentes estudam no primeiro turno, e no segundo turno passam para a Escola-Parque, um espaço muito bem aparelhado e estruturado, capaz de dar conta de uma diversidade de atividades social, assistencial, artística, esportiva e profissional. Teoricamente, as crianças deveriam frequentar paralelamente as duas instalações. Nesse complexo educacional, dizia Anísio, "os filhos dos pobres teriam acesso àquilo que os filhos dos ricos têm nas suas casas". Limitando-se às considerações sobre espaço físico, questiona-se: é viável em curto ou médio espaço de tempo construir escolas parques para todos? Oferecendo espaços como Escolas-Parques, garantimos educação integral? A função educadora deve ser unicamente da escola? Somos testemunhas de escolas-"modelos", prédios construídos com altos investimentos; será mesmo o espaço e a estrutura física da escola um elemento capaz de impedir a continuidade do presente debate? Inúmeras situações foram levantadas na busca da sensibilização e construção de um novo olhar. O texto de referência, ainda em sua versão preliminar, foi o grande instrumento norteador das primeiras reflexões.

Vivemos um tempo histórico marcado por valores que cada vez mais consolidam o individualismo, o consumismo, a violência, a exclusão, etc. Nesse contexto, ficamos frios e indiferentes a situações de fome, abandono, pobreza e miserabilidade; somos efêmeros; acostumamo-nos ao barulho da violência que se impõe através das sirenes, dos tiros, das bombas e dos gritos; a cada dia perdem-se para o crime um sem número de adolescentes e jovens, não por acaso, em sua maioria, pobres, negros e moradores de periferias.

Nesse contexto, são pertinentes as palavras do professor Miguel González Arroyo (2007, p. 38):

> Ainda guiados pelo imperativo ético do respeito aos educandos, como sujeitos iguais de direitos, seremos obrigados a reconhecer que o direito à educação, ao conhecimento, à cultura e à formação de identidades não se dá isolado do reconhecimento e da garantia do conjunto dos direitos humanos.

Trata-se da defesa da vida digna como direito e desses direitos serem de todos e para todos.

Sabe-se a diferença que a garantia de uma educação integral de qualidade para todos pode fazer frente a essa sociedade perversa e excludente. É óbvio que a educação escolar não é e nem pretende ser a grande panaceia do presente contexto social, pois a escola não é a única instituição responsável pela educação, sozinha não tem como dar conta de todas as demandas que lhe são feitas. É preciso, em primeira instância, dar conta desse lugar e compreender que o caráter totalitário da escola não possui nenhuma base de sustentação. Contudo, é inegável a importância do papel central que a escola ocupa na construção da educação integral.

Verifica-se que não se trata de nenhuma novidade, muito menos de uma proposta inédita de educação, ainda que seja preciso considerar a marca da descontinuidade presente nas experiências anteriores de educação integral no Brasil, aspecto que reaviva nossa memória histórica e nos alerta em direção ao entendimento das bases legais que, atualmente, asseguram recursos e investimentos para a educação integral. Nessa perspectiva, importa o fortalecimento dos coletivos sociais comprometidos e interessados pelo desenvolvimento da educação pública, da construção de um debate pautado na concepção da educação enquanto direito e, como tal, democrático; que se constitua como política de Estado elevando e garantindo a qualidade da aprendizagem, consolidando, assim, os Princípios e Eixos da Educação, da Escola Viva – Uma Ação de Todos Nós – preconizados pelo Governo do Estado da Bahia.

Nessa perspectiva, o Programa Mais Educação, instituído pela Portaria Interministerial nº 17/2007 (Brasil, 2007), atualmente Decreto nº 7.083 (Brasil, 2010b), publicado em 27 de janeiro de 2010 pelo presidente Luiz Inácio Lula da Silva, representa uma estratégia do Governo Federal para construir uma política pública de Estado que assegure a ampliação dos tempos e espaços educativos.

Implementado no país em 2008, tem como prioridade contribuir para a formação integral de crianças, adolescentes e jovens, articulando, a partir do projeto escolar, diferentes ações, projetos e programas nos estados, Distrito Federal e municípios.

Refere-se a um programa interministerial do qual fazem parte os Ministérios da Educação, do Desenvolvimento Social e Combate à Fome, Ciência e Tecnologia, Esporte, Meio Ambiente, Cultura, Defesa e a Secretaria Nacional da Juventude; possibilitou a ampliação do debate acerca da educação integral.

O Programa Mais Educação apresenta uma concepção sustentada na intersetorialidade da gestão pública, na possibilidade de articulação com a sociedade civil e no diálogo entre saberes escolarizados e saberes populares; defende o reconhecimento de espaços e agentes comunitários a partir da efetiva parceria com a escola em que a educação passa a cargo da responsabilidade de todos. O programa enfatiza a necessidade de ampliação da jornada como meta, a exemplo do que diz a Lei de Diretrizes e Bases da Educação Nacional nº 9.394/96, em seu artigo 34.

> A jornada escolar no ensino fundamental incluirá pelo menos quatro horas de trabalho efetivo em sala de aula, sendo progressivamente ampliado o período de permanência na escola. § 2º O ensino fundamental será ministrado progressivamente em tempo integral, a critério dos sistemas de ensino. (Brasil, 1996)

DESAFIOS E POSSIBILIDADES

Compreender o formato e a engenharia de suporte financeiro do Programa Mais Educação constitui elemento básico para o presente diálogo. O Programa Mais Educação faz parte das ações do Plano de Desenvolvimento da Educação (PDE), que, através do Programa Dinheiro Direto na Escola (PDDE), do Fundo Nacional de Desenvolvimento da Educação (FNDE), representa uma forte ferramenta para construção da autonomia das escolas públicas, uma vez que descentraliza recursos financeiros a partir de plano elaborado pela escola. Assim, o programa tem recursos direcionados e aplicados direto na escola. É coordenado pela Secretaria de Educação Continuada, Alfabetização e Diversidade (SECAD/MEC), em parceria com a Secretaria de Educação Básica (SEB/MEC) e com as Secretarias Estaduais e Municipais de Educação.

O Programa Mais Educação teve início efetivo, em 2008, na rede estadual de ensino da Bahia com a participação de 130 escolas públicas localizadas em Salvador. Em 2009, passou para 150 unidades escolares do ensino fundamental, e foram selecionadas mais 15 unidades escolares estaduais de ensino médio, totalizando 165 da rede estadual de ensino. Em 2010, além da capital baiana, o programa expandiu-se, atendendo os municípios de Vitória da Conquista, Itabuna, Ilhéus, Juazeiro, Feira de Santana, Santo Amaro, Camaçari, Simões Filho, Lauro de Freitas e Vera Cruz, totalizando 408 unidades escolares.

Assim, em julho de 2008, foram cadastradas no Programa Mais Educação 130 escolas da rede estadual de ensino; os recursos destinados às atividades do programa foram reprogramados, e só no início do ano letivo de 2009 o programa foi implementado nas referidas escolas. Foram inúmeros e diversos os arranjos que se configuravam, considerando especificidades de cada realidade e contexto social em que a escola encontra-se inserida: desafios, dificuldades como liberação de professor para coordenação do programa na escola, pessoal de apoio e merendeira para servir alimentação, ausência de espaços internos, construção de parcerias para conquista de espaços, parceria com monitores, diálogo com o currículo e com professores das disciplinas curriculares, compreensão da comunidade e da família, diversos espaços religiosos servindo a mesma escola e aceitação da família, servir almoço sem refeitório, como garantir um banho para os meninos, o que poderia e o que não poderia adquirir com os recursos recebidos e tantos outros desafios que surgiam a cada instante.

Frente a inúmeros questionamentos e dificuldades aprendemos juntos, Secretaria Estadual de Educação, diretores de escolas, professores comunitários, monitores, mães, pais e comunidade. Para tanto, realizou-se reuniões com diretores e professores regularmente, atendimento personalizado, cada escola de uma vez, exercitando-se muito a escuta, contatos via telefone e *e-mail*, a equipe central insuficiente, três técnicos apenas, sem sala e equipamentos disponíveis, ainda assim, foram realizadas algumas poucas visitas em algumas escolas. Mas, algo parecia estar nascendo daquele turbilhão! Com os erros e acertos fomos traçando o desenho do Programa Mais Educação em território baiano.

No meio do ano, já começou-se a ouvir depoimentos, os espaços que não existiam começavam a aparecer, a escola começava a ganhar um movimento e uma vida; muito lindo de se ver. Uma revolução silenciosa, falta muita coisa, são muitos os obstáculos, apesar disso, já são reconhecidos os benefícios do programa em toda rede.

Na rede estadual já havia algumas escolas de "tempo integral", que encontravam-se em dificuldades, sem motivação e sem encanto, contudo, tratava-se de escolas que possuíam espaços adequados e capazes de atender minimamente as necessidades dos alunos que permanecem na escola por um tempo de 7 a 8 horas diárias. Essas escolas caminharam com mais propriedade e facilidade, articulando seu projeto à proposta do programa, elas potencializaram-se sensivelmente, como exemplo podemos citar a Escola de 1º Grau Solange Hortélio, Escola Técnica Estadual Luiz Navarro de Britto, Escola Estadual Alfredo Magalhães, Colégio Estadual Frederico Costa e as Escolas Classe Centro Educacional Carneiro Ribeiro Classe I, Centro Educacional Carneiro Ribeiro Escola Classe II e Centro Educacional Carneiro Ribeiro Classe III.

Já nas escolas que não possuíam nenhuma estrutura, o desafio foi bem maior, como foram muito positivas as estratégias para sobrevivência de um ideal. A semente dos debates, a vontade e o compromisso de maior parte de nossas escolas surpreendeu nossas expectativas, vale ressaltar que o perfil do diretor é determinante para o sucesso de uma escola.

Nesse percurso, fez-se algumas considerações e estabeleceu-se alguns critérios: os alunos que estudavam no vespertino passaram a chegar à escola às 9h45min, a fazer o lanche e a desenvolver uma das atividades escolhidas pela escola das 10h às 12h. Durante o horário do almoço, consideramos indispensável a presença de pessoal de apoio ou de monitores que garantissem a lavação de mãos, a escovação dentária e a orientação alimentar. A partir das 13h30min começavam as aulas da matrícula regular. Para os alunos que estudavam no matutino, foi proposto que eles ficassem para o almoço, e, no horário das 13h30min às 15h30min, sob a liderança do monitor, que a turma desenvolvesse uma atividade proposta pela escola. Às 15h45min era servido o lanche e os alunos seguiam para casa. Então, a duração das atividades propostas pela escola é igual a duas horas; contabilizando o horário de entrada e de saída, os alunos ficam sob a tutela da escola 8 horas por dia, sendo oferecidas cinco ou seis atividades a todos os alunos envolvidos no programa.

Outro ponto apresentado pelo programa conta com a dedicação e a participação de monitores. O monitor, segundo a concepção do programa, refere-se à personagem que passa a contribuir com as orientações e monitorias de atividades propostas pela escola. Ele deve ser identificado na comunidade, ser preferencialmente estudante universitário ou alguém que detenha habilidades e saberes populares que contribuam para o aprendizado das crianças e jovens. Identificá-lo e trazê-lo para o universo escolar, em Salvador, não representou nenhuma dificuldade; de modo geral, trata-se de uma personagem muito presente nas comunidades e que, historicamente, já atua como voluntário da escola. Além do trabalho iniciado com a comunidade pelo Programa Escola Aberta, que muito contribui com a aproximação e as articulações entre escola e comunidade, muitas escolas já se articulam com mestre de capoeira, treinador de futebol, voluntários envolvidos com arte, cultura, esporte, pais e mães que participam do dia a dia da escola. Uma das mais interessantes experiências vivenciadas pela equipe central da SEC-BA foi a realização de um encontro denominado: "Roda de Conversa com Monitores", em que convidamos um monitor de cada unidade escolar para discutir as especificidades do Programa Mais Educação e, em seguida, a partir de uma roda de conversa, todos falaram de sua participação e trabalho junto à escola; foi um encontro surpreendente. Márcia, mãe monitora da atividade Prevenção e Promoção a Saúde, atuando na Escola Técnica Estadual Luiz Navarro de Brito, registrou sua satisfação em participar da escola no horário do almoço: "Minha filha se sente muito feliz quando me vê na escola ajudando seus coleguinhas; ali, posso acompanhar a alimentação da escola, educar minha filha e as outras crianças de modo geral, me sinto útil, e se depender de mim não sairei mais." Leandro, monitor de capoeira do Centro Educacional Carneiro Ribeiro Escola Classe II, fez depoimento em defesa da atividade na escola; com entusiasmo, disse Leandro: "A capoeira é muito importante, é disciplina, é cultura, é esporte e tem regras. Os alunos precisam aprender a respeitar as regras." O monitor da Escola Estadual Getulio Vargas trouxe fotos e registros, fez questão de exibir o trabalho desenvolvido na escola; disse ele: "Nós precisamos contribuir com essa meninada exijo atenção e rendimento durante as aulas, caso contrário não tem aula de rádio-escola.". Diversos relatos demonstraram os objetivos dos monitores em relação à escola. Eles entendem e perseguem a educação pautada nos valores éticos e morais, dialogando diretamente com o currículo no sentido de despertar a atenção e o interesse "da meninada".

Nessa perspectiva, as escolas passaram a contar com os monitores durante as reuniões e encontros pedagógicos. Aos estudantes universitários, a Secretaria de Educação passou a fornecer atestado de atuação por determinado tempo e carga horária de atividade desempenhada na escola; esse documento pode ser considerado nas universidades como atividade complementar.

Sabe-se que existem fragilidades que norteiam a figura do monitor, enquanto a ser valorizado e reconhecido no cenário escolar. Dessa forma, acredita-se na possibilidade de avanços nessa direção, pois compreende-se o fato de que não se transforma um processo educacional historicamente construindo com um toque de mágica. É preciso deixar o imediatismo e entender que essa transformação está acontecendo em passos ainda muito lentos e há a necessidade de analisar o contexto da educação pública brasileira de forma ampla.

A permanência, a aprendizagem e o sucesso escolar dos alunos passam a ser o principal objetivo e desafio da educação pública, e compromisso de todos os sujeitos que direta ou indiretamente atuam em defesa da criança, do adolescente e do jovem. Aqui, vale ressaltar o papel e posicionamento do Ministério Público em relação à escola como espaço de proteção.

Em 31 de julho de 2009, a Dra. Maria Eugênia Abreu, Promotora de Justiça da Infância e da Juventude de Salvador, convidou representantes da Secretaria de Educação para comparecer a uma audiência e acompanhar dois casos referentes a duas crianças cujos pais denunciaram o diretor do Colégio Estadual João Pedro. A primeira denúncia se deu pelo fato do diretor não ter concedido atestado de frequência, uma vez que o aluno compareceu poucas vezes à escola e sua família nunca respondeu aos chamados da direção. A Dra. Maria Eugênia informou a importância do preenchimento da Ficha de Comunicação do Aluno Infrequente (FICAI), como forma de acionar o Conselho Tutelar, conforme o art. 56 do Estatuto da Criança e do Adolescente (ECA). Em caso de omissão do Conselho, o Ministério Público pode e deve ser acionado para intervir. As crianças envolvidas nas duas ações eram menores de idade, um garoto de 12 anos que relatou não frequentar a escola porque sentia fome e, às vezes, pedia dinheiro nas ruas para comprar comida. O segundo caso relata sobre uma garota de 14 anos que o diretor havia afastado da escola em função da indisciplina e agressividade. A garota já responde, também, a um processo criminal, motivo pelo qual, segundo a mãe da menor, o diretor a afastou da escola. O colégio faz parte do Programa Mais Educação e, por esse motivo, a equipe que coordena foi indicada para acompanhar os casos. Na oportunidade, a promotora tomou conhecimento da existência do Programa; solicitou documentos que fundamentavam a sua proposta ao concluir a análise dos fatos; entre outras orientações, a Dra. Eugênia sugeriu que esses alunos passassem a fazer parte do Programa, ficando mais tempo na escola e desenvolvendo as atividades que a escola havia selecionado. Ao diretor coube apresentar mensalmente documentos que comprovassem a frequência regular das duas crianças.

Muitos esforços vêm sendo implementados na busca de uma educação de qualidade, gratuita, que permita o acesso, a permanência e o sucesso escolar. Contudo, a Lei de Diretrizes e Bases, os Parâmetros Curriculares Nacionais, apesar de representarem documentos que asseguram, determinam e legitimam a educação como direito, por mais excelentes e inovadores que sejam, não são capazes, por si só, de promover as mudanças necessárias para viabilizar uma educação que responda aos anseios e exigências do novo momento histórico que estamos vivendo. O que se está dizendo é que são vários os desafios, como por exemplo: infraestrutura adequada, capacitação e valorização dos profissionais da educação, participação efetiva da comunidade na gestão da escola, continuidade das políticas públicas.

O resultado dessa dinâmica começa a aparecer no comportamento de cada criança. Relatos de professores, de pais de alunos, de direção de escola e, principalmente, dos próprios alunos, traduzem os benefícios do Programa nas escolas. Durante a matrícula de 2010, muitos pais preferiram escolas que ofereciam o Programa Mais Educação. Aos poucos concretiza-se a legitimação da educação integral como possibilidade de proteção social, garantia de acesso, permanência e sucesso escolar, consolidado através do entusiasmo presente na voz de alunos, educadores, pais e comunidade.

REFERÊNCIAS

ARROYO, M. G. *Indagações sobre currículo:* educandos e educadores: seus direitos e currículos. Brasília: Ministério da Educação, 2007.

BRASIL. *Constituição da República Federativa do Brasil.* Brasília: Senado Federal, 2010a.

_____ . Decreto n. 7.083, de 27 de janeiro de 2010. *Diário Oficial da União*, Brasília, DF, 27 jan. 2010b.

_____ . Lei n. 9.394, de 20 de dezembro de 1996. Estabelece as diretrizes e bases da educação nacional. *Diário Oficial da União*, Brasília, DF, 23 dez. 1996.

_____ . Portaria n. 17, de 20 de abril de 2007. *Diário Oficial da União*, Brasília, DF, 24 abr. 2007.

MOLL, J. *Ciclos na escola, tempos na vida:* criando possibilidades. Porto Alegre: Artmed, 2004.

TEIXEIRA, A. *Educação não é privilégio.* 7.ed. Rio de Janeiro: Ed. UFRJ, 2007.

24

Ampliação de tempos e de oportunidades no contexto escolar da Secretaria Estadual de Educação de Goiás (GO)

Jaime Ricardo Ferreira
Seila Maria Vieira de Araújo

EDUCAÇÃO INTEGRAL – CONTEXTUALIZAÇÃO

O mundo globalizado, em constante desenvolvimento, requer das instituições educativas um novo foco de atuação político-educacional. Busca-se a formação do homem como ser multidimensional, mais consciente e preparado que, com competência, esteja apto a enfrentar os desafios advindos da própria evolução humana. Assim, para que a escola possa cumprir seu papel social, torna-se imperiosa a necessidade de implementar uma ação educativa emancipadora,[1] que garanta o direito à educação de qualidade, que contemple e acompanhe essa evolução sem perder de vista as aquisições socioculturais e educacionais, o que, para Bourdieu, constitui o "capital cultural".

É importante destacar que a escola constitui-se em um dos principais *locus* destinados a garantir o acesso ao patrimônio cultural informativo e formativo, tendo como função primordial preparar o educando para o exercício pleno da cidadania, provocando modificações quanto à maneira de pensar, sentir e interagir em sociedade. Para Moll, "[...] a escola, nesse contexto, constitui-se como o lugar de efetivação de direitos, tanto por sua capilaridade social, quanto pelo caráter contínuo de realização de uma educação básica" (Moll, 2009, p.14). Para isso, torna-se imprescindível a reestruturação dessa instituição educativa, face ao papel que exerce como promotora de experiências diversificadas no campo do progresso técnico e científico e de transformação social. De acordo com Silva, Hoffmann e Esteban (2003, p. 9):

> A escola é assim, um lugar político-pedagógico que contribui para a interseção da diversidade cultural que a circunda e a constitui, sendo o espaço de significar, de dar sentido, de produzir conhecimentos, valores e competências fundamentais para a formação humana dos que ensinam e dos que aprendem.

Nessa perspectiva, verifica-se que a instituição denominada ESCOLA, necessariamente, em função do contexto, deve expandir seu foco de atuação, assumindo, concomitantemente, uma diversidade de papéis que a sociedade lhe impõe, intencionalmente ou não, qual seja, o de educar e o de proteger. Com a incorporação desses novos papéis, a escola torna-se corresponsável por oferecer uma educação que seja integral, contribuindo para que as pessoas que dela participam tenham oportunidades de conviver com diversos atores sociais, interagindo nos variados espaços socioeducativos existentes na comunidade, a fim de que possam exercitar uma ação dialógica respeitosa, responsável, emancipadora, vislumbrando a formação integral do ser humano, favorecendo uma vivência e convivência significativa e comprometida com o bem comum. Veiga (2009) ressalta que, no contexto atual, o papel da escola vai além da função de ensinar. Para a autora,

> A concepção de escola é outra. É preciso refletir sobre a criação de espaços e tempos escolares para colocar à disposição de todos os alunos o acesso aos bens culturais e a ocupação educativa dos tempos livres: mais tempo de escola para os alunos que carecem de adequadas estruturas familiares e das relações de vizinhança. (Veiga, 2009, p. 15)

Como nos lembra Guará (2006), a educação deve responder a uma multiplicidade de exigências do próprio indivíduo e do contexto em que este vive. Com o intuito de atender a essa multiplicidade de funções, faz-se necessário que a escola forme o cidadão integralmente, potencializando a dimensão qualitativa e quantitativa quanto à aquisição de saberes, desenvolvimento de valores, competências e habilidades necessários a uma vida saudável em sociedade, garantindo, dessa forma, o direito de aprender. Assim, o ambiente escolar constitui uma célula-mor de convivência de todos os participantes, com a dinamicidade dos acontecimentos da vida, nas situações sociais do cotidiano, no que se refere à vivência de ações estratégicas que asseguram a participação individual e coletiva, na resolução de situações cotidianas problematizadas, ampliando e aproveitando os múltiplos espaços e oportunidades educativas oferecidos pela comunidade.

De acordo com o Fundo das Nações Unidas para a Infância (UNICEF), para se garantir a qualidade da educação, esta deve ser integral, contextualizada e com ação individualizada.[2]

> A educação integral considera, no seu desenvolvimento, as dimensões dos tempos, práticas, conteúdos e territórios das ações educativas na escola e em outros lugares de aprendizagem. Leva em conta também as articulações intersetoriais entre políticas públicas, a participação contínua e ativa da comunidade. Envolve, principalmente, o foco no direito de cada criança a ter acesso, a permanecer e aprender e a concluir cada etapa da educação básica. Contextualizada significa que considera ainda a realidade das pessoas, do lugar, da cultura e das relações sociais onde desenvolvem-se as ações educativas. E proporcionar atenção individualizada implica reconhecer cada criança e adolescente como sujeito do processo de aprendizagem, reforçando e valorizando sua cultura, seus conhecimentos e suas potencialidades, apoiando-os no enfrentamento de seus desafios. (Fundo das Nações Unidas para a Infância, 2009, p. 13)

Essa concepção implica que a educação integral articule saberes e práticas em diferentes contextos e momentos, isto é, vincule os saberes escolares com os saberes da comunidade local, oportunizando uma relação dialógica reflexiva e prática para a construção de aprendizagens significativas. Segundo Ernica (2006, p.16), "[...] educar integralmente é formar uma pessoa globalmente, tornando-a apta a participar do mundo no qual vive de modo a realizar e expandir suas necessidades e potencialidades.".

O conceito apresentado por esse estudioso comprova que, na medida em que o educando participa ativamente das atividades socioculturais, ele muda a sua maneira de ser, internaliza valores, modifica seu modo de pensar e de interagir, e desenvolve-se integralmente como membro ativo da sociedade, o que poderá contribuir para a redução da pobreza e de situações de desigualdade social, conforme pesquisa do UNICEF. Ressalta-se que a escola não pode se limitar a ensinar o educando a ler e a escrever, ela deve ir além, precisa, também, assumir o papel de formação social e cultural do educando, considerando-o em sua diversidade na busca pela igualdade cidadã.

É importante frisar que não há um consenso sobre o conceito de educação integral. Em 1999, por meio de uma pesquisa realizada pelo Centro de Estudos e Pesquisas em Educação, Cultura e Ação Comunitária (CENPEC), constatou-se que há uma diversidade de maneiras de se pensar educação integral, seja pela articulação de projetos com saberes em diferentes contextos, vinculada à ideia de um currículo baseado na vivência e na experiência, seja pela extensão de tempos e espaços educativos conjugados com outras "[...] instituições socializadoras e educadoras, como a família, a Igreja, as bibliotecas, os museus, os clubes esportivos, as organizações sociais e outros tantos espaços de aprendizagem que a cidade oferece." (Guará, 2006, p.17).

Contudo, podemos considerar que, ao pensar educação integral, é fundamental manter a articulação entre todos os envolvidos no processo: escola, família, comunidade e sociedade, bem como a conjugação de tempos e espaços com práticas educativas voltadas para a formação integral do indivíduo nas suas múltiplas dimensões. Instrumentalizar a educação integral, nos dias atuais, constitui-se em um desafio intersetorial e na corresponsabilidade dos diversos atores sociais, no sentido de garantir aos estudantes uma formação emancipadora, por meio do acesso às diferentes formas e tecnologias de comunicação, aos mais variados campos da cultura, do esporte, do lazer, da prevenção e promoção da saúde, da iniciação científica, da inclusão digital, entre outros.

O ESTADO DE GOIÁS – EXPERIÊNCIA NA EDUCAÇÃO INTEGRAL

Na certeza de que a verdadeira concepção de educação ultrapassa o interior da escola e que a formação humana não se restringe, unicamente, à escolarização, mas que os conhecimentos adquiridos são imprescindíveis para que o cidadão conscientize-se do que se passa à sua volta, é que a Secretaria Estadual de Educação de Goiás (SEDUC/GO), implantou a política de atendimento ao aluno em tempo integral, envolvendo a participação de estudantes em atividades diversificadas que extrapolam o tempo parcial presente nas unidades escolares, isto é, as quatro horas diárias de efetivo trabalho,[3] conforme determina a Lei de Diretrizes e Bases da Educação Nacional.

Com essa política, objetiva-se que o ser-educando interaja, positivamente, em seu meio, vivenciando práticas pedagógicas além da sala de aula, tendo em vista que uma situação real de aprendizagem, desenvolvida em outros espaços educativos, oferece inúmeras oportunidades de aprendizagem e propicia ao estudante experiências enriquecedoras, estimulando-o a uma convivência harmônica e socialmente saudável.

Várias estratégias educacionais podem ser empregadas com a finalidade de oferecer ao estudante possibilidades de experiências de educação integral de forma a aprofundar seus conhecimentos e a realizar melhorias em sua vida como cidadão e na comunidade da qual faz parte. A escola é um ambiente privilegiado de formação e instrução e, como tal, é importante destacar que todas as ações estratégicas desenvolvidas fora da sala de aula, seja no interior da escola ou não, e que contribuam para a formação integral do educando, devem ser vinculadas ao contexto escolar, pois estão integradas à função social da escola. Para Gonzalez Arroyo (1986) "[...] a escola constitui, assim, um espaço sociocultural onde o aluno vai experimentando uma vivência coletiva, e formando uma concepção de mundo, de sociedade e de homem" (Gonzalez Arroyo, 1986, p. 50-51).

Na perspectiva de garantir a todos os educandos o direito de aprender e levando-se em consideração que a educação produz desenvolvimento e possibilidade de equidade social, visando contemplar as atividades desenvolvidas pela escola, *locus* privilegiado para o acesso ao conhecimento, construído pela humanidade ao longo dos anos é que a SEDUC/GO, de forma sistemática, implantou e desenvolve a política educacional voltada para a educação integral. Dessa forma, destacamos dois projetos que visam a ampliação do tempo e do espaço de aprendizagem para os estudantes das escolas públicas estaduais. O primeiro é representado pelo conjunto dos Projetos de Atividades Educativas Complementares (PRAEC'S) que, a nosso ver, representa a experiência inicial para a ampliação da jornada escolar; o segundo é a Escola Estadual de Tempo Integral. Ambos foram implantados na perspectiva de possibilitar múltiplas oportunidades de aprendizagens aos estudantes.

Projetos de atividades educacionais complementares

Os Projetos de Atividades Educacionais Complementares (PRAEC'S) têm por objetivo proporcionar o enriquecimento e a diversidade curricular por meio da prática de atividades que, em sua maioria, são desenvolvidas em espaços que ultrapassam os limites da sala de aula. Essas vivências, oportunizadas em outros espaços, além do caráter lúdico, são desenvolvidas pedagogicamente e visam a formação humana do educando nos aspectos sociais, físicos, cognitivos e afetivos, contribuindo, também, para o fortalecimento da autoestima e, até mesmo, da promoção social.

As ações propostas pelos projetos desenvolvidos nos PRAEC'S consistem em um esforço maior, qual seja, a intenção de promover a integração do estudante com as comunidades escolar e familiar, oferecendo-lhe oportunidades saudáveis para uma postura voltada ao fortalecimento da moral, da ética, da participação coletiva, do desenvolvimento de valores, atitudes de compromisso, de solidariedade, de responsabilidade, de espírito democrático, de relações de respeito para consigo mesmo e com o próximo. Merece ser destacado, ainda, o caráter pedagógico com que essas atividades são desenvolvidas, uma vez que, ao realizá-las, é de fundamental importância assegurar a sua dimensão educativa como potencializadora das ações na escola. Conforme Noam (2006)

> [...] O que temos que evitar é que as crianças e educadores vivenciem os projetos como se eles fossem mais uma atividade da escola, em vez de uma extensão criativa da aprendizagem de caráter mais prático, participativo e focado na comunidade. (Noam, 2006, p. 37)

Esses projetos contemplam, diretamente, os diversos campos do conhecimento e estão ligados às áreas da arte, do desporto, da educação ambiental, da saúde e prevenção e da integração social, cujos projetos podem ou não estar condicionados à abertura da escola aos finais de semana. Qualquer que seja a área específica do projeto, há de se considerar o caráter desafiador e estimulador de novas aprendizagens. Padilha apud Gadotti (2009, p. 12) assegura que:

> Aprender é algo que exige esforço, mas fica mais fácil se estivermos envolvidos em um clima de satisfação, de amizade, de respeito ao próximo, de alegria na convivência. A questão é mesmo esta: recuperar o prazer de aprender e de ensinar, com afetividade, estimulando a curiosidade, criando desafios para os alunos e para os professores, dialogando com eles. O processo educativo, nesse caso, tem mais sentido e significado para o aluno, fortalecendo identidades, aprofundando relações humanas e, por isso mesmo, provocando o interesse em aprender, em estar na escola, em compartilhar novas experiências com outras pessoas.

No campo das artes, são desenvolvidas atividades que contemplam: artes visuais, artes cênicas, dança, fanfarra, banda, coral, capoeira. Em educação ambiental, propõe-se ações referentes à horta escolar, à jardinagem, à preservação do espaço escolar e do meio ambiente, bem como ao reflorestamento de áreas degradadas. Quanto ao desporto, diversas oportunidades são colocadas à disposição dos educandos, tais como a prática de atletismo, tênis de mesa, futebol, voleibol, basquetebol e xadrez, entre outros. Quanto à área da saúde, são abordados temas relacionados à drogadição, à educação sexual, à alimentação saudável, etc.

Dessa forma, os PRAEC'S visam desenvolver habilidades e construir conhecimentos em uma extensão que ultrapasse, de forma mais abrangente, os limites do universo escolar, ampliando a rede de relações entre indivíduo e sociedade, sedimentando uma filosofia que fortaleça as ações que valorizem a cultura de paz, os direitos humanos, o patrimônio público material e imaterial e a solidariedade.

Os PRAEC'S não se destinam apenas à ocupação das unidades escolares em momentos diferentes, eles significam mais uma oportunidade de crescimento, de fortalecimento desse espaço, como elemento de mudança pessoal e social, uma vez que visam a formação integral da pessoa, oportunizando vivências que ampliem os diversos saberes, articulados e integrados com a comunidade local e a sociedade civil organizada.

Projeto escola estadual de tempo integral

A Escola Estadual de Tempo Integral (EETI) caracteriza-se, no Sistema Estadual de Ensino, como uma instituição com tempo de funcionamento ampliado dentro da escola que já existe. A essência pedagógica do ensino fundamental (Projeto Aprendizagem e Reorientação Curricular[4]) consiste no referencial teórico que garante a sustentabilidade metodológica dessa proposta. A organização curricular traduz-se em uma conjugação qualitativa de atividades educacionais e culturais bem vivenciadas, integradas e articuladas pedagogicamente, considerando-se que contextualiza, integra, articula saberes e práticas em diferentes contextos e momentos, isto é, vincula os saberes escolares aos saberes da comunidade local. Nesse sentido, de acordo com Gadotti (2009, p. 51) "[...] A escola passa a ser o centro formativo e de referência dos direitos de cidadania e da população".

A estrutura organizacional da EETI está pautada, didaticamente, em três momentos pedagógicos sucessivos: o currículo básico, o horário do almoço e o turno de ampliação da aprendizagem, distribuídos em 10 horas diárias. Esses momentos articulam-se para manter a unidade e a integração entre o que se executa no turno de aprendizagem básica com as atividades curriculares do turno de ampliação da aprendizagem. Dessa forma, a permanência dos estudantes em momentos contínuos, ao longo de um dia letivo, em sala de aula ou fora dela, não se caracteriza como atividades estanques, em turnos distintos e, sim, como atividades integradas ao contexto, desenvolvidas em momentos pedagógicos diferenciados, porém, articulados e sequenciais.

Para as crianças brasileiras, o ingresso na escola constitui um marco de sua atuação política. É no convívio escolar que os educandos constroem espaços sociais, organizam-se em grupos diversificados para participação coletiva, para o exercício da solidariedade, do civismo, para o desenvolvimento da liderança e das relações humanas, enfim, para a conquista de sua autonomia e responsabilidade enquanto cidadãos. Tais valores são fundamentais para a prática da cidadania e se apoiam em princípios constitucionais que asseguram os direitos sociais, considerados como pilares para uma sociedade democrática.

A Escola Estadual de Tempo Integral apoia-se na ideia de que a extensão do tempo escolar, associada à vivência de ações socioeducativas[5] amplas, diversificadas e articuladas representa novas oportunidades de aprendizagens, conjugando experiências escolares e não escolares no âmbito da comunidade local ou, na medida do possível, fora desta.

Essa modalidade de ensino, na qual se articula o tempo e o espaços intra e extraescolares, implica uma sistemática organizacional pedagógica diferenciada, voltada para a educação integral, tendo em vista que seu funcionamento não está condicionado, simplesmente, ao aumento do tempo de permanência do educando na escola, mas que esse aumento signifique uma ampliação de saberes, de novas oportunidades de aprendizagens e de novos horizontes para todos que dela participam.

Nessa perspectiva, Gonçalves (2006, p. 131) afirma que:

> [...] Só faz sentido pensar na ampliação da jornada escolar, ou seja, na implantação de escolas de tempo integral, se considerarmos uma concepção de educação integral com a perspectiva de que o horário expandido represente uma ampliação de oportunidades e situações que promovam aprendizagens significativas e emancipadoras.

Dessa forma, entende-se que educação integral e Escola de Tempo Integral associam-se à ideia de extensão da qualidade e da quantidade do tempo e espaço escolar, convergindo para o aumento de oportunidades e ampliação nas condições de aprendizagem. Busca-se com essa ampliação, oportunizar a vivência de um currículo escolar relevante, pautado em um padrão de qualidade que vá ao encontro das aspirações, necessidades e possibilidades da comunidade local. Torres Santomé (1998), citando Dewey, afirma que "[...] a escola deve representar a vida presente, uma vida tão real e vital para a criança, como a que vive em sua casa, no bairro ou no campinho de futebol" (Torres Santomé, 1998, p. 28).

Ampliar o tempo escolar implica, necessariamente, considerar três pressupostos educativos necessários à formação plena[6] do ser humano: a educação para a democracia, a participação do aluno como prática da cidadania e a escola e a comunidade como espaços educativos de movimento, arte, cultura, aperfeiçoamento e lazer, pressupostos esses que partem do fundamento legal de que o ser educando é um sujeito de direitos. Significa considerar que, além da plenitude das competências e das habilidades básicas, o ser educando também tem direito ao lazer, à arte, à cultura e aos esportes. Considerá-lo como sujeito em sua completude, como sujeito de sua história, significa considerar os objetivos nacionais para a educação brasileira e os princípios que os orientam e, ainda, repensar a escola em suas relações ideológicas com todos os setores da sociedade assumindo o compromisso para com a educação de qualidade e socialmente referenciada. Nesse contexto, exige-se da escola um projeto curricular contextualizado, integrador, participativo, dinâmico e criativo.

Educação para a democracia

Integram-se a este grupo todas as formas de participação coletiva que possibilitem ao educando a vivência de situações pedagógicas/culturais que favoreçam o exercício da liderança, da comunicabilidade, da solidariedade, do respeito à diversidade, do cumprimento dos direitos e deveres. Objetiva uma convivência saudável do ser humano para a sua formação democrática como um dos princípios fundamentais do desenvolvimento da competência pessoal, com respeito ao bem coletivo. Demanda um projeto curricular, orientado para *um fazer pedagógico* que qualifique o educando a participar dos espaços públicos e privados como agente integrante, construtor e transformador da realidade social. O tempo ampliado representa enriquecimento, extensão e diversificação de situações que promovam aprendizagens significativas e emancipadoras. Segundo Torres Santomé (1998, p. 41)

> A aprendizagem significativa ocorre quando as novas informações e conhecimentos podem relacionar-se de uma maneira não arbitrária com aquilo que a pessoa já sabe. No momento em que aquilo que se está aprendendo pode entrar em relação e integrar-se a conhecimentos já possuídos, é possível incorporá-lo às estruturas de conhecimento atuais.

Formar o cidadão, na sua completude, é expandir suas potencialidades, seus desejos, oportunizar vivências e experiências que ultrapassem os muros escolares, objetivando a formação do caráter, da autoestima e da personalidade do educando para o exercício da democracia. Para Gouveia (2006, p.81), "[...] a criança é um tripé: é sujeito de direito, de conhecimento e de desejo". Essa concepção comprova a necessidade de que a escola desenvolva um trabalho pedagógico que possibilite ao educando formas democráticas de pensar, sentir, interagir e atuar. A prática social vivenciada deve ser significativa, duradoura e histórica, levando o educando constantemente a novos horizontes do saber, novas formas de ver, de interpretar e de posicionar-se no mundo, o que, consequentemente, assegurará habilidades e competências que o capacitarão a atuar de forma positiva em todas as situações desafiadoras enfrentadas como sujeito de seu tempo.

É importante que a escola, seja ela grande ou pequena, com muitos ou poucos recursos, utilize de sua autonomia pedagógica, administrativa e financeira para produzir, recriar e socializar os saberes socialmente acumulados, bem como conhecimentos científicos significativos elaborados de forma reflexiva e responsável, possibilitando a todos os participantes a vivência de práticas pedagógicas criativas e interdisciplinares com o propósito de incentivar a participação democrática de todos os envolvidos.

A participação do aluno como prática da cidadania

A participação do aluno no cotidiano escolar está fundamentada na necessidade e no valor da formação humana em sua completude. Enfatiza a importância de, ao longo de um processo educativo, priorizar ações pedagógicas/culturais direcionadas à formação do homem por completo, não se limitando apenas a ensinar a ler, escrever e contar, mas comprometendo-se a desenvolver, no educando, hábitos "sadios, inteligentes e belos" (Teixeira, 1930).

Objetiva desenvolver a criticidade, o espírito criativo, o gosto pela leitura e pela escrita, a cidadania, a ética, a integração, a sociabilidade, a tolerância e o empreendedorismo social; essenciais ao desenvolvimento da competência pessoal do cidadão. Essas dimensões não consistem apenas em um acréscimo ao que já é oferecido pela escola de tempo parcial, mas sim em novas oportunidades de vivências e de saberes locais e globais que devem ser apreendidas e ressignificadas no contexto escolar ao longo do desenvolvimento do processo educativo. É válido destacar a visão de Borges (2008) a esse respeito, quando ressalta que:

> A escola vista como lugar privilegiado de produção de cultura precisa situar-se no âmbito dos saberes locais e globais sem que um se sobreponha ao outro, mas ao contrário que se desenvolvam na justa medida dos saberes escolares mais amplos, demandados pelos seus protagonistas.

A ampliação qualitativa do tempo escolar garante ao educando não só o aprofundamento e o acompanhamento em seus estudos, mas também a participação em atividades contextualizadas e das interdisciplinares, utilizando-se do tempo escolar ampliado para o refinamento das habilidades e das competências, o que na visão de Veiga (2009, p. 15), corresponde à "ocupação educativa dos tempos livres, com ações pedagógicas". Sob essa ótica compete à escola garantir uma integração curricular para, na melhor acepção de Torres Santomé (1998, p. 42-43), "[...] criar situações de ensino e aprendizagem, nas quais a relevância dos conteúdos culturais selecionados no projeto curricular possa interagir e propiciar processos de reconstrução junto ao o que já existe nas estruturas cognitivas dos alunos". Para Garcia (2005), o que é aprendido em um primeiro momento é revisitado de forma alternativa, mais lúdica e prazerosa, resgatando a alegria do aprender, possibilitando aos alunos que "[...] os conteúdos propostos possam ser ressignificados, revestidos de caráter exploratório, vivencial e protagonizados por todos os envolvidos na relação de ensino/aprendizagem".

A escola e a comunidade como espaços socioeducativos de movimento, arte, cultura, aperfeiçoamento e lazer

A escola e a comunidade constituem verdadeiros espaços educativos, tendo em vista que, articulados adequadamente, contribuem para o desenvolvimento de saberes, conhecimentos construídos cientificamente, valores e habilidades que produzem efeitos diretos no mundo subjetivo da vida do educando e da comunidade. Ampliar as oportunidades de vivências e experiências de lazer e de cultura significa democratizar e otimizar os espaços disponíveis na escola ou fora dela, a fim de melhorar a qualidade de vida social, afetiva e emocional de alunos, professores, pais e de todos os envolvidos no processo educacional.

Oportunizar uma educação integral implica, também, a articulação de saberes que ultrapassam as aquisições advindas da sala de aula, concepção esta confirmada por Gadotti (2009, p.51), ao considerar que "[...] a educação integral envolve o entorno das escolas, ampliando a cultura da escola, para além dos muros da unidade escolar". Para tanto, urge que sejam ampliadas as oportunidades de vivências pedagógicas qualitativas e diversificadas em ambientes extraescolares e socioeducativos, valorizando todas as parcerias dos diversos segmentos sociais que diretamente venham a contribuir para a complementação e para o aprofundamento dos saberes escolares que integram os conhecimentos em estudo no momento, com os saberes da diversidade cultural e social da comunidade. A sociedade brasileira torna-se, a cada dia, mais consciente da sua responsabilidade social para com a qualidade da educação brasileira, o que comprova a necessidade de ações intersetoriais para o fortalecimento das parcerias e da participação coletiva dos diversos atores juntos à escola.

Para Coll (1999, p. 8), a educação, hoje, é uma grande responsabilidade social e precisa ser entendida "[...] como responsabilidade da sociedade em seu conjunto, utilizando diversos meios e facilitando a participação de todos os seus integrantes em um amplo leque de práticas e atividades sociais".

Essa concepção vem confirmar as possibilidades das quais a escola pode usufruir, quando integra ao seu currículo escolar atividades articuladas e trabalhadas qualitativamente, utilizando-se, pedagogicamente, tanto dos espaços internos como dos espaços para além da escola. Portanto, são necessárias a inserção e a constante articulação da proposta pedagógica da escola com a família e com a comunidade aproveitando espaços e oportunidades socioeducativas para o enriquecimento do currículo escolar.

O lazer e o esporte são importantes para o desenvolvimento de hábitos saudáveis. A vivência de atividades mais lúdicas é essencial no cotidiano escolar, uma vez que proporciona momentos de alegria e de lazer, o que é comprovado por Snyders, quando afirma que:

> [...] O destino da escola age sobre a manifestação de uma cultura capaz de responder à expectativa séria de felicidade nos jovens – essa expectativa que eles exploram através das formas múltiplas, matizadas de sua cultura e da nossa: dar um sentido à sua vida, encontrar razões para viver. (Snyders, 1988, p. 77)

É válido ressaltar que essas atividades devem ser consideradas como oportunidades de aprendizado, de valorização, de integração e de interação social, o que contribui para a formação do senso de equipe e de respeito às diferenças, nas diversas formas de expressão e de convivência. Constituem, ainda, momentos propícios para desenvolvimento das capacidades afetiva, física, cognitiva, ética, estética e de inter-relação pessoal dos participantes.

Âmbitos de integração entre as atividades desenvolvidas na escola estadual de tempo integral

Oferecer oportunidades de educação integral é tarefa necessária à escola e, de forma especial, à escola pública, tendo em vista que esta, na contemporaneidade, necessita ampliar seu foco de atuação, com a finalidade de assegurar o atendimento e o desenvolvimento integral ao educando, visando suprir outras funções que, em alguns casos, não são assumidas pela família. Na prática, isso demanda da escola a extensão de seu papel, ampliando sua atuação enquanto instituição formadora. Para Gadotti (2009) ela deve ser integral, integrada e integradora.

> A escola pública precisa ser integral, integrada e integradora. Integrar ao Projeto Eco-Político-Pedagógico da escola as igrejas, as quadras de esporte, os clubes, as academias de dança, de capoeira e de ginástica, os telecentros, parques, praças, museus, cinemas etc., além de universidades, centros de estudos, ONGs e movimentos sociais; enfim, integrar o bairro e toda a municipalidade. (Gadotti, 2009, p. 32)

A proposta para a Escola Estadual de Tempo Integral está estruturada em três âmbitos de integração: curricular, interpessoal e de gestão sistêmica.

A articulação entre as ações desenvolvidas em cada âmbito assegura a contextualização, a interdisciplinaridade e/ou a relação entre o que é realizado no tempo de permanência do aluno na escola, objetivando manter a unidade entre o que é executado no turno de aprendizagem básica[7] e as atividades curriculares do turno de ampliação de aprendizagem.[8] Ao longo do processo educativo, as ações devem ser desenvolvidas de forma integrada, simultânea e devem funcionar como elo de unificação das atividades desenvolvidas pela escola.

Os âmbitos propostos visam garantir o que Gonçalves (2006) afirma ser necessário na Escola de Tempo Integral: "não apenas a gestão de um segundo turno (complementar), mas a tarefa de organizar uma proposta curricular integrada (proposta pedagógica), articulada em um projeto político pedagógico mais amplo" (Gonçalves, 2006). Ainda segundo o autor:

> [...] não se trata apenas de um simples aumento do que já é ofertado, e sim de um aumento quantitativo e qualitativo. Quantitativo porque considera um número maior de horas, em que os espaços e as atividades propiciadas têm intencionalmente caráter educativo. E qualitativo porque essas horas, não apenas as suplementares, mas todo o período escolar, são uma oportunidade para que os conteúdos propostos possam ser ressignificados, revestidos de caráter exploratório, vivencial e protagonizados por todos os envolvidos na relação de ensino/aprendizagem. (Gonçalves, 2006, p. 131)

O autor reforça a ideia de uma educação integral capaz de articular os saberes e os conhecimentos do currículo básico com os do turno ampliado, favorecendo a aprendizagem prazerosa e significativa.

Nesse sentido, para assegurar a articulação pedagógica, a gestão sistêmica e o desenvolvimento do currículo escolar entre os diversos momentos de aprendizagem de um dia letivo, é que a proposta metodológica da Escola Estadual de Tempo Integral fundamenta-se nos seguintes âmbitos de integração:

Âmbitos de integração entre o turno do ensino regular e o turno de ampliação de aprendizagem da Escola Estadual de Tempo Integral

Âmbito de integração interpessoal

Está pautado na vivência de atividades coletivas e/ou momentos de contato entre os profissionais que atuam ao longo do processo educativo, por meio de encontros programados para estudo, planejamentos, avaliação, o que lhes garante a interação, o crescimento profissional, a autonomia e a competência pedagógica. As ações do âmbito de integração interpessoal estão pautadas em uma concepção de trabalho construído coletivamente, o que assegura maior credibilidade, integração, autonomia e respeito junto à comunidade escolar.

A adequada integração dos profissionais exerce influência direta sobre a qualidade do trabalho contextualizado e socioeducativo desenvolvido pela escola e condiciona, positivamente, a maneira pela qual o grupo de profissionais atua diante desse contexto. Nesse processo, torna-se fundamental a troca de experiências entre as pessoas, tendo em vista que elas interagem e atuam coletivamente em torno de um objetivo comum, buscando garantir o propósito da unidade pedagógica estabelecida como diretrizes e metas a serem alcançadas ao longo do processo educativo. A integração interpessoal harmônica, vivenciada coletivamente, permite que o grupo de profissionais também revitalize a dimensão comunitária, o sentimento de pertencimento ao grupo de trabalho e, sobretudo, sinta-se mais competente, confiante e autônomo para manter a contextualização, a integração e a interdisciplinaridade das atividades pedagógicas necessárias à escola de tempo integral.

Âmbito de integração curricular

Assegura possibilidades de interdisciplinaridade, contextualização e alinhamento das expectativas de aprendizagem do currículo básico, em desenvolvimento nos dois turnos. Estabelece as relações entre as expectativas de aprendizagem "objeto de estudo", no momento, da Base Nacional Comum, com o que deve se trabalhar nas diversas atividades curriculares do turno de ampliação de aprendizagem.

Visando manter uma eficiente articulação curricular, deve-se tomar como referência os objetivos e metas estabelecidos no projeto político-pedagógico da escola nas matrizes curriculares e nos conteúdos conceituais, factuais e procedimentais que contemplam os hábitos, as atitudes e as habilidades em desenvolvimento, sem perder de vista o caráter investigativo, problematizador e de criticidade que deve embasar todos os momentos de aprendizagem. É de fundamental importância que as expectativas de aprendizagem, trabalhadas e desenvolvidas no turno de ensino básico, sirvam de referência para a seleção de conteúdos relacionados a serem focados nas atividades curriculares do turno de ampliação de aprendizagem.

Apesar da nomenclatura utilizada, é pertinente ressaltar que não existem turnos fragmentados, uma vez que os diversos momentos constituem uma unidade curricular. Dessa forma, Torres Santomé (1998) afirma que no desenvolvimento do currículo e na prática escolar cotidiana

> [...] as diferentes áreas do conhecimento e experiência deverão entrelaçar-se, complementar-se e reforçar-se mutuamente, para contribuir de modo mais eficaz e significativo com esse trabalho de construção e reconstrução do conhecimento e dos conceitos, habilidades, atitudes, valores, hábitos que uma sociedade estabelece democraticamente ao considerá-los necessários para uma vida mais digna, ativa, autônoma, solidária e democrática. (Torres Santomé, 1998, p. 125)

Busca-se, com essa integração, manter uma articulação curricular com objetivos comuns presentes no Projeto Político Pedagógico da escola, no que se refere a conhecimentos, hábitos, atitudes e habilidades, mas que, por sua vez, são apresentados e trabalhados, metodologicamente, de forma gradativa, com uma roupagem pedagógica diferenciada, utilizando-se de atividades curriculares interessantes, mais lúdicas e prazerosas.

Âmbito de gestão sistêmica

Envolve o compartilhamento das ações em desenvolvimento pelo grupo gestor da escola. Juntos, gestor, vice-gestor, coordenadores pedagógicos, funcionários administrativos e demais responsáveis pelo gerenciamento do trabalho técnico-administrativo e pedagógico da unidade escolar devem atuar de forma coletiva, construindo uma identidade compartilhada, fazendo a articulação entre todas as atividades desenvolvidas ao longo do dia letivo.

A equipe gestora é a responsável pelo gerenciamento dos recursos financeiros, pela articulação das ações administrativas, pela manutenção de um ambiente escolar harmônico e pela articulação do trabalho pedagógico a ser desenvolvido pelas equipes que atuam nos diversos momentos pedagógicos da escola. Compete também à equipe gestora articular a atuação do Conselho Escolar, com todas as ações que exigem a apreciação e a tomada de decisão coletiva, envolvendo, principalmente, a aplicação de recursos financeiros. Dessa forma, a escola garantirá o fortalecimento de toda a equipe e a unidade do processo pedagógico da instituição de ensino.

A matriz de referência para a implantação da Escola Estadual de Tempo Integral deve estabelecer uma organização curricular que privilegie a vivência de práticas pedagógicas dentro e fora da escola. Segundo Lima (2007, p. 34),

[...] As vivências na escola e fora dela são constituídas por ações e interações que configuram, todas elas, o desenvolvimento da criança. Não cabe falar da experiência extraescolar e da experiência escolar como antagônicas na formação da pessoa. É equivocada a posição que supõe que o educando-aluno na instituição e a criança fora dela (em casa, na turma da rua, ou da criança na família) desenvolva processos independentes em cada uma das instituições. A questão relevante que se coloca é compreender como essas experiências se organizam no desenvolvimento da personalidade e da identidade na construção do novo conhecimento [...].

É válido destacar que a articulação curricular, interpessoal e de gestão sistêmica garante à escola uma prática pedagógica inovadora que, além de assegurar a integração e a unidade entre as atividades curriculares desenvolvidas, possibilita o avanço e/ou superação das expectativas de aprendizagem dos educandos, pretendidas pela escola em seu projeto político-pedagógico.

NOTAS

1. Educação emancipadora é aquela que possibilita a todos a "compreensão elaborada da realidade social, política e econômica do momento vivido pelos educandos; o desenvolvimento de suas habilidades intelectuais e físicas para a intervenção nessa realidade e a posse da cultura letrada e dos instrumentos mínimos para o acesso às formas modernas de trabalho [...]" Rodrigues (1986, p.81).
2. Pesquisa sobre a situação da infância e da adolescência brasileira em 2009 – O Direito de Aprender – Potencializar avanços e reduzir desigualdades (Fundo das Nações Unidas para a Infância, 2009).
3. O efetivo trabalho escolar pode e deve ser desenvolvido em sala de aula, mas atividades escolares podem ser realizadas em outros locais adequados a trabalhos teóricos e práticos, a leituras, pesquisas ou atividades em grupo, treinamento e demonstrações, contato com o meio ambiente e com as demais atividades humanas de natureza cultural e artística visando à plenitude da formação de cada um. A atividade escolar, portanto, também se caracterizará

por toda e qualquer programação incluída no projeto pedagógico da escola, sempre com frequência exigível e efetiva orientação, presença e participação de professores habilitados (Brasil, 1997).

4. A reorientação curricular é o resultado de um amplo processo de discussão realizado pelos profissionais da educação do estado de Goiás, sobre o currículo escolar que busca resgatar o direito à educação de qualidade.

5. O termo socioeducativo contido na programática da educação integral designa um campo de múltiplas aprendizagens para além da escolaridade, voltadas a assegurar proteção social e oportunizar o desenvolvimento de interesses e talentos múltiplos que crianças e jovens aportam. Designa igualmente finalidades como a convivência, sociabilidade e participação na vida pública comunitária, entendendo este campo como privilegiado para tratar, de forma intencional, valores éticos, estéticos e políticos (Carvalho, 2007, p. 10).

6. A educação, direito de todos e dever do Estado e da família, será promovida e incentivada com a colaboração da sociedade, visando ao pleno desenvolvimento da pessoa, seu preparo para o exercício da cidadania e sua qualificação para o trabalho (Brasil, 2010).

7. Atividades interdisciplinares, integradas e contextualizadas que perpassem por todos os componentes do Currículo da Base Nacional Comum.

8. Inicia-se o período a partir do momento da alimentação e higienização dos alunos. Trata-se de um momento de vivência de atividades de caráter mais lúdico, relacionadas aos componentes curriculares da Base Nacional Comum, visando: apoio complementar às atividades curriculares permanentes diversificadas e desenvolvidas sob a forma de oficinas contextualizadas e/ou interdisciplinares com a finalidade de complementar; ampliar, fortalecer ou enriquecer os saberes conceituais, procedimentais e atitudinais integrados aos componentes curriculares relacionados às expectativas de ensino e aprendizagem para o momento.

REFERÊNCIAS

APPLE, M.W. *Ideologia e currículo*. São Paulo: Brasiliense, 1982.

ARAÚJO, U.F. *Temas transversais e a estratégia de projetos*. São Paulo: Moderna, 2003.

ARROYO, M.G. A escola possível é possível? In: _____ _____. (Org.). *Da escola carente à escola possível*. São Paulo: Loyola, 1986.

BORGES, L.F.F. Currículo, cultura e docência: uma tríade integrada. In: GALVÃO, A.C.T.; SANTOS, G.L. (Org.). *Educação*: tendências e desafios de um campo em movimento. Brasília: Líber Livros, 2006. v.2: Escola, currículo e cultura, ensino/aprendizagem, psicologia da educação, educação, trabalho e movimentos sociais.

BRASIL. *Constituição da República Federativa do Brasil*. Brasília: Senado Federal, 2010. Disponível em: <http://www.senado.gov.br/legislacao/const/con1988/CON1988_05.10.1988/CON1988.pdf>.

_____. Ministério da Educação. Conselho Nacional de Educação. Câmara de Educação Básica. Parecer CEB n. 5, de 7 de maio de 1997. Proposta de regulamentação da Lei 9.394/96. *Diário Oficial da União*, Brasília, DF, 16 maio 1997.

_____. Ministério da Educação. Conselho Nacional de Educação. Câmara de Educação Básica. Resolução CEB n. 2, de 7 de abril de 1998. Institui as Diretrizes Curriculares Nacionais para o Ensino Fundamental. *Diário Oficial da União*, Brasília, DF, 15 abr. 1998.

COLL, C. Educação, escola e caminhada na busca de um compromisso. Comunidade escola: a integração necessária. *Pátio: Revista Pedagógica*, Porto Alegre: Artmed, ano 3, n. 10, 1999.

ERNICA, M. Percurso da educação integral no Brasil. In: SEMINÁRIO NACIONAL TECENDO REDES PARA A EDUCAÇÃO INTEGRAL. São Paulo: Cenpec/Ação Educativa, 2006.

FUNDO DAS NAÇÕES UNIDAS PARA A INFÂNCIA. *O direito de aprender*: potencializar avanços e reduzir desigualdades. Brasília, 2009. Disponível em: <http://www.unicef.org/sitan/files/Brazil_SitAn_2009_The_Right_to_Learn.pdf>.

GADOTTI, M. *Educação integral no Brasil*: inovações em processo. São Paulo: Instituto Paulo Freire, 2009. (Série Educação Cidadã, v.4)

GARCIA, L. A. M. Competências e habilidades: você sabe lidar com isso? *Educação e Ciência On-line*, Brasília, [20--]. Disponível em <http://www.educacao.es.gov.br/download/roteiro1_competenciasehabilidades.pdf>. Acesso em 12 jan. 2010.

GOIÁS (Estado). Secretaria de Estado da Educação. *Programa de ações educativas integradoras:* diretrizes e sistemática, 2009.

GONÇALVES, A.S. Reflexões sobre educação integral e escola de tempo integral. In: CADERNOS CENPEC: educação, cultura e ação comunitária. 2006. n.2.

GONÇALVES, A.S.; PETRIS, L. *Escola estadual de tempo integral*: a construção de uma proposta. São Paulo, 2006a.

GOUVEIA, M.J.A. Educação integral com a infância e a juventude. In: CADERNOS Cenpec: educação, cultura e ação comunitária. 2006. n.2.

GUARÁ, I.M.F.R. É imprescindível educar integralmente. In: CADERNOS CENPEC: educação, cultura e ação comunitária. 2006. n.2.

LIMA, E.S. *Indagações sobre currículo*: currículo e desenvolvimento humano. Brasília: Ministério da Educação, 2007.

MOLL, J. Um paradigma contemporâneo para a educação integral. *Pátio: Revista Pedagógica*, Porto Alegre: Artmed, ano 13, 2009.

NOAM, G.G. Aprendendo com entusiasmo: conectando o mundo da escola ao pós-escola por meio da aprendizagem por projetos. In: CADERNOS Cenpec: educação, cultura e ação comunitária. 2006. n.2.

RODRIGUES, N. *Por uma nova escola*: o transitório e o permanente na educação. São Paulo: Cortez, 1986.

SILVA, J.F.; HOFFMANN, J.; ESTEBAN, M.T. (Org.). *Práticas avaliativas e aprendizagens significativas em diferentes áreas do currículo*. 2.ed. Porto Alegre: Mediação, 2003.

TEIXEIRA, A. *Por que "escola nova?"* Bahia: Livr. E Typografia do Comércio, 1930.

TORRES SANTOMÉ, J. *Globalização e interdisciplinaridade:* o currículo integrado. Porto Alegre: Artmed, 1998.

VEIGA, I.P.A. *A aventura de formar professores*. Campinas: Papirus, 2009. (Magistério: formação e trabalho pedagógico)

VIANA, M.C.M. *Pesquisa escolar*: uso do livro da biblioteca. São Paulo: [s.n], 1993.

25

A experiência em Palmas (TO)

Danilo de Melo Souza

O debate em torno das políticas de educação integral no Brasil é recente e coincide com o retorno da tese do orçamento vinculado por meio da Emenda Calmon e da Constituição de 1988. Mais especificamente em abrangência e importância, cita-se a experiência dos Centros Integrados de Educação Popular (CIEPs) durante a administração do ex-governador Leonel Brizola no estado do Rio de Janeiro.

A experiência carioca na década de 1980 foi reproduzida, posteriormente, em escala nacional e inspirou iniciativas em diversos estados e municípios no país. Porém, por conta da tradição de descontinuidade dos projetos em gestão pública, muitas ações nessa área tornaram-se apenas políticas de governo.

Se para os alunos da escola pública a experiência da ampliação da jornada integral ainda é incipiente, para os alunos da classe média que frequentam a escola privada, a ampliação da jornada escolar já é realidade há décadas.

Muitas escolas privadas mantêm jornadas escolares superiores à média das quatro horas diárias das escolas públicas. Além disso, é conhecido o esforço das famílias de classe média para oferecer atividades ou disciplinas complementares nas escolas ou em cursos livres de línguas, dança, reforço e outros.

Está claro para as famílias de classe média que a oferta de mais disciplinas, conteúdos e atividades contribui para o enriquecimento da experiência curricular das crianças e jovens e lhes projetam melhores oportunidades na vida social e no mundo do trabalho.

Na escola pública, apesar de iniciativas como as citadas, observou-se ao longo do século XX, um progressivo empobrecimento do currículo na educação básica, com o objetivo questionável de ampliar o atendimento para um maior contingente populacional sem aumentar os investimentos (mantendo-os sob o argumento de racionalização).

No calor dos debates sobre a reforma educacional dos anos de 1990, a figura articuladora de Darcy Ribeiro (responsável pela experiência dos CIEPs) fez constar no texto da Lei de Diretrizes e Bases da Educação Nacional, de 1996, a luta pela progressiva ampliação da jornada escolar. Com semelhante ânimo, o mesmo objetivo foi inscrito no Plano Nacional de Educação de 2001.

A atual demanda por educação de qualidade, o avanço no campo da legislação e o ímpeto inovador de gestores tem proporcionado o surgimento de novas práticas com foco na implementação de jornada ampliada e de escolas de tempo integral, dentre as quais passamos a tratar do caso de Palmas no estado do Tocantins.

EM PALMAS, UM MODELO FLEXÍVEL

Em Palmas, a implementação de escolas de tempo integral teve início em 2005, com a criação de um grupo de estudos em políticas públicas na Secretaria Municipal de Educação. Nesse mesmo ano, foi apresentado o projeto pedagógico e arquitetônico das escolas padrão de tempo integral.

Ao mesmo tempo em que foram encaminhados os processos formais para a construção da primeira escola de tempo integral, o município implementou a primeira ação de ampliação da jornada escolar por meio do Projeto Salas Integradas (SIN).

O projeto Salas Integradas teve início em março de 2005, atendendo 6 mil estudantes em 30 escolas. Nessas unidades, foram instalados laboratórios de informática, laboratórios de línguas e organizados espaços para práticas esportivas e culturais.

O atendimento aos estudantes era realizado, principalmente, por intermédio de convênios firmados com federações e associações na área esportiva e cultural. O Programa tinha como meta ampliar para 960 horas o currículo escolar no ensino fundamental, com atividades extracurriculares no contraturno. O Salas Integradas foi normatizado pela Resolução do Conselho Municipal de Educação nº 21, de 12 de novembro de 2008 (CME, Palmas, TO).

Em 2007, o SIN atendeu a 12.262 alunos em atividades como: capoeira, natação, judô, futsal, voleibol, tênis de mesa, basquetebol, handebol, dança, música, artes plásticas, inglês, espanhol, informática, xadrez, karatê, entre outras.

A partir de 2008, o Salas Integradas foi associado ao Programa Mais Educação do Ministério da Educação, atendendo, em agosto de 2010, a 6.984 alunos em 27 escolas, com um formato ampliado dentro das diretrizes estabelecidas pela Resolução nº 43, de quatorze de outubro de 2008/MEC (Brasil, 2008): FNDE/Decreto nº 7.083, de 27 de janeiro de 2010 (Brasil, 2010b).

O processo de seleção de professores que atuam no Programa é realizado por meio de editais públicos e a aquisição de materiais e bens dá-se de forma descentralizada pelas próprias unidades educacionais (desde 2003, o município de Palmas tem implementado o Programa de Gestão Autônoma das escolas, que, a partir de 2005, foi universalizado).

As outras modalidades de educação integral são: Centros Municipais de Educação Infantil (CMEIS); Escola Municipal de Tempo Integral do Campo; Escola Integral de Jornada Ampliada (JA) e Escola de Tempo Integral (Padrão), que totalizaram o atendimento a cerca de 50, 1% das matrículas municipais em 2010.

OUTRAS MODALIDADES

A educação infantil, a partir de 2005, foi reformulada com a ampliação de matrículas em creches e pré-escolas. Foram reformulados também os projetos pedagógicos e arquitetônicos e implementados os CMEIS com o objetivo de substituir as políticas de oferta precária em creches tradicionais, ligadas à política de assistência social e ao programa de mães-crecheiras.

As antigas unidades construídas foram ampliadas com a incorporação de novos espaços e reestruturadas a partir de um projeto educacional que tem o educar e cuidar como indissociáveis ao processo de desenvolvimento infantil. Iniciou-se a construção de 13 novas unidades, ampliando-se de 32 para 114 o número de salas de aula disponíveis para a educação infantil.

Nos CMEIS, as crianças de 4 meses a 3 anos e 11 meses são atendidas em tempo integral durante 10 horas diárias, tendo cinco refeições supervisionadas por nutricionistas do quadro efetivo da Secretaria de Educação.

Por meio da abordagem de educação precoce, as crianças que apresentam déficits cognitivos e sociomotores são atendidas, considerando os aspectos psicomotores e psíquicos do desenvolvimento, com a participação das famílias e acompanhamento de estagiários e profissionais das áreas de psicologia, fisioterapia, pedagogia, educação física, serviço social e fonoaudiologia.

A educação infantil, em uma perspectiva integral, objetiva a construção de habilidades intelectuais e socioafetivas e o desenvolvimento integral da criança, considerando que os primeiros anos da infância são estruturantes.

Nos CMEIS, o atendimento educacional é realizado com trabalhadores qualificados, em condições adequadas de trabalho e com autonomia pedagógica, administrativa e financeira. O quadro de profissionais conta com professor de educação física escolar infantil, supervisores e orientadores educacionais, além dos que atuam na educação precoce.

O projeto pedagógico articula os saberes da escola infantil com o ensino fundamental objetivando a melhoria do fluxo escolar; a estimulação para os aspectos cognitivos do letramento; a alfabetização matemática e a compreensão abrangente do meio físico e social, respeitando-se o universo da primeira infância.

Os novos CMEIS construídos foram projetados para o atendimento mínimo de 250 e máximo de 450 crianças. São espaços funcionais, com utilização de materiais de acabamento adequados e mobiliários de acordo com os padrões mínimos. As unidades com menos de 100 alunos foram progressivamente ampliadas como medida de racionalização de custos.

Considerando-se o maior custo-aluno da educação infantil, optou-se pela oferta de matrículas de 0 a 5 anos no mesmo equipamento (CMEIS), permitindo matrículas de crianças de 4 e 5 anos em escolas de ensino fundamental, após as devidas adequações. Essa solução teve como objetivo aproveitar melhor espaços ociosos das escolas em regiões que não dispõem de terreno para construção de novas unidades.

No período de 2005 a 2010, as matrículas em creche integral passaram de 822 para 2.029.[1] Ao mesmo tempo, o atendimento na pré-escola (não integral) foi ampliado de 2.919 para 3.401.[2] Trata-se de pensar a escolarização infantil com flexibilidade, oferecendo às famílias a possibilidade de atendimento às crianças que demandarem, independente das condições socioeconômicas, garantindo à mãe trabalhadora condições de desempenho de suas atividades laborais.

A terceira modalidade é a Escola Municipal de Tempo Integral do Campo, que vem sendo implementada desde 2008 nas cinco unidades rurais existentes. Nessas unidades educacionais, o primeiro passo foi ampliar os espaços disponíveis com a construção de quadras cobertas, laboratórios e salas de aula multiuso.

O currículo da ETI do Campo valoriza a cultura e as tradições locais e foi exaustivamente discutido com as equipes escolares durante os últimos cinco anos. A estratégia de universalização do atendimento no campo foi pensada em busca de melhoria da qualidade, que, em função dos déficits históricos e da falta de infraestrutura física, tem comprometido a democratização da escola.

O funcionamento da ETI do campo dá-se de segunda a quinta-feira, com 7:30 horas de atividades educacionais, em unidades nucleadas, atendendo 1.000 alunos que são transportados por sistema terceirizado.

A implantação da jornada integral reduziu em mais de 50% os gastos com transporte, diminuindo também o tempo de permanência das crianças no interior dos veículos. Além da diminuição da fadiga diária com o transporte, foi possível diminuir a incidência do trabalho infantil na região, tendo em vista que a criança permanece o dia inteiro na escola por, pelo menos, quatro dias.

Nos quatro dias presenciais, a criança tem a sua disposição até quatro refeições diárias, e um currículo abrangente que privilegia os saberes comunitários. Toda sexta-feira, os profissionais reúnem-se na escola para o planejamento semanal. Nessas ocasiões, as crianças permanecem em suas residências em atividades de leitura e exercícios domiciliares ou projetos de pesquisa.

Os atuais índices de desempenho escolar das ETIs do campo têm mostrado a importância da ampliação da jornada escolar, com custo-benefício superior, na medida em que os gastos com transporte, que são os mais expressivos, foram reduzidos à metade. A economia resultante do novo sistema tem possibilitado o financiamento da melhoria das instalações escolares e o aumento da jornada escolar em toda a rede.

A quarta modalidade oferecida é o atendimento integral em Jornada Ampliada, iniciado em 2008, em três unidades educacionais que foram ampliadas e adaptadas para atendimento em 8 horas diárias. A partir de 2010, com a oferta de almoço nessas unidades, foi possível ampliar a permanência para até 9 horas e meia de atividades.

Todas as demais unidades de ensino da rede estão em processo de reforma e ampliação para oferecer o mesmo tipo de atendimento. A proposta pretendida, a partir do planejamento da Secretaria, é a universalização da educação integral, o que torna urgente a inclusão das antigas unidades na proposta.

Como se trata de uma política de Estado e não uma simples política de gestão, o Sistema Municipal de Educação tem sustentado, a partir de discussão democrática, por intermédio do Conselho Municipal de Educação, a regulamentação e a normatização da proposta.

Da mesma forma, o Plano de Carreira dos Profissionais da Educação e o último concurso público realizado aprovaram a inclusão de professores das novas disciplinas no currículo, a saber: música, teatro, dança, xadrez, filosofia e língua espanhola.

Dentro da proposta de Jornada Ampliada, o aluno pode ter sua jornada ampliada ou reduzida em função da conveniência de cada família. Para tanto, cada aluno e suas respectivas famílias devem negociar junto às escolas, submetendo-se, entretanto, ao cumprimento do currículo mínimo nacional obrigatório.

Os professores no sistema municipal de Palmas dispõem de 8 e 14 horas regulares para planejamento e estudo, o que corresponde, respectivamente, a 20% de hora-atividade nas séries iniciais e 30% nas séries finais, e como os demais profissionais, recebem uniforme e alimentação.

Por fim, a quinta modalidade de atendimento é a Escola Padrão de Tempo Integral, funcionando, no momento, em duas unidades com atendimento a 1.200 alunos (ETI Pe. Josimo) e 1.400 (ETI Eurídice Ferreira).

O projeto curricular da Escola de Tempo Integral Padrão prevê nove horas diárias de atividades desenvolvidas pelo conjunto de profissionais que, no campo dos esportes e das artes, desenvolvem trabalhos diferenciados dentro de uma estrutura curricular, contemplando, além de um currículo básico com uma base nacional comum e parte diversificada, as oficinas curriculares.

Essas oficinas curriculares têm cunho prático e interdisciplinar, na forma de laboratório de experiências onde o aluno vivencia diversas categorias da cultura de movimento, conservando-se o aspecto lúdico e prazeroso da atividade física, exigindo, contudo, um planejamento articulado e consistente por parte do professor, e a valorização dos conteúdos conceituais e atitudinais.

Nas diversas atividades oferecidas nas oficinas curriculares, o professor prioriza a cultura e o desenvolvimento das diversas linguagens, considerados nas especificidades históricas e culturais que os determinam.

No esporte, são oferecidas práticas motoras de caráter esportivo que superam a mera orientação para o alto rendimento, a *performance* e a exclusão social. A prática favorece o acesso e a permanência dos alunos, respeitadas as suas características, seus potenciais e suas limitações pessoais. Para tanto, contempla-se atividades individuais e coletivas, conforme a modalidade oferecida aos alunos ao longo da escolarização.

As diretrizes curriculares para as oficinas artísticas problematizam duas questões centrais: a ideia de arte como área de conhecimento humano, patrimônio histórico e cultural da humanidade e a arte como linguagem, portanto, um sistema simbólico de representação.

As ETIs Padrão são espaços educacionais importantes nas comunidades e ao mesmo tempo ampliam a acessibilidade da população aos bens esportivos e culturais. São mais do que escolas, são centros culturais comunitários onde os cidadãos participam de atividades as mais diversas, inclusive daquelas que a própria escola oferece, como *shows*, concertos, seminários, treinamentos e outros.

Além dos resultados em termos de melhoria dos índices educacionais (IDEB e diversos concursos estaduais e nacionais), as ETIs são unidades educacionais com uma estrutura arquitetônica moderna que utiliza materiais de primeira qualidade, sendo a manutenção simples e muito econômica em relação às outras unidades regulares.

Atualmente, mais uma unidade encontra-se em processo de construção e outras três estão em fase de planejamento ou licitação. Serão unidades dimensionadas, estrategicamente, nos diversos polos da cidade, de forma a garantir uma melhor distribuição dos equipamentos escolares.

A EDUCAÇÃO INTEGRAL E A POLÍTICA DE PESSOAL

Ao pensar a política de pessoal para a educação integral, a Secretaria de Educação procurou evitar situações como a ocorrida quando da implantação de experiências no Brasil afora, em que foram criados dois tipos de profissionais no sistema de ensino. O debate foi construído em torno da ideia de transição do sistema parcial para o sistema integral.

Procurou-se agregar ao máximo os profissionais existentes. Foram realizados concursos públicos e, para a implantação da primeira ETI padrão, optou-se por um processo interno de seleção de pessoal, devido à grande procura de profissionais motivados para o trabalho nessa experiência modelo.

Foram implantadas políticas de valorização dos trabalhadores em educação com a aprovação da Lei nº 1.445/2006 do Plano de Cargos, Carreira e Remuneração dos Profissionais da Educação Básica do Município, enquadrando todos os trabalhadores em um só instrumento de valorização.

A recuperação das perdas salariais e o pagamento de passivos trabalhistas das gestões anteriores, a concessão de aumentos salariais, a implantação de diário eletrônico, a concessão de bolsas de estudo de graduação e pós-graduação, e a implantação de horas-atividade foram importantes conquistas dos trabalhadores em educação, ao mesmo tempo em que possibilitaram evitar o inchaço da máquina administrativa, mantendo um perfil de investimento adequado à expansão de vagas em todos os níveis.

A formação continuada tem proporcionado avanços importantes por conta das parcerias com os entes federal e estadual. A Secretaria de Educação adotou também uma política com foco em pós--graduação e seminários formativos diversos. Para tratar especificamente sobre educação integral e infantil, foram realizados sete grandes seminários, três deles de caráter internacional, além de várias oficinas temáticas.

Estratégias diferenciadas também foram utilizadas, como as viagens de estudos e as imersões de diretores que, a cada ano, contemplam mais 300 trabalhadores. O objetivo é promover a prática da investigação e a troca de experiências com outros estados e municípios.

Apesar das dificuldades de ordem prática, em termos de mudança da rotina de escola de tempo parcial para escola de tempo integral, os profissionais tem se empenhado no projeto. A nova organização da rotina escolar e as potencialidades de um currículo rico e integrado motivam a comunidade escolar, que, nas ETIs, dispõe de mais tempo para dedicação ao desempenho acadêmico dos estudantes.

AUTONOMIA DO DIRIGENTE E DO GESTOR ESCOLAR

A reestruturação administrativa da Prefeitura de Palmas, a partir de 2005, deu novo *status* e autonomia ao dirigente educacional e aos gestores de escola. Os recursos vinculados e os novos recursos do Tesouro Municipal possibilitaram a continuidade dos investimentos na mesma proporção em que políticas pioneiras, como o Orçamento Participativo, buscavam maior democratização dos investimentos.

Esse fator é considerado chave para a transparência e a agilidade dos processos administrativos que refletem a boa avaliação da política educacional. Outros mecanismos informais foram igualmente importantes, como as visitas do Prefeito e do Secretário às unidades educacionais para discutir com a comunidade escolar os novos investimentos e as alternativas para a superação de impasses e problemas.

O debate mais aproximado com as comunidades ajuda a melhorar as práticas de gestão e se incorporam ao cotidiano dos diretores escolares à prática do controle social mais direto, incentivando a organização e participação dos grêmios estudantis, conselhos escolares e associações comunidade escola.

Na medida em que a escola dispõe de mais recursos descentralizados, os investimentos são mais céleres e os desperdícios com a burocracia e a centralização de processos são reduzidos ao máximo. As escolas conseguem, respeitando-se a legislação, pagar por bens, produtos e serviços com qualidade e economia.

Por outro lado, a Secretaria de Educação dispõe de mais tempo para promover as ações em termos de planejamento estratégico e articulação do projeto educacional às demais políticas sociais no município. Dessa forma, a pulverização de programas socioeducativos tem diminuído e a escola municipal aos poucos incorpora programas e projetos cujas ações antes se sobrepunham à política educacional.

A Secretaria tem evitado investimentos em pacotes tecnológicos ou recursos e materiais didáticos especiais. Enfatiza-se o aproveitamento de políticas consistentes como o PNLD e o próprio PDE do Ministério da Educação.

Os gastos educacionais são cada vez mais estudados pela comunidade escolar. As escolas sabem quanto gastam com pessoal e insumos, promovendo o combate sistemático ao desperdício. O objetivo é levar a escola a refletir sobre as práticas abusivas de profissionais não comprometidos e ao mesmo tempo promover um ambiente de maior participação e transparência.

Atualmente, os profissionais têm acesso direto ao orçamento municipal por meio de fórum mensal em que é discutida a arrecadação dos recursos educacionais no período e os gastos com pessoal, insumos e na manutenção da estrutura administrativa da Secretaria.

Algumas questões começam a ser consideradas quando da tomada de decisões no âmbito das escolas e da Secretaria, retornando a reflexão sobre o custo-qualidade das políticas, como a necessidade de discutir os gastos com transporte escolar; as perdas decorrentes da falta de controle sobre a política de pessoal; os gastos com escolas pequenas que, mesmo dispendiosas, nem sempre são eficazes.

Ao se comparar a atual situação com outras unidades da federação, observa-se que mais avanços podem ser conquistados se forem estabelecidos controles democráticos e transparentes sobre o orçamento educacional. Esse é um campo de disputa política tenso, na medida em que parte das lideranças sindicais tem como foco central apenas a necessidade de melhorias para a categoria dos profissionais da educação.

O modelo de educação em Palmas vem caracterizando-se pela sustentabilidade a partir do uso mais eficiente dos recursos municipais. É possível, e necessário, construir e reestruturar escolas de qualidade com os recursos já disponíveis, bem como ampliar essas ações a partir de novos investimentos em termos de regime de colaboração com os entes federados.

CONSIDERAÇÕES FINAIS

Na atual conjuntura, é possível pensar que as condições são propícias à progressiva universalização da educação integral no ensino básico no Brasil. Três fatores devem ser levados em consideração nesse debate.

O primeiro deles é que já existe financiamento educacional para as matrículas em regime integral. Trata-se do Fundo de Manutenção e Desenvolvimento da Educação Básica (FUNDEB). Hoje, para cada criança matriculada no ensino fundamental integral no Brasil é acrescentado 25% sobre o valor *per capita* inicial.

No Tocantins, em 2010, o valor pago pelo FUNDEB para o aluno das séries iniciais convencional é R$ 1.917,73, enquanto a matrícula integral vale R$ 2.399,66 por ano, ou R$ 199,97 por mês. Essa diferença de remuneração aliada a uma melhor gestão dos recursos existentes pode ser capaz de promover a ampliação do atendimento em regime integral.

Estima-se que a ampliação da jornada, de 4 para 8 horas diárias de aula, custe cerca de 30% a mais aos cofres públicos. Em alguns casos a simples reestruturação da rede com a ampliação de vagas, a redução com os gastos indiretos das secretarias e a melhor gestão dos recursos de transporte e merenda resultam em economia suficiente para ser aplicada na ampliação da jornada escolar.

Em Palmas, a implementação da educação integral nas 10 escolas e 19 CMEIS já atendidos provocou uma melhoria do gasto educacional, sendo que as unidades com melhor infraestrutura e maior número de matrículas têm apresentado um gasto por aluno inferior ao das escolas de tempo parcial.

O ambiente escolar tem sido melhor utilizado. Bibliotecas escolares são salas de leitura e não depósitos de livros e de professores em desvio de função. Os laboratórios de informática são salas ambiente multidisciplinares e novos espaços são agregados em função do atendimento ao aluno, reduzindo-se os ambientes ocupados desnecessariamente pela administração escolar.

O segundo fator é a integração das políticas sociais em curso no Brasil, ação pioneira do Programa Mais Educação, a partir da junção dos esforços dos Ministérios da Educação, dos Esportes, da Cultura, das Forças Armadas, do Desenvolvimento Social e Combate à Fome, da Ciência e Tecnologia, do Meio Ambiente e da Secretaria Nacional da Juventude que, hoje, reunidos em uma mesma ação já atendem a 10 mil escolas no país e cerca de 3 milhões de estudantes.

O programa Mais Educação inova ao colocar recursos na própria escola, diminuindo os riscos de desperdício e corrupção, além de eleger a unidade educacional como protagonista do seu projeto, na medida em que dispõe de um macrocampo de atividades cuja prioridade é definida pela própria escola. É a comunidade escolar que decide se oferece fanfarra e reforço, ou xadrez e futebol ou todos juntos.

O terceiro e muito interessante fator é a questão demográfica. Estimativas apontam que, nos próximos 20 anos, o Brasil reduzirá em 30% o atual volume de matrículas na educação básica. Menos crianças nascendo, o que fazer então com as salas ociosas que começam a aparecer nas escolas públicas?

A resposta pode estar na destinação desses espaços no contraturno escolar[3] para a ampliação da jornada. Aqui, vale também reformular a oferta de vagas, não sendo possível mais manter salas com pouquíssimos alunos em dois turnos só para atender à disponibilidade de horários de alunos e professores. Turmas com 25 a 30 alunos são ideais, pois conseguem captar recursos suficientes do FUNDEB, sem comprometer a qualidade.

As escolas rurais e os centros das grandes cidades, geralmente, atendem a poucos alunos e apresentam custo e gasto educacional muito superior às demais. Trata-se de ampliar o debate com a sociedade para pensar o que fazer para construir uma política de investimento educacional mais equitativo.

O combate ao desperdício e a luta por mais recursos para a educação básica devem estar na agenda da sociedade. Os avanços educacionais devem ser contínuos, e contemplar a todos, principalmente, o estudante que financia com os impostos esse bem fundamental da cidadania que é o acesso à cultura.

A educação integral no Brasil deve ser pensada como uma conquista de cada sistema educacional, operando-se as suas especificidades, aproveitando a conjuntura sociopolítica e econômica atual e superando-se os impasses corporativos e patrimonialistas. Não como uma escola submetida aos ditames do capital, nem presa à falácia da ineficiência e da má gestão. Trata-se de escolas em que os professores devem ter como compromisso o ensino para a cidadania, e os sistemas operem com transparência e participação.

NOTAS

1. Fonte: SIA Semed.
2. Fonte: INEP/CENSO ESCOLAR.
3. Prefere-se não utilizar essa palavra na Rede Municipal de Ensino de Palmas (TO). Todas as atividades educacionais e pedagógicas fazem parte do projeto e do currículo da escola de tempo integral.

REFERÊNCIAS

BRASIL. *Constituição da República Federativa do Brasil*. Brasília: Senado Federal, 2010a. Disponível em: <http://www.senado.gov.br/legislacao/const/con1988/CON1988_05.10.1988/CON1988.pdf>

_____. Decreto n. 7.083, de 27 de janeiro de 2010. *Diário Oficial da União*, Brasília, DF, 27 jan. 2010b.

_____. Lei n. 9.394, de 20 de dezembro de 1996. Estabelece as diretrizes e bases da educação nacional. *Diário Oficial da União*, Brasília, DF, 23 dez. 1996.

_____. Lei n. 9.424, de 24 de dezembro de 1996. Dispõe sobre o fundo de manutenção e desenvolvimento do ensino fundamental e de valorização do magistério. *Diário Oficial da União*, Brasília, DF, 26 dez. 1996.

_____. Lei n. 10.172, de 9 de janeiro de 2001. Aprova o Plano Nacional de Educação e dá outras providências. *Diário Oficial da União*, Brasília, DF, 10 jan. 2001.

_____. Resolução n. 43, de 14 de outubro 2008. Altera a Resolução nº 19, de 15 de maio de 2008, do Conselho Deliberativo do FNDE, referente ao Programa Dinheiro Direto na Escola (PDDE).

COSTA, V.L.C. (Org.). *Descentralização da educação*: novas formas de coordenação e financiamento. São Paulo: FUNDAP, 1999.

DOURADO, L.F. (Org.). *Financiamento da educação básica*. Goiânia: Ed. UFG, 1999.

FERREIRA, N.S.C. (Org.). *Gestão democrática na educação*: atuais tendências, novos desafios. São Paulo: Cortez, 1998.

MENDONÇA, E.F. *A regra e o jogo*: democracia e patrimonialismo na educação brasileira. 2000. 457 p. Tese (Doutorado) – Programa de Pós-Graduação em Educação, Universidade Estadual de Campinas, Campinas, 2000.

PALMAS (Cidade). *Proposta de implantação da escola de tempo integral da região norte na rede municipal de ensino de Palmas – Tocantins*. 2007.

RAMOS, A.M.P. *O financiamento da educação brasileira no contexto das mudanças político-econômicas pós-90*. Brasília: Plano, 2003.

SOUZA, D. Autonomias para a escola: aspectos da realidade tocantinense. *Revista da Educação: Contexto, Linguagem e Formação*, Palmas, n. 1, p.19-26, 2001.

_____. Educação integral em Palmas no Tocantins: implantação e sustentabilidade. In: DALBEN, A.I.L.F. et al. *Convergências e tensões no campo da formação e do trabalho docente*: alfabetização e letramento: arte-educação: educação infantil: ensino da língua portuguesa: ensino de línguas estrangeiras. Belo Horizonte: Autêntica, 2010.

TEMPO INTEGRAL. Palmas, 2005-2009.

26

O arranjo educativo local
A experiência de Apucarana (PR)

Cláudio Aparecido da Silva

Apucarana está localizada no centro-norte do Paraná, distando 370 km da capital, Curitiba, e 1.177 km da Capital Federal. Conta com aproximadamente 120 mil habitantes e encontra-se em um entroncamento rodo-ferroviário que une vários pontos importantes não só paranaenses, mas também dos estados de São Paulo e Mato Grosso. O município encontra-se em franco desenvolvimento. É rico em águas, possuindo muitas nascentes, fontes e belos parques, entre eles o Parque Ecológico da Raposa, grande atrativo turístico da região. Sua capacidade turística vem sendo desenvolvida a partir da educação, dos turismos rural e religioso. A cidade é conhecida como Cidade Alta, Cidade das Cerejeiras, "Capital Nacional do Boné" – o município responde por aproximadamente 70% da produção dos bonés comercializados no país.

No entanto, a principal referência de Apucarana é ser nomeada de "Cidade Educação", título que honrosamente ostenta graças aos resultados obtidos a partir da implantação do Programa de Educação Integral em 2001 nas 37 escolas municipais que atendem o ensino fundamental e 20 Centros Educacionais Infantis. Atingindo um universo de quase 100% dos estudantes. É mantida uma unidade opcional para atender casos especiais, principalmente originados por problemas de saúde. É o alicerce de uma política de administração pública municipal focada na educação como instrumento de transformação social. Pelos resultados, é possível afirmar que é uma utopia transformada em realidade e que através da educação é possível interferir na lógica seletiva da sociedade atual que privilegia uma minoria. Pois através dela o cidadão pode ascender ao conhecimento, à riqueza e ao poder. *Conhecimento* necessário para discernir, argumentar, buscar meios e modos de vida mais dignos, direito de todo cidadão, independentemente de sua classe. Da universalização do acesso à produção cultural da humanidade. *Riqueza* no sentido do acesso aos bens necessários para uma vida compatível com a dignidade humana. E *poder* no sentido de andar com as próprias pernas e com cabeça levantada, na perspectiva da autonomia preconizada por Paulo Freire (2005). São esses os direitos de todo cidadão que encontra na educação um instrumento privilegiado para sua concretização.

O conceito de educação integral remete a um conjunto de princípios fundamentais para o desenvolvimento humano: *Educação, produção, alimentação e saúde* compondo um quadrinômio do desenvolvimento. Saúde, na concepção da Organização Mundial da Saúde (OMS), que a define como completo bem-estar físico, moral, social, psicológico, espiritual. Alimentação inclui as dimensões do alimento cultura, arte, saber, que para ser possível, deve ter como ponto de convergência uma educação de qualidade. Pessoas educadas estarão capacitadas para produzir. Produção gera renda e consequente possibilidade de acesso à alimentação adequada e à saúde física, psíquica e espiritual. O contrário dessa lógica é o que pode ser denominado de círculo vicioso da miséria: o despreparo em termos educacionais leva a pouca ou nenhuma produção, que dificulta ou mesmo impossibilita o acesso aos bens e serviços essenciais, com as consequências daí decorrentes.

É importante observar que a educação integral já é realidade há mais de um século nos países considerados de primeiro mundo. Mesmo na América Latina, o Brasil é um dos poucos que ainda mantém jornada parcial de estudos. Vários dos nossos vizinhos, como o Chile e a Argentina, já registram a experiência há mais de meio século. Igualmente cumpre destacar que já em 1996, a LDB (Brasil, 1996), em seu artigo 34, previa e fundamentava a implantação legal da Educação Integral: "a jornada escolar no ensino fundamental incluirá pelo menos quatro horas de trabalho efetivo em sala de aula, sendo progressivamente ampliado o período de permanência na escola". E no parágrafo segundo: "o ensino fundamental será ministrado progressivamente em tempo integral a critério dos sistemas de ensino". Com base nesses pressupostos, a Lei Municipal nº 090/2001 regulamentou a educação integral no município de Apucarana. Poucos municípios brasileiros à época, pela constatação do quadro atual, observaram a recomendação da Lei de que na década da educação, de 1996 a 2006, houvesse a implantação gradativa do Tempo Integral. Muitos, talvez, premidos por mitos e tabus. Como os de que com a educação integral as despesas são automaticamente duplicadas e de que primeiramente é preciso priorizar a construção de estruturas ideais nas escolas. Esquecem-se de que os recursos primeiramente devem ser otimizados. O Japão, no pós-guerra, deu início à sua grande arrancada a partir do pouco ou quase nada que havia sobrado. O mesmo ocorreu com vários outros países que hoje apresentam quadros educacionais invejáveis. Educação é opção, decisão e processo histórico de construção permanente. A construção física vai sendo desenvolvida ao lado da construção educacional. No Brasil, temos significativos exemplos de projetos educacionais que priorizaram edificações e não foram adiante.

Na experiência de Apucarana, o ponto de partida foi o projeto político-pedagógico, do qual decorreu um minucioso inventário dos recursos (financeiros, materiais e humanos) existentes na estrutura da administração pública, nas próprias escolas e na comunidade. Sendo identificado o que existia e não era utilizado ou ainda era subutilizado. A primeira constatação foi a riqueza de possibilidades existentes na própria estrutura da Administração Pública Municipal, de grande importância para um Programa de Educação Integral. O mesmo, quando os olhos voltaram-se para a comunidade. Na sequência, foram identificadas as necessidades de complementações e busca de apoios e parcerias, e assim elaborados planos de investimentos de curto, médio e longo prazo.

Para que o Programa de Educação Integral pudesse atingir efetividade, de forma estratégica, foram firmados quatro pactos fundamentais com a sociedade organizada:

1. Pacto pela educação (08/02/2001).

2. Pacto pela responsabilidade social (26/01/2005).
3. Pacto pela vida (20/06/2007).
4. Pacto por uma cidade saudável (26/06/2007).

Todos com foco na educação e de cada um deles emanando ações concretas, tanto da parte do poder público como dos vários setores da sociedade. Ações que são permanentemente avaliadas e aprimoradas. Seguem, abaixo, as principais características de cada pacto:

Pacto pela responsabilidade social: Disciplinado pela Lei Municipal nº 177/05, que estabelece critérios socioambientais de responsabilidade social a serem adotados nos processos de licitações e contratações públicas abertas através da administração municipal, seguindo as premissas do Pacto Global estabelecidas pela Organização das Nações Unidas (ONU), em 2000, e também dos Objetivos de Desenvolvimento do Milênio (ODM). Assim, é fortalecido o compromisso dos fornecedores e prestadores de serviços com os 10 princípios universais nas áreas de direitos humanos, direitos do trabalho, proteção ambiental e combate à corrupção, bem como com o conjunto de oito macro-objetivos, 18 metas e 48 indicadores a serem atingidos pelos 191 países-membros da ONU até o ano de 2015. O pacto é resultado de interações da Administração Municipal com o Programa das Nações Unidas para o Desenvolvimento (PNUD), Instituto Ethos, Youth Employment Summit (YES-Brasil) e outros institutos afins.

Pacto pela vida: Compromisso dos segmentos organizados da sociedade a participar efetivamente o combate à violência e às drogas no município de Apucarana, através de um plano de metas e ações de caráter educativo e preventivo.

Pacto por uma cidade saudável: Tem como foco principal a educação e a saúde, através da prevenção de doenças e o diagnóstico ambiental interno e externo (residência e bairro). Através de ações conjuntas entre secretarias municipais e parceiros, são levantados os problemas que determinada região apresenta e traçadas as políticas de solução, com a participação direta da comunidade. As ações incluem o planejamento, a implementação de ações e a avaliação de resultados. Os principais indicadores pesquisados são os de educação, saúde, mortalidade infantil, morbidades como hipertensão arterial, diabetes, obesidade adulta e deficiência pondo-estatural infantil, índices de sedentarismo, tabagismo e alcoolismo. O município investe em recursos humanos, estrutura física e capacitações; desenvolve os trabalhos em parceria com entidades privadas, públicas, filantrópicas, de ensino, prestadores de serviços e outros.

Pacto pela educação: Teve como uma de suas principais conclusões a decisão conjunta do poder executivo e representantes dos vários setores da sociedade, de que a educação fosse priorizada como carro-chefe das políticas públicas municipais. Com opção pela Educação Integral, pelo entendimento de que seria o sistema que melhor atenderia às expectativas. O que foi regulamentado pela Lei Municipal 090/01. Na sequência, o projeto político-pedagógico foi desenvolvido na perspectiva da integralidade. Já na primeira fase de implantação, foi possível observar sinais visíveis que confirmavam o acerto da estratégia escolhida: redução dos índices de repetência (de 19,2% para 12,5%) e evasão escolar (de 6,8% para 0,5%); garantia de três refeições diárias aos estudantes, em conformidade com o que estabelece a OMS, ocasionando redução das despesas municipais com o setor de saúde pública; liberação das mães para o mercado de trabalho, contribuindo para a elevação da renda familiar e consequente melhoria da qualidade de vida das famílias; alunos das escolas municipais começaram a se destacar em eventos educacionais, culturais e esportivos; igualmente, projetos educacionais desenvolvidos na rede municipal passaram a ganhar destaque em concursos estaduais e nacionais; e, com a extinção das unidades multisseriadas da zona rural, ampliava-se o compromisso por uma educação integral e de qualidade para todos os estudantes, independentemente do local onde residiam.

O ARRANJO EDUCATIVO LOCAL

O arranjo educativo foi inspirado nos Oito Objetivos de Desenvolvimento do Milênio (ODM's)[1] propostos pela Organização das Nações Unidas no ano 2000. A política de governo, a partir de 2001, tem sido a de desenvolver ações na esfera pública e em conjunto com a iniciativa privada, na perspectiva dos referidos ODM's. Consubstanciando-as em um plano de governo que tenha como fundamento a educação. Nesse sentido, vários programas e ações integradas foram e continuam sendo implementados principalmente nas áreas da saúde, assistência social, cultura, esportes, geração de emprego e renda e, principalmente, na área educacional. Permanentemente, novos programas são incorporados, motivados pelas novas demandas que vão surgindo. Conforme pode ser observado no organograma da Figura 26.1.

O carro-chefe de todas as ações é a educação integral, com vistas a uma educação de qualidade para todos. O que, conse-

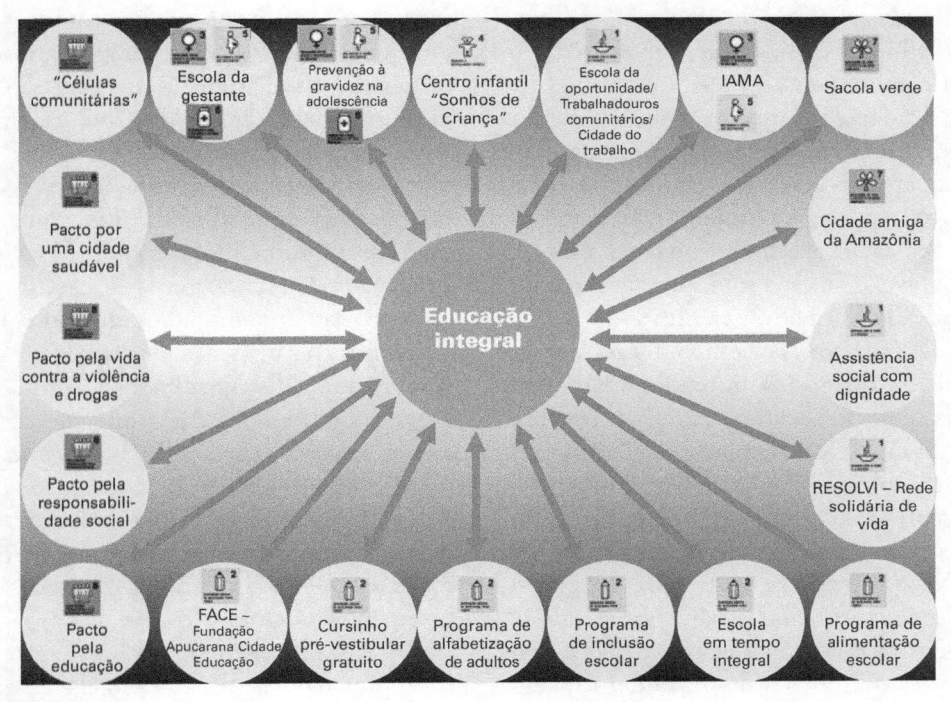

FIGURA 26.1 Programas incorporados.

quentemente, demanda um período mais ampliado de permanência do estudante na escola.

A educação integral pressupõe a educação social. Para tanto, o instrumento utilizado é o Programa de Células Comunitárias. O programa tem dentre seus objetivos proporcionar a reflexão e o encaminhamento de soluções com a participação efetiva da população. A cidade foi subdividida em 24 regiões, denominadas células, cuja capital é a escola. Porque é para a ela e a partir dela que devem convergir e emanar as ações da comunidade. Integram a célula: direção e equipe da escola, Associação de Pais, Mestres e Funcionários (APMF), lideranças representativas de Associação de Moradores, Unidade Básica de Saúde, Centro Municipal de Educação Infantil, igrejas e demais instituições organizadas da respectiva região. O programa passou por fases distintas: a primeira procurou mobilizar a sociedade em torno da proposta; na segunda, definiram-se lideranças a partir da própria comunidade; a terceira foi voltada ao aprofundamento quanto à abrangência da participação das lideranças. A quarta fase é a da capacitação das lideranças com vistas ao seu papel na comunidade. É o preparo da sociedade para discutir suas necessidades e envolver-se na sua solução através da participação crítica e consciente.

A preocupação com a educação começa ainda quando o futuro estudante está sendo gestado no ventre materno. Para tanto, foi criado o programa "Escola da Gestante", voltado à educação das futuras mães, no sentido, sobretudo, da prevenção de doenças e saúde do futuro nascituro. As gestantes são atendidas desde o início da gravidez até os primeiros seis meses de vida do bebê. Temas como alimentação, aleitamento materno, noções de higiene e cuidados com o bebê são trabalhados com as futuras mães. Equipes compostas por obstetras, enfermeiros, auxiliares de enfermagem, psicólogas e assistentes sociais fazem o atendimento. Em casos especiais, um veículo transporta as participantes até a Escola da Gestante para a realização do pré-natal e outros exames, ou o atendimento é feito na própria residência. O resultado prático do programa foi alcançado rapidamente, com a redução da mortalidade materno-infantil no município.

Ainda pensando na criança, foi criado o centro infantil "Sonhos de Criança" que atua preventivamente no enfrentamento da mortalidade infantil e de problemas de saúde da criança. Em 1993, a cidade apresentava um quadro de mortalidade infantil de 27 por 1000 nascidos vivos; em 1996, eram 18 por 1000 e findo o ano de 2007, o município apresenta 4 de 12 por 1000 nascidos vivos.

A partir da Escola da Gestante, constatou-se que Apucarana apresentava um quadro de 27% das mulheres grávidas na faixa de 10 a 19 anos, equivalente ao índice mundial. Um quadro preocupante, visto que a garota na adolescência está em plena vitalidade para se preparar através dos estudos para os desafios da vida adulta. O que é comprometido com uma gravidez antecipada. Com essa preocupação, surgiu o Programa "Cuidando da Vida", voltado à prevenção da gravidez na adolescência. Através do qual são realizados fóruns e palestras junto a adolescentes, oportunizando a reflexão sobre temas como namoro, casamento, filhos, métodos anticoncepcionais e outros. Utilizando-se criatividade, dramatizações e conversa franca e aberta entre meninos e meninas, por meio de rodas de bate-papo e oficinas.

O desemprego é um dos aspectos comprometedores da caminhada escolar, pois pais desempregados, além de outros problemas, são por vezes forçados a deslocamentos à procura de trabalho sazonal. Assim, o Pacto pela Educação deu origem, igualmente, à Escola da Oportunidade, voltada à capacitação de mão de obra e ao preparo para reinserção ao mercado de trabalho. Entre os resultados desse programa houve a criação da Associação dos Fabricantes de Chinelos e Sandálias de Apucarana (AFACHISA) a partir dos cursos para reaproveitamento de restos de couro dos curtumes da cidade. Hoje, há mais de 400 pessoas trabalhando na confecção de chinelos, cintos, carteiras, botinas e outros produtos que são produzidos nos Trabalhadouros Comunitários e comercializados na Loja da Oportunidade. Dentro desse contexto, surgiu também o Banco da Oportunidade, cujo objetivo principal é financiar pequenos empreendimentos. São instrumentos importantes: a "Escola da Oportunidade", que prepara; a "Loja da Oportunidade", juntamente com os "Trabalhadouros Comunitários" que dão condições às pessoas de produzir e comercializar os produtos, e o *Banco da Oportunidade,* que financia os projetos.

O *Pacto por uma cidade saudável* tem como destaque o Programa Sacola Verde, que também funciona como gerador de renda. A tradicional sacola de compra foi padronizada na cor verde pelos supermercados locais, para que nela a população possa depositar o lixo reciclável. E sistematicamente um caminhão recolhe esse material, que é processado por uma cooperativa de catadores de papel. Atualmente, são coletados 3 mil quilos/dia de materiais recicláveis, beneficiando aproximadamente 80 famílias através da cooperativa. O número tende a aumentar na medida em que cresce a consciência da população relativamente à separação doméstica do lixo reciclável.

Ainda dentro das ações do Pacto pela Educação, foi criado o Cursinho Pré-vestibular Gratuito, o qual tem como alvo o expressivo número de jovens que não conseguem chegar às universidades pela falta de oportunidades e preparo. A particularidade do cursinho está no fato de que os docentes são professores voluntários, muitos dos quais lecionam ou já lecionaram em faculdades, cursos preparatórios ou escolas particulares. O cursinho, que existe desde 2001, já formou 15 turmas, tendo atendido aproximadamente 6 mil alunos. Um número significativo tem conseguido seu ingresso em faculdades e universidades além de aprovações em concursos públicos. Vários já concluíram o curso superior, e alguns, inclusive, fazem questão de atuar como monitores voluntários.

Paralelamente a esses projetos e buscando objetivos semelhantes, há toda uma mobilização voltada à erradicação do analfabetismo através do Programa de Alfabetização de Jovens e Adultos (PROEJA). Em 2001, o município contava, aproximadamente, com 7.000 adultos analfabetos. Hoje, esse número gira em torno de 2.000 e todas as forças estão sendo mobilizadas para que o índice ainda existente seja zerado até o final de 2008.

Na área da assistência social, as políticas públicas municipais estão voltadas ao resgate da dignidade. É desenvolvido um abrangente trabalho de assistência social tendo como pano de fundo ações de caráter educativo: ninguém recebe um benefício sem uma contrapartida para a sociedade. Uma delas é o trabalho no "Hortão Comunitário". Um local onde são cultivadas hortaliças, legumes e outros gêneros que são destinados a complementar a alimentação escolar fornecida em Centros de Educação Infantil, escolas municipais e centros de atendimento social. A pessoa que necessita de algum auxílio dá um dia de trabalho no Hortão e, ao final, além do aprendizado do cultivo de hortas e do atendimento à sua solicitação, pode levar parte da produção para casa. Sabendo que o produto do seu trabalho beneficiará seus filhos na escola ou creche.

Novas demandas apontam para novas ações: para atender solicitações de alunos e pais foi lançado, recentemente, o programa "Apucarana Adolescente", dentro das ações do "Pacto pela Vida". Surgiu, sobretudo, da necessidade de atender aos anseios de estudantes que, ao deixarem a rede municipal para ingressarem nas escolas estaduais a partir do 5º ano, os quais são de tempo parcial, viam interrompidos os cursos que frequentavam na escola de tempo integral. E passavam a conviver com um período diário de tempo ocioso. Era preciso encontrar uma alternativa que contribuísse para a continuidade do seu processo de formação. O programa inclui atividades educacionais, artísticas e esportivas, ao lado da preparação para a empregabilidade juvenil, buscando formar jovens cultural e socialmente preparados para a vida e para os desafios do mundo do trabalho.

CAPACITAÇÃO

Na tentativa de avançar na busca permanente pela qualidade da educação pública ofertada, a Secretaria Municipal de Desenvolvimento Humano (pasta da Educação), viabiliza o Programa de Formação Continuada aos docentes municipais, bem como aos profissionais de apoio das instituições de ensino (secretários, merendeiras, zeladoras, motoristas, porteiros e outros). São realizados cursos, encontros, oficinas, rodas de discussões, reflexões sobre o trabalho desenvolvido nas escolas. E, para aperfeiçoamento e consolidação do programa, foi criada a Fundação Apucarana Cidade Educação (FACE). Instituição voltada a ser um centro especializado de estudos em educação integral. Ela tem como uma de suas principais finalidades a pesquisa e o desenvolvimento de programas de capacitação e aperfeiçoamento permanente dos docentes e demais trabalhadores da educação da rede municipal, na perspectiva da educação integral. Outra de suas finalidades é a de oportunizar cursos de nível superior focalizados na educação integral para suprir a carência de profissionais preparados dentro dessa visão, pois as instituições formadoras de professores no Brasil, pelo que se conhece, ainda não preparam profissionais especializados para a educação integral. A criação da FACE busca também assegurar perenidade ao programa de educação integral implantado no município, protegendo-o dos perigos de interrupções decorrentes da alternância normal do poder político. O que, por vezes, como comumente observado na realidade brasileira, interrompe, ou mesmo aborta, projetos educacionais promissores por questões políticas, ideológicas ou mesmo pessoais, impedindo avanços na educação. A performance dos estudantes brasileiros nas avaliações internacionais é ilustrativa a esse respeito.

ATIVIDADES E PROJETOS

Na experiência desenvolvida nas escolas de Apucarana ultrapassa-se o senso comum de uma divisão entre turno e contraturno, ou de tempo integral limitado à mera ampliação das horas diárias de permanência do aluno na escola. Amplia-se para o conceito de educação integral, em que o educando é percebido em uma dimensão de integralidade, em seus vários aspectos, como cognitivos, político-sociais, ético-culturais e afetivos. Como afirma Jorge Werthein, representante da UNESCO no Brasil: "uma Educação só pode ser viável se for uma educação integral do ser humano. Uma educação que se dirige à totalidade aberta do ser humano e não apenas a um de seus componentes". E, para que isso seja possível, as atividades, para que possam compor o currículo das escolas apucaranenses, possuem um caráter de integração interdisciplinar, e não de simples ocupação do aluno enquanto permanece na escola. As convencionais quatro horas diárias de aulas da escola tradicional não dão conta do adequado preparo do educando para os inúmeros desafios e exigências da sociedade moderna. Considerando-se ainda que, segundo pesquisa da Organização para a Cooperação e o Desenvolvimento Econômico (OCDE), esse tempo reduz-se a duas horas e meia em média, por dia, de efetivo trabalho pedagógico. Um tempo mais ampliado possibilita trabalhar com maior profundidade conteúdos mais exigentes do currículo escolar. Além de permitir atendimento individualizado e reforço. Igualmente a universalização do acesso a atividades como informática e línguas estrangeiras, das quais as camadas menos favorecidas são praticamente impossibilitadas.

Na educação integral, a ênfase está no desenvolvimento das capacidades de compreensão, domínio e aplicação dos conteúdos estudados. O que requer, além das aulas regulares, um trabalho dedicado de acompanhamento individualizado e reforço.

Um aspecto importante é a alimentação, que na educação integral ultrapassa o conceito reduzido de merenda. Ela é fundamental, e estudos comprovam que a criança mal alimentada terá dificuldades adicionais no seu processo de aprendizagem. Muitas podem apresentar déficit cognitivo e consequentes dificuldades de progresso nos estudos por carências nutricionais. O entendimento é de que todo processo de desenvolvimento cognitivo pressupõe a alimentação adequada. Daí o zelo para que as crianças tenham acesso a uma alimentação saudável e balanceada sob orientação de nutricionistas, buscando alternativas complementares junto à produção do próprio município. Na rede municipal de Apucarana, os alunos cursam a disciplina de Educação Alimentar, na qual, além de ser oportunizados o conhecimento e o desenvolvimento de hábitos alimentares saudáveis, há a orientação quanto à correta higiene bucal. Trabalho realizado em parceria com a Secretaria da Saúde, em que os odontólogos somam-se aos professores em sala de aula na interação com os alunos. Como decorrência desse processo educativo, os alunos desenvolvem uma nova consciência. Além de noções de higiene, saúde e nutrição, aprendem a importância do não desperdício. E está sendo implantado, gradativamente, o sistema *self-service* nas escolas, em que os próprios alunos servem-se com a quantidade exata. Igualmente, está havendo a substituição gradativa das tradicionais colheres e pratos plásticos, por pratos de louça, garfos e facas. Observa-se que não há desperdício de alimentos, quebras frequentes de pratos ou furtos de talheres. O programa da disciplina inclui ainda orientações quanto ao cultivo e à manutenção de hortas e noções de culinária. Igualmente voltado aos pais, está sendo incentivado estrategicamente, através dos alunos, o cultivo de hortas domiciliares, no sentido da complementação alimentar e de renda, que aos poucos vai sendo assimilado, sobretudo, por famílias que apresentam maiores carências.

Ainda buscando a formação integral, são desenvolvidos projetos especiais que incluem atividades que se inter-relacionam, cada qual objetivando contribuir para o desenvolvimento de determinadas capacidades: no Projeto Pedagogia Empreendedora, por exemplo, os alunos planejam, executam e desenvolvem noções de empreendedorismo e depois interagem com a comunidade, apresentando em uma feira os resultados dos trabalhos por eles mesmos construídos; no Projeto Hortas Medicinais, são orientados quanto à importância, ao cultivo e ao uso correto das plantas medicinais; o "Projeto Karatê na Escola" que oportuniza o desenvolvimento, entre outros aspectos, de autodisciplina e autoequilíbrio; "Projeto Teatro Escolar", "Projeto Folclore", "Projeto Dança e Balé" e "Projeto Musicalização" visam a desenvolver culturalmente o gosto pelas artes de uma forma geral, seja ela o canto, a expressão corporal e a dança, resgatando, inclusive manifestações populares tradicionais da região; o "Projeto Resgate", como o próprio nome enfatiza, busca resgatar brincadeiras e jogos tradicionais. Um exemplo foi o festival escolar de "bola queimada", atividade que tem reconquistado espaço nas escolas municipais e cooperado para uma maior desenvoltura dos alunos, ao lado de outras desenvolvidas nas oficinas de brincadeiras tradicionais, como pião, bilboquê, perna-de-pau e outras.

As parcerias constituem uma das forças da educação integral. No trabalho desenvolvido em Apucarana, podem ser destacadas algumas participações importantes: voluntários; Associações de Pais, Mestres e Funcionários (APMF); Exército Brasileiro (30° BIM); Polícia Militar do Paraná; Sistema S (SESI, SESC, SENAC, SENAI); SEBRAE; Associação Comercial; Empresas; Instituições de Ensino Superior; Clubes de Serviço; Associações e outros. Um desses exemplos de parceria profícua é o "Projeto Força no Esporte" (PROFESP), oriundo de convênio realizado entre os Ministérios do Esporte e da Defesa. O projeto tem como ponto forte a introdução ao esporte (atletismo, voleibol, basquetebol e futebol), além de noções de informática e aulas de cidadania. Igualmente, participam de atividades artísticas e culturais, e de atividades inspiradas na prática militar, como acampamentos, caminhadas e outras atrativas para os pré-adolescentes. O projeto teve início em 2006, atendendo apenas meninos e, atualmente, já foram incluídas meninas, que contam com o apoio de estagiárias-monitoras, estudantes de Educação Física. Com objetivos afins, porém com focalização específica, é mantida a parceria com a Polícia Militar para o desenvolvimento do Programa de Resistência às Drogas (PROERD), com expressivos resultados.

Outro projeto significativo foi desenvolvido com o Centro Moda de Apucarana, hoje transformado em *campus* da Universidade Tecnológica Federal do Paraná (UTFPR). A partir de dificuldades detectadas nos alunos nas áreas de Matemática e Língua Portuguesa surgiu a ideia de trabalhar conteúdos dessas disciplinas através de laboratórios que tivessem como tema gerador a produção têxtil. Pela identificação dos conteúdos desenvolvidos nos cursos daquela instituição com as necessidades de aprendizagem dos alunos. Assim, com a orientação de professores e estudantes de moda, foram desenvolvidos laboratórios de Matemática Aplicada à Moda (utilização de conhecimentos matemáticos dentro do processo têxtil), História da Moda, Laboratório de Customização, Oficina de Criatividade e Desenho.

RESULTADOS: PRIMEIROS FRUTOS

Na primeira Avaliação Prova Brasil de 2005 realizada pelo MEC, a rede de escolas municipais de Apucarana apresentou expressivo desempenho, superando sensivelmente a média nacional e Curitiba, Paraná, primeira colocada entre as capitais em Matemática. E praticamente equiparando-se a Campo Grande-MS, primeira colocada entre as capitais em Língua Portuguesa. No entanto, houve surpresa quando a avaliação foi inferior no Índice de Desenvolvimento do Ensino Básico (IDEB). As análises identificaram as causas da queda, visto que nas avaliações da Prova Brasil os resultados estavam próximos do primeiro lugar do Paraná e do primeiro lugar do Brasil, Barra do Chapéu, São Paulo. O problema foi identificado nas taxas de reprovação apresentadas em 2005. Em 2006, teve início o processo de recuperação dos índices de aprovações, caindo, consequentemente, a reprovação e a evasão. Para atingir resultados mais satisfatórios e, consequentemente, maior qualidade, foi estabelecido um plano participativo de ações, o Projeto IDEB de Apucarana, elaborado com o envolvimento de todas as escolas municipais. Neste, estabeleceu-se como meta que até 2008 será alcançada a média ideal-padrão preconizada pelo Ministério da Educação para 2021. Como? Reduzindo os índices de reprovação, zerando a evasão e mantendo a qualidade do processo ensino-aprendizagem. Para que isso seja possível, todas as escolas estão desenvolvendo projetos especiais voltados a este fim: avaliações de processo, atendimento individualizado, projetos de reforço e recuperação e outras ações.

Outro resultado importante da implantação da Educação Integral foi a redução dos índices de criminalidade e violência infanto-juvenil. Como expresso no "Mapa da Violência dos Municípios Brasileiros" (Waiselfisz, 2007), o estado do Paraná possui atualmente sete municípios com população entre 100 e 120 mil habitantes, entre os quais Apucarana apresenta os menores índices de criminalidade.

Várias ações desenvolvidas no período já mereceram destaque em premiações: "Prêmio Homero Oguido" com o "Programa de Células Comunitárias; o "Prêmio Dignidade Solidária" com os programas Escola da Oportunidade e Odontologia Intra-Uterina na área da saúde; o "Prêmio Gestor Eficiente da Merenda Escolar", em 2005; o quarto Prêmio Estadual do DENATRAN de Educação para o Trânsito; o Prêmio Estadual Agrinho, 2006; o Prêmio Nacional de Educação Ambiental Amigos do Mar da Fundação Mata Atlântica; a Escola da Gestante com o "Prêmio ODM Brasil 2005"; o Prêmio Qualidade em Inclusão Educacional pela Undime Paraná; o "Prêmio Prefeito Amigo da Criança" da Fundação Abrinq, e outros. Como é possível observar, todos estão relacionados a ações dentro dos oito objetivos do milênio.

É perceptível o sentimento de autoestima nos profissionais da educação da rede municipal pelo pioneirismo e pelos resultados que seu trabalho na educação integral vem apresentando. Resultados que têm sido retratados pela mídia e atraído a atenção de educadores e gestores que buscam o município para conhecer *in loco* as experiências. O município tem recebido, com frequência, delegações de vários pontos do país e mesmo de outros países. Por duas vezes recebeu representantes de países da América Latina e Caribe que vieram conhecer o trabalho de educação integral desenvolvido nas escolas municipais. Cumpre destacar que municípios como Porecatu, Realeza, Mauá da Serra, Paranaguá, Telêmaco Borba, Cornélio Procópio e Sertanópolis no Paraná, e Penápolis no Estado de São Paulo, entre outros, já implantaram a educação integral a partir da experiência de Apucarana e vêm colhendo expressivos resultados.

Quando da implantação do Programa de Educação Integral, Apucarana contava com duas IES e nove cursos superiores. Decorridos sete anos, já são ofertados 42 cursos através de duas IES privadas, Faculdade do Norte Novo do Paraná (FACNOPAR) e Faculdade de Apucarana (FAP); uma faculdade estadual, a Faculdade Estadual de Ciências Econômicas (FECEA) e uma instituição federal a Universidade Tecnológica do Paraná (UTFPR) que está gradativamente ampliando a oferta de novos cursos. E com a entrada em funcionamento da Fundação Apucarana Cidade Educação (FACE), em breve estará constituído um importante polo regional de Educação Superior. O que consolida a educação como principal vocação do município, zelando pelos seus cidadãos desde o ventre materno, com a Escola da Gestante, até a universidade. O restante, parodiando as sábias palavras do Evangelho, tem vindo por acréscimo: desenvolvimento sustentável, melhor qualidade de vida, melhores hábitos, ampliação de oportunidades para os cidadãos.

Esses são apenas alguns exemplos ilustrativos das amplas possibilidades de alcance da educação integral, que são trabalhadas sem a premência do imediatismo, constitui-se em privilegiada alternativa para a educação brasileira, como tem sido comprovado amplamente nas nações que nela investiram e hoje colhem os frutos dessa acertada opção. No caso específico de Apucarana, aquilo que pareceu ousadia à época, hoje é motivo de orgulho e satisfação pela caminhada realizada e pelos resultados que vêm sendo colhidos. Através da Educação Integral como foco das políticas públicas, pela interligação dos vários programas, muitos dos quais não foram mencionados, foi desencadeado todo um processo de desenvolvimento do município, que está sendo traduzido em crescimento e melhoria da qualidade de vida da população.

ALUSÕES AO PROGRAMA DE EDUCAÇÃO INTEGRAL DE APUCARANA

- SOMAR e multiplicar: Apucarana, no interior do Paraná, aposta no modelo de educação em tempo integral desde 2001 e hoje colhe os resultados. *Revista Educação*, São Paulo, n.107, 2006. Disponível em: <http://revistaeducacao.uol.com.br/textos.asp?codigo=11629>. Acesso em: 21 jan. 2008.
- DIMENSTEIN, G. Brasil em tempo integral. *Folha de São Paulo*, São Paulo, 17 ago. 2006.
- ANTUNES, C. *País deve transcender a aprendizagem mecânica* (entrevista). *Jornal de Londrina*, Londrina, 21 jan. 2008.
- MUNICÍPIOS investem em ensino integral: resultados comprovam que o gasto compensa; benefícios também refletem na saúde e segurança dos alunos. *Folha de Londrina*, Londrina, 11 abr. 2007.

NOTAS

1. Um conjunto de oito macro-objetivos propostos para serem atingidos pelas nações até o ano de 2015 por meio de ações concretas dos governos e da sociedade. São eles: acabar com a fome e a miséria; educação básica de qualidade para todos; igualdade entre sexos e valorização da mulher; reduzir a mortalidade infantil; melhorar a saúde das gestantes; combater a AIDS, a malária e outras doenças; qualidade de vida e respeito ao meio ambiente e todo mundo trabalhando pelo desenvolvimento.

REFERÊNCIAS

BRASIL. Lei n. 9.394, de 20 de dezembro de 1996. Estabelece as diretrizes e bases da educação nacional. *Diário Oficial da União*, Brasília, DF, 23 dez. 1996.

FREIRE, P. *Pedagogia da autonomia:* saberes necessários à prática educativa. 31. ed. São Paulo: Paz e Terra, 2005.

MORIN, E. *Os sete saberes necessários à educação do futuro.* São Paulo: Cortez, 2002. p.11.

WAISELFISZ, J.J. *Mapa da violência dos municípios brasileiros.* Brasília: OEI, 2007.

27

Diretrizes conceituais e metodológicas do Programa Bairro-Escola de Nova Iguaçu (RJ)

Maria Antônia Goulart da Silva

Ah, A Rua!
Só falam de tirar as crianças da rua.
Para Sempre?
Eu sonho com as ruas cheias delas.
É perigosa, dizem:
Violência, drogas...
E nós adultos,
Quem nos livrará do perigo urbano?
De quem eram as ruas?
Da polícia e dos bandidos?
Vejo por outro ângulo:
Um dia devolver a rua às crianças
Ou devolver as crianças às ruas;
Ficariam, ambas, muito alegres.

Paulo Freire

CONTEXTUALIZAÇÃO

O Brasil vive hoje um momento de retomada do debate acerca da educação integral e de ampliação da oferta de educação integral pelas redes públicas. Muitos são os modelos e estratégias utilizadas pelos estados e municípios da federação para garantir aos alunos das redes públicas de ensino a educação integral, com ou sem ampliação de jornada.

Venho apresentar neste artigo a experiência do município de Nova Iguaçu onde, por quase seis anos, durante a gestão do Prefeito Lindbergh Farias, coordenei o Bairro-Escola, programa municipal de educação integral.

Nova Iguaçu é um município localizado na região metropolitana do Rio de Janeiro, com quase 1 milhão de habitantes e mais de 50 mil alunos matriculados na rede municipal de ensino. Além dos problemas graves de infraestrutura (em 2005 apenas 50% dos domicílios eram atendidos por rede de esgotamento sanitário e em 2009 ainda 15% não estavam atendidos) também as questões relacionadas a desemprego, renda, educação e saúde provocavam a gestão que se iniciava a apresentar propostas de políticas públicas que atendessem às demandas e expectativas da população. O propósito era de interromper o ciclo de reprodução da pobreza e das desigualdades sociais na cidade com a busca por novos paradigmas de desenvolvimento mais humanos, igualitários e inclusivos, ambiental e socialmente sustentáveis. Com a certeza de que os processos educativos têm implicação direta com essa possibilidade foi criado o Programa Bairro-Escola de Nova Iguaçu.[1]

Sua meta é reduzir as desigualdades sociais de origem, construídas no âmbito da família, da escola e do bairro, integradamente, buscando nexos e conexões. Isto implica conexões, articulações, aproximações entre as pessoas e os territórios da cidade. O Bairro-Escola configura-se, antes de tudo, como um sistema de conexões. Criado para juntar o que está separado, encadeando os problemas para encontrar soluções integradas, ele afirma-se como um movimento de conversão dos condicionamentos, carências e precariedades em potencialidades e oportunidades.

Para isso, o Programa Bairro-Escola se propõe à integração e à articulação de políticas públicas. Essa integração se dá no nível governamental (municipal, estadual e federal) e no nível do microterritório, nas comunidades locais, aproveitando os recursos e saberes prévios inerentes às políticas e ao território e ampliando as esferas públicas de participação.

O que fundamentalmente diferencia a experiência de Nova Iguaçu de tantas outras já desenvolvidas ou em desenvolvimento no Brasil é, sem dúvida, o fato de ela ter sido concebida e executada como política intersetorial. A seguir apresentamos por que e como se estrutura nosso programa intersetorial de educação integral.

INTERSETORIALIDADE

Como toda cidade, Nova Iguaçu tem demandas específicas no que se refere à educação, saneamento, segurança, saúde, habitação, cultura, lazer, assistência social, trabalho, etc. Ocorre que as necessidades dos cidadãos se apresentam intrinsecamente interligadas nos seus vários aspectos. Isso impede que uma ação focalizada em apenas um deles solucione a necessidade como um todo. No entanto, tradicionalmente, as políticas públicas básicas são setoriais e desarticuladas, respondendo a uma gestão com características centralizadoras e hierárquicas.

O debate acerca de um programa de educação integral provoca o questionamento sobre a eficácia da lógica setorial, uma vez que a garantia de sua proteção integral não se restringe a uma única política setorial. Não se trata de negar a importância do olhar especialista de cada setor, mas de admitir que nenhuma política setorial, por si só, dará conta da complexidade do desenvolvimento integral das pessoas e do território.

Entretanto, esse consenso inicial só amplia seu sentido na medida em que objetivos comuns são partilhados em busca de resultados sinérgicos, capazes de potencializar o alcance de cada política específica e ao mesmo tempo superar as limitações que, isoladamente, elas possam ter.

É nesse cenário que a intersetorialidade configura uma nova forma de gerir a cidade e de construir políticas públicas que possibilitem superar a fragmentação dos conhecimentos e das estruturas sociais para produzir efeitos mais significativos na qualidade de vida da população. O conceito de qualidade de vida, por sua vez, como construção social, envolve muitos significados e dimensões que refletem conhecimentos, experiências e valores das pessoas, individuais e coletivos. E este conceito se realiza intersetorialmente. A intersetorialidade passa a ser, assim, uma qualidade necessária e fundamental para o programa.

Não é possível avançar na radicalização democrática brasileira sem um programa de educação que para além dos conteúdos, habilidades e competências do currículo escolar, garanta aos alunos da rede pública, portanto às camadas mais pobres da sociedade, o acesso à ampliação de repertórios e experimentações nos campos da cultura, do esporte, do lazer e das novas tecnologias. Não há como deixar de lado, ou tratar como apenas complementares, o encorajamento estético, a vivência cultural, o conhecimento e a circulação na cidade, o domínio das novas tecnologias de informação e comunicação (e não o mero acesso aos conhecimentos veiculados pelas mídias digitais). É na garantia da capacidade de comunicação e de expressão, no domínio do próprio corpo e das linguagens de comunicação e artísticas, na possibilidade de manipulação e construção de novos conhecimentos, na possibilidade de fruição da produção cultural, no direito à brincadeira, ao lazer, à vida em família e em comunidade que está a chave para o desenvolvimento integral do ser humano. Um programa de educação de crianças e jovens, como política pública municipal, não pode prescindir desses elementos e atuar apenas a partir do currículo escolar. É preciso pensar o ser humano na sua complexidade e adaptar o modelo de gestão das políticas públicas aos indivíduos, e não o contrario.

Além disso, a gestão pública nos impõe a busca pela eficiência e eficácia das políticas públicas. Ora, políticas setoriais acabam por promover sobreposição de ações e desperdício de recursos. Somente pela adoção de um modelo de gestão que garanta políticas públicas articuladas é possível evitar as sobreposições. Os recursos são limitados, a capacidade de gestão é reduzida e os problemas da população são profundos. Buscando resolver essa equação, foi concebida a nossa estratégia de educação integral, estruturada pelo Programa de Educação Integral Bairro-Escola.

A grande questão não era criar um programa novo para o atendimento dos alunos da rede municipal de ensino, mas promover o diálogo e a aproximação entre as ações já em desenvolvimento. A visão particularmente "setorializada" das políticas públicas era outro problema. Com o Bairro-Escola, deslocamos a decisão de viabilizar determinadas políticas para o campo das prioridades sociais, ajustando cada programa/ação à sociedade. Acima de tudo, foi preciso repensar os modelos existentes.

O MODELO DE GESTÃO DO PROGRAMA BAIRRO-ESCOLA

A intersetorialidade não é um processo espontâneo. Nem pode ser imposta por princípio ou por decreto. Adotá-la como eixo estruturador exige profundas transformações na gestão do conjunto das políticas públicas e o enfrentamento de desafios de natureza política, técnica e cultural. O êxito dessa decisão depende do trabalho coletivo gerenciado em todos os níveis da gestão municipal, tanto na instância central de gestão, quanto entre as diversas políticas setoriais descentralizadas.

Para que a intersetorialidade efetivamente alcance os resultados desejados, ou seja, que otimize, requalifique e ressignifique os serviços oferecidos para as pessoas nos seus respectivos territórios, é fundamental que ela não seja um encadeamento de diferentes ações de várias secretarias, mas que para essas ações seja definida uma estratégia comum que defina, a partir do lugar comum de ação, quais os tipos de intervenções que deverão ser efetuadas. É preciso um modelo de gestão que disponibilize instrumentos que a operacionalizem. Faz-se necessária a criação de estruturas de trabalho mais horizontais que permitam o estabelecimento de novos diálogos e conexões, aproximando programas e percebendo o indivíduo na sua complexidade e não de forma parcial.

No caso do Programa Bairro-Escola de Nova Iguaçu, a política municipal de educação integral foi definida como de cogestão das Secretarias Municipais de Educação, Cultura, Esporte, Assistência Social, Saúde, Meio Ambiente e de Governo, esta última representada pela Coordenação Geral do Programa Bairro-Escola, com *status* de Secretaria Municipal e responsável pela articulação e integração das ações educativas executadas e/ou coordenadas pelas Secretarias Municipais.

Devido à necessidade de um espaço de integração horizontal entre as Secretarias cogestoras do Programa foi criado o Comitê Gestor do Bairro-Escola.

O Comitê Gestor do Programa Bairro-Escola

O Comitê Gestor do Bairro-Escola foi instituído como instância de gestão do Programa, responsável por definir e deliberar sobre a política municipal de educação integral. Composto pela Coordenação-Geral do Programa Bairro-Escola e pelos Secretários Municipais de Educação, Cultura, Esporte e Lazer, Assistência Social, Saúde e Meio Ambiente.

O Comitê Gestor de Educação Integral reunia-se semanalmente com as seguintes atribuições:

- A concepção de educação integral adotada pelo Programa (conceito).
- As ações educativas ou cesta de atividades que seriam ofertadas (escopo).
- Os segmentos escolares atendidos e a organização dos grupos etários (público-alvo).
- As metas quantitativas de atendimento a cada etapa de implantação (metas e prazos).
- Os programas e projetos que financiavam o Programa (recursos).
- As diretrizes pedagógicas e metodológicas das práticas educativas (metodologia).
- O perfil e programa de formação dos agentes educadores (equipes).
- As estratégias de territorialização das ações, articulação comunitária, formação de redes e gestão compartilhada (modelo de gestão).
- Os itens de controle e tipos de avaliação (monitoramento e avaliação).

Objetivos e projetos do Programa Bairro-Escola

A política de educação integral foi construída em torno dos seguintes objetivos:

- desenvolvimento integral das crianças e adolescentes;
- ampliação do tempo escolar, com a expansão da jornada escolar de 4 para pelo menos 7 horas diárias;
- ampliação de espaços educativos, incorporando espaços localizados fora das escolas públicas municipais, mas a ela programaticamente ligados, onde é realizado parte do atendimento complementar dos estudantes da rede pública de ensino;
- ampliação de oportunidades educativas, incorporando à matriz curricular regular atividades complementares nos campos da cultura, do esporte, do lazer, da saúde e do meio ambiente;
- ampliação dos atores sociais envolvidos no processo educativo, abrangendo não apenas os professores e demais profissionais da educação, mas também equipes de ONGs conveniadas ao programa Bairro-Escola ou a um de seus projetos, universitários bolsistas e agentes sociais locais das comunidades como monitores voluntários.

A partir dos cinco objetivos definidos, foram identificados os projetos e ações de cada Secretaria que passaram a constituir o conjunto de "Ações Educativas do Bairro-Escola". Nesse sentido, o esforço do Comitê Gestor de Educação Integral de Nova Iguaçu se deu no sentido de possibilitar a articulação dos seguintes programas e projetos:

- Programa Mais Educação – Ministério da Educação e Secretaria Municipal de Educação.
- Programa Cidade Universitária – Secretaria Municipal de Educação.
- Oficinas de Acompanhamento Pedagógico – Secretaria Municipal de Educação.
- Programa Segundo Tempo – Ministério dos Esportes e Secretaria Municipal de Esporte.
- Programa Esporte e Lazer na Cidade – Ministério dos Esportes e Secretaria Municipal de Esporte.
- Programa Escola Viva Bairro-Escola – Ministério da Cultura e Secretaria Municipal de Cultura.
- Programa Nacional de Alimentação Escolar (PNAE) – Ministério da Educação, Ministério dos Esportes e Secretarias Municipais de Educação e de Esportes.
- Programa de Saúde na Escola – Ministério da Saúde e Secretaria Municipal de Saúde.
- Programa de Erradicação do Trabalho Infantil – Ministério do Desenvolvimento Social e Combate à Fome e Secretaria Municipal de Assistência Social e Prevenção à Violência.
- Programa ProJovem Adolescente – Ministério do Desenvolvimento Social e Combate à Fome e Secretaria Municipal de Assistência Social.

É importante salientar que, embora tenham sido criados os instrumentos que permitem a articulação dos programas e projetos elencados, essa articulação se deu de forma gradativa. Nem todos os projetos passaram a atuar de forma articulada em sua totalidade. É o caso dos programas ligados à Assistência Social e à Saúde.

Definição dos referenciais conceituais e metodológicos

Com a constituição do Comitê Gestor do Bairro-Escola, definidos seus objetivos e selecionados os projetos que a ele estariam ligados, foram definidos os referenciais conceituais e metodológicos que passaram a orientar todos e cada um dos projetos relacionados e que serão desenvolvidos a seguir.

É importante ressaltar que o Bairro-Escola foi conceitualmente concebido pela ONG Aprendiz em São Paulo, onde buscamos a inspiração e com quem efetivamente promovemos trocas de experiências ao longo do nosso percurso. Ocorre que em Nova Iguaçu, para que pudesse ser instituído como política pública, foi elaborado um marco conceitual e metodológico próprios. Foi preciso uma metodologia própria para que o Bairro-Escola se tornasse uma política pública de educação integral, que articulasse outras políticas públicas. As diretrizes gerais traçadas pelo programa foram sendo aprofundadas e detalhadas de forma concomitante ao desenvolvimento das ações desde o seu início. Dessa forma, os elementos apresentados neste texto não estavam presentes de forma global no início do programa, tendo sido incorporados no seu processo de amadurecimento. Também as equipes envolvidas no Programa Bairro-Escola passaram por mudanças desde o seu início, permitindo que novos olhares e procedimentos fossem incorporados ao programa neste processo.

Vale lembrar que muitos dos projetos articulados pelo Programa Bairro-Escola são executados pelos gestores municipais, mas desenvolvidos e financiados por diversos Ministérios do Governo Federal. Foi preciso que o Bairro-Escola promovesse um diálogo com as diretrizes conceituais e metodológicas de cada um desses programas, produzindo uma proposta que abrigasse esses programas em sua completude. Esse exercício não é fácil. Isso porque, embora alinhados conceitualmente, as metodologias e instrumentos de execução desses programas e projetos não foram pensados de forma articulada. Ao mesmo tempo, o Bairro-Escola não poderia ser um trabalho a mais. Dessa forma, ele não se afirmaria como estratégia de articulação. Isso é claramente perceptível na análise das rotinas e registros gerados pelos projetos. Isso sem dúvida atrapalha a percepção de que são parte de uma mesma estratégia.

Construir um programa de educação integral a partir de programas e projetos existentes e que foram desenhados de forma independente uns dos outros é bem mais complexo do que elaborar um programa novo em que cada uma das ações é pensada de forma integrada e coordenada. Daí surgiu a necessidade de elaboração de um traçado metodológico, de forma a apresentar diretrizes que permitam a integração dos projetos e programas que o compõem. O traçado parte das especificidades e diretrizes dos programas e projetos que são articulados, estabelecendo os elos de conexão entre eles. Dessa forma, foi possível criar um cardápio de ações educativas construídas a partir de parâmetros comuns que vão sendo articuladas em arranjos distintos em cada escola, em cada bairro.

TRAÇADO METODOLÓGICO[2]

No Bairro-Escola, a proposta é que as atividades educativas complementares à jornada escolar regular resultem da articulação dos esforços multissetoriais nos microterritórios (os bairros) da cidade e tomem a realidade local, seus sujeitos e identidades como pauta inicial das ações oferecidas às crianças, adolescentes e jovens. Nessa proposição, busca-se a convergência de meios que propiciem o desenvolvimento integral de crianças, adolescentes, jovens e demais agentes sociais envolvidos no Bairro-Escola, com a construção de um programa de educação integral e em horário integral articulado às escolas públicas municipais.

O Bairro-Escola promove também a integração de programas sociais e educativos municipais, estaduais e federais em funcionamento nas localidades, potencializando a utilização dos recursos humanos, materiais, programáticos e financeiros envolvidos, através da intersetorialidade e da territorialização, fundamentos do Bairro-Escola.

Diante disso, o sucesso do Bairro-Escola depende, sobretudo, da integração dos projetos a ele associados, no que se refere aos seus conteúdos e metodologias. A cooperação e a articulação são parte do conjunto de ações que poderão garantir a sustentabilidade do programa de educação integral.

Nesse contexto é que foram propostas as ações educativas do Bairro-Escola: as oficinas do horário integral. São atividades propostas nos campos do acompanhamento pedagógico, do esporte, do meio ambiente, da saúde e da cultura, realizadas no período complementar ao do ensino regular, dentro e fora do espaço escolar, ocupando os espaços comunitários das igrejas, clubes, academias, espaços comerciais e de serviços, instituições sociais, equipamentos públicos e até mesmo residências, viabilizados pela parceria desses agentes locais. Ou seja, além da ampliação de tempos, foram criados novos territórios educativos dentro e fora da escola, expandindo concomitantemente a rede de atores sociais responsáveis pelos processos educativos locais e, consequentemente, ampliaram-se as oportunidades educativas nos territórios. O resultado foi a ampliação considerável do horizonte pedagógico, que passou do estritamente "escolar" e ganhou o *status* de "educativo".

As idas e vindas do Bairro-Escola, com seus erros e acertos, foram apontando a necessidade de redesenhar algumas de suas metodologias, o que foi feito através do diálogo interno da administração municipal e dos fóruns de debates com a sociedade civil.

O fato é que as lições aprendidas nos primeiros anos do Bairro-Escola nos ensinam que não basta integrar os programas. Mais que isto, precisamos também de caminhos para que a integração se potencialize em ação. A questão com a qual nos deparamos é "Como podemos aproveitar a intersetorialidade e a integração dos diversos programas para ressignificar e requalificar as ações educativas?" Ou seja, como os programas provenientes dos diversos Ministérios e Secretarias Estaduais e Municipais podem se integrar em torno de uma metodologia comum a todos eles, de maneira que estruturem todas as ações educativas nas localidades? O que esses programas têm ou podem ter em comum?

Com relação às oficinas, perguntamos o que os campos do esporte, da cultura, do meio ambiente, do acompanhamento pedagógico e da saúde teriam ou poderiam ter em comum? Desde o início do programa, construímos e fomos aperfeiçoando metodologias próprias de cada um desses campos. O fato é que o dia a dia tem nos desafiado a buscar nexos entre eles, no que diz respeito aos seus objetivos, planejamentos, conteúdos e práticas, assim como aos processos de acompanhamento e avaliação do conjunto de oficinas dos respectivos campos. A falta dessa unidade, sem dúvida, dificulta a integração dos momentos "regular" e "complementar" escolares.

Isso nos leva ao último e talvez maior dos desafios que enfrentamos: como essas ações educativas podem estar inteiramente integradas às ações educativas escolares, de maneira que não corramos o risco de criar duas escolas: a do "turno" e a do "contraturno"? Como poderemos caminhar na direção da criação de um sistema educativo integrado, em que a educação escolar e formal, a comunitária/familiar e informal e a educação não formal possam fazer parte de um mesmo projeto, de um mesmo processo?

Para buscar respostas para esses desafios e melhorar a qualidade de implantação do Bairro-Escola onde ele já acontece, assim como para a sua universalização foi criado o Traçado Metodológico das Ações Educativas do Bairro-Escola, que promove o alinhamento de todos os programas e parceiros envolvidos e respectivas instâncias gestoras e executoras do programa. Isso implica potencializar as especificidades de cada ação educativa na perspectiva de sua integração com as demais. Essa integração considera os princípios orientadores, eixos estruturantes e dimensões metodológicas comuns, assim como um modelo integrado de planejamento, monitoramento, avaliação, sistematização e comunicação, incluindo um percurso formativo integrado, que atinja a todos os atores sociais envolvidos nesse processo.

Se, por um lado, tal articulação permite que outros atores sociais se corresponsabilizem e cofinanciem o processo de aprendizagem integral de nossas crianças e adolescentes, por outro lado exige que a construção do programa de educação integral se dê a partir do diálogo com as premissas e conceitos adotados por esses programas e projetos. São eles:

Princípios orientadores

O Bairro-Escola adota uma visão integral e sistêmica do fazer educativo, colocando no centro de sua atenção a satisfação das necessidades de aprendizagem integral da população e do desenvolvimento de uma nova cultura geral sintonizada com os requisitos de uma cidadania plena. Para isso, é fundamental que todo o processo se oriente pelos seguintes princípios:

Gestão democrática

A participação é um elemento essencial da democracia. A participação proposta pelo Bairro-Escola pretende a ampliação e qualificação dos processos democráticos da escola e de seus parceiros. Para isso, é fundamental que essa participação se expresse em diferentes aspectos: na presença, na oportunidade de manifestar a opinião, no planejamento, na avaliação e nas diferentes instâncias de gestão. Direção, professores, funcionários, pais, parceiros e demais membros da comunidade têm diferentes papéis no processo educativo. É no reconhecimento e exercício desses papéis que o processo democrático da escola se fortalece. Esse modelo de gestão vem sendo construído, desde 2005, por meio de um leque de iniciativas, tais como:

- Eleição dos diretores(as) das escolas municipais pela comunidade escolar.
- Eleição dos Coordenadores Político-Pedagógicos das escolas municipais pelos integrantes do quadro do magistério.
- Eleição do Conselho Escolar (representando os 4 segmentos da comunidade escolar: estudantes, responsáveis, magistério e funcionários técnicos e de apoio).
- Implantação da Unidade Gestora Local em cada escola municipal, formada pelo diretor, diretor adjunto, coordenador politico-pedagógico, coordenador de aprendizagem, professor comunitário (escola aberta), orientador pedagógico, orientador educacional, representante do conselho escolar, coordenador do núcleo de esporte educacional, coordenador do ponto de cultura escola viva, coordenador do programa de saúde escolar, representante dos parceiros locais.
- Implantação de uma política de gestão que fortaleça uma escola republicana, ou seja, que a gestão esteja assentada nos princípios de imparcialidade, probidade administrativa, respeito às diferenças e valores afins.
- Processo de reflexão e revisão das práticas de gestão escolar que busque a autonomia administrativa, pedagógica e financeira das unidades de ensino.

Intersetorialidade

O desenvolvimento integral das crianças e adolescentes pode constituir um objetivo consensual, em torno do qual se articulem programas e ações de várias secretarias, buscando a ampliação das oportunidades educativas. Esse alinhamento ocorre de forma intencional e planejada com o envolvimento e o (re)conhecimento das ações em curso e do esforço de articulação das mesmas em torno de metas de aprendizagem das crianças e adolescentes atendidos. A intersetorialidade é viabilizada por:

- Constituição de um Comitê Gestor de Educação Integral com representantes das Secretarias Municipais de Educação, Cultura, Esportes, Meio Ambiente, Saúde e Assistência Social.
- Criação de um traçado metodológico articulador dos diversos programas.
- Criação de um Sistema Integrado de Informações – SIBE (Sistema de Informações do Bairro-Escola).
- Criação de um regulamento geral para os convênios celebrados pela administração municipal com Instituições da Sociedade Civil.

Intergeracionalidade

É no reconhecimento de que os saberes estão presentes nas diferentes gerações e que estimular sua circulação é central que o Programa Bairro-Escola tem estimulado a troca de vivências entre os diversos atores do território escolar e do seu entorno. A construção dessa perspectiva é possível através da formação de equipes intergeracionais nas oficinas, entre outras alternativas.

Territorialização

Cada território apresenta inúmeros potenciais educativos que muitas vezes passam despercebidos para a maioria das pessoas ou são desenvolvidos de forma individual e isolada. É fundamental mobilizar e articular redes sociais e investir na organização comunitária, controle social e sistema de informação e comunicação. Esse processo produz sentido de pertencimento dos sujeitos nos territórios e articula o conjunto dos parceiros como uma comunidade de aprendizagem. Isso é possível através das seguintes estratégias:

- Edital de seleção de projetos culturais, de esporte e lazer e de meio ambiente para estabelecimento de parcerias entre escolas e Organizações Sociais.
- Edital de seleção de parcerias para ampliação dos espaços para o desenvolvimento de atividades educativas.
- Construção de redes locais no entorno das escolas.
- Construção das matrizes e planos de atendimentos de cada escola.

Foco na aprendizagem

Sabemos que o processo de aprendizagem se dá nos diversos momentos de interação das pessoas entre si e com o território. É preciso qualificar todos esses processos de aprendizagem e garantir que, nas atividades do Bairro-Escola, objetivos específicos de aprendizagem para cada ciclo estejam previstos e sejam perseguidos, somando esforços com a escola e com a família no processo educativo das nossas crianças, adolescentes e jovens.

O sucesso escolar almejado é refletido nos resultados dos estudantes nos exames nacionais, mas também no alcance pelos mesmos dos objetivos estabelecidos no âmbito do município. Objetivos centrados na formação integral do estudante fazem com que ele possa ampliar suas possibilidades existenciais e, de forma específica, sua racionalidade científica, os valores éticos e a sensibilidade estética. Para isso, foi estabelecida uma matriz de impactos desejados pelo programa para cada ciclo de aprendizagem que norteia o processo de planejamento e avaliação das atividades propostas, da escola e do programa como um todo.

Eixos estruturantes

Com base nessa visão sistêmica sobre o processo de aprendizagem e propondo a dinamização do binômio corpo-território, mediatizado pela palavra (linguagens, mídias) o Programa de Educação Integral Bairro-Escola se apoia em três eixos estruturantes:

- **Corpo:** no trabalho com o corpo, do qual a palavra é parte intrínseca, busca-se reconhecer o sujeito para além de sua cognição. Trata-se de reconhecê-lo como ser desejante, como ser que vive também no campo do afeto, da política, da relação com sua sexualidade, com sua dimensão física, com seus valores e hábitos. Trata-se de reconhecer e trabalhar com o corpo em todas as suas possibilidades – físicas, mentais, emocionais, sexuais, éticas e estéticas.
- **Palavra:** no trabalho com a palavra, ela é reconhecida como uma dimensão fundamental das relações sociais para a construção da subjetividade e das relações objetivas com as outras pessoas. Nesse caso, falamos da palavra sempre em suas quatro dimensões: da escuta, da fala, da leitura e da escrita. Trata-se, no caso, de valorizar a duas últimas, historicamente consideradas como razões fundamentais da existência da escola, mas reconhecer que as pessoas devem, na escola e fora dela, ter espaços para se colocarem por meio do uso da oralidade, rompendo, muitas vezes, com relações de poder autoritárias e violentas. O uso da palavra, em todas as suas dimensões, possibilita que os sujeitos construam novas formas de relacionamentos com eles mesmos e com o grupo, desenvolvendo habilidades cognitivas, valores éticos e a capacidade de trabalhar com o sensível, com a dimensão estética da realidade.
- **Território:** por fim, esse sujeito da palavra, que é um corpo integrado, não vive para si mesmo, mas em um território com diferentes escalas. Desde a escala de seu corpo, imediata, passando pela escala local, seu lugar de vivência cotidiana, sua cidade, seu país e o mundo. Ele vive em diferentes escalas ao mesmo tempo, assim como vive diferentes tempos ao mesmo tempo. O desafio, então, é que perceba a riqueza desse território em suas diferentes escalas, em sua unidade e pluralidade, como um espiral, conseguindo trabalhar a vivência e a capacidade reflexiva, o sentimento de identidade, de compaixão – de compartilhar uma humanidade comum com outros seres – com a humanidade.

O princípio aqui proposto é o de que todas as ações educativas deverão necessariamente considerar esses três eixos. As ações deverão se referir ao corpo, ao território e à palavra enquanto recursos de conhecimento, de reflexão, de autoconhecimento, de ação, de intervenção, de relação, de conquista, de expressão e de expansão do ser-e-estar-no-mundo. Pois o ser-e-estar-no-mundo não é apenas um conjunto de significados, mas é também um horizonte de atividades.

Dimensões metodológicas

É fundamental que todas as oficinas garantam as seguintes dimensões nos modos-de-fazer:[3]

- **Dialógica:** propõe que a aprendizagem se produz no diálogo entre iguais, considera todos como portadores de saberes, favorecendo ações que se realizem em uma relação de aprendizado mútuo, na troca de ideias e de experiências, na socialização de conhecimentos, na mediação de conflitos e na negociação e construção de consensos, facilitados pela convivência e pelo trabalho coletivo e em grupo.
- **Reflexiva:** propõe o desenvolvimento de postura crítica a partir da reflexão sobre o cotidiano, sobre as experiências pessoais, coletivas e comunitárias, a partir do território e das práticas vivenciadas nas diversas redes. Volta-se para a elaboração do que é vivido – assim como o projetado na ordem imaginária – e para a sistematização dos novos conhecimentos adquiridos.
- **Cognitiva:** amplia a capacidade de analisar, comparar e refletir, não só sobre o que se aprende, mas sobre como se aprende. Capacidade de acessar informações e conhecimentos, apropriar-se das aprendizagens, reproduzir e criar novos saberes e transformá-los em novas experiências.
- **Afetiva:** desenvolve ações que incentivam a construção dos relacionamentos interpessoais, construção de interesses comuns, cumplicidades e criação de vínculos afetivos que proporcionam alegria e prazer na participação das ações.
- **Ética:** estimula o exercício da participação democrática, da tolerância, da cooperação, da solidariedade e do respeito às diferenças, para o desenvolvimento de princípios e valores relacionados aos direitos, à dignidade humana, à cidadania e à democracia.
- **Estética:** estimula o desenvolvimento das sensibilidades estéticas na perspectiva da percepção do outro em suas diferenças, independentemente dos valores estéticos padronizados e impostos como mecanismos de exclusão e invisibilidade social. A valorização e legitimação das diferentes expressões artísticas, culturais, de condições físicas, origem étnica, racial, de opção religiosa e de orientação sexual.
- **Lúdica:** estimula o espírito de liberdade, a alegria de viver, o desenvolvimento integral de todas as potencialidades humanas, valorizando o jogo e a brincadeira, favorecendo a livre expansão das individualidades.

Metas e valores

- Valorização do conhecimento.
- Respeito ao outro e aceitação das diferenças.
- Preservação do meio ambiente.
- Respeito à vida.
- Ação solidária.
- Construção da autonomia moral e intelectual.

Competências cognitivas e atitudes básicas

O conceito de competência é complexo e possui múltiplas dimensões. Pode-se definir competência como a capacidade que os indivíduos têm de atuar em uma situação complexa, mobilizando conhecimentos, habilidades intelectuais e físicas, atitudes e disposições pessoais.

Mais do que os conteúdos das disciplinas escolares, também as habilidades, procedimentos e práticas precisam orientar o processo de planejamento das atividades educativas.

A *Matriz de Capacidade do Bairro-Escola*, inspirada nos Programas Pró-Letramento[4] e Segundo Tempo[5], está associada às *competências* e *atitudes*.

Para definir as capacidades que deverão ser desenvolvidas com cada grupo etário, propõe-se o trabalho a partir das seguintes orientações:

1. **Capacidades linguísticas:** o desenvolvimento das capacidades linguísticas de ler e escrever, falar e ouvir com compreensão em situações diferentes das familiares precisam ser ensinadas sistematicamente.
   - Compreensão e valorização da cultura escrita.
   - Apropriação do sistema de escrita.
   - Leitura.
   - Produção de textos escritos.
   - Desenvolvimento da oralidade.
   - Procedimentos de leitura.
   - Implicações do suporte, do gênero e/ou do enunciado na compreensão do texto.
   - Relação entre textos.
   - Coerência e coesão no processamento do texto.
   - Relações entre recursos expressivos e efeitos de sentido.
   - Variação linguística.
   - Linguagem e cultura.
   - Análise linguística e análise literária.
   - Gêneros e tipos textuais.
   - Leitura e processos de escrita.
   - Estilo, coerência e coesão.

2. **Capacidades relacionadas ao raciocínio lógico-matemático:** a ênfase é dada à estratégia de resolução de problemas, em detrimento das questões descontextualizadas e que envolvem apenas procedimentos mecânicos de cálculo.
   - Números naturais.
   - Operações com números naturais.
   - Espaço e forma.
   - Frações.
   - Grandezas e medidas.
   - Tratamento de informação.
   - Resolver problemas.
   - Números e operações/álgebra e funções.
   - Tratamento de informações.

3. **Capacidades inerentes ao rendimento esportivo:** conjunto de capacidades ligadas ao movimento e cultura corporal que representam a substância, a essência do rendimento que permitirão às crianças e adolescentes a tomada de decisão sobre como será a prática de esportes na idade adulta. São pré-requisitos para a estrutura de diferentes movimentos corporais.
   - Biotipológicas (genótipo e fenótipo).
   - Motoras (condicionais, força e resistência; coordenativas; mistas, velocidade e flexibilidade).
   - Técnicas.
   - Táticas.
   - Psicológicas (cognitivas, volitivas, emocionais).
   - Socioambientais.

Cada oficina é desenvolvida a partir da combinação de uma atividade a uma capacidade. Deverão ser explicitadas nas ementas das oficinas as competências e atitudes trabalhadas. A combinação de atividade/capacidade deverá ser alterada a cada bimestre, garantindo que cada atividade trabalhe por bimestre associada a uma capacidade diferente, desde que adequada à faixa etária atendida na oficina.

Práticas pedagógicas

Aulas

A aula é o horário de estudo de uma turma na escola. Espaço de tempo organizado onde são construídos novos conceitos que fazem parte de uma leitura de mundo significativa. Segue um cronograma e uma progressão pedagógica eficiente e eficaz no alcance das metas e dos objetivos educacionais traçados coletivamente pela comunidade escolar.

Oficinas

As oficinas, por sua vez, são estruturadas a partir de uma descrição geral, respeitando as especificidades de cada faixa etária atendida e considerando cada processo anual como parte de uma caminhada e, portanto, propondo novos desafios. O planejamento anual divide-se, ainda, em 4 módulos bimestrais com objetivos claramente definidos nas suas respectivas ementas.

As oficinas são práticas construídas entre conteúdos e linguagens. Refletindo sobre o que fala Kishimoto, em *Escola Viva*,[6] podemos conceber o espaço educativo como um lugar propício para a experimentação e a aprendizagem, aproveitando o interesse da criança, organizando o espaço, os materiais e estimulando as suas ações para que ela possa avançar em sua exploração. Deve ser um ambiente interativo, em que as relações entre os mediadores e as crianças aconteçam de forma horizontal, com base no diálogo e no respeito mútuo.

Mobilidade

O trajeto dos estudantes da escola para os espaços parceiros deve ser considerado como parte integrante da oficina. Dessa forma, é essencial pensar em como a circulação pelo bairro deve ser incorporada ao planejamento das atividades. Coleta de informações sobre o bairro, comportamento, paisagem urbana e ambiental devem ser problematizados ao longo da caminhada e alimentar a atividade realizada na oficina.

Horário intermediário

É o horário compreendido entre os dois turnos – entre às 11h e às 14h. Compreende as atividades relacionadas à alimentação, à higiene e à preparação dos estudantes para o turno da tarde.

As atividades desse horário são realizadas pelas "mães educadoras" e coordenadas pela coordenadora política-pedagógica – CPP. São desenvolvidas as seguintes atividades:

- Alimentação: acompanhar os estudantes no refeitório, ajudando a organizar as turmas de acordo com os horários definidos e incentivando as crianças a realizarem uma alimentação saudável.
- Higiene: orientar os estudantes na correta escovação dos dentes e no banho.
- Volta à calma: envolve atividades de contar histórias, desenho livre, brincadeiras com jogos de tabuleiro, brincadeiras de roda e descanso.

Atividades especiais

São atividades que complementam as demais estratégias. Envolvem debates, passeios, visitas externas, conferências etc.

Atendimento de saúde

O acompanhamento da saúde das crianças é parte do trabalho realizado no Bairro-

-Escola. Essas ações serão executadas pelas equipes de Saúde da Família com responsabilidade sanitária naquele território. Serão utilizadas como base para o trabalho as Cadernetas de Saúde da Criança e do Adolescente que preveem a realização de exames e de verificações periódicas em relação a:

- Vacinação.
- Saúde bucal.
- Saúde ocular e auditiva.
- Acompanhamento do crescimento.
- Orientações para uma alimentação saudável.

As informações levantadas pelas Equipes de Saúde da Família devem ser sistematizadas em relatórios para subsidiar o processo de planejamento do Bairro-Escola em cada território. Questões relacionadas com alimentação e nutrição (subnutrição e obesidade infantil), curva de crescimento, cobertura vacinal, entre outras, deverão, quando for o caso, orientar a revisão do cardápio da escola e ser incorporadas aos temas tratados com as famílias.

No caso de ser detectada a necessidade de tratamento de saúde de uma ou mais crianças, caberá à equipe de Saúde da Família, em entendimento com a direção da escola e com os responsáveis pela(s) criança(s) a serem atendidas, montar um programa específico.

Campos do conhecimento e atividades complementares

As oficinas do Bairro-Escola estão organizadas em cinco campos do conhecimento ou macrocampos, coincidentes com as políticas setoriais articuladas e a totalidade dos recursos e propostas pedagógicas disponibilizados:

- Acompanhamento pedagógico.
- Arte e cultura.
- Esporte e lazer.
- Alimentação e saúde.
- Meio ambiente.

Para cada macrocampo são oferecidas diversas atividades que compõem o conjunto de atividades educativas oferecidas às crianças e adolescentes do Bairro-Escola.

Cada atividade é associada a uma ou mais capacidades que as crianças e adolescentes devem desenvolver a cada ano, compondo um conjunto de repertórios de oficinas para cada "atividade/capacidade".

Acompanhamento pedagógico

Propõe, a partir do apoio metodológico, de procedimentos e de materiais, o desenvolvimento das atividades pedagógicas contextualizadas em espaços de pesquisa, estudo, reflexão, debates, ação, experimentação, visitações a diferentes lugares no território e a equipamentos institucionais, públicos ou privados.

Envolve pesquisa, estudo, reflexão, debates, ação, experimentação, elaboração e execução de projetos de pesquisa e/ou intervenção, grupos de monitoria, visitações a diferentes lugares do território e a equipamentos institucionais, públicos ou privados, que propiciam o conhecimento do funcionamento dos seus serviços e produtos. As atividades são organizadas a partir de temas transversais e destinam-se, também, ao planejamento, avaliação e sistematização da participação dos alunos na escola, na comunidade e nos programas dos quais participam.

Esporte e lazer

É voltado para atividades e práticas corporais e lúdicas por meio de oficinas esportivas promotoras de socialização e resgate da cultura esportiva local.

Nas atividades e em suas oficinas devem prevalecer o sentido lúdico, a livre escolha na participação e a construção pelos próprios sujeitos envolvidos de valores e significados da prática dessas atividades, com espírito crítico e criatividade. São desenvolvidas as seguintes atividades:

- Esportes de raquete.
- Futebol.
- Basquetebol.
- Voleibol.
- Futsal.
- Handebol.
- Atletismo.
- Artes marciais.

Arte e cultura

Trabalha atividades que contemplam a experimentação, a discussão e o desenvolvimento do fazer artístico-cultural em suas diversas modalidades e ações. Contribui para o desenvolvimento de cidadãos que percebam e compreendam o mundo através de um olhar artístico, reflexivo e contemporâneo por meio de linguagens culturais como:

- Literatura.
- Música.
- Artes cênicas.
- Artes visuais.
- Audiovisual, comunicação e tecnologia.
- Cultura popular.

Promoção à saúde

Suas atividades contribuem para uma maior reflexão sobre a saúde, conscientização para a assunção de hábitos saudáveis e estímulo à reflexão sobre as questões de saúde de sua comunidade. Desenvolve atividades relacionadas a:

- Alimentação e nutrição.
- Promoção da saúde.
- Saúde bucal.

Meio ambiente

Desenvolvimento de ações e processos estruturantes de educação ambiental, em uma perspectiva sistêmica e integrada abrangendo: o planejamento interdisciplinar; a inserção qualificada de temas socioambientais no currículo e de ações educadoras integradas no projeto pedagógico da escola; o fortalecimento do diálogo escola/comunidade; a construção da Agenda 21 na escola e a articulação em rede de Comissões de Meio Ambiente e Qualidade de Vida – COM-Vidas.

Busca, fundamentalmente, a construção de hortas escolares e/ou comunitárias e a implementação de projetos para a sustentabilidade ambiental na comunidade.

Rede de parcerias

É composta pelas instituições parceiras em cada bairro. Envolve uma ou mais escolas municipais, o núcleo e/ou polo de esporte, o Ponto de Cultura Escola Viva, o Núcleo de Educação Ambiental, a Unidade de Saúde da Família e os demais parceiros físicos.

Núcleos de Esporte Educacional: Segundo Tempo

São espaços destinados à prática de atividades de esporte e lazer, públicos, privados ou comunitários, selecionados em edital público para funcionamento como locais para a prática de atividades de esporte educacional em parceria com as escolas públicas municipais do Bairro-Escola. Cada Núcleo atende 200 estudantes quatro vezes por semana, com duas atividades coletivas e uma atividade individual. Sua equipe é composta por um Coordenador (professor de educação física), dois estagiários e dois monitores.

Em função da sua característica de ação complementar à jornada escolar regular, os Núcleos do Segundo Tempo estabelecem estreita relação com as escolas municipais com as quais trabalham, organizando de forma integrada seus planejamentos, monitoramento e avaliação. Para além das atividades desenvolvidas diretamente pelos Núcleos do Segundo Tempo, seus coordenadores buscam, também, trabalhar em parceria com os professores de educação física das escolas parceiras fomentando a prática do esporte educacional como ferramenta de inclusão social e a prática de jogos populares e cooperativos.

Os Núcleos do Segundo Tempo contam com o apoio dos Polos de Esporte e Lazer para as ações de formação continuada, planejamento e desenvolvimento de eventos esportivos, integração entre núcleos, articulação comunitária, armazenamento de materiais e equipamentos, entre outras parcerias estabelecidas. Nos casos de crianças e adolescentes que apresentam aptidão física e interesse em desenvolvimento específico de determinadas modalidades esportivas, cabe aos profissionais dos Núcleos do Segundo Tempo o seu encaminhamento para os projetos específicos dos Polos de Esporte e Lazer ou para a Vila Olímpica de Nova Iguaçu, onde o atleta e sua família serão orientados e atendidos.

Atendem prioritariamente os alunos do primeiro segmento do ensino fundamental do Bairro-Escola e fazem parte da rede de esporte educacional do Programa Segundo Tempo do Ministério dos Esportes, sendo coordenados pela Secretaria Municipal de Esporte e Lazer.

Polos de esporte e lazer

São equipamentos esportivos privados ou comunitários selecionados em edital público para funcionamento como centros de referência territorial e de qualificação da prática esportiva. No que se refere à sua função territorial, o Polo organiza e coordena os Núcleos de Esporte Educacional do Segundo Tempo e as ações de esporte e lazer na sua área de abrangência. Do ponto de vista da qualificação da prática esportiva, cada Polo de Esporte e Lazer referencia um conjunto de modalidades esportivas desenvolvidas na cidade, buscando o aprimoramento dos profissionais envolvidos, o envolvimento da comunidade e a articulação de redes.

São apoiados pela Vila Olímpica nas ações de formação continuada, detecção de talentos e realização e participação de jogos, torneios e eventos.

Atendem prioritariamente alunos do segundo segmento do ensino fundamental e jovens participantes dos programas de juventude. Fazem parte da rede de esporte e lazer do Programa Esporte e Lazer na Cidade (PELC), do Ministério dos Esportes e são coordenados pela Secretaria Municipal de Esporte e Lazer.

Pontos de cultura escola viva

São locais de referência para a experimentação artística e prática cultural nos bairros. Executam as oficinas culturais para os alunos do Segundo Segmento do Ensino Fundamental e realizam ações culturais no seu território.

Foram planejados para atuarem de forma complementar juntamente com as escolas municipais do Bairro-Escola, com as quais precisam construir seus planejamentos, realizar o acompanhamento e a avaliação das suas ações. Devem ser pró-ativos no envolvimento da escola em práticas culturais contemporâneas, buscando continuamente influenciar nos processos educativos, promovendo a interface educação-cultura.

Fazem parte da rede de Pontos de Cultura Escola Viva do Ministério da Cultura e são coordenados pela Secretaria Municipal de Cultura.

Núcleos de educação ambiental

São locais de referência para o debate das questões ambientais. Estão articulados pelo Edital de Projetos Ambientais do Fundo Municipal de Meio Ambiente e são coordenados pela Secretaria Municipal de Meio Ambiente em colaboração técnica com o Núcleo Interdisciplinar de Meio Ambiente da Pontifícia Universidade Católica do Rio de Janeiro (NIMA/PUC).

Articulam os projetos ambientais realizados pelas escolas com os projetos financiados pelo Fundo Municipal de Meio Ambiente e com os demais atores ambientais do território. Buscam o relacionamento com as escolas, prioritariamente a partir dos COM-Vidas, com os quais estabelecem estreita relação e promovem planejamento e planos de ação conjuntos.

Unidades de saúde da família

São as unidades de saúde de referência para as Equipes de Saúde da Família. Comportam até 4 Equipes de Saúde da Família. Cada Equipe tem responsabilidade sanitária por 3.500 habitantes. São compostas por equipe multiprofissional e têm como foco a promoção da saúde e da qualidade de vida.

Realizam atividades conjuntas com as escolas a partir das diretrizes do Programa de Saúde da Criança e do Programa de Saúde do Adolescente. Promovem, a partir de planejamento realizado com a escola, ações de verificação das Carteiras da Criança e do Adolescente, oficinas de formação continuada para as Mães Educadoras nos temas relacionados à alimentação e nutrição e a saúde bucal e no planejamento de atividades e eventos de promoção da saúde.

Contam com apoio técnico e financeiro do Programa de Saúde na Escola (PSE), coordenado pela Secretaria Municipal de Saúde. Atuam de forma articulada com as demais unidades de saúde do município no encaminhamento dos estudantes para assistência à saúde e no atendimento de urgências e emergências.

Espaços parceiros

São espaços oferecidos pela comunidade, em cada bairro, para sediarem as atividades do Bairro-Escola. Envolvem igrejas, associações, clubes, academias, residências, entre outros. São mobilizados a partir do Edital de Parcerias do Bairro-Escola e recebem uma ajuda de custo para ressarcir os gastos decorrentes da utilização do espaço.

Sem prejuízo da relação direta que estabelecem com as escolas, os espaços parceiros assinam um termo de compromisso com o Bairro-Escola e são acompanhados e monitorados pela ATA – Organização Não Governamental conveniada à Secretaria de Educação para a Gestão das Parcerias do Bairro-Escola.

Relação das escolas com os parceiros

Cada Escola deve construir uma relação de respeito e colaboração com seus parceiros. Muito mais do que a cessão de espaços, a parceria representa uma relação de corresponsabilização pelo processo educativo no seu território.

No que se refere à dimensão formal da parceria, cabe à ATA (Instituição conveniada para a gestão do programa de Parcerias do Bairro-Escola) a captação, a formalização, o monitoramento das condições estruturais, o cálculo e pagamento dos recursos conforme o estabelecido no termo de cooperação. No entanto, a escola também pode e deve contribuir para o processo de captação, indicando possíveis parceiros e fazendo o reconhecimento dos locais indicados.

Compete ao Coordenador Político Pedagógico (CPPP) – de cada escola a construção da matriz de atendimento com seus parceiros, combinando os horários de uso e indicando os interlocutores diretos das atividades (oficinas) desenvolvidas no espaço. A partir daí, as combinações quanto ao uso do espaço no dia a dia devem ser realizadas diretamente entre parceiros e unidade escolar. Aquilo que porventura não for objeto de acordo deve ser comunicado à SEMED e à ATA.

É importante também acordar as demandas físicas, tais como: banheiros, sala com ou sem cadeiras, portão de acesso, entre outros, buscando definir rotinas e normas de relacionamento entre escola e parceiros que deixem claros os procedimentos adotados por ambos, evitando mal-entendidos.

Em relação à limpeza do espaço parceiro, os recursos de manutenção repassados pela ATA aos parceiros cadastrados devem cobrir os gastos com limpeza do espaço, porém, cabe um diálogo entre escola e parceiro para um bom entendimento sobre essa demanda. É oportuno discutir com os estudantes nas oficinas formas de contribuir com a conservação de um ambiente limpo e saudável.

Sobre pequenos reparos e outros serviços de manutenção, tendo sido efetuada a formalização da parceria, caberá ao próprio parceiro em acordo com a ATA providenciar o devido reparo.

Reconhecimento dos espaços parceiros pela escola

Sempre que for firmada uma nova parceria, caberá à CPP uma visita ao parceiro, estabelecendo desde o início uma relação interpessoal e buscando a troca de experiências e informações relacionadas à prática cotidiana do Bairro-Escola. Deve, ainda, ser feito o reconhecimento dos trajetos que futuramente serão feitos com os alunos.

Uma vez definida a rede de parceiros locais cabe à Secretaria Municipal de Trânsito e Serviços Públicos (SEMTESP) elaborar o projeto de sinalização horizontal e vertical e, com base no fluxo de veículos e condições de segurança para as travessias, indicar a lotação de agente de trânsito no local. Em qualquer dos casos, havendo ou não a necessidade de lotação de agente de trânsito, deverá ser realizada visita da Supervisão e Trânsito à escola para apresentar o plano de segurança no trânsito, esclarecer os critérios utilizados na sua elaboração, entregar a escala dos agentes lotados (quando for o caso) e passar orientações sobre a segurança no trânsito.

Agentes educadores

Diretor geral

É o professor da rede municipal, lotado na unidade, eleito pela comunidade escolar para um mandato de três anos, podendo ser reeleito por mais um mandato de período correspondente. Deve cumprir uma carga horária semanal de 40h.

Tem o papel de promover a integração da comunidade escolar garantindo o exercício de uma gestão democrática, participativa e envolvida na construção da escola republicana, fazendo cumprir as demandas das ações financeiras, administrativas e pedagógicas em sua unidade escolar.

Responsável por executar a gestão financeira de recursos oriundo de Programas Federais como PDE, PDDE, Programa Escola Aberta, Programa Mais Educação e outros, sempre em consonância com o planejamento proposto por toda a comunidade escolar.

Diretor adjunto

É o professor da rede municipal, lotado na unidade, eleito pela comunidade escolar para um mandato de três anos, podendo ser reeleito por mais um mandato de período correspondente. Deve cumprir uma carga horária semanal de 40h.

É responsável pelo acompanhamento dos programas educacionais nos aspectos gerais de seu funcionamento: infraestrutura, organização de tempos-espaços e encaminhamento das demandas administrativas e pedagógicas ao diretor-geral.

Coordenador político-pedagógico (CPP)

É um professor da rede municipal de educação, lotado na unidade, eleito por seus pares para um mandato de três anos, podendo ser reeleito por igual período. Deve cumprir carga horária de 40h semanais.

É responsável por gerar clima organizacional favorável à manifestação e à discussão de propostas e de práticas exitosas focadas na Educação Integral. Cabe ao CPP viabilizar a integração de todos os projetos/propostas da escola, sendo o mediador entre os programas propostos pelas diferentes esferas governamentais e a equipe de direção bem como demais atores envolvidos nas práticas do cotidiano escolar.

Coordenador de aprendizagem

É o professor da rede municipal, lotado na unidade e indicado pelo diretor. Deve cumprir uma carga horária semanal de 40h.

É responsável por acompanhar, orientar e avaliar as atividades complementares, garantindo a integração das ações propostas e a sua articulação com as aulas do turno regular. Deve acompanhar as oficinas, observando a atuação dos agentes educadores e intervindo pedagogicamente quando necessário.

Orientador pedagógico (OP)

É o professor da rede municipal, lotado na unidade e indicado pelo diretor. Deve cumprir uma carga horária semanal de 16h.

Tem o papel de integrar e articular as ações pedagógicas desenvolvidas na escola, propondo a construção e a dinamização de um currículo participativo. O OP deve orientar e estimular o trabalho dos atores sociais que desempenham funções na educação integral, em uma atitude de constante busca de estudo, de troca, ousadia e compromisso. Deve mediar o diálogo entre professores e a equipe gestora local.

Orientador educacional (OE)

É o professor da rede municipal, lotado na unidade e indicado pelo diretor. Deve cumprir uma carga horária semanal de 16h.

Tem a função de assistir o educando, individualmente ou em grupo, visando o desenvolvimento integral e harmônico de sua personalidade, integrando as redes de saberes que exercem influência em sua formação – escola, família e comunidade – preparando-o para o exercício da cidadania.

Coordenador do núcleo de esporte educacional segundo tempo

Profissional de educação física de nível superior com licenciatura plena ou bacharel, contratado pela Secretaria de Esportes do Município. Participa do processo de formação continuada oferecido periodicamente pelo Ministério dos Esportes e das formações sistemáticas do Bairro-Escola. Esse profissional deve ser, preferencialmente, professor de educação física da rede municipal para favorecer a integração entre as atividades de educação física do turno regular com as oficinas de esporte e lazer do turno complementar.

Seu papel é acompanhar, orientar e avaliar as atividades esportivas desenvolvidas no horário integral pelos profissionais que atuam no núcleo que está sob sua coordenação e responsabilidade. Deve apoiar a escola no planejamento e acompanhamento de ações e eventos de esporte e lazer em colaboração com os professores da unidade escolar.

Coordenador do Ponto de Cultura Escola Viva

É o coordenador do Ponto de Cultura que atende os alunos dos anos finais das unidades de ensino. Suas atribuições envolvem a promoção e a articulação das ações das oficinas do Ponto de Cultura com as atividades regulares da unidade escolar e a realização de ações culturais que interfiram no território.

Professor comunitário

Professor escolhido pelo diretor entre os professores ou os especialistas efetivos da escola, considerando seu perfil de liderança, sendo responsável pela aproximação entre a escola e a comunidade.

Sua atuação é voltada mais especificamente para levar a escola à comunidade, sendo o elo de vital importância para fortalecer a ponte entre as atividades propostas para o final de semana (no Programa Escola Aberta) e aquelas desenvolvidas durante a semana.

É o responsável pelo planejamento das ações propostas pela comunidade escolar para os finais de semana e deve promover a integração entre as atividades do final de semana e o currículo da escola.

Professores

São vinculados às escolas municipais por meio de concurso público para o desenvolvimento de projeto pedagógico. Podem promover aproximações conceituais e procedimentais com as atividades do Bairro-Escola, definidas com os CPPS.

Conselheiros escolares

O conselho escolar marca a introdução de um novo modelo de gestão. Cada escola possui um conselho escolar eleito pelos diferentes segmentos (alunos, responsáveis, funcionários, professores e diretor – que é membro nato).

O conselho escolar deve decidir sobre aspectos administrativos, financeiros e pedagógicos propondo sugestões, soluções e encaminhamentos.

Universitários bolsistas

O universitário ingressa por meio do Programa Nova Iguaçu Cidade Universitária, recebe uma bolsa-auxílio e cumpre carga horária de 12h semanais; 8 horas na realização de oficinas e 4 horas em atividades de planejamento e formação. Sua atuação nas oficinas é parte do programa de extensão da universidade na qual estuda.

Monitores do Programa Mais Educação

O monitor é selecionado diretamente pela escola, preferencialmente a partir do banco de projetos pré-aprovados pelo Sistema Municipal de Editais para Parcerias do Bairro-Escola para atividades de educação integral. Recebe uma bolsa-auxílio para a realização das oficinas e dedica 4 horas semanais às atividades de planejamento e formação. Sua atuação nas oficinas está diretamente ligada ao arco de atividade do Programa Mais Educação para o qual foi selecionado. Ele atua, junto com o universitário, ora no apoio ao desenvolvimento do repertório básico do Bairro-Escola, ora como agente cultural na experimentação da linguagem específica da oficina.

Mães educadoras

São selecionadas pela escola entre as mães de alunos nela matriculados, sendo dada preferência aos integrantes do Programa Bolsa Família. Recebem uma ajuda de custo e realizam as atividades do horário intermediário sob coordenação do CPP. Cumprem carga horária de 20h semanais, sendo 10 de formação e 10 de atuação na escola.

Participam de Programa de Formação realizado pelas Secretarias Municipais de Educação, Saúde e Cultura com o objetivo de qualificar sua prática na escola e promover seu desenvolvimento individual e familiar.

São mobilizadas para participarem de programas de saúde da mulher, aumento de escolaridade, oficinas culturais e esportivas.

Atuam como elo de ligação com o representante dos responsáveis no conselho escolar da escola, promovendo a aproximação entre famílias e escola, e apoiam os processos de comunicação e de informação.

Estão ligadas ao Programa Família Brasileira Fortalecida, que conta com apoio técnico da UNICEF, para o fortalecimento das suas competências das mulheres na proteção à infância e desenvolvimento comunitário.

Agentes culturais

São vinculados aos Pontos de Cultura Escola Viva e remunerados por convênios específicos. Cumprem carga horária de 32h semanais e realizam as oficinas culturais com alunos do Segundo Segmento do Ensino Fundamental e com os jovens dos programas de juventude.

Agentes de esporte e lazer

São vinculados aos Polos de Esporte e Lazer e remunerados por convênios específicos. Cumprem carga horária definida no convênio e realizam oficinas esportivas com alunos do segundo segmento do ensino fundamental e com os jovens dos programas de juventude.

Atendem, ainda, outros públicos da comunidade com atividades de recreação, esporte e lazer.

Agentes de meio ambiente

São vinculados aos projetos do Fundo Municipal de Meio Ambiente, pelo qual são remunerados. Realizam cargas horárias variadas.

Executam os projetos ambientais objeto dos convênios firmados com a Secretaria Municipal de Meio Ambiente e apoiam as escolas nos projetos de educação ambiental.

Agentes de desenvolvimento local

São contratados pelo Programa de Gestão de Parcerias do Bairro-Escola, vinculadas à ATA (OSCIP executora do programa). Atuam mobilizando a comunidade e criando estratégias de desenvolvimento local. Acompanham os Parceiros do Bairro-Escola de forma regular.

Agentes de trânsito

São funcionários públicos ligados à Secretaria Municipal de Trânsito e Serviços Públicos. Se responsabilizam pela fiscalização do cumprimento das normas de trânsito, controle do tráfego e educação no trânsito.

Estabelecem relação com as escolas para o reconhecimento dos trajetos e orientação das equipes das escolas para a mobilidade com segurança.

Formação dos agentes educadores

Reconhecendo a importância de uma formação sistemática propomos uma agenda de encontros específicos, ou seja, direcionados ao trabalho de cada ator do processo.

- Coordenadores político-pedagógicos (CPPs), orientadores pedagógicos, coordenadores de aprendizagem e orientadores educacionais: encontros mensais com as Secretarias de Educação e a de Cultura.
- Universitários: encontros quinzenais com as Secretarias Municipais com as quais se relacionam.
- Monitores do Programa Mais Educação: encontros quinzenais com as secretarias municipais com as quais se relacionam.
- Mães educadoras: encontros mensais com a equipe de Mobilização do Bairro-Escola, encontros mensais com os orientadores educacionais das escolas onde atuam e encontros quinzenais com as Equipes de Saúde da Família.
- Diretores e diretores adjuntos: encontros mensais com a Secretaria de Educação.
- Representantes dos parceiros físicos: encontros semestrais de avaliação com o comitê gestor do Bairro-Escola e as agentes de desenvolvimento local.
- Coordenadores Pontos de Cultura Escola Viva e agentes culturais: pelo menos 4 encontros anuais, conforme cronograma específico elaborado ao longo do ano.
- Coordenadores dos Núcleos do Segundo Tempo, coordenadores dos Núcleos do PELC e agentes de esporte e lazer: encontros mensais com a Secretaria de Esporte e Lazer.
- Coordenadores dos Núcleos de Educação Ambiental e agentes ambientais: en-

contros mensais com a Secretaria de Meio Ambiente.
- Conselheiros escolares: encontros bimestrais com a Secretaria de Educação.
- Professores: participam de programas de formação variados, selecionados pelos mesmos dentre os disponíveis no Cardápio de Formação do Bairro-Escola.
- Auxiliares de serviços gerais e merendeiras: encontros periódicos com a Secretaria de Educação.

Outros encontros temáticos são realizados ao longo do ano, de acordo com o calendário escolar e com a programação proposta pelas secretarias.

As universidades parcerias do Nova Iguaçu Cidade Universitária participam junto ao Comitê Gestor do Bairro-Escola no planejamento e execução das ações de formação.

Organização curricular

As oficinas do Bairro-Escola são estruturadas a partir do calendário e das matrizes curriculares do sistema municipal de ensino, articulando-se integralmente ao turno regular:

- 3 segmentos (coincidindo com 1º e o 2º segmentos do ensino fundamental e com o ensino médio).
- 5 grupos etários (A, B, C, D e E).
- 4 módulos (coincidindo com os bimestres letivos).
- Planos de atividades semanais.
- Repertórios diários para cada oficina (planos de aula).
- Interrupção das atividades nos períodos de férias escolares, conforme o calendário escolar.

Organização dos grupos e da matriz curricular

Os grupos são divididos por anos de escolaridade e/ou idade de acordo com a seguinte classificação:

- **Turmas A:** 1º, 2º e 3º anos de escolaridade ou 6 a 8 anos.
- **Turmas B:** 4º e 5º anos de escolaridade ou 9 e 10 anos.
- **Turmas C:** 6º e 7º anos de escolaridade ou 11 e 12 anos.
- **Turmas D:** 8º e 9º anos de escolaridade ou 13 e 14 anos.
- **Turmas E:** ensino médio ou 15 a 17 anos.

Essa forma de agrupamento foi estabelecida objetivando a diversificação das turmas. Assim, temos grupos com experiências e estágios diversos de aprendizado, estimulando a troca e o aprender com os outros como um modo de viver contemporâneo. Auxilia, ainda, na integração de alunos com distorção idade-série em grupos da sua faixa etária, apoiando a socialização e combatendo a evasão escolar. Permite, ainda, a integração dos parâmetros para agrupamento estabelecidos pelos Programas Segundo Tempo e Pró-Jovem Adolescente.

A matriz de horários é organizada de acordo com as atividades oferecidas e a quantidade de parceiros, tendo o cuidado de não prejudicar o andamento dos horários da escola, tais como: entrada e saída de alunos, recreação, etc.

Composição curricular

Uma vez que as atividades educativas são complementares à jornada escolar, utilizamos como referência para a definição da carga horária anual o calendário de 200 dias letivos.

Turmas A e B

Considerando a carga horária dos anos iniciais do ensino fundamental (1º ao 5º ano) de 9 horas diárias, sendo 4 horas dedicadas às aulas e 5 horas às atividades complementares, a carga horária anual de atividades complementares é de 1.000 horas (5 horas diárias x 200 dias letivos).

A carga horária semanal é de 45 horas, sendo 20 horas de aulas e 25 horas de atividades complementares, distribuídas da seguinte forma:

Aulas	20 h
Oficinas	
Acompanhamento pedagógico	3 h
Cultura e artes	6 h
Esporte e lazer	6 h
Prevenção e promoção à saúde, alimentação e higiene	10 h
Carga horária total semanal	**45 h**

Turmas C, D e E

Sendo a carga horária dos anos finais do ensino fundamental (6º ao 9º ano) e do ensino médio (1º ao 3º ano) de 7 horas diárias, sendo 4 horas para as aulas e 3 horas para as atividades complementares, a carga horária anual de atividades complementares é de 600 H (3 horas diárias x 200 dias letivos).

A carga horária semana é de 35 horas, sendo 20 horas de aulas e 15 horas de atividades complementares, com a seguinte distribuição:

Aulas	20 h
Encontros e oficinas	
Acompanhamento pedagógico*	6 h
Cultura e artes	3 h
Esporte e lazer	3 h
Prevenção e promoção à saúde, alimentação e higiene	3 h
Carga horária total semanal	**35 h**

* Engloba as atividades de orientação social conforme regulamentação do PRÓ-JOVEM Adolescente

Planejamento, monitoramento e avaliação

Uma das principais etapas na articulação de programas e projetos intersetoriais é a unificação dos processos de planejamento, acompanhamento e avaliação. É nesse momento que os objetivos, metas e indicadores são definidos. O planejamento das ações das diferentes áreas de forma integrada necessita de instrumentos e metodologias comuns propostas a seguir:

Plano de atendimento da educação integral

O plano de atendimento da educação integral da escola contém informações sobre:

- a infraestrutura da escola;
- características dos alunos;
- os profissionais lotados na unidade;
- as atividades complementares previstas;
- os parceiros físicos e executores;
- o agrupamento dos alunos em turmas;
- a matriz de atendimento do horário complementar;
- os eventos e festividades previstas no calendário;

- as atividades de formação propostas e seu calendário de execução;
- as reuniões planejadas.

Propõe-se que o plano de atendimento da educação integral seja elaborado em consonância com as atividades e metas estabelecidas no projeto político-pedagógico da unidade. Mas é importante considerar que há um conjunto de proposições que foram colocadas em debate na unidade escolar por ocasião do processo de eleição de diretores, diretores adjuntos e coordenadores político-pedagógicos, descritas nos documentos elaborados pelos candidatos eleitos, ou seja, o plano de gestão proposto pela direção e o plano de ação elaborado pela coordenação político-pedagógica. O plano de atendimento da educação integral da escola deverá refletir as estratégias de implantação do projeto político-pedagógico da escola, integrando todos os documentos produzidos ao longo dos debates programáticos e, ainda, os planos de atendimento de seus programas e projetos.

Ao longo dos anos de 2008 e 2009, muitas escolas participaram do PDE-Escola. Naquela ocasião, foram elaborados diagnósticos das escolas, seus planos estratégicos e projetos de melhoria. É fundamental que o plano de atendimento de educação integral da escola reflita as prioridades estabelecidas nesse processo.

No esforço de contribuir para a articulação das ações e das propostas metodológicas, o comitê gestor do Bairro-Escola vem produzindo um roteiro básico com propostas de atividades. Elas são pautadas em temas considerados fundamentais para serem desenvolvidos nas oficinas do turno complementar, tendo como referência os instrumentos que são encaminhados pelo Ministério da Educação, como é o caso do material do Pró-Letramento, do Sistema Nacional de Avaliação da Educação Básica (SAEB), do Prova Brasil, dos Parâmetros Curriculares Nacionais e do Programa Gestar.

Dessa forma, já foram produzidas Ementas de cada atividade/capacidade para cada grupo etário, disponibilizadas no Cardápio de atividades do Bairro-Escola.

O Cardápio do Bairro-Escola consolida as oportunidades disponibilizadas para a rede municipal de educação no que se refere a oficinas culturais, oficinas esportivas, oficinas de acompanhamento pedagógico, cursos de formação continuada, eventos, passeios orientados, entre outras.

Cabe a cada Unidade Gestora Local (UGL) selecionar as atividades que considera mais adequadas no apoio à escola na implementação do seu projeto político-pedagógico. Esse processo de escolha dos itens do Cardápio do Bairro-Escola se dá por meio do preenchimento do plano de atendimento da educação integral da escola no Sistema de Informações do Bairro-Escola (SIBE) no início de cada ano letivo, conforme orientações previstas no manual do SIBE. A inclusão de todas as informações necessárias e a validação dos objetivos e metas da escola são essenciais para que o plano possa ser monitorado e ações de correção possam ser propostas ao longo do ano.

Unidade Gestora Local (UGL)

A Unidade Gestora Local (UGL) é a executora do Programa de Educação Integral na escola. Ela é responsável por conduzir todo o processo de planejamento, implantação, acompanhamento e avaliação do Bairro-Escola em cada Unidade de Ensino.

Seus atores são corresponsáveis pelo planejamento, acompanhamento e avaliação das ações pedagógicas do horário integral. Eles cuidam do dia a dia da escola, partilhando responsabilidades, refletindo e deliberando coletivamente sobre o andamento do programa na escola. Fazem parte da UGL:

- Diretor(a) geral.
- Diretor(a) adjunto.
- Coordenador(a) político-pedagógico.
- Coordenador(a) de aprendizagem (onde houver).
- Orientador(a) pedagógico.
- Orientador(a) educacional.
- Coordenador(a) de esporte.
- Coordenador do ponto de cultura escola viva.
- Um(a) representante do conselho escolar.
- Um(a) representante dos parceiros.
- Professor(a) comunitário (Escola Aberta).

A UGL deve reunir-se quinzenalmente, ou sempre que for necessário, valendo-se do princípio do diálogo participativo e do compartilhamento das responsabilidades. Ela expressa o princípio fundamental da gestão democrática, configurando-se como uma experiência positiva de incorporação de novas práticas e saberes ao espaço escolar.

Com apoio dos relatórios gerenciais do Sistema de Informações do Bairro-Escola (SIBE) deve ser analisado nas reuniões:

a) **A estrutura de funcionamento do programa**: avaliar a suficiência, qualidade e bom aproveitamento dos recursos humanos e materiais e a suficiência e adequação de infraestrutura para o bom desenvolvimento das atividades planejadas. Essas questões devem ser analisadas em conjunto com o planejamento ou a revisão das ações de organização do programa, sendo elas: a seleção das atividades/oficinas, a organização da grade de atendimento, a interlocução com as secretarias envolvidas com a implantação do programa, a seleção dos monitores e mães educadoras, bem como sua orientação, a distribuição dos alunos nos grupos, a articulação com os espaços parceiros.

Todos os agentes educadores necessários já foram selecionados e contratados? Eles estão atuando de acordo com o planejamento? Eles estão participando dos Encontros de Formação Continuada? Elas são adequadas aos públicos atendidos? Há parcerias suficientes para o desenvolvimento das atividades planejadas? Os parceiros estão sendo envolvidos no programa? As turmas estão bem organizadas ou há necessidade de remanejamentos? Os parceiros executores estão trabalhando de acordo com o planejamento?

b) **A mobilização de esforços para o combate à evasão**: acompanhar a frequência dos alunos, identificando os motivos e suas causas no horário regular/integral, atuando preventivamente nas causas de evasão. A equipe da escola deve atuar para a sensibilização e mobilização das famílias para a educação integral.

Qual o percentual de falta dos alunos, as principais justificativas e dificuldades encontradas e como solucioná-las? Que atividades estão sendo realizadas com as famílias para promover a valorização da educação integral? Que outras ações podem ser tomadas nesse sentido?

c) **O planejamento integrado ao projeto político-pedagógico da escola**: buscar estratégias de articulação e de conexão entre as aulas e as atividades complementares. O calendário escolar prevê reuniões pedagógicas da equipe de profissionais da unidade. Esse espaço deve tornar-se espaço de diálogo para que toda a escola possa se apropriar das propostas das atividades complementares. É preciso que a UGL – cada ator em sua especificidade – contribua para tornar a educação em tempo integral uma realidade, ou seja, garantindo que os conteúdos disciplinares do núcleo comum desenvolvidos no turno regular possam ser revisitados nas ações do turno complementar. Cabe a essa equipe, a partir da definição do PPP da unidade, traçar os caminhos e as articulações necessárias.

As atividades complementares estão sendo desenvolvidas de forma articulada com as aulas? Como os professores estão participando e como envolvê-los mais nessa integração? Que resultados das atividades estão sendo percebidos em sala de aula? Como as atividades complementares se integram ao PPP da escola?

d) **A articulação da equipe de trabalho**: A UGL deve contribuir para a seleção, o acompanhamento do trabalho e a integração dos atores do programa. Cabe à direção, junto ao CPP, identificar as mães da comunidade que têm perfil para atuar no horário intermediário, selecionar os monitores que podem desenvolver atividades complementares, receber os estagiários e demais monitores encaminhados pelos Programas Nova Iguaçu Cidade Universitária e Pró-Jovem. Cabe à UGL orientar cada ator, esclarecendo o papel de cada um, a distribuição de sua carga horária, os deslocamentos que serão feitos e a conduta com os alunos na escola e nos espaços parceiros. Deve monitorar e articular as ações desenvolvidas pelos atores, explicitando o foco da ação e apontando as interfaces entre os mesmos.

Como está o clima de trabalho na escola? Que ações podem ser desenvolvidas para integrar os diversos agentes educadores? Eles estão atuando da forma planejada? A mobilidade está sendo realizada com segurança e ludicidade? A equipe e os alunos respeitam e preservam os espaços da escola, da rua e dos parceiros? Os agentes educadores cumprem sua carga horária e justificam com antecedência ausências justificáveis? Quais as ações desenvolvidas para integrar os diversos agentes e suas atividades? O que mais pode ser feito neste sentido?

e) **A implantação e o acompanhamento dos instrumentos de registro e avaliação das ações**: O trabalho deve ser monitorado por meio de indicadores de avaliação e com base em meios de verificação, tais como frequência, relação estabelecida com os alunos, participação nas ações da unidade escolar, articulação com o PPP da unidade. Espera-se que a UGL apresente os instrumentos de monitoramento das ações, estabeleça sua regularidade e produza sistematizações sobre o funcionamento das ações.

As atividades estão sendo realizadas de acordo com o planejado? Que resultados estão sendo produzidos? Como os alunos avaliam sua aprendizagem? Como os agentes educadores avaliam suas atividades e o impacto no seu desenvolvimento pessoal? Como a comunidade avalia os resultados alcançados no desenvolvimento das crianças e adolescentes e no fortalecimento das relações sociais no bairro? Como a escola avalia o impacto das atividades complementares na aprendizagem das crianças e na qualificação da própria escola? Como as famílias avaliam os resultados do programa nos seus filhos e na sua própria dinâmica familiar?

Para que uma gestão participativa e democrática do programa possa ser efetivada, é necessária uma divisão de responsabilidades entre os atores sociais que compõem a equipe. Em linhas gerais, compete a cada um dos membros da UGL:

- **Diretor geral:** É o principal interlocutor da unidade com a Secretaria Municipal de Educação, cabendo-lhe traduzir em seu plano de gestão os princípios fundadores da educação em Nova Iguaçu. Deve zelar, portanto, para que as escola cumpra seu calendário de reuniões, de discussões, de eventos, de formação, de comunicação com a comunidade, ou seja, participando de todas as ações e deliberações de caráter pedagógico, administrativo e financeiro.
- **Diretor adjunto:** Deve auxiliar o diretor na organização da parte financeira dos Programas em conjunto com os demais integrantes da equipe, com o conselho escolar e a comunidade.
- **Coordenador político-pedagógico (CPP):** É o gestor, junto à direção, da educação integral. Portanto, articula os turnos escolares, acompanha os atores na execução de suas ações, faz a interlocução com os parceiros da escola, monitora todas as ações que estão previstas no PPP da unidade.
- **Coordenador de aprendizagem:** Também deve acompanhar o planejamento e o desenvolvimento das atividades semanais desenvolvidas pelos Agentes Educadores. É responsável pela organização tempo/espaço, infraestrutura e encaminhamentos específicos para a implementação do Programa de Educação Integral da Escola.
- **Orientador pedagógico (OP):** Deverá atuar articuladamente com o coordenador político-pedagógico tanto na construção coletiva quanto no efetivo cumprimento do PPP, assim como junto ao coordenador de aprendizagem e ao OE.
- **Orientador educacional (OE):** Deve facilitar o relacionamento inter e intrassujeitos envolvidos no cotidiano escolar (alunos, pais, professores e demais funcionários) e os agentes educadores do Bairro-Escola, desenvolver intervenções pedagógicas planejadas, bem como convocar e coordenar reuniões sistemáticas com as famílias objetivando o estabelecimento de parcerias no processo educativo, também fazem parte de suas atribuições.
- **Coordenador do núcleo de esporte educacional do segundo tempo:** Ele supervisiona o controle diário das atividades desenvolvidas, acompanhando o desempenho de todos os membros da equipe, mantendo suas atuações padronizadas, harmônicas e coerentes com os princípios educacionais que norteiam as ações do Núcleo.
- **Coordenador do ponto de cultura escola viva:** Ele deve contribuir para as ações e eventos culturais que estejam no calendário da escola e deve fomentar a aproximação dos saberes e culturas populares aos saberes escolares.
- **Representante do conselho escolar:** O conselheiro deve garantir que seu segmento tenha acesso a todas as informações e possa opinar sobre as decisões a serem tomadas, evitando que sua opinião prevaleça sobre a do segmento que ele representa.
- **Representante dos parceiros:** Representa os parceiros físicos nas decisões estruturantes do processo de implantação do Bairro-Escola na comunidade.

A dinâmica da relação escola-parceiro deve ser conduzida com os interlocutores de cada espaço utilizado e com as Agentes de Desenvolvimento Local, vinculadas à ATA.

Na UGL, esse representante pode e deve colaborar para o planejamento das ações, contribuindo para a ampliação da rede de parcerias e qualificando a relação da escola com a comunidade, a fim de que sejam criadas bases para uma escola viva, participativa e articulada ao território. É, também, o momento para esclarecer e repactuar os termos das parcerias firmadas, quando necessário.

- **Professor comunitário:** Por estar antenado com as demandas da comunidade, deve promover articulação com outros agentes culturais e de esporte e lazer da rede, para que tornem a escola um polo cultural vivo para a comunidade.

Monitoramento pela UGL

O acompanhamento das ações educativas do Bairro-Escola é de responsabilidade do CPP e/ou coordenador de aprendizagem em colaboração com os demais membros da UGL.

O Plano de Educação Integral da Escola deverá ser acompanhado por toda a comunidade escolar e afixado no mural principal da escola, sendo atualizado mensalmente por membro da UGL destacado para a tarefa.

Buscando garantir a efetiva participação de todos os segmentos da comunidade escolar no processo de acompanhamento e avaliação do plano de educação integral, caberá aos membros do conselho escolar a elaboração de estratégias de comunicação adequadas a cada um dos segmentos representados – alunos, professores, funcionários e responsáveis.

Para isso, foi elaborado um programa de formação para o desenvolvimento de habilidades de comunicação dos conselheiros escolares em parceria com o UNICEF e a ONG "planetapontocom".

Além disso, as oficinas de comunicação podem e devem somar esforços com o conselho escolar, produzindo estratégias e materiais de comunicação adequados a cada um dos segmentos da comunidade escolar.

Avaliação

A avaliação no Bairro-Escola representa importante fonte de informações para formulação de práticas pedagógicas, uma vez que os registros feitos ao longo do processo ajudam a compreender e descrever os desempenhos e as aprendizagens dos alunos, com ênfase em progressões e nas demandas de intervenção.

Nessa concepção de avaliação, ela deve estar integrada ao planejamento desde o início. Para isso, alguns elementos devem estar presentes no planejamento dos projetos e atividades do Bairro-Escola, orientando o processo de aprendizagem e permitindo a avaliação dos seus resultados e impactos. O Sistema de Informações do Bairro-Escola (SIBE) foi concebido nessa perspectiva. Ele padroniza o processo de planejamento das atividades no que se refere às informações relacionadas aos agentes educadores, às escolas, às instituições parceiras, às atividades e aos alunos, e articula todo o processo de planejamento das atividades educativas do Bairro-Escola a indicadores que permitem seu acompanhamento e avaliação.

O Bairro-Escola, como estratégia de articulação de programas e projetos às escolas municipais, tem como princípio orientador a melhoria da aprendizagem das crianças e adolescentes atendidos e a qualificação da escola pública. Nesse sentido, foram estabelecidos indicadores relacionados a essas duas dimensões, que são vinculados a todas as atividades previstas. Também estão previstos indicadores específicos relacionados a determinadas ações, campos do conhecimento ou políticas setoriais. Faz-se, assim, necessário, que todas as atividades propostas, independente do campo do conhecimento ou política setorial a que estejam vinculadas, busquem de forma intencional e planejada o impacto na aprendizagem dos alunos e a melhoria da qualidade das escolas públicas da rede municipal de educação. Foram adotados os critérios de eficácia escolar estabelecidos no manual de elaboração do PDE-Escola.[7] São eles:

- **Ensino e aprendizagem:** diz respeito à aquisição de conhecimentos e habilidades por parte dos alunos, à proposta pedagógica, ao planejamento pedagógico, ao método pedagógico, às estratégias de ensino, às práticas educacionais e à avaliação de aprendizagem, ao material didático e pedagógico em quantidade e qualidade suficientes. Em relação às atividades complementares, é fundamental observar as seguintes questões:
  – As oficinas têm sido consideradas como apoio às aulas?
  – Os alunos desenvolveram ou consolidaram determinadas capacidades a cada percurso?
  – Os progressos valorizados nas ações avaliativas estão sendo confrontados com outras produções dos alunos em momentos anteriores de seu processo de aprendizagem?
  – Os saberes comunitários estão sendo incorporados ao processo de trabalho?
  – As capacidades desenvolvidas ou apreendidas permitirão aos alunos acompanhar, com proveito, o percurso seguinte?
  – Os instrumentos ou procedimentos de avaliação selecionados e utilizados permitem captar, com indicadores descritivos, os progressos realizados pelos alunos em relação a essas capacidades?
  – As oficinas propiciam aos alunos outros conhecimentos e vivências além das trabalhadas em sala de aula (artísticas, esportivas, participação social etc.)?
- **Clima escolar:** atmosfera da escola, liderança, ordem, disciplinam segurança, compromisso, ambiente propício à aprendizagem.
- **Pais e comunidade:** participação e cooperação institucional dos pais e comunidade na escola, contribuição dos pais e de outros parceiros para o sucesso acadêmico dos alunos e para o melhor desempenho da escola.
- **Gestão de pessoas:** excelência da equipe para o desempenho das funções com profissionais habilitados e capacitados.
- **Gestão de processos:** clara compreensão da missão da escola, objetivos claros e amplamente difundidos, planejamento estratégico, método gerencial definido, gerenciamento da rotina, trabalho em equipe, informações gerenciais, existência de indicadores e de avaliação de gestão.
- **Infraestrutura:** condições materiais de funcionamento (instalações, equipamentos) para que o ensino e a aprendizagem aconteçam de forma adequada.

- **Resultados:** desempenho geral da escola – taxas de aprovação, reprovação, abandono, distorção idade-série, satisfação dos alunos, pais, colaboradores e sociedade, indicadores de melhoria das práticas de gestão, cumprimento das metas estabelecidas.

O monitoramento é fundamental, uma vez que orienta todo o processo de aprendizagem, permitindo acompanhar e intervir para reorientar as atividades e garantir o alcance das metas.

Nesse processo de acompanhamento, deve-se estar atento aos avanços e rupturas e propor alterações das rotas traçadas, alterar a organização dos alunos e tomar outras ações ou estratégias que se mostrem mais adequadas.

Instrumentos de avaliação

Ementas das oficinas

As ementas estruturam os processos de planejamento, acompanhamento e avaliação das oficinas.

Consistem na descrição das ações planejadas e devem ser elaboradas para cada Oficina a cada módulo (bimestre) para cada percurso.

Pretende-se, com as ementas, organizar o processo de planejamento e acompanhamento das atividades realizadas, mas, também, envolver os alunos no seu processo de aprendizagem, acompanhando aquilo que já foi estudado e autoavaliando sua aprendizagem.

Aulas de Apoio, simulados e cursos preparatórias para exames

Atividades de diagnóstico de aprendizagem dos alunos para identificar os níveis em que eles já consolidaram suas dificuldades ao longo do processo e as estratégias de intervenção necessárias a seus avanços. Estão diretamente ligadas aos descritores dos exames nacionais de avaliação da aprendizagem e de seleção para outras instituições formadoras e aos programas de aceleração escolar para os casos de distorção idade-série.

Conselhos de classe

Reuniões previstas em calendário escolar para avaliação do processo de ensino-aprendizagem.

Reuniões de pais

Encontros regulares com os responsáveis dos alunos para discutir, a partir do seu ponto de vista, os progressos e desafios da escola. Contam com as "mães educadoras" como moderadoras.

Caminhos da educação integral no Brasil 411

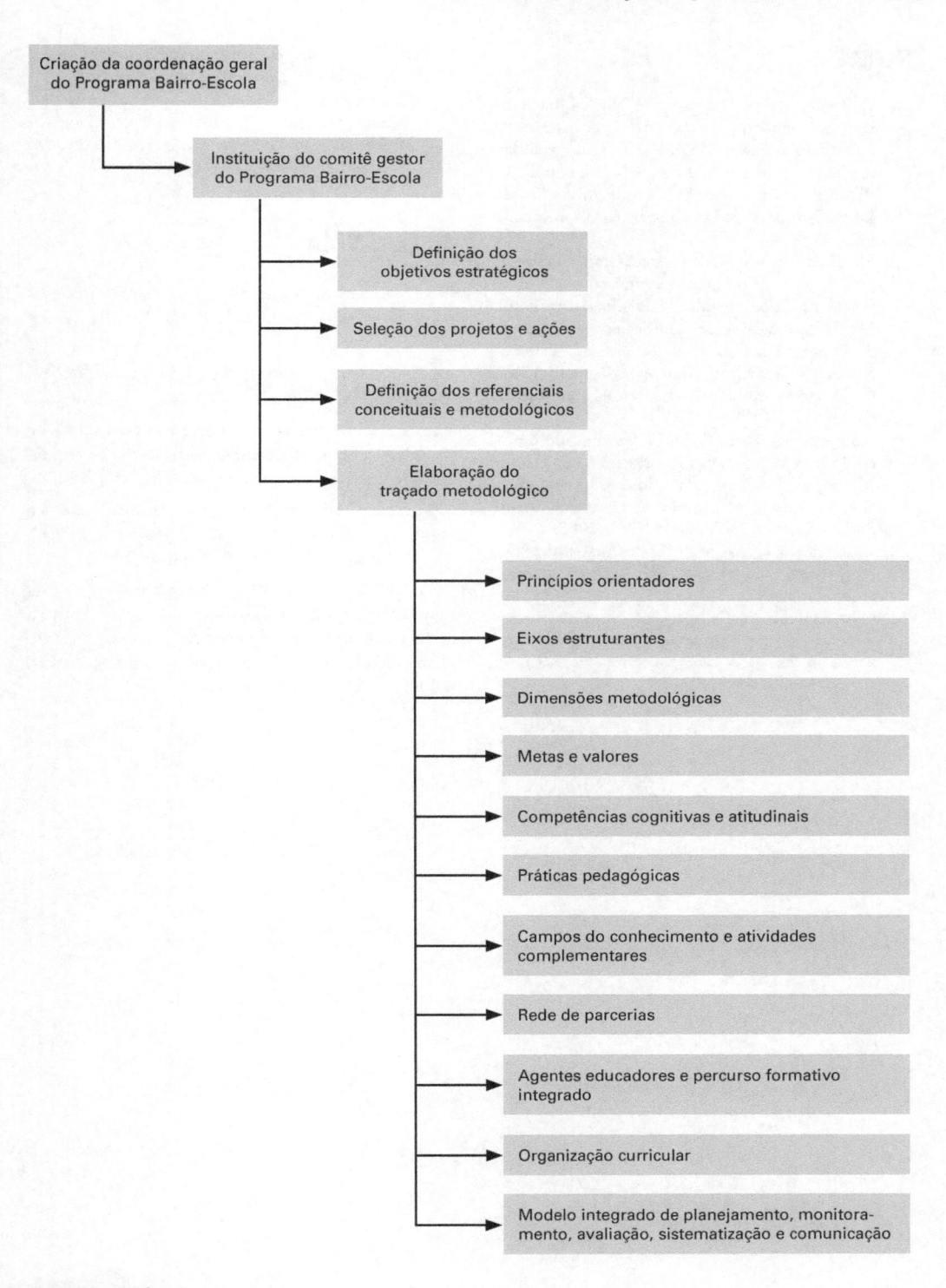

```
Criação da coordenação geral
do Programa Bairro-Escola
        │
        ▼
   Instituição do comitê gestor
   do Programa Bairro-Escola
        │
        ├──► Definição dos objetivos estratégicos
        │
        ├──► Seleção dos projetos e ações
        │
        ├──► Definição dos referenciais conceituais e metodológicos
        │
        └──► Elaboração do traçado metodológico
                │
                ├──► Princípios orientadores
                ├──► Eixos estruturantes
                ├──► Dimensões metodológicas
                ├──► Metas e valores
                ├──► Competências cognitivas e atitudinais
                ├──► Práticas pedagógicas
                ├──► Campos do conhecimento e atividades complementares
                ├──► Rede de parcerias
                ├──► Agentes educadores e percurso formativo integrado
                ├──► Organização curricular
                └──► Modelo integrado de planejamento, monitoramento, avaliação, sistematização e comunicação
```

FIGURA 27.1 Quadro síntese.

NOTAS

1. O desenho Bairro-Escola de Nova Iguaçu foi inspirado em experiências anteriores a ele como a das Escolas Parque de Anísio Teixeira, os CIEPs de Darcy Ribeiro, os CEUS de Martha Suplicy, o Bairro-Escola da Cidade Escola Aprendiz, as Cidades Educadoras da Associação Internacional das Cidades Educadoras.
2. Elaborado no âmbito do Comitê Gestor do Bairro-Escola na Prefeitura de Nova Iguaçu em 2009 na gestão da Coordenadora Geral do Bairro-Escola Maria Antônia Goulart, do Secretário Municipal de Educação Jailson Souza e Silva, do Secretário Municipal de Cultura Marcos Vinícius Faustini e do Secretário Municipal de Esporte e Lazer Romário Galvão.
3. Com referência às "Dimensões metodológicas do Projovem Adolescente" presentes no: Traçado Metodológico/ProJovem Adolescente – Serviço Socioeducativo, Ministério de Desenvolvimento Social e Combate à Fome – MDS – 2008.
4. Com referência nas "Matrizes de capacidades" presentes no: Pró-Letramento, Ministério da Educação – MEC – 2008.
5. Com referência nas "Capacidades inerentes ao rendimento esportivo" presentes no: Material didático para o processo de capacitação do programa segundo tempo, Ministério do Esporte – 2008.
6. Em "*O brincar e a emergência da linguagem*" (letramento), Tizuko Morchida Kishimoto (2004).
7. Com referência à "Análise dos critérios de eficácia escolar" presentes no: *Como elaborar o plano de desenvolvimento da escola*, Ministério da Educação (MEC), 2007.

REFERÊNCIA

BRASIL. Ministério da Educação. *Como elaborar o plano de desenvolvimento da Escola*. Brasília: MEC, 2007.

_____. Ministério da Educação. *Pró-letramento*. Brasília: MEC, 2008

_____. Ministério de Desenvolvimento Social e Combate à Fome. *Traçado metodológico/ProJovem Adolescente:* serviço socioeducativo. Brasília: MDS, 2008.

_____. Ministério do Esporte. *Material didático para o processo de capacitação do programa segundo tempo*. Brasília: Ministério do Esporte, 2008.

KISHIMOTO, T.M. O brincar e a emergência da linguagem. In GERALDI, C.M.G. (org.) et al. *Escola viva:* elementos para a construção de uma educação de qualidade social. Campinas: Mercado das Letras, 2004.

28

A experiência da escola integrada em Belo Horizonte (MG)

Neuza Maria Santos Macedo
Macaé Maria Evaristo
Madalena Ferrari Godoy
Tadeu Rodrigo Ribeiro

Nos últimos anos, diversos projetos sociais, que têm como horizonte o combate à exclusão social e a promoção de uma sociedade mais justa e igualitária, vêm sendo realizados no Brasil. Com eles, o planejamento das atuais políticas públicas tem absorvido a noção de construção do conhecimento e empoderamento na implementação de políticas públicas nacionais de educação, esporte, cultura, meio ambiente, inclusão digital, inserção profissional, saúde e juventude.

Tais políticas são delineadas em torno de novas necessidades formativas do sujeito que compreendem as dimensões afetiva, ética, estética, social e cultural. Quando essas dimensões estão presentes nas políticas educacionais, tendem a favorecer o desenvolvimento de competências individuais, sociais, produtivas, esportivas e cognitivas dos sujeitos.

Múltiplos são os processos formadores e múltiplas são as dimensões de atuação cidadã, mas o espaço escolar, sozinho, não comporta todas essas vivências. A concepção de educação como direito requer a formação de sujeitos de vivências e de aprendizagens. E as aprendizagens são fruto das condições de vida social e cultural em que estão inseridos esses sujeitos. Ter como meta uma educação como exercício da e para a vida implica reconhecer diferentes sujeitos de diálogo. Essa nova cultura do educar nos convida a perceber, reconhecer e utilizar a noção de território.

Levando em consideração que a cidade é o lugar doador de sentido à nossa existência, lugar dos usos e hábitos de nosso tempo e de experiências da ideia de território como modelo de aprendizado, a prefeitura de Belo Horizonte tem revelado uma forte vocação educadora ao instituir políticas que reconhecem a cidade como produtora de cultura e que possibilita a apropriação dos espaços públicos e culturais pelos cidadãos. Para isso, tem articulado a relação entre educação e cultura, esporte, assistência social, saúde, alimentação, segurança no trânsito e programas de transferência de renda, bem como questões relativas à habitação e às condições de existência.

O PROGRAMA ESCOLA INTEGRADA

O Programa Escola Integrada (PEI) é fruto dessa nova cultura política e tem relação com a história e experiências educativas da educação municipal.

Com um histórico de lutas e congressos que, desde meados dos anos de 1980, vem tentando alargar tanto os direitos sociais dos educadores quanto a gestão democrática das escolas em direção à construção de uma escola pública inclusiva e de qualidade, a Rede Municipal de Educação envolveu-se em um intenso movimento de discussão que resultou, em 1994, na configuração de em um novo formato de escola. Ele enfatizava a totalidade da formação humana e as vivências socioculturais em processos que também acontecem fora dos muros da escola. Novas dimensões da formação dos alunos e profissionais da educação tiveram lugar legítimo nos projetos pedagógicos das escolas. Nesses projetos, a arte, a cultura, o meio ambiente, a ciência e a tecnologia constituíam áreas de conhecimento fundamentais, potencializando experiências de trabalhos interdisciplinares que tiveram como tema a cidade: seus sujeitos, espaços e tempos.

Cabe à educação formal reconhecer os potenciais educativos da comunidade, tendo em vista que o ambiente social é espaço de aprendizagens por excelência. Somos todos aprendizes permanentes da vida (Educação para Todos, Tailândia, 2000).

Com o objetivo de possibilitar que os alunos das escolas municipais reconhecessem e problematizassem o espaço urbano, a Secretaria Municipal de Educação criou, ainda em 1995, o Programa BH para as Crianças, que, além de oferecer transporte para as visitas dos estudantes aos mais variados espaços formadores da cidade de acordo com projetos desenvolvidos nas escolas, promovia uma interlocução estreita entre as escolas e a agenda cultural da cidade. No seu desenvolvimento, o programa cresceu, atendendo também aos adolescentes e adultos.

Outras experiências de atividades-extraclasse, tais como encontros regionalizados de educadores, feiras de leitura – com oficinas e apresentação de trabalhos e en-

FIGURA 28.1 Ônibus BH para as Crianças – Lélio Brasil.

contros com autores de obras literárias – e a Mostra Municipal, realizada anualmente com apresentações artístico-culturais das escolas em espaços públicos, propunham um diálogo da educação municipal com as famílias e a cidade.

Paralelamente, sob influência do movimento da própria Rede Municipal de Educação e do aval da prefeitura de Belo Horizonte, as escolas investiram em projetos de formação autônoma. Para desenvolvê-los, trouxeram novos profissionais ao espaço escolar – arte-educadores trabalhando com estudantes e professores, e agentes culturais enriquecendo a interação cultura e educação.

Entretanto, nesse período surgiram também outras demandas sociais e educativas. A necessidade de garantir mais proteção aos educandos e dilatar os tempos de aprendizagem em interação com a cultura levou à incorporação de outros programas. Um deles foi o Escola Aberta, programa do Governo Federal que propõe atividades esportivas e culturais extracurriculares para os estudantes e a comunidade nos fins de semana. Outra iniciativa no mesmo sentido foi o Programa Segundo Tempo, também do Governo Federal, com o objetivo de democratizar o acesso aos esportes fora do horário normal e a participação de universitários no cotidiano das escolas municipais.

Dando suporte a esses programas, a prefeitura de Belo Horizonte buscou a intersetorialidade da Secretaria de Educação com outras secretarias, como a de Abastecimento, Saúde, Superintendência do Desenvolvimento Urbano, Serviço de Limpeza Urbana e de Transportes, de forma a integrá-las no atendimento às novas demandas de tempo ampliado nas escolas e de assistência em tempo real.

Em 2000, Belo Horizonte filiou-se à Associação Internacional das Cidades Educadoras (AICE) e, desde 2004, passou a coordenar a Rede Brasileira de Cidades Educadoras. O contato com outras cidades brasileiras e estrangeiras possibilitou a troca de experiências e a incorporação de novos ideais educativos para todos os cidadãos. Os princípios e diretrizes da cidade educadora reconhecem o potencial educativo dos ambientes da urbe e preconizam a corresponsabilização de todos os setores sociais, incluindo as instituições de ensino, pela educação dos cidadãos, ampliando e tornando acessíveis os espaços públicos e bens culturais a todos.

Assim, com o desejo de prolongar as atividades escolares para que os estudantes aprendessem mais e melhor na relação com a cultura e o esporte e fosse ampliada a rede de proteção social, a Secretaria Municipal de Educação de Belo Horizonte, observando as suas próprias experiências educativas e outras como as do programa Bairro-Escola de Nova Iguaçu, Rio de Janeiro, e da Associação Cidade Escola Aprendiz, na Vila Madalena, em São Paulo, com a integração de ONGs e escola em atividades extracurriculares e aproveitamento da rede física do bairro e das potencialidades educativas locais, obteve o acúmulo teórico e de experiências para ousar a implementação de um novo programa. Nele, os estudantes deveriam ter mais tempo para a aprendizagem dentro e fora do espaço escolar, com proteção social e enriquecimento curricular, radicalizando a interação da aprendizagem com a cultura, unindo espaços ociosos do bairro, apropriando-se dos espaços culturais e de lazer da cidade, potencializando a interlocução com as universidades e seus estudantes e contando com profissionais da comunidade em atividades culturais e esportivas, todas elas coordenadas por um educador da própria escola. Surgiu, assim, a escola integrada.

CADA ESCOLA É RESPONSÁVEL POR TECER O SEU PRÓPRIO PROJETO POLÍTICO-PEDAGÓGICO TERRITORIALIZADO

Criado em 2006 como uma experiência-piloto em sete escolas, o Programa Escola Integrada funciona, atualmente, em mais de 130 escolas municipais, e pretende-se uma expansão progressiva para todas as unidades escolares. Suas ações ocorrem tanto na escola quanto em outros espaços comunitários públicos e privados próximos à ela. No percurso que fazem até as oficinas pelas ruas do bairro, as crianças e jovens apropriam-se dos espaços e podem sentir e aprender com a cidade onde moram, revendo e alterando algumas representações acerca do espaço urbano em que vivem (Figura 28.2).

Cada escola é responsável por tecer o seu próprio projeto político-pedagógico territorializado a partir das possíveis redes socioeducativas locais. Com essa lógica, novos fluxos de saber podem ser construídos a partir dos valores, conhecimentos, experiências e recursos disponíveis em cada comunidade, em um intenso movimento de dentro para fora e de fora para dentro da escola. Reconhecer outros espaços de exercício da vida, do conhecer e do fazer tende a ampliar o repertório de crianças e jovens, bem como favorecer uma atuação cidadã.

Em cada escola há um professor coordenador, denominado professor comunitário, que é concursado pela prefeitura de Belo Horizonte e ligado ao seu corpo docente. Ele coordena um conjunto de ações que garante o funcionamento do programa, sobretudo a organização da matriz curricular em consonância com o projeto pedagógico de cada unidade.

A coordenação geral do PEI é exercida por uma equipe da Secretaria Municipal de Educação que se responsabiliza pelo moni-

FIGURA 28.2 Alunos no Parque Municipal Guilherme Lage – Lélio Brasil.

toramento do programa. Esse trabalho envolve, por exemplo, visitas sistemáticas às escolas para avaliação da qualidade das oficinas, das aulas-passeio e da estrutura física; encontros regulares de formação dos professores comunitários e agentes culturais; articulação e estabelecimento de parcerias e gerenciamento de dados do atendimento.

A UNIVERSIDADE INTEGRADA À EDUCAÇÃO BÁSICA

O PEI conta com a presença de universitários nas equipes de educadores das escolas desde a experiência-piloto em 2006. Inicialmente, a parceria se deu com a Universidade Federal de Minas Gerais (UFMG), que participou da elaboração do projeto e da experiência. Posteriormente, outras instituições foram se integrando e hoje somam 13 as Instituições de Ensino Superior (IES) parceiras do programa (Figura 28.3).

A oferta de oficinas vinculadas à universidade possibilita aos alunos das escolas municipais integrantes do programa o contato com linguagens e conteúdos diversificados, ampliando o repertório de conhecimentos. Para muitas das crianças e adolescentes, os monitores de oficina são os primeiros estudantes universitários com os quais têm contato, e isso contribui para incluir a universidade, ou pelo menos a perspectiva de estudos de longa duração, em seu horizonte de possibilidades educacionais.

Já para os universitários, a atuação no programa constitui-se em um importante momento de formação.

> A atuação direta no espaço escolar; o enfrentamento dos desafios que atualmente o caracterizam – desde as desigualdades de resultados no processo de ensino e de aprendizagem até a violência – a responsabilidade de planejar, conduzir e avaliar situações pedagógicas; a convivência cotidiana com as crianças e adolescentes e com os problemas sociais por eles vivenciados; as orientações e os seminários/encontros de formação são dimensões que qualificam positivamente o significado dessa experiência, contribuindo para o enriqueci-

FIGURA 28.3 Alunos no Parque Ecológico Vale Verde – Betim MG – Lélio Brasil.

mento da formação pessoal e profissional do bolsista.

(*A universidade integrada à educação básica*: percursos da extensão da UFMG, 2010)

Além de criar esse espaço de formação profissional para os estudantes municipais, o PEI representa para as instituições de ensino superior uma oportunidade de alcançar uma das metas de extensão: a articulação da universidade com a educação básica e a disponibilidade dos conhecimentos acadêmicos como subsídios para a promoção da qualidade educacional.

Outra contribuição do PEI foi ter-se configurado como um espaço privilegiado de contato da universidade com a realidade das escolas, evidenciando e trazendo para dentro de seus muros uma série de desafios que vêm sendo encampados pela academia na discussão de educação básica pública e na formação de profissionais para a área.

Esse movimento está se constituindo em um rico campo de pesquisas para diversas áreas ligadas direta ou indiretamente ao campo educacional. Várias produções acadêmicas têm sido construídas a partir da trajetória curricular dos graduandos no PEI, como monografias, relatos reflexivos de oficinas, vídeos, programas de rádio, jogos educativos e sistematização de materiais didáticos.

SABERES DIVERSOS E VIVENCIAIS PASSAM A RESSIGNIFICAR A PERMANÊNCIA DOS ALUNOS NA ESCOLA, PROPORCIONANDO MAIOR ANCORAGEM AOS SABERES ESCOLARES

Além dos universitários, o PEI conta com outros novos atores no seu grupo de educadores – os agentes culturais, também chamados de monitores de oficinas ou oficineiros. São jovens e adultos da comunidade onde são inseridas as escolas municipais que têm uma rica experiência cultural e dialogam com a escola e seus tempos recortados pelas dimensões curriculares prescritivas, desenvolvendo atividades culturais com um teor explicitamente educativo. Assim, saberes diversos e vivenciais passam a ressignificar a permanência dos alunos na escola com o intuito de enriquecer os conteúdos e proporcionar maior ancoragem aos saberes escolares. Os agentes culturais, mais que coadjuvantes, passam a assumir papel singular no processo de construção do conhecimento nas escolas públicas municipais. Ao trazê-los para o interior das escolas, o programa abre não apenas os portões da escola, mas a própria escola como instituição.

Todas as escolas integradas contam, ainda, com um agente de informática, que é um agente cultural contratado para atuar tanto no suporte técnico nas salas de informática quanto no desenvolvimento de oficinas de Tecnologia da Informação, sob a orientação do professor comunitário da escola.

Observa-se que o conjunto de novos educadores – universitários das IES conveniadas, universitários do Programa Segundo Tempo do Governo Federal e agentes culturais das comunidades – frequentemente consegue estabelecer com as crianças e os adolescentes uma relação pedagógica caracterizada pela proximidade, abertura e afeto. Essa relação torna-se facilitadora da intervenção educativa e do vínculo com o espaço escolar, talvez pela especificidade da situação da oficina, menos sujeita a pressões curriculares e avaliativas que pesam sobre o ensino regular.

AÇÕES DE FORMAÇÃO COMO EIXO SUSTENTADOR

Um programa da dimensão do PEI, pensado a partir do conhecimento da pluralidade dos sujeitos, da articulação de diferentes atores educativos, da ratificação de diferentes espaços de aprendizagem e do alargamento da participação de diferentes políticas urbanas e sociais e da sociedade civil nos processos educativos, precisa criar espaços de reflexão que possibilitem discutir e elaborar instrumentos metodológicos e didáticos para o aprimoramento das práticas educativas, bem como aprofundar a compreensão da proposta da escola integrada. Com esse objetivo, diversas ações de formação são propostas e ofertadas pela coordenação do Programa Escola Integrada.

Mensalmente são realizados encontros com os educadores que atuam no programa. Neles são tratadas diversas temáticas presentes no cotidiano escolar por meio da discussão de referenciais teóricos e práticos com experiências que possam contribuir na formação de crianças e adolescentes. Uma vez por ano são realizados o Fórum Mineiro de Educação Integral, pela Secretaria Municipal de Educação, e o Seminário Teias da Cidadania, em parceria com a UFMG, que têm se constituído em importantes espaços de diálogo e troca de experiências em torno da educação integral, tendo como público-alvo os professores, gestores, universitários e demais interessados das cidades da região metropolitana de Belo Horizonte e outras do estado de Minas Gerais (Figura 28.4).

Outro espaço privilegiado de formação é o curso realizado em parceria com o Observatório da Juventude da UFMG, que tem como objetivo trazer subsídios para a atuação educativa dos educadores que atuam no PEI, tendo como eixo norteador a reflexão sobre a metodologia do trabalho desenvolvida por eles. Essa formação conta com a experiência acumulada pelo Observatório da Juventude, o qual vem, desde 2002, realizando atividades de investigação, levantamento e disseminação de informações sobre a situação dos jovens na região metropolitana de Belo Horizonte,

FIGURA 28.4 Agentes culturais em formação no Centro Cultural da UFMG – Lélio Brasil.

além de promover a capacitação tanto de jovens quanto de educadores e alunos da graduação da UFMG interessados na problemática juvenil.

Pensando em promover também a formação técnica dos agentes culturais que atuam no programa, está sendo organizado, em uma parceria entre a Secretaria Municipal de Educação, a Universidade Federal de Minas Gerais (UFMG), o Ministério da Educação (MEC) e o Centro Federal de Educação Tecnológica de Minas Gerais (CEFET-MG), o Curso Técnico Orientador Escolar Comunitário, que visa à formação técnica desses sujeitos em que os saberes acumulados nos seus percursos formativos sejam formalizados com outros saberes propiciados pelo curso.

EDUCOMUNICAÇÃO E ARTE NA ESCOLA INTEGRADA

> Uma das saídas para a educação consiste em conhecer melhor os meios de comunicação, sua linguagem, para integrá-las dentro do processo educacional e perceber mecanismos de comunicação, como em um todo, que acontecem nas nossas vidas, fundamentais para um processo de educação mais rico e participativo. (Moran, 1993, p. 10)

Um importante desafio que se coloca para a coordenação do programa é assegurar, para além do acesso, a permanência dos alunos com idades entre 11 e 14 anos nas atividades do PEI.

Considerando que as crianças e os adolescentes convivem desde o nascimento com a realidade da tecnologia e da informação, acreditamos que saber utilizar-se de múltiplas linguagens e dominar as novas tecnologias são competências fundamentais para que os mesmos possam ter uma inserção crítica e autônoma na sociedade contemporânea. Dessa forma, com a intenção de provocar a reflexão e o questionamento sobre o que nos é veiculado pela grande mídia, de fazer-se ouvir e fazer-se ver, de dialogar com diferentes linguagens artísticas, pedagógicas e midiáticas, de produzir mídias para/com as crianças e adolescentes, oportunizando o protagonismo infanto-juvenil, foi criada uma equipe para monitorar as atividades de educomunicação e arte nas escolas. Essa equipe atua junto à coordenação do PEI, e o seu trabalho consiste em acompanhar as oficinas de teatro, dança, intervenções artísticas, vídeo, jornal e rádio que são desenvolvidas nas escolas e realizar formações para os educadores dessas áreas.

O FINANCIAMENTO DO PEI

A implementação do PEI nas escolas exige uma série de intervenções físicas no espaço escolar, de forma a possibilitar, dentre outras atividades, o preparo, a distribuição e o consumo da alimentação escolar, a realização de atividades pedagógicas, culturais e esportivas e a higienização dos estudantes, principalmente após as atividades esportivas.

A Secretaria Municipal de Educação (SMED) mantém, anualmente, previsão orçamentária para o financiamento de investimentos destinados ao custeio e à gestão do Programa Escola Integrada.

São investimentos tanto em obras de construção, ampliação e reformas de escolas, visando à expansão do programa, quanto de custeio das atividades cotidianas – contratação de monitores, bolsas de estágio e de extensão, material de consumo, comodatos de espaços particulares para realização de oficinas, serviços de transporte para excursões pedagógicas.

Em 2010, o financiamento da prefeitura de Belo Horizonte alcançou os seguintes valores:

- Contratação de monitores de oficinas: R$ 10.000.000,00
- Materiais de consumo: R$ 518.000,00
- Reforma de escolas: R$ 30.250.000,00
- Transporte – Programa BH para as Crianças (para todos os estudantes da RME, incluindo os estudantes do Programa Escola Integrada): R$ 1.728.720,00
- Convênios com institutos, museus e outras entidades: R$ 500.000,00
- Subvenções para demais custeios do Programa (recursos destinados às caixas escolares): R$ 12.000.000,00

Em 2010, a SMED recebeu do MEC a quantia de R$ 4.685.771,00, recurso destinado ao Programa Mais Educação para 97 escolas integradas.

AMPLIANDO A REDE DE PARCERIAS

Com o objetivo de disseminar para o conjunto da sociedade uma cultura de participação democrática que faça da educação uma prática em todos os espaços da cidade, foi criado o Prêmio "BH Cidade Educadora – Parceiros da Escola Integrada. O prêmio propõe-se a reconhecer e dar visibilidade a ações e projetos de atores sociais em parceria com as escolas integradas em andamento, bem como identificar o potencial de novas parcerias e sensibilizar a sociedade para a relevância de participação em projetos educativos ou ações voluntárias que acontecem associadas ao espaço escolar e que contribuem significativamente para o desenvolvimento integral da infância e da adolescência. Vale dizer, na perspectiva dos princípios da cidade educadora, buscar a mobilização de diferentes atores sociais na corresponsabilidade pela educação de qualidade, aproximando o Poder Público do trabalho desenvolvido pela sociedade civil, visando ao bem-estar, à educação integral e ao oferecimento e socialização de espaços de aprendizagem na cidade.

O prêmio contempla diferentes iniciativas de envolvimento de empresas privadas, sociedades cooperativas, instituições de ensino, entidades governamentais, fundações e organizações sociais sem fins lucrativos, pessoas físicas e agentes públicos.

O PEI POSSIBILITA VOOS MAIS ALTOS

Para os estudantes da escola integrada, são comuns saídas para aulas-passeio em espaços formadores da cidade, tais como museus, parques, clubes etc. Além disso, o programa estabelece convênios com algumas instituições, ampliando as possibilidades educativas. É o caso do Instituto Inhotim, em Brumadinho, internacionalmente reconhecido por oferecer um grande conjunto de obras de arte, expostas à céu aberto ou em galerias situadas em um jardim botânico de grande valor paisagístico. O instituto recebe, semanalmente, 800 crianças, adolescentes e educadores do programa, em ações de formação que buscam promover a ampliação de conhecimentos por meio da integração da arte, botânica e meio ambiente (Figuras 28.5 e 28.6).

Por meio do PEI é possível também, de acordo com projetos desenvolvidos com os alunos, ultrapassar as fronteiras do bairro, da cidade e até mesmo do estado. Citamos alguns exemplos.

Os estudantes da Escola Municipal Hugo Werneck visitaram a cidade histórica de Tiradentes, após o estudo comparativo

FIGURA 28.5 Alunos da EMHW em Tiradentes, MG – Lélio Brasil.

FIGURA 28.6 Alunos da EMJBC em Ubatuba, SP – Lélio Brasil.

entre uma cidade histórica e outra planejada, como é o caso de Belo Horizonte.

Já os estudantes do 3º ciclo da Escola Municipal Israel Pinheiro estiveram no Rio de Janeiro para visitar o Museu Nacional de Belas Artes, o Museu do Primeiro Reinado e o Museu da Chácara do Céu, locais onde concentra-se grande parte da coleção de obras do artista Jean-Baptiste Debret. A partir da análise das obras, resgataram as transformações ocorridas nas paisagens, no cotidiano das pessoas e na vida cultural do Rio de Janeiro até os dias atuais. As visitas complementaram um projeto em que cada estudante foi estimulado a pintar uma tela, retratando *Como Debret pintaria o Brasil hoje?*, que culminou com exposição coletiva e direito a *vernissage*.

Outro exemplo é o dos estudantes da Escola Municipal Jonas Barcellos Corrêa, com o projeto Da Serra ao Mar. No seu desenvolvimento, a escola aproximou-se dos problemas da comunidade e da cidade como os relacionados a um córrego que passa próximo à escola e nasce em um dos pontos de referência da cidade, o Parque Estadual da Serra do Rola Moça. A visita ao córrego totalmente poluído e ao parque instigou a busca por mais conhecimentos e reacendeu nos alunos o desejo de conhecer o mar. Uniu-se, então, o sonho com a realidade da comunidade, partindo de duas importantes referências naturais e tendo como elo condutor a água, um dos recursos que liga a serra ao mar. A temática possibilitou várias reflexões e ampliou conceitos em um trabalho que envolveu o conjunto de educadores e alunos do PEI na escola. Os estudantes conheceram o Projeto TAMAR, o mangue e o aquário em Ubatuba – SP. No relato de um estudante, o dia amanhecia quando iniciavam a descida da Serra do Mar, em Caraguatatuba – São Paulo. Todos ficaram no lado do ônibus, em silêncio, para contemplar o mar pela primeira vez.

TODOS OS PARTÍCIPES SAEM GANHANDO COM A EDUCAÇÃO COORDENADA PELO PODER PÚBLICO

Desde 2006, o Programa Escola Integrada tem enfrentado o desafio de aumentar a carga horária das crianças e adolescentes na educação fundamental. Organizar e potencializar espaços públicos e privados mais órgãos públicos, empresas, pessoas físicas, igrejas e ONGs em ações educativas que atendem a milhares de crianças e adolescentes em 9 horas diárias de ensino constituiu-se em uma mobilização inédita para fazer perceber a corresponsabilidade dos diversos agentes sociais na assunção/construção da cidade educadora. Realmente não é pouco. Com as ações em torno da escola integrada, está sendo criada uma cultura do educar que incorpora tanto os programas de extensão das universidades, vinculados a ações educativas e sociais reais, como a ocupação de espaços e artistas da comunidade ociosos. É um caso raro em que todos os partícipes saem ganhando com a educação coordenada pelo Poder Público e principalmente a cidade, no sentido de publicizar-se e democratizar oportunidades a seus cidadãos.

A partir de 2008, a Secretaria Municipal de Educação recebeu um apoio importante do Ministério da Educação com a criação e estruturação do Programa Mais Educação. Ele respaldou conceitualmente o PEI com a construção de um arcabouço teórico de ideias em torno da educação integral em nível nacional, importante para o desenvolvimento de um programa que pretende ter sustentabilidade ao longo do tempo. Esse arcabouço teórico trouxe a perspectiva de território e a necessidade de pensar o significado da construção de territórios educativos e a articulação das redes de proteção em tempo integral para crianças e adolescentes. Chamou a atenção para a questão dos campos de conhecimento e possibilitou um diálogo com as experiências de educação integral que acontecem em outros municípios do país. E, com o aporte financeiro, contribuiu significativamente para ampliar o número de escolas e estudantes participantes do PEI.

Todo esse movimento torna o PEI menos solitário e mais irmanado com o Brasil na construção da educação integral.

29

Com mais, a criança faz muito
Experiência da rede municipal de Diadema (SP)

Lúcia Helena Couto
Ana Lucia Sanches
Sonia Tatiane Ramos

FIGURA 29.1 Circo.

INTRODUÇÃO

A implantação da educação integral na cidade de Diadema se deu a partir do surgimento do Programa Mais Educação no âmbito federal. Criado em 2009 pelo Ministério da Educação, o programa tem como principais diretrizes: ampliação dos tempos e espaços educativos e compreensão da cidade como território educativo-educador e ampliação do repertório do aluno a partir da integração das diversas áreas de políticas públicas.

Em Diadema, o Programa Mais Educação ganha particularidades a partir do contexto de grande adensamento demográfico e que restringe as possibilidades de uso dos espaços pelos alunos.

Assim, em uma versão local, o Programa Diadema Mais Educação, que tem como principal objetivo a melhoria da qualidade do ensino, especificamente nos três primeiros anos do ensino fundamental, também contribui para o desenvolvimento de uma cultura de paz na cidade, na medida em que possibilita que *a criança eduque a cidade* e que a cidade se humanize com a circulação das crianças no território.

Este trabalho propõe-se a apresentar o perfil da cidade, seus limites e desafios na construção da melhoria da qualidade do ensino fundamental através da estratégia da implantação da política de educação integral na rede municipal de ensino de Diadema.

O PERFIL DA CIDADE E SUA REDE MUNICIPAL DE ENSINO

A realidade e seus limites e possibilidades

Diadema é uma cidade exclusivamente urbana com extensão de 30,7 km² – desse território, 5% representa área de manancial – constituindo-se como a segunda maior densidade demográfica do país, com 12.574,56 hab./km² dos 386.039 mil habitantes (IBGE, 2010).

Os números referentes ao perfil social de Diadema, de acordo com o Mapa da Exclusão/Inclusão 2009,[1] recomendam que os graus de inclusão social não cheguem a 0,25, o que indica forte concentração nos índices de exclusão social no desenvolvimento humano. Os dados finais e relevantes do Mapa da Exclusão/Inclusão 2007 apresentam baixos índices de inclusão social e baixa discrepância entre os territórios, o que sugere maior homogeneidade das condições de exclusão do que de inclusão social.

Esse cenário, fruto do histórico desenvolvimento acelerado da indústria automobilística da região do ABC paulista, levou ao alto crescimento demográfico da cidade de Diadema, que, após sua emancipação, em 1959, tem um grande salto populacional de 12.308 habitantes nos anos de 1960 para 228.660 habitantes em 1980.

Diadema, assim como a região metropolitana de São Paulo, viveu o crescimento demográfico em razão do intenso e acelerado desenvolvimento industrial e amplo processo migratório que acarretou em uma ocupação desordenada do solo, por meio da constituição de bairros sem nenhuma infraestrutura e uma massa de moradores de favelas, ocupadas prioritariamente em áreas públicas.

A história de ocupação desordenada manifesta-se na atual estrutura da cidade, marcada pela falta de áreas para construção de novas unidades de atendimento às políticas sociais. Nesse sentido, os diversos governos têm se empenhado em equacionar esse complexo cenário urbano às necessidades da população.

A educação municipal, frente a esses desafios, propõe novos desenhos educativos a fim de dedicar-se à sua missão, como é o caso do Programa Diadema Mais Educação.

A rede municipal de ensino conta atualmente com 32 mil alunos em 55 escolas. E é nas 16 escolas de ensino fundamental que a educação integral está sendo implantada para mais de 6 mil alunos de 6 a 8 anos.

Atualmente, o município atende a quatro modalidades de ensino:

- Educação infantil em período integral de 10 horas.
- Educação infantil em período parcial de 3 horas e meia a 4 horas.
- Ensino fundamental regular de 4 e 5 horas.
- Educação integral (Programa Diadema Mais Educação) de 7 a 8 horas.

Como se vê, o município não equacionou seu *déficit* de tempo de permanência. Devido à alta procura por vagas nas faixas etárias de 4 e 5 anos, o sistema ainda convive com o terceiro turno em algumas escolas e com isso não proporciona o mínimo de 4 horas diárias de aula.

Mesmo frente a essa contradição, os desafios da qualidade da educação não se reduziram na conformidade dos problemas, mas na criatividade de novas ações.

É nesse cenário que se estabelece a educação integral em Diadema, ampliando para, no mínimo 7 e no máximo 8 horas, o tempo de permanência da criança dos anos iniciais do ensino fundamental na escola, em parceria com o Governo Federal, através do Programa Diadema Mais Educação (Figura 29.2).

A AMPLIAÇÃO DO TEMPO E DAS OPORTUNIDADES DE APRENDIZAGENS

Com a implantação do ensino fundamental de nove anos e consequentemente a entrada da criança de 6 anos nessa etapa obrigatória da educação nacional, todo o segmento necessita de reflexões, alterações fundamentais para acolher essa nova faixa etária.

O ensino fundamental de nove anos trouxe aos sistemas de ensino a oportunidade e o desafio de repensar o segmento atendido, no caso de Diadema, do 1º ao 5º ano.

O principal desafio do sistema municipal é o de assegurar o direito de aprender de toda criança. A gestão municipal vem, desde 2009, concentrando seu esforço para garantir que esse direito seja plenamente atendido. A ampliação do tempo das crianças na escola é a estratégia fundamental desse esforço.

Para garantir a plena alfabetização de e de cada criança, fez-se a opção pela implantação gradativa da educação integral com foco no ciclo de alfabetização (6 a 8 anos).

Considerando que a aprendizagem não se comprime em tempos recortados e espaços rigidamente previstos, o sistema organizou-se por ciclos de aprendizagem; com isso a educação integral pode organi-

FIGURA 29.2 Meio ambiente.

zar novas formas de uso dos tempos e espaços de aprendizagem.

Outra concepção importante é a premissa de que trabalhar com a infância exige explorar todas as possibilidades de espaços, tempos, instrumentos, materiais, linguagens favorecendo o seu processo de desenvolvimento nos diferentes aspectos: cognitivo, motor, social, emocional, linguístico.

O trabalho de formação das equipes envolvidas é construído a partir da elaboração do projeto político pedagógico de cada escola, buscando sempre a superação da dicotomia entre educação regular e contraturno, para romper o conceito de ações complementares.

A intersetorialidade também constituiu-se em uma importante manifestação da diversidade do currículo. O conceito integral possibilitou aos diversos atores compartilhar conteúdos nas atividades do programa. As experiências exitosas e *expertises* produzidas na gestão pública e em ONGs foram incluídas na estrutura do Programa Mais Educação, produzindo uma grande rede de saberes no município e nas localidades.

Cada escola inclui, na sua grade de atividades, ações culturais, esportivas e de meio ambiente produzidos no território educativo, o que oportuniza para as crianças o acesso aos bens culturais produzidos na cidade e nas localidades, por meio de atividades e vivências semanais.

O diálogo com entorno também melhorou o fluxo de relações nas localidades em que as escolas estão inseridas (Figura 29.3).

A GESTÃO DA EDUCAÇÃO INTEGRAL NO MUNICÍPIO E NA ESCOLA

A educação integral no município de Diadema foi estruturada a partir da matriz do

FIGURA 29.3 Horta.

próprio Ministério da Educação segundo as diretrizes do Programa Mais Educação. Sua relevância destaca-se na implantação sistêmica nos estados e municípios, o que deu às localidades a oportunidade de aplicar, com maior eficácia, o modelo de gestão intersetorial e a relação participativa por meio dos conselhos escolares.

Programa Diadema Mais Educação nasceu nessa construção coletiva – introduzindo características e potencialidades do próprio município na sua implementação – como política de estado para o âmbito local. Este encontro fez o programa de educação integral se materializar com contornos locais, a partir das normativas nacionais.

Outro dado relevante na gestão foi a decisão do governo local de priorizar o Programa Diadema Mais Educação como ação estratégica de melhoria da qualidade de vida da população de Diadema.

A esse modelo fundiu-se uma agenda que mobilizou a estrutura política do governo e seu desdobramento técnico por meio de comitês. Abaixo, o formato dos comitês e suas ações específicas (Figura 29.4).

A metodologia de gestão do programa se deu em ações intersetorias como forma de garantir o conceito de integral. Para tal, foi criado um *comitê gestor*, composto por secretários das áreas envolvidas no programa: Secretarias de Educação, Cultura, Esporte, Meio Ambiente, Segurança Alimentar, Assistência Social, Transporte, além de secretarias que discutem o formato e a operacionalização do programa, como Planejamento, Comunicação e Obras. O governo compreendeu a importância de uma ação de educação integral como organizadora da vivência intersetorial, e a construção deste mecanismo fez do Programa Diadema Mais Educação uma prioridade municipal.

O comitê gestor estabeleceu como pauta a estrutura e o funcionamento do programa e passou a discutir, para além das ações operacionais, o conteúdo de educação. O debate com segmentos tão acostumados ao distanciamento não foi e não é fácil, assim como a visibilidade e autoria, diluída entre os segmentos, também constituiram-se em um desafio.

Uma importante conquista do programa esteve relacionada à construção, em muitas mãos, de convergências e divergências conceituais, no diálogo com os diferentes segmentos que compõem a produção artística, esportiva, ambiental, de segurança alimentar ou de educação para o trânsito.

Outra estrutura da gestão foi o *comitê executivo*, espaço de discussão do cotidiano do programa, representado por técnicos das secretarias envolvidas. Seu papel é delineado por responsabilizar-se pela construção do currículo, pelo conteúdo da formação e preparação do território.

Nesse sentido, coube ao comitê executivo a adoção de várias medidas de orga-

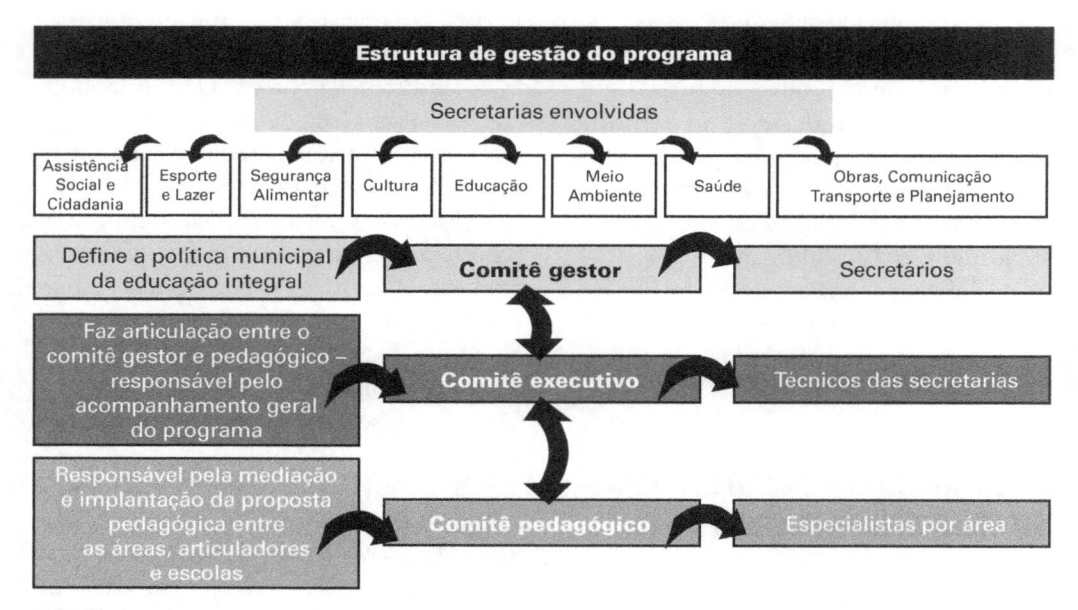

FIGURA 29.4 Organograma municipal.

nização do território para o atendimento das crianças. As faixas de trânsito, as sinalizações nos postes, as faixas de travessia, entre outros, foram mecanismos para incentivar a travessia segura das crianças. Somado a isso, a sensibilização dos comerciantes e moradores na desobstrução de calçadas como componente educativo da cidade para com as crianças.

Entretanto, o diálogo direto instituiu-se no *comitê pedagógico*, no qual se estabelece a rotina da educação integral. O comitê pedagógico é formado por uma coordenação pedagógica indicada pelas áreas envolvidas, são especialistas nas áreas de Educação, Cultura, Esporte e Lazer e Meio Ambiente. Nesse comitê está a mediação entre o comitê executivo e a escola, alinhavando consensos e monitorando os resultados.

O trabalho do comitê pedagógico funciona a partir de quatro grandes campos: Educação, Cultura, Esporte e Lazer e Meio Ambiente, em sintonia com os macrocampos indicados do MEC.

A equipe do comitê pedagógico realiza o acompanhamento semanal, verificando o desenvolvimento das crianças por meio de visitas às escolas. Também lhe cabe a responsabilidade de orientar as equipes de gestão na escola. O comitê pedagógico aplica instrumental de avaliação semestral, mensurando, a partir de instrumentais qualitativos e quantitativos, os avanços e percepções do programa junto aos envolvidos (Figura 29.5).

O funcionamento da estrutura local do programa de educação integral redesenhou a dinâmica da gestão da escola, no princípio pedagógico e na relação com o território.

O *conselho escolar* desencadeia os processos da educação integral na escola ao dialogar sobre o território. Cabe também ao conselho o controle e a fiscalização dos recursos do Programa Mais Educação, via Programa de Dinheiro Direto na Escola (PDDE).

A unidade escolar indica o *professor articulador*, de preferência um professor da

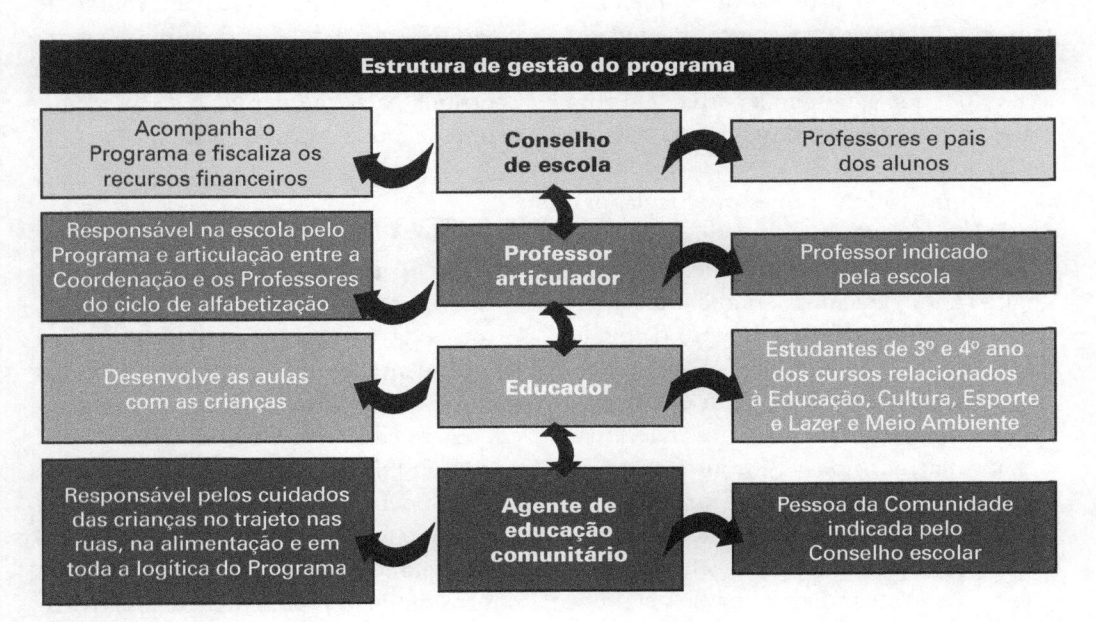

FIGURA 29.5 Organograma na escola.

própria unidade escolar, que disponha de boa capacidade de articulação com os diferentes segmentos representativos da localidade (centros culturais, ONGs, igrejas, associações de moradia e outros atores de referência dos lugares) e bom trânsito entre os professores da unidade e coordenação escolar.

O professor articulador é responsável pela garantia da rotina do trabalho em educação integral. Sua tarefa é executar junto ao comitê pedagógico as diretrizes do programa a partir do acompanhamento dos HTPCs[2] alinhavando o currículo para que ocorra em conformidade aos objetivos estabelecidos pelo programa no âmbito municipal e para que sua aplicação se dê junto com os objetivos específicos definidos no território em que a escola está inserida.

É também sua responsabilidade coordenar, semanalmente, 4 horas de formação dos educadores, adequando metas, a fim de integrar as ações pedagógicas ao ensino regular.

O professor articulador acompanha, também, o caráter pedagógico dos trajetos nos territórios educativos, além de orientar as equipes que garantem a correta e segura travessia das crianças durante a circulação no território.

Enfim, cabe ao professor articulador a garantia da organização da rotina da educação integral, desde seus aspectos pedagógicos aos operacionais, o que oferece aos pais a segurança do atendimento de qualidade.

Os *educadores* são estudantes universitários, dos últimos anos das áreas relacionadas aos macrocampos. Têm jornada de 20 horas e trabalham diretamente com as crianças em 12 horas em atividades. As 8 horas restantes são cumpridas em dois momentos de formação: a formação geral por área (4 horas semanais com todas as equipes do programa) e a formação na escola (4 horas semanais em planejamento das atividades e em encontros com professores do ensino regular).

Nesse complexo terreno de construção de novos paradigmas, um sujeito se apresentou em Diadema como especial no movimento que estamos construindo: os *agentes de educação comunitária*. São pessoas da comunidade que compõem a estrutura de logística e de diálogo com o bairro.

Os agentes de educação comunitária conduzem a logística das crianças entre os territórios educativos e na dinâmica do cotidiano de alimentação e higiene. O objetivo é oferecer uma relação próxima à convivência comunitária, coletivizadora e responsável pelo maior bem de um lugar, que são as crianças.

A travessia das crianças por entre os lugares ofereceu aos membros da comunidade a percepção dos valores do território, tendo sido, da mesma forma, humanizados pelo movimento das crianças pelo bairro.

O agente de educação é um voluntário e tem seu papel estabelecido nos momentos de formação, que ocorre semanalmente e contribui para que a rotina do programa ocorra de forma adequada e segura.

A ROTINA NO PROGRAMA DIADEMA MAIS EDUCAÇÃO

A rotina das crianças em educação integral em Diadema divide-se em três principais momentos: horário de trabalho pedagógico, trajeto educativo e alimentação.

Para Diadema, a organização do tempo é que define o bom andamento do programa. No total de tempo, 16% são utilizados em alimentação e 84% estão relacionados aos momentos pedagógicos nas atividades e no território.

Exemplo de rotina: 1 dia da criança na Escola Municipal Novo Eldorado	
7h	Entrada no período regular
11h	Término do período regular de aula
11h10	Almoço
11h50	Trajeto no território educativo
12h às 13h30	Oficina de Letramento
13h30	Lanche
13h40 às 14h50	Oficina de Percussão na ONG Beija-Flor
14h50	Retorno à escola
15h	Saída da Educação Integral

FIGURA 29.6 Dia a dia na Escola Municipal Novo Eldorado.

Semanalmente, do tempo pedagógico, são destinados 40% ao trabalho de letramento e matemática e 60% ao meio ambiente, esporte e lazer e cultura: expressados nos específicos macrocampos definidos pela unidade escolar e organizados por meio do SIMEC.[3]

O investimento em educação integral não pode velar o real tempo de aprendizagem e buscar permanentemente a alfabetização desses alunos.

Dessa maneira, compreender a dinâmica do trabalho oportuniza o estabelecimento de novos ritmos e oferecer com a ampliação do tempo, a melhoria da qualidade da educação no Brasil (Figura 29.7).

OS DESAFIOS DA UNIVERSALIZAÇÃO DA EDUCAÇÃO INTEGRAL

Quando nos foi proposta a tarefa de implantar o Programa Mais Educação na cidade de Diadema, sabíamos que enfrentaríamos muitos desafios, uma vez que a estrutura de nossa cidade, aparentemente, inviabilizaria a

FIGURA 29.7 Leitura.

implantação do programa. Nossa rede ainda requer inúmeros investimentos.

Definimos como prioridade o compromisso de aumentar a qualidade da educação e definimos como estratégia investir fortemente na alfabetização de crianças do ciclo inicial em diferentes estratégias: fortalecimento do Programa de Formação de Professores do Pró-letramento; do uso estruturado do livro didático; e acompanhamento do Programa Mais Educação.

A vivência do programa de educação integral em Diadema oportunizou até o momento avanços já identificados:

- Construção do currículo único, elemento central da efetivação da educação integral, por meio de 8 horas semanais de formação da equipe diretamente envolvida, garantindo o alinhamento conceitual ao programa.
- Organização do tempo escolar, metodologia de trabalho do educador em todas as áreas: acolhida, desenvolvimento da aula, registro e avaliação da criança e garantia de maior tempo escolar destinado a atividades educativas.
- Alimentação de qualidade com três refeições: almoço e dois lanches.
- Organização dos trajetos, por meio de demarcadores de território, e sensibilização da comunidade para retirada de obstáculos.
- Ações intersetoriais, algumas secretarias envolvendo-se no cotidiano do programa, garantindo maior eficácia nas atividades de cultura, esporte, segurança alimentar e meio ambiente.
- Fortalecimento das redes educativas construindo o novo território da escola.

Entretanto, o desafio da implantação encontrou problemas pontuais, assim como dificuldades estruturais:

- A dificuldade em organizar o sistema, visto que as escolas haviam sido municipalizadas[4] recentemente.
- A relação intersetorial e a necessidade de realimentar a importância desse mecanismo, para que não se desarticule.
- A condição social da população de Diadema, que não apresenta alteração nas suas regiões (Mapa da Exclusão, 2007), da mesma forma o envolvimento das famílias na rotina escolar, envolvendo-se no processo de educação, de forma participativa.
- Dificuldade de expansão, sendo necessárias adequações nas escolas e territórios, para o atendimento da educação integral.
- Custo do programa, para que ocorra de forma eficaz e sem precarização, representa significativo investimento municipal, o que acarreta reordenação orçamentária para atendimento em educação integral.
- Descompasso do financiamento da educação integral, entre o tempo de execução (de acordo com o CENSO), e o repasse do recurso em PDDE (que chega às escolas em um ano e meio de atraso) (Figura 29.8).

DIADEMA: CAMINHOS PARA UM NOVO CENÁRIO EDUCACIONAL

Desde 2009, o município vem implementando o Programa Diadema Mais Educação e, em 2011, conta com a cobertura de 46% do ensino fundamental em educação integral.

Ao adaptar o modelo desenvolvido pelo MEC, a cidade estabeleceu uma nova configuração educacional com desafios que foram e estão sendo enfrentados.

A educação integral em Diadema, como no Brasil, inicia sua agenda reorde-

FIGURA 29.8 Capoeira.

nando o sistema em um novo paradigma curricular, em que a aprendizagem efetiva-se a partir da diversidade e intersetorialidade das políticas públicas.

Foi esse desafio que Diadema aceitou.

NOTAS

1. Mapa da Exclusão/Inclusão Social: suas aplicações no combate às desigualdades de oportunidades, realizado pela Secretaria de Assistência Social em parceria com o Centro de Estudos das Desigualdades Socioterritoriais – PUC/SP.
2. Hora de Trabalho Pedagógico Coletivo (HTPC).
3. Sistema Integrado de Monitoramento Execução e Controle – MEC.
4. De 2009 a 2011, o município assumiu 10 escolas estaduais com objetivo de reorganizar o atendimento e expandir vagas na educação fundamental e infantil.

REFERÊNCIAS

BRASIL. Instituto Brasileiro de Geografia e Estatística. *Censo demográfico*: população por município. Brasília: IBGE, 2010.

BRASIL. Instituto Brasileiro de Geografia e Estatística. *Censo demográfico 2010:* população por município. Brasília: IBGE, 2010.

DIADEMA. Prefeitura Municipal. *Mapa da exclusão/inclusão social*: suas aplicações no combate às desigualdades de oportunidades. Diadema: Prefeitura Municipal, 2007. Disponível em: <http://www.bndes.gov.br/SiteBNDES/export/sites/default/bndes_pt/Galerias/Arquivos/produtos/download/pmat_Diadema.pdf>. Acesso em: julho. 2011.

IBGE. Censo demográfico 2010: população por município, IBGE, 2010.

Mapa da Exclusão/Inclusão Social: suas aplicações no combate às desigualdades de oportunidades, Diadema, 2007.

30

A experiência da rede municipal de ensino de Santarém (PA)

Lucineide Pinheiro
Rosa Luciana Pereira Rodrigues

A ampliação do tempo e dos espaços educativos com atividades envolventes e promotoras de uma formação integral dos alunos e da valorização do contexto regional amazônico, integrando os saberes dos povos da cidade, dos rios e da floresta, são princípios norteadores das experiências educacionais desenvolvidas na Rede Municipal de Ensino de Santarém, na região oeste do estado do Pará.

A experiência educacional no município, desenvolvida nos últimos cinco anos, resgata valores de vida dos povos na Amazônia, abrindo espaço para a difusão das danças locais, da culinária, da arte, das brincadeiras, das histórias, da linguagem, do jeito de viver da gente desse lugar. Todas essas manifestações são consideradas conhecimentos importantes na formação cidadã dos alunos e na prática pedagógica dos educadores.

As ações são realizadas em regime de colaboração com o Governo Federal e parceiros locais que motivam a prática da arte, do esporte e lazer, da educação ambiental, da educomunicação, da cidadania e cultura da paz, proporcionando aos alunos espaços para descobertas, convivência, respeito à diversidade e busca de conhecimento e crescimento pessoal fazendo com a escola seja criativa para atrair seus alunos e eficaz nos resultados alcançados.

Desde 2005, a rede municipal de educação desenvolve uma experiência desafiadora, proporcionando às crianças e aos adolescentes atividades que visam o fortalecimento da consciência ética, na convivência e no respeito ao outro e ao meio ambiente, e de valorização da estética através do resgate da arte local, das tradições amazônicas e da arte universal. Tudo isso só é possível graças à ampliação do tempo e dos espaços educativos.

Um dos primeiros e mais eficazes projetos é o Arte na Escola da Gente que trata a escola como um verdadeiro espaço de criação, de construção e troca de conhecimentos, de descoberta do mundo e das pessoas, de parceria com a comunidade.

BRINCANDO DE FAZER ARTE NA ESCOLA

O Arte na Escola da Gente objetiva tornar a escola um espaço aberto visando à promoção da pessoa e da cultura da paz. O projeto utiliza linguagens artísticas como a dança, o teatro, a música, as artes plásticas, a poesia, a literatura infantil, o mosaico, a cerâmica, o artesanato, entrelaçando família, escola e comunidade. Envolve alunos de escolas da zona urbana e da zona rural do município. E, nesse ponto, vale frisar que, das 457 escolas existente na Rede Municipal de Ensino de Santarém, apenas 64 estão na zona urbana. As demais estão localizadas em áreas de rios e florestas, o que perfaz uma realidade, ao mesmo tempo, fascinante e desafiadora.

O projeto também realiza exposições culturais de artes plásticas, cerâmica e artesanato, além de festivais de música e espetáculos, como o auto de natal. As crianças dão uma verdadeira lição de dedicação e talento com uma desenvoltura que emociona pais, professores e toda a comunidade.

OFICINAS DE ARTE NO COTIDIANO ESCOLAR

No contraturno, alunos são convidados a fazer parte de oficinas de arte orientadas por arte-educadores capacitados para trabalhar a arte como instrumento pedagógico na formação integral de crianças e adolescentes.

O desenvolvimento da coordenação motora e o processo de letramento na educação infantil também recebem o reforço com o ensino da arte. Desenhos, música, teatro e dança ajudam na inserção das crianças no mundo das letras, representado pela escola, e reforçam a socialização com os grupos sociais externos à família.

A Educação de Jovens e Adultos (EJA) também recebe atenção especial com o ensino através da arte. As oficinas, das quais os alunos participam a partir de suas afinidades, são realizadas de forma regular nas escolas da zona urbana e por meio de caravanas na zona rural.

- *Oficinas de artes plásticas* – Através do desenho, da pintura, da cerâmica tapajônica e do artesanato, alunos são motivados a criar, a desenvolver o dom ainda adormecido ou a aperfeiçoar a habilidade já adquirida conhecendo um pouco mais da cultural local. O resultado salta aos olhos com a beleza expressa pelo talento desses meninos e meninas.
- *Oficinas de música* – As oficinas de música envolvem o canto-coral, a flauta doce, a flauta transversal, o teclado e o violão. O despertar pela música ajuda na concentração, na dedicação ao processo educacional, além de fazer o coração bem mais feliz.
- *Oficinas de dança* – Valorizando as danças regionais e contemporâneas, as oficinas de dança levam os alunos a conhecer os ritmos, as danças da cultura paraense, a dança clássica, a beleza e a importância da expressão corporal para a saúde do corpo e da mente. Na educação infantil, há um trabalho especial com as oficinas de balé.
- *Oficinas de teatro* – As artes cênicas representam forte expressão cultural e resgatam a história dos povos. As oficinas de teatro valorizam as histórias e lendas locais e as temáticas que influenciam a sociedade atual como: cidadania, meio ambiente e cultura da paz.
- *Oficinas de artesanato* – Nestas oficinas, alunos e professores são envolvidos pelo talento dos artistas locais que utilizam materiais do dia a dia para criar e recriar. São fabricados utensílios, brinquedos, ornamentos, entre outras peças.
- *Oficiarte mosaico* – A Educação de Jovens e Adultos tem uma atividade específica com o Oficiarte Mosaico. O mosaico é uma arte desenvolvida com materiais diversos: madeira, vidro, cerâmica,

ferro, cimento, pedras e outros, a partir da qual são montadas peças utilitárias e decorativas, sempre retratando o contexto amazônico com suas flores, peixes e animais da floresta. O Oficiarte Mosaico vem sendo desenvolvido com os alunos da EJA para garantir a permanência dos estudantes na escola e também para ser uma opção de geração de renda.

CARAVANAS DE ARTE E EDUCAÇÃO

Para atender a alunos, professores e comunitários da zona rural, o projeto realiza as Caravanas de Arte e Educação, levando os arte-educadores ao encontro da comunidade. Essas Caravanas do Projeto Arte na Escola da Gente levam oficinas de arte e educação às escolas da zona rural com o objetivo de utilizar o espaço escolar e entorno como local de criação e manifestação artística aberta a toda comunidade. Em cada caravana a equipe de arte-educadores permanece de dois a três dias na comunidade com atividades intensivas junto a alunos, professores e comunitários.

Esta é uma ação que merece um destaque especial por ser uma iniciativa socioeducativa-cultural que garante a participação ativa da comunidade, principalmente dos lugares mais afastados dos centros urbanos, que historicamente têm ficado à margem de atividades artístico-culturais em função das distâncias geográficas existentes na Amazônia, oportunizando aos participantes a autovalorização e o autorreconhecimento.

Pode-se dizer, ainda, que essa ação contribui para a construção de um espaço que possibilita o desenvolvimento da criticidade, da criatividade e da cidadania e, consequentemente, o fortalecimento das manifestações culturais, despertando na comunidade o resgate dos traços típicos dos povos amazônicos.

As Caravanas de Arte e Educação do Projeto Arte na Escola da Gente favorecem a descoberta de talentos artísticos nas escolas e comunidades rurais, permitindo a difusão, a criação artística, a valorização da cultura regional e o fortalecimento dos laços familiares e comunitários.

FESTIVAIS DE MÚSICA

Por cinco anos seguidos, entre 2005 e 2009, foi realizado o Festival de Música Arte na Escola da Gente, movimentando escolas da zona urbana e da zona rural de Santarém.

Com os festivais, os alunos conheceram músicas e autores da região, pesquisaram letras e histórias de canções da MPB, valorizaram expressões culturais e religiosas através da música. O resultado são belas e emocionantes interpretações que levaram multidões às praças formando torcidas orgulhosas de seus filhos, alunos e colegas. As músicas finalistas foram registradas em CD e as experiências marcaram os meninos e as meninas participantes que puderam se sentir reconhecidos por suas comunidades e, além disso, foram tomados por um maior gosto pela escola, espaço que lhes proporcionou essas descobertas.

ESCOLA DA FLORESTA – EDUCAÇÃO AMBIENTAL ALÉM DOS MUROS DA ESCOLA

A Escola da Floresta é uma iniciativa pioneira da Prefeitura de Santarém, através da Secretaria Municipal de Educação e Desporto (SEMED), com o objetivo de realizar atividades práticas orientando a mudanças de comportamento e valores quanto a preservação e conservação do meio ambiente. Também compartilha experiências e ações em Educação Ambiental junto à comunidade escolar e à sociedade civil com a atuação de um grupo de educadores ambientais formado por profissionais multidisciplinares.

A unidade educacional está localizada à vila balneária de Alter do Chão, terra do povo indígena Borari, em uma área rural de 33 hectares de floresta às margens do Lago Verde. Há diversos espaços nos quais são desenvolvidas atividades diversas com os alunos, aproximando-os das realidades da região. Entre esses espaços estão: casa do seringueiro, casa da farinha, viveiro de plantas medicinais, meliponário, casa de vegetação, trilhas educativas, memorial Chico Mendes, casa do pescador, viveiro de peixes e auditórios rústicos, abrangendo ecossistemas florestais e fluviais.

A Escola da Floresta é pautada em princípios metodológicos inspirados, principalmente, na proposta do educador Paulo Freire. As atividades buscam desenvolver a consciência crítica do educando a partir do diálogo, respeitando-o a fim de complementar o conhecimento já adquirido, oportunizando a relação entre teoria e prática através do contato direto com o meio natural.

O atendimento é feito através de agendamentos das escolas e instituições que marcam o dia para seus alunos e professores participarem das atividades oferecidas diariamente na escola. Educandos e educadores vivenciam a experiência de ficar um dia inteiro no espaço da escola tendo contato direto com a floresta e recebendo orientações de convivência harmônica com o meio natural. Os atendidos são motivados a desenvolver ações educativas ambientais nas suas escolas e comunidades de origem, em um processo de mudança de comportamentos e valores diante do meio em que estão inseridos.

O ESPORTE E O LAZER NO AMBIENTE ESCOLAR

Alunos do ensino fundamental têm aulas de Educação Física e participam de projetos e programas voltados para o desenvolvimento social através das práticas esportivas que motivam o trabalho coletivo e despertam o potencial individual do educando.

Foi criada uma assessoria específica para essa área, a Assessoria Esporte e Lazer, que desenvolve atividades de esporte e lazer na escola e na comunidade. Entre as atividades estão jogos escolares, escolinhas de modalidades esportivas, núcleos de esporte e lazer e aulas recreativas, além de ginástica rítmica e dança, e uma colônia de férias que prepara a escola para ser espaço educativo, inclusive nas férias. Os alunos das escolas municipais participam de momentos recreativos através de práticas esportivas, jogos educativos, além de atividades lúdicas e culturais.

EXPERIÊNCIA DO MAIS EDUCAÇÃO EM SANTARÉM

Um programa que oportuniza maiores espaços na escola para o desenvolvimento de um processo de educação integral, reunindo poder público e comunidade em uma ação conjunta que visa à formação do educando, respeitando-o como sujeito agente no sistema educacional.

Com essa perspectiva surgiu o Programa Mais Educação, criado pelo Governo Federal e abraçado pelo município como uma ação que vinha ao encontro das motivações humanísticas do sistema de ensino. Em 2009, o Programa Mais Educação chegou a 19 escolas de Santarém e, em 2010, 35 escolas foram incluídas no programa, ampliando o caminho da consolidação de uma educação em tempo integral.

Os macrocampos que direcionam as diversas oficinas no cotidiano escolar reforçam a tendência atual de uma prática educativa que vislumbre no processo de ensino a inserção das tecnologias da informação e da comunicação, das práticas de esporte e lazer, das reflexões sobre direitos humanos e meio ambiente, além dos aspectos culturais e do acompanhamento pedagógico.

O Programa Mais Educação veio garantir a ampliação de tempo e espaços educativos oferecendo ao aluno de 7 a 8 horas de atividades diárias, que estimulam o saber, promovem a sociabilidade e fortaleçam a cultura da paz no ambiente escolar e comunitário. A criança e o adolescente passam mais tempo em atividades educativas. Criam-se novas expectativas, despertam-se os sonhos, abrem-se as possibilidades para a descoberta de novos conhecimentos e para grandes viagens ao mundo do saber.

Esse novo jeito de fazer educação gera resultados: educadores motivados e criativos, escolas cheias de vida, pais mais confiantes e, principalmente, crianças e adolescentes mais felizes porque vivenciam o grande movimento conjunto em prol de uma sociedade mais justa a partir da prática cidadã, com a qual respeitam-se os direitos de todos, em especial, o direito de sonhar e de viver a realização desses sonhos.

Além disso, há os resultados mais práticos. Em Santarém, por exemplo, são notórios os avanços desse processo de desenvolvimento da educação. Eles refletem de forma direta na qualidade do ensino, o que pode ser constatado nos índices de rendimento escolar dos alunos. Um dado representativo dessa constatação é o índice de aprovação na rede municipal de Santarém que no período de 2005 a 2009 subiu 5,1%. E somente no último ano, quando foi implantado o Programa Mais Educação, esse crescimento foi de 1,5%, sendo uma das elevações mais significativas.

Estes são resultados que apontam o sucesso das ações de humanização implantadas na educação brasileira nos últimos anos e que a cada dia são realidades ainda mais presentes na vida das pessoas envolvidas nas comunidades escolares. Educadores, educandos e pais sendo olhados como sujeitos de um processo que valoriza a vida em seus diversos contextos.

As experiências de educação em tempo integral representam uma revolução no ensino brasileiro e, em especial, na Amazônia, por esta ser uma região de muitos desafios a serem superados. A educação é o elemento fundamental para a ampliação e abertura de novos caminhos e visões de mundo, proporcionando a formação de sujeitos construtores da própria história.

31

A construção dos centros integrados em Americana e Santa Bárbara D'Oeste (SP)

Herb Carlini

> Confesso que não venho aqui falar-vos sobre o problema da educação sem certo constrangimento. Sobre assunto algum se falou tanto no Brasil e tão pouco se realizou. Não há, assim, como fugir à impressão penosa de que estamos a nos repetir. Há cem anos os educadores se repetem. Esvaímo-nos em palavras e nada fazemos. Atacou-nos, por isto mesmo, um estranho pudor pela palavra e um desespero mudo pela ação.
>
> Anísio Teixeira,
> em discurso na Assembleia
> Legislativa da Bahia (1947)

A finalidade deste relato não é esgotar a discussão sobre uma temática tão ampla e relativamente nova no cenário educacional brasileiro como é a educação integral, mas trazer ao debate, dos educadores em geral e, em especial, dos dirigentes municipais de educação, alguns pressupostos teóricos, algumas premissas e alguns dados de uma experiência concreta na tentativa de suscitar e aprofundar o debate que ajude a nortear a construção dos diversos projetos de ensino integral em curso no Brasil.

A partir desta experiência concreta, a saber, a implantação dos Centros Integrados de Educação Pública (CIEPs) em Americana, no início dos anos de 1990, e mais recentemente em Santa Bárbara d'Oeste, ambas as cidades do estado de São Paulo, pretendemos lançar algumas questões e provocar uma discussão mais ampla (e necessária) sobre um tema tão polêmico e ao mesmo tempo quase desconhecido dos educadores brasileiros. Mais que isso, ainda, pretendemos que, explicitando esse projeto, possamos contribuir com as várias propostas de educação integral que o Ministério da Educação vem fomentando e assumindo como política pública em todo o país em parceria com os municípios e que já atinge cerca de 5 mil escolas e 1,8 milhão de alunos, com o propósito de promover, de fato, a melhoria da qualidade da educação básica, e ao mesmo tempo, garantir cidadania plena a milhões de jovens e crianças brasileiras.

A EDUCAÇÃO INTEGRAL NO BRASIL

Um breve histórico

A discussão sobre a pertinência da educação integral no Brasil é relativamente nova. A primeira experiência de construção de uma escola pública elementar de ensino integral remonta a década de 1950, quando o eminente educador e político baiano Anísio

Teixeira implantou, nos arredores de Salvador na Bahia, o projeto da Escola-Parque.

Anísio foi um dos precursores dos ideais e da pedagogia da "escola nova" no Brasil, juntamente com renomados educadores como Fernando Azevedo e outros, que iniciaram a luta pela escola pública e foram signatários do célebre manifesto de 1932, um marco do movimento educacional que buscava afirmar a escola pública laica universal e democrática no país no início do século XX.

O modelo escolanovista, do qual o educador e filósofo John Dewey foi um dos principais formuladores, compreendia a educação e o aprendizado, sobretudo, como uma experiência concreta. Essa concepção experimentalista, do "aprender fazendo" de Dewey encontrava-se na gênese e no cotidiano de alunos e professores da Escola-Parque. A ênfase do projeto, além de garantir as disciplinas comuns do currículo estabelecido na época, priorizava várias atividades extraclasse como laboratórios, horticultura e outras que incentivavam a observação e a experimentação dos alunos como estratégia para apreender o conhecimento e desvendar a realidade.

A Escola-Parque, concebida sob forte impacto da pedagogia escolanovista, privilegiava no currículo as chamadas ciências da natureza, e os estudos concretos e seu significado influenciaram posteriormente outros projetos de educação integral, embora a proposta de Anísio Teixeira não tenha conseguido florescer como política pública perene de educação no país, exceto no Distrito Federal, em Brasília, onde ainda hoje existe uma unidade da Escola-Parque semelhante àquela idealizada por Anísio Teixeira na Bahia.

A segunda iniciativa de construção de um projeto de escola integral no Brasil ocorreu no início dos anos de 1960, quando foram implantados no Estado de São Paulo os Ginásios Vocacionais para atendimento aos alunos do antigo curso ginasial na faixa etária dos 11 aos 14 anos.

A proposta pedagógica dos Ginásios Vocacionais não diferia substancialmente da proposta da Escola-Parque, e também tinha forte influência do modelo escolanovista e da pedagogia de Dewey, priorizando os estudos do meio e as oficinas, e buscando conciliar as aulas teóricas com a prática concreta. Enfatizava muito a pesquisa e as visitas monitoradas dos alunos a fábricas e empreendimentos produtivos e agrupamentos sociais, para que estes, *in loco*, pudessem observar e estudar os fatos concretamente, como ponto de partida para posterior aprofundamento do que havia sido observado nas salas de aula.

No entanto, podemos afirmar que, por atender uma faixa de alunos pré-adolescentes dos antigos cursos ginasiais e por terem como idealizadores e coordenadores do projeto educadores mais alinhados com a militância sindical e partidária mais à esquerda, que permeava o efervescente debate político da débil democracia brasileira no início dos anos de 1960, os educadores dos Ginásios Vocacionais propugnavam por uma escola mais crítica e engajada no processo de mudança social e, por isso mesmo, o projeto dos GV foi desmontado precocemente pela ditadura militar a partir de 1965.

A terceira proposta de escola integral que originou os Centros Integrados de Educação Pública, os CIEPs, foi implantada no Rio de Janeiro em meados da década de 1980, 20 anos após o fechamento dos Ginásios Vocacionais paulistas.

O projeto arquitetônico dos CIEPs, elaborado por Oscar Niemayer, renomado arquiteto brasileiro, teve origem no encontro realizado em Mendes, município do

Rio de Janeiro, quando foram desenhadas as linhas políticas e pedagógicas gerais do chamado Plano Especial de Educação, no início do primeiro governo de Leonel Brizola no Rio de Janeiro. Pedagogicamente, a proposta dos CIEPs também bebia na fonte do experimentalismo de Dewey e nos princípios da Escola Nova, uma vez que Darcy Ribeiro, o idealizador do CIEP, era discípulo de Anísio Teixeira e comungava com muitos de seus ideais a respeito da educação. O governo Brizola tinha como meta construir 500 CIEPs no Estado do Rio de Janeiro. No entanto, muitos deles não chegaram a ser concluídos ou implantados. Mesmo assim, cerca de 300 escolas foram entregues durante os dois mandatos de Brizola e vários outras foram iniciadas. Com a saída de Brizola do Governo Estadual e a derrota de Darcy Ribeiro, o candidato brizolista no Rio de Janeiro, o projeto do CIEP foi abandonado, e os "brizolões", como eram chamados os Centros Integrados, foram sucateados posteriormente, especialmente durante o Governo de Welington Moreira Franco, principal adversário de Brizola na política carioca. O projeto de escola integral sobreviveu a duras penas em algumas regiões do estado, em especial na cidade do Rio de Janeiro, e influenciou alguns prefeitos e educadores vinculados ao PDT de outros estados, especialmente do sul e do sudeste do país, como ocorreu em Americana e atualmente em Santa Bárbara d'Oeste.

O CIEP COMO PROJETO ESTRATÉGICO. UMA DISCUSSÃO NECESSÁRIA

Educação integral ou escola integral?

Desde a sua origem, o projeto político pedagógico do CIEP definiu-se com uma proposta estratégica para efetivamente melhorar a qualidade do ensino público no país. Esse objetivo estratégico, sem desconsiderar outras finalidades assistenciais do projeto, tais como a de garantir a proteção a jovens e crianças nas regiões mais pobres e de risco, tirando-os da rua e garantindo-lhes alimentação adequada e atendimento médico-odontológico, ao menos em teoria, está evidente na proposta político-pedagógica do CIEP. Em função desse objetivo, que buscamos reafirmar e preservar, quando da implantação do projeto tanto em Americana quanto recentemente em Santa Bárbara d'Oeste, a grande maioria das atividades escolares, desde o núcleo comum obrigatório do currículo até as oficinas complementares do chamado "tempo extra" e as demais atividades, são, em geral, desenvolvidas no interior da escola, a exemplo do que ocorreu com outros projetos semelhantes de escola integral, como por exemplo os Centro Educacionais Unificados (CEUs) implantados na cidade de São Paulo no governo de Marta Suplicy.

No CIEP, as disciplinas obrigatórias do núcleo comum do currículo são, em geral, mas não exclusivamente, trabalhadas no período da manhã (1º turno) enquanto as atividades da parte diversificada (oficinas e estudo dirigido) desenvolvem-se à tarde, com intervalos para merenda em ambos os períodos, além de almoço e hora de lazer.

O CIEP é, sobretudo, um projeto que requer repensar o tempo e o espaço escolar. Assim, a organização do horário é essencial para o sucesso do projeto da escola. Muitas vezes a confecção do horário, conciliando o tempo da criança com a disponibilidade dos professores, demanda muito tempo e requer um período de transição do "tempo regular" para o "tempo integral" e para adaptação dos alunos. Esse tempo varia de um a dois meses no início do ano letivo, período em que os alunos experimentam várias atividades e oficinas livres (não obrigatórias) até adaptarem-se à rotina da escola.

Por isso, a elaboração do projeto de um CIEP, desde sua concepção arquitetônica, precisa ser pensado de forma a garantir aos alunos o espaço adequado que, além das salas de aula, contemple a instalação de biblioteca, brinquedoteca, laboratórios de ciências e matemática, auditório ou sala para artes cênicas e atividades que envolvam a comunidade, além de quadra coberta, refeitório amplo e cozinha industrial, na medida em que todos os alunos e quase uma centena de servidores permanecem geralmente em tempo integral na unidade escolar e, portanto, precisam fazer suas refeições na própria escola.

Cabe, portanto, diferenciar a proposta do CIEP e outras escolas integrais das propostas de educação integral, uma vez que, além da permanência do aluno o dia todo na escola, no caso da escola integral, em contraposição ao chamado "contraturno" (cumprido fora da escola), que os projetos de educação integral enfatizam, existem outras diferenças substanciais que julgamos conveniente explicitar.

É importante salientar que os dois projetos não são contraditórios e eventualmente podem coexistir e mesmo serem complementares na mesma rede de ensino até para que haja padrões de comparação e avaliação de ambas as propostas, que também dependem muito da realidade e das condições orçamentárias de cada município para serem implantadas.

No CIEP, como em um quebra-cabeças, o gestor da escola e a equipe técnica da Secretaria de Educação trabalham em sintonia para definição do currículo pleno, de modo a garantir o núcleo comum obrigatório e as oficinas mais lúdicas e optativas que compõem a parte diversificada do currículo (música, teatro, dança, capoeira e outras), bem como aquelas vinculadas ao núcleo comum e que cumprem papel estratégico para melhorar o desempenho dos alunos como as oficinas de inglês e xadrez, além das atividades nos laboratórios (de informática, matemática e ciências) e do reforço escolar (estudo dirigido).

Dada a complexidade do currículo pleno, o CIEP inicia suas atividades às 7:30 encerrando por volta das 16:30 ou 17:00 horas. Eventualmente ocorrem atividades programadas fora da escola, como as de estudo dirigido, e outras desenvolvidas sempre com o intuito de ampliar o horizonte dos alunos, oportunizando o conhecimento de vários aspectos da realidade. A permanência do aluno o dia todo na escola e a variedade do currículo pleno faz com que os dirigentes e educadores, monitores culturais e funcionários de apoio do CIEP aprendam a repensar constantemente o território e o projeto da escola. Mais ainda, exige um planejamento prévio flexível para que a escola "desorganize-se" e "organize-se" constantemente.

Cabe considerar que o projeto do CIEP, e das escolas integrais em geral, caminham, de certa forma, na "contramão" da proposta das "cidades educadoras", muito discutida no Brasil a partir da década de 1990 e que norteia os projetos de educação integral de vários municípios e cujo exemplo mais conhecido é o projeto "Escola Bairro" realizado em Nova Iguaçu no Rio de Janeiro, uma vez que esses projetos concentram as atividades do tempo extra dos alunos e/ou contraturnos, em geral não obrigatórios, fora do território da escola e buscam oportunizar experiências de aprendizagem em espaços alternativos do bairro e da própria cidade.

Embora reconhecendo os resultados e avanços que algumas dessas experiências alcançaram, elas tornam mais difícil a articulação das atividades do contraturno com o núcleo comum do currículo, no processo de construção de um currículo pleno, essencial para a melhoria da aprendizagem e, assim, o trabalho interdisciplinar dos educadores fica prejudicado. Além disso, como as atividades desenvolvidas fora da escola obrigam uma interface com entidades sociais, ONGs e outras instâncias e órgãos do Governo Municipal, muitas vezes "estranhos" à educação, alguns desses projetos dificultam o processo de avaliação quantitativa e diagnóstica dos alunos, provocando a dispersão dos objetivos da proposta, além de fragmentarem o próprio currículo, o que não impede que inúmeras experiências exitosas de educação integral estejam ocorrendo no país, em várias regiões, de modo distinto e diversificado.

Acreditamos que o CIEP e outros projetos semelhantes de escola integral, dado seu caráter obrigatório e por concentrarem grande parte das atividades extraclasse no interior da escola, permitem uma integração do núcleo comum do currículo com as atividades e as oficinas complementares, facilitando a construção de um currículo único essencial para que se possa avançar na questão da qualidade. Além disso, a concentração das atividades na escola torna mais efetiva a articulação do trabalho dos professores e demais educadores em uma perspectiva interdisciplinar, além de facilitar o processo de avaliação da aprendizagem dos alunos e, inclusive, a avaliação diagnóstica do processo como um todo, fundamental para o replanejamento das atividades docentes dos conteúdos curriculares e do projeto de ensino.

Por fim, vale lembrar que, em função do objetivo estratégico do ensino integral, de garantir um padrão de qualidade e escolarizar com eficiência amplas camadas de crianças e jovens, a escola integral, embora seja um projeto que demande mais investimentos e uma maior estrutura, pode assegurar a consecução desse objetivo com maior efetividade. Concordamos, aqui, com algumas das formulações do professor Demerval Saviani, que sustenta que, no Brasil, ocorreu um processo de queda contínua da qualidade da escola pública, na medida em que, especialmente durante a ditadura militar, ampliou-se o acesso ao ensino. Na verdade, a escola não foi democratizada, mas massificou-se. E, portanto, é necessária a retomada de alguns pressupostos que a escola tradicional tinha de positivo; a saber, a relevância de conteúdo e o resgate da autoridade do professor. Todavia, é preciso entender que para Saviani não se trata de qualquer conteúdo, mas sim de conteúdos socialmente relevantes, para que os alunos oriundos das camadas mais pobres possam ter as mesmas chances de aprendizagem e apreender novos conhecimentos, oportunidades essas que são garantidas hoje pelo ensino privado, somente aos filhos das camadas mais ricas da população. Também é necessário o resgate da autoridade do professor na sala de aula, para que este exerça de fato o papel de mediador do processo de aprendizagem, e a capacitação adequada para que ele possa forjar uma consciência crítica de sua função essencial e seu significado para intervir, quando necessário, no processo de aprendizagem e possa, enfim, "ensinar" com competência. Assim, Saviani, sem cair no "conteudismo" e no "autoritarismo" da escola tradicional, elaborou uma reflexão crítica e dialética sobre a escola pública brasileira, com lucidez e coerência, visando recuperar seu papel e sua importância, perdida devido ao processo de massificação do ensino nas últimas décadas.

Acreditamos que a escola e a educação integral possam efetivamente assegurar esse resgate referido por Saviani e promover a escolarização com mais profundidade e eficiência para crianças e jovens oriundos das classes populares, uma vez que o objetivo estratégico da escola pública é justamente este: o de melhorar a qualidade da aprendizagem, de garantir aquisição de conceitos e pressupostos básicos necessários para que os filhos dos trabalhadores e das camadas pobres e médias tenham, definitivamente, os mesmos direitos à cultura, ao conhecimento e ao saber. Direitos que, a despeito dos incontáveis avanços verificados no ensino público do país nos últimos anos, ainda estamos longe de assegurar plenamente.

QUE ESCOLA É ESSA: OS PRESSUPOSTOS TEÓRICOS E OS EIXOS POLÍTICO--PEDAGÓGICOS DO CIEP

Os pressupostos teóricos

A proposta político-pedagógica do CIEP fundamenta-se em quatro pressupostos teóricos: a pedagogia experimentalista do educador John Dewey; o construtivismo de Piaget e Vigotsky; as ideias do pensador socialista italiano Antonio Gramsci e o exemplo da Escola-Parque de Anísio Teixeira.

O experimentalismo de Dewey, precursor da "Escola Nova", preconiza o "aprender fazendo" e parte do princípio de que a aprendizagem se dá a partir das experiências concretas do aluno. Por isso, no CIEP são enfatizadas as atividades que colocam a criança em contato direto com a natureza e com o objeto de conhecimento, nos laboratórios de ciência e matemática e nas demais oficinas que integram tanto o núcleo comum do currículo e sua parte diversificada como as de informática, inglês, horticultura e outras, propostas muitas vezes pela própria escola para complementar o currículo.

O construtivismo, segundo pressuposto do CIEP, enfatiza que a aprendizagem é um processo mental que precisa ser gradativamente construído pela criança em tentativas que envolvem erros e acertos até ser interiorizado e apreendido. Nos CIEPs são utilizados, mais que as ideias de Piaget, os princípios de Vigotsky, outro educador construtivista que valorizava muito o aspecto social e a herança cultural que envolve a criança na construção do aprendizado. De acordo com o socioconstrutivismo de Vigotsky, a pedagogia do CIEP prioriza as estratégias que afirmam o trabalho em grupo e as ações coletivas na sala de aula, bem como o conhecimento da "cultura" da criança para o planejamento das atividades didáticas.

Um estudo e um olhar mais aprofundado sobre o projeto do CIEP evidenciam um terceiro pressuposto teórico que, como "pano de fundo", está na gênese da proposta político-pedagógica: as ideias do filósofo e intelectual italiano Antonio Gramsci, em especial suas formulações sobre a relevância da cultura e sua crítica aguda ao sistema educacional italiano do início do século XX.

Gramsci propugnava por uma "escola única" que pudesse superar a dicotomia da educação italiana que cindia-se em duas escolas: uma delas, de caráter acadêmico e formativo, destinada a educar os doutores e advogados, filhos da elite, e a outra destinada a ensinar os ofícios, isto é, formar os operários e trabalhadores para reproduzir a força de trabalho necessária à produção nas fábricas e no campo e à própria reprodução do incipiente capitalismo italiano. Para contrapor esse sistema, Gramsci propôs um modelo novo: a "escola única" na qual os alunos pudessem, ao mesmo tempo, aprender os ofícios, mas também ter acesso a formação humanista e acadêmica necessária para galgar as profissões monopolizadas pelos filhos das elites.

Com relação à cultura, entendida em seu sentido pleno, Gramsci considerava o acesso às artes e ao legado teórico das ciências, patrimônios da humanidade, como essencial para o desenvolvimento do ser humano e para sua emancipação pessoal e política; e, para superar sua condição de classe dominada, em aliança com outros setores sociais, estabelecer assim a hegemonia política na sociedade capitalista e burguesa, pressuposto fundamental para a tomada do poder.

Forjado pelo legado das ideias de Gramsci, o projeto do CIEP preconiza, portanto, afirmar-se como um modelo de escola na qual a permanência da criança em tempo integral permita a execução de um projeto de educação na sua integralidade, que garanta ao aluno o aprendizado de noções básicas das ciências, da experimentação artística e do conhecimento dos ofícios, ou seja, uma escola que possibilite, integralmente, o desenvolvimento pleno da cidadania.

Os eixos da proposta político-pedagógica

Quando da sua origem no Rio de Janeiro, a articulação do projeto político-pedagógico do CIEP se dava em torno de alguns eixos e princípios que norteavam o trabalho do cotidiano dos educadores. Ao assumirmos o projeto em Americana e, mais recentemente, em Santa Bárbara d'Oeste, procuramos preservar esses eixos originais. São eles: a interdisciplinariedade e a transdisciplinariedade; a gestão democrática da escola; a afirmação da linguagem e dos estudos sociais como disciplinas integradoras do currículo e a ênfase na cultura como atividade essencial para a construção do currículo pleno da escola.

A interdisciplinaridade e a transdisciplinaridade supõem o trabalho coletivo e planejado dos conteúdos curriculares através da definição de alguns temas e da sugestão de atividades mensais ou bimestrais que possam articular os conteúdos das várias disciplinas, com o propósito de facilitar a aprendizagem. Supõem ainda que não basta a articulação das disciplinas e dos conteúdos que compõem a matriz curricular, mas que é preciso ir além, no sentido de transcender esse "currículo oficial" da escola e construir um novo currículo, integrando ao rol das disciplinas e conteúdos oficiais os conteúdos do chamado "currículo oculto", presente no conjunto de saberes, na cultura da comunidade na qual a escola está inserida e fazendo desse novo currículo mais amplo um objeto de aprendizagem concreta no cotidiano da escola.

A gestão democrática preconiza que no dia a dia a comunidade assuma, juntamente com o conjunto dos educadores, as decisões tomadas pela escola. Por isso, no CIEP, é fundamental a atuação do Conselho Escola Comunidade (CEC) que substitui as tradicionais Associações de Pais e Mestres (APMs) das escolas públicas. O CEC, que conta com um número ampliado de participantes chegando a cerca de 30 ou 40 conselheiros, é formado, além de professores e funcionários, também por inúmeros alunos e pais, todos eleitos pelos seus pares. A participação do colegiado do CEC na formulação de diretrizes escolares, do próprio planejamento e das reuniões dos conselhos de classe e turma e, muitas vezes, no cotidiano da escola, é essencial para a construção do projeto democrático do CIEP. Além do CEC, a escola, no início, no meio e no final do ano realiza assembleias de pais e alunos, buscando ampliar a democracia interna e promover a participação organizada da comunidade na definição dos rumos da unidade escolar.

A ênfase na linguagem e nos chamados estudos sociais, terceiro eixo pedagógico do CIEP, preconiza que algumas habilidades e competências são essenciais ao processo de aprendizagem. Darcy Ribeiro afirmava, com insistência, que a escola pública brasileira era, antes de mais nada, uma escola "desonesta" para com os filhos das camadas mais pobres da população, porque negava a essas crianças, deliberadamente, o direito de ler, escrever e contar. Sabemos que a principal razão da baixa qualidade da escola pública brasileira deve-se ao fato de que os alunos das séries iniciais do ensino fundamental, dos 6 aos 10 anos de idade, não conseguem aprender os conceitos fundamentais da matemática (o "contar") porque sobretudo não conseguem ler e entender o significado do que leram e, assim, não conseguem desenvolver a habilidade da escrita. Consequentemente, devido a essas deficiências, a maioria dos alunos não consegue apreender outros conteúdos básicos, das várias disciplinas como ciências, geografia e história que compõem o chamado "núcleo comum" do currículo da escola.

Objetivando suprir essas carências, o CIEP procura incentivar as várias formas de linguagem: oral, escrita e corporal, seja através de estratégias e didáticas que reforcem, na sala de aula e na biblioteca, a prática da leitura, bem como através de oficinas de teatro e dança, música e produção de texto, além das atividades nos laboratórios (em especial o de matemática) para que o aluno possa "gostar da escola" e aprender a aprender concretamente e com maior autonomia. Trata-se, portanto, de construir um ambiente escolar agradável, uma escola "prazerosa" como afirmava Paulo Freire, e concomitantemente despertar no aluno a vontade e a curiosidade para aprender.

A disciplina de estudos sociais, como integradora e articuladora das demais disciplinas, tem grande relevância no currículo do CIEP, uma vez que seu conteúdo permite o trabalho coletivo em sala de aula e em eventuais pesquisas fora da escola, além de permitir a utilização de algumas estratégias de aprendizagem alternativas, como o audiovisual e a dramatização entre outras, facilitando o trabalho interdisciplinar e mesmo a transdiciplinaridade com o "repertório" cultural da comunidade.

A relevância da cultura, entendida aqui como as várias formas de expressão humana, sobretudo as várias formas de arte, constitui essencialmente a gênese da proposta pedagógica do CIEP. Devido a isso, o projeto da escola é fundamentalmente "culturalista", segundo as concepções de Gramsci que abordamos anteriormente.

Em geral, no CIEP o aluno opta, no início do ano letivo, por duas ou três oficinas de arte de caráter mais lúdico, que compõem a parte diversificada do currículo: teatro, dança, música, artesanato, capoeira, etc., além das oficinas obrigatórias que reforçam o núcleo comum do currículo: laboratórios, informática, inglês ou espanhol, e do reforço escolar (estudo dirigido).

Assim, o currículo pleno do CIEP é formado pelas disciplinas do núcleo comum, pelas oficinas compulsórias, pelo reforço escolar e pelas oficinas da parte diversificada mais as atividades de lazer orientadas por professores e monitores, em um período que varia de 8 a 9 horas de permanência diária na escola, com 20 minutos de intervalo para merenda, de manhã e à tarde, e 30 minutos de intervalo para o almoço, além do café da manhã oferecido aos alunos quando chegam.

CRÍTICA E AUTOCRÍTICA: AVANÇOS E DESAFIOS DO PROJETO DO CIEP

Desde de sua implantação, em meados dos anos de 1980 no Rio de Janeiro, e mais especificamente em Americana desde 1991--1992 e em Santa Bárbara d'Oeste, recentemente, o CIEP tem procurado afirmar-se como uma escola e um espaço que consiga articular o currículo, e as demais atividades desenvolvidas no interior da unidade escolar como o "currículo oculto", a cultura e os eventos e iniciativas da comunidade que o cercam. Fazer da escola um espaço verdadeiramente democrático, aberto e que seja compreendido como uma escola, e não meramente como um projeto assistencial, tem sido o desafio dos educadores que comprometeram-se com o CIEP.

Porém, o desafio prioritário, a nosso ver, tem sido o de fazer do CIEP uma escola pública diferenciada, uma escola de qualidade, um novo paradigma educacional e um modelo de escola que consiga converter o tempo extra do aluno e resulte, de fato, em melhoria do aproveitamento e do aprendizado.

Assim como no sistema capitalista, o tempo extra dos trabalhadores se transforma--se, perversamente, em mais-valia e, posteriormente, no lucro do capitalista, os educadores comprometidos com o CIEP ou qualquer outra proposta de escola e educação integral precisam saber com clareza que o tempo extra que o aluno permanece na escola precisa ser transformado em mais aprendizagem e em mais conhecimento para garantir a melhoria gradativa da qualidade do ensino público. Assim, a escola integral poderá assumir com maior efetividade seu papel histórico de promover, como direito elementar da cidadania, a escolarização plena da imensa maioria das crianças e dos jovens brasileiros.

As constantes e sucessivas avaliações de aprendizagem, realizadas com diferentes turmas do CIEP desde 2005 quando teve início na rede municipal de Americana a Prova Brasil, e anteriormente ainda com as avaliações próprias elaboradas pelas equipes pedagógicas da Secretaria de Educação em conjunto com os professores, revelam que o desempenho e o aproveitamento dos alunos melhoraram satisfatoriamente, tanto em termos de aquisição de novos conhecimentos e do conteúdo das disciplinas como em termos de postura, autonomia e do desenvolvimento de várias habilidades e competências. As avaliações anuais próprias e as duas Provas Brasil realizadas foram consideradas com um duplo sentido: o quantitativo, para mensurar o aprendizado e, principalmente, o qualitativo, para que, a partir dos resultados aferidos, seja elaborado um diagnóstico que possa servir de ponto de partida para as intervenções pedagógicas necessárias, e para corrigir os rumos do planejamento dos professores e às vezes da própria escola.

O resultado das avaliações próprias realizadas no CIEP revelaram uma similaridade com os resultados das últimas avaliações da Prova Brasil realizadas pelo MEC ao longo dos últimos anos. Entretanto, as médias alcançadas no primeiro ciclo do ensino fundamental (1º a 3 º ano) com os alunos de 6 a 8 anos e as do segundo ciclo (4º e 5º ano), tem sido semelhantes aos alcançados por alunos da rede municipal que frequentam as escolas de tempo parcial que funcionam em dois turnos, pela manhã e à tarde. Em Santa Bárbara d'Oeste, onde o projeto iniciou há cerca de um ano, também não ocorreram diferenças relevantes nas avaliações realizadas em 2009 (Provinha Brasil e avaliação própria) entre o desempenho dos alunos das escolas integrais e as de tempo parcial.

É possível concluir que, embora o aluno do CIEP tenha, em função do tempo integral e em função de um currículo mais abrangente, um desenvolvimento mais autônomo e um processo de socialização mais rápido, e também que tenha desenvolvido uma série de habilidades não percebidas nos alunos das escolas de tempo parcial, na mesma rede, ainda não se deu um salto substancial na aprendizagem desses alunos em relação aos alunos das escolas de tempo parcial.

Portanto, o grande desafio que o CIEP e os demais projetos de escola e/ou educação integral nos impõe é o de fazer com que o aluno aprenda mais e melhor, isto é, que além do desenvolvimento de sua autonomia e de sua formação como cidadão pleno, consiga adquirir mais conhecimentos para galgar outros níveis de escolaridade e possa, em igualdade de condições, concorrer com a minoria dos alunos provenientes das camadas mais abastadas da população e que adquira condições de competitividade futuramente no mercado de trabalho para pleitear cargos e posições até aqui monopolizadas pelos filhos da elite.

Buscar inverter ao máximo a lógica da dominação, típica da sociedade capitalista, através da aquisição de conhecimentos e da apropriação da cultura, da aquisição de novas competências e habilidades, do saber, enfim. Esse deve ser, com certeza, nosso maior desafio e nosso compromisso essencial para com todas as crianças e jovens atendidos nas escolas públicas brasileiras, em especial aqueles matriculados nas milhares de escolas integrais e nos vários projetos de educação integral vigentes no país.

32

Das Escolas do Amanhã ao ginásio carioca
A trajetória da educação integral na cidade do Rio de Janeiro (RJ)

Heloisa Messias Mesquita

BREVE HISTÓRICO DO ENSINO FUNDAMENTAL NA CIDADE DO RIO DE JANEIRO

O Sistema Municipal de Ensino da cidade do Rio de Janeiro conta com a maior rede pública de ensino da América Latina, constituída por 1.063 escolas, 255 creches, 12 Espaços de Desenvolvimento Infantil (EDI), cerca de 700 mil alunos e 37 mil professores.

Até o ano de 2008, o sistema educacional da cidade do Rio de Janeiro adotava a "progressão automática", o que não favorecia avanço no rendimento dos alunos do ensino fundamental. Não havia projeto pedagógico modelo, os professores encontravam-se desmotivados e sem uma orientação pedagógica efetiva.

Nesse contexto, ínfimo era o envolvimento dos pais no processo educacional, sendo expressivo o número de crianças que apresentavam graves problemas de aprendizado, por suas circunstâncias sociais e por problemas de saúde. Por outro lado, várias escolas incorriam em problemas frequentes de segurança por sua localização em áreas de risco. Morar nessas áreas é difícil, não apenas pela grande concentração de pessoas pobres vivendo em áreas estagnadas economicamente, como também pelos evidentes sinais de desorganização social, pela criminalidade e violência.

No início de 2009, estudos demográficos e sociais sobre a realidade da cidade do Rio de Janeiro, promovidos pela Secretaria Municipal de Educação do Rio de Janeiro (SME) indicaram que, além de uma proposta pedagógica que busque a excelência acadêmica, da necessária e constante capacitação de professores, de material didático estruturado e de prédios em estado compatível com a proposta educacional, alguns fatores como a situação do entorno da escola e a escolaridade dos pais têm, igualmente, papel relevante no desempenho escolar.

Para a SME, os efeitos das desvantagens sociais decorrentes da concentração territorial em áreas violentas da cidade do Rio de Janeiro são percebidos pela análise do desempenho dos alunos da rede pública carioca e que considerou a vizinhança como esfera capaz de exercer impacto sobre a distribuição de oportunidades educacionais.

A SME constatou grande população de alunos matriculados em escolas municipais situadas em áreas violentas, cerca de 70 favelas, nas quais a frequência à escola constitui permanente desafio, além de inviabilizar a aprendizagem e de multiplicar as taxas de evasão escolar em relação às demais regiões da cidade do Rio de Janeiro. Diante desse quadro, a SME propôs uma política de intervenção com soluções integradas que permitissem avanços efetivos, estabelecendo políticas e ações que viabilizassem o acesso e inclusão dos alunos no mundo das tecnologias e da cultura e favorecessem a elevação das taxas de aprovação e de aprendizagem, além de manter a criança e o jovem mais tempo na escola e longe de ambientes agressivos, com consequente redução da evasão escolar.

Esse conjunto de políticas de intervenção focalizadas formulado pela SME é conhecido como Programa Escolas do Amanhã, para 151 unidades de ensino fundamental (14,1% da rede) situadas em áreas de risco ou em áreas conflagradas e que atendem a 108 mil alunos (15,3% da rede) (Figuras 32.1 e 32.2).

O Programa Escolas do Amanhã contém basicamente:

- Educação em tempo integral, no conceito do Programa Bairro Educador, em que são mobilizados os potenciais da comunidade para ajudar na educação das crianças, especialmente com atividades no contraturno. Nesse programa, os estudantes têm a oportunidade de participar de mais de 50 oficinas culturais (arte, teatro, dança, música, leitura) e esportivas, que são ministradas em parceria com o MEC por meio do Programa Mais Educação, com as Secretarias Municipais de Esportes e Lazer e de Cultura e com outras instituições.
- Metodologia de ensino mais dinâmica, voltada a desfazer bloqueios cognitivos

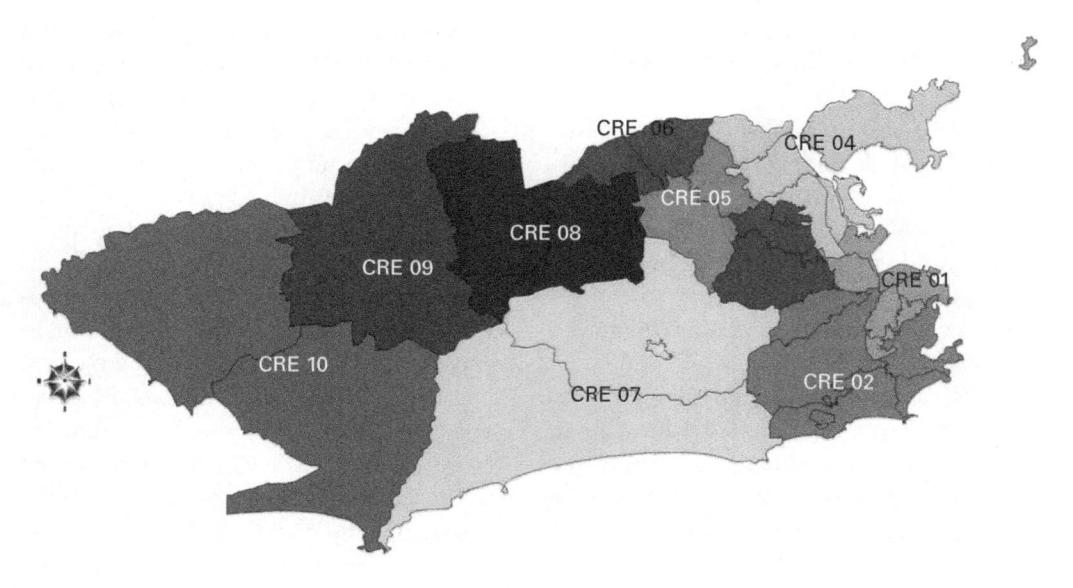

FIGURA 32.1 As Escolas do Amanhã estão divididas em 10 áreas chamadas de CRE (Coordenadoria Regional de Educação) de acordo com o bairro, abrangendo todas as regiões da cidade.

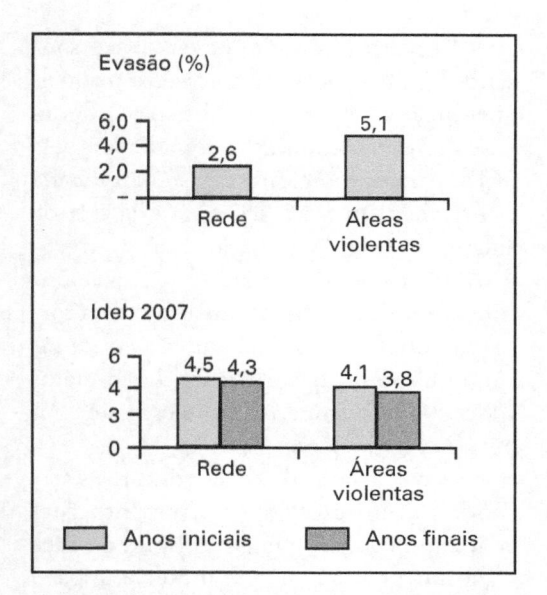

FIGURA 32.2 Dados sobre evasão e IDEB 2007 das escolas da rede carioca e das áreas violentas.
Fonte: SME Rio.

gerados pela violência, que também busca identificar as vulnerabilidades dessas crianças e o porquê de não absorverem os conteúdos ensinados.
- Termo de Compromisso de Desempenho Escolar com objetivo de estabelecer metas de aprendizagem e de gestão que visam à melhoria da qualidade do ensino e das escolas de toda a rede municipal, em que professores e servidores das escolas que conseguirem atingir as metas estabelecidas receberão o Prêmio Anual de Desempenho. Nas 151 Escolas do Amanhã o valor do prêmio é de um salário e meio para professores e funcionários das unidades que atingirem as metas ao final do ano.
- Laboratórios de Ciências em cada sala de aula e método de ensino de Ciências centrado em experimentação, em que se busca motivar o desenvolvimento do senso crítico, a autoconfiança, o raciocínio lógico dos alunos, além de outras capacidades diversas, como observação, análise, investigação, comunicação, resolução de problemas, tomada de decisões, entre outras.
- A partir do Termo de Adesão do Município ao Proinfo – programa do MEC que equipa as escolas com laboratórios de informática com acesso à internet e capacita os professores que irão atuar nesses laboratórios – todas as escolas da rede, com prioridade para as que integram o Programa Escolas do Amanhã, terão laboratórios de informática.
- Mães e avós comunitárias mobilizando alunos e familiares para a importância da escola, monitorando as faltas e buscando saber o motivo das mesmas, reduzindo a possibilidade de evasão escolar.
- Abordagem intersetorial nas Secretarias de Assistência Social, de Saúde, de Cultura, de Esportes e Lazer e a da Pessoa com Deficiência.
- Programa Saúde nas Escolas, elaborado pela Secretaria Municipal de Educação, com o apoio da Secretaria Municipal de Saúde e Defesa Civil e a Secretaria Municipal da Casa Civil, pretende consolidar e ampliar ações de saúde nas unidades escolares municipais, visando a atenção integral à saúde de seus alunos. Tal estratégia estrutura-se em três principais eixos:
  – ações de educação em saúde;
  – construção de ambientes favoráveis à saúde;
  – acesso aos serviços de saúde.

Entre os pontos de atenção do programa, podemos destacar:

- Manter equipe fixa nas escolas (técnicos de educação e saúde) para prestar pri-

meiro atendimento auxiliar à direção e professores na identificação de alunos com necessidade de atenção à saúde.
- Garantir visitas regulares de equipes de saúde às escolas para atender às questões de saúde identificadas, inclusive facilitando os encaminhamentos para a Rede Pública de Saúde.
- Implantar processos de educação permanente em saúde, envolvendo toda a comunidade escolar.
- Elaborar diagnósticos situacionais do ambiente escolar.
- Gerar banco de dados contendo informações básicas e correntes sobre a saúde dos alunos e da ambiência escolar – Sistema Gestor.
- Integrar ações das unidades municipais de saúde, de assistência social e educação por meio do apoio do Núcleo Intersetorial de Gestão Descentralizada de Saúde na Escola e na Creche (NSEC) de referência.

BAIRRO EDUCADOR: EXTENSÃO DO ESPAÇO E DO HORÁRIO ESCOLAR

No Programa Bairro Educador, a Secretaria Municipal de Educação aplica um novo modelo de gestão de parcerias, visando transformar a comunidade em extensão do espaço escolar, de forma que o processo ensino-aprendizagem integre-se à vida cotidiana, com a união entre escolas, famílias, instituições e agentes locais para a criação e articulação de oportunidades formativas. Essa metodologia estabelece relações de confiança e apoio recíproco e produz as condições para que a comunidade do Bairro Educador construa seu plano de desenvolvimento local de forma sustentável e democrática, tendo como centro a educação.

O Bairro Educador desenvolve o conceito de que é possível aprender em qualquer lugar e com qualquer pessoa. A figura do educador comunitário foi adotada pela SME, para proporcionar a sustentabilidade e o alinhamento das ações fora da sala de aula, promovendo a relação com o projeto da escola e com outras atividades que contribuam no aprendizado do aluno e na formação do Bairro Educador. O educador comunitário é capaz de viabilizar projetos educativos em parceria com a escola e com outras organizações.

A construção de redes educativas territoriais é um excelente instrumento para criar condições adequadas à prática da educação integral, que não se limita ao espaço escolar e possui uma visão integradora e sistêmica do processo de formação e transformação dos sujeitos. Por isso, os arranjos educativos locais não são simplesmente a soma de ações isoladas, mas o resultado de um plano pedagógico integrado do bairro e que partem da escola.

Uma vez que a proposta do Bairro Educador visa criar amplo espaço educativo, estruturado por uma rede que une toda a comunidade, ampliando as possibilidades de desenvolvimento humano e social, a pacificada Cidade de Deus, com cinco Escolas do Amanhã, foi o local ideal para a implantação do primeiro Bairro Educador do Rio.

Os trabalhos no Bairro Educador Cidade de Deus foram iniciados em maio de 2009, e prosseguiram com empenho e participação de toda a comunidade docente e discente e moradores desse bairro.

Também em maio de 2009, a SME cadastrou todas as 151 Escolas do Amanhã no Programa Mais Educação, que aumentou a oferta educativa nas escolas públicas por meio de atividades optativas que foram agrupadas em macrocampos. Esse programa contempla atividades de acompanhamento pedagógico, meio ambiente, esporte e lazer, direitos humanos, cultura e artes, cultura digital, prevenção e promoção da saúde, educomunicação, educação científica e educação econômica.

A área de atuação do Programa Mais Educação foi demarcada inicialmente para atender, em caráter prioritário, as escolas que apresentavam baixo Índice de Desenvolvimento da Educação Básica (IDEB), caso específico das 151 Escolas do Amanhã do município do Rio de Janeiro.

Em 31 de julho de 2009, o prefeito editou o Decreto nº 30.934, criando o Programa Bairro Educador, a ser desenvolvido no âmbito da Secretaria Municipal de Educação (SME).

Desde a criação do Programa Bairro Educador oito bairros já foram inaugurados: Cidade de Deus, Alemão, Maré, Paciência, Borel, Cantagalo, Santa Cruz e Vila Cruzeiro, áreas já pacificadas ou não, perfazendo total de 50 Bairros Educadores que serão criados em 14 meses.

À medida que novos Bairros Educadores forem criados, as atividades do contraturno nas 151 Escolas do Amanhã, incluindo também outras 44 escolas que não são desse programa, mas que estão localizadas nas adjacências dos Bairros Educadores, serão intensificadas.

O Programa Bairro Educador monitora e avalia as ações para registrar, processar e difundir informações sobre todas as atividades do projeto em que são utilizados diferentes instrumentos (relatórios, cadastros, questionários, observação direta, entrevistas, reuniões de avaliação, análise de registros, etc.). No conjunto das informações avaliam-se:

- Perfil socioeconômico cultural dos bairros.
- Conteúdos e metodologia da capacitação dos profissionais.
- Potencial replicador e multiplicador da proposta.
- Análise das avaliações de conteúdos e metodologia das oficinas realizadas.
- Quantidade e qualidade dos novos interesses e novas habilidades desenvolvidas pelos beneficiários.
- Quantidade, qualidade e tipos de produções elaboradas pelos beneficiários.
- Quantidade e qualidade das atividades promovidas nos bairros pelos e com os beneficiários.
- Análise das avaliações de impacto do projeto nos beneficiários em termos de melhoria da autoestima, melhoria do desempenho escolar, mudanças nas relações interpessoais e nas de protagonismo juvenil.
- Pesquisa de satisfação periódica com a comunidade discente, docente das escolas, da equipe técnica e de moradores dos bairros educadores.
- Grupos focais continuados para avaliação de impacto.
- Acompanhamento de progresso, resultados e impactos do projeto por meio de avaliações continuadas e sistêmicas.

PRIMEIROS RESULTADOS

As ações criadas especificamente para as Escolas do Amanhã surtiram efeito mostrando, entre tantos bons resultados, algumas surpresas como a queda da evasão um pouco acima do que a SME esperava. Consequentemente, o prêmio de desempenho anual com base no IDEB 2009 beneficiou 290 escolas, das quais 53 eram do Programa Escolas do Amanhã.

Dados levantados pela SME mostraram que a evasão de alunos nas Escolas do

Amanhã caiu de 5,1%, registrado no fim de 2008, para 3,26%, em 2010. Embora ainda esteja acima da média das outras escolas da rede da Prefeitura do Rio de Janeiro (2,35%), esta é a primeira vez que o índice apresenta redução acentuada (Tabelas 32.1 e 32.2).

GINÁSIO CARIOCA: EXCELÊNCIA ACADÊMICA E APOIO AO PROJETO DE VIDA DO ALUNO

As ações criadas para as Escolas do Amanhã vêm apresentando bons resultados, como a queda da evasão escolar em proporção superior ao que a SME esperava, contribuindo, também, para a concessão do prêmio de desempenho anual com base no Índice de Desenvolvimento da Educação Básica (IDEB/2009), aos profissionais de 53 unidades do referido programa. Entretanto, em que pesem os avanços decorrentes das ações empreendidas, com relação aos anos finais do ensino fundamental da rede pública municipal, os índices do IDEB ainda não correspondem aos resultados desejados. Era necessária a criação de um projeto amplo, tendo o jovem como o principal foco das ações da escola, tornando o ensino mais atraente e incentivador dos sonhos e das aspirações profissionais dos jovens.

Tabela 32.1
Dados sobre resultados do IDEB 2009 das escolas da rede carioca e das Escolas do Amanhã

	Anos iniciais			Anos finais		
Indicador de rendimento (P)	**2005**	**2007**	**2009**	**2005**	**2007**	**2009**
Rede municipal (sem Escolas do Amanhã)	0,88	0,94	0,898	0,79	0,92	0,74
Rede municipal (com Escolas do Amanhã)	0,87	0,93	0,9	0,79	0,92	0,74
Escolas do Amanhã	0,82	0,91	0,871	0,77	0,91	0,69
	Anos iniciais			Anos finais		
Nota padronizada prova brasil (N)	**2005**	**2007**	**2009**	**2005**	**2007**	**2009**
Rede municipal (sem Escolas do Amanhã)	4,98	4,95	5,72	4,74	4,64	4,87
Rede municipal (com Escolas do Amanhã)	4,91	4,86	5,67	4,71	4,62	4,85
Escolas do Amanhã	4,62	4,53	5,30	4,31	4,27	4,37
	Anos iniciais			Anos finais		
IDEB 2009 (N x P)	**2005**	**2007**	**2009**	**2005**	**2007**	**2009**
Rede municipal (sem Escolas do Amanhã)	4,40	4,66	5,14	3,76	4,29	3,60
Rede municipal (com Escolas do Amanhã)	4,2	4,5	5,1	3,7	4,3	3,6
Escolas do Amanhã	3,81	4,11	4,63	3,31	3,88	3,03
Fonte: SME Rio.						

Tabela 32.2
Dados sobre resultados das provas bimestrais 2010 das escolas da rede carioca e das Escolas do Amanhã

	Anos iniciais			Anos finais		
PB 01	Mat I	LP I	Cie I	Mat F	LP F	Cie F
Rede com Amanhã	6,97	6,03	6,41	4,44	5,7	4,47
Amanhã sem rede	6,76	5,92	6,11	4,11	5,46	4,35
PB 02						
Rede com Amanhã	7	6,1	7	4	5,2	4,7
Amanhã sem rede	6,9	6	6,2	3,8	4,8	4,2
PB 03						
Rede com Amanhã	6,8	6,6	6,8	4,5	5,8	5,3
Amanhã sem rede	6,6	6,4	6,1	4,3	5,4	4,4
PB 04						
Rede com Amanhã	6,8	6,8	6,9	4,4	6,1	4,7
Amanhã sem rede	6,6	6,6	6,5	4,3	5,8	4,4
Fonte: SME Rio.						

Em maio de 2010, a SME iniciou estudos voltados para a construção de um novo modelo de ensino direcionado a alunos do 6º ao 9º ano, surgindo, então, o Programa Ginásio Carioca, como instância dinamizadora e irradiadora em educação para o 2º segmento. O Programa tem como objetivos perseguir a excelência acadêmica, oferecer ensino mais adequado a adolescentes, promover a educação para valores, além da liberdade de aprender, ensinar, pesquisar e divulgar a cultura, o pensamento, a arte e o saber, com pluralismo de ideias e de concepções pedagógicas.

O Programa Ginásio Carioca, além de atender a todas as escolas dos anos finais do ensino fundamental, tem um olhar específico para alunos do 6º ano, cuja transição do primeiro para o segundo segmento requer atenção especial, pois muitos deles iniciam o período da puberdade nessa fase da educação básica. A pré-adolescência, como uma das etapas do desenvolvimento humano, é caracterizada como um período difícil, por anteceder a entrada na adolescência, permeada por um estado psicológico instável, sendo, pois, um período em que foram detectados baixos índices nos resultados das avaliações de aprendizagem.

Em relação à adolescência, esta é a fase do desenvolvimento humano que marca a transição entre a infância e a idade adulta, caracterizada por alterações em diversos níveis – físico, mental e social – e representa, para o indivíduo, um processo de distanciamento de formas de comportamento e privilégios típicos da infância e de aquisição de características e competências que o capacitem a assumir os deveres e papéis sociais do adulto. Nesse sentido, para alunos já em plena adolescência, o Programa conta com 10 Ginásios Cariocas Experimentais, um em cada Coordenadoria Regional de Educação (CRE), atendendo do 7º ao 9º ano (Figura 32.3).

1ª CRE – Rivadávia Corrêa.

2ª CRE – Orsina da Fonseca.

3ª CRE – Bolívar.

4ª CRE – Anísio Teixeira.

5ª CRE – Mário Paulo de Brito.

6ª CRE – Coelho Neto.

(*Continua*)

FIGURA 32.3 Imagem dos 10 Ginásios Experimentais Cariocas.
Fonte: Acervo da autora.

7ª CRE – Gov. Carlos Lacerda.

8ª CRE – Nicarágua.

9ª CRE – Von Martius.

4ª CRE – Princesa Isabel.

FIGURA 32.3 Imagem dos 10 Ginásios Experimentais Cariocas (*continuação*).

Os Ginásios Experimentais Cariocas contam com inovações pedagógicas que serão testadas e disseminadas para toda a rede. A escolha da unidade que viria a sediar o Ginásio Experimental deve-se à infraestrutura já construída (salas de aula, quadra esportiva, biblioteca, laboratório de informática e laboratório de ciências). À direção e aos professores das escolas foi apresentado o convite para participar desse programa inovador, sendo adotado, assim, critério transparente e observável para aqueles a quem seria oferecido o Programa e valorizado o profissional da educação escolar.

O Programa Ginásio Carioca inclui, também, 45 Escolas do Amanhã com segundo segmento. A escolha dessa amostra é significativa, em face da necessidade de evidenciar o que funciona ou não através da avaliação de impacto. Todo o Programa Ginásio Carioca será monitorado e avaliado com estratégias de identificação para melhorar a implantação e a sua replicação nas demais escolas da rede pública municipal.

Utiliza-se a avaliação de impacto para a ampliação futura do programa e para intervenções no projeto-piloto, ajustando, assim, os benefícios do Programa. No momento atual de implantação, é recomendável que a futura avaliação de impacto do Programa seja efetuada com capacidade menor.

Com esse conjunto de ações será garantida, em futuro próximo, a maior abrangência da pesquisa dos anos finais do ensino fundamental e a igualdade de condições para o acesso e permanência na escola com o padrão de qualidade desejado, não apenas para os anos finais do ensino fundamental, mas também para o ensino médio.

O Programa Ginásio Carioca utiliza material pedagógico estruturado, aplicado por meio de Cadernos Pedagógicos (apostilas de conteúdo e exercícios) e da Educopédia, que é uma plataforma de aulas digitais para cada disciplina, com material de suporte aos professores, jogos pedagógicos e vídeos.[1]

As 10 escolas pertencentes ao Programa Ginásio Experimental Carioca funcionam em horário integral, dedicando mais tempo às aulas de português, matemática, ciências, inglês, educação física e à parte diversificada do currículo. Importante destacar que o Conselho Nacional de Educação do Ministério da Educação editou a Resolução nº 2/97, que define as Diretrizes Curriculares Nacionais para o Ensino Fundamental e ressalta que a articulação e complementaridade entre a base nacional comum e a parte diversificada é orientada no sentido de que os alunos, ao aprenderem conhecimentos e valores da base nacional comum e da parte diversificada, estarão também constituindo sua identidade como cidadãos, capazes de serem protagonistas de ações responsáveis, solidárias e autônomas em relação a si próprios, às suas famílias e às comunidades.

A parte diversificada do currículo do Ginásio Experimental Carioca propõe atividades voltadas para a elaboração do projeto de vida do aluno, de ações de protagonismo juvenil, de estudo dirigido e de oficinas optativas de livre escolha do discente para a complementação do aprendizado de forma lúdica. O horário integral, diferente da jornada ampliada, é estratégico para a melhoria do aprendizado, criando condições para que o currículo da escola seja significativo e que as atividades discentes estejam em permanente construção, monitoramento e avaliação, além de propiciar a cultura colaborativa entre os professores e a equipe escolar, com a plena articulação entre os objetivos e os resultados esperados para o desempenho e desenvolvimento dos alunos.

O horário integral implica criação de ambiente e de relações interpessoais qualificadas com educadores que transformam-se em referência afirmativa na vida do jovem, como fonte de inspiração e de apoio. Nesse sentido, o horário integral foi adotado também para toda a equipe escolar.

O Ginásio Experimental Carioca conta com a figura do professor tutor, que atua na orientação e mediação da informação, auxiliando o aluno em suas dúvidas e hesitações e fazendo a interface e diálogo das disciplinas com o projeto de vida dos alunos. A finalidade primária da tutoria é diminuir a sensação de abandono que os alunos podem sentir no desenvolvimento das atividades propostas. Os tutores devem captar as expectativas, necessidades, interesses, formas de aprender e falhas de aproveitamento do aluno. O tutor está atento a orientar os alunos em qualquer momento das atividades escolares ou lugar da escola, não necessitando de horário específico para o seu desenvolvimento. Nesse sentido, a figura do tutor poderá existir em qualquer escola de segundo segmento, não sendo prerrogativa do Ginásio Experimental Carioca. Todo professor é, por formação, um tutor.

Além da tutoria, para a plena articulação, o Ginásio Experimental Carioca propõe a polivalência docente, com professores atuando em núcleos para matemática e ciências (exatas), para português, história e geografia (humanidades) e, também, professores especialistas para educação física, artes e inglês.

A polivalência docente no segundo segmento do ensino fundamental não é novidade no Brasil. Utilizada em São Paulo, desde 1984 até os dias de hoje, a polivalência foi fruto de uma bem-sucedida parceria entre a escola privada Vera Cruz e seis escolas municipais, o que possibilitou um diálogo entre diferentes experiências educacionais.

Vale destacar que com o Programa Ginásio Experimental Carioca, a SME se predispôs a discutir, analisar e buscar soluções para o contexto local, tendo por objetivo minimizar algumas situações diagnosticadas, tais como a busca pela união da equipe profissional, dispersa em seus objetivos e formas de atuação.

A atuação polivalente dos professores do Ginásio Experimental Carioca, pouco utilizada no Brasil, permite contato direto e sistemático entre equipes pedagógicas e professores especialistas no horário de planejamento escolar. O planejamento e a organização do tempo escolar também possibilitam uma maior aproximação do professor com o aluno, o exercício da autonomia, o desenvolvimento de responsabilidades e o interesse pela própria aprendizagem.

As Diretrizes Curriculares Nacionais para a educação infantil, ensino fundamental e ensino médio deram ampla margem de liberdade para os sistemas de ensino e instituições escolares definirem conteúdos, disciplinas específicas e diferentes formas de organização para a seleção e implementação de propostas pedagógicas inovadoras.

O conceito de ensino experimental ganhou um novo sentido após a LDB/96. Não se trata de algo simplesmente diferente, ou que não se ajusta a um padrão uniforme. O Programa Ginásio Experimental Carioca busca, conforme a LDB/96, a liberdade de organização autônoma segundo os princípios da flexibilidade curricular e da variedade de métodos, não se fechando em modelo único. O Programa Ginásio Experimental Carioca proporciona alternativas de organização a partir da construção coletiva de seu projeto pedagógico, no exercício da autonomia pedagógica, demonstrando, sobretudo, ousadia em tomar para si a responsabilidade pelo êxito desse trabalho.

No sistema estruturado elaborado pela SME para apoio ao professor, as ações pedagógicas são orientadas na perspectiva do ensino polivalente, possibilitando a formulação de metodologia para a formação continuada de equipes escolares a fim de estabelecer as relações necessárias entre o conhecimento adquirido no seu curso de formação e os conhecimentos específicos das outras áreas do conhecimento. Esse sistema é desenvolvido a partir das reuniões semanais de professores do mesmo ano em que o material estruturado elaborado pela Coordenadoria de Ensino da SME auxilia os professores no desenvolvimento do currículo, na organização e na avaliação dos conteúdos trabalhados, bem como no tempo necessário para desenvolvê-los.

A proposta da polivalência docente, como uma salutar experiência educativa no Ginásio Experimental Carioca, possibilita a interação permanente entre os docentes com formação acadêmica de uma área comum do conhecimento permite a realização plena de uma proposta pedagógica pautada na polivalência que, certamente, beneficiará o efetivo aprendizado dos discentes, com os quais terá maior permanência nas relações de ensino/aprendizagem.

No Ginásio Experimental Carioca foi criada, para otimizar o desenvolvimento das atividades dos professores na polivalência, uma nova organização interna do espaço físico das salas de aula, dotadas de projetores e *notebooks*, entre outros equipamentos necessários para estar de acordo com a proposta pedagógica a ser desenvolvida e com as atividades pedagógicas (Figuras 32.4, 32.5 e 32.6).

NOTA

1. Para maiores informações, acessar www.educopedia.com.br. Há área específica para visitantes.

FIGURA 32.4 Estudo preliminar para a sala-ambiente de matemática do núcleo de exatas.
Fonte: Acervo da autora.

(*Continua*)

FIGURA 32.5 Imagens das salas-ambientes de artes plásticas, música, laboratório de ciências e quadra do Ginásio Experimental Carioca Rivadávia Corrêa no Centro da Cidade, 1ª CRE.

Caminhos da educação integral no Brasil **461**

FIGURA 32.5 Imagens das salas ambientes de artes plásticas, música, laboratório de ciências e quadra do Ginásio Experimental Carioca Rivadávia Corrêa no Centro da Cidade, 1ª CRE (*continuação*).
Fonte: Acervo da autora.

FIGURA 32.6 Imagem da fachada do Ginásio Experimental Carioca Rivadávia Corrêa no Centro da Cidade, 1ª CRE.
Fonte: Acervo da autora.

33

A experiência nas escolas de Cuiabá (MT)

Rosa Luzardo

A escola pública no Brasil está passando por transformações profundas. Iniciativas de âmbito federal, estadual e municipal estão alterando as práticas pedagógicas e a organização escolar, na tentativa de dar eficácia à escola e universalizar o seu acesso, através da educação integral.

É nesse contexto que a proposição e a realização aqui apresentadas sobre a estruturação e implementação da escola de educação integral no município de Cuiabá, tem um significado especial. Trata não só do arcabouço teórico-metodológico de sua implementação, como também, do relato de ações de caráter operacional que viabilizaram a execução de atividades voltadas para a permanência de 12 mil alunos na escola do ensino fundamental, com foco na aprendizagem, melhoria da qualidade de vida e inclusão social.

Essa é uma proposta que está em debate na sociedade brasileira, porém, não se constitui de forma isolada, é preciso combinar a oferta da educação básica com os outros serviços das políticas públicas. O movimento trazido à tona hoje e fortemente encampado por inúmeras escolas brasileiras, em especial as 51 escolas de Cuiabá, tem contribuído para avanços significativos na melhoria da educação pública, com o envolvimento da comunidade, de parceiros institucionais, de profissionais e voluntários engajados e de crianças e adolescentes mais felizes.

Quais as características de uma escola de educação integral? Quais as suas bases teóricas e como se pode implementá-las na realidade? Este texto aborda essas questões de forma simples, a fim de que expresse o detalhamento do processo de construção e a análise das diferentes etapas de sua implementação na rede municipal de ensino de Cuiabá. Aborda, ainda, procedimentos adotados por parte da secretaria, como meios de fortalecer o trabalho dos inúmeros atores que deram vida e concretização a esse projeto.

A garantia e consolidação dessa ação, embora subsidiada pela legislação, está fortemente associada à gestão política e técnica e nos remete ao compromisso de envidar esforços para a sua institucionalização junto aos organismos municipais, estaduais e federais e com a sociedade.

Enfim, a educação que buscamos para as crianças brasileiras e cuiabanas vai muito além das atividades acadêmicas e tradicionais, vai em busca de uma escola de educação integral que priorize suas vivências, seus conhecimentos anteriores e atuais e preocupe-se com o seu futuro; "Não porque seja comum nos países desenvolvidos, mas porque não temos outra saída senão ensinarmos mais e melhor" – Arnaldo Niskier.

CONSIDERAÇÕES FINAIS

O resultado desse trabalho não poderia deixar de estar condensado em dois aspectos fundamentais: planejamento e trabalho coletivo.

Ao fazermos uma retrospectiva do caminho percorrido para chegar até aqui, percebemos o quanto foram difíceis os desafios, porém, não intransponíveis. É importante destacar que o envolvimento e a participação dos profissionais, da comunidade e a adesão de parceiros de diferentes secretarias promoveram o estado permanente de reflexão da educação integral, sobre quem ensina e quem aprende, sobre como incidem as atividades na proposta curricular, qual é a fonte de recursos financeiros, qual é a sustentação jurídica, como focar na formação de novos perfis profissionais e quais os recursos materiais necessários e disponíveis.

A intersetorialidade e a territorialidade constituem-se em um marco em nossas ações, como um dos meios mais efetivos para desenvolver um projeto de educação para todos.

Trabalhamos o conceito de educação integral como uma ação estratégica de aprendizagens que não se restringe a um único espaço físico, mas tendo a cidade (parques, museus, zoológico, clubes, cinema) como verdadeira estrutura voltada para a leitura de diferentes linguagens.

Essa foi, sem dúvida, a nossa grande ação, pois, se fôssemos esperar as condições estruturais vistas como "ideais", jamais implantaríamos um programa de educação integral.

Hoje as 51 escolas de educação integral do município de Cuiabá procuram desenvolver ações pautadas na integralidade das ações, a fim de dar concretude às múltiplas atividades do programa. Buscam a superação de ações fragmentadas e descontextualizadas da realidade em que estão inseridas; buscam, ainda, romper com os espaços e recursos humanos totalmente previsíveis; práticas pedagógicas inoperantes e não condizentes com as vivências de seu alunado; buscam conciliar os problemas evidenciados e vistos como oportunidades de crescimento e transformação; preocupam-se com o sucesso, pois, uma vez alcançado, demanda esforços, manutenção e responsabilidade de maior envolvimento; buscam a objetividade procurando sempre fazer o máximo, porém, não se sobrepondo ao fazer com qualidade e de forma diferente; espelham-se em modelos de ação que deram certo, bastando para isso algumas adaptações, como alguns exemplos de experiências de outros estados e municípios incorporados à nossa realidade buscam: a capacitação em serviço, o envolvimento integrado de pais e educadores, o acompanhamento e a avaliação contínuos das atividades desenvolvidas por alunos e profissionais; e, por fim, buscam a orientação para resultados.

Outros fatores contribuíram para enriquecer a efetivação das ações na implementação do programa, como: seriedade da gestão, provocando clima para mudanças; formação de equipe; espírito participativo; fortalecimento do processo de comunicação; desenvolvimento de confiança e comprometimento; sensibilização dos pais; e criação de uma nova visão sobre a importância de projetos inovadores. O foco desse trabalho esteve centrado, também, na instrumentalização dos recursos humanos, pois, nenhum projeto ou programa terá êxito sem que se tenham esgotado todos os procedimentos de gestão voltados para a formação de pessoas, uma vez que nossos profissionais ainda temem o novo e eles são a mola propulsora de qualquer ação, dentro ou fora da escola.

34

Projeto Alunos Residentes
Uma alternativa para a inclusão social através da formação socioeducativa nos CIEPs do Rio de Janeiro (RJ)

Rejane Sant'anna

O Brasil cresceu visivelmente nos últimos 80 anos. Cresceu mal, porém. Cresceu como um boi mantido, desde bezerro, dentro de uma jaula de ferro. Nossa jaula são as estruturas sociais medíocres, inscritas nas leis, para compor um país da pobreza na província mais bela da terra.

Darcy Ribeiro

O presente artigo, de resgate histórico, traz alguns resultados de um estudo realizado nos anos de 2007 a 2009, com ex-alunos do Projeto Alunos-Residentes (PAR) inseridos no Programa Especial de Educação (I PEE),[1] implantado no 1º governo de Leonel de Moura Brizola no estado do Rio de Janeiro (1983-1987), e investiga até que ponto o PAR constituiu-se em alternativa de inclusão social através das práticas de formação socioeducativa.

Portanto, o tema justifica-se pelo fato de que os projetos de tal envergadura merecem ser melhor analisados, devido à sua relevância social, pois através dele talvez seja possível contribuir para a mudança de rumo da vida de algumas crianças e adolescentes – se considerarmos que, devido a uma série de circunstâncias, como a falta de recursos econômicos e apoio familiar, muitas vezes os que têm o acesso à educação perdem oportunidades de uma maior inserção no processo social.

O campo da educação tem como fundamento a prática social que objetiva o ensino dos diversos tipos de saberes, contribuindo para a formação dos sujeitos, de acordo com as necessidades e exigências da sociedade em dado momento histórico. Com o advento da Constituição Federal de 1988, a educação tornou-se, no país, um direito de todos e dever do Estado e da família. Entretanto, a inserção em políticas educacionais desde a educação infantil ainda não está universalizada devido às vagas insuficientes. Logo, parte da população deixa de ter acesso à escola pública e também à possibilidade de ensino de qualidade, levando ao reforço das desigualdades sociais e econômicas, na medida em que não ocorreu a oferta quantitativa e qualitativa aos mais desfavorecidos socialmente.

Desse modo, as crianças e adolescentes permanecem, em pleno século XXI, desmotivados a frequentar as salas de aula, levando à evasão e repetência, ou, quando concluem o ciclo de ensino, saem despreparados, sem qualificação alguma, o que refletirá em seu futuro pessoal e profissional. Ao mesmo tempo, podemos observar que há um grande esforço dos setores mais excluídos, não apenas para ingressarem no ciclo do ensino, mas, sobretudo, para permanecerem nele.

Nos anos de 1980, com o processo de redemocratização em todo o Brasil e, em particular, no estado do Rio de Janeiro, algumas políticas públicas educacionais se destacaram, entre elas, os Centros Integrados de Educação Pública (CIEPs/RJ) implantados durante o governo de Leonel de Moura Brizola.

De acordo com Bomeny (2009), nos muitos depoimentos concedidos à imprensa e aos meios de divulgação acadêmica, Darcy Ribeiro[2] defendia os CIEPs como uma escola pública regular em nada diferente daquelas milhares em funcionamento em qualquer bairro dos países que, de alguma maneira, sinalizaram para a importância democrática de prover educação para a maioria da população. O feito, tido aqui como extraordinário e extravagante, é agenda rotineira de qualquer governante nos países que universalizaram o direito à educação, afirmava Darcy. E não era preciso que tal associação fosse feita com os países considerados desenvolvidos. Na própria América Latina, lembrava Darcy, era possível encontrar, em outros países que não o Brasil, a concepção da educação integral como padrão de escolarização nas séries iniciais.

As lideranças de Darcy Ribeiro e Leonel Brizola, em grande medida, autorizavam – pelo estilo e pela paixão implicados nas ações de governo – a eclosão da virulência crítica de seus adversários. O processo de construção do sistema público do ensino fluminense, a deterioração da rede escolar, o aumento da violência urbana e a sensação de insegurança e desorientação sobre o que fazer com tantas demandas feitas às escolas facilitam, paradoxalmente, um distanciamento e uma aproximação do que seria a mensagem daquilo que se oferecia como Centro Integrado de Educação Pública. Que mensagem era essa?

Darcy Ribeiro estava convencido de que a escola pública brasileira ainda não podia ser considerada republicana. Elitista e seletiva, ela não estava preparada para receber quem não tivesse acesso a bens materiais e simbólicos que contam e interferem diretamente no desempenho escolar. A escola burguesa exigia da criança pobre o rendimento da criança abastada, não levando em conta a maioria do alunado, oriundo das classes populares.

O vice-governador, convencido do desvirtuamento do sentido republicano da educação brasileira, propugnava clamoroso:

> Então o CIEP fornece gratuitamente os uniformes e o material escolar necessário. Os alunos estão expostos a doenças infecciosas, estão com problemas dentários ou apresentam deficiência visual ou auditiva? Então, o CIEP proporciona a todos eles assistência médica e odontológica. (Ribeiro, 1986b, p. 48)

Ainda segundo Bomeny (2009), identificamos na fala acima a intenção de firmar dois pontos cruciais à defesa do projeto do governo: o programa era destinado às crianças, e a escola em tempo integral deveria ser uma resposta ao que Darcy considerava a "calamidade" do sistema público de ensino. As séries iniciais foram o segmento de ensino para o qual o programa fora pensado prioritariamente.

No reencontro com a vida, coloca-se a perspectiva de um projeto educativo que, ancorado na instituição escolar, possa recriar seu sentido na relação com outros interlocutores, outros espaços, outras políticas e equipamentos públicos. Portanto, o patamar a partir do qual organiza-se uma escola que pensa e propõe educação integral precisa considerar os saberes, as histórias, as trajetórias, as memórias, as sensibilidades dos grupos e dos sujeitos com os quais trabalha, tecendo as universalidades expressas nos campos clássicos de conhecimento.

Para o antropólogo, em sua teoria sobre o Brasil, o povo torna-se categoria incorporada na construção da nação, reiterando sua filiação ao pensamento da geração de intelectuais dos anos de 1950, comprometida com os processos da transformação socioeconômica brasileira. A reação aos CIEPs parecia conferir veracidade ao diagnóstico de Darcy. A conjuntura de alguns setores conservadores da sociedade no momento da redemocratização brasileira identificou-se com a liderança de Brizola ao elegê-lo governador do estado do Rio de Janeiro em 1982. Por outro lado, setores da esquerda dificultaram a gradual e progressiva implantação do programa especial, alimentando as reações conservadoras que combatiam o projeto dos CIEPs.

Paralelamente, segundo Emerique (1997), o I Programa Especial de Educação (PEE) tinha como objetivo garantir à população o direito democrático de acesso a um ensino gratuito moderno, reestruturado do ponto de vista pedagógico e tecnologicamente aparelhado. No Encontro de Mendes,[3] foram apresentadas aos delegados representantes dos professores da rede pública estadual e municipal do Rio de Janeiro 19 metas: metas assistenciais ligadas à educação (material didático para todos os alunos, uniforme, calçado escolar); metas assistenciais não relacionadas com a educação (melhoria da qualidade da merenda escolar e assistência médico-odontológica para os alunos); e metas de conservação das escolas (reformas dos prédios escolares e renovação do mobiliário).

O professor Darcy Ribeiro resolveu colocar em discussão um conjunto de teses sobre educação. As teses cobriam vários temas relativos à situação da educação naquele momento, e ele queria fazer com que todo o corpo docente do estado discutisse essas teses. Era uma tentativa de fazer um grande processo de qualificação profissional dos professores. Em Mendes houve a chegada do encontro. Eram 60 mil professores que, durante uma semana, foram se aproximando de Mendes por afunilamento. Ou seja, começou nas escolas, com todos os 60 mil discutindo, depois foram sendo criados grupos menores e delegações, até que os delegados chegaram a Mendes. E lá houve um grande debate. Foi um momento muito importante do pensamento sobre a educação no estado do Rio de Janeiro.[4]

As metas pedagógicas referiam-se à eliminação do terceiro turno diurno nas escolas, ao aumento da carga horária diária para 5 horas, à revisão de todo o material didático, ao reforço adicional de horas de aula para a melhoria do rendimento escolar, à separação dos alunos do primeiro segmento do ensino fundamental dos alunos do segundo segmento – do 1º ao 4º e do 5º ao 8º anos, respectivamente. Também destacavam-se novos projetos educacionais: Casas da Criança com atendimento pré-escolar; criação dos CIEPs; criação dos Centros Culturais Comunitários; Educação Juvenil com atendimento noturno para jovens de 14 a 20 anos; treinamento de professores e melhoria das condições de trabalho (cursos para reciclagem de professores, novos cursos de formação de professores); revitalização dos institutos de Educação; reestruturação da carreira docente, do estatuto do professor e dos regulamentos das escolas.

Algumas pesquisas criticam o I PEE, afirmando que o programa dirigiu-se apenas aos CIEPs, embora tivesse como objetivo um escopo bem mais abrangente. Mas o foco limitou-se bastante aos CIEPs por ter sido o projeto, conforme identificamos ao longo deste estudo, que provocou maior impacto na sociedade fluminense naquela década.

A CONCEPÇÃO DE EDUCAÇÃO INTEGRAL NO BRASIL

> Educar é crescer. E crescer é viver. Educação é, assim, vida no sentido mais autêntico da palavra.
>
> Anísio Teixeira

De acordo com o recenseamento de 1906, o Brasil apresentava a média nacional de analfabetismo na ordem dos 74,6%. A exceção vinha da cidade do Rio de Janeiro, então Distrito Federal, com 48,1% de analfabetos. Tais números fortaleceram a defesa em favor da escola pública, firmando-se na década de 1920. O movimento da Escola Nova[5] inspirou jovens reformadores liderados por Anísio Teixeira, que atuaram na área das políticas públicas e educacionais de meados da década de 1920 até 1971.

A história da educação brasileira confundiu-se com a luta pelo acesso das crianças às escolas, o que acabou por abrir portas para outros movimentos que lutariam pelo acesso ao conhecimento das operações mentais desenvolvidas com as habilidades da escrita, da leitura e dos cálculos elementares. Na década de 1980 ocorreram mudanças no quadro internacional provocadas pelas transformações tecnológicas provenientes do desenvolvimento de sistemas de automação e informatização. Tal quadro concorre para fazer do Brasil do fim do século XX, um país despreparado, ainda com muitos analfabetos, embora os 74,6% do final do século XIX tenham dado lugar aos 17% no final dos anos de 1980.

De acordo com Guará (2009), o conceito de educação integral encontra amparo jurídico significativo na legislação brasileira, assegurando sua aplicabilidade no campo da educação formal e em outras áreas da política social. O arcabouço normativo oferecido pelo paradigma da proteção integral garante os direitos de cada criança ou adolescente a receber atendimento em todas as suas necessidades pessoais e sociais, desenvolvendo-se adequadamente.

Por outro lado, recorrendo-se à Constituição Brasileira de 1988 (Brasil, 2010), ao Estatuto da Criança e do Adolescente (ECA) (Brasil, 1990) e à Lei de Diretrizes e Bases da Educação Nacional (Brasil, 1996), pode-se constatar nesses marcos legais as bases para a educação integral na perspectiva que queremos adotar aqui. Não se pode negar que o Brasil tem avançado muito em termos normativos, embora também exista uma reconhecida distância entre a lei e o ritmo das mudanças por ela sugeridas. Esse descaso no cumprimento das responsabilidades legais não diminui a exigibilidade do direito e o fato de que a população infanto-juvenil goze, hoje, de uma proteção legal expressiva, alinhada às indicações da Convenção Internacional sobre os Direitos da Criança (Guará, 2009).

O tema da educação integral renasce também sob inspiração da Lei nº 9.394/96 (Brasil, 1996), que prevê o aumento progressivo da jornada escolar para o regime de tempo integral (arts. 34 e 87, § 5º) e reconhece e valoriza as iniciativas de instituições que desenvolvem, como parceiras da escola, experiências extraescolares (art. 3º, X). A previsão disposta no artigo 34 – de ampliação da permanência da criança na escola, com a progressiva extensão do horário escolar – gera para os pais a obrigatoriedade de matricular e zelar pela frequência dos filhos às atividades previstas. Ao mesmo tempo, a ideia de proteção integral inscrita no ECA está fundada, em primeiro lugar, no reconhecimento de que a situação peculiar da criança e do adolescente como pessoa em desenvolvimento exige uma forma específica de proteção traduzida em direitos, tanto individuais como coletivos, que devem assegurar sua plena formação.

A década de 1990 foi uma década de grande importância na história da educação brasileira, uma vez que suas deficiências e incapacidades foram expostas de maneira mais clara. Ribeiro (1991) denunciou "a pedagogia da repetência" e, dessa forma, propiciou uma retomada das discussões, destacando agora não somente os fatores externos que interpunham-se ao sistema educacional impedindo seu florescimento satisfatório, mas, também, os impasses internos aos próprios sistemas de ensino.

Devido à precária situação educacional do país, governos estaduais movimentaram-se com plataformas específicas de intervenção; uma delas, nacionalmente conhecida, foi a que deu notoriedade aos dois mandatos de Leonel Brizola no Rio de Janeiro, nos períodos de 1983-1987 e 1991-1994. Foi a bandeira de luta dos reformadores da educação no Brasil conhecidos como os pioneiros da Educação Nova, cujo líder foi Anísio Teixeira.

CRIANÇAS E ADOLESCENTES EM SITUAÇÃO DE RISCO: DESAFIOS E POSSIBILIDADES

> Criança é coisa séria. A criança é o princípio sem fim. O fim da criança é o princípio do fim. Quando uma sociedade deixa matar as crianças é porque começou seu suicídio como sociedade.
>
> Herbert de Souza (Betinho)

Cada vez mais, as políticas de atenção à criança em situação de risco enfrentam o desafio das precárias condições de vida em que estas se encontram, vivendo no cotidiano, muitas vezes, situações extremas de exclusão social, em que os direitos assegurados no Estatuto da Criança e do Adolescente não são respeitados (Brasil, 1990).

Por situação de risco, entende-se a condição de crianças que, por suas circunstâncias de vida, estão expostas à violência, ao uso de drogas e a um conjunto de experiências relacionadas às privações de ordem afetiva, cultural e socioeconômica que desfavorecem o pleno desenvolvimento biopsicossocial (Lescher et al., 2004).

Essa situação de risco acaba é traduzida como dificuldades na frequência e no aproveitamento escolar, nas condições de saúde de forma geral e nas relações afetivas consigo mesmo, com sua família e com o mundo, tendo como consequências a exposição a um circuito de sociabilidade marcado pela violência, pelo uso de drogas e pelos conflitos com a lei. Muitas vezes, essas experiências de vida facilitam dinâmicas expulsivas da família nuclear e da casa e o ingresso no circuito da rua e das instituições de abrigamento.

No campo da prevenção e do tratamento do uso de drogas, observa-se que essa população é bastante vulnerável às circunstâncias da violência. Embora crianças em situação de risco façam parte de um grupo com muitas necessidades, por suas condições de vida acabam tendo dificuldades de acesso aos serviços públicos existentes em seus bairros de origem, agravando a situação de risco em que se encontram.

A complexidade da atenção às crianças em situação de risco passa por repensar as práticas da saúde e da assistência social, na medida em que a forma como os serviços estão organizados e como os profissionais se relacionam podem facilitar ou não o acesso e a permanência no serviço. Nesse âmbito, a noção de acolhimento tanto da criança ou jovem, quanto do adulto que os acompanha, seja ele um educador ou um familiar, ganha importância (Lescher et al., 2004).

A presente pesquisa sinaliza que, para o profissional envolvido no atendimento de crianças e adolescentes em situação de risco, tão importante como conhecer as fases do desenvolvimento infantil, visando à adaptação do atendimento a cada faixa etária, é ter em mente os condicionantes socioeconômicos para seu comportamento. Nesse sentido, cabem algumas considerações a respeito do contexto sociocultural em que se encontram crianças e adolescentes que, desassistidas pelos familiares, necessitam da intervenção do Estado na proteção de seus direitos fundamentais.

As crianças e os adolescentes estarão mais vulneráveis a esta aprendizagem do que adultos que, porventura, tragam consigo configuração diversa de valores éticos e morais, na medida em que estarão ainda formando tais valores dimensionados em uma realidade adversa, materializada por situação de risco pessoal e social.

Por outro lado, configuram-se situações de risco pessoal/social na infância e adolescência, casos de: abandono e negligência; abuso e maus-tratos na família e nas instituições; exploração e abuso sexual; trabalho abusivo e explorador; tráfico de crianças e adolescentes; uso e tráfico de drogas e conflito com a lei, em razão de cometimento de ato infracional.

Ainda pode-se verificar que a maioria dos indicativos de situação de risco correlaciona-se com a situação econômica precária da família que não consegue cuidar de suas crianças, enquanto outros relacionam-se a problemas de saúde psíquica e emocional dos seus membros. A violência doméstica ocorre em todas as classes sociais, embora seja mais visível nas classes menos favorecidas. Muitos são os casos que chegam aos hospitais de crianças vítimas de violência física e sexual perpetrada pelos próprios familiares.

O PROJETO ALUNOS RESIDENTES

[...] É...
A gente quer viver pleno direito
A gente quer viver todo respeito
A gente quer viver uma nação
A gente quer é ser um cidadão
A gente quer viver uma nação

Gonzaguinha

Durante os anos de 1980 foi implantado no estado do Rio de Janeiro um conjunto de escolas públicas de tempo integral, os CIEPs, funcionando a partir de concepções administrativas e pedagógicas próprias. Os dois Programas Especiais de Educação criaram 406 CIEPs e 5 CIACs.[6] O que a pesquisa revelou foi que tal projeto foi realizado em um período curtíssimo de tempo, o que só foi possível graças à dedicação do professor Darcy Ribeiro, somado ao esforço e comprometimento de mais de

200 professores do estado e município do Rio de Janeiro, responsáveis pelas coordenações do programa, sob responsabilidade do I PEE.

Ao longo da realização do programa dos CIEPs, foram criadas coordenações que ficaram responsáveis pelas obras, pelo trabalho pedagógico e pela gestão. Também reformaram equipes pedagógicas que desenvolveram os seguintes projetos: material didático, treinamento de pessoal, cultura e recreação, assistência médico-odontológica, Projeto Alunos Residentes (PAR), educação juvenil, estudo dirigido, biblioteca e alunos renitentes (Ribeiro, 1986b). O objetivo da comissão era formular e orientar a execução de toda a política educacional do estado.

Ao objetivarmos privilegiar o estudo acerca dos alunos residentes, propiciamos um melhor entendimento dessa política pública por meio das falas e memórias que expressam representações do significado histórico daquele projeto, tais como uma das propostas educacionais dos Centros Integrados de Educação Pública (CIEPs). Também analisamos o impacto social do projeto junto aos militares da Polícia Militar e do Corpo de Bombeiros que forneciam os casais sociais que atuavam como responsáveis pelas crianças inseridas no projeto, destacando um olhar ousado em meio a um cenário político de redemocratização do país e de fortalecimento da escola pública.

O PAR, mesmo tendo sido responsável por algumas incompreensões, ensejou teorizar sobre a função social da escola pública, contrapondo com preconceitos cristalizados que entendiam que as crianças mais "desiguais socialmente" seriam casos para o atendimento por órgãos assistenciais e não pela escola. Para Freire (1997), nessa relação, os oprimidos são submetidos à "invasão cultural" ao "silenciamento" da sua palavra e à constante "desumanização", o que os impede de concretizar a sua "vocação ontológica" na direção de "ser mais" e de sua "humanização".

De acordo com Lobo Júnior (2001), o Projeto Alunos Residentes inseria os alunos residentes nas atividades de rotina a partir das 8 horas, recolhendo-os às residências do CIEP no final do dia. Nos finais de semana, feriados e férias escolares, os alunos deveriam retornar à convivência com seus pais ou responsáveis, minimizando dessa forma, o rompimento dos laços familiares.

Para Cavaliere (1996), o PAR encaminhava e apoiava o aluno que iniciava seu processo de evasão escolar. Paralelamente, desenvolvia-se um trabalho conjunto com os familiares, procurando meios de superação dos problemas encontrados. No caso das crianças abandonadas ou em estágio de pré-marginalização, o projeto funcionava como instrumento de inserção da criança no sistema escolar, proporcionando também e, principalmente, a reversão, ou seja, o retorno dos alunos residentes ao seio da família.

Entretanto, tal projeto foi alvo de controvérsias, visto que muitos estudiosos acreditavam tratar-se apenas de uma proposta marcada meramente por um viés assistencialista, tendo sido criada com objetivos político-partidários. Segundo Bomeny (2008), o aluno residente participava das atividades escolares retornando à residência do CIEP no fim da tarde. Era a partir desse momento que surgiam as oportunidades de um trabalho mais intenso dos casais junto às crianças – conversando com elas em grupo ou individualmente.

O projeto da residência era ambicioso: oferecer aos meninos e meninas dormitórios separados, equipados confortavelmente. O foco seria atender as crianças candidatas futuras às ruas e reeducá-las, dando-lhes educação de qualidade dentro dos CIEPs. O que se observa é uma contraposição ao projeto de ressocialização fracassado da tão criticada Fundação Nacional do Bem-Estar do Menor (FUNDABEM), que é uma experiência de moradia assistida em espaço menor, sendo unidade integral, com assistência social e pedagógica especializada (Bomeny, 2008).

Dessa forma, o Projeto Alunos Residentes objetivava assistir em particular crianças ou adolescentes em situação de carência ou abandono, gerada pela inteira ou parcial impossibilidade dos pais, principalmente em áreas mais carentes, cuidando do acolhimento, nas residências construídas nos CIEPs, de grupos de no mínimo 15 e no máximo 24 crianças e adolescentes entre 6 e 14 anos. O aluno residente é a criança que, diante de uma situação social crítica, precisava de apoio para que pudesse frequentar a escola, como é seu direito.

As investigações realizadas ao longo da pesquisa identificaram 298 CIEPs em 1994, atendendo a alunos residentes com 332 residências em funcionamento (algumas unidades que abrigavam até 24 crianças possuíam duas residências) em 74 municípios do estado. O trabalho nesses municípios foi articulado com outros órgãos oficiais e não governamentais, reunindo: Ministério Público, Juizado da Infância e Juventude, Conselhos de Defesa (Tutelar e Municipal), Secretarias Municipais, etc.

Assim sendo, um grupo de 12 crianças – os alunos residentes – permanece na escola durante toda a semana, sob os cuidados de um casal representado por uma "mãe social" e um "pai social".[7] Os pais sociais, seus filhos e os alunos residentes moram em um espaço construído para essa finalidade: a "residência", onde ficam até o dia seguinte, quando vão novamente para as atividades na escola, ou seja, tal projeto reunia em uma mesma instituição educação e assistência (Sá Earp, 1996). As mães das crianças residentes podem visitá-las durante a semana. Esse é um dos aspectos que diferencia o Projeto Alunos Residentes de outras instituições, como os internatos da FUNABEM, FEBEM e FEEM/RJ. Ainda segundo Sá Earp (1996), as crianças residentes têm condições de moradia extremamente precárias, geralmente casas de poucos cômodos onde vivem muitas pessoas. Os alunos com laços familiares moram com as mães, e a figura paterna parece distante, algumas vezes substituída por um padrasto. Para algumas crianças residentes, o CIEP representa um internato. Para crianças sem laços familiares, os chamados "desassistidos", o atendimento na "residência" assume características de internação.

FALAS E MARCAS DO PAR

> Mesmo considerando a diversidade de arranjos familiares no plano empírico, a unidade doméstica é, ainda, o grupo mais importante para transmitir capital cultural e para orientar a ação dos filhos na aquisição de capital escolar.
>
> Romanelli

Quanto ao processo de entrevistas, os sujeitos selecionados foram oito ex-alunos do PAR, bem como cinco ex-professores; três ex-diretores; três coordenadores do projeto e dois ex-pais sociais.

Cabe também salientar que os entrevistados pertenceram e, alguns ainda pertencem, à Secretaria Municipal de Educação do Rio de Janeiro (SME- RJ), embora o projeto tenha sido gerenciado tanto pelo município quanto pelo estado do RJ.

Pelos estudos realizados, acreditamos que a vivência longe dos pais, a situação de risco e a miséria em que se encontravam produzam, inicialmente, resistências, dor, negação e fragilidade diante da necessidade de expor as experiências vividas na época. Essa resistência inicial deverá atingir os ex-alunos, dificultando a retirada de informações importantes. Para minimizar esse problema, foi construído um contato empático, solidário, não julgador, que favoreça a confiança e a exteriorização de sentimentos e emoções, visando ao alívio de tensões e elaboração da dor ao relembrar o passado.

Cabe preliminarmente informar que o tempo que os ex-alunos permaneceram no Projeto Alunos Residentes variou de três a sete anos. Dos oito entrevistados, três (37%) tinham 7 anos quando entraram para o PAR; três (37%) tinham 8 anos; um (13%) tinha 6 anos e um (13%) tinha 9 anos (Figura 34.1).

Quanto ao tempo de permanência desses alunos no projeto verificou-se que quatro (49%) permaneceram no PAR por três anos; dois (25%) por quatro anos; um (13%) por sete anos e um (13%) por seis anos (Figura 34.2).

A resistência ao abordar o passado foi percebida desde o início, devido à dificuldade de conseguir que os ex-alunos relatassem a sua trajetória no referido projeto. Os que aceitaram falar não queriam se aprofundar muito na temática e alguns chegaram a mentir seu próprio nome. Em outros casos, as respostas foram bem sucintas, não havendo aprofundamento.

Tal atitude é compreensível, uma vez que abordar o passado, nesse caso, traz de volta sentimentos de dor, sofrimento e desamparo. Esses sentimentos ficam claros na fala de um dos ex-alunos.

Muitos dos ex-alunos mencionaram que foram para o PAR porque o Conselho Tutelar visitou seu ambiente familiar e verificou que seria melhor que fossem inseridos no Projeto Alunos Residentes. Um ex-aluno inclusive mencionou que todos os irmãos foram levados para lá por meio do Conselho Tutelar.

Dois dos ex-alunos entrevistados eram filhos de pais sociais, sendo que um ficou durante 18 anos convivendo com os alunos residentes. As lembranças desses alunos não são tão difíceis, pois a situação era outra, eles estavam com os próprios pais, não eram crianças historicamente excluídas.

Outro tema recorrente é a violência em família, revelando que, na sua grande maioria, o Conselho Tutelar optou por levar as crianças para o Projeto Alunos Residentes. Vários foram os relatos dessas situações familiares.

Em contrapartida, duas ex-alunas mencionaram que não sofriam violência

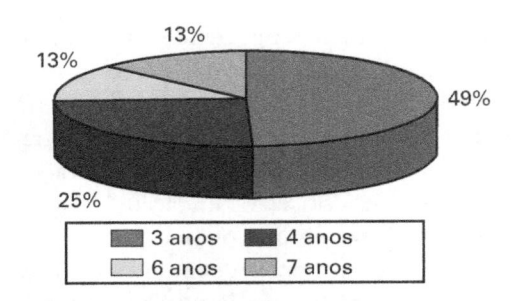

FIGURA 34.2 Tempo de permanência dos ex-alunos no PAR.

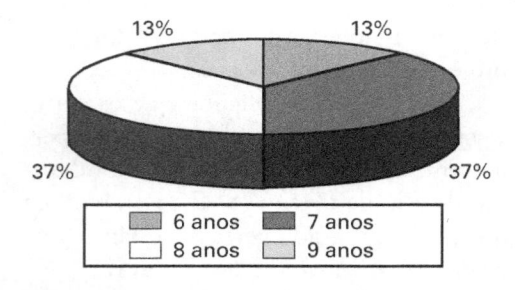

FIGURA 34.1 Idade dos alunos entrevistados quando entraram para o PAR.

por parte dos pais. Em um dos casos o problema era unicamente a miséria em que viviam, o que não deixa de ser uma outra forma de violência social, imposta pelo modelo econômico brasileiro.

Quanto à convivência com os pais sociais, os ex-alunos entrevistados relatam certa dificuldade inicial no relacionamento com os novos pais, mas afirmam que significaram muito para eles, como pode ser observado em seus depoimentos.

Dando prosseguimento, todos os ex-alunos que vivenciaram aquela experiência assinalaram a importância do PAR na suas vidas.

Mesmo não sendo um abrigo, o PAR traz algumas características de institucionalização de menores e a preocupação relativa aos efeitos prejudiciais da institucionalização no desenvolvimento e na saúde de um indivíduo. A base de todos esses prejuízos é a impossibilidade de se formar e manter vínculos afetivos, pois estes são um referencial primordial na elaboração da concepção de si e do mundo. É a vinculação afetiva, inclusive, que propicia as estimulações sensorial, social e afetiva fundamentais para que o indivíduo adquira amplas condições de aprendizagem em todas essas áreas. A infância conturbada e privada de laços afetivos fortes traz consequências futuras para o repertório comportamental dos indivíduos, inclusive para sua autoestima, que pode definir sua forma de relacionamento com o outro e com o mundo em geral.

No caso específico do PAR, embora as crianças tenham a possibilidade de encontrar seus pais nos fins de semana, ocorre que muitas delas não têm pais, o que propicia uma angústia muito grande por parte da criança.

Ao mesmo tempo, muitas crianças do PAR eram proibidas pelo Conselho Tutelar de retornar para casa no final de semana, devido à total falta de condições apresentadas por parte da família.

Algumas crianças chegavam ao PAR através do Conselho Tutelar, uma vez que suas famílias eram geralmente monoparentais (nas quais só a mãe está presente) e desfavorecidas economicamente. Muitas, a partir do momento em que chegavam ao PAR, eram proibidas de visitar suas famílias, devido ao total desfavorecimento das mesmas no que tange à questão econômica, como também devido a muitas famílias terem mães e pais sem condições de criar os filhos (alcoólatras, prostitutas), ou também casos de crianças que viviam em ambiente de total violência física ou abuso sexual. Diante disso, passam a fazer parte de um contingente especial da população: os filhos de ninguém. As famílias, que a princípio pensavam em utilizar o PAR como um colégio interno ou como simplesmente um local onde os filhos teriam o que comer, desaparecem. As famílias, no entanto, continuam detentoras do pátrio poder, e as crianças nem sequer têm o direito de serem colocadas em uma família substituta.

De outro lado, quando questionados se o PAR seria útil atualmente, no sentido da inserção social das crianças em situação de risco, todos entrevistados acreditam que sim.

Paralelamente, no que tange ao que representou o PAR, de um modo geral, verificou-se que este propiciou uma maximização da visão de como lidar com as crianças que têm necessidades sociais e que precisam promover o bem-estar social.

CONSIDERAÇÕES FINAIS

Ao longo da presente investigação, podemos assinalar que o PAR foi um projeto inovador na área da educação pública, dado que antecipou-se às disposições do ECA, atendendo crianças e adolescentes em situação de risco. Também constatamos que, até o início da década de 1990, foram atendidas mais de 5 mil crianças, considerando o número significativo de reintegrações familiares, com a permanência da criança na escola de horário integral e ingresso de novas crianças/adolescentes.

Tal proposta educativa de assistência foi uma possibilidade que abriu caminhos para o rompimento da situação de crianças nas ruas e/ou internações em estabelecimentos de modelo asilar. A intenção do PAR foi incluir, na escola, crianças em situação de risco social com sérias dificuldades familiares considerando, sobretudo, ser este o seu espaço de direito.

O PAR apresenta-se como contexto principal de desenvolvimento para aquelas crianças, proporcionando novas relações de amizade, ampliando as suas redes de apoio. Os pais sociais foram de vital importância na vida das crianças inseridas no PAR, pois forneceram apoio, tendo em vista as situações adversas a que as crianças estavam expostas. Percebe-se que para as crianças entrevistadas, a falha ou mesmo a ausência de apoio familiar faz com que o apoio fornecido pelos pais sociais seja mais valorizado.

O projeto foi percebido por todos como uma oportunidade e uma possibilidade de crescimento e desenvolvimento pessoal que permitiu o acesso a um futuro mais promissor. Dessa maneira, sentiram-se ocupando um espaço, ou seja, julgaram-se incluídos na sociedade, pois o projeto permitiu a integração familiar, a participação política e social e controle de risco da marginalidade e da violência em que viviam essas crianças.

Assim, queremos ressaltar que os sentidos construídos por esses jovens não são generalizáveis devido à especificidade do Projeto Alunos Residentes. Apesar disso, gostaríamos de destacar que iniciativas como essa podem ser "um dos" caminhos para evitar a marginalidade do jovem, possibilitando seu acesso ao acervo cultural de nossa sociedade.

NOTAS

1. O Programa Especial de Educação (PEE), de escopo tão abrangente, acabou sendo identificado com os CIEPs. Luiz Antônio Cunha atribui a reorientação definitiva no sentido da redução do PEE aos CIEPs, o que, em sua avaliação, de fato aconteceu no encontro dos professores em Mendes. Essas avaliações indicavam que o desencanto provocado na sequência do encontro deveu-se à suspeita de que toda a reunião servira apenas como referendo para decisões de governo que foram imediatamente chanceladas pela Assembleia Legislativa do Estado, autorizando a construção da cadeia de escolas que vieram a constituir os CIEPs. Daí a conclusão de Luiz Antônio Cunha, de que o Encontro de Mendes marcaria a clivagem definitiva entre o governo e o magistério da rede pública de ensino do Rio de Janeiro (Emerique, 1997; Maurício, 2004).
2. Darcy Ribeiro acumulava, em 1983, os cargos de vice-governador, Secretário de Ciência e Cultura e chanceler da Universidade do Estado do Rio de Janeiro.
3. Em 1983, professores se reuniam, pela primeira vez na história do país, para discutir as políticas educacionais a serem adotadas nos anos seguintes. O Encontro de Mendes, como ficou conhecido, foi organizado pela professora Rosiska Darcy de Oliveira juntamente com o vice-governador da época, o educador Darcy Ribeiro.
4. Folha Dirigida, 11/11/2003, Seção Educação, "A dívida com a escola pública". Centro de Pesquisa e Documentação de História Contemporânea do Brasil.
5. O movimento chamado Escola Nova esboçou-se na década de 1920, no Brasil. O mundo vivia, à época, um momento de crescimento industrial e de expansão urbana, e, nesse contexto, um grupo de intelectuais brasileiros sentiu necessidade de preparar o país para acompanhar esse desenvolvimento. A educação era por eles percebida como o elemento-chave para promover a remodelação requerida. Inspirados nas ideias político-filosóficas de igualdade entre os homens e do direito de todos à educação, esses intelectuais viam em um sistema

estatal de ensino público, livre e aberto, o único meio efetivo de combate às desigualdades sociais da nação. Denominado de Escola Nova, o movimento ganhou impulso na década de 1930, após a divulgação do Manifesto da Escola Nova (1932). Nesse documento, defendia-se a universalização da escola pública, laica e gratuita.

6. O Programa Especial de Educação – I e II PEE – incluiu na sua proposta político-pedagógica integrada, nas décadas de 1980 e 1990. Sua implantação e implementação tinha como meta a construção de 500 CIEPs no Rio de Janeiro, Baixada Fluminense e interior do estado. No projeto arquitetônico constavam modelos diferenciados de residência com capacidade de acolher de 12 a 15 crianças e adolescentes em alojamentos separados, com idades entre 6 e 14 anos, inseridas no segmento escolar. As residências foram totalmente equipadas para o casal, seus filhos e os alunos residentes. A intenção do Programa Especial foi incluir na escola crianças em situação de risco social, com sérias dificuldades familiares, considerando, sobretudo, ser este o seu espaço de direito.

7. No Projeto Alunos Residentes, o marido da mãe social não é pai social. Desde a concepção do Projeto, tal situação era prevista: "constituirão uma família sob a responsabilidade de um casal ou de uma senhora em qualquer caso elementos cuidadosamente selecionados segundo critérios estabelecidos pela contratação. Essa contratação implicará deveres explicitamente definidos e permitirá uma autonomia de ação no âmbito doméstico, estabelecerá uma vinculação administrativa direta ao Diretor-Geral do CIEP e assegurará a orientação de técnicos da área social e de especialistas em assuntos educacionais" (Sá Earp, 1996, p. 119).

REFERÊNCIAS

ALMARALES, I.R. *Hacia una investigacion sobre proteccion juridica de la familia y el menor*. Publicaciones cubanas, 2002.

ALVES, P.B. *O brinquedo e as atividades cotidianas de crianças em situação de rua*. 1998. 89 f. Dissertação (Mestrado) – Curso de Pós-Graduação em Psicologia do Desenvolvimento, Universidade Federal do Rio Grande do Sul, Porto Alegre, 1998.

ALVES-MAZZOTTI, A.J.; GEWANDSZNAJDER, F. *O método nas ciências naturais e sociais*: pesquisa quantitativa e qualitativa. São Paulo: Pioneira, 1998.

ALVIM, M.R.B.; VALLADARES, L.P. Infância e sociedade no Brasil: uma análise da literatura. *BIB*: *Revista Brasileira de Informação Bibliográfica em Ciências Sociais*, São Paulo, v.26, p.3-37, 1988.

APTEKAR, L. Crianças de rua nos países em desenvolvimento: uma revisão de suas condições. *Psicologia: Reflexão e Crítica*, Porto Alegre, v.9, n.1, p.153-184, 1996.

ARROYO, M.G. *Reflexões sobre a ideia de escola pública de tempo integral*. São Paulo, 1988.

BAZILIO, L.C. *O menor e a ideologia de segurança nacional*. Belo Horizonte: Vega, 1985.

BAZILIO, L.C.; KRAMER, S. *Infância, educação e direitos humanos*. São Paulo: Cortez, 2003.

BOMENY, H. *Darcy Ribeiro*: sociologia de um indisciplinado. Belo Horizonte: UFMG, 2001.

_____. Salvar pela escola: Programa Especial de Educação. In: FERREIRA, M. de M. (Org.). A força do povo: Brizola e o Rio de Janeiro. Rio de Janeiro: ALERJ/CPDOC/FGV, 2008. p. 95-127.

_____. A escola no Brasil de Darcy Ribeiro. *Em Aberto*. v. 22, n. 80, p. 109-120, Brasília, 2009.

BRASIL. *Constituição da república federativa do Brasil*. Brasília: Senado Federal, 2010. Disponível em: <http://www.senado.gov.br/legislacao/const/con1988/CON1988_05.10.1988/CON1988.pdf>.

_____. Lei n. 8.069, de 13 de julho de 1990. Estatuto da criança e do adolescente. *Diário Oficial da União*, Brasília, 16 jul. 1990.

_____. Lei n. 9.394, de 20 de dezembro de 1996. Estabelece as diretrizes e bases da educação nacional. *Diário Oficial da União*, Brasília, DF, 23 dez. 1996.

CAVALIERE, A.M.V. *Escola de educação integral*: em direção a uma educação escolar multidimensional. 1996. 193 f. Tese (Doutorado) – Faculdade de Educação, Universidade Federal do Rio de Janeiro, 1996.

COSTA, M.A. Comparação das estimativas do custo/aluno em dois CIEPs e duas escolas convencionais no município do Rio de Janeiro. *Educação e Sociedade*, v.14, n.40, p.486-501, 1991.

CUNHA, L.A.C.R. *Educação, estado e democracia no Brasil*. São Paulo: Cortez, 1991.

EMERIQUE, R. *Do salvacionismo à segregação*: a experiência dos Centros Integrados de Educação Pública do Rio de Janeiro. 1997. Dissertação (Mestrado) – Universidade do Estado do Rio de Janeiro/PPCIS, 1997.

FARIA, L. *CIEP*: a utopia possível. São Paulo: Livros do Tatu, 1991.

FREIRE, P. *Pedagogia da autonomia*: saberes necessários à prática educativa. 3.ed. Rio de Janeiro: Paz e Terra, 1997.

FUNDAÇÃO DARCY RIBEIRO (FUNDAR). *Homepage*. 2009. Disponível em: <http://www.fundar.org.br>. Acesso em: 21 jul. 2009.

GUARÁ, I.M.F.R. Educação e desenvolvimento integral: articulando saberes na escola e além da escola. *Em Aberto*, Brasília, v.22, n.80, p.65-81, 2009.

KOLLER, S.H.; HUTZ, C.S. *Meninos e meninas em situação de rua*: dinâmica, diversidade e definição. In: KOLLER, S.H. (Org.). *Aplicações da psicologia na melhoria da qualidade de vida*. Porto Alegre: Anpepp, 1996. p.11-34.

LESCHER, A.D. et al. *Crianças em situação de risco social*: limites e necessidades da atuação do professor de saúde, 2004.

LIMA, V.M. *CIEPs*: a re-invenção da escola pública? Um estudo de caso. 1988. 215 f. Dissertação (Mestrado) – Faculdade de educação, Universidade Federal Fluminense, Niterói, 1988.

LOBO JÚNIOR, D.T. *CIEPs*: a impotência de um desejo pedagógico: estudo histórico-crítico sobre a educação pública no Estado do Rio de Janeiro, focalizando o programa Especial de Educação do governo Leonel Brizola – Darcy Ribeiro (1983-1987). 1988. 300 f. Dissertação (Mestrado) – Faculdade de Educação, Universidade Federal Fluminense, Niterói, 1988.

MAURICIO, L.V.; SILVA, I. *Avaliação externa 1993 e 1994*. Carta 25: o novo livro dos CIEPs. Brasília: Senado Federal, 1995. p.193-219.

MAYER, L.R. *Rede de apoio social e representação mental das relações de apego de meninas vítimas de violência doméstica*. 2002. 116 f. Tese (Doutorado) – Curso de Pós-Graduação em Psicologia do Desenvolvimento, Instituto de Psicologia, Universidade Federal do Rio Grande do Sul, Porto Alegre, 2002.

MENANDRO, H. *Depoimento*. Para: Helena Bomeny. Rio de Janeiro: CPDOC/FGV, 2006.

MIGNOT, A.C.V. *CIEP – Centro Integrado de Educação Pública*: alternativa para a qualidade do ensino ou nova investida do populismo na educação? 1988. 2v. Dissertação (Mestrado) – Departamento de Educação, Pontifícia Universidade Católica do Rio de Janeiro, Rio de Janeiro, 1988.

MOLL, J. Conceitos e pressupostos: o que queremos dizer quando falamos de educação integral? In: TV ESCOLA. *Salto para o futuro*: Educação Integral, ano 18, boletim 13, 2008.

MOREIRA, A.F.B. Propostas curriculares alternativas: limites e avanços. *Educação & Sociedade*, Campinas, v.21, n.73, 2000.

OLIVEIRA, T.C.C. *Escola pública de tempo integral*: a experiência dos CIEPs em Americana – SP. 2006. 63 f. Monografia (Graduação) – Faculdade de Educação, Universidade Estadual de Campinas, Campinas, 2006.

PARTIDO DEMOCRÁTICO BRASILEIRO. *Uma proposta para o Brasil (História)*. [2009].

PARO, V.H. *Escola de tempo integral*: desafio para o ensino público. São Paulo: Cortez, 1988.

RIBEIRO, D. *A educação e a política:* carta: falas, reflexões, memórias. *Informe de Distribuição Restrita do Senador Darcy Ribeiro*, Brasília, v.5, n.15, p.11-15, 1995.

_____. A revolução educacional do Rio. *Modulo – Arquitetura e Arte*, n. 91, 1986a.

_____. *O livro dos CIEPs*. Rio de Janeiro: Bloch, 1986b.

_____. *O novo livro dos CIEPs*. Informe de Distribuição Restrita do Senador Darcy Ribeiro, Brasília, 1991.

ROSA, C.S.A.; BORBA, R.E.S.R.; EBRAHIM, G.J. The street children of Recife: a study of their background. *Journal of Tropical Pediatrics*, London, v.38, n.1, p.34-40, 1992.

SÁ EARP, M.L. *Infância, pobreza e educação*: o projeto alunos residentes em CIEPs. In: FRANCO, C.; KRAMER, S. *Pesquisa e educação*: história, escola e formação de professores. Rio de Janeiro: Ravil, 1997. p. 181-200.

_____. *O projeto alunos residentes de CIEPs*: educação e assistência? 1996. Dissertação (Mestrado em Educação) – Pontifícia Universidade Católica do Rio de Janeiro, Rio de Janeiro, 1996.

XAVIER, L. *O Brasil como laboratório*: educação e ciências sociais no projeto do Centro Brasileiro de Pesquisas Educacionais CBPE/Inep/MEC (1950-1960). Bragança Paulista: Ifan/Cdaph/Edusf, 2000.

35

Comunidades educativas
Por uma educação para o desenvolvimento integral

Natacha Gonçalves da Costa

> Pensar em termos de territórios educativos (e não em termos de territórios escolares) constitui uma condição necessária para criar uma maior pertinência da ação educativa e, portanto, um acréscimo de legitimidade em relação a contextos e públicos que são singulares, um acréscimo de legitimidade social. [...] A nível local, confrontam-se diferentes lógicas de ação a que só as próprias instituições e os atores locais estão em condições de dar um sentido e uma coerência. A complexidade do que se passa no terreno não é compatível com abordagens normativas e prescritivas, traçadas a "régua e esquadro" a partir de instâncias centrais.
>
> Rui Canário (1996)

O debate sobre educação integral hoje no Brasil ganha força diante do desafio de encararmos um grave problema que, em pleno século XXI, ainda assola a vida de milhares de crianças e adolescentes brasileiros: as inúmeras condições de vulnerabilidade social as quais os jovens se encontram submetidos em todas as regiões do país, entre elas, a qualidade da educação oferecida pelas escolas, sejam elas públicas ou particulares.

No estudo "Vulnerabilidades e fatores de risco na vida de crianças e adolescentes", Sierra e Mesquita (2006) destacam que os principais fatores de vulnerabilidade das crianças e adolescentes no Brasil são: violência doméstica, desestrutura familiar de todas as ordens, condições precárias de moradia, riscos ligados à violência urbana, inadequação do atendimento das instituições responsáveis, riscos ligados à saúde, ao trabalho infantil e à prostituição. Esses fatores estão presentes na vida das crianças e adolescentes, notadamente, em comunidades que apresentam alto risco social, como as periferias das grandes cidades, e têm sido superadas de forma lenta e pontual em alguns contextos, ainda representando uma situação alarmante em todo o país.

Dentre todos os fatores destacados, é pressuposto aqui que a questão da educação é elemento fundamental para o enfrentamento do desafio da vulnerabilidade. A autonomia e o senso de responsabilidade que o processo educativo pode propiciar aos indivíduos e aos grupos a que pertencem são a espinha dorsal de um novo sistema que pode superar a lógica da exclusão, da desigualdade e da opressão.

Mas como criar condições para que os sujeitos tornem-se autônomos, indivíduos capazes de fazer escolhas responsáveis consigo mesmos e com o mundo? Como, se permitimos que as crianças e adolescentes cresçam em meio à violência física e moral, inclusive por parte das instituições que deveriam garantir os estímulos e as oportunidades para o seu pleno desenvolvimento?

Do ponto de vista da escolarização, um importante avanço foi garantido pelo esforço da sociedade brasileira nos últimos anos: a universalização do acesso das crianças e adolescentes de 7 a 14 anos à escola. Esse acesso deixou de ser exclusivo de uma minoria e passou a ser a realidade da quase totalidade da população nessa faixa etária.

Porém, a questão do sucesso escolar está longe de atingir esse mesmo patamar, e hoje constitui-se na questão mais preocupante do sistema educacional brasileiro. Para se ter uma ideia do desafio da qualidade, segundo dados do PNAD/IBGE, apesar de 97,5% das crianças de 7 a 14 anos estarem na escola, apenas 27,9% dos estudantes do 4º ano aprenderam o que era esperado da sua série em português (Movimento Todos pela Educação, dados do SAEB/INEP). Além disso, segundo dados do MEC/INEP/DTDIE a taxa de abandono escolar em 2005 era de 4,8% para o 4º ano do ensino fundamental, 9,4% para o 8º ano do fundamental e 10,3% para o 3º ano do ensino médio, o que denota uma progressiva tendência à evasão escolar ao longo da trajetória escolar dos estudantes brasileiros.

As condições estruturais das escolas e comunidades nos oferecem alguns elementos para compreendermos as razões dessa realidade. Hoje, na maior parte das regiões que apresentam altas taxas de vulnerabilidade social, a escola é o único equipamento público existente, o que significa que ela representa praticamente a única presença do Estado na vida dessas comunidades.

Por sua vez, as escolas também refletem o descaso do poder público. A rede pública de educação, nos seus diferentes níveis, é marcada por graves problemas, como a alta rotatividade dos professores, os baixos salários e a descontinuidade das políticas públicas. Essas questões têm reflexo direto no baixo nível de capilaridade das escolas nas comunidades onde estão localizadas e de coesão da equipe docente, o que tem como consequência a inexistência ou inconsistência dos projetos político-pedagógicos e das instâncias participativas intra e extraescolares. Além disso, a média das escolas brasileiras oferece apenas 4 horas de aulas e, na ausência de articulação com quaisquer outros atores, este acaba por ser o único período em que as crianças e jovens estão em atividades com alguma intencionalidade educativa.

Essas questões estruturais denunciam que, no âmbito das políticas educacionais, prevalecem concepções que privilegiam um modelo educativo marcado pela verticalização das relações e por uma concepção curricular esvaziada de sentido que, no entanto, temos mantido com inexplicável insistência.

Nesse contexto, a educação integral vem surgindo como uma possibilidade potente. No entanto, para que propostas de educação integral sejam colocadas de fato como respostas às indagações e aos desafios colocados anteriormente é fundamental discutirmos o caráter dos processos formativos que queremos construir e as estratégias que precisamos criar para caminharmos nessa direção.

Em primeiro lugar é importante destacar que muitas das experiências de educação integral desenvolvidas no país e no mundo referem-se à ampliação do *tempo* das crianças *na escola*. Nessa perspectiva, o foco está em garantir que os estudantes permaneçam nas escolas em tempo integral, "protegidas" dos perigos das ruas e supostamente aprendendo mais e melhor. Nesse caso, pouco se faz necessário discutir a respeito do modelo educativo proposto. A mera ampliação do turno escolar é compreendida por si só como um fator positivo.

Sem dúvida, a questão do tempo é fundamental, mas ao analisar detidamente propostas que colocam esse elemento como central, é possível identificar limitações importantes. A primeira delas está ligada ao fato anterior de que, como já vimos, a partir da estrutura e práticas atuais, as escolas não têm conseguido responder ao desejável em termos de qualidade. Assim, ampliar o tempo de uma mesma lógica tem poucas chances de ser transformador. Além disso, se considerarmos que o esvaziamento do sentido da escola está intrinsecamente ligado ao fato de ela não estar *enraizada* na comunidade local, ampliar o tempo das crianças dentro da escola tende a criar mais condições de distanciamento entre o que está *dentro* e o que está *fora*.

Assim, a questão que se coloca no cerne dessa discussão é o modelo de escola tradicional e é esse modelo que o atual debate a respeito da educação integral tem buscado discutir, apresentando novas e interessantes possibilidades: a ampliação não apenas da jornada escolar, mas também a diversificação dos espaços de formação, trazendo para o cotidiano dos estudantes diferentes oportunidades educativas que aliam os conhecimentos formais aos comunitários e corresponsabilizam diferentes agentes pela formação dos sujeitos implicados. Essa construção busca o desenvolvimento de uma escola democrática, arraigada no seio de comunidades comprometidas com sua vocação educativa.

O conceito que norteia essa reflexão é o Bairro-Escola. Nascido em São Paulo, no bairro da Vila Madalena, o Bairro-Escola é resultado da experiência de um grupo de educadores que, ao desenvolver atividades comunitárias com crianças do bairro, percebe que as questões que emergiam eram marcadas por uma tal complexidade que isoladamente eles não eram capazes de responder. Esses educadores perceberam, então, que o diálogo com os professores, familiares, assistentes sociais e outros agentes que faziam parte do cotidiano das crianças tornava possível compreender melhor suas necessidades e traçar estratégias mais eficientes para o enfrentamento dos desafios. Além disso, notaram que parcerias com espaços culturais, como cinemas, museus, teatros, centros esportivos, escolas públicas e particulares, além da ocupação de espaços públicos, como praças, parques, becos e ruas, diversificavam as experiências educativas das crianças, criando novas e férteis possibilidades para o seu desenvolvimento.

Compreende-se, portanto, que responder à integralidade dos indivíduos, objeto do processo educativo, demanda tantas competências e habilidades quanto a própria diversidade humana. Assim, é compreensível que nenhuma instituição, por mais completa e arrojada que seja, consiga responder ao desafio fundamental da educação. Porém, quando as instituições articulam novos atores, tempos e espaços, e constroem com eles estratégias articuladas focadas nas demandas e necessidades dos sujeitos implicados a partir dos potenciais locais, o processo educativo ganha força e sentido.

Baseado nessa experiência, o Bairro-Escola propõe a articulação de diferentes oportunidades educativas locais, compondo redes sociais que envolvem os diferentes agentes, políticas públicas e iniciativas comunitárias dos bairros e das cidades. São formadas *comunidades educativas*, conectadas por objetivos comuns construídos pelos atores e instituições locais.

Nessa perspectiva, o sentido do processo educativo é a criação de condições para o pleno desenvolvimento dos sujeitos. Dessa forma, o processo educativo busca possibilitar que os indivíduos tenham condições de desenvolvimento em todos os sentidos possíveis, tornando-se aptos a fazer escolhas que sejam benéficas para si e para o mundo.

Sob essa ótica, o processo de ensino-aprendizagem ganha muitos sentidos de acordo com as complexas relações que envolvem a educação integral: o estudante aprende ensina, seu desenvolvimento é responsabilidade da comunidade, mas ele, como sujeito de seu próprio desenvolvimento, apropria-se de questões sociais, políticas, culturais e ambientais do seu bairro, sua cidade, seu país (Associação Cidade Escola Aprendiz, 2007c).

Esses arranjos educativos locais pressupõem mudanças paradigmáticas dos mais diversos aspectos da nossa organização política e social, a começar pela escola.

No Bairro-Escola, a educação vai muito além da escola. Não há, porém, como se poderia supor, um esvaziamento da instituição escolar. Há, na verdade, um novo posicionamento: as escolas deixam de ser as únicas responsáveis pela formação das crianças e jovens e passam a compartilhar com outros agentes essa complexa tarefa. Nesse compartilhamento, elas assumem um papel ativo, tornando-se catalisadoras de novas oportunidades educativas, e encontram na cidade, particularmente nas comunidades do entorno, territórios plenos de possibilidades.

Nessa articulação, os saberes formais passam a ganhar sentido ao serem experimentados no contexto do cotidiano dos estudantes. As questões que fazem parte da realidade e do imaginário desses sujeitos são consideradas elementos indutores do currículo. Os saberes comunitários compõem trilhas de aprendizagem que conferem aos conhecimentos acadêmicos uma função, já que servem ao entendimento de questões reais dos sujeitos, superando a pasteurização do currículo escolar e o esvaziamento do lugar do conhecimento formal na vida dos estudantes.

Além da questão curricular, uma educação integral de caráter comunitário prevê a criação de espaços de participação democrática ativos e permanentes. Nesse contexto, as famílias e agentes locais são convocados a participar do desenvolvimento de suas crianças, assumindo responsabilidades no cotidiano da comunidade educativa. A iniciativa privada é chamada a se articular, debatendo e decidindo com e nas comunidades as melhores formas de colaboração. E o mais importante: os estudantes são chamados a terem uma atitude proativa em relação ao seu próprio desenvolvimento, escolhendo as oportunidades educativas que lhes fazem sentido, discutindo a respeito do dia a dia de sua escola e da sua comunidade, produzindo e difundindo suas experiências e reflexões.

Por sua vez, a gestão pública sofre uma importante inversão de lógica. As políticas públicas, tradicionalmente elaboradas pelos "técnicos" e aprovadas nos gabinetes dos gestores com vistas a uma *suposta* "maioria", achatando as diferenças e desconsiderando as peculiaridades dos territórios, passam a ser formuladas a partir do reconhecimento das necessidades e perspectivas das comunidades locais. São elas que pautam os gestores na formulação das políticas, conferindo o caráter plural que devem ter. Nesse processo, os gestores públicos das diferentes áreas são chamados a atuar nas redes locais, territorializando suas ações e facilitando o acesso das comunidades aos recursos públicos.

Trata-se, portanto, de uma dinâmica de desenvolvimento local calcada na *potência* dos indivíduos e territórios. Nessa perspectiva, o *desenvolvimento integral dos sujeitos* é colocado como objetivo central de uma educação entendida como integral. Assim, o processo educativo não se ocupa apenas da dimensão intelectual dos indivíduos, mas se ocupa de todas as dimensões humanas: ética, estética, afetiva, moral, física e espiritual. Mais do que isso, essa concepção de educação integral entende que o desenvolvimento integral dos indivíduos depende do desenvolvimento integral dos territórios onde eles estão inseridos e vice-versa. Nessa perspectiva, uma educação de caráter comunitário não é apenas possível, mas essencial para que uma educação integral de verdade aconteça.

Mas como, na prática, se dá esse processo?

O Bairro-Escola identificou quatro condições elementares para a construção e sustentabilidade das comunidades educativas: a articulação de espaços democráticos de debate e construção de projetos coletivos e integradores por parte dos agentes locais, o desenvolvimento de práticas educativas que articulem o currículo formal aos saberes comunitários, a produção e livre circulação de informações sobre o território e a identificação e fomento dos potenciais culturais, em especial, a ocupação positiva dos espaços públicos.

Como estratégias, o laboratório de Bairro-Escola da Vila Madalena desenvolveu quatro tecnologias principais: a Autoformação Local, as Trilhas Educativas, a Agência Comunitária de Notícias e os Territórios Culturais. Essas tecnologias buscam garantir processos contínuos de mobilização e articulação dos potenciais locais.

Em primeiro lugar, como tecnologia orientadora da educação integral, a Autoformação Local constitui-se como um espaço que reúne periodicamente os diferentes agentes que atuam no bairro para discutir e traçar estratégias para o enfrentamento dos desafios locais, em especial, o que diz respeito às condições de vida e desenvolvimento de crianças e adolescentes. Esses agentes atuam nas mais diferentes áreas: saúde, educação, cultura, assistência social; e são provenientes dos diferentes setores. Esse grupo debate e visa construir uma espécie de projeto-pedagógico do lugar que define as orientações, valores e objetivos do grupo em relação ao território, formulando de forma conceitual e prática suas ações coletivas a partir da perspectiva individual de cada ator.

Em segundo lugar, o Bairro-Escola propõe as trilhas educativas como percursos formativos desenvolvidos pelos educadores junto com as crianças e jovens que partem fundamentalmente dos interesses e indagações dos estudantes em relação ao mundo e à sua própria vida. Nesses percursos, os saberes acadêmicos são chamados a "dialogar" com os saberes comunitários, cujas "fontes" são os estudantes, os educadores e os mais diferentes atores do cotidiano: o padeiro, o catador de papel, o mecânico da oficina, o dono do bar, as famílias. Além disso, as trilhas educativas proporcionam que as crianças e jovens aprendam a organizar o seu próprio tempo, a distribuir e assumir responsabilidades junto ao coletivo e a construir ativamente seu próprio conhecimento, aprendendo a formular suas questões e a buscar os recursos para respondê-las.

Do ponto de vista das escolas uma importante figura foi criada: o professor comunitário. Esse profissional é responsável por articular as redes locais a partir dos objetivos pedagógicos traçados pelos professores e estudantes, trazendo para dentro da escola os saberes e potenciais comunitários e articulando oportunidades dos estudantes e professores explorarem as comunidades a partir dos seus espaços educativos.

Por sua vez, a Agência Comunitária de Notícias busca responder a uma questão fundamental: como um território pode se articular se as informações de interesse local não são difundidas de forma a que os atores conheçam os potenciais locais?

Assim, o que a agência propõe é que grupos organizados produzam e difundam notícias sobre a região fomentando a participação dos agentes locais, em especial as crianças e jovens. Para tanto, algumas estratégias são colocadas em prática. Uma delas consiste na formação de estudantes das escolas em jornalismo comunitário e no estímulo a que as noticias produzidas por eles sejam difundidas através de diversos veículos como *blogs*, jornais murais, rádios-poste, lambe-lambes, além do uso das ferramentas de redes sociais atuais como o *Twitter* e o *Facebook*. Para garantir seu caráter comunitário, representantes de veículos locais preexistentes, como rádios comunitárias, revistas e jornais de bairro e de condomínios, *blogueiros* e quaisquer outros agentes de comunicação são chamados a formar o conselho editorial da agência e a pautar o conteúdo produzido.

Além disso, os diferentes veículos da agência buscam criar ferramentas interativas para que a comunidade em geral possa também pautar a sua produção e contribuir com informações, demandas e reflexões. Dessa forma, a rede local vai se fortalecendo e criando sua própria identidade.

Um dos elementos mais importantes dessa comunicação de caráter comunitário é que as comunidades podem, através dessas estratégias, construir uma olhar sobre si mesmas, deixando, paulatinamente, de ser reféns do olhar da grande mídia ou da opinião pública em geral. Essa possibilidade é especialmente potente em comunidades estigmatizadas, como favelas, por exemplo. Em processos de comunicação comunitária o cidadão comum é produtor do olhar sobre sua própria vida e é estimulado a reconhecer as oportunidades e ativos da sua comunidade. Assim, as *potências* deixam de ser invisíveis.

Por último, o Bairro-Escola procura trabalhar com a formação de territórios culturais. Nesse caso, busca-se empreender um processo da mesma natureza da agencia comunitária de notícias, mas dessa vez tendo como foco os potenciais culturais das comunidades. Considerando que a cultura constitui-se como meio e fim para a construção de identidade dos diferentes grupos e que são essas identidades que dão sentido de pertencimento aos sujeitos, compreende-se aqui que visibilizar e fomentar a cultura, ou melhor, as culturas locais, é fundamental. Busca-se ocupar os espaços públicos, promovendo o livre compartilhar dessas manifestações e o acesso dos indivíduos, especialmente das crianças e jovens, aos centros culturais, cinemas, teatros da cidade. Para isso, fomenta-se que os jovens tornem-se agentes culturais, articuladores das oportunidades, animadores da rede local e produtores de iniciativas de caráter cultural e comunitário. Além disso, são promovidos encontros entre artistas locais, saraus, exposições e outras oportunidades de difusão da produção artística local, como a produção de *blogs*, entre outros recursos das novas tecnologias.

As estratégias aqui descritas visam ilustrar como as redes locais podem ser continuamente alimentadas e articuladas na perspectiva do desenvolvimento integral de crianças e jovens. São experiências que tem mostrado caminhos pertinentes, mas cada território deve criar suas estratégias para garantir a formação de suas redes. O que temos visto em todo o Brasil é um caleidoscópio de experiências criativas e profundamente transformadoras que nos inspiram a continuar acreditando nesse novo paradigma que está ainda em formação.

O importante é compreendermos que, mais do que a articulação de atividades extracurriculares ao turno escolar, na perspectiva do Bairro-Escola, a educação integral é meio e é fim para a emancipação. Ela cria um novo sentido para a organização social horizontalizando os atores, democratizando as relações e colocando a todos no papel de *aprendizes*. Afinal de contas, é essa condição que nos iguala e nos torna sensíveis ao nosso mundo e ao mundo dos outros.

Assim, como pêndulo articulador de todas as ações e políticas, a educação é capaz de desempenhar de fato seu papel: aproximar universos, construir sentidos e proporcionar aos seres humanos a possibilidade de reconhecerem-se como seres autônomos e livres.

REFERÊNCIAS

ALVES, R. *Aprendiz de mim:* um bairro que virou escola. Campinas: Papirus, 2004.

APRENDIZ COMGÁS. *Aprendiz Comgás*: tecnologia social para a juventude. São Paulo, 2004.

ASSOCIAÇÃO CIDADE ESCOLA APRENDIZ. *Bairro-escola*: passo a passo. São Paulo, [2007a].

_____. *Comunidade integrada*. São Paulo, 2008a.

_____. *Educomunicação, comunicação e participação para uma educação de qualidade, Rede CEP.* Artigo: A educomunicação no Bairro Escola: fortalecendo o território e a comunidade local. São Paulo, 2008b.

_____. *Eu escrevo, alguém responde*. São Paulo, 2002a.

_____. *Expressões digitais:* língua, mídia e responsabilidade social no ensino médio. São Paulo, 2002b.

_____. *Expressões digitais:* língua, mídia e responsabilidade social no ensino médio: suplemento do educador. São Paulo, 2002c.

_____. *Guia de promoção da saúde para o aprendizado*. São Paulo, 2008c.

_____. *Juventudes:* panorama e iniciativas com foco na juventude de São Paulo: pesquisa técnica Cenpec. São Paulo: Peirópolis, 2007b.

_____. *Proposta pedagógica*. São Paulo, 2007c.

_____. *Trilhas educativas*. São Paulo, [2006?].

GOULART, B. *Centro SP:* uma sala de aula: a conquista da cidade a partir da educação. São Paulo: Casa Redonda/Associação Cidade Escola Aprendiz, 2008.

KLOTZEL, R. *100 muros*: a reinvenção da rua. São Paulo: Estúdio Infinito, 2003.

MEDEIROS FILHO, B.; GALIANO, M.B. *Bairro-escola:* uma nova geografia do aprendizado. São Paulo: Guia, 2005.

SIERRA, V.M.; MESQUITA, W.A. Vulnerabilidades e fatores de risco na vida de crianças e adolescentes. *São Paulo em Perspectiva*, São Paulo, v.20, n.1, p. 148-155, 2006. Disponível em: <http://www.seade.gov.br/produtos/spp/v20n01/v20n01_11.pdf>.

LINKS

Movimento Todos pela Educação:
<http://www.todospelaeducacao.org.br/Numeros.aspx?ano=2007&boletim=1&pesquisa=1&br=ok&action=42>.

Instituto das Comunidades Educativas:
<http://www.iceweb.org/proj_belavista.html>.

Agencia Comunitária de Notícias:
<http://www.agenciacomnoticias.org.br/>.

VilaMundo:
<www.vilamundo.org.br>.

36

A contribuição das organizações não governamentais para o debate da educação integral

Maria Julia Azevedo Gouveia
Lucia Helena Nilson
Stela Ferreira

Este texto tem por objetivo destacar elementos da trajetória de organizações da sociedade civil que atuam com crianças e adolescentes que possam contribuir para o atual debate acerca da educação integral no país. Esses elementos dizem respeito à sua constituição no campo político em defesa dos direitos humanos de crianças e adolescentes, da sua proximidade com suas famílias e comunidades de referência e da proximidade de suas práticas no reconhecimento da singularidade das histórias de vida do público com o qual atuam. O conteúdo deste capítulo está sustentado em nossa trajetória profissional junto a essas organizações nas ultimas três décadas, bem como nas experiências relatadas no Boletim Educação & Participação.[1]

AS ONGS COMO SUJEITO POLÍTICO

De partida, é preciso reconhecer que o campo das organizações da sociedade civil é heterogêneo, compondo um espectro bastante amplo de intervenções sociais, políticas e educativas. Optamos por destacar desse conjunto de organizações aquelas que, desde as lutas em defesa do Estatuto da Criança e do Adolescente, têm sido fomentadoras de práticas inovadoras alinhadas aos princípios e diretrizes do ECA. Para traçar alguns elementos da trajetória das ONGs no período posterior à promulgação da CF-88 e do ECA, destacamos sua presença como um ator político que participa ativamente do processo educativo de crianças, adolescentes e jovens brasileiros.

Na trajetória política recente do país, muitos foram os movimentos sociais, organizações políticas e sindicais que construíram, em oposição à ditadura militar, uma agenda de democratização e inscrição de novos direitos na Constituição Federal de 1988. As organizações não governamentais (ONGs), por sua própria luta em oposição à ditadura, construíram sua identidade como "não governo" e, portanto, com ações fora dos espaços institucionais estatais.

No que se refere especificamente aos direitos de crianças e adolescentes, a contraposição à violação dos direitos humanos se deu pelo confronto com práticas autoritárias presentes nas instituições totais, fundamentadas nas concepções discriminatórias inscritas no Código de Menores, vigente no Brasil no período entre 1927 e 1990.² O termo "menor" era corrente para referir a um determinado grupo de crianças, como nos recorda Bulgarelli (2003, p. 23):

> Nossos projetos de intervenção nessa realidade tinham sempre o nome "menor" no meio, mesmo os que significavam uma crítica em ato à Política do Bem-Estar do Menor, mantida pela ditadura e pelas muitas instituições não governamentais que atuavam segundo essa lógica. Menores eram todos os pobres que viviam uma mesma situação de exclusão, apesar de tantas histórias de vida diferentes, de tantos motivos para estarem ali, compartilhando as ruas da cidade como espaço de moradia e sobrevivência.

A ampla mobilização e articulação social em defesa dos direitos humanos de crianças e adolescentes ecoava no Brasil, em meados da década de 1970 e 1980, o consenso estabelecido em torno da Declaração Universal dos Direitos da Criança, aprovada em convenção da ONU em 1959. No bojo desse amplo processo de debate e construção política, que resultou na elaboração e aprovação do ECA, estavam educadores sociais atuantes tanto nas instituições estatais como nas organizações comunitárias e movimentos sociais, como relembra Bulgarelli (2003, p. 22):

> É importante salientar que essas conquistas e mudanças não foram fruto de um grupo desde sempre iluminado. Como alguém que vivenciou as últimas décadas de lutas, conquistas e muito trabalho, posso afirmar que tudo isso tem sido fruto de uma construção coletiva, com muito aprendizado, eterno aprendizado, uma exigência de abertura ao novo que tem sido capaz de nos fazer repensar a própria prática, propor novos paradigmas, problematizar o que antes era solução ou algo "naturalmente" dado.

As organizações não governamentais às quais nos referimos neste texto foram participantes ativas desse processo ou declaram-se herdeiras dessa tradição de lutas e conquistas democráticas.

Um traço muito característico da trajetória das ONGs tem sido sua constituição por força de iniciativa de grupos sociais que, muitas vezes, iniciam sua atuação com pouca infraestrutura, contando com apoio de trabalhadores voluntários e procurando criativamente produzir respostas para situações percebidas como injustas no cotidiano de vida de crianças e adolescentes. Isso lhes conferiu baixa institucionalidade e muita instabilidade do ponto de vista de sua sustentabilidade técnica e financeira. Não por acaso, a década de 1990 foi exemplar no número de consultorias, capacitações, premiações que tinham como foco o incremento institucional e a profissionalização dessas organizações.

Ao mesmo tempo, novos atores passaram a compor o campo das relações institucionais das ONGs, como as agências de financiamento e, sobretudo, as empresas que se alinhavam à perspectiva da responsabilidade social privada. Uma das decorrências desse processo foi a hegemonia dos chamados "projetos sociais", que instituíam simultaneamente uma modalidade específica de captação de recursos financeiros e um modo peculiar de organizar as estratégias educativas.

Ao longo das últimas décadas, as ONGs passaram por inflexões importantes, lidando com novas possibilidades e também limites à sua atuação.³ Tiveram que reconstruir sua identidade numa nova conjuntura política não mais como oposição ao Estado, mas ao lado dele, seja no espaço deliberativo dos conselhos de direitos, seja como organizações conveniadas às prefeituras ou parceiras na execução de programas governamentais. Ao mesmo tempo, essas organizações agregaram profissionais e militantes que se dedicaram à sistematização de suas experiências, inovações e desafios, os quais inspiram em grande medida o conteúdo deste capítulo.

Se, de um lado, as contingências de vulnerabilidade social convocaram as práticas educativas dessas ONGs a se ocuparem das incertezas e instabilidades dos modos de vida de crianças e adolescentes; de outro lado, a finitude dos recursos financeiros e materiais impulsionou a construção de estratégias como o trabalho com projetos. Optamos por analisar essas duas características pelo ângulo das possíveis contribuições que elas podem aportar ao recente debate em torno da educação integral como política intersetorial. Não sem ambiguidades e resistências, a trajetória das ONGs tem atributos bastante valorizados na gestão social da década passada e início desta, que são:

1. A capacidade de articular múltiplas iniciativas, revitalizando a mobilização social e o engajamento de diversos setores da sociedade civil.

O CEDECA

Centro de Defesa da Criança e do Adolescente Mônica Paião Trevisan, de Sapopemba, zona leste de São Paulo, está em todas: no Fórum da Criança e do Adolescente do bairro, no Movimento Nacional dos Direitos Humanos, no Fórum das entidades que trabalham com medidas socioeducativas, no Conselho Municipal da Criança e do Adolescente, até no G.R.C.E.S Combinados de Sapopemba, escola de samba que está no Grupo de Acesso do carnaval paulistano. "Vamos ocupando os espaços, nos articulando com outros grupos da comunidade e fazendo com que as crianças e os adolescentes realmente se sintam parte do CEDECA e de Sapopemba", conta Valdênia Paulino, uma das fundadoras da organização. O CEDECA Sapopemba foi um dos vencedores do Prêmio Itaú-Unicef 2003. Ao todo são sete projetos com o objetivo principal de garantir os direitos e deveres previstos no ECA (Estatuto da Criança e Adolescente). A equipe está preparando uma cartilha de orientação de direitos para ser distribuída na comunidade, em parceria com UNICEF, Conectas Direitos Humanos, ILANUD e AMAR (Associação de Mães e Amigos do Adolescente em Risco). O Programa de Medidas Socioeducativas em Meio Aberto, para adolescentes em processo de reintegração à sociedade, existe há mais de 25 anos. "Não só acompanhamos os meninos e meninas como propomos atividades para prepará-los novamente para viver em comunidade, encaminhando-os à escola e aproximando-os da família", garante Valdênia. Cerca de 400 meninos participam desse projeto no ano. A biblioteca do CEDECA é utilizada pelos alunos e professores das escolas da região, estreitando a relação entre as duas instituições. O CEDECA também oferece atendimento jurídico, que orienta as famílias na garantia de seus direitos; com o projeto psicojurídico social, a criança e o adolescente têm apoio de psicólogos, advogados e educadores; há também o acompanhamento do Programa Agente Jovem; e o Fala Sapopemba!, em parceria com a Abrinq, que oferece ao jovem uma bolsa-auxílio para participar de conselhos e entender como funciona a sociedade em que ele está inserido. O projeto "Gol um chute para a vida" é coordenado por Kênia, uma jovem de 24 anos que, antes de ser educadora, passou pelo CEDECA como educanda. Cerca de 100 crianças praticam o esporte e com isso recuperaram um espaço público que estava se tornando privado. O clube da comunidade era apenas alugado para equipes de futebol e agora está sendo utilizado pelos meninos e meninas do CEDECA. Com tudo isso, o CEDECA conseguiu diminuir a violência na região, como explica Valdênia: "construímos um diálogo com a polícia, que agora age com menos brutalidade. E diminuímos a violência entre os próprios jovens. Agora eles nos procuram porque querem se inscrever no vestibular e lutar por Sapopemba."

2. A capacidade de estabelecer parceria com o Estado na gestão de políticas e programas públicos;

> "Quando o Griô chega nas aldeias, os pais afinam os tambores, as mães vestem as roupas mais bonitas e as crianças sentam na roda". "Griôs, continua a coordenadora Lílian Pacheco, são homens e mulheres que circulam pelos sertões da África aprendendo e ensinando fatos históricos e culturais da região". Lílian e Márcio Caíres exploram a força cultural dessa figura no projeto Grãos de Luz e Griô, da Associação Grãos de Luz, de Lençóis (BA). A associação oferece oficinas educativas, culturais, ecológicas e de artesanato para crianças e adolescentes e foi a ganhadora do 1º lugar no Prêmio Itaú-Unicef 2003. No privilegiado ambiente natural da Chapada Diamantina (BA), 40 professores das escolas municipais de 12 comunidades foram formados como educadores Griôs, e, por sua vez, incluíram seus alunos na descoberta das riquezas da cultura local. O prazer de aprender e ensinar é um processo vivido por todas idades. Com muita música e movimento, toma a forma de brincadeiras, danças, poesia e outras atividades, dentro e fora da escola. Celebra-se a cultura local, a afetividade e a formação de vínculos. Oficinas de arte e brincadeira, de educação ambiental e a disseminação de temas escolhidos por todos compõem a formação de educadores e as caminhadas do "Velho Griô". "Gente", essa foi a resposta de Diego, 10 anos, à pergunta: "O que você quer ser quando crescer?" O Grãos e Griô certamente está contribuindo para isso!

O Serta faz a diferença para jovens da região

"Sou da terra da cana-de-açúcar, sou da cidade dos canaviais, sou Cleiton de Lagoa de Itaenga, onde luto pelos meus ideais". Até dois anos atrás, Cleiton Souza, 19 anos, talvez não tivesse outra perspectiva de vida. Hoje faz parte de um grupo de teatro e é monitor de uma oficina de danças culturais no município de Orobó, PE. A mudança aconteceu depois de Cleiton conhecer o Serta – Serviço de Tecnologia Alternativa, em Glória do Goitá, a 60 km de Recife. Cleiton participou de um grupo de teatro que apresentou a peça "Chão da Terra" há dois anos. Como mostra ele no poema acima, o Serta ajuda a criar uma nova visão de futuro para a vida rural. O grupo de teatro e várias outras atividades fazem parte do Projeto Formação de Agentes de Desenvolvimento Local (ADL), um dos ganhadores do Prêmio Itaú-Unicef 2003, que atende 107 jovens de 16 a 18 anos. O agente ADL participa de uma formação que lhe dá noções de agricultura familiar orgânica, arte, cultura, informática, direito e cidadania, preparando-se para atuar nos processos sociais e econômicos da microrregião. "Se não oferecermos uma alternativa, o jovem vai terminar em Recife atrás de mercados mais fáceis, mas menos construtivos. A formação que damos se torna instrumento para o desenvolvimento da sua comunidade", explica o presidente da organização, Abdalaziz de Moura. "Os jovens criaram os Conselhos de Direitos e o Tutelar, que não existiam antes. Eles trabalharam para que isso acontecesse, cobraram da prefeitura. Identificaram as famílias com crianças com necessidades especiais, organizaram as mulheres da comunidade". Essas conquistas são fruto do Serta.

Boletim Educação & Participação n. 08.

3. A capacidade de estabelecer redes locais, nacionais ou mundiais e, por meio delas, constituir fóruns de escuta e vocalização de demandas, introduzindo-as na agenda política.

As ressonâncias da modalidade de gestão por projetos na proposta educativa das ONGs também foi marcada por debates, inflexões e inovações. Esse processo contribuiu para que hoje essas instituições possam ser reconhecidas como um sujeito social e político importante na produção de respostas educativas alinhadas à educação integral. Isso porque muitas delas sustentam em suas práticas cotidianas a premissa fundamental da Doutrina da Proteção Integral, que constrói a criança e o adolescente como sujeito de direitos e não mais como objeto a ser tutelado pelo adulto. Maria Amália de Medeiros, pedagoga portuguesa, sintetizou essas concepções como aquela que

> [...] vê a criança como um conjunto de potencialidades latentes, cujos limites de desenvolvimento e expansão desconhecemos ainda e para a qual devemos, como educadores, criar um meio rico, aberto a todo gênero de estímulos, sem ideias preconcebidas e limitadoras; e sem comportar apenas atividades cuidadosamente programadas que podem desenvolver habilidades particulares e permitir a aquisição de conhecimentos específicos, mas inibir para sempre outras e impedir o eclodir de formas de pensar e de sentir originais, decorrentes de sínteses novas entre o ser o mundo [...]. O que um adulto é constitui apenas uma das múltiplas possibilidades de ser que nasceram com ele.

O primeiro momento do debate acerca da contribuição das ONGs no processo educativo de crianças e adolescentes foi marcado pela identificação de seu caráter complementar à escola, ligado à política de assistência social. Desse modo, esvaziava-se a possibilidade de que suas práticas tivessem resultados de aprendizado reconhecidos socialmente fora do registro daquilo que estava normatizado para os sistemas de ensino. Com isso, as ações educativas desenvolvidas por essas organizações foram frequentemente nomeadas como complementares à escola. A afirmação de Antônio Carlos Gomes da Costa à época era contundente:

> Cada programa de atendimento deve compreender que, se o trabalho social e educativo não tiver impacto positivo sobre o ano escolar das crianças, sua ação dificilmente transcenderá o quadro de um assistencialismo frágil, limitado e precário.[4]

De outro lado, nesse mesmo momento histórico, era possível identificar continuidades de um discurso conservador até mesmo entre as ONGs que afirmavam ter por objetivo "tirar as crianças da rua". Afirmações como esta resultaram no reconhecimento de práticas apenas como um lugar seguro e adequado, uma espécie de alternativa de abrigamento. Com isso, seria secundária (e até mesmo dispensável) a elaboração de propostas educativas claras e coesas. Parte dessa compreensão deriva também do fato de as ONGs atuarem em territórios de vulnerabilidade social, o que supostamente justificaria "proteger as crianças do perigo das ruas". No entanto, isso expressa uma resposta insuficiente e inadequada para garantir o direito à convivência familiar e comunitária previsto no ECA.

Ao mesmo tempo, outra linha de força foi ganhando espaço de formulação e proposição em relação às praticas educativas das ONGs. Especialmente nos grandes centros urbanos, sua presença foi reconhecida como parte de um conjunto de respostas de proteção social de crianças e adolescentes.[5] Por meio de instrumentos como convênio e parceria estabelecida entre essas organizações sociais e as secretarias municipais de assistência social, foi possível reconhecer conteúdos próprios de seu trabalho. Muitos esforços de elaboração de propostas pedagógica e sistematização de conhecimentos advindos dessas experiências são exemplo da valorização das práticas educativas das ONGs.

> **Os saberes e talentos transmitidos de geração para geração**
>
> Felipe Camarão é o nome católico do índio Poti, índio guerreiro nascido no século XVI na aldeia Igapó, às margens do Rio Potengi, que lutou na Batalha dos Guararapes, entre outros feitos históricos. De Poti vem a denominação de quem nasce em Rio Grande do Norte – potiguar. Felipe Camarão é um bairro da periferia de Natal (RN), com cerca de 55 mil habitantes, onde estava o antigo lixão da cidade. Também é lugar de grande riqueza cultural, lá vivem e trabalham mestre Chico Daniel com seu teatro de mamulengos, mestre Cícero da Rabeca (*violino dos homens do povo*), Dona Odaíza Galvão – mestre griô – e toda uma legião de artistas populares que perpetuam o legado do Mestre Manoel Marinheiro, morador de Felipe Camarão que durante 50 anos manteve viva a tradição do Auto do Boi-de-Reis. Os 400 meninos e meninas do bairro que frequentam diariamente as atividades do Projeto Conexão Felipe Camarão sabem tudo isso e muito mais. Além de conhecer a história da comunidade e suas origens, eles também aprendem a tocar flauta, fazer e tocar rabeca, jogar capoeira, percussão e participam de oficinas de Boi de Reis e mamulengos João Redondo (fantoches). Patrocinado pela Petrobrás e pela Lei de Incentivo do Ministério da Cultura, o Conexão Felipe Camarão atua na comunidade com ações culturais socioeducativas para crianças, adolescentes e jovens de 4 a 24 anos. "O menino, a menina chega normalmente pela mão da mãe, pai ou responsável. A mãe fala 'ele quer aprender flauta', depois ele escolhe outra coisa, ele vai fazer o que quer. A maioria participa de várias oficinas ao mesmo tempo!" explica Vera Santana, coordenadora geral do Conexão Felipe Camarão e diretora executiva da ONG Terramar, semifinalista do Prêmio Itaú-Unicef 2005. Como Ponto de Cultura a organização recebeu do MinC uma ilha de edição e recursos para oficinas de vídeo, áudio, *webdesign* e fotografia. Com o domínio das linguagens audiovisuais, os jovens produzem documentários, CDs e DVDs sobre a cultura local. Esse processo envolve pesquisa e entrevistas com os mais velhos da comunidade. A ONG participa da Ação Griô Nacional do MinC (na tradição oral africana, os griôs são contadores de histórias, músicos, poetas, importantes agentes de cultura popular). "A cultura é essencial para a formação do cidadão e fator de transformação social", afirma Vera. O projeto também atua na formação de professores das escolas públicas, para que sejam incluídos nos currículos formais a música e a oralidade presentes no cotidiano dos alunos. A parceria com as escolas amplia o alcance da proposta e possibilita a diversificação dos espaços educativos da organização.
>
> Boletim Educação & Participação n. 27.

Entendidas sob este ângulo, as ações socioeducativas passam a ter por finalidade criar situações de aprendizagens capazes de ampliar a participação e multiplicar as possibilidades de convivência de crianças e adolescentes. A elas passaram a ser associadas afirmações como as de Carvalho e Azevedo (2005):

> As ações socioeducativas são atentas à formação integral do cidadão de qualquer idade, associam conhecimento acadêmico, reconhecimento das tradições e inclusão social, com ênfase indiscutível na convivência. Portanto, têm intenção protetiva e educacional. Conjugam em sua ação objetivos de duas políticas setoriais: as de assistência social, responsável pela oferta de serviços de proteção social, e da educação, responsável por garantir o acesso e a apropriação dos saberes sistematizados. Este é o traço inovador: realizar de forma convergente propósitos intersetoriais de proteção social e educação.

Ao serem reconhecidas neste binômio do direito à proteção e à educação, as ações socioeducativas enfatizam o desenvolvimento dos conhecimentos, fazeres, valores e habilidades exigidos na vida cotidiana (privada e pública); a ampliação do universo cultural; a sociabilidade de crianças e adolescentes e a oferta de oportunidades lúdicas, artísticas e esportivas, na perspectiva da educação integral e da inclusão social. Essa visão aponta um deslocamento importante quanto à qualificação da ação desenvolvida pelas ONGs, anteriormente chamadas de ações complementares à escola.

Em debates e elaborações mais recentes, as ONGs vêm sendo reconhecidas como potenciais parceiras nos programas governamentais de educação integral, sobretudo entre os programas que optam por diretrizes de gestão intersetorial. O caminho construído por essas organizações tem elementos que podem contribuir para a elaboração cada vez mais ampliada da educação integral. Nesse sentido, quanto mais reconhecidos os campos de aprendizagem ligados à cultura, às sociabilidades, ao corpo, aos esportes etc., tanto mais espaços as ONGs têm para contribuir e enriquecer as propostas educativas que vêm sendo experimentadas. Sustentamos essa afirmação com base em outros traços peculiares das ONGs que passamos a explicitar.

TRABALHO COM PROJETOS COMO COMPOSIÇÃO DE OBJETOS DE CONHECIMENTO

Como já sublinhado, as práticas educativas das ONGs inicialmente incidiam em situações nas quais crianças e adolescentes tinham seus direitos violados, como as situações de rua, por exemplo. À época, os arranjos educativos tinham o grande desafio de criar situações nas quais o conteúdo do aprendizado se definia pela exploração do campo de interesses de conhecer, de experimentar, que eram trazidos pelas crianças e adolescentes. Havia, nesse sentido, uma forte convocação de disponibilidade do educador para manejar seus instrumentos educativos e adequá-los às mais diversas situações.

Esse traço de flexibilidade tem marcado fortemente as propostas educativas das ONGs, especialmente pelas experimentações e inovações que formularam no campo socioeducativo. Contudo, a dificuldade em sistematizá-las ou mesmo avaliá-las de forma objetiva, por meio de indicadores e índices, por exemplo, tem lhe atribuído características como espontaneísmos ou ausência de planejamento.

Cumpre lembrar que, diferentemente do sistema escolar, as ONGs não têm um marco-referência que define quanto tempo a criança, adolescente ou jovem deve permanecer para concluir seu percurso de aprendizado. O tempo educativo tem sido definido, via de regra, pela capacidade que as organizações têm de captar recursos no setor privado ou realizar parcerias com órgãos governamentais. A descontinuidade e pouca previsibilidade de recursos financeiros aproximaram as ONGs, especialmente desde a década de 1990, das instituições privadas que pertencem ao campo da responsabilidade social ou mesmo de agências internacionais. Isso intensificou – não sem conflitos e tensões – a estratégia de organizar seu trabalho educativo por meio de projetos, como já dito.

Na medida em que o projeto pressupõe um futuro aberto, não determinado, que depende da ação de todos os envolvidos, ele envolve riscos e demanda replanejamentos. Por isso, podemos afirmar que os objetos de conhecimento nas ONGs organizam-se pela experiência. Esse caráter contingente e processual prescinde, muitas vezes, de uma formalização dos aprendizados alcançados. Por isso, entendemos que estratégias de produção de registros, de sistematização de experiências, experimentações de exposição dos produtos e compartilhamento de resultados são fundamentais para indicar o aprendizado de crianças e adolescentes que usufruem dos projetos socioeducativos.

Outra diferença notória entre os processos educativos de ONGs e os processos educativos escolares está no modo como os aprendizados são alcançados e podem ser aferidos. Para as ONGs, os indicadores que foram historicamente usados para aferir seus resultados foram em parte definidos pelas instituições financiadoras. Como efeito, sua apresentação pública foi (e ainda tem sido) pulverizada e fragmentada tal como a lógica de seu financiamento. Com isso, seus resultados foram frequentemente comunicados ao público sem adensamento, o que diminuiu a possibilidade de seu reconhecimento como uma prática educativa, sendo mais vista como pequenos projetos com resultados também insuficientes.

Muitos dos projetos socioeducativos desenvolvidos por ONGs têm forte ênfase na cultura, na memória social e comunitária, na experimentação de tecnologias de comunicação etc. Ao iluminar esses diferentes campos do conhecimento, o que se acentua é a participação e a convivência dos educandos para afirmar um sentido de presença: o que as crianças e adolescentes podem, o que sabem, as escolhas que querem fazer. Explicita-se, assim, uma ética que valoriza as potências para agir e criar, opondo-se ao campo da moral do que deve ser feito e/ou reproduzido. Potencialidades tanto do ponto de vista do que já sabem, como também da capacidade de transformar o que sabem, de reconhecer incompletudes, como tão bem expressou o poeta Manoel de Barros – A maior riqueza do homem é a sua incompletude. Nesse ponto sou abastado.

Esse modo de estar presente na relação educativa cria um movimento no qual se constitui o educador como sujeito ético e a criança e adolescente como sujeito de direitos. Uma cidadania, portanto, que produz sentido pela presença e potência de saber que constitui cada encontro entre educadores e educandos. Ou como diria Celso Muñoz (2004): "As crianças, adolescentes e jovens de uma sociedade, de uma cidade, nunca serão o futuro se não participarem do presente."

Não por acaso, foram criadas muitas formas de dar visibilidade aos aprendizados de crianças, adolescentes e jovens participantes dos projetos socioeducativos. Uma delas, inerente ao trabalho com projetos, implica a publicização dos produtos: peças teatrais, vídeos, espetáculos de dança, peças de comunicação, projetos de intervenção no espaço urbano ou na comunidade e tantas outras que acentuam um forte traço de produção coletiva.

O carnaval de rua como projeto

Foi lindo o desfile de carnaval organizado pelo Espaço Gente Jovem (antiga denominação do Núcleo Sócio Educativo) Instituto Rogacionista Padre Anibal Difrancia em fevereiro no bairro da Lapa, em São Paulo. Comissão de frente representando os padres, alas das brincadeiras, da leitura e escrita, da capoeira, do esporte, da creche, do trabalho, bateria e puxadores desfilaram pelo bairro sendo aplaudidos pela comunidade e sob a proteção da Polícia Militar. Mais de 130 crianças e adolescentes da creche ao profissionalizante tomaram parte na animação, acompanhados por 4 educadores. As fantasias e bateria foram criadas pelas próprias crianças, uti-

> lizando tampinhas de garrafa, roupas cortadas, tambores e latas de tinta. Esse carnaval fez parte de um projeto bem planejado: educadores orientaram as crianças e adolescentes para que eles elaborassem um enredo sobre as atividades do EGJ. Levantaram informações sobre o carnaval e exibiram um documentário com a história da festa. Esse tipo de evento dá visibilidade à organização e as pessoas a ele assistiram emocionadas. O EGJ Instituto Rogacionista Padre Anibal Difrancia é uma das organizações participantes do curso Gestores de Aprendizagem, desenvolvido pelo Cenpec sob a iniciativa da Fundação Itaú Social e do Unicef.
>
> Boletim Educação & Participação. Cenpec e Fundação Itaú Social. Fevereiro 2003.

O desafio, portanto, consiste em enredar conceitos e práticas forjados pelos diversos agentes educativos, no qual o saber acadêmico, o conhecimento tradicional e os encontros entre educadores e crianças é que lhe dão materialidade. São múltiplas as relações convocadas para esta produção: relações entre o saber sistematizado e o saber não sistematizado; relações entre a racionalidade e a sensibilidade; relações entre o mundo adulto e o mundo infanto-juvenil. Isso implica tomar a educação em sentido ampliado, como definiu Leitão (2004):

> A educação pode ser um espaço de integração e criação de novas formas de convívio e de sociabilidade, um vasto campo de possibilidades de experiências, aprendizados, confrontos, confiança, afetos e sentidos, não só em relação ao que sabemos, acumulado e circulante, mas do que podemos vir a ser e a saber, e do que precisamos exercitar para que consolidemos nossa autonomia. A educação, assim, pode ser um lugar das interrogações sobre o estabelecido, de ampliação dos sentidos de ser e estar no mundo.

Os projetos socioeducativos realizados pelas ONGs tendem, portanto, a colocar ênfase nas aprendizagens da convivência e da participação de crianças, adolescentes e jovens. Nesse sentido, selecionam e organizam os conteúdos a serem aprendidos privilegiando uma educação a partir da experiência, de vivências. Distanciam-se, em certa medida, das proposições curriculares que organizam os conteúdos a partir de seu ordenamento lógico ou da perspectiva de aplicação da teoria na prática. No aprendizado pela experiência, trata-se de vivenciar situações nas quais sejam criados "estranhamentos", distâncias do próprio referencial para que, num segundo momento, seja possível compor novos sentidos, novas saídas, novos caminhos para lidar com estes objetos ou acontecimentos.

Sublimamos nessa trajetória brevemente reconstruída as possibilidades de contribuição das ONGs na seleção e organização dos objetos de conhecimento nas recentes iniciativas de educação integral como ação intersetorial. O sentido ampliado da educação já inscrito na Lei de Diretrizes e Bases da Educação (1996), assim como o reconhecimento do trabalho socioeducativo nos serviços previstos no Sistema Único de Assistência Social (2004) e também o valor educativo dos Pontos de Cultura que constam do Plano Nacional de Cultura (2010) indica as possibilidades de contribuição de instituições que ao longo de sua trajetória avançaram na direção da garantia da proteção integral de crianças e adolescentes.

NOTAS

1. Este boletim é uma publicação do Programa Educação & Participação, iniciativa da Fundação Itaú Social e do Fundo das Nações Unidas para a Infância – Unicef, no período de 2002 a 2007, com o propósito de criar um espaço de informação e divulgação de notícias e de iniciativas que acontecem em diferentes espaços e contextos de aprendizagem.

2. O primeiro Código de Menores foi instituído em 1927, pioneiro no trato tutelar e penal à criança na America Latina. Em 1979, o Brasil aprova o segundo Código de Menores, sustentado na Doutrina da Situação Irregular, com traços fortemente autoritários e estigmatizadores das crianças e adolescentes de família das classes populares.
3. Na década de 1990, houve um crescimento intenso de ONGs em decorrência de transformações de sua relação com o Estado e também com o setor de responsabilidade social empresarial que então se instituía.
4. Gomes da Costa, Antônio Carlos – Prefácio – Guia de ações complementares à escola. São Paulo, Cenpec. Unicef 3ª. Edição 2002 (1ª. Edição 1995).
5. Em cidades como São Paulo e Belo Horizonte, esta parceria representou um serviço importante de proteção social de crianças e adolescentes, como os Núcleos Socioeducativos e o Programa de Socialização de 7 a 14 anos, em São Paulo e Belo Horizonte, respectivamente.

REFERÊNCIAS

AZEVEDO, M.J.A.; CARVALHO, M.C.B. Ações socioeducativas no âmbito das políticas públicas In: CENTRO DE ESTUDOS E PESQUISAS EM EDUCAÇÃO, CULTURA E AÇÃO COMUNITÁRIA. *Avaliação*: construindo parâmetros para as ações socioeducativas. São Paulo, 2005.

BRASIL. Ministério da Cultura. *Plano nacional de cultura*. Brasília, 2010.

_____. Ministério da Educação. Lei n. 9.394, de 20 de dezembro de 1996. Estabelece as diretrizes e bases da educação nacional. *Diário Oficial da União*, Brasília, DF, 23 dez. 1996.

_____. Ministério do Desenvolvimento Social e Combate à Fome. *Política nacional de assistência social*. Brasília, 2004.

BOLETIM EDUCAÇÃO & PARTICIPAÇÃO. São Paulo: Centro de Estudos e Pesquisas em Educação, Cultura e Ação Comunitária, 2002.

BULGARELLI, R. Direitos da criança e do adolescente. In: CENTRO DE ESTUDOS E PESQUISAS EM EDUCAÇÃO, CULTURA E AÇÃO COMUNITÁRIA. *Muitos lugares para aprender*. São Paulo, 2003.

COSTA, A.C.G. *Por uma pedagogia da presença*. Brasília: CBIA, 1991.

_____. Prefácio. In: CENTRO DE ESTUDOS E PESQUISAS EM EDUCAÇÃO, CULTURA E AÇÃO COMUNITÁRIA. *Guia de ações complementares à escola para crianças e adolescentes*. 3.ed. São Paulo, 2002.

LAROSSA BONDÍA, J. Notas sobre a experiência e o saber de experiência. *Revista Brasileira de Educação*, Rio de Janeiro, n.19, p.20-28, 2002.

LEITÃO, C. F. Buscando caminhos nos processos de formação/autoformação. In: *Revista Brasileira de Educação*. Disponível em: http://dx.doi.org/101590/51413-24782004000300003. Acesso em: julho de 2011.

MACEDO, L.; MACHADO, N.J. *Jogo e projeto*: pontos e contrapontos. São Paulo: Summus, 2006.

MEDEIROS, A. *As três faces da pedagogia*. Lisboa: Livros Horizonte, 1975.

# 37

Conexão Felipe Camarão
Experiência de educação, cultura e tradição oral

Vera Santana

A Associação Companhia Terramar é uma organização não governamental que, desde 2000, realiza ações socioculturais e educativas através de projetos de cultura, educação inclusiva e comunicação, buscando contribuir com o desenvolvimento integral de crianças, adolescentes e jovens em Natal – Rio Grande do Norte. A instituição tem como base o Estatuto da Criança e do Adolescente – ECA – e integrou, no período de 2002 a 2006, espaços de articulação como o Fórum dos Direitos da Criança e do Adolescente, o Fórum de Combate à Erradicação do Trabalho Infantil, o Conselho Municipal dos Direitos da Criança e do Adolescente, a Rede da Agência de Notícias dos Direitos da Infância (ANDI). Atualmente integra a Rede Nacional dos Pontos de Cultura – Programa Cultura Viva – Ministério da Cultura, a rede social comunitária e está articulado aos fóruns de debate no Brasil sobre políticas públicas e fomento em cultura e educação integral.

Entre os projetos realizados pela Associação Companhia Terramar, o Conexão Felipe Camarão tem sido o mais amplo e de maior alcance. Desenvolvido na comunidade de Felipe Camarão, bairro periférico da zona oeste da cidade de Natal com cerca de 75 mil habitantes, o projeto atua em uma área de grande adversidade, que contrasta riqueza cultural, pobreza econômica e problemas sociais evidentes que atingem os moradores, em especial crianças e jovens. Um dos berços da cultura potiguar, o bairro de Felipe Camarão possui um patrimônio cultural importante, com características próprias e diversidades significativas para o seu contexto.

O Conexão Felipe Camarão atua no processo de preservação, valorização e difusão da cultura de tradição oral do bairro, a partir de ações socioeducativas que têm base na cultura local. O projeto é resultado de um processo que teve início no ano 2003/2004, quando a Associação Companhia Terramar participou do Programa de Apoio a Crianças e Jovens em Situação de Risco Social – Transformando com Arte (Linha Educação), do BNDES, que beneficiou crianças e jovens da comunidade de Felipe Camarão e foi o marco da ação educacional através da cultura local. A partir de então, a instituição concorreu ao Programa Petrobras Música, desenvolvendo o projeto Canta Meu Boi, cujo resultado foi o registro fonográfico do Auto do Boi de Reis do Mestre Manoel Marinheiro, ação significativa de valorização, difusão e preservação da memória da tradição oral da comunidade de Felipe Camarão.

A partir do registro fonográfico a ação integrada de educação e cultura se firmou com o projeto Conexão Felipe Camarão, em 2005, com a aprovação no Edital do Programa Petrobras Música para a realização de oficinas de arte e cultura e o desenvolvimento de ações socioeducativas com crianças e jovens entre 4 e 24 anos. No ano seguinte, o projeto tornou-se Escolha Direta do Programa Petrobrás de Cultura, sendo a cada ano aprovado na Lei Federal de Incentivo à Cultura, o que tem viabilizado o aprimoramento e a ampliação de suas ações.

Atualmente o Conexão Felipe Camarão tem parceria com cinco escolas públicas do bairro, é Ponto de Cultura e agrega o Programa Ação Griô Nacional – Programa Cultura Viva – MinC, o Programa GESAC – Ministério das Comunicações e desenvolve várias ações que têm como base a cultura do bairro de Felipe Camarão, através da tradição do Auto do Boi de Reis do Mestre Manoel Marinheiro, os bonecos do Mestre Chico de Daniel, a musicalidade do Mestre Cícero da Rabeca e a capoeira do Mestre Marcos.

TECNOLOGIA SOCIAL: A EXPERIÊNCIA DO CONEXÃO FELIPE CAMARÃO E SEUS REFERENCIAIS

A experiência do Conexão Felipe Camarão vem se desenvolvendo ao longo dos anos, a partir de uma rede social que se fortalece internamente, no âmbito da comunidade local e, externamente, através da integração do projeto em instâncias nacionais. No que se refere a rede social comunitária, ela tem base nas relações estabelecidas no projeto e no seu entorno, considerando cada integrante sujeito da ação. São crianças, adolescentes e jovens, pais e responsáveis, mestres de tradição oral, educadores, colaboradores, instituições locais parceiras, escolas, colaboradores e equipe em geral.

O fortalecimento do Conexão Felipe Camarão exteriormente tem se dado pela evidência do trabalho que desenvolve através de seu reconhecimento em cenário nacional. Isso tem ocorrido tanto pela participação em eventos nacionais de cultura e educação como pela inserção na mídia. É a partir dessas redes que o trabalho torna-se cada vez mais viável, gerando inúmeras possibilidades de crescimento e aprimoramento das suas ações, cujos resultados se expressam na vida dos moradores do bairro, na qualidade do trabalho e na relação intrínseca entre educação e cultura, elementos fundamentais no processo de mudança e transformação social.

O trabalho realizado, desde seu início, vem aprimorando uma tecnologia social fundamentada na cultura de tradição oral local, na valorização do ser humano e na relação entre educação e cultura. Tem como base pressupostos político-filosóficos de brasileiros cujas experiências evidenciaram a importância da realidade social no processo de aprendizagem, da cultura na formação do indivíduo crítico e na construção da cidadania. Falamos de Anísio Teixeira, Paulo Freire, Amir Haddad, Darcy Ribeiro, Milton Santos, entre outros, anônimos, cujas ideias e práticas possibilitaram novas formas de pensar a relação entre cultura e educação, desenvolvimento e transformação social, educação e cidadania.

A história do Conexão Felipe Camarão, ao longo dos anos, tem gerado uma tecnologia social que vem sendo aprimorada e os resultados são observados na vida de seus integrantes e da própria comunidade.

A tecnologia social está fundamentada na linha de ação política que orienta o trabalho, que considera a realidade social como base para a realização das ações, os sujeitos sociais como sujeitos históricos e a busca pela qualidade do trabalho. Os resultados podem ser apreciados no cotidiano do projeto, através da vivência junto aos seus integrantes.

CONEXÃO DE SABERES: A EXPERIÊNCIA AO LONGO DOS ANOS...

A tecnologia social do Conexão Felipe Camarão atualmente está estruturada em suas várias ações que são desenvolvidas de forma integrada. O projeto consiste em um amplo programa que agrega várias atividades, uma Escola de Saberes que dialoga vários conhecimentos e compartilha experiências através de gerações. Além da escola, as ações do projeto são realizadas em espaços sociais diversos, como as escolas públicas parceiras, o Largo da Cruz da Cabocla – Terreiro do Mestre Manoel Marinheiro, a Casa de Cultura Mestre Manoel Marinheiro, ruas e avenidas.

Para desenvolver e coordenar ações como oficinas de arte e cultura, círculos de cultura, debates e fóruns de discussão, espetáculos culturais, ações integradas às escolas, entre outras, o Conexão Felipe Camarão vem desenvolvendo uma metodologia estruturada em núcleos integrados, distribuídos da seguinte forma:

- Conexão de saberes – núcleo responsável pelas ações de valorização e preservação da cultura de tradição oral local e pelo diálogo com o sistema formal de ensino. Suas ações são:
  a) *Oficinas de arte e cultura:* Boi de Reis, capoeira, rabeca, flauta, percussão (permanentes), dança, teatro, circo, João Redondo, entre outras (periódicas).
  b) *Lutheria de Rabeca* – produção artesanal de rabecas.
  c) *Conexão Rabeca* – grupo cultural com integrantes de várias oficinas que difunde a cultura de tradição em eventos culturais locais e nacionais.
  d) *Círculos de Cultura*: reuniões pedagógicas com a equipe e integrantes do projeto, momento de planejamento coletivo das ações, da avaliação e identificação de problemas e soluções.
  e) *Conexão-Escola*: diálogo e ações integradas às parceiras do Conexão: Escola Municipal Prof. Veríssimo de Melo, Escola Estadual Clara Camarão, Escola Estadual União; Escola Municipal Maria Queiroz e Escola Municipal Bernardo Nascimento.
- Conexões culturais – núcleo responsável pela democratização cultural das ações do projeto com a promoção dos seguintes eventos:
  a) *Rodas de Prosa* – debates sobre temas de interesse público que reúnem os sujeitos sociais envolvidos no projeto, as escolas do bairro, a comunidade em geral, patrocinadores, instituições parceiras e órgãos públicos.
  b) *Conexão Brasil* – evento anual que compreende a Roda de Prosa e um espetáculo aberto para toda a cidade. Integra todos os sujeitos da ação: crianças, jovens, educadores e escolas, e promove intercâmbio e interações com outros grupos culturais.
  c) *Cine Clube* – exibição de vídeos e documentários brasileiros que se es-

tendem à comunidade em geral e que buscam entretenimento e reflexão sobre a realidade social.
d) *Cortejo de Tradições* – ação integrada ao Programa Ação Griô Nacional, que reúne as expressões culturais do bairro e os patrimônios imateriais locais.
- Conecta/Ponto de Cultura – núcleo que desenvolve ações voltadas para o diálogo das tradições com a tecnologia digital através do registro e difusão da tradição cultural do bairro e do trabalho do Conexão Felipe Camarão. Ponto de Cultura Conexão Felipe Camarão, Rede Nacional de Pontos de Cultura e o Programa GESAC – Ministério das Comunicações. Suas atividades:
a) *Blog Conexão* – manutenção do projeto *blog* na internet.
b) *Ponto de Presença* – Programa GESAC – Ministério das Comunicações.
c) *Culturas Colaborativas Digitais* – ações voltadas à formação em tecnologia digital e o uso das tecnologias no processo de formação de crianças e jovens.
- Moda, Estilos e Costumes/Figurinos e Adereços – núcleo de produção de figurinos e adereços que agrega jovens a partir dos 15 anos e artesãos locais que se identificam com atividades diversas na confecção de peças e artigos. O núcleo realiza ações:
a) *Qualificação artesanal* – cursos específicos para aprimoramento artesanal.
b) *Organização político-social* – atividades voltadas para a promoção de um polo de produção artesanal sustentável que garanta a valorização do ser humano, a geração de renda e o respeito ao meio ambiente.
c) *Produção artesanal de moda, estilos e costumes/figurinos e adereços* – orientação para a formação de cooperativas para a geração de renda, com base na iconografia local, na identidade e diversidade culturais locais; confecção de figurinos e adereços para atender a demanda do Conexão Felipe Camarão.

EDUCAÇÃO E SABERES DO COTIDIANO: O DIÁLOGO ENTRE EDUCAÇÃO E CULTURA

A experiência do Conexão Felipe Camarão tem se firmado em um princípio fundamental para a linha de ação política que desenvolve: a relação entre educação e cultura. A partir dessa perspectiva, o Conexão atua no diálogo de uma educação que considera no seu processo de aprendizagem o educando como sujeito social, político e histórico, a realidade em que ele vive e seu contexto comunitário e a cultura de que ele faz parte.

A cultura torna-se então o ponto de partida para o conhecimento formal e a base sobre a qual a aprendizagem se dá. Para estabelecer a relação entre cultura e educação, entre cotidiano e conteúdo escolar, e viabilizar uma ação educativa fundamentada nesses pressupostos, o caminho mais prudente é dialogar e intervir no sistema formal de ensino. As parcerias do Conexão com as escolas públicas do bairro tem esse propósito, na busca de intervir nos processos educativos formais.

A partir dessa linha de ação política, o Conexão Felipe Camarão busca, desde seu início, um trabalho integrado ao sistema formal de ensino, o que vem acontecendo de forma lenta – pelas dificuldades reais existentes nesse diálogo: o processo de ensino-aprendizagem com base em currículos muitas vezes distanciados da realidade dos educandos, a formação docente voltada para o cumprimento de conteúdos aplicados fora do contexto sociocultural no qual a escola está inserida, a jornada de trabalho ampliada dos educadores, o calendário escolar estruturado para cumprir conteúdos que pouco dialogam com a realidade e as mudanças na estrutura educacional implementadas pelos programas estabelecidos fora do contexto social da comunidade escolar são alguns pontos críticos desse diálogo em construção.

Esse campo de diálogo, para o Conexão Felipe Camarão, é um campo significativo para a linha de ação política do projeto, no que se refere à relação entre educação e cultura. As experiências desenvolvidas ao longo dos anos evidenciam esse diálogo, estabelecido informalmente quando o Conexão utiliza-se dos saberes existentes nas relações cotidianas da comunidade como ponto de partida para reflexões mais elaboradas, tendo como base a cultura local, mas também formalmente, através das parcerias com as escolas públicas do bairro.

Desde o início o Conexão atuou no sentido de integrar suas ações ao cotidiano das escolas, objetivo que sempre enfrentou entraves. A primeira experiência se deu com a implantação das oficinas de arte e cultura na Escola Estadual Veríssimo de Melo, nos finais de semana. Embora ocupando o espaço físico escolar, a intenção era ocupar os espaços de interação, buscando canais de ações integradas. Por diversas razões, o uso do espaço da Escola Estadual Veríssimo de Melo foi suspenso, sendo necessária a constituição de um espaço próprio para o desenvolvimento das ações do projeto.

Foi então criada a Escola de Saberes Conexão Felipe Camarão que, embora configure um espaço para identificar a troca de saberes desejada junto à comunidade escolar, não representa a ausência desse diálogo com o sistema formal, sendo estabelecida a parceria com outra escola, a Estadual Clara Camarão, onde houve uma abertura maior para o seguimento do diálogo entre escola e projeto, para além do uso do espaço físico.

Foi em parceria com essa escola que o Conexão desenvolveu sua experiência mais efetiva, em convênio com o Ministério da Educação, em 2007. Por meio da Secretaria de Educação Continuada, Alfabetização e Diversidade – SECAD, a ação desenvolvida em convênio com o Ministério da Educação priorizou a discussão da escola como espaço social de aprendizagem e diálogo de saberes, em uma perspectiva de integrar conteúdo e cotidiano, a partir das experiências da Escola Clara Camarão e do Conexão Felipe Camarão.

A experiência teve como objetivo inserir no processo de ensino-aprendizagem escolar (ou seja, no conteúdo da sala de aula), o cotidiano cultural da comunidade, as expressões vivenciadas coletivamente que podem vir a ser mecanismos de aprendizagem, instrumentos de reflexão e aplicação de conhecimentos formais.

De um modo geral, a realidade educacional aponta para uma separação daquilo considerado "conteúdo escolar" e o cotidiano das comunidades onde a escola está inserida. As brincadeiras, as manifestações culturais, o cotidiano dos sujeitos sociais não dialogam com a produção do conhecimento escolar. Ludicidade, expressões culturais, brincadeiras, arte, esporte, experiências e vivências fora da sala de aula não entram na escola como elementos fundamentais do processo de aprendizagem. Geralmente, ocupa o tempo considerado "recreativo", "lúdico", nem sempre considerado como educativo.

O Conexão Felipe Camarão, embora não seja uma escola no modelo formal, é um espaço educativo por proporcionar aos seus integrantes diversas linguagens e formas de aprendizagem, troca de conhecimentos, diálogo de saberes. Assim, o conteúdo de uma oficina de rabeca, por exemplo, pode dialogar com a formação histórica da região nordeste e assim por diante.

A partir da vida do rabequeiro Fabião das Queimadas pode-se compreender como a sociedade brasileira foi formada: a escravidão, as relações de trabalho e relações familiares, o contexto socioeconômico, as classes sociais, a cultura de uma época. Na aula de flauta é possível ensinar músicas originadas dos índios, apontar para uma compreensão de como eles viviam, suas expressões musicais, seus ritmos, suas danças, suas crenças, sua herança na cultura atual. Do exercício musical, da escrita sonora, pode-se compreender também a noção numérica das notas, trabalhar os números e expressões matemáticas.

Mesmo com o fim do convênio, a experiência estreitou os laços entre o projeto e a escola, gerando um canal possível desse diálogo, utilizado e aprimorado até agora. A parceria com a escola permanece e muitas ações foram desenvolvidas em sala de aula, tendo como ponto de partida a cultura local. O resultado da experiência foi mostrado na Exposição de Educação Integrada na TEIA 2007, em Belo Horizonte, quando três experiências realizadas no Brasil expuseram suas experiências de educação integrada no evento. Os resultados dessa experiência podem ser identificados até hoje, quando o diálogo com as escolas passou a ser mais efetivo e possível.

As Aulas Espetáculos foram outras experiências realizadas em 2008 com a Escola Estadual Veríssimo de Melo, estendendo-se para outras, como a Escola Municipal Maria Queiroz, a Estadual União e a Municipal Bernardo Nascimento. São aulas de capoeira, rabeca, atividades diversas que acontecem nas escolas, com a participação direta do Conexão Felipe Camarão. Com a Escola Veríssimo de Melo a interação se deu pela parceria com o Ponto de Cultura para o desenvolvimento das ações ligadas a Culturas Colaborativas Digitais, que atuavam na formação de jovens no uso da cultura e tecnologia digital, o que acontecia em parceria com os educadores do projeto e da escola.

Em 2009, a parceria com as escolas públicas foram ampliadas, chegando a desenvolver ações integradas junto a cinco escolas públicas do bairro. Apresentações culturais, Círculos de Cultura – reuniões pedagógicas, Aulas Espetáculos, entre outras ações, vem contribuindo com um diálogo cada vez mais pertinente entre educação e cultura. São muitas as possibilidades desses diálogos, construídos a partir de uma forma criativa de compartilhar e produzir conhecimentos. Nessa perspectiva está a experiência de educação e cultura que vem sendo construída pelo Conexão Felipe Camarão em parceria com as escolas, embora haja cada vez mais necessidade de uma parceria de maior efetividade junto aos órgãos educacionais do estado e município, para tornar a educação integral política educacional.

EDUCAÇÃO, CULTURA E TRADIÇÃO: A EXPERIÊNCIA E SEUS RESULTADOS

No que se refere aos resultados do Conexão Felipe Camarão, ao longo dos anos o projeto tem gerado um duplo movimento. Um para dentro, que é vivenciado cotidianamente na Escola de Saberes, nos espaços sociais da comunidade e nas relações estabelecidas no trabalho de articulação comunitária, no processo socioeducativo que integra mestres, crianças, jovens e adolescentes, as escolas públicas, os sujeitos sociais.

Esse movimento é o que provoca, no Conexão, repensar cotidianamente as suas ações, em função de estar no limite do contexto da comunidade, que ao mesmo tempo em que evidencia qualidades e potencialidades significativas, apresenta contrastes como baixa autoestima e exclusão social. É a partir desses contextos que se observa a mudança nas ações das crianças e jovens que, ao ingressarem no projeto, passam a ver além do que a realidade lhes tem posto. Passam a buscar suas habilidades, individuais e coletivas, a se conhecerem como sujeitos possíveis em meio a uma realidade difícil.

O outro movimento se dá para fora. É o reconhecimento do valor simbólico e material da cultura potiguar, que tem em suas raízes a comunidade de Felipe Camarão, seus mestres e suas expressões. A difusão dessa riqueza cultural de tradição que se mantém e se reinventa nos espaços sociais da comunidade e no contexto das relações estabelecidas entre mestres e aprendizes, entre brincantes e tocadores, entre jovens e velhos, tem resultado na valorização do patrimônio imaterial da comunidade.

Esses movimentos estão intrinsecamente integrados, associados entre si. É a partir da inserção do projeto nos cadernos de cultura do país – através de seus próprios sujeitos – que outras perspectivas são geradas em relação à comunidade, que aos poucos começa a mudar o imaginário social que tem de si mesma, vendo-se através de suas possibilidades e de suas riquezas culturais. Esse movimento promove, por outro lado, a valorização dos patrimônios imateriais locais, da história do bairro e dos valores materiais e simbólicos de sua cultura, chamando a atenção para os sujeitos sociais, políticos e históricos e essencialmente como sujeitos possíveis, em uma comunidade possível, de um país possível.

Para saber mais

ALVES, G. L. *Escritos sobre a instrução pública*: Condorcet. Campinas: Autores Associados, 2010. (Coleção clássicos da educação).

ANDREONI et al. *Comunidade integrada*: a cidade para as crianças aprenderem. São Paulo: Prefeitura de Belo Horizonte; Cidade Escola Aprendiz; Cenpec; Fundação Itaú Social, 2008.

ANTUNES, Â.; TOMCHINSKY, J. (Org.). *Sementes de primavera*: cidadania desde a infância. São Paulo: Instituto Paulo Freire, 2009.

ARIQUEMES. Prefeitura. *Projeto Burareiro de educação integral*. Ariquemes: Secretaria Municipal de Educação, 2008.

BARBARA, M. M.; MIYASHIRO, R.; GARCIA, S. R. de O. (Org.). *Experiências de educação integral da CUT*: práticas em construção. Rio de Janeiro: DP&A, 2004.

BRANDÃO, Z.; MENDONÇA, A. W. (Org.). *Uma tradição esquecida*: por que não lemos Anísio Teixeira? Rio de Janeiro: Forma & Ação, 2008.

BRASIL. Decreto nº 8073, de 27 de janeiro de 2010. *Diário Oficial [da] República Federativa do Brasil*, Poder Executivo, Brasília, DF. Seção 1, p. 2-3. Edição extra.

BRASIL. *Objetivos de desenvolvimento do milênio*: relatório nacional de acompanhamento. Brasília: IPEA, 2010.

BRASIL. Ministério da Educação. *Documento final*: Conferência Nacional de Educação (CONAE). Brasília: MEC, 2010. Disponível em: <http://conae.mec.gov.br/images/stories/pdf/pdf/documetos/documento_final_sl.pdf>. Acesso em: 6 set. 2011.

BRASIL. Ministério do Desenvolvimento Social e Combate à Fome. *Bolsa família*. Brasília: MDS, c2010. Disponível em: <http://www.mds.gov.br/bolsafamilia>. Acesso em: 6 set. 2011.

CASCAVEL. Prefeitura. Secretaria Municipal de Educação. *Diretrizes para educação em tempo integral na rede municipal de ensino de Cascavel*: educação em tempo integral. Cascavel: ASSOESTE, 2010.

CASTRO, A. de; LOPES, R. E. A escola de tempo integral: desafios e possibilidades. *Ensaio*: Aval Pol Públ Educ, v. 19, n. 71, p. 259-282, 2011. Disponível em: <http://www.scielo.br/pdf/ensaio/v19n71/a03v19n71.pdf>. Acesso em: 5 set. 2011.

CENTRAL ÚNICA DOS TRABALHADORES. *Educação integral dos trabalhadores*: concretizando princípios. São Paulo: CUT, 2000.

CENTRO DE ESTUDOS E PESQUISAS EM EDUCAÇÃO, CULTURA E AÇÃO COMUNITÁRIA. *Colóquio educação integral*. São Paulo: Cenpec, 2010.

CENTRO DE ESTUDOS E PESQUISAS EM EDUCAÇÃO, CULTURA E AÇÃO COMUNITÁRIA. *Educação integral*. São Paulo: Cenpec, 2006. (Cadernos Cenpec, nº 2).

CENTRO DE ESTUDOS E PESQUISAS EM EDUCAÇÃO, CULTURA E AÇÃO COMUNITÁRIA. *Muitos lugares para aprender*. São Paulo: Cenpec, 2003.

CENTRO DE ESTUDOS E PESQUISAS EM EDUCAÇÃO, CULTURA E AÇÃO COMUNITÁRIA. *Tecendo redes para educação integral*. São Paulo: Cenpec, 2006.

CENTRO DE ESTUDOS E PESQUISAS EM EDUCAÇÃO, CULTURA E AÇÃO COMUNITÁRIA. *Tendências para educação integral*. São Paulo: Cenpec, 2011.

COLL, C.; MONEREO, C. *Psicologia da educação virtual*: aprender e ensinar com as tecnologias da informação e da comunicação. Porto Alegre: Artmed, 2010. p. 15-46.

DOMINGUES, J. R. N.; LUZARDO, R. M. A. *Programa de educação integral Educa Mais*: uma proposta para a rede municipal de ensino. Cuiabá: Secretaria Municipal de Educação, 2009.

ESBJÖRN-HARGENS, S.; REAMS, J.; GUNNLAUGSON, O. *Integral education*: new direction for higher learning. Albany: State University of New York, 2010.

FARIA FILHO, L. M. de; VIDAL, D. G. Os tempos e os espaços escolares no processo de institucionalização da escola primária no Brasil. *Rev Bras Educ*, n. 14, p. 19-34, 2000. Disponível em: <http://www.scielo.br/pdf/rbedu/n14/n14a03.pdf>. Acesso em: 6 set. 2011.

FERREIRA, J. R.; SILVA, F. O. *Escola estadual de tempo integral*: a possibilidade de integração e de ampliação de oportunidades. Goiânia: Secretaria de Estado da Educação, 2010. Parte do trabalho disponível em: <http://www.see.go.gov.br/ educacao/especiais/curriculoemdebate/suef_diretrizes.pdf>. Acesso em: 6 set. 2011.

FUNDO DAS NAÇÕES UNIDAS PARA A INFÂNCIA. *Aprova Brasil*: o direito de aprender: boas práticas em escolas públicas avaliadas pela Prova Brasil. 2. ed. Brasília: UNICEF, 2007. Disponível em: <http://www.unicef.org/brazil/pt/ aprova_final.pdf>. Acesso em: 6 set. 2011.

FUNDO DAS NAÇÕES UNIDAS PARA A INFÂNCIA. *Caminhos do direito de aprender*: boas práticas de 26 municípios que melhoraram a qualidade da educação. Brasília: UNICEF, 2010.

FUNDO DAS NAÇÕES UNIDAS PARA A INFÂNCIA. *O direito de aprender*: potencializar avanços e reduzir desigualdades. Brasília: UNICEF, 2009.

FUNDO DAS NAÇÕES UNIDAS PARA A INFÂNCIA. *Redes de aprendizagem*: boas práticas de municípios que garantem o direito de aprender. Brasília: UNICEF, 2008. Disponível em: <http://www.unicef.org/brazil/pt/ Redes_de_aprendizagem.pdf>. Acesso em: 6 set. 2011.

GADOTTI, M. *Educação integral no Brasil*: inovações em processo. São Paulo: Instituto Paulo Freire, 2009.

GOULART, B. *Centro de São Paulo*: uma sala de aula. São Paulo: Peirópolis, 2008.

GOVERNADOR VALADARES. Prefeitura. *Escola em tempo integral*. Governador Valadares: Secretaria Municipal de Educação, [2010]. (Cadernos de diretrizes curriculares).

JUIZ DE FORA. Prefeitura. *Diretrizes educacionais para a rede municipal de ensino de Juiz de Fora*: linhas orientadoras das escolas de educação em tempo integral do Município de Juiz de Fora. Linhas orientadoras para o ensino fundamental de 9 anos: anos iniciais da rede municipal de Juiz de Fora. Juiz de Fora: Secretaria Municipal de Educação, 2008.

LATERMAN, I. *Cultura e educação na escola de tempo integral*: formação de educadores. Florianópolis: Universidade Federal de Santa Catarina, 2010.

MASCELLANI, M. N. *Uma pedagogia para o trabalhador*: o ensino vocacional como base para uma proposta pedagógica de capacitação profissional de trabalhadores desempregados. São Paulo: IIEP, 2010. Disponível em: <http://www.iiep.org.br/sistema/ arquivos/docs/pedagogia.pdf>. Acesso em: 5 set. 2011.

MOLL, J. (Org.). *Educação integral*: texto referência para o debate nacional. Brasília: Secad/MEC, 2009. (Série Mais Educação). Disponível em: <http://portal.mec.gov.br/dmdocuments/cadfinal_educ_integral.pdf>. Acesso em: 6 set. 2011.

MOLL, J. (Org.). *Programa Mais Educação*: gestão intersetorial no território. Brasília: Secad/MEC, 2009. (Série Mais Educação). Disponível em: <http://portal.mec.gov.br/dmdocuments/cader_maiseducacao_2.pdf>. Acesso em: 6 set. 2011.

MOLL, J. (Org.). *Redes de saberes*: pressupostos para projetos pedagógicos de educação integral. Brasília: Secad/MEC, 2009. (Série Mais Educação). Disponível em: <http://portal.mec.gov.br/dmdocuments/cad_mais_educacao_2.pdf>. Acesso em: 6 set. 2011.

MONTEIRO, F. M. de A. (Org.). *Política educacional e diretrizes da Secretaria Municipal de Educação de Cuiabá*. Cuiabá: Secretaria Municipal de Educação, 2008.

NERI, M. (Coord.). *Tempo de permanência na escola*. Rio de Janeiro: FGV, 2009. Disponível em: <http://www3.fgv.br/ibrecps/rede/tpe/>. Acesso em: 6 set. 2011.

NILSON, L. H. et al. *Comunidade integrada*: a cidade para as crianças aprenderem. São Paulo: Prefeitura de Belo Horizonte; Cidade Escola Aprendiz; Cenpec; Fundação Itaú Social, 2008.

NUSSBAUM, M. C. *Creating capabilities*: the human development approach. Cambridge: Belknap of Harvard University, 2011.

OLIVEIRA, D. A.; DUARTE, A. M. C.; VIEIRA, L. M. F. *Dicionário*: trabalho, profissão e condição docente. Belo Horizonte: UFMG/Faculdade de Educação, 2010. 1 CD-ROM.

OLIVEIRA, M. A. T. de; VAZ, A. F. Apresentação do dossiê Educação do Corpo: teoria e história. *Rev Perspect*, v. 22, n. esp., p. 13-20, 2004. Disponível em: <http://www.periodicos.ufsc.br/index.php/perspectiva/article/view/10335/9600>. Acesso em: 6 set. 2011. Dossiê disponível em: <http://www.periodicos.ufsc.br/index.php/perspectiva/issue/view/693>. Acesso em: 6 set. 2011.

PEGORER, V. *Os sonhos do povo*. São Paulo: Textonovo, 2010.

PEREIRA, E. W.; COUTINHO, L. M.; RODRIGUES, M. A. *Nas asas de Brasília*: memórias de uma utopia educativa (1956-1964). Brasília: UnB, 2011.

PISTRAK, M. M. (Org.). *A escola comuna*. São Paulo: Expressão Popular, 2009.

ROCHA, T. *Álbum de histórias. Araçuaí*: de U.T.I. educacional à cidade educativa. São Paulo: Imprensa Oficial, Centro Popular de Cultura e Desenvolvimento, 2005.

SAVIANI, D. *História das idéias pedagógicas no Brasil*. 3. ed. Campinas: Autores Associados, 2010.

SAVIANI, D. et al. *O legado educacional do século XX no Brasil*. 2. ed. Campinas: Autores Associados, 2006.

SEN, A. *The idea of justice*. Cambridge: Belknap of Harvard University, 2009.

SOUZA, R. F. de. *Templos de civilização*: a implantação da escola primária graduada no Estado de São Paulo (1890-1910). São Paulo: UNESP, 1999.

SOUZA, R. F. de. Tempos de infância, tempos de escola: a ordenação do tempo escolar no ensino público paulista (1892-1933). *Educ Pesqui*, v. 25, n. 2, p. 127-143, 1999. Disponível em: <http://www.scielo.br/scielo.php?script=sci_arttext&id=S1517-97021999000200010>. Acesso em: 6 set. 2011.

STACK, S. The invisible children: a parable in which the invisible become visible, and the visible invisible.
In: DEA, W. *Igniting brilliance*: integral education for the 21st century. Tucson: Integral, 2011. p. 127-141.

TEIXEIRA, A. S. *A educação e a crise brasileira*. Rio de Janeiro: UFRJ, 2006.

TEIXEIRA, A. S. *Educação para a democracia*: introdução à administração educacional. 2. ed. Rio de Janeiro: UFRJ, 1997.

TONUCCI, F. *La ciudad de los niños*. Madrid: Fundación Germán Sanches Ruipérez, 1997.

TREVIÑO, E. et al. *Factores asociados*: al logro cognitivo de los estudiantes de América Latina y el Caribe. Santiago: Salesianos, 2010. Disponível em: <http://unesdoc.unesco.org/images/0018/001867/186769S.pdf>. Acesso em: 6 set. 2011.

YUS, R. *Educação integral*: uma educação holística para o século XXI. Porto Alegre: Artmed, 2002.

Imagem em movimento

DIREITO de aprender: educação integral e comunitária. Produzido pelo Ministério da Educação, Brasil. Brasília: MEC, [2007?].

GINÁSIOS vocacionais: 40 anos depois. Realização de Jacqueline Tiveron Manfrin e Stela Jordy. Orientação de Mônica Bricalepe Campo. Co-orientação de Marco Nascimento. São Paulo: Fundação Cásper Líbero, 2009. 1 vídeo (54 min).

SETE vidas eu tivesse...o ensino vocacional em São Paulo nos anos 60. Produção da turma de 1963 do Ginásio Estadual Vocacional Oswaldo Aranha. Direção, roteiro e montagem de José Maurício de Oliveira. Texto de Maria Nilde Mascellani. Realização Próxima Atração. São Paulo: GVIVE memória viva do vocacional, 2006. Documentário.

TESES E DISSERTAÇÕES

ALMEIDA, M. F. L. de. *O xadrez no ensino e aprendizagem em escolas de tempo integral*: um estudo exploratório. 2010. Dissertação (Pós-graduação em Educação) – Universidade de Brasília, Brasília, 2010. Disponível em: <http://repositorio.bce.unb.br/bitstream/10482/8563/1/2010_MarluciaFerreiraLucenadeAlmeida.pdf>. Acesso em: 6 set. 2011.

BRANCO, V. *O desafio da construção da educação integral*: formação continuada de professores alfabetizadores do Município de Porecatu – Paraná. 2009. Tese (Doutorado) – Universidade Federal do Paraná, Curitiba, 2009. Disponível em: <http://dspace.c3sl.ufpr.br:8080/dspace/handle/1884/19194?show=full>. Acesso em: 6 set. 2011.

CELLA, R. *Educação de tempo integral no Brasil*: história, desafios e perspectivas. 2010. Dissertação (Mestrado em Educação) – Universidade de Passo Fundo, Passo Fundo, 2010. Disponível em:<http://www.dominiopublico.gov.br/pesquisa/ DetalheObraForm.do?select_action=&co_obra=190287>. Acesso em: 6 set. 2011.

DIB, M. A. B. *O Programa Escola de Tempo Integral na região de Assis*: implicações para a qualidade de ensino. 2010. Tese (Doutorado) – Universidade Estadual Paulista, Marília, 2010. Disponível em: <http://www.dominiopublico.gov.br/ download/texto/cp153039.pdf>. Acesso em: 6 set. 2011.

SANTOS, S. V. *A ampliação do tempo escolar em propostas de educação pública integral*. 2009. Dissertação (Mestrado) – Universidade Federal de Goiás, Goiânia, 2009. Disponível em: <http://portais.ufg.br/this2/uploads/files/5/Dissert-%20Soraya.pdf>. Acesso em: 6 set. 2011.

SILVA, J. L. da. *Experimentações em cultura, educação e cidadania*: o caso da Associação Grãos de Luz e Griô. 2009. Dissertação (Mestrado) – Programa de Pós Graduação em História, Política e Bens Culturais, Fundação Getúlio Vargas, Rio de Janeiro, 2009. Disponível em: <http://bibliotecadigital.fgv.br/dspace/handle/ 10438/4160>. Acesso em: 6 set. 2011.

SILVA, Y. R. de O. *A construção dos CIEPs e da escolarização em tempo integral através da formação continuada em serviço*: memórias de professores. 2009. Tese (Doutorado) – Universidade Estadual de Campinas, Campinas, 2009. Disponível em: <http://www.bibliotecadigital.unicamp.br/document/?code=000448504&fd=y>. Acesso em: 6 set. 2011.

VALE, S. B. *O assentamento Dezessete de Abril e seu projeto de escola integral para o campo*. 2011. Dissertação (Mestrado em Educação) – Universidade Federal de São Carlos, São Carlos, 2011. Disponível em: <http://www.bdtd.ufscar.br/htdocs/ tedeSimplificado/tde_arquivos/8/TDE-2011-05-17T153639Z-3705/Publico/ 3613.pdf>. Acesso em: 6 set. 2011.